工商管理经典译丛　BUSINESS ADMINISTRATION CLASSICS

MANAGERIAL ECONOMICS
AND BUSINESS STRATEGY
TENTH EDITION

管理经济学

第**10**版

[美]　迈克尔·贝叶（Michael R. Baye）　　著
杰弗里·普林斯（Jeffrey T. Prince）

王　琴　译

中国人民大学出版社
· 北京 ·

工商管理经典译丛
出 版 说 明

随着中国改革开放的深入发展，中国经济高速增长，为中国企业带来了勃勃生机，也为中国管理人才提供了成长和一显身手的广阔天地。时代呼唤能够在国际市场上搏击的中国企业家，时代呼唤谙熟国际市场规则的职业经理人。中国的工商管理教育事业也迎来了快速发展的良机。中国人民大学出版社正是为了适应这样一种时代的需要，从1997年开始就组织策划"工商管理经典译丛"，这是国内第一套与国际管理教育全面接轨的引进版工商管理类丛书，该套丛书凝聚着100多位管理学专家学者的心血，一经推出，立即受到了国内管理学界和企业界读者们的一致好评和普遍欢迎，并持续畅销数年。全国人民代表大会常务委员会副委员长、国家自然科学基金会管理科学部主任成思危先生，以及全国MBA教育指导委员会的专家们，都对这套丛书给予了很高的评价，认为这套译丛为中国工商管理教育事业做了开创性的工作，为国内管理专业教学首次系统地引进了优秀的范本，并为广大管理专业教师提高教材甄选和编写水平发挥了很大的作用。其中《人力资源管理》（第六版）获第十二届"中国图书奖"；《管理学》（第四版）获全国优秀畅销书奖。

进入21世纪后，随着经济全球化和信息化的发展，国际MBA教育在课程体系上进行了重大的改革，从20世纪80年代以行为科学为基础，注重营销管理、运营管理、财务管理到战略管理等方面的研究，到开始重视沟通、创业、公共关系和商业伦理等人文类内容，并且增加了基于网络的电子商务、技术管理、业务流程重组和统计学等技术类内容。另外，管理教育的国际化趋势也越来越明显，主要表现在师资的国际化、生源的国际化和教材的国际化方面。近年来，随着我国MBA和工商管理教育事业的快速发展，国内管理类引进版图书的品种越来越多，出版和更新的周期也在明显加快。为此，我们这套"工商管理经典译丛"也适时更新版本，增加新的内容，同时还将陆续推出新的系列和配套参考书，以顺应国际管理教育发展的大趋势。

本译丛选入的书目，都是世界著名的权威出版机构畅销全球的工商管理图书，被世界各国和地区的著名大学商学院和管理学院所普遍选用，是国际工商管理教育界最具影响力的教学用书。本丛书的作者，皆为管理学界享有盛誉的著名教授，他们的这些著作，经过了世界各地数千所大学和管理学院教学实践的检验，被证明是论述精辟、视野开阔、资料丰富、通俗易懂，又具有生动性、启发性和可操作性的经典之作。本译丛的译者，大多是国内各著名大学的优秀中青年学术骨干，他们不仅在长期的教学研究和社会实践中积累了丰富的经验，而且具有较高的翻译水平。

本丛书的引进和运作过程，从市场调研与选题策划、每本书的推荐与论证、对译者翻译水平的考察与甄选、翻译规程与交稿要求的制定、对翻译质量的严格把关和控制，到版式、封面和插图的设计等各方面，都坚持高水平和高标准的原则，力图奉献给读者一套译文准确、文字流畅、从内容到形式都保持原著风格的工商管理精品图书。

　　本丛书参考了国际上通行的 MBA 和工商管理专业核心课程的设置，充分兼顾了我国管理各专业现行通开课与专业课程设置，以及企业管理培训的要求，故适应面较广，既可用于管理各专业不同层次的教学参考，又可供各类管理人员培训和自学使用。

　　为了本丛书的出版，我们成立了由中国人民大学、北京大学、中国社会科学院等单位专家学者组成的编辑委员会，这些专家学者给了我们强有力的支持，使本丛书得以在管理学界和企业界产生较大的影响。许多我国留美学者和国内管理学界著名专家教授，参与了原著的推荐、论证和翻译工作，原我社编辑闻洁女士在这套书的总体策划中付出了很多心血。在此，谨向他们致以崇高的敬意并表示衷心的感谢。

　　愿这套丛书为我国 MBA 和工商管理教育事业的发展，为中国企业管理水平的不断提升继续做出应有的贡献。

中国人民大学出版社

　　经济学与管理学本是一脉相承、密切相关的，但在长期发展中，二者形成了各自的理论体系和研究范式。经济学重理论，求缜密，建立起复杂的数据推理模型；管理学重现实，求实用，形成了不同的观点流派。囿于学科分类和时间限制，初学者在短期内忙于理解经济学或管理学的不同范式，似乎很难把严谨的经济模型与复杂的管理实践相结合。

　　管理经济学是一门将管理学与经济学相结合的学科，希望将微观经济学与管理学知识相融合，从经济学的角度分析商业行为和商业逻辑，为企业的管理决策提供支持。对于商科学生或商界人士来说，建立一种经济学的思维方式，把握经济运行规律，加深对经济现实的理解，提高决策能力是非常重要的。

　　管理经济学不同于纯粹的经济学，它虽然遵循了微观经济学的逻辑体系，但在阐述经济理论的同时更注重对现实的剖析和指导意义。管理经济学教学用书需要解决的难题是：深入浅出地阐释复杂的经济学理论，让不同层次的管理者接受经济学分析的视角和方法，并且使经济理论真正走向管理实践，成为一种适用的决策支持工具而不再是建立在假定基础上的数学模型。

　　本书由美国印第安纳大学凯利商学院的迈克尔·贝叶和杰弗里·普林斯撰写。迈克尔·贝叶作为经济学教授，曾在美国联邦贸易委员会任职，担任《经济与战略管理》杂志特约编辑，除了深谙经济学，还熟悉市场营销、企业商务等。杰弗里·普林斯教授在应用经济领域取得了广泛成果，是少数同时在经济学和管理学顶级期刊发表论文的经济学家。得益于两位教授对经济学和管理学的深刻理解，《管理经济学》成为最畅销的管理类书籍之一，本书已是第10版，跟前期版本相比，第10版增加了数据驱动战略的内容，这也迎合了当前蓬勃发展的数字化时代。

　　本书的目的就是帮助管理者作出合理的管理决策。本书的一大特点是理论工具的实用性。作者给大家提供了微观经济学的基本工具，如供求分析、生产与成本分析、市场结构，还强化了博弈论和产业组织理论工具，对现实中的热点话题，如定价（渗透定价、掠夺性定价、拍卖、限制进入定价）、委托-代理、多阶段和重复博弈、企业边界、信息不对称等，进行了深入的分析。本书的另一特点是理论工具与商业场景的结合。本书每一章都从开篇案例入手，在理论阐述中引入了众多现实热点案例，针对特定商业行为提供了相应的经济学分析工具，将理论工具与现实商业场景较好地融合在一起。

　　本书由 12 章和 2 个模块组构成。第 1 章"管理经济学基础"解释管理者、决策、市场特征以及现值分析、边际分析和回归分析等。第 2 章"市场力量：需求与供给"描述需求与供给、市场均衡、价格限制和比较静态分析等。第 3 章"定量需求分析"描述弹性和数据驱动的需求曲线等。第 4 章"个体行为理论"解释消费者行为、预算约束和无差异曲线等。第 5 章"生产过程与生产成本"分析生产函数、成本函数、多产品决策等。第 6 章"企业组织"描述资源获取方式、交易成本、最优采购方式、薪酬管理与委托-代理问题等。第 7 章"行业的性质"阐述市场结构、经营行为（定价、一体化与并购、研发、广告等）同绩效的关系等。第 8 章"完全竞争、垄断与垄断竞争市场的管理"主要描述三种市场特征与竞争决策，以及最优广告决策。第 9 章"基本寡头垄断模型"主要介绍四种寡头垄断和可竞争市场。第 10 章"博弈论：寡头垄断"分析博弈（如同时行动博弈、一次性博弈、无限重复博弈、有限重复博弈、多阶段博弈）与战略性思维等。第 11 章"定价策略"描述基本定价模型以及其他获取更多利润的定价策略等。第 12 章"信息经济学"描述不确定性、风险态度、拍卖行为等。接下来是两个模块组，模块组 A"改变商业环境的策略"介绍限制进入定价、掠夺性定价、价格歧视、决策时机、网络效应等。模块组 B"市场中的政府规制"揭示市场失灵、政府政策、国际市场的影响等。因篇幅有限，参考文献放在中国人民大学出版社网站上，读者可登录 www.crup.com.cn 查阅或下载。

　　本书的翻译工作以第 8 版中译本为基础。在此我要特别感谢第 8 版参与初译的章奕帆（第 1~7 章）和龙翌（前言、第 8~14 章），还要感谢张欣煜对第 8 版和第 10 版的原著的变化进行了比对。同时感谢《管理经济学》第 6 版的译者聂巧平、汪小雯，对于一些内容和术语，我们在翻译过程中有所参考和借鉴。第 10 版的整体翻译和审核由我负责。

　　由于时间限制和水平有限，本书难免存在不妥之处，欢迎读者批评指正。

王　琴

感谢全世界读者的回馈，你们使得《管理经济学》成为最畅销的管理类书籍之一。为了感谢大家的厚爱，我们将最新版呈现给大家。在介绍第 10 版的新内容之前，我们仍然要强调：本书的基本目标始终如一，即给学生提供有关中级微观经济学、博弈论、产业组织的理论工具，使之能够作出合理的管理决策。本书对有关实际生活的管理经济学案例作了一些补充和改动，大幅增加了基于数据的决策制定、新技术（如联结）的利用等内容，从而更有利于提高教师的教学水平和学生的学习水平。

本书首先为管理者的实践活动提供了一些基本经济学工具，如现值分析、供给需求、回归、无差异曲线、等产量线、生产、成本，以及完全竞争基本模型、垄断、垄断竞争等。读者可能会喜欢本书的案例，因为与其他管理经济学教学用书相比，本书覆盖了现代生活中的主要热点主题：寡头垄断、渗透定价、多阶段和重复博弈、合同、纵向和横向一体化、网络、讨价还价、掠夺性定价、委托-代理问题、提高竞争对手的成本、逆向选择、拍卖、筛选和信号传递、搜寻、限制进入定价以及多种拥有市场势力的企业定价策略等。本书囊括了主要的传统微观经济学和现代微观经济学的分析工具，使之适用于广泛的管理经济学课程教学。越来越多的商学院采用本书，甚至用其替代战略管理教材，相比较而言，战略管理教材虽然包含案例，但是缺乏在给定情境中所需要的微观经济学分析工具和可以实际运用的经营策略。

《管理经济学》第 10 版还修订了案例和习题，但仍保持上一版的核心和基本内容。本书的基本框架延续上一版，方便读者阅读。

本书教学特色

第 10 版保留了上一版的板块划分，可以丰富学生的学习体验，便于教学应用。

开篇案例

与以前的版本一样，本书每章的开篇案例都是基于现实世界的经济学问题——完成各章的学习后方可解决。这些开篇案例都是精选的迷你案例，旨在激发学生了解各章内容。开篇案例的解读放在各章结尾部分——此时已经完成各章的学习，学生能更好地理解现实生活中的复杂问题。读者喜欢本书的开篇案例，不仅因为它能够激发学生学习该章节的兴趣，而且因为章末的答案能够帮助学生学会如何运用经济学知识作出管理决策。

学习目标

每章所提供的学习目标是为了强化学习体验。

实例操练

学习经济学最好的方法就是通过实践来解决经济问题。因此，除了开篇案例，每章还包含许多现实案例，并附带详细的答案。这方便学生自我检测，了解自己是否掌握了每章所学内容，减少了学生与老师讨论解决问题的时间成本。

透视商业

大多数章节都设有"透视商业"专栏来阐释经济学理论如何解释各种商业实践问题。与以前的版本一样，我们一直尽力兼顾现代经济学理论文献与大众媒体热点之间的平衡。

微积分和非微积分

读者可以自由选择阅读附录中的微积分推导材料，这并不影响学习内容和系统性。这是因为，基本原理和公式（如 $MR = MC$）首先是用来解决实际经济问题的，而非强调微积分等推导演算过程。书中每个经济原理或公式都附带微积分推导内容，用数学运算来展示前面的原理或公式，解释基于公式的数学表达形式与理论之间的联系。更多详细推导请见章末附录。因此，本书同时适用于将数学积分运算融入管理经济学的教师和对相关经济学原理的数学运算不做过多要求的教师。

课后习题

本书在各章末给出了两种类型的习题。第一类是结构化但有难度的概念题和计算题，强调对基础知识的掌握。第二类是问答题和应用题，这些题目是非结构化的，结合现实决策情境，比实际问题包含更多信息。大多数应用题都是基于实际的企业案例编写的。

灵活性

不同的管理经济学教师对教材的需求通常有差异性。早期用户对本书的灵活性赞赏有加，第 10 版将继续保持这一点。本书中的某一节甚至某一章的灵活安排不会影响全书的连贯性。例如，有些教师希望着重讲授微观经济学基础，可以选择第 2, 3, 4, 5, 8, 9, 10, 11, 12 章。有些教师希望重点突出企业战略的应用，则可以选择第 1, 2, 3, 5, 6, 7, 8, 10, 11 章以及模块组 A 的部分或全部内容。在课时充足的情况下，还可以补充一些内容（如模块组 B

的部分或全部内容）。一般而言，教师可以自由地省略某些内容，如现值分析、回归、无差异曲线、等产量线或者反应函数等，而不会影响教学进度。

全书主要更新内容

第 10 版完善了"管理经济学与商业战略"的内容，同时力求实现平稳更新。以下是关于主要更新内容的说明，涉及教学方法的改善、教辅内容的丰富，以及内容的变化，证明本书仍然是讲授或学习管理经济学与商业战略的有力工具。

- 补充和更新了小案例：谷歌搜索和大量的并购案例。
- 补充和更新了各章的课后习题。
- 补充和更新了开篇案例。
- 补充和更新了"透视商业"专栏。
- 增加了有关"联结"方面的 Excel 练习。
- 调整了上版书中第 13 章和第 14 章的内容，将之移到独立模块组 A 和 B 中，教师可根据情况自行选用。

目 录

CONTENTS

CONTENTS

CONTENTS

第 **1** 章 管理经济学基础

学习目标

学完本章，你将能够：

1. 总结目标、约束、激励和市场竞争如何影响经济决策。
2. 区分经济利润与会计利润、经济成本与会计成本。
3. 解释市场经济中利润的作用。
4. 利用五力模型分析行业利润的可持续性。
5. 使用现值分析法制定决策并确定资产价值。
6. 使用边际分析法确定管理控制变量的最优值。
7. 识别和运用有效管理决策的六个原则。

开篇案例 Amcott 亏损 350 万美元：管理者被解雇

软件巨头 Amcott 公司在星期二公布了其年度运营情况：全年亏损 350 万美元。据报道，其中 170 万美元的亏损来自其外语分部。

在短期利率为 7% 的情况下，Amcott 动用 2 000 万美元的留存收益购买了 Magicword 软件包的 3 年版权，这个软件包可以将普通的法文转换为英文。第一年，该软件包实现了 700 万美元的销售收入，但是随后的销售活动被叫停，因为该软件包卷入了 Foreign 公司提出的侵权诉讼。Amcott 最终输掉了官司并为此支付了 170 万美元的赔偿金。业内人士认为，这笔侵权赔偿金占 Magicword 软件销售收入的比例非常小。

Amcott 外语分部的管理者拉尔夫（Ralph）在此事件发生后被解雇。拉尔夫说："我只是（Amcott 公司）律师们的替罪羊，他们在购买 Magicword 软件包时没有事前做好功课，没有认真调查软件包的知识产权问题。我曾设计了一个年销售额为 700

万美元的 3 年计划，从第一年 700 万美元的销售收入来看，我的销售预测是正确的。"

拉尔夫为什么被解雇？

➡ 1.1 导 言

许多学生在学习"管理经济学"课程时都会问："为什么要学习管理经济学？它能告诉我明天的股市行情什么样吗？它能告诉我将钱投向哪里才能发财吗？"遗憾的是，管理经济学无法就这些问题给出确定的答案，要得到确定的答案只能寄希望于得到一个"精确的水晶球"。但这并不影响管理经济学的价值。管理经济学确实是一个有效的分析工具，可以用来分析各种经济现象，恰如每章的开篇案例所反映的那样。

事实上，当你浏览网页，翻阅经济类期刊，如《彭博商业周刊》（Bloomberg Businessweek）、《华尔街日报》（The Wall Street Journal），或者阅读贸易类杂志，如《全国餐厅新闻》（National Restaurant News）、《超市新闻》（Supermarket News），你会发现很多故事都涉及管理经济学。比如搜索到的以下新闻：

"迪士尼（Disney）在与康卡斯特（Comcast）的交易中全面控制 Hulu。"

"沃尔玛（Walmart）在配送博弈中推出次日达服务。"

"通用医药公司的高管们面临操纵价格的诉讼。"

"是'从不低价抛售'杀死了约翰·路易斯（John Lewis）吗？"

"各品牌重新思考社交媒体策略。"

"Uber 和 Lyft 目前在营销费用上开展竞赛。"

"美国政府加大对医院合并的管制。"

"亚马逊（Amazon）为员工提供 10 000 美元和 3 个月薪金，支持他们离职创业。"

遗憾的是，许多管理者不能使用管理经济学中的基本工具来进行定价和产出决策、优化生产过程和投入组合、确定产品质量、指导横向和纵向并购，或无法设计出最优的内部和外部激励方案，导致每年数十亿美元的损失。如果你学习了一些基本的管理经济学的分析原则，就有可能取代那些无能的管理者。你将理解为什么最近的经济衰退对一些企业来说是好消息，为什么一些软件公司花费数百万美元开发智能手机的应用程序，却允许消费者免费下载。

管理经济学这门课，不仅仅对《财富》（Fortune）500 强企业的管理者有用，对非营利组织的管理者同样有价值。比如，对于食物赈济处的管理者来说，如何选择最佳方法将食品分配到需要者手中是非常重要的。对于那些给无家可归者提供帮助的收容所协调者来说，要考虑如何在既定的有限预算下帮助更多的无家可归者。管理经济学能够帮助我们深入理解商业及非商业领域的方方面面——甚至包括家庭决策。

为什么管理经济学对不同的决策者都有用？答案在于我们如何定义管理经济学。

1.1.1 管理者

管理者（manager）指为了实现既定目标而引导资源配置的人。这个定义囊括了有以下行为的所有个体：（1）指导他人努力工作，包括在企业、家庭或俱乐部等组织中分配任务；（2）购买生产产品/提供服务所需要的投入要素，包括企业的投入品、贫困者所需的食物或者无家可归者所需的庇护所；（3）负责制定决策，如决定产品的价格和质量。

一般来说，管理者不仅要对自己的行为负责，而且要对所管理的员工行为、机器设备或其他投入要素负责。其负责范围可能大到整个跨国公司的资源，也可能小到一个家庭。在任何情况下，管理者必须引导资源配置和员工行为以实现特定目标。尽管本书在大多数情况下讨论的是企业管理者如何实现企业利润最大化，但事实上，相关原理对其他类型的决策同样有效。

1.1.2 经济学

本书的重点是管理经济学的后三个字——经济学。**经济学**（economics）是关于如何在稀缺资源条件下制定决策的科学。资源指用来生产产品和提供服务的所有东西，从普遍意义上讲就是为了实现目标所使用的东西。决策之所以重要，是因为资源稀缺，你选择一个就必须放弃另一个。一个电脑厂商若在广告上投入了太多资源，就只有少量资源用于研发。一个食物赈济处在主食上支出太多，在水果上的支出就少了。经济决策涉及稀缺资源的有效配置，而管理者的任务就是有效配置资源以最大限度地实现既定目标。

理解资源稀缺性的最好方法是想一想以下故事。假设神话故事中的神怪出现了，他可以满足你三个愿望，你的愿望会是什么？如果资源不是稀缺的，你会告诉神怪，你没有任何愿望需要他帮你满足，因为你已经拥有了所有想要的东西。当然，当你开始学习这门课程时，你可能已经意识到时间是最稀缺的资源之一。你的决策问题就是：如何有效配置时间这个稀缺资源来达到某个既定目标，比如掌握管理经济学的主要知识或取得好成绩。

1.1.3 管理经济学的定义

管理经济学（managerial economics）研究的是如何配置稀缺资源以最有效地实现既定的管理目标。管理经济学应用广泛，不论是对于追求家庭福利最大化的个体而言，还是对于追求利润最大化的企业而言，管理经济学所描述的决策方法都是有用的。

为了更好地理解企业管理者所面临决策的性质，不妨假设你是一个《财富》500强计算机生产企业的管理者。作为一名成功的管理者，你必须作出一系列决策：公司是应该从其他厂商处购买磁盘驱动器和芯片还是应该自己生产？公司是应该生产一种类型的电脑还是应该生产几种不同类型的电脑？应该生产多少台电脑并以多高的价格销售？应该雇用多少员工并付给他们多高的报酬？怎样保证员工努力工作并生产出合格的产品？其他竞争厂商的行为如何影响你的决策？

有效决策的关键是掌握决策所需的信息，因此需要收集并处理这些数据信息。如果你在一家大型公司工作，法律部门会给你提供不同决策的法律后果的资料；会计部门能够提供税收方面的建议和原始成本数据；市场营销部门可以提供公司产品所处市场的特征；公司财务分析师可以拿出各种融资方案。最终，管理者需要整合所有信息，分析这些信息并制定决策。接下来本书将介绍六个基本原则，并告诉你如何利用这六个基本原则来完成上述职能以实现有效的管理。

➡ 1.2　有效管理的经济学

不同组织的管理目标不同，有效决策的标准亦有差异。鉴于本课程主要针对的是企业管理者，所以本书所讨论的管理决策将更多地围绕利润最大化或者一般意义上的公司价值最大化目标展开。在开始讨论利润最大化决策之前，我们预览一下有效管理的六个基本原则：（1）明确目标和约束条件；（2）识别利润的性质和重要性；（3）理解激励；（4）把握市场；（5）认识货币的时间价值；（6）运用边际分析法。

1.2.1　明确目标和约束条件

有效决策的第一步是制定明确的目标，因为实现不同的目标意味着要作出不同的决策。如果你的目标是拿到本课程的最高成绩而不是使所有课程的平均成绩最高，你的学习安排当然要作出调整。同样，如果食物赈济处的目标是把食物分配给需要食物的农民而非城镇居民，前者的决策方案和最优分配网络显然不同于后者。需要注意的是，在上述两种情况下，决策者都面临约束条件的限制，约束条件影响了目标的实现能力。比如，一天只有 24 小时，学习时间会影响你能否在本课程上拿到 A；预算总额限制了食物赈济处向贫困者运送食物的能力。约束条件意味着稀缺性。

在一个企业中，不同部门可能有不同的目标，企业市场营销部门的目标是利用给定资源达到销售额或者市场份额的最大化，财务部门的目标则聚焦于收入增长和风险控制。在本书中，我们将介绍如何通过激励企业各部门实现其不同目标，进而保证企业总目标——利润最大化的实现。

约束条件使管理者在实现利润最大化或扩大市场份额等目标时面临难题。约束条件包括可获技术或投入生产要素的价格等。利润最大化目标要求管理者确定产品的最优价格、产量、生产技术、每种投入要素的数量、对竞争者行为的反应等。本书将提供一种分析工具，用于回答诸如此类的问题。

1.2.2　识别利润的性质和重要性

大多数企业的目标是利润最大化或企业价值最大化，本书将详细阐释管理者在实现该目标的过程中可以使用的方法及策略。首先，我们要了解自由市场经济中利润的性质和重要性。

经济利润和会计利润

大多数人听到"利润"一词时，首先想到的是会计利润。**会计利润**（accounting profits）是销售收入（价格乘以销售量）减去生产该产品或服务的以货币表示的成本。会计利润出现在企业的利润表中，公司的会计部门通常定期向管理者汇报。

经济学意义上的利润指经济利润。**经济利润**（economic profits）是产品或服务所带来的总收益与其机会成本的差额。一种资源的**机会成本**（opportunity cost）包括两部分：一是该资源的显性（会计）成本；二是该资源放弃其他最佳用途的隐性成本。产品或服务的机会成本通常大于其会计成本，这是因为机会成本既包括以货币表示的成本（显性成本或者会计成本）又包括隐性成本。

隐性成本难以衡量，导致管理者经常忽视该成本。然而优秀的管理者能通过各种途径找到识别和度量隐性成本的数据。大型企业的管理者可以从公司内部（如财务部、营销部或法律部）获取决策所需的隐性成本数据，但在更多情况下，他们不得不自行收集隐性成本数据。比如，阅读一本书的成本是多少？你支付给书店的价格只是这本书的显性（会计）成本，而为了阅读该书你所放弃的其他选择的最优价值构成了该书的隐性成本。这个成本可能是学习其他课程或者看电视，每一种选择对你来说都有一定价值，所放弃的其他选择中"最好"的那个就是你阅读该书的隐性成本：因为你为了阅读这本书必须放弃这个选择。同样，上学的机会成本要远远高于学费和书本费；上学的机会成本中还包括你为了上学而放弃的工作可能得到的收入。

在商业活动中，开一家餐馆的机会成本就是所有用于开餐馆的资源的其他最优用途，比如开一家发廊。需要再次强调的是，这些成本不仅仅包括开餐馆所花费的显性资金成本，还包括隐性成本。假如你在纽约拥有一间房屋，你用它开设了一家小型比萨饼店，其会计成本仅仅是食品的原材料。年底，会计人员告诉你，这些成本共 20 000 美元，而比萨饼店的收入为 100 000 美元。因此，你的会计利润为 80 000 美元。

但是会计利润夸大了你的经济利润，因为上述 20 000 美元的成本中仅仅考虑了会计成本，而没有包括你经营比萨饼店所花费的时间。如果你不经营比萨饼店，就可以去其他公司工作，但这一经济成本无法在会计利润中体现。假设你在其他公司工作的工资收入为 30 000 美元，那么这一年你用于经营比萨饼店的时间的机会成本是 30 000 美元，所以会计利润中的 30 000 美元根本不是利润，而是你经营比萨饼店的隐性成本。

此外，会计成本还没考虑以下情况：如果你不用自己的房屋开比萨饼店，就可以将之出租。如果房屋每年的租金是 100 000 美元，那么你自己开比萨饼店就放弃了 100 000 美元的租金收入。所以经营比萨饼店的成本不仅仅是 20 000 美元的原材料，还包括你放弃的 30 000 美元的工资收入和 100 000 美元的租金收入，开比萨饼店的经济成本是 150 000 美元。如果比萨饼店的实际收入只有 100 000 美元的话，你经营比萨饼店实际上亏损了 50 000 美元。

在本书中，我们所提到的成本都是经济成本。经济成本即机会成本，它包括显性（会计）成本和生产过程中所使用资源的隐性成本。

透视商业 1-1　　经济全球化下的企业目标

全球化迫使全世界的企业更加关注盈利能力。这一趋势也出现在日本，历史上日本银行和企业之间的联系使得企业目标模糊化。例如，三井物产株式会社（Mitsui & Co. Ltd）推出"挑战 21 世纪"计划，旨在帮助公司成为日本最大的商业工程公司。公司发言人称：

"（这个计划使我们能够）通过更新管理框架和优化战略资源分配来创造新价值和最大限度地提高盈利能力。我们致力于通过商业操守平衡企业收益与社会责任行为，实现股东价值最大化。"

任何持续经营的公司的最终目标必然是公司价值最大化。最终目标是通过不断达成中间目标来实现的，比如最大限度地降低成本或扩大市场份额。如果你作为经营者无法与时俱进地最大化公司价值，你将处于危险之中，要么公司被其他企业收购（比如杠杆收购），你退出该行业，要么股东选择其他人来取代你。

资料来源："Mitsui & Co., Ltd. UK Regulatory Announcement: Final Results," *Business Wire*, May 13, 2004.

利润的角色

"企业以利润最大化为目标不利于整个社会"，这种观点是错误的。追求利润最大化的人通常被认为自私自利，为多数人所不齿。然而，亚当·斯密（Adam Smith）在《国富论》（*The Wealth of Nations*）中有一段经典论述："我们之所以能够享受每一顿晚餐，并非屠夫、农民、面包师发善心，而是源于他们对自身利益的关心。"

斯密认为，一个企业通过追求自身利益——利润最大化目标——最终将满足社会的需要。如果你不作为摇滚歌唱家谋生，那么人们可能没有机会欣赏到你的演唱，但会关注你在其他领域的才能。如果你每次洗碗都会打碎五个碗，那么你也许更适合去做文字工作或者割草。经济利润给稀缺资源的最优配置提供了信号。当一个企业在既定行业获得了利润，这个行业之外的其他企业的机会成本就会增加。这些企业会意识到，继续留在现有行业就等于放弃利润，这将吸引新企业进入可以获得经济利润的市场。随着更多新企业的进入，市场价格会下降，经济利润也会下降。

利润向资源的拥有者发出信号：社会更青睐哪些行业。将稀缺资源向社会最青睐的行业移动，可以提高整个社会的福利。正如亚当·斯密所言，这种现象的发生不是由于企业主的善心，而是企业利润最大化的利己目标所致。

原　理	利润是信号
	利润向资源的拥有者发出信号，告诉他们社会认为哪个行业的资源最有价值。

五力模型和企业盈利能力

本书将讨论的关键主题是：利润水平、利润增长和利润可持续性受许多相互制约的力量和决策的影响。即便你聪明绝顶，找到了在本季度让股东发大财的战略，也不能保证这些利润的持久性。你必须明白"利润是一个信号"，若你的企业盈利丰厚，那么，现有竞争者和潜在竞争者将尽其所能从中分一杯羹。在接下来的章节中，我们会提供一系列提高利润及维持利润的战略。在这之前，需要围绕企业盈利能力的影响因素构建一个分析框架。

图 1-1 是迈克尔·波特（Michael Porter）提出的五力模型。这个模型将许多复杂的影响行业盈利能力的经济要素归纳为五种作用力：（1）潜在进入者；（2）供应商力量；

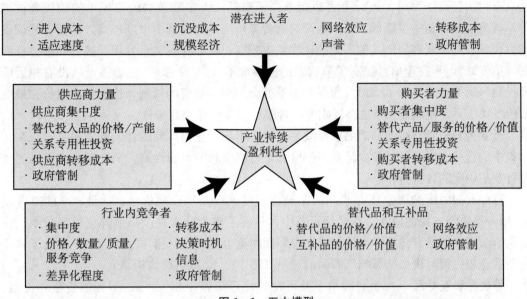

图 1 - 1   五力模型

（3）购买者力量；（4）行业内竞争者；（5）替代品和互补品。接下来将解释这些力量与企业盈利能力之间的关系，同时强调这些力量与本书后续章节内容之间的联系。

潜在进入者   我们将在第 2、7 和 8 章介绍，潜在进入者如何在加剧竞争的同时降低各行业在位企业的利润。在位企业维持长期利润的能力取决于潜在进入者面临的进入壁垒的高低。潜在进入者来自不同领域，包括新成立的公司［温迪（Wendy's）于 20 世纪 70 年代在其创始人戴夫·托马斯（Dave Thomas）离开肯德基之后进军快餐业］，推行全球化战略的海外公司［丰田（Toyota）自 20 世纪 30 年代起在日本生产销售汽车，但直到 20 世纪中期才进入美国市场］，推出新产品的现有公司［苹果公司（Apple）不仅销售电脑，还销售广受欢迎的 iPhone］等。

当然也有很多因素制约着潜在进入者的进入，如图 1 - 1 所示。在后续章节中，你将会了解到，由于以下情况，新进入者很难在短期内获取足够的市场份额来弥补其进入成本：巨大的沉没成本（第 5、9 章）；显著的规模经济（第 5、8 章）；强大的网络效应（模块组 A）；在位企业已经锁定大批忠诚顾客（第 11 章）或者对新进入者实施有力反击（第 10 章、模块组 A）。此外，你还会了解到政府管制如何限制新进入者，如专利和许可证政策（第 8 章）、贸易政策（第 5 章、模块组 B）、法律环境（模块组 B）。你还将学习一系列提高消费者转移成本、阻止其转向潜在进入者的策略，由此降低新进入者侵蚀公司利润的威胁。

供应商力量   当供应商对其产品有较强议价能力时，行业利润往往很低。若供应商产品为标准品且不存在关系专用性投资（第 6 章），产品市场集中度低（第 7 章），存在众多替代投入品（第 5 章），那么，供应商力量相对较弱。在许多国家，政府会通过最高限价或者其他控制手段规制投入品价格（第 2 章、模块组 B），这在某种程度上限制了供应商的利润获取能力。

购买者力量   与供应商情况类似，当顾客或者购买者在产品/服务的优惠交易条件方面具有讨价还价能力时，该行业的利润率趋于降低。大多数消费者市场中的购买者被细分，导致购买者集中度降低。在少数高端消费者市场，购买者集中度较高，消费者的议价能力较强。如果顾客转向其他厂商的转移成本较高，比如存在关系专用性投资和敲竹杠问题（第 6 章），不完全信息提高了消费者的搜寻成本（第 12 章），或者该产品没有相近的替代品（第 2、3、4 和 11 章），购买者力量就会较小。政府的管制，比如最高限价和最低限价（第 2 章、模块组 B）也会影响购买者能否获得优惠交易条件。

行业内竞争者　行业利润的可持续性还取决于该行业内厂商的性质和竞争强度。在相对集中的行业，厂商数量较少且竞争强度低，持续获利的可能性高。第 7 章将详细描述衡量行业集中度的各种指标。

行业利润的影响因素还有产品的差异化程度，以及厂商在价格、数量、产能或者质量/服务品质等方面的博弈。在后续章节中，你将了解为什么在产品差异化程度较小、价格竞争激烈且消费者转移成本低的行业中厂商间竞争更激烈（第 11、12 章），还会了解不完全信息和决策时机如何影响厂商间的竞争（第 10、12 章，模块组 A）。

替代品和互补品　行业利润水平及可持续性还依赖于相关产品/服务的价格和价值。波特最初的五力模型强调替代品对行业盈利能力的侵蚀。在第 2、3、4 和 11 章，你将学习如何运用弹性分析和消费者行为模型衡量替代品的替代程度，同时了解政府政策（比如限制美国从加拿大进口处方药）如何影响替代品的可获性进而影响行业利润。

经济学者和战略专家的最新研究表明，互补品也会影响行业盈利能力。比如微软公司（Microsoft）在操作系统市场的盈利能力的提高，源于大量互补品——从相对便宜的计算机硬件到各种各样的 Windows 兼容应用软件。在第 3、5、10 章和模块组 A，你将了解如何测量互补性以及如何实现协同，从而制定出有效发挥互补性及网络效应的战略。

行业利润水平和可持续性受制于多股相互关联的力量。例如在 20 世纪 70 年代，由于石油（汽车的互补品）的价格大幅上升，美国汽车行业的盈利能力大大削弱。借此机会，日本汽车厂商凭借低油耗的差异化战略进入美国市场，与美国厂商的高油耗汽车竞争，汽油（互补品）价格上升使得日本厂商的汽车更畅销。这对汽车行业的竞争产生了深刻影响，而且这种影响不局限于美国，而是全球性的。

五力模型是帮助管理者把握竞争全局的重要工具，可以用来分析影响行业盈利能力的各种状况，评估不同战略的有效性。但是不能把这个模型当成行业盈利能力影响因素的综合体。五力模型无法很好地阐释优秀的经营决策背后的经济逻辑。

透视商业 1-2　　电脑业的利润与产业演化

当某行业的利润高于其他行业时，新公司将试图进入这个行业；当产生亏损时，一些公司会离开这个行业。这种演化改变了个人电脑业的全球格局。

在个人电脑业起步之初，个人电脑制造商获得了正的经济利润。高利润吸引了新进入者并促使竞争加剧。在过去的 20 年中，尽管个人电脑的运行速度显著提高，存储容量也显著增加，但新进入者导致个人电脑价格和行业盈利能力不断下降。低效率的公司被迫退出市场。

21 世纪初，IBM——曾在 20 世纪 80 年代初进入个人电脑业并开启了电脑新时代——

将它的个人电脑业务出售给了中国的联想。康柏（Compaq）——个人电脑市场的早期领导者——已经被惠普（Hewlett-Packard）收购。一些小型的个人电脑厂商[如戴尔（Dell）和惠普等]，在与传统企业竞争中获利。21世纪初，戴尔的战略开始从直接向消费者销售电脑转向与百思买（Best Buy）和史泰博（Staples）等零售商合作。时间会验证这些战略将如何影响传统电脑企业的长期生存能力，随着消费者快速地从平板电脑转向智能手机，竞争压力将推动个人电脑的价格和行业利润持续下降。

1.2.3 理解激励

利润向资源的拥有者发出了何时进入或者退出某行业的信号。事实上，正是利润的变化激励着资源的拥有者不断改变其资源用途。在企业内部，激励影响了资源利用方式及员工工作的努力程度。有效的管理者必须熟知组织（比如企业）内部各种激励的作用，并且知道如何激发资源的最大化效用。尽管第6章会专门讨论管理决策制定，但在这里有必要概述一下激励制度的构建框架。

在企业内部构建激励制度的第一步是区别"世界/商业是什么"与"你希望它是什么"。许多专家和小企业主在经营中遭遇困境，原因就是没有充分意识到激励在引导他人决策时的重要性。

我的一位朋友奥先生开了一家餐馆，并且聘请了职业经理负责经营，这样他就有时间去做自己喜欢的事。最近我问他生意如何，他说餐馆开张以来一直在赔钱。当问及经理是否努力工作时，他说："我每年付给经理75 000美元的工资，他应该会好好工作。"

奥先生相信经理"应该会好好工作"，但这只是他的希望。个体行为通常受自身利益驱动，这并非否认人们的善良，而是人类的天性如此。人们天然地更关心自身利益。如果奥先生修过管理经济学，就会了解激励管理者并使管理者行为服务于股东最大利益的关键是：设计一套将管理者利益和奥先生利益捆绑在一起的制度，也就是说，经理所做的对自身有利的事情，间接地对奥先生也有利。

因为奥先生不能天天到餐馆监督经理工作，所以他不了解经理的实际工作状况。他聘请经理正是因为他不愿意把时间花在餐馆经营上。每年付给经理75 000美元的工资是一种什么样的激励方式？经理每年得到75 000美元的固定收入——不论其每天工作12小时还是2小时，经理努力工作不会得到奖励，决策错误也不会受到惩罚。不论餐馆的盈利状况如何，他都会得到75 000美元的年薪。

还好，大多数企业主都知道上述案例存在的问题。大公司的企业主也就是股东，他们中的大多数人或许从不会亲临公司，那么如何激励首席执行官（CEO）使之成为有效的管理者呢？很简单，为CEO制订"红利激励计划"——红利与企业的盈利能力直接挂钩。如果企业经营业绩好，CEO可以得到大笔红利；如果经营业绩差，不仅没有红利，还将面临被股东解雇的风险。这种激励方式同样适用于企业内部的中基层管理者——为股东创造价值的管理者将从中获取更多的佣金。如果他们工作不努力，收入就会减少；如果工作非常努力并因此产生高销售额，他们将得到丰厚的奖金。

管理经济学旨在提供一系列方法，帮助决策者作出正确的决策，并且在组织内部建立有效的激励制度。本理论建立在"所有你接触的人都是贪婪的"这一假设前提下，即每个人只对自身利益感兴趣，所以必须加以激励。当然，这种假设是最糟糕的情形，或许你的业务伙伴不像所假设的那样，若能如此幸运，你的工作会轻松得多。

1.2.4　把握市场

在学习微观经济学尤其是管理经济学时，务必牢记市场上的每笔交易都存在两方：买方和卖方。市场运行的最终结果取决于市场中买方和卖方的相对力量。这种力量即消费者和生产者在市场中讨价还价的地位，受经济交易中三类竞争的影响：消费者-生产者竞争、消费者-消费者竞争、生产者-生产者竞争。任何一类竞争都是市场运行过程中的一个约束条件，当然三类竞争对市场的影响程度不同。管理者实现经营目标的能力亦取决于其产品受到这三类竞争影响的程度。

消费者-生产者竞争

消费者-生产者竞争源于消费者和生产者之间的利益冲突。消费者追求低价，而生产者追求高价。也就是说，消费者试图"压榨"生产者，而生产者试图"敲诈"消费者。双方目标的实现受到限制：如果消费者出价太低，生产者会拒绝出售；如果生产者索价过高超出消费者的预期，消费者也会拒绝购买。这两股力量为市场运行提供了天然的制衡力，即便在只有一家厂商（垄断者）的垄断市场中，情况亦是如此。现实中我们经常看到消费者与生产者的"竞争"，如汽车购买者和销售员之间的讨价还价。

消费者-消费者竞争

引导市场运行的第二类竞争发生在消费者之间。消费者-消费者竞争削弱了消费者在市场上的谈判力量。这种情形产生的原因是稀缺性。当商品的供给数量有限时，消费者就会竞相购买，愿意为该稀缺商品支付最高价格的消费者将战胜其他消费者得到该商品（消费该商品的权利）。这种竞争显著地存在于垄断市场中，比如拍卖就是消费者-消费者竞争的最佳案例，第 12 章将会详细讨论拍卖。

生产者-生产者竞争

第三类竞争发生于生产者之间。与前两类竞争不同的是，该竞争只有当市场中存在多个生产者时才会发生，即假定消费者是稀缺的。生产者为获得消费者相互竞争，以最低价格提供最好质量的生产者赢得消费者（为消费者服务的权利）。比如在道路两侧开展价格竞争的两家加油站，就参与了生产者-生产者竞争。

政府和市场

当市场上的任何一方发现自己在竞争中处于不利地位时，往往会游说政府干预以保护自身利益。比如在大多数城镇的电力市场上，通常只有一家本地电力供应商提供电力，不存在生产者-生产者竞争。因此，消费者就会向公用事业委员会施压以限制电力公司的定价权。同样，生产者也可能借助政府干预来提高对消费者或国外竞争者的议价权。政府在规范市场竞争中扮演着重要角色。模块组 B 将重点探讨政府如何影响管理决策。

1.2.5 认识货币的时间价值

决策时限涉及项目的成本发生期和获利期之间的时滞。认识到今天的1美元比未来的1美元值钱非常重要。因为在未来得到1美元的机会成本是今天的1美元所放弃的利息收入。这个机会成本揭示了**货币的时间价值**（time value of money）。要正确估算不同时期的收入和支出的价值，管理者必须理解现值分析法。

现值分析法

现值（present value，PV）指在给定利率水平下，未来的资金折现到当前时刻的价值。假如有人在一年后给你1.1美元（终值），这1.1美元今天的价值（现值）是多少？假如利率为10%，今天投资1美元，一年后这1美元的价值是$1\times1.1=1.1$美元。1美元存一年可以赚得0.1美元的利息。因此，当利率是10%时，一年后得到的1.1美元的现值就是1美元。

通用的现值公式如下。

现值 n年后得到的终值（FV）的现值（PV）是：

$$PV = \frac{FV}{(1+i)^n} \tag{1-1}$$

式中，i为利率。

假设利率为7%，则10年后100美元的现值为50.83美元，因为

$$PV=\frac{100}{(1+0.07)^{10}}=\frac{100}{1.9672}=50.83（美元）$$

也就是说，今天投资50.83美元，利润为7%，10年后该投资价值100美元。

注意式（1-1）分母中的利率i。利率越高，现值越小；利率越低，现值越大。现值反映了终值（FV）和等待机会成本（OCW）之差：$PV=FV-OCW$。利率越高，终值的等待机会成本越高，因此现值就越小。假如利率为0，则终值和现值相等。这也符合式（1-1），利率为0时，$PV=FV$。

这种折现思想可以扩展至一系列终值的折现。比如，你得到的承诺是在第1年年底得到FV_1，在第2年年底得到FV_2，依此类推至n年后，这个总终值的现值为：

$$PV = \frac{FV_1}{(1+i)^1} + \frac{FV_2}{(1+i)^2} + \frac{FV_3}{(1+i)^3} + \cdots + \frac{FV_n}{(1+i)^n}$$

收入流的现值 当利率为i时，未来收入流FV_1，FV_2，$\cdots$，FV_n的现值为：

$$PV= \sum_{t=1}^{n} \frac{FV_t}{(1+i)^t}$$

给定某项目收入流的现值，就可以计算出该项目的净现值。**净现值**（net present value，NPV）指项目所带来的收入流的现值（PV）减去项目当前的成本（C_0）：$NPV=PV-C_0$。若项目净现值为正，则该项目是盈利的，因为项目所获收入的现值超过了项目当前的成本。换言之，净现值为负的项目应该放弃，因为项目的成本超过了其收入流的现值。

净现值 假设某项目当前投资为C_0，第1年年底的收入为FV_1，第2年年底的收入为FV_2，依此类推到n年。假定利率为i，该项目的净现值为：

$$NPV = \frac{FV_1}{(1+i)^1} + \frac{FV_2}{(1+i)^2} + \frac{FV_3}{(1+i)^3} + \cdots + \frac{FV_n}{(1+i)^n} - C_0$$

➡例题 1 - 1

Automated Products 公司的管理者考虑购置一台新机器，成本为 300 000 美元，使用寿命为 5 年。这台机器可以为该公司在第 1 年节约 50 000 美元，在第 2 年节约 60 000 美元，在第 3 年节约 75 000 美元，在第 4 年和第 5 年分别节约 90 000 美元。如果利率为 8%，这台机器所节约的成本的现值是多少？这个管理者该不该购买这台机器？

答：

花费 300 000 美元购置的新机器将在未来 5 年内带来 365 000 美元的成本节约，然而，这项成本节约的现值仅为：

$$PV = \frac{50\ 000}{1.08} + \frac{60\ 000}{1.08^2} + \frac{75\ 000}{1.08^3} + \frac{90\ 000}{1.08^4} + \frac{90\ 000}{1.08^5} = 284\ 679 （美元）$$

新机器的净现值为：

$$NPV = PV - C_0 = 284\ 679 - 300\ 000 = -15\ 321 （美元）$$

因为新机器的净现值为负，所以不应该购买该机器。换言之，管理者将 300 000 美元用于其他投资，每年可获得 8% 的收益，这要高于购买新机器带来的成本节约。

永续资产的现值

一些决策会产生永续的收入流。假如一项资产当期产生收入 CF_0，一年后产生收入 CF_1，两年后为 CF_2，由此无限期持续下去。若利率为 i，该资产的价值应是上述收入流的现值：

$$PV_{资产} = CF_0 + \frac{CF_1}{(1+i)} + \frac{CF_2}{(1+i)^2} + \frac{CF_3}{(1+i)^3} + \cdots$$

这个公式中虽然包含无穷项，但对于具备某些特征的现金流，可以很容易地计算出资产现值。比如，若当期收入为 0（$CF_0 = 0$），则未来各期收入相等（$CF_1 = CF_2 = \cdots$），即该资产在每期末产生相同的收入。未来每期的收入为 CF，那么资产的价值就等于永续年金的现值：

$$PV_{永续年金} = \frac{CF}{(1+i)} + \frac{CF}{(1+i)^2} + \frac{CF}{(1+i)^3} + \cdots$$
$$= \frac{CF}{i}$$

永续资产的典型例子如永久债券和优先股，无限期地在每期末支付给所有者固定的年金。根据上面的公式，若利率固定为 5%，每期末支付 100 美元的永久债券的价值为：

$$PV_{永久债券} = \frac{CF}{i} = \frac{100}{0.05} = 2\ 000 （美元）$$

现值法同样适用于评估企业价值，企业价值就是企业人力、物力及无形资产所产生的利润流（现金流）的现值。如果用 π_0 表示企业当期利润，π_1 表示一年后的利润……企业的价值为：

$$PV_{企业} = \pi_0 + \frac{\pi_1}{(1+i)} + \frac{\pi_2}{(1+i)^2} + \frac{\pi_3}{(1+i)^3} + \cdots$$

　　企业当前价值等于它未来赚取的所有利润的现值。衡量企业价值时要考虑到管理决策对利润的长期影响。经济学家谈及企业的利润最大化目标时，通常指企业价值最大化，即所有未来利润的现值最大。

原　理　　　　　　　　　　　　　　　　**利润最大化**

　　利润最大化指企业价值最大化，包括当期利润和未来利润的现值。

　　描述华尔街分析师评估企业价值时采用的所有分析工具显然超出了本书的范围，但是通过一些简化的假定深入理解企业价值评估还是有必要的。假定企业当期利润为 π_0 且当期利润未分配给股东，同时假定企业利润每年以固定增长率 g 增长，且利润的增长率低于利率（$g < i$）。在此情况下，一年后企业的利润为 $\pi_0(1+g)$，两年后的利润为 $\pi_0(1+g)^2$……据此假设，企业价值为：

$$PV_{企业} = \pi_0 + \frac{\pi_0(1+g)}{(1+i)} + \frac{\pi_0(1+g)^2}{(1+i)^2} + \frac{\pi_0(1+g)^3}{(1+i)^3} + \cdots = \pi_0\left(\frac{1+i}{i-g}\right)$$

　　给定利率和增长率，最大化企业价值（长期利润）等同于最大化企业当期利润（短期利润）π_0。

　　如果当期利润作为红利分配给股东，上述公式会怎样变化？红利分配后，企业价值等于未来利润总额的现值（因当期利润已被分红）。当期利润以股息方式分配完毕（称为除息日）后，企业价值可以简单地用上述方程减去 π_0 得出：

$$PV_{企业分红后} = PV_{企业} - \pi_0$$

对上式进行简化：

$$PV_{企业分红后} = \pi_0\left(\frac{1+g}{i-g}\right)$$

　　由此可见，给定利率和增长率不变，最大化当期利润的战略也可以最大化企业价值。

原　理　　　　　　　**最大化短期利润等同于最大化长期利润**

　　如果利润增长率小于利率且二者都保持不变，那么，最大化当期（短期）利润等同于最大化长期利润。

➡例题 1-2

　　假设利率为 10％，企业预计未来的利润增长率为 5％。企业当期利润为 1 亿美元。

　　(1) 企业的价值（其当期以及未来收益的现值）是多少？

　　(2) 如果企业以红利形式将当期利润分配给股东，企业的价值又是多少？

　　答：

　　(1) 企业价值为：

$$PV_{企业} = \pi_0 + \frac{\pi_0(1+g)}{(1+i)} + \frac{\pi_0(1+g)^2}{(1+i)^2} + \frac{\pi_0(1+g)^3}{(1+i)^3} + \cdots$$

$$= \pi_0 \left(\frac{1+i}{i-g} \right)$$

$$= 1 \times \left(\frac{1+0.1}{0.1-0.05} \right) = 22 \text{（亿美元）}$$

（2）分红前企业现值为 22 亿美元，减去当期被分红的利润 1 亿美元，剩余 21 亿美元；或者可以通过公式来计算：

$$PV_{\text{企业分红前}} = \pi_0 \left(\frac{1+g}{i-g} \right) = 1 \times \left(\frac{1+0.05}{0.1-0.05} \right) = 21 \text{（亿美元）}$$

透视商业 1-3　　　　　加入航空俱乐部

最近，一家航空公司以 450 美元的价格推出为期一年的航空俱乐部会员资格。当然你也可以选择 120 美元的为期 3 个月的会员资格。许多管理者和行政人员想加入该俱乐部，因为俱乐部在旅途中提供安静的工作或休息环境，从而提高了旅途舒适感。

如果想加入俱乐部一年，应该选择支付 450 美元的年费，还是每 3 个月支付 120 美元、全年总计支付 480 美元？为简单起见，我们假设航空公司在未来一年内不会改变 120 美元的季度费用。

表面上看，预付年费可以节省 30 美元，但这种方法忽略了货币的时间价值。若把货币的时间价值考虑在内，提前支付一年的费用是否有利？

选择预付年费方式，所有费用现在付出，其现值是 450 美元。选择每季付费方式，现在仅支付 120 美元，3 个月后支付 120 美元，6 个月后支付 120 美元，9 个月后支付 120 美元。给定利率为 2%，每季付款的现值是：

$$PV = 120 + \frac{120}{1.02} + \frac{120}{1.02^2} + \frac{120}{1.02^3}$$

即

$$PV = 120 + 117.65 + 115.34 + 113.08 = 466.07 \text{（美元）}$$

因此就现值而言，预付年费方式节省了 16.07 美元。如果想加入俱乐部一年并期望在未来一年中季度费用保持不变或上升，提前预付年费是更好的选择。给定利率不变，航空公司提供了一定优惠，但优惠额是 16.07 美元，而不是 30 美元。

企业现值公式适用广泛，上述简化公式假定企业利润增长率不变。然而实践中，企业的投资和营销决策将影响增长率，竞争对手的策略也会影响企业增长率。尽管如此，目前还没有其他工具可取代上述现值公式。接下来理解几个重要概念。

1.2.6　运用边际分析法

边际分析是最重要的管理工具之一，以后章节中将反复提及边际概念。简单来说，边际分析通过边际（或增量）收益和边际（或增量）成本的比较寻求最优决策。比如本课程最优学习时间的确定：（1）增加 1 小时学习时间带来分数提高；（2）增加 1 小时学习时间产生额外成本。只要增加 1 小时学习带来的收益大于成本，增加学习时间就是有利的。一旦增加 1 小时学习的成本大于所带来的收益，就应该停止学习。

假定 $B(Q)$ 指管理者控制下 Q 单位可变要素投入所带来的总收益。根据决策事项，$B(Q)$ 可以指企业生产 Q 单位产品所实现的总收入，也可以是向贫困者发放 Q 单位食品所带来的福利，或者是学习 Q 小时所得到的学习成绩。假定 $C(Q)$ 表示可变要素 Q 的总成本。$C(Q)$ 可以指企业生产 Q 单位产品的总成本，也可以是向贫困者提供 Q 单位食品的总成本，或者是学习 Q 小时的总成本。

离散决策

我们首先考虑决策变量为离散变量的情形。如表 1-1 的第（1）～（3）列所示，控制变量 Q 不能是分数，只能是整数，这是离散问题的基本特征。假定这是一个生产决策，Q 为生产软饮料的加仑数。管理者需决定生产多少加仑的软饮料（如 0 加仑、1 加仑、2 加仑等），不能生产很小的单位（如 1 品脱）。表 1-1 的第 2 列是总收益，第 3 列是总成本。

表 1-1 确定控制变量的最优水平：离散情形

(1)	(2)	(3)	(4)	(5)	(6)	(7)
控制变量 Q	总收益 $B(Q)$	总成本 $C(Q)$	利润 $N(Q)$	边际收益 $MB(Q)$	边际成本 $MC(Q)$	边际净收益 $MNB(Q)$
给定	给定	给定	(2)－(3)	Δ(2)	Δ(3)	Δ(4) 或 (5)－(6)
0	0	0	0	—	—	—
1	90	10	80	90	10	80
2	170	30	140	80	20	60
3	240	60	180	70	30	40
4	300	100	200	60	40	20
5	350	150	200	50	50	0
6	390	210	180	40	60	－20
7	420	280	140	30	70	－40
8	440	360	80	20	80	－60
9	450	450	0	10	90	－80
10	450	550	－100	0	100	－100

管理者的目标是利润最大化：

$$N(Q)=B(Q)-C(Q)$$

式中，Q 为管理控制变量，$N(Q)$ 是总收益超出总成本的利润。利润 $N(Q)$ 在表 1-1 的第（4）列，当生产 5 单位的 Q 时，利润等于 200，达到最大值。

边际分析在利润最大化分析中非常重要，注意以下术语。**边际收益**（marginal benefit）指增加一单位管理控制变量带来的增量收益。例如，第一单位 Q 的边际收益是 90，因为第一单位 Q 使总收益从 0 增加到 90。第二单位 Q 的边际收益为 80，因为当 Q 从 1 增加到 2 时，总收益从 90 增加到 170。每个单位 Q 的边际收益 $MB(Q)$ 列示在表 1-1 的第（5）列。

边际成本（marginal cost）指增加一单位管理控制变量所产生的增量成本。边际成本 $MC(Q)$ 列于表 1-1 的第（6）列。例如，第一单位 Q 的边际成本为 10，因为第一单位 Q 使总成本从 0 增加到 10。同理，第二单位 Q 的边际成本为 20，因为当 Q 从 1 增加到 2 时，总成本增加了 20（从 10 增加到 30）。

边际净收益 $MNB(Q)$ 指由 1 单位 Q 的变化所引起的净收益变化。例如，Q 从 0 增加到 1，表 1-1 中第（4）列的净收益从 0 增加到 80，因此，第一单位 Q 的边际净收益是 80。Q 从 1 增加到 2，净收益从 80 增加到 140，则第二单位 Q 带来的边际净收益是 60。表 1-1 中的第（7）列是边际净收益，它等于边际收益与边际成本之差：

$$MNB(Q) = MB(Q) - MC(Q)$$

表 1-1 揭示出以下显著特征：使用 5 单位的 Q 可以实现净收益最大，此时边际收益等于边际成本（在本例中都等于 50）。为什么当 $MB = MC$ 时净收益达到最大？一个重要原因是：只要边际收益大于边际成本，Q 的增加带来的总收益的增加就将超过总成本的增加，增加管理控制变量有利可图。换言之，边际收益大于边际成本，Q 的增加带来的净收益为正。使用更多的 Q 则净收益增加。比如表 1-1 中当 Q 从 1 单位增加到 2 单位时，总收益增加 80，而总成本仅增加 20，增加 Q 将带来净收益。

原 理　　　　　　　　　　　　边际原理

　　为使净收益最大，管理者应该增加管理控制变量的使用量直至边际收益等于边际成本，即边际净收益为零，超过此点，继续增加控制变量将不会带来更多收益。

注意，表 1-1 中 Q 为 5 单位时净收益最大，但总收益未达到最大。总收益在 Q 为 10 单位时最大，此时边际收益为 0。净收益最大化的 Q 小于总收益最大化的 Q 的原因是：为了获得更多的总收益必须付出成本。净收益最大化目标考虑成本，总收益最大化目标则不考虑成本。比如，企业为实现总收益最大化可能不计成本。再如，备考时为了考出最好成绩而延长学习时间，通常不考虑为此付出的成本。

连续决策

离散决策的基本原理同样适用于有连续变量的情形。表 1-1 中的基本关系可以用图 1-2 重新表述。最上面的图形表示在 Q 为连续变量（不再假定只允许企业生产至少 1 加仑的软饮料，而是可以生产很小的单位）时，不同水平 Q 对应的总收益和总成本。中间的图形表示净收益：$B(Q) - C(Q)$，它等于最上面图形中 B 和 C 的垂直距离。注意：最上面图形中 $B(Q)$ 与 $C(Q)$ 的距离最大时，净收益达到最大。$B(Q)$ 的斜率 $\Delta B/\Delta Q$ 为边际收益，$C(Q)$ 的斜率 $\Delta C/\Delta Q$ 为边际成本。当总收益曲线的斜率与总成本曲线的斜率相等，即 $MB = MC$ 时，净收益最大。

原 理　　　　　　　边际值曲线是总值曲线的斜率

　　当控制变量为连续变量时，给定 Q 的总值曲线的斜率是该 Q 的边际值。给定 Q 的总收益曲线的斜率等于 Q 的边际收益，给定 Q 的总成本曲线的斜率等于 Q 的边际成本，给定 Q 的净收益曲线的斜率等于 Q 的边际净收益。

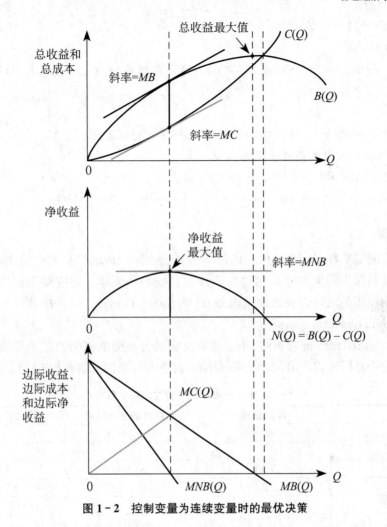

图1-2 控制变量为连续变量时的最优决策

由于函数的斜率等于该函数的导数,上述原理意味着既定函数的导数就是该函数的边际值,因此

$$MB = \frac{\mathrm{d}B(Q)}{\mathrm{d}Q}$$

$$MC = \frac{\mathrm{d}C(Q)}{\mathrm{d}Q}$$

$$MNB = \frac{\mathrm{d}N(Q)}{\mathrm{d}Q}$$

图1-2中最下面的图形描述了边际收益、边际成本和边际净收益。在边际收益曲线和边际成本曲线相交的 Q 值处,边际净收益为零,此时净收益达到最大。

➡例题 1-3

某工程公司通过一项研究得到了其收益和成本函数:

$$B(Y)=300Y-6Y^2$$
$$C(Y)=4Y^2$$

经求导，$MB(Y)=300-12Y$，$MC(Y)=8Y$。经理需要确定最大化利润以及相应的产量 Y。

答：

令 $MB(Y)=MC(Y)$，则 $300-12Y=8Y$。解方程得到最优产量 Y：$Y^*=15$。将 $Y^*=15$ 代入净收益公式可得到最大净收益：

$$N(Y)=300\times15-6\times15^2-4\times15^2=2\,250$$

增量决策

管理者有时需要作出接受或放弃的简单选择。边际分析法在是或否的决策中很有用：如果实施该项目带来的额外收益超过实施该项目的额外成本，则应接受该项目，反之放弃。从决策中获得的额外收益为**增量收益**（incremental revenues），决策产生的额外成本为**增量成本**（incremental costs）。

案例一，Slick Drilling 公司的 CEO 必须决定是否在密歇根州的双子湖地区附近钻井寻找石油。这个地区可以产出 10 000 桶原油。财务人员提供了如表 1-2 所示的相关信息。

表 1-2　新钻井项目的增量成本和增量收益　　　单位：美元

	当期状况	实施新钻井项目后	增量收益和增量成本
总收益	1 740 400	1 923 600	183 200
变动成本			
螺旋钻	750 000	840 000	90 000
临时工工资	500 000	575 000	75 000
总变动成本	1 250 000	1 415 000	165 000
直接固定成本			
设备折旧	120 000	120 000	
总直接固定成本	120 000	120 000	0
间接固定成本			
管理费用	240 000	240 000	
办公设备	30 000	30 000	
总间接固定成本	270 000	270 000	0
利润	100 400	118 600	18 200

在这些财务信息中，与决策相关的数据只是新钻井项目的增量收益和增量成本。务必注意：不论项目是否实施，直接固定成本和间接固定成本都一样，因此，它们与决策无关。相反，实施此项目，收益增加 183 200 美元（即实施该项目带来的增量收益）。为了获得增量收益，需花费 90 000 美元购买螺旋钻、75 000 美元雇用临时工人，这些成本之和 165 000 美元为新钻井项目的增量成本。因为增量收益大于增量成本，所以应该接受这个项目，由此实现增量利润 18 200 美元（表格最后一行数据）。

案例二，假如控制变量的第一单位产生的增量收益大于增量成本（$MB>MC$），第二单位带来的增量收益小于增量成本（$MB<MC$），管理者应放弃第二单位，因为它产生的

成本比收益大。

1.2.7 数据驱动决策

优秀的管理者不是单纯靠猜测来做决策,而是利用数据来驱动决策。感谢数字时代的到来,大多数管理者手上握有大量数据,这也大大提高了管理经济学这门课程的价值,使得管理者能够量化其管理决策(比如公司智能设备的最优定价精确为 87.95 美元),能够量化决策对组织的影响(比如我们希望销售 2 240 万件,增加 4.503 亿美元至损益点)。

越来越多的企业和组织招募了数据分析人员,利用计量法——一种针对经济数据的统计分析方法——来进行定量估计,比如各种管理控制变量如何影响收益和成本。讲授所有经济模型及其背后的统计方法,这显然超出了本课程的内容,但本书还是能够介绍一些基本理念,计量经济学者通常利用它们来估计等式,提炼经济关系,这可以帮助决策者制定合理的定量管理决策。

接下来将介绍的管理原则是,要实现利润最大化,需要扩大产量直到最后一单位的销售收入等于其成本(即边际收入等于边际成本)。这看上去是一个简单的管理原则,优秀的管理者会始终强调这一点,因为在现实世界中,许多经济关系和大量经济决策必然遵守这一基本原则。举个例子,公司的产量(Q)取决于公司雇用了多少劳动力(L)和拥有多少机器(K),以及对员工的激励程度。用数学方法来表示,产量是公司拥有机器和雇用劳动力的函数,$Q=F(K,L)$。同理,所销售产品的数量(Q)依赖于定价 P(向消费者索取的价格),相应的销售量数学公式为 $Q=D(P)$。计量经济学是一种分析工具,利用现实世界的数据来拟合等式,揭示某变量与其他变量背后的数学关系。如果你掌握了相关数据和资料,这些估算就能得出劳动力和机器的最优组合、确定利润最大化的定价、制定其他类型的最优决策。本章接下来讲述如何利用数据来估计需求、成本和竞争环境,从而制定出合理的决策。

利用回归进行估计

数据如何用来估计变量间的函数关系?假定有一些关于被解释变量 Y 和某个解释变量 X 的基本数据。在图中绘出 X 和 Y 的值,可能是图 1-3 中的点 A,B,C,D,E 和 F。很显然这些点不在一条直线上,甚至不在一条平滑曲线上。

计量经济学家的工作是找到一条光滑的曲线或直线以尽可能靠近所有散点。比如,假设计量经济学家认为 Y 和 X 之间存在线性关系,但是这个关系中也存在一些随机偏离。从数学角度来看,Y 和 X 之间的真实关系可能是:

$$Y=a+bX+e$$

式中,a 和 b 是未知参数;e 是一个均值为零的随机变量(通常称为误差项)。由于决定 Y 和 X 预期关系的参数未知,计量经济学家必须找出参数 a 和 b 的具体数值。

注意,任意画出一条通过这些散点的直线,其与真实值之间会存在一些偏差。例如图 1-3 中的直线,它与散点虽然拟合得较好,但如果管理者利用这条直线来估计 X 和 Y,实际数值和直线估计值之间总会有些偏差。比如点 A 和点 D 实际上位于这条线的上方,

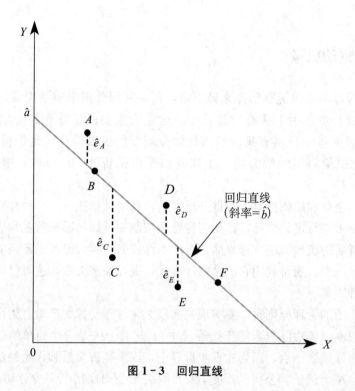

图 1 - 3　回归直线

而点 C 和点 E 位于直线下方。真实点与直线点的偏差由图 1-3 中的虚线表示，即 $\hat{e}_A$，$\hat{e}_C$，$\hat{e}_D$ 和 $\hat{e}_E$。由于直线代表 Y 和 X 的预期关系（或平均关系），这些偏差类似于随机变量方差与均值之间的偏差。

计量经济学家通常借助回归软件包来计算 a 和 b 的大小，这两个值要尽量使真实点与直线点之间的偏差平方和最小。回归直线法就是要寻找使估计值与真实值之间偏差平方和最小的那条直线。a 和 b 的取值通常记为 $\hat{a}$ 和 $\hat{b}$，也称参数估计值，相对应的直线通常称为**最小二乘回归**（least squares regression）。

最小二乘回归法用来寻找一条回归直线，该直线与真实数据值之间的偏差平方和最小。方程 $Y=a+bX+e$ 的最小二乘回归直线可由下式给出：

$$Y = \hat{a} + \hat{b}X$$

式中，$\hat{a}$ 和 $\hat{b}$ 为参数估计值，也就是估计直线与真实数据之间偏差平方和最小时的 a 和 b 的取值。

运用电子软件包如 Excel 中的回归分析，可以很容易地估计需求函数。举例说明：假设某电视机制造商掌握匹兹堡 10 个经销店所售电视机的价格和数量的数据，将价格作为解释变量，将销售数量作为被解释变量，将相关数据输入电子表格，如表 1-3 中前 11 行所示。单击鼠标，电子表格程序就会计算出平均价格和平均数量，显示在第 12 行。接下来点击回归按钮，得到回归结果，显示在第 16~33 行。其中，单元格 32B 显示电视机需求函数的截距的估计值为 1 631.47，单元格 33B 则显示价格系数的估计值为 -2.60。因此，拟合的电视机线性需求函数为：

$$Q = 1\,631.47 - 2.60P$$

表 1-3　运用电子表格进行回归分析

	A	B	C	D	E	F	G
1	观测值	数量	价格				
2	1	180	475				
3	2	590	400				
4	3	430	450				
5	4	250	550				
6	5	275	575				
7	6	720	375				
8	7	660	375				
9	8	490	450				
10	9	700	400				
11	10	210	500				
12	平均值	450.50	455.00				
13							
14							
15							
16	回归统计						
17							
18	多元 R	0.87					
19	R^2	0.75					
20	调整的 R^2	0.72					
21	标准差	112.22					
22	观测值个数	10.00					
23							
24	方差分析						
25		自由度	平方和	均方	F 统计量	F 显著性	
26	回归	1.00	301 470.89	301 470.89	23.94	0.001 2	
27	残差	8.00	100 751.61	12 593.95			
28	总计	9.00	402 222.50				
29							
30		系数	标准差	t 统计量	P 值	95% 下限	95% 上限
31							
32	截距	1 631.47	243.97	6.69	0.000 2	1 068.87	2 194.07
33	价格	−2.60	0.53	−4.89	0.001 2	−3.82	−1.37

注意：电子表格程序还会给出有关回归式与估计系数的详细统计信息。利用这些统计量，能对系数估计量的显著性进行检验并评价回归效果。

估计系数的显著性检验

表 1-3 中第 30～33 行的回归结果，给出了有关需求函数参数估计值的统计信息。单元格 32B 和单元格 33B 的系数仅是参数估计值。利用实际需求的不同数据，得到的参数估计值也会不同。估计系数的标准差表明根据实际需求的不同观测值进行回归分析得出的估计系数的偏差程度。估计系数的标准差越小，说明根据不同实际需求数据（不同数据样本）计算的估计偏差就越小。

在回归分析中，如果技术选择、回归假定、样本采集和误差均值等遵循相应准则，最小二乘估计值应该是真实需求的无偏估计值。此外，如果 e_i 是相互独立且服从同一正态分布的随机变量，则系数估计值的标准差可用来构造置信区间并进行显著性检验。下面将讨论这些技术。

置信区间　假设变量服从上述技术假定，给定一个参数估计值及其标准差，管理者可以通过构造 95% 的置信区间来估算真实值距离估计系数的上下限，这是一个非常有用的经验法则，回归分析软件包可以算出回归式中每个估计系数的置信区间。例如表 1-3 中最后两个单元格显示价格系数在 95% 置信区间的上限为 -1.37、下限为 -3.82。价格系数估计值为 -2.60，位于上下限的中间。因此价格系数的最优估计值是 -2.60，以 95% 的置信度认为其真实值位于 -3.82～-1.37 之间。

原　理　　　　　　　　　　　**95%置信区间的经验法则**

如果回归方程中参数估计量为 $\hat{a}$ 和 $\hat{b}$，则 a 和 b 真实值的 95% 置信区间可以分别近似表示为：

$$\hat{a} \pm 2\sigma_a$$
$$\hat{b} \pm 2\sigma_b$$

式中，σ_a 和 σ_b 分别为 $\hat{a}$ 和 $\hat{b}$ 的标准差。

---

t 统计量　参数估计值的 **t 统计量**（t-statistic）指该参数估计值与其标准差的比率。假如参数估计值为 $\hat{a}$ 和 $\hat{b}$，其标准差分别为 σ_a 和 σ_b，则 $\hat{a}$ 的 t 统计量为：

$$t_a = \frac{\hat{a}}{\sigma_a}$$

$\hat{b}$ 的 t 统计量为：

$$t_b = \frac{\hat{b}}{\sigma_b}$$

当参数估计值的 t 统计量的绝对值很大时，可以判定真正的参数值不为零。因为当 t 统计量的绝对值很大时，相对于参数估计值（注意采用绝对值），参数估计值的标准差很小。所以可以确认，给定一个真实模型的不同数据样本，新的参数估计值将落在同一取值范围内。

经验法则是：当 t 统计量的绝对值大于等于 2 时，相应的参数估计值在统计上显著不为零。回归软件包给出的 P 值是准确测量统计显著性的工具。例如表 1-3 的单元格 33E 中，价格系数估计值对应的 P 值是 0.001 2，这意味着价格系数实际值为零的概率为 12/10 000。因此系数估计值的 P 值越小，估计值越可信。

研究者通常认为 P 值小于等于 0.05 时，即可判定系数估计值在统计上是显著的。如果 P 值等于 0.05，即认为系数估计值在 5% 的水平上显著。注意表 1-3 列出的价格系数 P 值为 0.001 2，即价格估计值在 0.12% 的水平上显著且显著性很高。注意：P 值与置信区间一样，假定回归方程的误差项相互独立且服从同一正态分布。

非线性回归和多元回归

　　上述方法既可用于单解释变量的线性需求函数估计，也可用于非线性需求函数估计，还可用于多元回归——估计需求量取决于多个解释变量（如价格、收入、广告等）的需求函数。

　　非线性回归函数　有时，数据显示出非线性特征。如图 1-4 所示，价格（P）和数量（Q）呈非线性关系：需求函数是曲线，对数线性需求函数也是曲线。

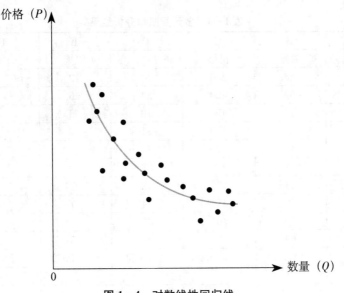

图 1-4　对数线性回归线

　　为了估计对数线性需求函数，计量经济学家在采用回归方法之前先给出价格和数量的对数形式：

$$\ln Q = \beta_0 + \beta_P \ln P + e$$

通过电子表格程序计算时，假定 $Q' = \ln Q$ 和 $P' = \ln P$，上述需求函数变形为：

$$Q' = \beta_0 + \beta_P P' + e$$

Q' 和 P' 呈线性关系，对变形后的函数（转化为 Q' 和 P' 的关系）进行回归求解参数估计值。回想一下，对数线性需求的 β_P 估计值就是需求价格弹性。

　　多元回归　一般来说，商品的需求不仅取决于商品的价格，还取决于其他影响因素。回归技术可以解决多元回归问题——一个因变量对多个自变量的回归。若变量间为线性需求关系，可能的需求函数如下：

$$Q_x^d = \alpha_0 + \alpha_x P_x + \alpha_y P_y + \alpha_M M + \alpha_H H + e$$

式中，α_0，α_x，α_y，α_M，α_H 是待估参数；P_y，M 和 H 是影响需求的其他因素；e 是随机误差项（误差项均值为零）。若需求量与解释变量非线性相关，也可以采用对数线性形式：

$$\ln Q_x^d = \beta_0 + \beta_x \ln P_x + \beta_y \ln P_y + \beta_M \ln M + \beta_H \ln H + e$$

注意，观测值数目大于待估参数数目，则利用电子表格中的标准回归找到最小化回归误差平方和的参数。多元回归的 R^2、F 统计量、t 统计量和置信区间与前文所述一致。具体见以下例题。

➡例题1-4 ～～～～～～～～～～～～～～～～～～～～～～～～～～～～～～～～～～～

FCI公司在大学城拥有10幢大楼并出租给学生，每幢大楼有100套公寓，但是高达50％的空置率导致FCI面临现金流问题。每套公寓的基础设施相似，但有些大楼离校园较近，有些较远。FCI有上年的出租公寓数量、出租价格和广告支出等数据，这些数据和每幢大楼与校园的距离列示在表1-4中的第1～11行。FCI对公寓需求量和价格、广告、距离进行回归，回归结果见表1-4中的第16～35行。FCI的估计需求函数是什么？如果FCI将租金提高100美元，租出公寓的数量将发生什么变化？从这个分析中可以得出什么结论？

表1-4　多元回归和分析结果

	A	B	C	D	E	F	G
1	观测值	数量	价格	广告	距离		
2	1	28	250	11	12		
3	2	69	400	24	6		
4	3	43	450	15	5		
5	4	32	550	31	7		
6	5	42	575	34	4		
7	6	72	375	22	2		
8	7	66	375	12	5		
9	8	49	450	24	7		
10	9	70	400	22	4		
11	10	60	375	10	5		
12	平均值	53.10	420.00	20.50	5.70		
13							
14							
15							
16	回归统计						
17							
18	多元 R	0.89					
19	R^2	0.79					
20	调整的 R^2	0.69					
21	标准差	9.18					
22	观测值个数	10.00					
23							
24	方差分析						
25		自由度	平方和	均方	F 统计量	F 显著性	
26	回归	3.00	1 920.99	640.33	7.59	0.018 2	
27	残差	6.00	505.91	84.32			
28	总计	9.00	2 426.90				
29							

续表

	A	B	C	D	E	F	G
30		系数	标准差	t 统计量	P 值	95%下限	95%上限
31							
32	截距	135.15	20.65	6.54	0.000 6	84.61	185.68
33	价格	−0.14	0.06	−2.41	0.050 0	−0.29	0.00
34	广告	0.54	0.64	0.85	0.429 6	−1.02	2.09
35	距离	−5.78	1.26	−4.61	0.003 7	−8.86	−2.71

答：

令 Q，P，A 和 D 代表出租公寓的数量、价格、广告和距离，根据统计结果得出以下需求函数：

$$Q = 135.15 - 0.14P + 0.54A - 5.78D$$

价格的系数为 −0.14，说明价格每提高 100 美元，需求量将减少 14 单位。

注意：除了广告系数，其他评估参数在 5% 的显著性水平上显著，因此广告对公寓需求的影响不显著。与学校的距离是影响公寓需求的显著因素，距离系数的 t 统计量的绝对值大于 4，P 值是 0.37%，基于 95% 置信区间的上限和下限，可以断定距校园每远 1 英里，FCI 将减少 2.71～8.86 个租房者。

因为 FCI 无法将公寓搬到离校园更近的位置，而且广告对需求没有显著影响，所以为了提高现金流，FCI 可以采取的措施是降低富有弹性的公寓的租金。

一个提示

学习了如何解释回归分析结果以及如何运用该结果识别产品需求之后，要注意的是：需求函数并不是教科书虚构的，而是管理者利用恰当的计量方法和数据得到的。

还需要重点强调一下，经济计量学在经济学中是一个非常专业的领域，需要经过多年的学习及大量的练习才能掌握其分析方法。就好像一名眼科医生，仅阅读生物教科书中有关眼睛的知识就实施准分子激光手术（LASIK）是不谨慎的。一个严谨的管理者通常借助专家（如经济专家或顾问）来开展计量分析并从专家处获取其对需求的估计。除非你精通计量知识，掌握大量远远超出管理经济学教科书和电子表格范畴的计量知识（比如内生性、样本选择、异方差、自相关和不可观测效应），否则，最好将这些计量经济学知识仅作为与计量专家沟通（解释分析结果）的工具。

➡ 1.3 如何学习管理经济学

在继续学习之前，有必要给大家一些如何学好管理经济学的提示。精通经济学就像演奏乐器或者骑自行车，最有效的方法就是练习、练习、再练习。练习如何决策，多做正文中和每章后的习题。做练习之前先理解相关的经济学术语。

理解经济学术语有两个目的：第一，经济学家使用定义和公式的目的是力求精确。经济学面对的问题很复杂，经济学术语可以将复杂问题简化为可控变量，从而避免混乱和歧义。第二，准确的术语有助于实践者进行更有效的交流和沟通。如果每个人都用自己的语言表达思想，交流会很困难，术语是交流和分析不同经济现象的有效工具。

理解经济学术语就像理解音乐中的音符，如果不理解全音符和四分音符的区别，除非是极有天赋的音乐家，否则人们在演奏乐器或者与音乐家切磋曲目时会非常困难。在理解音乐语言的前提下，任何人只要肯花时间练习，就能演奏出美妙的乐曲。学习经济学亦如此。只有理解经济学术语并花时间去练习，才能学好管理经济学。

 开篇案例解读

拉尔夫为什么被解雇？作为外语分部的管理者，他依赖营销部来预测销售，根据法律部对合同和版权的建议作出决策。他得到的销售预测信息是准确的，但是法律部没有预测到销售 Magicword 软件所带来的侵权后果。也就是说，管理者有时会得到错误信息。

开篇案例真正想揭示的问题是：拉尔夫没有根据他所掌握的信息作出正确决策。拉尔夫决定向 Magicword 软件投入 2 000 万美元，以期每年带来 700 万美元的年销售额。假定该项目没有其他成本，购买 Magicword 软件的预计净现值是：

$$NPV=\frac{7\ 000\ 000}{(1+0.07)^1}+\frac{7\ 000\ 000}{(1+0.07)^2}+\frac{7\ 000\ 000}{(1+0.07)^3}-20\ 000\ 000=-1\ 629\ 788（美元）$$

也就是说，Amcott 公司购买 Magicword 软件带来的损失将超过 160 万美元。

拉尔夫被解雇，不是因为法律部的失误，而是因为他本人缺乏管理能力。诉讼案发生后，Amcott 公司的股东认为拉尔夫没有正确评价相关信息。拉尔夫被解雇是由于他没有意识到货币的时间价值。

概念题和计算题

1. 西南航空公司（Southwest Airlines）启动了一项"行李免费"活动，第一件和第二件行李不收费，这种情况是生产者-生产者竞争、消费者-消费者竞争还是生产者-消费者竞争？请解释。

2. 如果一笔资金在以后 5 年内每年会产生 250 000 美元的收入，但其机会成本为 8%，你目前愿意为其支付的最高金额为多少？

3. 假设某活动的总收益和总成本函数如下：

$B(Q)=100+36Q-4Q^2$，$C(Q)=80+12Q$

注意：$MB(Q)=36-8Q$，$MC(Q)=12$。

（1）请列出净收益方程。

（2）当 $Q=1$ 时，净收益是多少？当 $Q=5$ 时，净收益是多少？

（3）列出边际净收益方程。

（4）当 $Q=1$ 时，边际净收益是多少？当 $Q=5$ 时，边际净收益是多少？

（5）净收益最大时的 Q 是多少？

（6）在净收益最大的 Q 值下，边际净收益是多少？

4. 某企业当期利润为 900 000 美元。预计利润每年以固定比率 2% 增长。如果企业资金的机会成本为 4%，请确定企业在以下时点的价值：

（1）企业把当期利润作为红利分配掉之前。

（2）企业把当期利润作为红利分配掉之后。

5. 如果优先股永续股利为每年120美元，当利率为3%时，该优先股的价值是多少？

6. 完成下表并回答问题：

（1）净收益最大时的控制变量是多少？

（2）控制变量处于该水平时，边际收益与边际成本有何种关系？

控制变量 Q	总收益 $B(Q)$	总成本 $C(Q)$	净收益 $N(Q)$	边际收益 $MB(Q)$	边际成本 $MC(Q)$	边际净收益 $MNB(Q)$
100	1 200	950		210	60	
101	1 400				70	
102	1 590				80	
103	1 770				90	
104	1 940				100	
105	2 100				110	
106	2 250				120	
107	2 390				130	
108	2 520				140	
109	2 640				150	
110	2 750				160	

7. 据估计，今年全美最佳的MBA课程的学习机会有30个，但会有超过100 000名学生申请。

（1）利用净现值和机会成本的概念，解释个人攻读MBA学位的原因。

（2）如果拥有MBA学位的管理者的起薪不变，没有MBA学位的管理者的起薪却减少20%，你预期申请者的数量会发生怎样的变化？

8. 杰妮（Jaynet）每年用于绘画材料和储藏室的开支是30 000美元。最近她得到了一家著名营销公司的两份工作邀请：一份工作的年薪是110 000美元；另一份工作的年薪是80 000美元。但她拒绝了这两份工作而继续自己的绘画事业。假设杰妮每年可以卖出25幅画，每幅画的价格为8 000美元。

（1）她每年的会计利润是多少？

（2）她每年的经济利润是多少？

9. 假设总收益来源于持续变量 Q，而且 $B(Q)=20Q-2Q^2$，相应成本为 $C(Q)=4+2Q^2$，因此，$MB(Q)=20-4Q$，$MC(Q)=4Q$。

（1）当 $Q=2$ 时，总收益是多少？当 $Q=10$ 时，总收益是多少？

（2）当 $Q=2$ 时，边际收益是多少？当 $Q=10$ 时，边际收益是多少？

（3）总收益最大化时，Q 为多少？

（4）当 $Q=2$ 时，总成本是多少？当 $Q=10$ 时，总成本是多少？

（5）当 $Q=2$ 时，边际成本是多少？当 $Q=10$ 时，边际成本是多少？

（6）总成本最小时，Q 为多少？

（7）净收益最大时，Q 为多少？

10. 一个业主以每年 120 000 美元出租其房屋 3 年。维修这一房屋的显性成本是 40 000 美元，隐性成本是 55 000 美元。所有收入都已到账，费用在每年年底产生。如果利率为 4%，确定该现金流的现值：

(1) 会计利润。

(2) 经济利润。

问答题和应用题

11. 你最近获悉，你所工作的公司正准备以 500 000 美元的价格出售。公司的利润表显示公司当期利润为 25 000 美元，已经作为红利分配给股东。假设公司是永续经营的且利率维持在 9% 不变，请问：公司的所有者估算的企业每年的利润增长率是多少？这个增长率合理吗？

12. 你打算为公司的休息室购买一台冰箱，已经考察了两种型号的冰箱。一种是节能冰箱，售价为 700 美元，在未来 5 年中每年可为公司节约电费 45 美元。另一种是普通冰箱，售价仅为 500 美元，但是不能节约电费。假设资金的机会成本为 6%，你应该购买哪种冰箱？

13. 假设你是一家著名零售企业的人力资源经理，正试图说服老板改变员工的薪酬结构。目前企业按照每小时 20 美元、每天工作 8 小时的标准付酬给销售人员。你提出了一个新的薪酬方案，即将每位员工的工资降为每小时 10 美元，但外加企业每日利润 1% 的提成。预计企业每天的最大利润为 25 000 美元。请列出你提出方案的主要理由。

14. 杰米（Jamie）准备辞去当前年薪 75 000 美元的工作，成立一家新公司为智能手机开发应用程序。根据市场调查，第 1 年她可以每单位 4 美元的价格卖出 50 000 单位产品。新公司每年的管理和运营费为 145 000 美元，杰米预期利润率为 20%，比竞争对手高 5 个百分点。

(1) 如果杰米决定创办这家企业，第 1 年运营的会计成本是多少？隐性成本是多少？机会成本又是多少？

(2) 如果杰米第 1 年的销售价格低于原来预计的销售价格，为了产生正的会计利润，总收益应该是多少？要产生正的经济利润，总收益又应该是多少？

15. 在美国，酗酒和吸毒者大概有 1 400 万人。联邦政府估计，这些瘾君子使医疗费用增加、生产率下降，每年造成大约 3 000 亿美元的损失。尽管市场巨大，但很多制药公司不愿意投资开发治疗药物。但是 Drug Abuse Sciences（DAS）公司是一个例外。到目前为止，这家公司已经在研发上投入 2 亿美元，现在面临两种选择：放弃该计划，或者继续增加投资 6 000 万美元。资金的机会成本为 5%，从取得美国食品药品监督管理局的许可到药品上市至少需要 5 年时间。这种药品预计的年利润如下表所示（单位：美元）。公司应该继续该药品的研发还是选择放弃？请解释。

第 1 年	第 2 年	第 3 年	第 4 年	第 5 年	第 6 年	第 7 年	第 8 年	第 9 年
0	0	0	0	12 000 000	13 400 000	17 200 000	20 700 000	22 450 000

16. 作为世界上最大的汽车制造商的营销经理，你负责一款新型节能赛车的广告宣传。你的支持团队已经准备好下表，其中总结了（年终）的盈利能力、估计的销量、平均

售价以及不同广告的投放效果。广告所用资金的最佳其他用途的投资回报率为9%。考虑到广告成本与收益延滞（如在中、高的广告强度下，第1年和第2年预测利润较低），为了使公司的价值最大化，团队负责人建议投放较低强度的广告。你同意吗？请解释。

广告强度	利润（百万美元）			销售单位（千辆）			平均销售价格（美元）		
	第1年	第2年	第3年	第1年	第2年	第3年	第1年	第2年	第3年
高	20	80	300	10	60	120	35 000	36 500	38 000
中	40	80	135	5	12.5	25	35 800	36 100	36 300
低	75	110	118	4	6	7.2	35 900	36 250	36 000

17. 一个软件制造商的会计部门主管，要求你汇总可能的增长情况下的公司价值。假设该公司的多个部门永远保持单一实体。经理担心的是，尽管公司的竞争对手目前比较少，但它们的年收入增长已经超过过去5年的50%。她要求根据公司目前的利润32亿美元（尚未支付给股东）和过去20年的平均利率（6%）作出价值预测。以下是可能的利润增长情况：

（1）利润以每年9%的速度增长。

（2）利润以每年2%的速度增长。

（3）利润每年不变。

（4）利润以每年4%的速度下降。

18. 假设你的一个客户已退休4年，只有2 500美元的税前收入可投入Roth个人退休金账户或传统的退休金账户。传统的退休金账户允许投资者投入全部的2 500美元（这些收入免税），但是利息的增值收入要交税。投入Roth账户的收入不会像这样扣税。假如个人所得税税率为25%，投资者的税后收入为1 875美元，Roth账户的增值收入免税。你的公司已经决定针对Roth账户免收50美元的一次性开办费，投资者开设传统的退休金账户仍需支付50美元的开办费。假设这个客户预计自己的税率在退休期间将保持在19%，并将获得稳定的7%的回报，她会更喜欢传统的退休金账户还是Roth账户？

19. BankGlobal是一家大型商业银行，在多个国家开展业务。你是BankGlobal运营部的管理者，正决定是否在美国市场推出一项新的广告活动。会计部门提供了相应的数据，总结了广告宣传活动对美国业务的财务影响（见下表）。此外，你最近接到了一位负责海外运营的同事的电话，她表示如果在美国开展广告宣传，她的部门会损失800万美元。你的目标是BankGlobal的价值最大化。你应该开展这项广告活动吗？请解释。

美国广告宣传活动的财务影响　　　　　　　　　　　　　单位：美元

	广告活动前	广告活动后
总收益	18 610 900	31 980 200
变动成本		
电视广播	5 750 350	8 610 400
广告设计人工	1 960 580	3 102 450
总变动成本	7 710 930	11 712 850
直接固定成本		
折旧——电脑设备	1 500 000	1 500 000

续表

	广告活动前	广告活动后
总直接固定成本	1 500 000	1 500 000
间接固定成本		
管理者工资	8 458 100	8 458 100
办公设备	2 003 500	2 003 500
总间接固定成本	10 461 600	10 461 600

20. 据《华尔街日报》报道，第一季度并购活动的交易金额上升到 53 亿美元，其中约 3/4 的交易发生在信息技术（IT）公司。本季度最大的 IT 交易是 EMC 公司以 6.25 亿美元收购 VMWare 公司。该收购扩大了 EMC 的核心数据存储设备业务，包括使多个操作系统（如微软的 Windows，Linux 和 OS X）能同时在相同的英特尔服务器和工作站独立运行的软件技术。假设经济疲软使得许多分析师预测 VMWare 公司的利润将来只能保持 2% 的增长，而公司的年净收入为 3 960 万美元。如果 EMC 预计资金的机会成本为 9%，作为一名分析师，你怎么看待这次收购？如果 EMC 有确切数据表明在可预见的未来，经济扩张将促使 VMWare 的预计年增长率为 4%，你的结论会改变吗？请解释。

21. 欧盟出台了一项针对来自俄罗斯、日本、韩国和美国等的晶粒取向电工钢（GOES）的五年期的贸易保护法案，法案内容涉及 GOES 运输的最低进口价格（来自上述国家）。这一法案被认为是对进口商的惩罚，据称是要降低这些国家的 GOES 在欧洲市场倾销（比如售价低于成本）。欧洲钢铁协会公布了这一计划，强调这将有助于保护钢铁产业的重要部门。然而变压器制造商（它们的产品需要用进口的 GOES）公开反对这个最低价格计划，它们认为这个计划会导致 GOES 的产品价格大幅升高，从而使变压器企业不得不缩减规模或者将生产部门搬离欧洲。请描述一下案例中的不同力量，利用五力模型来分析这个产业。

22. 你是当地一家电子产品商店（LES）的管理者，该店是一个销售相机和电子产品的小型实体店。一个员工提出了一种新的在线策略：建议 LES 将其产品放到一个价格比较网站 Pricesearch.com 上，便于消费者看到销售同类商品的零售商的价格。你认为这一策略能使 LES 实现可持续的经济利润吗？请解释。

23. 两个月前，一家汽车经销店的老板改变了其销售经理的薪酬计划。在旧计划中，每月付给经理 6 000 美元的工资；根据新计划，销售经理得到每辆车销售价格 2% 的提成。在过去的两个月中，汽车销量增长了 40%，但经销店的利润明显下降。销售经理说："消费者喜欢便宜的产品，我不得不批准大幅降价以保持竞争力。"你会给经销店的老板什么建议？

24. 去年，MedSupplies——一家国际医疗器械公司——遭遇了 6 年来的第一次亏损。投资人对此感到吃惊，因为这是一个不断增长的行业。分析师达成了一致的看法，认为亏损责任在于 MedSupplies 国际销售部的经理海蒂·史蒂文斯（Heidi Stevens）。史蒂文斯负责招募公司的销售人员，过去几年中，她大大地扩张了销售队伍。在医疗行业，一个通行的观点是销售收入会随着销售队伍的扩张而增长。但是每个新员工带来的收入增长远不及现有员工，最大销售红利已经消失了，而销售人员的工资仍然保持不变。分析师将总结的问题画了一张图。他们指出，史蒂文斯所雇用的销售队伍已经超出了 A 点，认为销售队伍已经过于庞大。但史蒂文斯回答："在这张图上，我当然会选择 A 点，低于这一点说明公司的运转不达标。"分析师和史蒂文斯都同意选择 A 点作为销售队伍的规模，但是他们的理由并不相同，谁的观点正确？

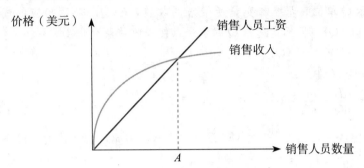

25. 数字市场的分析师收集了一家企业的网络分析范围的数据（X）、每位顾客的成本（C），以及每位顾客的广告收入（R），通过回归分析，得到了以下表格。

C 对 X^2 的回归

	系数	标准差	t 统计量	P 值	95%下限	95%上限
截距	0.739	2.498	0.296	0.768	-4.208	5.686
X^2	0.103	0.008	12.958	1.7E-24	0.088	0.119

R 对 X 和 X^2 的回归

	系数	标准差	t 统计量	P 值	95%下限	95%上限
截距	24.598	9.092	2.706	0.008	6.594	42.602
X	11.092	1.323	8.384	1.3E-13	8.472	13.712
X^2	-0.100	0.044	-2.274	0.025	-0.188	-0.013

（1）列出人均收入与网络分析范围的函数。X 和 X^2 在统计上显著吗？

（2）假定企业的顾客数量与 X 是独立的，由此可以得出针对网络分析范围的边际收入或边际利润函数 $MB(X) = 11.092 - 0.2X$，边际成本函数 $MC(X) = 0.206X$。遵循假定，多大的网络分析范围能够带来利润最大化？

（3）列出人均成本对网络分析范围的函数。X^2 在统计上显著吗？请解释。

选读材料

Anders, Gary C.; Ohta, Hiroshi; and Sailors, Joel, "A Note on the Marginal Efficiency of Investment and Related Concepts." *Journal of Economic Studies* 17(2), 1990, pp. 50–57.

Clark, Gregory, "Factory Discipline." *Journal of Economic History* 54(1), March 1994, pp. 128–63.

Fizel, John L., and Nunnikhoven, Thomas S., "Technical Efficiency of For-Profit and Nonprofit Nursing Homes." *Managerial and Decision Economics* 13(5), September–October 1992, pp. 429–39.

Gifford, Sharon, "Allocation of Entrepreneurial Attention." *Journal of Economic Behavior and Organization* 19(3), December 1992, pp. 265–84.

McNamara, John R., "The Economics of Decision Making in the New Manufacturing Firm." *Managerial and Decision Economics* 13(4), July–August 1992, pp. 287–93.

Mercuro, Nicholas; Sourbis, Haralambos; and Whitney, Gerald, "Ownership Structure, Value of the Firm and the Bargaining Power of the Manager." *Southern Economic Journal* 59(2), October 1992, pp. 273–83.

Parsons, George R., and Wu, Yangru, "The Opportunity Cost of Coastal Land-Use Controls: An Empirical Analysis." *Land Economics* 67, August 1991, pp. 308–16.

Phillips, Owen R.; Battalio, Raymond C.; and Kogut, Carl A., "Sunk Costs and Opportunity Costs in Valuation and Bidding." *Southern Economic Journal* 58, July 1991, pp. 112–28.

Pindyck, Robert S., "Irreversibility, Uncertainty, and Investment." *Journal of Economic Literature* 29, September 1991, pp. 1110–48.

附录 A　净收益最大化的计算

本附录给出净收益最大化法则的微积分推导，管理者必须使边际收益和边际成本相等。

$B(Q)$ 表示 Q 单位管理控制变量所带来的收益，$C(Q)$ 表示相应的成本。净收益为 $N(Q)=B(Q)-C(Q)$。目标是选择 Q 的水平以使净收益最大化：

$$N(Q)=B(Q)-C(Q)$$

极大值的一阶条件为：

$$\frac{dN}{dQ}=\frac{dB}{dQ}-\frac{dC}{dQ}=0$$

$\frac{dB}{dQ}=MB$ 为边际收益，同时 $\frac{dC}{dQ}=MC$ 为边际成本。因此，极大值的一阶条件为：

$$\frac{dB}{dQ}=\frac{dC}{dQ}$$

或者

$$MB=MC$$

二阶条件是，函数 $N(Q)$ 是凹的，用数学法就是净收益函数的二阶导数为负值：

$$\frac{d^2N}{dQ^2}=\frac{d^2B}{dQ^2}-\frac{d^2C}{dQ^2}<0$$

注意，$d^2B/dQ^2=d(MB)/dQ$，同时 $d^2C/dQ^2=d(MC)/dQ$。因此，二阶条件可以改写为：

$$\frac{d^2N}{dQ^2}=\frac{dMB}{dQ}-\frac{dMC}{dQ}<0$$

换言之，边际收益曲线的斜率必须小于边际成本曲线的斜率。

➡例题 1-5

假设 $B(Q)=10Q-2Q^2$，同时 $C(Q)=2+Q^2$。管理控制变量 Q 为多大时可以实现净收益最大？

答：

净收益为：

$$N(Q)=B(Q)-C(Q)=10Q-2Q^2-2-Q^2$$

取 $N(Q)$ 的一阶导数并使之为 0，得

$$\frac{dN}{dQ}=10-4Q-2Q=0$$

解得 $Q=10/6$。为了验证这个点是否为极大值，必须检验 $N(Q)$ 的二阶导数是否为负：

$$\frac{d^2N}{dQ^2}=-4-2=-6<0$$

因此，$Q=10/6$ 的确是最大值。

附录 B：回归直线的总体拟合程度

除了评估一个或多个系数的统计显著性，还需要衡量整条回归直线的拟合准确度。通常用到两个参数：R^2 和 F 统计量。

R^2

表 1-3 中第 18~20 行的数据说明回归直线在多大程度上拟合了被解释变量（本例中

销售数量是被解释变量，价格是解释变量）观测值的样本。R^2（也称可决系数）揭示被解释变量的总体变动由回归所解释的程度，R^2 等于回归误差平方和（$SS_{回归}$）与总误差平方和（$SS_{总计}$）之比，用公式表示如下：

$$R^2 = \frac{可由回归解释的变动}{总偏差} = \frac{SS_{回归}}{SS_{总计}}$$

比如，表1-3的单元格26C中，回归误差平方和为301 470.89；单元格28C中，总误差平方和为402 222.50。因此 R^2 为 0.75（＝301 470.89/402 222.50）。这说明估计需求方程（回归直线）可以解释10个经销店样本中电视机销售量总体变动的75%。大部分电子表格的回归软件包都有 R^2 的自动计算功能，如表1-3中的单元格19B所示。

R^2 的取值范围为 0～1，即

$$0 \leqslant R^2 \leqslant 1$$

R^2 越接近1，说明估计回归方程对真实数据的总体拟合度越好。但绝不能简单地认为 R^2 接近1就是一个好的拟合。比如，时间序列分析中 R^2 通常超过0.9；但在截面数据分析中，R^2 低于0.2也很常见。R^2 的一大缺点在于，它只是对拟合优度的主观判断。

比如，在回归方程中增加解释变量时，R^2 通常不会下降。当把收入、广告以及其他解释变量全部囊括至需求回归分析中（其他情形保持不变），可以断定 R^2 将会变大。最终，当估计系数的个数增加到观测值的个数时，R^2 将等于1。有时 R^2 接近1仅仅是因为观测值的个数少于估计系数的个数。统计分析并不希望出现这种情况，因为这会误导拟合优度评估。正因为如此，研究者会用表1-3单元格20B中调整的 R^2 来衡量拟合优度。

调整的 R^2 的计算公式如下：

$$\overline{R^2} = 1 - (1 - R^2) \frac{n-1}{n-k}$$

式中，n 为观测值的个数；k 为估计系数的个数。回归分析时待估计系数的个数不能超过观测值的个数。$n-k$ 是回归分析后的残差自由度。调整的 R^2 是对那些用较小自由度（即利用少量观测值估计多个系数）进行回归的行为的修正。这种修正有时很大，调整的 R^2 甚至变为负值。

表1-3单元格22B中 $n=10$。单元格32B和33B列示两个估计系数。当残差自由度为8时，回归中调整的 R^2 为 $1-(1-0.75) \times (9/8) = 0.72$（见单元格20B）。$R^2$ 和调整的 R^2 相差不大，并未因估计系数个数相对于样本容量太大而造成 R^2 显著增大。

F 统计量

虽然回归分析中 R^2 与调整的 R^2 可用于度量回归总体拟合优度，但是对于 R^2 值必须多大才是好的拟合缺乏一个普遍性标准。衡量拟合优度的另一种方法是采用 F 统计量。F 统计量可以度量总变动幅度中能够被回归方程解释的部分相对于不能解释部分的比例。F 统计量越大，回归直线的拟合度越好。表1-3单元格26E中给出的 F 统计量的值为23.94。

F 统计量的优点在于其统计属性已知，因此能够客观地评价任何 F 统计量的统计显著性。如表1-3的单元格26F所示，回归分析的显著性值为0.001 2，这个非常小的数值意味着，估计的回归模型纯粹因偶然而拟合实际数据的概率仅为0.12%。

同 P 值一样，F 统计量的显著性值越小，回归方程的总体拟合度越好。若 F 统计量的显著性值小于等于5%，则通常认为显著。表1-3单元格26F中所示的显著性值说明，本例的回归在0.12%的水平上显著，因此该回归高度显著。

第 **2** 章 市场力量：需求与供给

➡ 学习目标

学完本章，你将能够：

1. 理解需求规律和供给规律，识别影响需求和供给变动的因素。
2. 计算消费者剩余和生产者剩余，简单描述其含义。
3. 掌握竞争性市场的价格决策，描述需求和供给变化时的市场均衡变化。
4. 理解政府行为——如实行消费税、从价税、最高限价和最低限价——对市场机制的影响。
5. 运用供求分析法了解竞争性市场机制。

开篇案例　　　　三星和现代半导体公司将削减芯片产量

　　萨姆·罗宾斯（Sam Robbins）是 PC Solution 公司的所有者兼执行总裁，他快速浏览着《华尔街日报》的头版。其中一篇文章刊登了韩国最大的两家半导体制造商——三星电子公司（Samsung Electronic Company）和现代半导体公司（Hynix Semiconductor）——的董事会公告，声明所有存储芯片的生产将暂停一周，文章还提及另一家大型半导体制造商也可能暂停生产。这三家芯片制造商的总产量约占全球半导体芯片的 30%。

　　PC Solution 从事个人计算机组装并在高度竞争的同质市场上销售，公司成长迅速，去年业务量翻了一番，为此公司面试了大量应届毕业生，力求将员工规模扩大至原来的两倍。

　　读完这篇文章后，萨姆打电话给他的业务伙伴以核实《华尔街日报》的信息。确认信息的准确性后，他打电话给人事部门主管简·雷马克（Jane Remak）。他们会讨论些什么呢？

➡ 2.1 导 言

本章阐述供给和需求，这是美国乃至全球市场经济背后的驱动力。正如开篇案例所揭示的，供求分析法是管理者描述市场情形的常用工具。如果管理者对未来市场及变化趋势把握不清，就会使日常决策陷入困境，可能导致公司破产。

假设你是一家个人电脑零售店的管理者。一个魔法精灵告诉你"下个月个人电脑的价格将要下跌，消费者将减少个人电脑的购买"。这个魔法精灵描述了以下情形：个人电脑的价格和销售量都将下降。在未来价格和销售趋势未知的情况下，如果你很关心业务量，那么将处于竞争劣势。由于不了解市场，你在与供应商和消费者议价时可能给出错误的报价，还可能保有过多的库存、雇用过多的工人，你花钱制作的广告上的价格到广告发布时已经不具有竞争力。

供求分析是一种定性的预测分析工具，如上述精灵一样，帮助管理者全面了解市场。利用供求分析法可以预测竞争性市场的变动趋势，如公司产品及其相关产品（替代品和互补品）的价格变动，生产过程中投入要素（例如劳动力）的价格变动等。在运用供求分析法把握市场机制的过程中，本书还将提供其他辅助性工具帮助确定价格变动幅度、销售量和收益变化量等。

如果你学过这些经济学的基本原理，阅读本章内容可以当作复习。但务必掌握供求分析法。本书后续内容均假定你已熟练掌握本章知识并具备足够的应用能力。

➡ 2.2 需 求

需求指在特定时间、特定市场上，消费者对某种商品愿意并且能够购买的数量。假如一家服装制造商希望了解其牛仔裤在某国外市场的定价策略对需求变化的影响，就需要进行市场调查来确定不同价格水平下消费者每年将购买多少牛仔裤。一项市场调查的数据（见表 2-1）显示，当每条牛仔裤定价 10 美元时，平均一年卖出 60 000 条；当每条定价 30 美元时，则一年将卖出 20 000 条。

表 2-1　牛仔裤在国外小型市场上的需求表

牛仔裤价格 （美元）	牛仔裤销售量 （条）	消费者平均收入 （美元）	广告支出 （美元）	衬衫的平均价格 （美元）
0	80 000	25 000	50 000	20
5	70 000	25 000	50 000	20
10	60 000	25 000	50 000	20
15	50 000	25 000	50 000	20
20	40 000	25 000	50 000	20
25	30 000	25 000	50 000	20
30	20 000	25 000	50 000	20
35	10 000	25 000	50 000	20
40	0	25 000	50 000	20

　　注意：表2-1各行中只有牛仔裤价格和牛仔裤销售量是变化的，其他可能影响购买决策的因素如消费者平均收入、广告支出及其他商品（如衬衫）的平均价格都保持不变。也就是说，这项调查不关心消费者在不同收入水平或不同广告支出时的购买量，仅了解不同价格下的购买量。根据市场调查，若其他因素不变，随着价格上升，牛仔裤的需求量下降。这个基本的经济学原理称为**需求定律**（law of demand）：价格和需求量负相关，即当其他因素保持不变时，随着商品价格的上升（下降），商品的需求量会减少（增加）。

　　图2-1直观描述了表2-1中的数据关系，连接所有散点的直线称为**市场需求曲线**（market demand curve），揭示了消费者在任何价格水平（包括市场调查未涉及的价格）愿意并且能够购买的牛仔裤数量。比如，当价格为22.5美元时（其他变量保持不变），消费者愿意并且能够购买的牛仔裤数量为35 000条。需求曲线向下倾斜反映了需求定律。需要注意的是，需求曲线上的每一点都假定价格之外的其他影响因素保持不变。

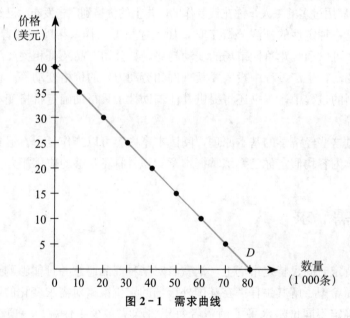

图2-1　需求曲线

2.2.1　需求变动

　　经济学家认识到，除了商品价格，其他变量也会影响需求量。比如，消费者愿意并且有财力购买的牛仔裤数量除了受衬衫价格影响，还受消费者的收入、广告支出等影响。所有商品价格之外的影响需求量变动的其他因素称为需求变动因素。

　　绘制商品 X 的需求曲线时，务必将价格之外的其他因素固定为常数。图2-2中的 D^0 是一条典型的需求曲线。比如沿着需求曲线从点 A 移动到点 B，称为**需求量变动**（change in quantity demanded）。广告、收入或相关商品价格发生变化时，会导致需求曲线的位置移动而产生**需求变动**（change in demand）。需求曲线向右移动称为需求增加，因为同一价格下的需求会更多。需求曲线向左移动称为需求减少。

　　了解需求曲线移动和沿需求曲线移动的区别，对于把握五种需求影响因素——消费者收入、相关商品价格、广告和消费者偏好、人口以及消费者预期——的变动如何影响需求

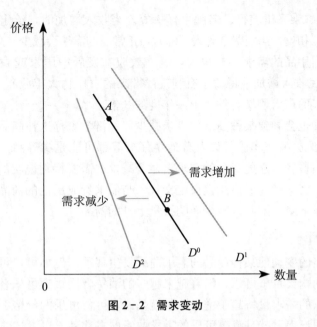

图2-2 需求变动

变动很重要。

朝日啤酒公司和亚洲经济衰退

日本许多企业在经济衰退中倒闭了。即便是在经济衰退期一向表现较好的企业，如啤酒酿造企业，也受到重创。分析师将啤酒市场的衰退归于两个因素：（1）日本人的收入因经济衰退显著下降；（2）日本政府为了提高财政收入征收啤酒税。

诸如麒麟啤酒公司（Kirin Brewery Company）、札幌啤酒有限公司（Sapporo Breweries Ltd.）等日本顶级啤酒公司在日本国内的啤酒销量大幅下滑，但是它们的竞争对手——朝日啤酒公司（Asahi Breweries）却实现了两位数的增长和市场占有率的提升。朝日啤酒公司将其销售增长归功于强大的销售网络和营销活动，这些活动促进了其畅销啤酒——朝日超爽的热销。

朝日啤酒公司的增长部分归因于销售力量和营销活动，二者激发了消费者更强的消费意识，但并不能充分解释为什么朝日啤酒在亚洲经济衰退期间做得特别好。还有一种可能性——朝日啤酒是劣等品。劣等品并不是指朝日啤酒品质差或质量低，相反朝日超爽是许多日本啤酒爱好者的首选。劣等品指当人们的收入因经济危机下降时，对其需求增加的产品。

资料来源：Annual Reports for Asahi Breweries Ltd.，Sapporo Breweries Ltd.，and Kirin Brewery Company，Ltd.

消费者收入

收入水平影响消费者对某种商品的购买力，收入变化会影响消费者在某价格下所购买商品的数量。从图形来看，收入变化导致整条需求曲线发生右移或左移，然而需求曲线的移动方向因商品属性而不同，经济学家将商品分为两类：正常品和劣等品。

商品需求量随着消费者收入增加而增加（需求曲线向右移动）的为**正常品**（normal

good），比如牛排、乘飞机旅行、名牌牛仔裤等。当收入增加时，给定价格下消费者的购买数量显著增加。相反，当消费者收入下降时，正常品的需求会减少（需求曲线向左移动）。

收入水平对耐用品的需求影响很大，这一效应在发展中国家或农村会更显著。例如2004年，印度农民收入增加（得益于有利气候带来的农作物大丰收），这使印度农村地区对拖拉机和摩托车的需求剧增，约为上一年度的 3 倍。

但是收入增加也会导致某种商品的需求减少，经济学家称这种商品为**劣等品**（inferior good）。如腊肠、乘公共汽车旅行以及普通牛仔裤等都可能是劣等品。随着收入增加，在给定价格水平下消费者对这些商品的需求量显著减少。需要特别说明的是，劣等品并不意味着产品质量差，劣等品这一概念仅仅定义收入与需求量成反比的商品，即那些随消费者收入增加而购买量下降、随收入减少而购买量上升的商品。

相关商品价格

相关商品价格的变动使某种商品的需求曲线发生移动。例如可口可乐的价格上升，导致许多消费者转向购买百事可乐，随着越来越多的消费者用百事可乐替代可口可乐，在任一价格下百事可乐的需求量将趋于增加。也就是说，可口可乐的价格上升导致了百事可乐的需求增加，用图形表示就是百事可乐的需求曲线向右移动。以上述方式相互影响的商品称为**替代品**（substitutes）。

替代品的典型例子有鸡肉和牛肉、小汽车和卡车、雨衣和雨伞等功能相同的产品。但是替代品并非局限于功能相同的产品，如电视机和露台用具也是替代品，随着电视机价格的上升，消费者会选择购买更多的露台用具而非电视机。总之，若一种商品的价格上涨导致另一种商品的需求增加，则二者互为替代品。

除了替代品，若一种商品如计算机软件的价格上涨导致消费者在给定价格水平下减少计算机的购买量，这种相互作用的商品称为**互补品**（complements）。啤酒和椒盐饼也是互补品，因为啤酒价格上涨，啤酒饮用者将减少椒盐饼的购买。当商品 X 与商品 Y 为互补品时，商品 Y 价格下降将使商品 X 的需求量增加（商品 X 的需求曲线向右移动）：给定价格下商品 X 的需求量增加源于其互补品——商品 Y 的价格下降。

广告和消费者偏好

绘制特定需求曲线时，广告投入通常保持不变。广告增加同样会使需求曲线向右移动，如图 2-3 中的需求曲线从 D^1 移到 D^2。广告对需求的影响可以从以下方面来解释：在初始需求曲线为 D^1，价格为 40 美元时，消费者对某新产品/服务的需求量为 50 000 单位；广告使需求曲线移至 D^2，价格为 40 美元时消费者需求量上升为 60 000 单位。或者说在初始需求曲线为 D^1，消费者购买 50 000 单位时，仅需支付价格 40 美元；广告使需求曲线移动到 D^2 后，消费者购买 50 000 单位要支付更高的价格——50 美元。

广告为何推动需求曲线右移呢？这是因为，广告能够向消费者提供更多有关商品属性或品质的信息，从而吸引更多的消费者购买此商品。这种类型的广告为信息型广告。

广告还能够激发消费者的潜在偏好进而影响需求。比如时尚服装的促销广告使消费者偏好特定款式服装并增加购买。这种类型的广告为诱导型广告。

人口

商品的需求量还受人口规模和人口结构的影响。一般来说，随着人口规模的增加会有

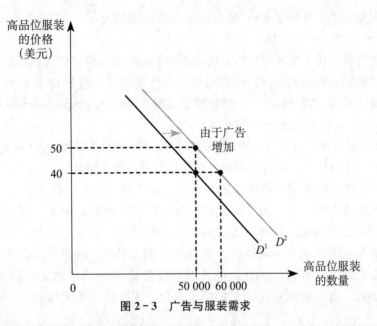

图 2-3　广告与服装需求

更多人购买某商品，从而推动需求曲线向右移动。比如 20 世纪人口日渐增多，导致食品需求曲线大幅向右移动。

人口结构变化也会影响商品需求。比如中年人与老年人所需要的商品类型不同，30～40 岁消费者人数的增多将导致房地产类商品的需求增加，但随着老龄化人口比例提高，医疗服务的需求将日益增加。

消费者预期

消费者预期的变化也会导致需求曲线移动。如果消费者预期下一年汽车价格将大幅上涨，那么当前汽车的需求将会增加。实际上，当前购买量只是对下一年购买量的替代。通常，当消费者预期未来会涨价时，他们将以当前购买取代未来购买。这种消费者行为称为备货，多发生于耐用品。现实中经常出现针对便宜耐用品的囤货行为，如消费者储备洗衣粉以应对杂货店涨价。但是易腐烂商品（如香蕉等）的需求量一般不会受消费者预期的影响。

其他因素

总之，对某商品而言，任何影响消费者购买意愿或能力的因素都是影响需求变动的潜在因素。比如，对健康的担忧会影响香烟需求，婴儿出生会影响尿布需求，等等。

2.2.2　需求函数

现在你应该掌握了影响需求的因素以及如何用图形描述其作用。接下来是需求分析的最后一步：将所有影响需求的因素汇总到**需求函数**（demand function）中。

商品 X 的需求函数指商品 X 的需求量与商品 X 的价格、相关商品的价格、收入水平以及其他需求影响因素之间的函数关系。令 Q_x^d 表示商品 X 的需求量，P_x 表示商品 X 的价格，P_y 表示相关商品 Y 的价格，M 表示收入水平，H 表示其他影响需求的因素（如广告水平、人口规模、消费者预期等）。则商品 X 的需求函数为：

$$Q_x^d = f(P_x, P_y, M, H)$$

需求函数清晰描述了某种商品的需求量依赖于商品自身价格以及其他影响因素。不同商品的需求函数的具体形式不同，最常用的是线性表达式。假如 Q_x^d 是价格、收入及其他影响因素的线性函数，则方程式——**线性需求函数**（linear demand function）如下：

$$Q_x^d = \alpha_0 + \alpha_x P_x + \alpha_y P_y + \alpha_M M + \alpha_H H$$

式中，α_i 等常数项通常是由公司研究部门或经济顾问提供的具体数据。（根据第 1 章的基本框架，本书的第 3 章将学习如何利用所收集的数据进行需求估计。）

根据需求规律，P_x 的增加导致商品 X 的需求量下降，这意味着 $\alpha_x < 0$。α_y 为正值还是负值，取决于商品 X 和商品 Y 互为替代品还是互补品。如果 α_y 为正，商品 Y 的价格上升会引起商品 X 的需求增加，则商品 X 是商品 Y 的替代品。如果 α_y 为负，商品 Y 的价格上升会导致商品 X 的需求减少，则商品 X 是商品 Y 的互补品。α_M 符号的正负取决于商品 X 是正常品还是劣等品。如果 α_M 为正，收入增加使商品 X 的需求增加，则商品 X 为正常品。如果 α_M 为负，收入增加使商品 X 的需求减少，则商品 X 为劣等品。

➡例题 2-1 ∿∿∿

最近，某公司的经济顾问给市场部经理提供了关于商品 X 的需求函数：

$$Q_x^d = 12\,000 - 3P_x + 4P_y - 1M + 2A_x$$

式中，Q_x^d 为商品 X 的需求量；P_x 为商品 X 的价格；P_y 为相关商品 Y 的价格；M 为收入；A_x 是对商品 X 的广告投入。

假设商品 X 每单位售价 200 美元，商品 Y 每单位售价 15 美元，公司的广告投入为 2 000 单位，消费者收入为 10 000 美元。消费者会购买多少商品 X？商品 X 和商品 Y 互为替代品还是互补品？商品 X 是正常品还是劣等品？

答：

将给定的价格、收入和广告投入代入线性需求方程，可得商品 X 的需求量：

$$Q_x^d = 12\,000 - 3 \times 200 + 4 \times 15 - 1 \times 10\,000 + 2 \times 2\,000$$

计算得到商品 X 的总需求量为 5 460 单位。需求函数中 P_y 的系数 4 大于 0，商品 Y 的价格上升将引起商品 X 的需求量增加 4 单位，因此商品 X 是商品 Y 的替代品。需求方程中 M 的系数 -1 小于 0，即收入增加 1 单位将引起商品 X 的需求量减少 1 单位，因此商品 X 是劣等品。

∿∿∿

根据需求函数可以绘制需求曲线。需求曲线描述的是价格和需求量之间的关系，假定价格之外的其他因素不变，只需将其他影响因素的给定值代入需求函数，但 P_x 保持为变量。据此变换例题 2-1 的需求函数（其中 $P_y = 15$ 美元，$M = 10\,000$ 美元，$A_x = 2\,000$），得

$$Q_x^d = 12\,000 - 3P_x + 4 \times 15 - 1 \times 10\,000 + 2 \times 2\,000$$

简化为：

$$Q_x^d = 6\,060 - 3P_x \tag{2-1}$$

用图形描绘上述关系时，通常商品价格为纵轴，需求量为横轴，将式（2-1）变形，即价格置于等号左边，其余在等号右边，得到反需求函数。上例的反需求函数为：

$$P_x = 2\,020 - \frac{1}{3}Q_x^d$$

反需求函数揭示出消费者增加购买 1 单位的商品 X 愿意并且能够支付的金额。该需求曲线如图 2-4 所示。

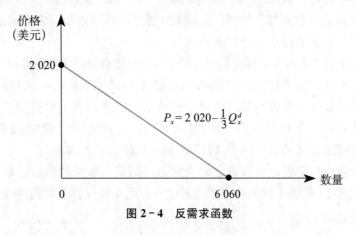

图 2-4 反需求函数

2.2.3 消费者剩余

如何运用需求曲线估算消费者从某种商品中所获取的价值？这个概念在营销学或价值定价/价格歧视的研究中尤其重要。

根据需求规律，随着商品需求量的增加，消费者为额外一单位商品愿意支付的金额随之降低。假设图 2-5（a）中的需求曲线代表 10 千米长跑后人对水的需求。最初你愿意为第一滴水支付很高的价格，如 5 美元。随着喝水的增加，为获得额外一滴水的支付意愿从 5 美元下降到 4.99 美元，并且沿着需求曲线越来越低。当喝完整整 1 升水后，额外消费一滴水的支付愿意降为 4 美元。喝完 2 升水后，额外消费一滴水的支付愿意仅为 3 美元。

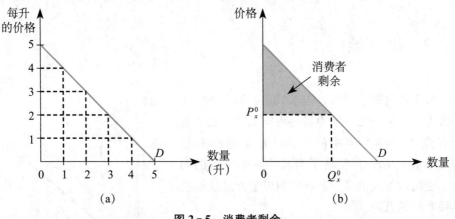

图 2-5 消费者剩余

2 升水的总价值（或总收益）是人们愿意为 0～2 升水中的每一滴水支付的最高金额的加总，即图 2-5（a）中需求量在 0～2 升的需求曲线下方的面积，该区域面积为 8 美元，也可以说人们从 2 升水中得到的总价值为 8 美元。

当然现实中你不必为所消费的每一滴水支付不同价格，你通常面对统一价格，比如每升 3 美元。给定图 2-5 (a) 中的需求曲线，当价格为 3 美元时你购买 2 升水，共支付 6 美元。但这 2 升水的价值为 8 美元，而仅需支付 6 美元，因此你获得了超出支付金额的 2 美元价值。这个"超出"价值称为**消费者剩余**（consumer surplus）——消费者从一种商品得到的超出支付费用的那部分价值。此概念对管理者非常重要，它揭示了消费者为得到所购买的一定数量商品而愿意额外付出的钱。

消费者剩余是消费者购买某种商品所支付的价格与需求曲线之间的面积，如图 2-5 (b) 中的阴影三角形就是消费者以价格 P_x^0 购买数量 Q_x^0 时的消费者剩余。这是因为需求曲线上的每一点表示的是额外一单位商品对消费者的价值。需求曲线上价格与支付价格 P_x^0 之差就是剩余（消费者愿意支付但无须支付费用的价值）。将从 0 到 Q_x^0 之间的所有剩余加总（其和等于阴影面积），就是以价格 P_x^0 购买 Q_x^0 单位时的消费者剩余。

通过消费者剩余这个概念可以确定消费者为得到某一数量的商品愿意支付的总金额。这部分内容将在第 11 章的定价策略中详细讨论，在此仅通过以下例题简述。

➡️例题 2-2 ～～～～～～～～～～～～～～～～～～～～～～～～～～～～～～～～～～～

一个消费者对 Happy 饮料公司产品的需求曲线如图 2-5 (a) 所示。假如公司饮料定价为每升 2 美元，公司将获得多大收益？该消费者的消费者剩余是多少？该消费者为得到 3 升饮料愿意支付的最高金额为多少？

答：

当价格为每升 2 美元时，消费者愿意购买 3 升饮料。因此，公司的总收益为 6 美元，消费者剩余为 4.50 美元 [消费者剩余的三角形面积为底乘以高的一半，即 0.50×3×(5－2)＝4.50 美元]。3 升饮料带给消费者的总价值为 6+4.50＝10.50 美元，这也是消费者为 3 升饮料愿意支付的最高金额。换言之，如果公司每瓶饮料容量为 3 升，那么按照每瓶 10.50 美元的价格出售可以获得最高收益，此时公司获取了全部的消费者剩余。

～～～

➡️ 2.3 供 给

上一节集中讨论了需求，需求只是市场上决定价格的一股力量，另一股决定力量是市场供给。竞争性市场上有众多厂商生产相似产品。**市场供给曲线**（market supply curve）反映了当其他影响供给的因素给定不变时，不同价格下所有厂商愿意并且能够提供的某种商品的总量。

一种商品的市场供给取决于多种因素，绘制供给曲线时通常假定商品价格之外的其他因素不变。沿着供给曲线的移动，如图 2-6 中从点 A 到点 B，称为**供给量变动**（change in quantity supplied）。市场供给

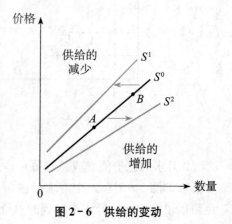

图 2-6 供给的变动

曲线向右上倾斜揭示了**供给定律**（law of supply）：当其他因素保持不变时，随着商品价格的上升（下降），该商品的供给量会增加（减少）。价格高的时候，厂商愿意生产更多的产品。

2.3.1　影响供给变动的因素

影响供给曲线位置的变量称为供给变动的影响因素，包括投入品价格、技术或政策法规、厂商数目、替代品生产税收和价格预期等。当这些变量中的一个或几个发生变化时，整条供给曲线的位置就会发生移动，这种移动称为**供给变动**（change in supply）。如图 2 - 6 中供给曲线从 S^0 移动到 S^2 为供给的增加，因为在任一给定价格下厂商愿意提供更多的产品。图 2 - 6 中供给曲线从 S^0 移动到 S^1 为供给的减少，因为在任一给定价格下厂商愿意提供的产品数量减少了。

投入品价格

供给曲线指不同价格下厂商愿意提供的产品数量。随着产品成本的变化，在给定的价格下厂商愿意提供产品的意愿会变化。尤其是当投入品价格上升时，在每一给定价格下，厂商会减少产品的生产。这种供给减少表现为供给曲线左移。

技术或政策法规

技术或政策法规的变化也会影响供给曲线的位置。技术或政策变化若降低了厂商成本，将导致供给增加。反之，则导致供给减少从而推动供给曲线左移，如影响技术效力的自然灾害、提高排污标准的政策法规等都会造成供给曲线左移。

厂商数目

行业内的厂商数目也会影响供给曲线的位置。当新厂商进入时，给定价格下该行业的产量会增加，从而导致供给曲线右移。当一些厂商离开一个行业时，给定价格下可供给产品的数量减少，造成供给曲线左移。

替代品生产

许多厂商拥有兼容生产多种产品的技术。比如通用汽车公司通过更改生产设备可以把卡车组装厂变为轿车组装厂。当轿车价格上升时，通用汽车公司就会将部分卡车生产线改装成轿车生产线以增加轿车的供给，这将导致卡车的供给曲线向左移动。

税收

税收也会影响供给曲线的位置。货物税是针对每单位售出的产品征收的税种，通常向供应商征收。例如，政府对每加仑汽油征收 0.20 美元的税（从量税）。因为每出售 1 加仑汽油就要向政府缴纳 0.20 美元的税收，所以只有当每加仑汽油能够多卖 0.20 美元时，供应商才愿意供应与征税前同样数量的汽油。如图 2 - 7 所示，税收使供给曲线向上移动了与税额相同的距离。由此，在任意给定价格下，供应商愿意提供的汽油数量较税前减少，税收具有减少供给的效应。

政府通常采用另一种征税方式——从价税。从价税是按价格百分比征收的税。销售税是一个典型例子。若商品价格为 1 美元，对其征收 10% 的从价税后，商品的税后价格变为 1.10

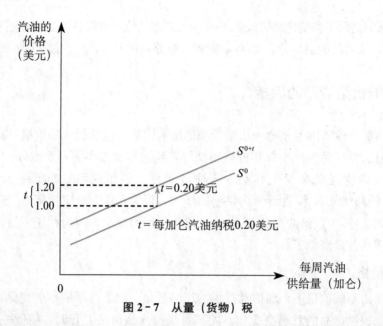

图 2 - 7 从量（货物）税

美元。因为从价税是按价格的百分比征收的一种税，所以当商品价格越高时，纳税额越高。

在图 2 - 8 中，S^0 表示征税（按 20% 的税率征收从价税）之前背包的供给曲线。注意：当背包价格为 10 美元时，背包产量为 1 100 个；当背包价格为 20 美元时，背包产量为 2 450 个。

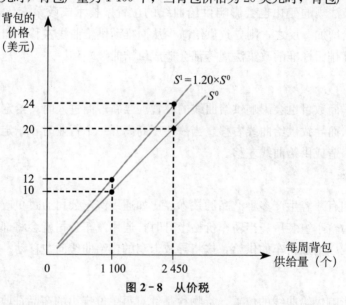

图 2 - 8 从价税

一旦征收 20% 的从价税，在任一供给量水平上，每单位产品的价格上涨 20%。因此，当产量为 1 100 个时，价格将上涨 2 美元；当产量为 2 450 个时，价格将上涨 4 美元。从价税使供给曲线逆时针移动，随着价格的增加，新的供给曲线将更大幅度地偏离原曲线。这就是图 2 - 8 中的 S^1 比 S^0 更陡峭的原因。

价格预期

生产者的价格预期也会影响供给曲线的位置。当前供给量与未来供给量之间存在相互替代性。如果厂商预期未来价格将上涨且该商品为非易腐品，厂商就会"惜售"——减少当前供给量并在未来以更高的价格卖出。这将推动供给曲线左移。

国际贸易协定与供给曲线

过去 20 年间，来自共和党与民主党的美国总统都签署了贸易协定和相关法规，旨在降低国内外的生产成本，这些成本削减最终转化为美国市场上产品/服务供给的增加。

美国、加拿大与墨西哥的《北美自由贸易协定》（NAFTA）被比尔·克林顿（Bill Clinton）纳入立法，该协定包括消除或降低工业品（如纺织品和服装）和农产品的关税及其他贸易壁垒，也包括减少在墨西哥石油化工和金融服务行业的投资壁垒。

乔治·布什（George W. Bush）于 2002 年颁布贸易法案，赋予总统在国际协议谈判方面更大的权力（当然最终服从国会投票作出的决定）。

贝拉克·奥巴马（Barack Obama）在竞选以及担任总统之初，曾承诺就《北美自由贸易协定》重新谈判，然而其任期内严重的经济衰退导致该行动被推迟。奥巴马在任期的最后阶段对《跨太平洋伙伴关系协定》（TPP）进行了协商，计划降低 12 个环太平洋国家的关税。但是两党对可能带来的工作机会损失忧心忡忡。最后奥巴马的继任者唐纳德·特朗普（Donald Trump）终止了这一协议。

在任期的最初阶段，特朗普决心要重新协商《北美自由贸易协定》和其他贸易协定，威胁要对不谈判的国家提高关税。在其他方面，这些努力导致了《美国-墨西哥-加拿大协定》（USMCA）的签署，从而取代了《北美自由贸易协定》，新协定涉及更多知识产权、数据、劳动与环境保护方面的规定。未来美国是否会继续由克林顿和小布什推动的国际贸易协定进程，只能拭目以待。

资料来源："The USMCA Is Finally Done. Here's What Is in It," *Washington Post*, December 10, 2019; "It's Not Just China: Trump's Trade War Is Raging on Several Fronts," *CNBC*, May 13, 2019; "What Is TPP? Behind the Trade Deal that Died," *The New York Time*, January 23, 2017; "NAFTA Renegotiation Must Wait, Obama Says," *Washington Post*, February 20, 2009; *Economic Report of the President*, Washington, D C: U. S. Government Printing Office, February 2007, p. 60; *Economic Report of the President*, Washington, D C: U. S. Government Printing Office, February 2006, p. 153; *Economic Report of the President*, Washington, D C: U. S. Government Printing Office, February 1995, pp. 220 - 21.

2.3.2 供给函数

理解了供给与供给量的区别，并且能够识别影响供给曲线位置的各种因素后，接下来我们将所有影响供给的因素汇总到供给函数中。

供给函数（supply function）指在投入品价格以及其他影响因素给定，商品价格取不同值时，该商品的供给量。令 Q_x^s 表示商品 X 的供给量，P_x 表示该商品价格，W 表示某投入品价格（如劳动工资率），P_r 表示相关商品价格，H 表示其他影响因素（如当期技术、市场中厂商的数目、税收或价格预期等）。那么商品 X 的供给函数可以写为：

$$Q_x^s = f(P_x, P_r, W, H)$$

供给函数显示，一种商品在市场上的供给量不仅取决于该商品的价格，还依赖于所有潜在影响因素。虽然不同产品的供给函数形式不同，但常用的是线性函数。假设 Q_x^s 与影响因素之间是线性关系，则**线性供给函数**（linear supply function）如下：

$$Q_x^s = \beta_0 + \beta_x P_x + \beta_r P_r + \beta_W W + \beta_H H$$

式中，系数 β_i 是给定数字，由公司研究部门或经济顾问测算得出。

➡ **例题 2-3**

根据对市场数据的广泛搜集，某公司市场调研部门估计的高清电视机的供给函数如下：

$$Q_x^s = 2\,000 + 3P_x - 4P_t - W$$

式中，P_x 为电视机的价格；P_t 为面板的价格；W 为电视机生产过程中一种投入品的价格。假设每台高清电视机的售价为 400 美元，每块面板的售价为 250 美元，投入品价格为 1 400 美元。公司将供给多少台高清电视机？

答：

要求解电视机供给量，需要将给定的各种影响因素的价格代入供给函数，得

$$Q_x^s = 2\,000 + 3 \times 400 - 4 \times 250 - 1 \times 1\,400$$

由此，高清电视机的总供给量为 800 台。

根据供给函数可以绘制出供给曲线。供给曲线显示价格和供给量之间的关系，要求价格之外的其他因素保持不变。因此，将供给影响因素的给定值代入供给函数，即可得到供给方程，方程中只有 P_x 是变量。据之变换例题 2-3 中的供给函数（其中 $P_t = 250$ 美元，$W = 1\,400$ 美元）可得：

$$Q_x^s = 2\,000 + 3P_x - 4 \times 250 - 1 \times 1\,400$$

简化为：

$$Q_x^s = 3P_x - 400 \tag{2-2}$$

若用图形描述上述关系，通常以商品价格为纵轴。将式（2-2）变形，将价格置于等号左边，其余的置于等号右边，即求得反供给函数如下：

$$P_x = \frac{400}{3} + \frac{1}{3} Q_x^s$$

这就是图 2-9 所示的供给曲线方程。该曲线反映出厂商愿意额外提供一单位商品 X 时要求的价格。

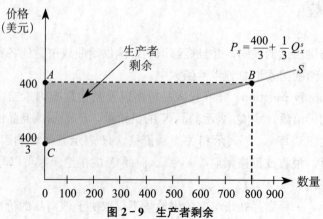

图 2-9 生产者剩余

2.3.3　生产者剩余

消费者希望价格尽可能低，生产者则希望价格尽可能高。供给曲线揭示了给定价格下厂商愿意提供的商品数量，也就是生产者愿意额外提供一单位商品时所要求的价格。图 2-9 中的供给曲线表明，当价格为 400 美元时，生产者愿意生产 800 单位产品。换言之，当产量为 800 单位时，生产者只有在得到 400 美元时才愿意提供额外一单位的商品。

生产者剩余（producer surplus）指生产者获得的超出意愿所得的价值。比如当产量低于 800 单位时，生产者愿意以低于 400 美元的价格出售每单位产品，但由于产品统一价格为 400 美元，即使生产者愿意以更低的价格出售 800 单位以下的那些产品，实际上也都按 400 美元的价格售出。

从几何角度看，生产者剩余就是供给曲线与商品市场价格线之间的面积。例如，图 2-9 中的阴影面积代表价格为 400 美元且出售 800 单位产品时厂商得到的生产者剩余——超出厂商对每单位产品所定价格的部分。阴影区域 ABC 的面积的数学计算法是 800 乘以 266.67 的一半，即 106 668 美元。

生产者剩余对管理者而言是一个强有力的工具。比如，某大型快餐店的管理者每周以每磅 1.25 美元的价格从供应商处购买 10 000 磅牛排。那么，牛排供应商以每磅 1.25 美元的价格出售 10 000 磅牛排获得了生产者剩余，这一剩余向快餐店管理者显示了牛排供应商的所得与其最低愿意所得之间的差额。换言之，就这 10 000 磅牛排的交易来说，牛排供应商的生产者剩余，正是快餐店管理者可能与供应商讨价还价节约采购成本的最大额度。第 6 章和第 10 章将详细描述管理者如何谈判。

2.4　市场均衡

竞争性市场上的均衡价格取决于市场上所有买者和卖者的相互作用。市场供给和市场需求的概念更精确地展示了二者的相互作用过程，因为竞争性市场上某商品的市场需求和市场供给共同决定了商品价格。

针对市场上的某一商品，令 P 表示商品价格，Q 表示商品数量（为简单起见，P 与 Q 忽略下标），绘制该商品的市场供给和需求曲线，如图 2-10 所示。竞争性价格是如何决定的？假设该商品价格为 P^L，该价格对应市场需求曲线上的点 B，此时消费者愿意购买 Q^1 单位。同样，价格 P^L 还对应着市场供给曲线上的点 A，以该价格厂商仅愿意提供 Q^0 单位。因此，当价格为 P^L 时，该商品短缺，即在该价格下没有足够商品来满足消费者的全部需求。

在商品短缺情况下，价格将会上升，消费者需求得不到满足，从而使得厂商有条件提高价格。在图 2-10 中，随着价格从 P^L 上升到 P^e，厂商会将供给量从 Q^0 提高到 Q^e，而随着价格上升，消费者愿意购买的数量减少。当价格下降到 P^e 时，需求量下降到 Q^e。在此价格上恰好有足够的商品满足所有消费者的需求，即需求量等于供给量。

假设价格更高，如在 P^H，此价格对应市场需求曲线上的点 F，此时消费者愿意购买

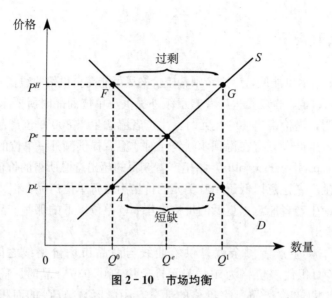

图 2 - 10　市场均衡

Q^0 单位的商品。价格 P^H 还对应市场供给曲线上的点 G，此时厂商愿意生产 Q^1 单位的商品。因此在价格为 P^H 时出现商品过剩，即厂商供给量超过了需求量。

商品过剩导致价格下跌，以使供给量等于需求量。当厂商无法卖出其商品时，为了减少存货，通常会降低价格，随着价格从 P^H 下降到 P^e，厂商供给量减少到 Q^e。同时随着价格下降，消费者愿意购买更多的商品。当价格下降到 P^e 时，需求量为 Q^e；此时需求量等于供给量。

由此，供给和需求的相互作用最终决定了竞争性价格 P^e，在此价格下，商品不存在短缺和过剩。该价格称为均衡价格，相对应的数量 Q^e 为竞争性市场的均衡数量。均衡价格和均衡数量一旦形成，市场上供给和需求两种力量就达到了平衡，价格也不会再有上升或下降趋势。

原　理　　　　　　　　　　　**竞争性市场均衡**

　　竞争性市场均衡由需求曲线和供给曲线的相互作用共同决定。均衡价格是指需求量和供给量相等的价格。假如 $Q^d(P)$ 和 $Q^s(P)$ 分别代表价格为 P 时的需求量和供给量，在均衡价格为 P^e 时以下公式成立：

$$Q^d(P^e) = Q^s(P^e)$$

　　均衡数量为 $Q^d(P^e)$ 和 $Q^s(P^e)$。

透视商业 2 - 3　　　　　　**不受欢迎的均衡价格**

　　临近高校毕业典礼，每个毕业生可以在 4 月 9 日至 20 日的任何时间领取三张免费票。4 月 20 日之后，剩余的票将给那些渴望得到更多票的人，先到先得。免费票分配完之后，持票者和需求者之间的交易转向了市场——这导致了不受欢迎的均衡价格。

　　由于毕业季有很多活动吸引学生，一些人来不及在期限结束前领取三张免费票。随着毕业典礼临近，没有票的学生愿意支付一大笔钱为前来观礼的家庭成员和朋友购票，因此门票需求很高，但门票数量有限，一些卖家为每张门票索价 400 美元。

部分学生对高价表示愤慨。然而高价仅仅是毕业典礼门票价值和有限供给的一个表现。如果没有票的毕业生更好地预测了市场结果，那么他们将按时领取免费票。

资料来源："$400? Ticket Scalpers Cash in on IU Kelley's Commencement," *The Herald-Times*, May 3, 2012.

➡例题 2-4

假设你是美国参议院对外关系委员会的参议员助理，正在帮助委员会确定某种商品的价格和数量。该商品需求和供给的最优估计函数（以等值的美元价格计算）分别为 $Q^d = 10 - 2P$ 和 $Q^s = 2 + 2P$。请确定竞争性均衡价格和均衡数量。

答:

竞争性均衡由市场需求曲线和供给曲线的相互作用决定。用数学方法简单表述为 $Q^d = Q^s$，即需求和供给相等，得

$$10 - 2P = 2 + 2P$$

或者

$$8 = 4P$$

解方程得到均衡价格 $P^e = 2$。将价格代入需求或供给方程（均衡状态下需求量等于供给量）即可得到均衡数量。将 $P^e = 2$ 代入供给方程，得

$$Q^e = 2 + 2 \times 2 = 6$$

➡ 2.5 价格限制与市场均衡

上一节讲述了自由市场中均衡价格和均衡数量的确定。但在某些情况下，政府会对价格的涨跌实施管制，这些限制性措施会影响市场均衡。接下来分析最高限价和最低限价对市场配置的影响。

2.5.1 最高限价

稀缺经济学的一个基本假设是，当价格为零时没有足够的商品来满足所有消费者的需求，因此必须采取相应的分配方法来决定谁能获得商品及谁不能获得商品。没有获得商品的人实质上受到了歧视。比如针对某商品的一种分配方法是根据头发的颜色：红头发者获得商品，非红头发者不能获得商品。这对非红头发者显然是一种歧视。

市场体制是运用价格来分配商品的。根据价格将商品分配给那些愿意并且能够支付高价的消费者。如果一条牛仔裤的竞争性均衡价格为 40 美元，愿意并能够支付 40 美元的消费者将得到该商品，不愿意或支付不起该价格的消费者则得不到该商品。

需要注意的是，如果一个人没有能力支付商品的市场价格，并不能说价格体制不公

平，确切来说是因为我们生活在一个稀缺世界里。世界上不存在完全公平的方法，任何分配方法对一部分人都是不公平的，因为没有足够资源来满足所有人的愿望。比如分配牛仔裤的依据是头发颜色而非价格，你会认为分配规则不公平（除非你有"正确"的发色）。

那些受到价格歧视的人通常试图游说政府限制商品价格来干预市场。如果我们因为不是红头发而得不到住房，当然会尽力让政府颁布法律允许非红头发者也能拥有住房。但是这样住房就不够分了，所以还得用其他方法来分配住房。

假如政府认为图 2-11 中的均衡价格 P^e 过高并通过法令禁止厂商将价格定在 P^c 以上，P^c 这一价格为**最高限价**（price ceiling）。

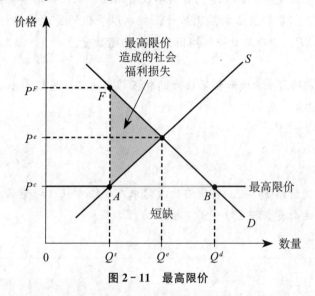

图 2-11   最高限价

最高限价指市场上所允许的最高价格，而不是把价格设在均衡价格之上。实际上，若最高限价高于均衡价格，根本没有实际意义，因为市场均衡价格低于最高限价。

假设最高限价为 P^c，需求量大于供给量的部分即图 2-11 中点 A 到点 B 的距离，市场存在 Q^d-Q^s 单位的短缺。短缺原因有二：第一，较低价格下厂商愿意供给的产量减少，因此供给量从 Q^e 下降到 Q^s；第二，较低价格下消费者希望购买更多商品，因此需求量从 Q^e 增加到 Q^d。最高限价带来的后果是：没有足够的商品来满足所有的消费者需求。

既然市场价格机制不合法，那该如何分配商品呢？现实中大多数情况下按先到先得原则来分配。因此最高限价的典型后果是排长队，如 20 世纪 70 年代对汽油实施最高限价而出现人们排长队的现象。最高限价对那些因时间机会成本高而不愿排队等待的人是一种歧视。如果一个消费者为了买 10 加仑汽油必须排队等待 2 小时，而他的时间机会成本为每小时 5 美元，则排队等待 2 小时的时间机会成本为 2×5＝10 美元。若该消费者购买 10 加仑汽油，则每加仑花费 1 美元的等待成本。

用图形描述上述思想：在最高限价 P^c 下可购买 Q^s 单位商品，该数量对应图 2-11 中需求曲线上的点 F，此时消费者购买额外一单位商品愿意支付的价格为 P^F。根据法律规定，商品价格不能超过 P^c，P^F-P^c 的差额反映了消费者愿意承受的每单位商品的排队等待成本。消费者所支付的**全部经济价格**（full economic price）（P^F）等于消费者支付给厂商的价格加上因排队而支付的等待成本（P^F-P^c）。等待成本不用美元支付，它是一种机会成本，故称为非货币价格。

$$P^F \quad = \quad P^c \quad + \quad (P^F - P^c)$$

全部经济价格　货币价格　非货币价格

如图 2-11 所示，P^F 高于均衡价格 P^e。若考虑机会成本，实施最高限价后消费者所支付的全部经济价格非常高。

最高限价减少了市场上商品的供给量，即便没有造成排长队现象，也会减少社会福利。社会福利的损失见图 2-11 中的阴影三角形。需求曲线上各点代表消费者为得到额外一单位商品愿意支付的金额，供给曲线上各点代表厂商愿意多供给额外一单位商品得到的金额。给定数量的需求曲线与供给曲线之间的垂直差距代表每增加一单位产出时社会福利的变化（消费者价值高于相应的生产成本）。从 Q^s 到 Q^s 的距离构成的图 2-11 中的阴影三角形就是最高限价带来的福利损失，也称"无谓损失"。

➡ **例题 2-5**

根据例题 2-4 中美国参议院对外关系委员会的回答，一位参议员担心市场价格对于普通市民来说太高，他要求分析一下如果政府干预市场，如制定 1.5 美元的最高限价会出现什么情况。假设市场需求曲线和供给曲线（以等值美元价格计算）仍分别为 $Q^d = 10 - 2P$ 和 $Q^s = 2 + 2P$。

答：

因为最高限价低于均衡价格 2 美元，所以市场会出现短缺。最高限价为 1.5 美元时的需求量为：

$$Q^d = 10 - 2 \times 1.5 = 7$$

供给量为：

$$Q^s = 2 + 2 \times 1.5 = 5$$

因此存在 $7 - 5 = 2$ 单位的商品短缺。

计算全部经济价格时，我们需了解消费者为 5 单位商品愿意支付的最高价格。因此令需求函数中的需求量等于 5：

$$5 = 10 - 2P^F$$

或者

$$2P^F = 5$$

解方程得出全部经济价格 $P^F = 2.5$ 美元，即消费者愿意支付的全部经济价格为每单位 2.5 美元，其中 1.5 美元以货币支付，另外 1 美元为商品的非货币价格。最后计算一下由最高限价带来的无谓损失，等于 $0.5(P^F - P^c)(Q^e - Q^s) = 0.5(2.5 - 1.5)(6 - 5) = 0.5$。（注意，$Q^e = 6$ 是将均衡价格 2 代入供给函数或需求函数计算得出的。）

根据上述理论，人们也许会产生疑问：政府为什么要设置最高限价呢？一种解释是政治家不懂供给与需求的基本原理，但这并不是真正的原因。

真实原因在于，哪些人将从最高限价中获益，哪些人会受损。当最高限价造成的短缺导致人们排队时，时间机会成本高的人受损，而时间机会成本低的人受益。如果你除了排队没有其他更有价值的事情可做，你将从低价中获益，因为你的时间机会成本接近零。相反，如果时间对你而言很宝贵，时间机会成本很高，最高限价将令你受损。比如当某政治家的时间机会成本低于平均时间机会成本时，他将竭力推动最高限价。

最高限价造成的短缺有时并非通过排队方式分配。厂商会根据其他因素对消费者实施歧视待遇，比如消费者是否为老顾客。20 世纪 70 年代石油短缺期间，许多加油站仅向定期加油的顾客出售汽油。90 年代后期针对银行向非储户收取的 ATM 使用费，加利福尼亚州政府设定了最高限价，导致银行拒绝非储户使用其 ATM。另外，对贷款利率设置上限，可能使银行只贷款给相对富裕的消费者。

由于最高限价导致短缺，管理者必须借助一些非价格手段分配产品。无论采用哪种方法，总会使一些消费者受益而使另一些消费者受损。

2.5.2 最低限价

与最高限价相反，有些竞争性均衡价格对生产者而言太低，于是厂商会游说政府立法为某种商品设置最低价格，这种价格称为**最低限价**（price floor）。典型的最低限价就是最低工资，即支付给工人的最低法定工资。

如果均衡价格高于最低限价，最低限价对市场不起作用。如果最低限价高于竞争性均衡价格，如图 2-12 中的 P^f，就会影响市场。比如当最低限价设定为 P^f 时，供给量为 Q^s，需求量为 Q^d，P^f 价格下的供给量超过需求量而出现剩余。在劳动力市场上，由于最低法定工资水平下求职者比就业职位多从而导致失业。产品过剩就是存货卖不出去。在自由市场上，过剩将导致价格下跌以减少过多的存货，但是最低限价使市场机制失效，最终消费者将支付更高的价格并减少产品的购买。

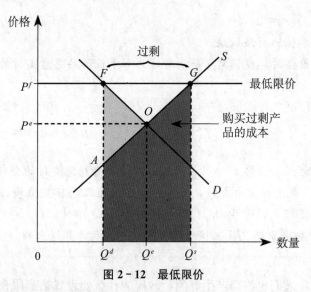

图 2-12 最低限价

当最低限价高于均衡价格时，有一部分消费者的支付意愿虽高于生产成本但低于最低限价，这些消费者将无法购买商品，这会导致社会福利损失。损失的社会福利部分就是图 2-12 中的阴影三角形 FOA。跟最高限价类似，社会福利损失为供给曲线和需求曲线之间从 Q^d 到 Q^e 的部分。二者的区别在于，在最低限价时，需求量受到限制，因为最低限价 P^f

高于均衡价格 P^e（在最高限价时，供给量受到限制，因为最高限价 P^c 低于均衡价格 P^e）。图 2-12 中的阴影三角形 FOA 也是无谓损失。

如果最低限价是最低工资，无谓损失就是图 2-12 中的阴影三角形。如果最低限价是产品，无谓损失就会更大。增加的无谓损失有多少？这取决于无法销售的库存的处理方式。一种方式是政府购买以消除库存，这种情况通常发生在对农产品如奶酪等的最低限价上。这种政府购买过剩产品的最低限价被称为价格支持。回到图 2-12，过剩产品的数量即从点 G 到点 F 的距离（Q^s-Q^d）。政府购买过剩产品付出的总成本为 $P^f(Q^s-Q^d)$。如果政府丢弃这些产品，就会带来额外的无谓损失，即图 2-12 中的梯形面积 AGQ^sQ^d，这是生产该产品的成本（最后被丢弃而成为无谓损失）。再强调一下，如果奶酪生产者获得了政府的价格支持，增加的无谓损失就是政府购买但丢弃的奶酪的生产成本。

➡ **例题 2-6**

美国参议院对外关系委员会的一名参议员研究了例题 2-4 和例题 2-5 中的市场情况，他担心自由市场的价格太低会导致生产者得不到公平的投资回报。他希望了解当政府为商品供给设定一个 3.5 美元的最低限价时会出现什么情况。假设给定的市场需求曲线和供给曲线（以等值的美元价格计算）仍分别为 $Q^d=10-2P$ 和 $Q^s=2+2P$。

答：

因为最低限价高于均衡价格 2 美元，所以会出现过剩。最低限价为 3.5 美元时的需求量为：

$$Q^d=10-2\times3.5=3$$

供给量为：

$$Q^s=2+2\times3.5=9$$

因此，市场上存在 9−3=6 单位的过剩。消费者支付了更高的价格（3.5 美元），生产者有 6 单位的存货卖不出去。政府必须以 3.5 美元的价格收购过剩的 6 单位产品。政府为此所花费的成本为 3.5×6=21 美元。

最终，无谓损失包括如图 2-12 所示的两块阴影面积。第一块是左边的三角形 FOA 部分，面积是(1/2)(3.5−0.5)(6−3)=4.5。注意，求解式中的 0.5 是供给者提供 3 单位产品（也就是最低限价时的需求量）时的价格。第二块是右边的梯形 AGQ^sQ^d 部分，面积是 21−(1/2)(3.5−0.5)(9−3)=12，该面积等于长方形 GFQ^dQ^s（即政府的支出 21 美元）扣除当前需求量时生产者增加的剩余（最低价格与供给曲线中间的三角形 AFG 的面积）。总的无谓损失为 4.5+12=16.5 美元。

最高限价和最低限价

美国联邦、州、地方政府经常被游说出台限定价格的法律。美国的许多州有限制高利贷的法律——限定银行和其他贷款人向客户贷款的利率上限。2005 年波兰通过了反高利贷法，规定消费者借贷利率不得超过波兰国家银行的安全利率的 4 倍；违规者面临罚款或长达两年的监禁。20 世纪 90 年代泰国曾允许汽油价格上涨，那是由市场力量决定的，但

21 世纪初泰国商务部设置了价格上限，试图阻止汽油价格快速上涨。

美国大部分州政府（除了 5 个州）颁布了最低工资法，规定了企业付给雇员的最低小时工资。这些规定是对联邦政府颁布的最低工资标准的补充。截至 2012 年，有 18 个州的最低工资标准高于联邦政府的规定。最低工资标准的作用与图 2-12 所示的类似。因为政府无法安置那些在高工资下找不到工作的人，所以剩余劳动力失业。加拿大的每个省也制定了最低工资法。此外，安大略、不列颠哥伦比亚、魁北克等省还设置了啤酒的价格下限（"最低零售价格"），通过维持高价控制酒类消费，并且保护加拿大酿酒商免受廉价美国品牌的冲击。

资料来源："Oil Sales：Ceiling Set on Retail Margin," *The Nation*, June 15, 2002; "An Oil Shock of Our Own Making," *The Nation*, May 20, 2004; "Italian Usury Laws：Mercy Strain'd," *The Economist*, November 23, 2000; "Beer Price War Punishes Mom-and-Pop Shops," *The Gazette*, November 4, 2005; "EU Lawmakers Pass Credit Directive," *Krakow Post*, May 15, 2012; "State Minimum Wages/2019 Minimum Wage by State," National Conference of State Legislatures, January 7, 2019.

2.6 比较静态分析

介绍了竞争性市场如何实现均衡，以及政府如何运用最高限价和最低限价干预市场后，接下来讨论管理者如何运用供给和需求来分析市场变化对竞争性均衡的影响。从一种均衡状态向另一种均衡状态移动的研究称为比较静态分析。在整个移动过程中，价格体制自由发挥作用实现消费者之间的商品分配，不存在诸如最高限价和最低限价的法律限制。

2.6.1 需求变动

假设《华尔街日报》的一篇报道指出，预期明年消费者的收入将增加 2.5%，25 岁以上的人口数将于明年年底达到历史最高水平。这些变化将对安飞士（Avis）、赫兹（Hertz）和 National 等汽车租赁公司产生怎样的影响？如何利用供给与需求工具来分析？假定租赁汽车为正常品，那么消费者收入增加会增加租赁汽车的需求；25 岁以上消费者数量的增加也会增加该需求（因为法律规定年满 25 岁才能租赁汽车）。

下面利用图 2-13 来描述上述需求增加对汽车租赁市场的影响。汽车租赁市场的初始均衡位于点 A，即需求曲线 D^0 与供给曲线 S 的交点。《华尔街日报》的报道预测明年租赁汽车的需求将从 D^0 增加到 D^1，这将导致均衡从点 A 移至点 B——汽车租赁公司将租出更多的汽车且租赁价格要高于需求增长前的价格。

汽车租赁价格上升的原因有二，一是 25 岁以上消费者人数增加，二是消费者收入增加。这两方面的作用导致对租赁汽车的需求增加。当价格为每天 45 美元时，可供租赁车辆仅有 100 000 辆，低于消费者需求（108 000 辆）。汽车租赁公司发现提高价格并增加汽车供给量有利可图，达到 49 美元的新均衡价格时才有足够的汽车可供租赁，此价格下租赁汽车的供给量正好等于需求量。

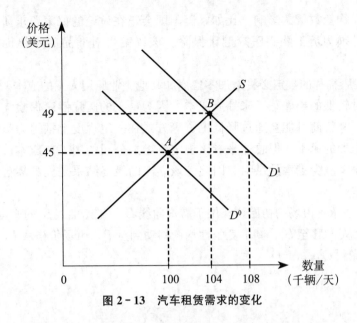

图 2-13　汽车租赁需求的变化

➡例题 2-7

一家汽车租赁公司的管理者以每天 49 美元的市场价格将车辆出租，但汽油费由租车者承担。最近报纸的头版文章报道，由于中东关系日趋紧张，经济学家预测明年的汽油价格将大幅上升。这会对汽车租赁价格产生怎样的影响？

答：

由于汽油和租赁汽车是互补品，汽油价格上升将导致对租赁汽车的需求下降。如图 2-13 所示，其中 D^1 为租赁汽车的初始需求，初始均衡位于点 B。汽油价格上升使租赁汽车的需求曲线向左移动至 D^0，并在点 A 达到新均衡。因此，租赁汽车的价格将下降。

透视商业 2-5　　　　　　　**全球化与汽车供应**

在当今全球经济中，市场上的企业数量严重依赖于外国公司的进入和退出。在很长一段时间，新兴市场的出口呈现疲软状态。最近，一些中国汽车制造商，包括其较大的国内品牌——吉利汽车公司，再次强调将努力扩展海外市场，目标是欧洲以及主要的新兴市场。

吉利等汽车制造商的进入使发达的欧洲汽车市场的供给曲线向右移动。在其他条件不变的情况下，这将不利于美国厂商当前的市场销售：供给增加将降低汽车的均衡价格和美国汽车制造商的利润。

资料来源："Chinese Automakers Renew Drive to Go Global," *Automotive News Europe*，March 15，2019.

2.6.2　供给变动

供给和需求框架还可用来预测当一个或多个供给影响因素发生变化时，对产品或服务的均衡价格和均衡数量的影响。比如,美国国会正在讨论的议案要求所有雇主(无论规模大小)都必须为员工购买医疗健康保险。该议案将对商品的零售价格产生怎样的影响?

这个有关健康福利的规定必将增加零售商和其他企业雇用人工的成本。许多零售商通过雇用工资相对较低的半熟练工来控制成本,因为员工的医疗健康保险支出相对于其年薪来说太高了。零售商可能会通过降低工资等方式在一定程度上抵销为员工购买法定医疗健康保险而增加的成本,但总体来看该规定将增加公司的用工总成本。随着劳动力成本上升,零售商将减少零售品供给。因此,该立法的最终结果是提高零售商的定价并减少商品供给。

如图 2 - 14 所示,市场的初始均衡位于需求曲线 D 与供给曲线 S^0 的交点 A。投入品价格的增加使供给从 S^0 移至 S^1,新的竞争性均衡移动到点 B。市场价格从 P^0 上升到 P^1,均衡数量从 Q^0 下降到 Q^1。

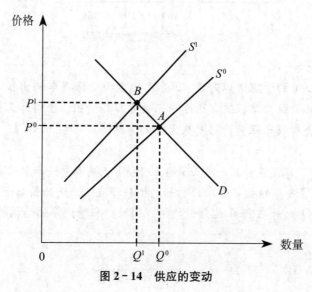

图 2 - 14　供应的变动

2.6.3　供给和需求同时变动

无论私有企业的管理者还是公共机构的管理者,时常会遇到一些导致需求和供给同时发生变化的事件。比如,20 世纪末日本神户的大地震对日本清酒制造业造成了极大的破坏,导致整个国家的清酒供给下降。同时,地震带来的悲痛使人们增加了对清酒与其他酒精饮品的需求。利用本章的工具来分析供给和需求的同时变动将对清酒的均衡价格和均衡数量产生怎样的影响?

透视商业 2 - 6　　**利用电子表格计算供需模型的均衡**

本书的学习网站 www.mhhe.com/baye10e 提供了一个名为 Supply and Demand Solver.xls 的文件。点击文件就可以访问文档中的不同标签,进而确定不同的情况下线性供给曲线和需求曲线的均衡，也可以运用该程序中的"实时"静态比较来分析均衡价格和均衡数量的变化。

此外，还可利用该程序计算生产者剩余和消费者剩余，并探讨当需求和供给参数变化时剩余的变化幅度。也可以用来检测价格规制的影响，如最高限价和最低限价，以及限价高于或低于均衡价格时造成的社会福利损失（或无谓损失）。

要注意的是，该程序不会替代原有分析模型，只是帮助大家更好地理解需求和供给参数变化带来的定量影响。你也可以用传统手工分析法解释实践中的各种变化，然后用上述程序来验证你的答案。对于网络用户来说，这些算法能更好地帮助大家解决市场均衡变化问题并得到即时反馈。

在图 2-15 中，市场的初始均衡位于点 A，即需求曲线 D^0 与供给曲线 S^0 的交点。地震同时引发清酒供给减少和需求增加，假设供给曲线从 S^0 下降到 S^1，需求曲线从 D^0 增加到 D^1。此时，市场在点 B 达到了新的竞争性均衡；清酒的价格从 P^0 上升到 P^1，供需数量从 Q^0 增加到 Q^1。

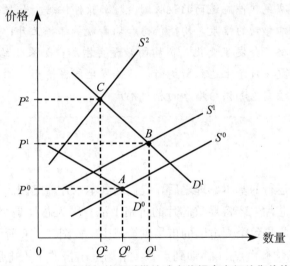

图 2-15 需求增加的同时供给减少将提高市场均衡价格

供给减少和需求增加的结果是价格和数量同时上升，如图 2-15 所示。需要注意的是，如果供给曲线不是从 S^0 移动到 S^1，而是移动到左方更远处的 S^2，并且与新的需求曲线相交于点 C 而非点 B，此时价格虽仍然高于初始均衡价格 P^0，但均衡数量却低于初始的均衡数量（点 C 对应的数量低于点 A 对应的数量）。因此，当需求增加且供给减少时，市场均衡价格必然上升，但均衡数量究竟将增加还是减少，取决于曲线移动的相对幅度。

当运用供求分析法来预测需求和供给同时变动的市场效应时，务必注意供给曲线和需求曲线移动的幅度不是随意的。正如表 2-2 所示，需求和供给的同时变动带来的结果不确定：均衡价格可能上升也可能下降，均衡数量可能增加也可能减少。供给和需求同时发生变动会产生以下结果，见表 2-2。

表 2-2　均衡价格和数量：需求和供给同时变动的结果

	需求增加	需求减少
供给增加	价格：不确定	价格：下降
	数量：增加	数量：不确定
供给减少	价格：上升	价格：不确定
	数量：不确定	数量：减少

➡例题 2-8

　　假设你是一家电脑连锁店的管理者，需要密切关注电脑业的发展，你获悉美国国会刚刚通过了一个双管齐下的计划，旨在进一步加强美国电脑制造业在全球经济中的地位。该计划一方面将对中小学电脑教育增加拨款，另一方面将对电脑软件企业减免税收。这项计划将会对软件的均衡价格和数量产生怎样的影响？

　　答：

　　均衡数量肯定会增加，但是均衡价格上升、下降还是保持不变，取决于需求和供给的相对变化幅度。具体来说，因为电脑软件是正常品，所以对中小学的电脑教育增加拨款会增加电脑软件需求。减免软件制造商的税收则会增加软件供给。如果供给曲线向右移动的幅度小于需求曲线向右移动的幅度，均衡价格和均衡数量都将上升；如果供给和需求增加的数量相同，均衡价格不会发生变化，但均衡数量会增加；如果供给增加多于需求增加，市场将在更低价格和更多数量上达到新均衡。不论发生何种情形，均衡数量总会增加，但均衡价格的变化取决于需求和供给增加的相对幅度。

 开篇案例解读

　　理解了市场如何运行的基本原理之后，我们回到本章开篇案例。

　　萨姆意识到削减芯片生产将导致芯片的价格上涨。因为芯片是个人电脑的关键元件，所以芯片价格的上涨将导致个人电脑的市场供给减少。如图 2-16 所示，供给曲线将从 S^0 移动到 S^1。随着市场均衡由点 A 移动到点 B，市场上出售的个人电脑总量将减少。预测到个人电脑销量将减少，萨姆和简需要讨论一下是否继续执行其增员计划。

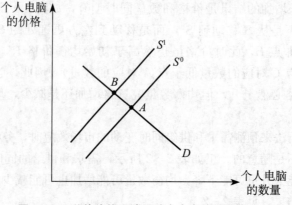

图 2-16　芯片价格上涨导致个人电脑供给的减少

小　结

本章全面介绍了供给和需求以及这些市场力量之间的相互作用，包括需求、供给、最高限价、最低限价和比较静态分析法的应用。通过学习本章理论及进行例题分析，大家可以更好地掌握如何分析竞争性市场的运行。

供给和需求模型是本书的一个基本工具。本书后续章节的学习，皆基于大家已经完全理解了本章所讲述的基本概念和工具。下一章将讲解弹性概念以及弹性在管理决策中的运用。除此之外，本书还将陆续给出其他定量分析工具，以帮助管理者更好地运用相关工具进行决策。

概念题和计算题

1. X公司生产一种商品 X，该商品为正常品。它的竞争者 Y 公司制造一种替代品 Y，商品 Y 是劣等品。

(1) 当消费者收入减少时，商品 X 的需求将如何变化？

(2) 当消费者收入增加时，商品 Y 的需求将如何变化？

(3) 当商品 Y 的价格上升时，商品 X 的需求量将如何变化？

(4) 与商品 X 相比，商品 Y 是不是低质量的商品？请解释。

2. 在一个竞争性市场上，某厂商使用投入品 A 生产商品 X。在以下不同情况下，请解释商品 X 的供给会发生怎样的变化。

(1) 投入品 A 的价格下降。

(2) 对商品 X 征收 3 美元的消费税。

(3) 对商品 X 征收 7% 的从价税。

(4) 技术变化降低了生产更多商品 X 的成本。

3. 假设商品 X 的供给函数为 $Q_x^s = -30 + 2P_x - 4P_z$。

(1) 当 $P_x = 600$ 美元，$P_z = 60$ 美元时，商品 X 的产量为多少？

(2) 当 $P_x = 80$ 美元，$P_z = 60$ 美元时，商品 X 的产量为多少？

(3) 假设 $P_z = 60$ 美元。请写出商品 X 的供给函数和反供给函数，并画出反供给函数的图形。

4. 商品 X 的需求由下式给出：

$$Q_x^d = 6\ 000 - \frac{1}{2}P_x - P_y + 9P_z + \frac{1}{10}M$$

调查显示，相关商品的价格 $P_y = 6\ 500$ 美元和 $P_z = 100$ 美元，这种商品的消费者的人均收入 $M = 70\ 000$ 美元。

(1) 对商品 X 来说，商品 Y 和商品 Z 是替代品还是互补品？

(2) 商品 X 是正常品还是劣等品？

(3) 当 $P_x = 5\ 230$ 美元时，商品 X 的需求量是多少？

(4) 请写出商品 X 的需求函数和反需求函数，并画出商品 X 的需求曲线。

5. 商品 X 的需求曲线由 $Q_x^d = 300 - 4P_x$ 给出。

(1) 画出反需求曲线。

(2) 当 $P_x=50$ 美元时，消费者剩余是多少？

(3) 当 $P_x=35$ 美元时，消费者剩余是多少？

(4) 一般来说，随着商品价格下降，消费者剩余水平将如何变化？

6. 假设需求和供给分别由 $Q^d=60-P$ 和 $Q^s=P-20$ 给出。

(1) 该市场上的均衡数量和均衡价格为多少？

(2) 当对该市场设定最低限价 50 美元时，请计算需求量、供给量和剩余数量。

(3) 当对该市场设定最高限价 32 美元时，请计算需求量、供给量和短缺数量。

7. 假设需求和供给分别由 $Q^d_x = 14 - \frac{1}{2}P_x$ 和 $Q^s_x = \frac{1}{4}P_x - 1$ 给出。

(1) 该市场上的均衡数量和均衡价格为多少？用图形表示该均衡。

(2) 假设对商品征收 12 美元的消费税，那么新的均衡数量和均衡价格为多少？

(3) 当消费税为 12 美元时，政府的税收收益为多少？

8. 根据图形回答以下问题。

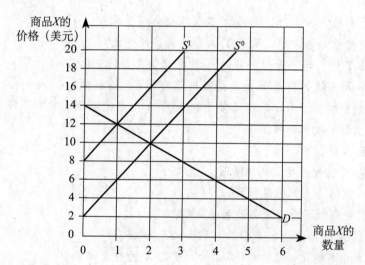

(1) 假设市场需求为 D，供给为 S^0。如果设定了 6 美元的最高限价，由此导致的短缺和全部经济价格为多少？

(2) 假设市场需求为 D，供给为 S^0。如果设定了 12 美元的最低限价，由此导致的过剩为多少？政府为收购这些过剩产品需要支付多少钱？

(3) 假设市场需求为 D，供给为 S^0，均衡价格为 10 美元。如果对该商品征收 6 美元的货物税，消费者需支付的均衡价格会如何变化？生产者得到的价格是多少？销售数量将如何变化？

(4) 当市场需求和供给分别为 D 和 S^0 时，请计算消费者剩余和生产者剩余。

(5) 假设市场需求为 D，供给为 S^0。若设定一个 2 美元的最高限价，这对消费者是否有利？请解释。

9. 商品 X 的供给曲线如下：

$$Q^x_x = -380 + 20P_x$$

(1) 画出反供给曲线。

(2) 当 $Q_x=460$ 美元时，生产者剩余为多少？当 $Q_x=1\ 100$ 美元时，生产者剩余是多少？

10. 市场需求和供给函数分别如下：$Q_x^s = -14 + P_x$ 和 $Q_x^d = 85 - 2P_x$。假设政府设定了38 美元的最低限价，并同意认购过剩供给，而且所有消费者都不会以每单位 40 美元的最低限价购买。

（1）计算政府购买公司过剩产品的成本。

（2）计算 38 美元的最低限价导致的社会福利损失（无谓损失）。

问答题和应用题

11. 你是一家中型个人电脑组装公司的管理者。你在一个竞争性市场上购买元件，如随机存取存储器（RAM）。根据市场调查，收入超过 80 000 美元的消费者购买的 RAM 是低于该收入水平的消费者的 1.5 倍。一天早上，《华尔街日报》上的一篇文章指出，输入组件的价格预计将上涨，这使得电脑制造商的单位成本更高。根据这条信息，你预期你需要支付的 RAM 价格会如何变化？除了输入组件的价格变动，该文章还提到，随着经济衰退，预计在未来两年内消费者的收入将减少。这时你的答案会发生变化吗？请解释。

12. 你是一家普通软饮料公司的管理者，该公司在竞争性市场上生产并销售软饮料。该市场上除了大量的普通产品，还有可口可乐和百事等大品牌。假设由于美国制糖厂商的成功游说，美国国会打算对所有进口原糖（你公司的主要投入品）征收每磅 0.5 美元的关税。另外，可口可乐和百事正计划打一场广告战，以使消费者认为其产品优于普通软饮料。这些事件对普通软饮料市场的均衡价格和均衡数量有何影响？

13. 更高的香烟价格是否会阻止吸烟？这个问题有不同答案。在所有争论中，有人认为以下表述最具说服力："供给和需求定律表明，高价格对减少吸烟不起作用。高价格会使香烟的需求减少，需求的减少会推动均衡价格回落至其初始水平，因此均衡价格将保持不变，吸烟者仍然会消费同等数量的香烟。"你是否同意这个观点？请解释。

14. 假设你是美国某血液分配机构的管理者，该机构负责向全美 50 个州和哥伦比亚特区的医院分配血液。最近的一份研究报告指出，在美国，每年因输血而感染艾滋病的患者大约有 50 人。虽然在美国每品脱血液都要经过一整套检验（包括 9 项检验），但现有筛查方法只能检测到人体免疫系统产生的抗体，而在血液中形成这种抗体需要数周甚至数月的时间，感染艾滋病不久的献血者（尚未产生抗体）仍然可以通过现行的血液筛检进而传递病毒。幸运的是，研究者已经发明了一种新的筛查法，可以在输血前筛出受感染的血液样本。新的筛查法的优点在于能够降低输血感染的概率。该报告指出，目前未被感染血液的价格为每品脱 60 美元。如果采用新的筛查法，未被感染血液的需求和供给函数分别为 $Q^d = 210 - 1.5P$ 和 $Q^s = 2.5P - 150$。采用新的筛查法，你预期将来血液的价格为多少？在美国，血液用量是多少？消费者剩余和生产者剩余各是多少？请通过图形来解释。

15. 随着中东局势日益紧张，全球的石油供应受到影响。石油产量每天减少 121 万桶，这造成全球石油供应量减少了 5%。请解释该事件对石油市场和汽车市场产生的影响。

16. 你是美国一位参议员的助手，他主持了一项改革电信服务税的特设委员会会议。基于你的调查，AT&T 在相关的文件和合规成本上花费了超过 150 万美元。此外，根据当地情况，用户手机账单中的电信税高达 25%。高税率的电信服务已引发争议，因为电信业管制的放松形成了一个高度竞争的市场。最佳估计表明，根据目前的税率，电信服务的

月度市场需求为 $Q^d = 350 - 4P$，市场供应（包括税收）为 $Q^s = 4P - 130$（单位均为百万美元），其中 P 是电信服务的月价格。参议员正在考虑税制改革以大幅降低税率，新的税收政策将使供给函数变为 $Q^s = 4.3P - 130$。根据立法提案，一个典型的消费者每月可节省多少钱？

17. G. R. 公司从事大米和豆类等产品的批发业务。公司管理者在《华尔街日报》上读到一篇文章，该文章指出，未来一年最低收入阶层的个人收入预计将增加 10%。虽然管理者很高兴看到这些人的收入增加，但他担心这会影响公司业务。你认为这对 G. R. 公司产品的价格会有什么影响？为什么？

18. 从加利福尼亚到纽约，全美的立法机构正在考虑消除或减少对非储户从其他银行的 ATM 取款 1 000 万美元的额外费用。平均而言，非储户每小时赚取 22 美元，而每笔 ATM 交易需要支付 3.5 美元手续费。据估计，银行愿意以每笔交易 1 美元的价格提供 400 万次服务，而顾客期望以此价格进行 2 000 万次交易。估计表明，需求的和期望的交易量之间有 100 万次交易的差距，顾客将不得不花时间到另一台机器上提取现金。基于这些信息，用图形解释立法机构规定银行可以收取非储户 1 美元的交易费用上限所带来的影响。

19. 智利的拉佩尔山谷因能够低成本生产高质量葡萄酒而闻名世界。拉佩尔山谷每年生产的葡萄酒超过 2 000 万瓶，其中 500 万瓶出口到美国。每一瓶酒进入美国需缴纳消费税 0.50 美元，这使美国获得了大约 250 万美元的税收收入。拉尼娜气候带来异常寒冷的天气，给智利许多地区的葡萄酒生产商造成毁灭性打击。拉尼娜将如何影响智利葡萄酒的价格？假设拉尼娜不影响加利福尼亚葡萄酒产区，拉尼娜对加利福尼亚葡萄酒市场会产生怎样的影响？

20. Viking InterWorks 公司是一家为台式机企业提供内存产品的制造商。最近其首席执行官（CEO）阅读了贸易杂志上的一篇文章，文章预计台式机需求为（数量单位为百万台）：

$$Q^d_{台式机} = 1\ 600 - 2P_{台式机} + 0.6M$$

式中，$P_{台式机}$ 是台式机的价格，M 是消费者收入。该文章还指出，台式机的主要消费者的收入今年将增加 4.2% 至 61 300 美元，台式机的销售价格将下降到 980 美元，CEO 认为二者都对公司有利。他在另一篇文章中看到，未来一年对 32GB 台式机内存的预计需求曲线为（数量单位为千台）：

$$Q^d_{内存} = 11\ 200 - 100P_{内存} - 2P_{台式机}$$

式中，$P_{内存}$ 是 32GB 内存模块的市场价格，$P_{台式机}$ 是台式机的市场价格。该报告还表明，5 家小型初创企业正准备进入 32GB 内存模块市场，这使得竞争对手达到了 100 家。此外，假设 Viking InterWorks 的 CEO 委托进行 32GB 内存模块产能的行业研究。结果表明，当行业以最大效率运行时，这个竞争激烈的行业的供给曲线如下（数量单位为千台）：

$$Q^s_{内存} = 1\ 000 + 25P_{内存} + N$$

式中，$P_{内存}$ 是一个 32GB 内存模块的价格，N 是市场中内存模块制造商数量。Viking InterWorks 的 CEO 为你——生产经理——提供了上述信息。基于所有 32GB 内存模块的制造商获取相同市场份额的假设，完成一份包含未来一年内存模块的市场价格和数量的报告。如果台式机的价格是 1 080 美元，你的报告内容将发生什么变化？内存模块和台式机之间的关系是怎样的？

21. 佛罗里达州像其他几个州一样，通过了一项在紧急状态之前、期间或者之后禁止"哄抬物价"进行价格欺诈的法规。价格欺诈的定义是："……出售必需品，如食品、天然气、冰、油、木材等，其价格严重超过了紧急状态前30天的平均销售价格。"许多消费者试图在飓风或其他自然灾害之前或之后储备应急物资，如瓶装水。此外，许多零售商的供货在自然灾害期间被迫中断。假设执法很严格，价格欺诈法律对经济的影响是什么？请认真分析。

22. 在最近的一次演讲中，某州的州长宣布："在这个国家，青少年犯罪的最大原因之一是16～19岁人员的失业率很高。本州雇主提供的低工资难以让青少年有动力在暑期工作。与过去我们愿意工作一整个夏天不同，现在的青少年工作懒怠且造成麻烦。为了解决这个问题，我建议将州的最低小时工资提高1.5美元。这将激励青少年在学校放假时愿意去寻找有意义的工作。"评估州长减少青少年犯罪的计划。

选读材料

Ault, Richard W.; Jackson, John D.; and Saba, Richard P., "The Effect of Long-Term Rent Control on Tenant Mobility." *Journal of Urban Economics* 35(2), March 1994, pp. 140–58.

Espana, Juan R., "Impact of the North American Free Trade Agreement (NAFTA) on U.S.–Mexican Trade and Investment Flows." *Business Economics* 28(3), July 1993, pp. 41–47.

Friedman, Milton, *Capitalism and Freedom*. Chicago: University of Chicago Press, 1962.

Katz, Lawrence F., and Murphy, Kevin M., "Changes in Relative Wages, 1963–1987: Supply and Demand Factors." *Quarterly Journal of Economics* 107(1), February 1992, pp. 35–78.

Olson, Josephine E., and Frieze, Irene Hanson, "Job Interruptions and Part-Time Work: Their Effect on MBAs' Income." *Industrial Relations* 28(3), Fall 1989, pp. 373–86.

O'Neill, June, and Polachek, Solomon, "Why the Gender Gap in Wages Narrowed in the 1980s." *Journal of Labor Economics* 11(1), January 1993, pp. 205–28.

Simon, Herbert A., "Organizations and Markets." *Journal of Economic Perspectives* 5(2), Spring 1991, pp. 25–44.

Smith, Vernon L., "An Experimental Study of Competitive Market Behavior." *Journal of Political Economy* 70(2), April 1962, pp. 111–39.

Williamson, Oliver, *The Economic Institutions of Capitalism*. New York: Free Press, 1985.

第**3**章　定量需求分析

学习目标

学完本章，你将能够：

1. 将需求的各种弹性作为定量分析工具来预测收益、价格和销售量的变化。
2. 描述需求弹性与总收益之间的关系。
3. 讨论产品需求富有弹性或者缺乏弹性的三种影响因素。
4. 解释边际收益与需求价格弹性之间的关系。
5. 解释如何利用线性和对数线性需求函数求解弹性。
6. 描述如何运用回归分析法估计需求函数，并解释回归结果的作用。

开篇案例　　　　　　　**沃尔玛渴望再来一次节假日热销**

每年 10 月份，沃尔玛（Walmart）负责全国销售的董事就会收到电话问询接下来的节假日销售预测。今年的假日销售绩效将更为重要，因为到目前为止公司的销售情况令人失望。

董事当然会传达其对节假日热销的期待，但是投资人和记者以及公司的区域管理者更希望提供一些证据来证明其判断。董事来到公司的数据分析部门，该部门多年来广泛收集了沃尔玛在美国 381 个大都市的多维数据，包括节假日的销售量、价格、消费者信心等。利用这些数据，分析师得出了以下公式，用来预测节假日的销售量（以收入来计量）：

$$节假日销售收入 = 25.8 - 0.8 \times \ln(价格) + 0.9 \times \ln(消费者信心)$$

经理注意到许多大都市的消费者信心呈现下降趋势，大概下降了 4%。基于上述信息，如果价格基本保持不变，能证明节假日销售呈乐观趋势吗？调整价格能支撑收入增长吗？

➡ 3.1 导　言

第 2 章解释了公司产品的需求（Q_x^d）取决于其价格（P_x）、替代品或互补品的价格（P_y）、消费者的收入（M）以及诸如广告、人口规模或消费者预期等其他变量（H）：

$$Q_x^d = f(P_x, P_y, M, H)$$

至此，关于价格和收入变化对消费者需求的影响分析一直是定性的而非定量的，也就是说，对整个市场情形的分析只局限于变化方向而很少考虑其变化幅度。

了解整个市场的变化方向是制定管理决策的首要步骤，但成功的管理者同样关注下列问题的量化答案：

- 为了使产品销售量增加 3.2％，必须将产品价格降到多少？
- 如果降价 6.5％，产品销售量将增加多少单位？企业是否有足够的库存满足供给？如果库存不足，是否有足够的员工来增加生产？产品降价后的收益和现金流量将发生多大的变化？
- 如果竞争对手降价 2％，或者经济危机使消费者收入减少 2.5％，企业产品的销售量会有多大的变化？

本章将向读者解释管理者如何利用需求弹性这个定量预测工具来回答上述问题以及各种类似的决策问题，这些问题经理们可能每天都会遇到，比如定价决策、库存管理、生产（收益）管理、生产决策、战略（竞争者）分析以及人力资源管理。定量分析指标（如弹性的得出）不是凭空得来的，本章将讨论不同的方法，帮助管理者利用数据驱动分析，借助回归法实现弹性的测量。

➡ 3.2 弹性的概念

假定某些变量发生变化，比如商品价格上升 10％时，该商品的需求量将发生多大变化？根据第 2 章的需求定律，我们只知道需求量会下降，但会下降 5％还是 10％呢？这个确切的需求量变化幅度对管理者来说更有价值。

用于确定变化幅度的基本工具是弹性分析，弹性也是本章将要重点介绍的概念。**弹性**（elasticity）度量的是一个变量对另一个变量的变化的敏感度。假如你的学习成绩与学习努力程度的弹性用 $E_{G,S}$ 表示，那么，你所花学习时间的变化百分比（$\%\Delta S$）导致的学习成绩的变化百分比（$\%\Delta G$）可用公式表示如下：

$$E_{G,S} = \frac{\%\Delta G}{\%\Delta S}$$

由于 $\%\Delta G = \Delta G/G$，$\%\Delta S = \Delta S/S$，弹性亦可记为 $E_{G,S} = (\Delta G/\Delta S) \times (S/G)$。需要注意的是，$\Delta G/\Delta S$ 就是 G 与 S 之间函数关系的斜率，反映了给定 S 的变化所导致 G 的变化量，乘以 S/G 之后就将变化量的关系转化为百分比数值，这意味着弹性大小与变量 G 和 S 的单位无关。

微积分表达式

假如某因变量 G 的变化取决于 S 的变化，二者函数关系式为 $G=f(S)$，那么 G 相对于 S 的弹性用微积分形式表示如下：

$$E_{G,S} = \frac{\mathrm{d}G}{\mathrm{d}S} \times \frac{S}{G}$$

关于弹性概念，以下两点很重要：（1）弹性是正的还是负的；（2）弹性的绝对值大于 1 还是小于 1。弹性的符号（正或负）决定了两个变量 G 和 S 之间为正相关还是负相关。如果弹性为正，S 的增加将导致 G 增加；如果弹性为负，S 的增加将导致 G 减少。

弹性绝对值大于 1 还是小于 1 反映出 G 对 S 变化的敏感度。如果弹性绝对值大于 1，弹性公式中的分子大于分母，那么 S 的一个微小的百分比变化将导致 G 相对较大的百分比变化。如果弹性的绝对值小于 1，弹性公式中的分子小于分母，此时 S 的一个给定百分比变化将导致 G 相对更小的百分比变化。请大家务必记住这些要点，这对于定义一些特殊弹性很有意义。

➡ 3.3　需求价格弹性

需求价格弹性（own price elasticity of demand）是一个非常重要的概念，测度的是需求量对价格变化的敏感程度。后续内容将进一步解释如何运用该度量方法来分析价格的涨跌对公司销售额与收益的定量影响。商品 X 的需求价格弹性用 E_{Q_x, P_x} 表示，定义如下：

$$E_{Q_x, P_x} = \frac{\%\Delta Q_x^d}{\%\Delta P_x}$$

如果某种商品的需求价格弹性为 -2，意味着该商品的价格上升 10%，会导致该商品的需求量下降 20%，因为 $-20\%/10\% = -2$。

微积分表达式

假设某商品的需求函数为 $Q_x^d = f(P_x, P_y, M, H)$，其需求价格弹性可用以下微积分形式表示：

$$E_{Q_x, P_x} = \frac{\partial Q_x^d}{\partial P_x} \times \frac{P_x}{Q_x}$$

回顾关于弹性的两个要点：弹性符号和绝对值大小。根据需求定律，价格与需求量之间呈反向关系，因此需求价格弹性为负数。需求价格弹性的绝对值是大于 1 还是小于 1 取决于多种因素。为了更好地开展讨论，首先介绍以下术语。

第一，如果某商品需求价格弹性的绝对值大于 1，则称该商品的需求是**富有弹性需求**（elastic demand）；

$$|E_{Q_x,P_x}|>1$$

第二，如果某商品需求价格弹性的绝对值小于1，则称该商品的需求是**缺乏弹性需求**（inelastic demand）：

$$|E_{Q_x,P_x}|<1$$

第三，如果某商品需求价格弹性的绝对值等于1，则称该商品的需求是**单位弹性需求**（unitary elastic demand）：

$$|E_{Q_x,P_x}|=1$$

如果一种商品的需求富有弹性，表明该商品的需求量相对于商品价格的变动比较敏感；如果需求缺乏弹性，表明该商品的需求量相对于商品价格变动不太敏感。当需求缺乏弹性时，意味着商品价格的上涨造成的需求量下降幅度很小；但当需求富有弹性时，商品价格的上涨将会导致需求量大幅下降。

3.3.1 弹性与总收益

表3-1描述了软件的潜在需求与软件价格的关系。假设需求量（本例中也可等同于销售量）和价格遵循线性需求函数 $Q_x^d=80-2P_x$，相对应的软件价格、销售量、需求价格弹性和总收益（$TR=P_xQ_x$）的数据见表3-1。注意，需求价格弹性的绝对值随着价格的上升而变大。线性需求函数的斜率固定为常数 $\left(\dfrac{\Delta Q_x^d}{\Delta P_x}=-2\right)$，这意味着 $E_{Q_x,P_x}=\left(\dfrac{\Delta Q_x^d}{\Delta P_x}\right)\left(\dfrac{P_x}{Q_x}\right)$ 的绝对值将随 P_x 的增加而增加。因此，需求价格弹性将沿着线性需求曲线呈现不断变化的趋势。

表3-1　总收益和弹性 （$Q_x^d=80-2P_x$）

	软件价格（美元）（P_x）	软件的销售量（Q_x）	需求价格弹性（E_{Q_x,P_x}）	总收益（美元）（P_xQ_x）
A	0	80	0.00	0
B	5	70	-0.14	350
C	10	60	-0.33	600
D	15	50	-0.60	750
E	20	40	-1.00	800
F	25	30	-1.67	750
G	30	20	-3.00	600
H	35	10	-7.00	350
I	40	0	$-\infty$	0

当价格弹性的绝对值小于1时（如表3-1中从点A到点D），软件价格的上升会带来总收益的增加。例如，当软件价格从5美元上升到10美元时，总收益从350美元变为600美元，增加了250美元。需要注意的是，这两种价格所对应的需求弹性的绝对值皆小于1。

当价格弹性的绝对值大于1时（如表3-1中从点F到点I），软件价格的上升将导致总收益下降。例如，当软件价格从25美元（对应的需求价格弹性为-1.67）上升到30美元（对应的需求价格弹性为-3）时，总收益减少了150美元。在表3-1中，总收益最大化的价格和销售量组合在点E处，此时软件的需求价格弹性为-1。

根据表3-1中的数据，可以绘制如图3-1中上方图形所示的需求曲线，该需求曲线

上任一价格和销售量组合所对应的总收益见图 3-1 中的下方图。当沿着需求曲线从点 A
移动到点 I 时，软件需求变得越来越有弹性；在点 E 处，需求为单位弹性且总收益达到最
大。所有位于点 E 左上方的点，需求富有弹性且总收益随价格上涨而减少；所有位于点 E
右下方的点，需求皆缺乏弹性且总收益随价格上涨而增加。分析价格、弹性和总收益之间
关系的变化称为总收益检验。

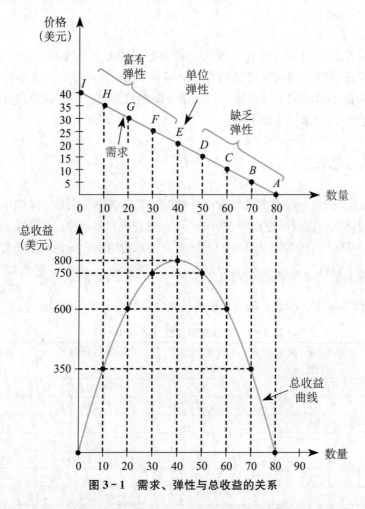

图 3-1 需求、弹性与总收益的关系

原 理 | **总收益检验**

　　如果产品富有价格弹性，产品价格上升（下降）将导致总收益减少（增加）。如果产
品缺乏价格弹性，产品价格上升（下降）会使总收益增加（减少）。当产品价格弹性为单
位弹性时，总收益最大。

　　在全球商务中，总收益检验可用于现金流管理。比如，根据数据驱动的分析，汇演邦
（Live Nation）发现，在一场演唱会中，消费者对过道座位的需求完全不同于对剧场前排
的中间座位的需求，这一点与航空公司很像。由于当前过道座位缺乏价格弹性，因此提高
这些"红利座位"的价格就能够提高演唱会的收入。

具体来看，假设演唱会门票的代理机构估计过道座位的需求价格弹性为-0.3。如果门票代理机构提价 5 个百分点，过道座位的销售会小幅下降，但是否会带来总收益增加？将$-0.3=E_{Q_x,P_x}$和$-5=\%\Delta P_x$代入需求价格弹性公式：

$$-0.3=\frac{\%\Delta Q_x^d}{-5}$$

求解方程可得$\%\Delta Q_x^d=-1.5$，即价格提高 5%，销售量将下降 1.5%。需求数量下降的百分比小于价格下降的百分比（$|E_{Q_x,P_x}|<1$），降价将增加公司总收益。换言之，由于需求缺乏价格弹性，价格上升导致销售量下降的比例更小，公司的总收益增加。

在一些极端的例子中，某些商品的需求可能会呈完全弹性或完全无弹性。**完全弹性需求**（perfectly elastic demand）指需求价格弹性的绝对值无穷大；**完全无弹性需求**（perfectly inelastic demand）指需求价格弹性为零。

当某产品出现完全弹性需求时，价格的微小提高将导致销售量下降为零，这种产品的需求曲线呈水平状〔如图 3-2（a）所示〕。比如阿司匹林等普通产品（没有品牌）的生产商面临的需求曲线可能是完全弹性的，价格的小幅上升将导致消费者停止购买其产品，而转向购买其他竞争对手的产品。相反，当产品出现完全无弹性需求时，消费者对价格变化毫无反应，需求曲线是垂直的〔如图 3-2（b）所示〕。有观点认为医疗保健业的产品和服务（如救命药）的需求曲线是完全无弹性的。实际上这些产品的需求曲线高度缺乏弹性，但并非完全无弹性（见专栏"透视商业 3-1"的深度分析）。

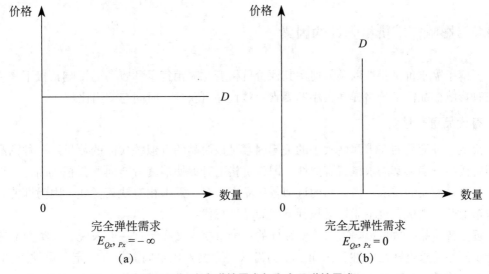

图 3-2　完全弹性需求与完全无弹性需求

通常情况下，需求既非完全弹性也非完全无弹性。对于管理者来说，了解弹性的具体数值对决策很有用。大公司、政府部门以及大学通常会雇用经济学家或统计学家来估计其产品的需求弹性，管理者的工作主要是知道如何运用弹性进行决策。

透视商业 3-1　　处方药需求缺乏弹性

许多人认为处方药和其他救命药物的需求应该完全无弹性。毕竟病人如果不吃药就可能会死，而且许多情况下药费由保险公司支付而非病人承担，这两个因素导致药物需求相对缺乏弹性。但是外科手术和生活方式的改变成为许多救命药物的替代品，经济理论预测救命药物的需求不可能完全无弹性。

表 3-2 证实了上述预测：救命药物的需求缺乏弹性但并非完全无弹性。例如，降脂药物的需求价格弹性为 -0.4，心血管药物的需求价格弹性为 -0.1。因此，降脂药物的价格上升 10% 会减少 4% 的需求量，而心血管药物的价格上升 10% 仅减少 1% 的需求量。

表 3-2　几种药物的需求价格弹性

药物类型	需求价格弹性
降脂	-0.4
心血管	-0.1
抗溃疡	-0.7
降糖	-0.2

需求价格弹性报告基于行业内每种药物的需求数据。对行业内的特定品牌而言，需求价格弹性可能更敏感。

资料来源：K. Yeung, A. Basu, R. Hansen, and S. Sullivan, "Price Elasticities of Pharmaceuticals in a Value-Based-Formulary Setting," NBER working paper (June 2016).

3.3.2　影响需求价格弹性的因素

了解了需求价格弹性以及如何用其评价价格变化对销售量和收益的影响，接下来将讨论三种影响商品需求价格弹性大小的因素：替代品可获性、时间与支出比重。

替代品可获性

决定一种商品的需求弹性大小的关键因素是该商品的近似替代品的数目。一种商品的近似替代品越多，其需求越富有弹性，因为价格上升促使消费者转向购买替代品，从而大幅降低对该商品的需求。当商品的近似替代品很少时，需求相对缺乏弹性，因为即使该商品价格上升，消费者也不能轻易找到近似商品来替代。

近似替代品的数量影响需求价格弹性的一个重要意义在于：一般来说，大类商品需求比特定商品需求更缺乏弹性。比如，食物需求（大类）比牛肉需求（特定）更缺乏弹性，因为除了挨饿，食物几乎没有近似替代品，所以食物的需求量对价格的变动很不敏感。但是特定商品如牛肉的价格上升时，消费者可以选择鸡肉、猪肉以及鱼肉等其他替代品，因此牛肉需求比食物需求更富有弹性。

表 3-3 列出了美国通过市场研究得到的不同商品的需求价格弹性，这些数据来自美国农业部。该研究同样证明大类商品确实比特类商品更缺乏弹性。牛奶价格缺乏弹性，但全脂牛奶（特定食物）富有弹性，因为全脂牛奶有许多替代品（包括其他类型的牛奶），而牛奶整个品类不存在替代品。表 3-3 还表明牛肉需求比一般肉类（大类）需求有更大的弹性。

表 3-3　不同商品的需求价格弹性

市场	需求价格弹性	市场	需求价格弹性
全脂牛奶	−1.1	牛排	−1.1
牛奶	−0.2	茶	−1.4
肉	−0.4	胡椒粉	−0.2
牛肉	−0.6		

资料来源：U. S. Department of Agriculture, Economic Research Service, https: //data. ers. usda. gov/reports. aspx? ID =17825, accessed May 30, 2019. Reported elasticities are from most recent research listed by the service.

最后请关注一下表 3-3 中肉、牛肉和牛排的价格弹性估值。肉是商品大类，其次是牛肉，然后是牛排。因此可以预计牛排的需求比牛肉的需求更富有弹性，而牛肉的需求比肉类的需求更富有弹性。表 3-3 中的数据与预计结论一致。市场研究表明，一种商品的近似替代品越多，其需求越富有弹性。

时间

短期需求相对于长期需求更加缺乏弹性。消费者对价格变动的反应时间越长，通常对该商品的需求越富有弹性。时间还决定了消费者能否快速找到有效替代品。比如消费者只剩下 30 分钟的时间赶飞机，与还有几个小时飞机才起飞的情况相比，他对去机场的出租车的价格不太敏感。如果时间充裕，消费者可以选择其他交通工具，如乘公共汽车、搭朋友的车甚至步行去机场。但短期内消费者没有时间找到合适的替代品，他对出租车的需求更缺乏价格弹性。

再看一下表 3-3，注意表中所列示的弹性都是短期数据，并没有提供长期弹性数据。如果这些商品弹性的测试时间延长，其弹性的绝对值就会变大。举个例子，如果提高茶的价格，在一段更长的时间内，消费者会更愿意也更有机会改变购买习惯，去购买替代品比如咖啡，甚至会购买咖啡机。

支出比重

一般来说，如果一种商品的支出占消费者预算的比重较小，则相较于占比较大的商品来说，这种商品更缺乏价格弹性。极端情况是，如果消费者将其全部预算用于购买一种商品，当该商品价格上升时，消费者必然减少其购买量，这是因为除了该商品，消费者没有其他可以放弃的商品。如果一种商品的支出占预算的比重较小，当该商品价格上升时，消费者可以减少其他商品的购买量。比如盐的价格的小幅上涨几乎不会影响其需求量，就是因为盐的支出占消费者总预算的比重非常小。

肉的需求比胡椒粉更富有弹性还是更缺乏弹性呢？肉类相对于胡椒粉而言更加必不可少（毕竟许多餐食通过肉类来提供营养，而胡椒粉只是增加味道），我们可能期望肉类的需求比胡椒粉更缺乏弹性，但是表 3-3 的数据显示，胡椒粉的需求更缺乏弹性。为什么会这样？

这是因为美国人在肉类与胡椒粉上的支出占收入的比重不同。平均来看，每个消费者的肉类支出显著地高于胡椒粉的支出。虽然从营养角度上讲肉类比胡椒粉更重要，但由于肉类支出占预算的比重太大，因而肉类需求更有弹性。

3.3.3　边际收益与需求价格弹性

第 1 章介绍了边际收益是产出变化一单位引起的总收益变化，要实现利润最大化必须关注边际收益与边际成本。本书后续内容将详细分析利润最大化的产量和定价决策，在此仅解释边际收益与需求价格弹性之间的关系。

图 3-3 中的 MR 线就是边际收益线，对应于需求曲线上不同的价格-产出组合。相对于线性需求曲线，边际收益曲线恰好位于需求曲线与纵轴的正中间，这意味着每单位产量的边际收益低于每单位产量的销售价格。

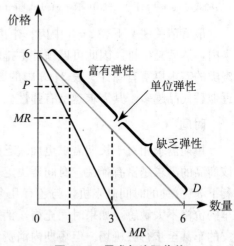

图 3-3　需求与边际收益

为什么每单位产品的边际收益低于产品的销售价格呢？原因在于，厂商为了吸引消费者购买更多商品必须降价。当厂商为每一单位商品确定相同价格时，消费者不仅可以用较低的价格购买最后一单位商品，还能以同样低的价格买到在高价位售出的多个单位商品。举例来看，假设消费者以 5 美元的价格购买 1 单位商品，总支出（厂商总收益）为 5×1＝5 美元。只有当价格下降，比如从 5 美元降到 4 美元时，消费者才愿意多购买 1 单位商品。如果出售 2 单位商品，厂商从第一单位商品只能得到 4 美元（从第二单位商品也得到 4 美元，2 单位商品的总收益为 8 美元）而不是 5 美元，因此厂商损失了 1 美元收益。所以，当产出增加 1 单位时厂商的总收益从 5 美元增加到 8 美元，边际收益是 8-5＝3 美元，低于销售价格 4 美元。

注意上例中价格从 5 美元降至 4 美元，需求量从 1 单位增加到 2 单位，而总收益从 5 美元增加到 8 美元。根据总收益检验，此范围内的总需求富有弹性。相反，若价格下降时需求增加、总收益减少，则该范围内的需求缺乏弹性并且边际收益为负值。总之，一种产品的需求越缺乏弹性，降价虽然带来需求量增加，但总收益下降越多。

上述内容阐明了边际收益和需求弹性之间的一般关系：

$$MR = P\left(\frac{1+E}{E}\right)$$

该公式的推导过程见第 8 章，在这里，为了论述简单起见，我们省略了符号下标：P 表示商品价格，E 表示商品需求价格弹性。注意，当 $-\infty < E < -1$ 时，需求富有弹性，该公式表明 MR 为正数。当 $E = -1$ 时，需求为单位弹性，边际收益为零。正如第 1 章所言，边际收益为零对应于总收益最大化的产出。最后，当 $-1 < E < 0$ 时，需求缺乏弹性，边际收益为负数。这些结论与表 3-1 所示的线性需求函数的观点一致。

透视商业 3-2　　　　**弧弹性的计算和运用：住房市场**

在大多数情况下，管理者可以从图书馆或公司的研究部门获得有关弹性的估计，但有时也会缺乏弹性信息。这时可以通过需求的弧弹性计算来解决问题。

假设管理者掌握的数据表明，当某商品价格为 P_1 时，消费者购买量为 Q_1 单位，当价格变为 P_2 时，购买量为 Q_2 单位，其他条件一样，利用弧弹性公式可以近似估计需求价格弹性：

$$E^{Arc} = \frac{\Delta Q^d}{\Delta P} \times \frac{P \text{ 的均值}}{Q \text{ 的均值}}$$

式中，Q 的均值为 $(Q_1+Q_2)/2$，P 的均值为 $(P_1+P_2)/2$。

为详细说明公式在实际中的运用，在此采用美国当前独幢别墅的销售量和价格数据。根据美国房地产经纪人协会的数据，10 月份美国独幢别墅销售价格的中位数为 160 800 美元，按此价格售出别墅 343 000 套。因此 $P_1=160\ 800$ 美元，$Q_1=343\ 000$ 套就是独幢别墅需求曲线上的一点。

一个月后价格 $P_2=164\ 000$ 美元，别墅销售量 $Q_2=335\ 000$ 套。影响住房需求的两个主要因素——利润和收入——在 10 月和 11 月之间保持不变。据此可以假设需求曲线在此期间没有变化（移动），而且 $(P_2，Q_2)$ 是独幢别墅需求曲线上的另一点。

基于需求曲线上的两点，采用弧弹性公式近似估算的美国当前独幢别墅需求的价格弹性为：

$$
\begin{aligned}
E^{Arc} &= \frac{(Q_1-Q_2)(P_1+P_2)/2}{(P_1-P_2)(Q_1+Q_2)/2} \\
&= \frac{343\ 000 - 335\ 000}{160\ 800 - 164\ 000} \times \frac{(160\ 800 + 164\ 000)/2}{(343\ 000 + 335\ 000)/2} \\
&= -1.2
\end{aligned}
$$

需求价格弹性的绝对值大于 1，结合总收益检验可以判断别墅价格上涨导致别墅总需求下降。进一步推测，住房销售量下降使得销售佣金减少，房地产经纪人的收入在这一时期也下降了。

需要指出的是，弧弹性只能估算住房需求弹性，其准确性取决于假设前提——需求曲线在 10 月和 11 月之间没有变动。如果美国独幢别墅的需求曲线在这段时间内移动过，比如由于突发因素造成房产交易波动，那么真实的需求价格弹性与弧弹性的估计值不同。

资料来源：www. realtor. org/topics/existing-home-sales/data.

3.4 交叉价格弹性

需求的**交叉价格弹性**（cross-price elasticity）揭示了一种商品需求对另一种相关商品价格变化的敏感程度。交叉价格弹性有助于管理者确定其他产品价格变化对本公司产品需求的影响。商品 X 和商品 Y 之间的交叉价格弹性可用数学公式表示为：

$$E_{Q_x,P_y} = \frac{\%\Delta Q_x^d}{\%\Delta P_y}$$

假如 Hulu 与 Netflix 两公司产品之间的交叉价格弹性为 3，即 30%/10%=3，这意味着 Netflix 价格上涨 10% 将导致 Hulu 的需求量增加 30%。Hulu 的需求量增加是因为 Netflix 价格上涨,消费者用 Hulu 来代替 Netflix。

> **微积分表达式**
>
> 当商品的需求函数为 $Q_x^d = f(P_x, P_y, M, H)$ 时,商品 X 和商品 Y 之间的需求交叉弹性的微积分形式如下:
>
> $$E_{Q_x, P_y} = \frac{\partial Q_x^d}{\partial P_y} \frac{P_y}{Q_x}$$

一般来说,当商品 X 与商品 Y 是替代品时,商品 Y 的价格上升将导致商品 X 的需求量增加,那么 $E_{Q_x, P_y} > 0$。当商品 X 和商品 Y 是互补品时,商品 Y 的价格上升将导致商品 X 的需求量下降,那么 $E_{Q_x, P_y} < 0$。

表 3-4 列示了一些典型的交叉价格弹性的例子。例如,肉类和日用品的交叉价格弹性是 -0.21,即日用品的价格上涨 10%,肉类的需求将减少 2.1%,因此肉类和日用品为互补品。这些数据是定量测度日用品价格变化对肉类需求量影响的工具。

表 3-4　不同商品的交叉弹性

	交叉价格弹性
肉类和日用品	-0.21
面包和谷物	0.02
咖啡和果汁	0.07

资料来源:U.S. Department of Agriculture, Economic Research Service, https://data. ers. usda. gov/reports. aspx? ID= 17825, accessed May 30, 2019. Reported elasticities are from most recent research listed by the service.

根据表 3-4 的数据,咖啡和果汁是互补品还是替代品? 果汁的价格上涨 20%,咖啡的需求会有什么变化呢? 这些问题的答案隐含在以下例题中。

➡**例题 3-1**

一家新开的杂货店的老板刚刚读了《华尔街日报》的一篇文章,文章称果汁的价格可能要上涨 20%。这对杂货店咖啡的销售会产生什么影响?

答:

表 3-4 显示咖啡和果汁的交叉弹性为 0.07,如果将给定信息代入交叉价格弹性公式,可得

$$0.07 = \frac{\% \Delta Q_x^d}{20}$$

解 $\% \Delta Q_x^d$ 的方程,得

$$\% \Delta Q_x^d = 1.4$$

因此,咖啡和果汁为替代品。如果果汁的价格上涨 20%,咖啡的需求将增加 1.4%。

交叉价格弹性在多产品销售的价格决策中发挥着重要作用。现实中许多快餐店的汉堡包价格都在 1 美元以下,因为管理者意识到汉堡包和汽水是互补品,顾客购买汉堡包时通

常会买一杯汽水。因此，快餐店降低汉堡包价格可以同时影响汉堡包和汽水的销售。需要注意的是，总收益所受影响同时取决于需求价格弹性和交叉价格弹性。

根据总收益检验，当汉堡包富有价格弹性（缺乏弹性）时，汉堡包的价格下降将增加（减少）其销售收益。此外，由于汉堡包和汽水是互补品，降低汉堡包价格会增加汽水需求，进而增加汽水的销售收益，但是汽水收益的增幅取决于汉堡包与汽水之间的交叉价格弹性的大小。

假设某公司的收益来自两种产品——产品 X 和产品 Y。该公司的收益为 $R=R_x+R_y$，其中，$R_x=P_xQ_x$ 指来自产品 X 的销售收益，$R_y=P_yQ_y$ 是指来自产品 Y 的销售收益。产品 X 的价格的微小变化（$\%\Delta P_x=\Delta P_x/P_x$）对公司总收益的影响为：

$$\Delta R=[R_x(1+E_{Q_x,P_x})+R_y E_{Q_y,P_x}]\times \%\Delta P_x$$

为了阐述上式的用途，假定某快餐店每周从汉堡包（产品 X）的销售中赚取 4 000 美元，从汽水（产品 Y）的销售中赚取 2 000 美元，即 $R_x=4\,000$ 美元，$R_y=2\,000$ 美元。汉堡包的需求价格弹性 $E_{Q_x,P_x}=-1.5$，汉堡包与汽水的需求交叉价格弹性 $E_{Q_y,P_x}=-4.0$。那么，当汉堡包的价格降低 1% 时公司的总收益会发生怎样的变化？将这些数据带入上式：

$$\Delta R=[4\,000\times(1-1.5)+2\,000\times(-4.0)]\times(-1\%)=20+80=100（美元）$$

即如果汉堡包的价格降低 1%，总收益会增加 100 美元，其中 20 美元来自汉堡包收益的增加（因为汉堡包的需求富有弹性，汉堡包的价格下降会增加其销售收益），剩下 80 美元来自汽水的销售量增加（汽水的销售量增加 40%，收益增加 80 美元）。

透视商业 3-3　数字时代，利用交叉价格弹性指导策略制定

数字时代，企业不仅要与其他企业竞争，还要面临来自非法提供商（如盗版）的竞争。对于订阅电视业务来说，盗版是一件麻烦事。全球消费者不仅可以选择各家企业提供的订阅包，还可以从免费的非法（盗版）市场上获得部分或全部的视频内容。这个盗版市场究竟有多大？

两位研究者克里斯汀·罗哈斯（Christian Rojas）和阿图罗·布里切诺（Arturo Briceno）试图利用秘鲁的数据来回答这个问题。他们分析了盗版内容的交叉弹性与最大的订阅电视企业之间的交叉弹性。比如，西班牙电信公司（Telefonica）（秘鲁最大的订阅电视业务提供商）与盗版内容之间的弹性是 0.39，这意味着西班牙电信的价格每提高 10个百分点，盗版内容的需求量会上升 3.9 个百分点；相比之下，西班牙电信与其最大的竞争对手美洲电信（America Movil）之间的交叉价格弹性为 0.42。

在当前的分析阶段，西班牙电信在电视订阅市场上占据主导地位，市场份额超过 60%。理解了交叉弹性之后，西班牙电信可以计算一下在整个电视内容市场上，其价格下降可能带来的消费者需求变化。实际结果显示，考虑到盗版市场的存在，西班牙电信的市场主导地位并不那么突出，这些发现也是反垄断机构关心的问题，这将在本书中讨论。

资料来源：C. Rojas and A. Briceno, "The Effects of Piracy on Competition: Evidence from Subscription TV," *International Journal of Industrial Organization* 63 (2019), pp. 18-43.

➡ 3.5 收入弹性

收入弹性（income elasticity）度量的是消费者需求对其收入变化的敏感程度。收入弹性 $E_{Q_x,M}$ 的数学表达式如下：

$$E_{Q_x,M} = \frac{\% \Delta Q_x^d}{\% \Delta M}$$

> **微积分表达式**
>
> 假设商品的需求函数为 $Q_x^d = f(P_x, P_y, M, H)$，其收入弹性的微积分形式如下：
>
> $$E_{Q_x,M} = \frac{\partial Q_x^d}{\partial M} \times \frac{M}{Q_x}$$

当商品 X 为正常品时，收入增加使商品的需求量增加，因此 $E_{Q_x,M} > 0$。当商品 X 为劣等品时，收入增加会导致商品 X 的需求量下降，因此 $E_{Q_x,M} < 0$。

表 3-5 列出了不同商品收入弹性的估计值。例如有机土豆的收入弹性为 2.26，该数字反映出收入与有机土豆需求之间存在以下关系：第一，收入弹性为正值，随着收入增加，消费者会增加有机土豆的支出，因此有机土豆属于正常品。第二，收入弹性大于 1，即有机土豆支出的增长快于收入的增长。

表 3-5　不同商品的收入弹性

	收入弹性
有机土豆	2.26
肉	0.11
啤酒	−0.83

资料来源：For meat and beer: United States Department of Agriculture Economic Research Service, https://data. ers. usda. gov/reports. aspx? ID＝17825, accessed May 30, 2019. Reported elasticities are from most recent research listed by the service. For organic potatoes: F. Zhang, C. Huang, B-H Lin, and J. Epperson, "National Demand for Fresh Organic and Conventional Vegetables: Scanner Data Evidence," *Journal of Food Products Marketing* 17 (2011), pp. 441-458.

表 3-5 中肉的收入弹性为 0.11，也属于正常品，但该收入弹性小于 1，即肉类支出的增长幅度小于收入的增长幅度。当收入下降时，肉类支出的下降幅度也会小于收入的下降幅度。

表 3-5 还列出了啤酒的收入弹性。啤酒的收入弹性为负值，因此属于劣等品。当收入增加 1% 时，啤酒的需求量会减少 0.83%。因此，在经济繁荣期，杂货店应减少啤酒的订购量，在经济萧条期则要增加订购量。

➡例题 3-2

据研究部门估计，有机土豆的需求收入弹性为 2.26。《华尔街日报》报道称经济形势趋于下行，预期未来三年内消费者收入将下降 10%。这种预期对有机土豆的需求有什么影响？

答：

将 $E_{Q_x,M} = 2.26, \%\Delta M = -10$ 代入需求收入弹性公式，可得

$$2.26 = \frac{\%\Delta Q_x^d}{-10}$$

求解方程得 $\%\Delta Q_x^d = -22.6$，由于有机土豆的收入弹性为 2.26，消费者预期收入下降 10%，可以预计在未来三年内有机土豆的需求量将下降 22.6%，除非其他影响因素发生变化。

3.6 其他弹性

给定弹性的一般概念，可以将其扩展到其他变量（如广告变化）的弹性分析。例如，商品 X 的广告弹性指花在商品 X 上的广告支出的变化率，引起商品 X 需求量的变化率。商品 X 和商品 Y 之间的交叉广告弹性指直接花在商品 Y 上的广告支出的变化率所导致的商品 X 需求量的变化率。

表 3-6 是斯达汀（一种降低胆固醇的药物）第一品牌和第二品牌的广告弹性的估计值。这些广告会直接触达消费者。两个弹性都为正值且小于 1。正值意味着广告支出增加会引起商品需求量增加，即如果药品生产商增加广告支出，将在任意给定价格下卖出更多的药物。但斯达汀第二品牌的广告弹性为 0.10，这意味着广告支出增加 10%，该品牌的需求量仅增加 1%，第二品牌缺乏广告弹性。

表 3-6　商品的长期广告弹性

	广告弹性
斯达汀第一品牌	0.32
斯达汀第二品牌	0.10

说明：此处，第一品牌是 Crestor，第二品牌是 Lipitor，计算广告弹性时，作者做了简化并假设价格固定不变。

资料来源：M. Sinkinson and A. Starc, "Ask Your Doctor? Direct-to-Consumer Advertising of Pharmaceuticals," *Review Of Economic Studies*, 86（2019），pp. 836-81.

管理者如何运用此类弹性估计值？假设你刚受聘于斯达汀第一品牌且从事药品销售工作，老板知道你最近学习了管理经济学课程，希望你用管理经济学知识分析增加多少广告支出可以使本品牌的需求增加 15%。

根据表 3-6 可知，$E_{Q_x,M} = 0.32$，将该数据和 $\%\Delta Q_x^d = 15$ 代入一般弹性公式，可以得到

$$0.32 = \frac{\%\Delta Q_x^d}{\%\Delta A_x} = \frac{15}{\%\Delta A_x}$$

解方程可得，为使斯达汀第一品牌的需求上升 15%，广告支出的增幅将高达 47%。

3.7 利用需求函数计算弹性

了解了弹性的概念及其在管理决策中的应用，接下来解释如何利用需求函数计算弹

性。首先基于线性需求函数来计算弹性，然后讨论特殊的非线性需求函数。

3.7.1　线性需求函数的弹性计算

如果已得到商品的线性需求函数，就很容易计算需求的不同弹性。

公式：线性需求函数的弹性　假设线性需求函数如下：

$$Q_x^d = \alpha_0 + \alpha_x P_x + \alpha_y P_y + \alpha_M M + \alpha_H H$$

则各种弹性为：

$$价格弹性：E_{Q_x,P_x} = \alpha_x \frac{P_x}{Q_x}$$

$$交叉价格弹性：E_{Q_x,P_y} = \alpha_y \frac{P_y}{Q_x}$$

$$收入弹性：E_{Q_x,M} = \alpha_M \frac{M}{Q_x}$$

微积分表达式

线性需求曲线的价格弹性用微积分表示为：

$$E_{Q_x,P_x} = \frac{\partial Q_x^d}{\partial P_x} \times \frac{P_x}{Q_x} = \alpha_x \frac{P_x}{Q_x}$$

交叉价格弹性和收入弹性的微积分表达式与之类似。

对于线性需求曲线，需求相对于某变量的弹性等于该变量的系数乘以该变量值与需求量的比率。比如，需求价格弹性恰好是 P_x 的系数（即需求函数中的 α_x）乘以商品 X 的价格与其需求量的比率。

对于线性需求函数，弹性大小取决于计算弹性时所对应的特定价格和数量，价格弹性并不等于需求曲线斜率。一般来说，对于线性需求函数，当产品价格高时，所对应的需求往往富有弹性，而当产品价格低时，所对应的需求通常缺乏弹性。尤其要注意：当 $P_x=0$ 时，$|E_{Q_x,P_x}| = \left| \alpha_x \frac{0}{Q_x} \right| = 0 < 1$，即当产品价格接近 0 时，需求缺乏弹性。也就是说，当产品价格上升时，Q_x 随之减小，但弹性的绝对值随之增大。

➡️**例题 3-3**

Invigorated PED 是一家制鞋公司，其鞋子的日需求函数估计如下：

$$Q_x^d = 100 - 3P_x + 4P_y - 0.01M + 2A_x$$

式中，A_x 该公司为在鞋（X）上投入的广告费；P_x 为 X 的价格；P_y 为另一家公司的鞋 Y 的价格；M 为平均收入。假设 X 每双售价 25 美元，Y 每双售价 35 美元，公司的广告支出为 50 单位，消费者的平均收入为 20 000 美元。计算并解释价格弹性、交叉价格弹性和收入弹性。

答：

线性需求价格弹性的计算公式为：

$$E_{Q_x,P_x} = \alpha_x \frac{P_x}{Q_x}$$

式中，$\alpha_x = -3$，$P_x = 25$。计算弹性时，先求得 X 的需求量 Q_x，再将给定价格、收入和广告费数值代入需求方程，可得

$$Q_x^d = 100 - 3 \times 25 + 4 \times 35 - 0.01 \times 20\ 000 + 2 \times 50 = 65$$

由此，需求价格弹性为：

$$E_{Q_x,P_x} = -3\left(\frac{25}{65}\right) = -1.15$$

如果 Invigorated PED 公司提高鞋价，该公司鞋子的需求量下降百分比的绝对值大于价格上涨百分比，因此需求富有价格弹性，即如果公司提高鞋价，总收益将下降。

同理，需求交叉价格弹性为：

$$E_{Q_x,P_y} = 4\left(\frac{35}{65}\right) = 2.15$$

交叉价格弹性为正，因此 Y 是该公司鞋的替代品。

Invigorated FED 公司鞋子的需求收入弹性为：

$$E_{Q_x,M} = -0.01\left(\frac{20\ 000}{65}\right) = -3.08$$

因为该值为负数，所以该公司的鞋子为劣等品。

3.7.2 非线性需求函数的弹性计算

很多时候，产品的需求与价格、收入、广告和其他影响因素是非线性函数。接下来介绍如何处理非线性函数下的弹性估算。假设非线性函数如下所示：

$$Q_x^d = c\,P_x^{\beta_x}\,P_y^{\beta_y}\,M^{\beta_M}\,H^{\beta_H}$$

式中，c 为常数。商品 X 的需求量与价格和收入是非线性函数。对这个方程取自然对数，将得到用变量的对数来表示的线性表达式：

$$\ln Q_x^d = \beta_0 + \beta_x \ln P_x + \beta_y \ln P_y + \beta_M \ln M + \beta_H \ln H$$

式中，$\beta_0 = \ln c$ 且 β_i 为任意实数。这个等式称为**对数线性需求**（log-linear demand）函数。

与线性需求类似，$\ln P_y$ 系数 β_y 的符号决定了商品 X 和商品 Y 是替代品还是互补品，而 $\ln M$ 系数 β_M 的符号决定了商品 X 是正常品还是劣等品。如果 β_y 为正数，商品 Y 的价格上升导致商品 X 的需求量增加，商品 X 和商品 Y 为替代品。如果 β_y 为负数，商品 Y 的价格上升导致商品 X 的需求量减少，商品 X 和商品 Y 为互补品。同理，如果 β_M 为正数，收入增加导致商品 X 的需求量增加，则 X 为正常品。如果 β_M 为负数，收入增加导致商品 X 的需求量下降，则 X 为劣等品。

公式：对数线性需求函数的弹性 若商品 X 的需求函数为对数线性函数，其数学表达式如下：

$$\ln Q_x^d = \beta_0 + \beta_x \ln P_x + \beta_y \ln P_y + \beta_M \ln M + \beta_H \ln H$$

则各种弹性为：

价格弹性：$E_{Q_x,P_x} = \beta_x$

交叉价格弹性：$E_{Q_x, P_y} = \beta_y$

收入弹性：$E_{Q_x, M} = \beta_M$

微积分表达式

上述结果可以用微积分推导得出。经变形，对数线性函数的反函数（即原线性需求函数）如下：

$$Q_x^d = c\, P_x^{\beta_x}\, P_y^{\beta_y}\, M^{\beta_M}\, H^{\beta_H}$$

式中，c 为常数。根据弹性的微积分计算，则有

$$E_{Q_x, P_x} = \frac{\partial Q_x^d}{\partial P_x} \frac{P_x}{Q_x} = \beta_x c\, P_x^{\beta_x - 1}\, P_y^{\beta_y}\, M^{\beta_M}\, H^{\beta_H} \frac{P_x}{c\, P_x^{\beta_x}\, P_y^{\beta_y}\, M^{\beta_M}\, H^{\beta_H}} = \beta_x$$

同理，可得交叉价格弹性和收入弹性的表达式。

需要注意的是，当需求为对数线性函数时，某给定变量的弹性恰好是所对应对数的系数。需求价格弹性是 $\ln P_x$ 的系数 β_x，对数线性需求函数右侧的任意对数的系数都是某需求影响因素的弹性。因为所有系数为固定值，所以所有弹性皆为常数。

表 3-7 的统计结果表明零售汽油的需求呈现对数线性特征，这些系数表现为相应的弹性。

表 3-7　美国零售汽油的对数线性需求函数

$\ln Q_G = -1.697 - 0.042\ln P_G + 0.53\ln Y$

式中：Q_G＝汽车的人均消费量（加仑）

P_G＝零售汽油的价格

Y＝人均可支配收入

资料来源：Adapted from J. Hughes, C. Knittel, and D. Sperling, "Evidence of a Shift in the Short-Run Price Elasticity of Gasoline Demand," *The Energy Journal* 29, no. 1 (2008), pp. 93–114.

表 3-7 的研究聚焦于广告效应对零售汽油需求的影响。价格对数的系数为 -0.042，说明零售汽油的需求量缺乏价格弹性且向下倾斜，汽油的价格上涨 10% 将导致汽油的需求量减少 0.4%，进而增加汽油供应商的收益。收入对数的系数为 +0.53，表示汽油为正常品。消费者人均收入增加 10% 将引起汽油的需求增加 5.3%。

➡️ **例题 3-4**

一家服装公司的分析师得出了本公司雨衣需求函数的估计，如下所示：

$$\ln Q_x^d = 10 - 1.2\ln P_x + 3\ln R - 2\ln A_y$$

式中，R 表示每天的降雨量；A_y 表示商品 Y 的广告投入。如果每天的降雨量增加 10%，对雨衣的需求有什么影响？如果商品 Y 的广告投入减少 10%，又会有什么影响？举个商品 Y 的具体例子。

答：

根据前文所述，对数线性需求函数中，对数变量的系数就是该变量的需求弹性。因此雨衣需求量相对于降雨量的弹性为：

$$E_{Q_x, R} = \beta_R = 3$$

并且

$$E_{Q_x,R} = \beta_R = \frac{\%\Delta Q_x^d}{\%\Delta R}$$

因此

$$3 = \frac{\%\Delta Q_x^d}{10}$$

解方程得 $\%\Delta Q_x^d = 30$，即降雨量增加 10% 会使雨衣的需求量增加 30%。

商品 Y 的广告支出减少 10% 对雨衣的需求有何影响？再来看对数线性需求函数的系数。雨衣需求对商品 Y 的广告支出的弹性为：

$$E_{Q_x,A_y} = \beta_{A_y} = -2$$

并且

$$E_{Q_x,A_y} = \beta_{A_y} = \frac{\%\Delta Q_x^d}{\%\Delta A_y}$$

因此

$$-2 = \frac{\%\Delta Q_x^d}{-10}$$

解方程得 $\%\Delta Q_x^d = 20$。也就是说，商品 Y 的广告支出减少 10%，雨衣的需求量将增加 20%。因此，商品 Y 可能是雨伞或其他雨具，一般来说，当雨伞的广告减少时，通常会增加雨衣的需求量。

3.8 数据驱动的需求曲线

上述分析皆假定产品需求函数已知，并给出了明确的函数方程以及需求弹性的估算法。正如第 1 章所言，管理者可以利用回归分析法自行拟合函数，或者利用出版物及专业分析师给出的估计值。

接下来重点分析如何将回归分析法用于需求曲线估计。首先回顾一下第 1 章的案例——关于电视机数量和价格的关系，数据来自匹兹堡的 10 家专卖店。假定数据来自现场实验，专家们仔细审核了每家专卖店的价格及电视机需求。我们可以利用这些数据来估计电视机需求量与价格的函数曲线。表 3-8 中的数据节选自表 1-3，包括回归估计以及显著性检验值。我们可以重新解读这些数据作为电视机的需求曲线公式，如下：

$$Q = 1\,631.47 - 2.60P$$

回想一下，截距和价格系数的 t 统计值（绝对值）越大，P 值越小，说明估计值在统计上是显著的。

表 3-8　电视机的需求估计

	A	B	C	D	E	F	G
1	观测值	数量	价格				
12	平均值	450.50	455.00				

续表

	A	B	C	D	E	F	G
15							
30		系数	标准差	t 统计量	P 值	95％下限	95％上限
31							
32	截距	1 631.47	243.97	6.69	0.000 2	1 068.87	2 194.07
33	价格	−2.60	0.53	−4.89	0.001 2	−3.82	−1.37

利用这个简单的需求函数估计，可以计算不同价格时的需求价格弹性。举个例子，当价格为 400 时，需求价格弹性：$-1.76=(-2.60)\times400/(1\ 631.47-2.60\times400)$。假定这是一条线性需求曲线，那么，价格越高，价格弹性的绝对值越大。计算一下价格为 500 时的需求弹性就可以验证这一结论：$-3.92=(-2.6)\times500/(1\ 631.47-2.6\times500)$。

还可以利用回归分析估计对数线性需求函数，这是处理非线性需求函数的一种常用方法。例题 3-5 就是对数线性需求函数估计的例子。

➡例题 3-5

在 3 月份的 31 天里，为收集足够的信息来估计大众对演出票的需求，一家网上票务代理商对百老汇的演出票以不同折扣销售。相关数据见网站 www.mhhe.com/baye10e 上标记为 Demo3.5 的文件。打开文件后查看名为 Data 的工作表，就可以看到该公司 3 月份以不同价格销售的百老汇演出票的数量信息。运用这些数据估计一个对数线性需求函数，并运用等式总结你的发现。

答：

第一步，运用电子表格命令把价格和数量转换成自然对数。具体参考文件中名为 Transformed 的工作表，学习如何操作第一步。

第二步，用转换过的数据做线性回归。线性回归结果存在文件中名为 Results 的工作表中。

第三步，用需求等式总结线性回归结果。在本例中，利用 Results 工作表中的估计值可以得出以下对数线性需求函数：

$$\ln Q^d=8.44-1.58\ln P$$

通过上述步骤可以得出，需求数量的对数是价格对数的线性函数，该公司票数的需求价格弹性是 −1.58。上面等式两边分别取指数，可以把实际需求数量表示成价格的非线性函数。

$$\exp(\ln Q^d)=\exp(8.44)\exp(-1.58\ln P)$$
$$Q^d=\exp(8.44)P^{-1.58}$$
$$Q^d=4\ 629P^{-1.58}$$

一般来说，商品的需求量不仅仅依赖于商品价格，还受其他许多因素的影响。利用多元回归技术，可以估计需求量与多个自变量之间的关系。比如在线性需求关系中，一种常见的多元需求函数如下：

$$Q_x^d=\alpha_0+\alpha_x P_x+\alpha_y P_y+\alpha_M M+\alpha_H H+e$$

式中，α_0，α_x，α_y，α_M，α_H 是待估参数；P_y，M 和 H 是影响需求的其他因素；e 是随机误

差项（误差项均值为零）。若需求量与解释变量非线性相关，也可以采用对数线性形式：

$$\ln Q_x^d = \beta_0 + \beta_x \ln P_x + \beta_y \ln P_y + \beta_M \ln M + \beta_H \ln H + e$$

例题 3-6 是第 1 章例题 1-4 的拓展，演示了如何利用多元回归进行需求估计。

➡**例题 3-6**

FCI 公司在大学城拥有 10 幢大楼并出租给学生，每幢大楼有 100 套公寓，但是高达 50% 的空置率导致 FCI 面临现金流问题。每套公寓的基础设施相似，但有些大楼离校园较近，有些较远。FCI 有去年的出租公寓数量、出租价格、广告支出等数据。这些数据的平均值列示在表 3-9 中的第 2 行。FCI 对公寓需求量和价格、广告、距离进行回归，回归结果见表 3-9 中的第 6~9 行。FCI 的估计需求函数是什么？如果 FCI 将租金提高 100 美元，租出公寓的数量将发生什么变化？从这个分析中可以得出什么推论？

表 3-9　利用多元回归估计电视机的需求

	A	B	C	D	E	F	G
1	观测值	数量	价格	广告	距离		
2	平均值	53.10	420.00	20.50	5.70		
3							
4		系数	标准差	t 统计量	P 值	95% 下限	95% 上限
5							
6	截距	135.15	20.65	6.54	0.000 6	84.61	185.68
7	价格	−0.14	0.06	−2.41	0.050 0	−0.29	0.00
8	广告	0.54	0.64	0.85	0.429 6	−1.02	2.09
9	距离	−5.78	1.26	−4.61	0.003 7	−8.86	−2.71

答：

令 P，A 和 D 分别代表价格、广告和距离，根据统计结果得出以下需求函数：

$$Q_x^d = 135.15 - 0.14P + 0.54A - 5.78D$$

广告的系数为 0.54，说明广告支出每增加 600 美元（即 6 单位），需求量将增加 3 单位（6×0.54=3.24）。但是，由于广告在统计上并不显著，因此估计的广告效应也不显著，致使广告的真实效应很容易被忽视。

根据平均价格和数量计算的需求价格弹性为 (−0.14)(420/53.10) = −1.11，所以需求富有弹性，调高租金不仅会减少需求量，而且会减少总收入，因此，FCI 要想提高总收入，应该降低租金。

透视商业 3-4　**利用大数据估计百万游戏者的需求弹性**

近年来，国王数字娱乐（King Digital Entertainment）——世界上领先的游戏公司之一——组建了多个由高校经济学家构成的团队来研究产品需求。在这段时间，国王数字娱乐提供免费的游戏［如《糖果传奇》（Candy Crush）］，通过玩家购买游戏中的内容获利。在每一局游戏中，玩家都有机会购买数字货币（以游戏中的金条形式），可以帮助提升游戏等级。

公司及其研究者开展了一个大范围的现场实验，囊括了 1 400 万玩家。调查持续了 3

个月的时间，获得了玩家购买的不同价格的金条的数量，以及从这些购买中获得的收入。此外，他们的研究还指出，非经常性的购买者（较之经常性买家）对价格更敏感。从管理者的角度看，针对非经常性购买者的价格折扣（较之经常性买家）更有可能提高收入。

资料来源：S. Levitt, J. List, S. Neckermann, and D. Nelson, "Quantity Discounts on a Virtual Good: The Results of a Massive Pricing Experiment at King Digital Entertainment," *Proceedings of the National Academy of Sciences*, 113 (2016), pp. 7323 - 28.

 开篇案例解读

本章的开篇案例讨论过沃尔玛是否应该期待一个乐观的节假日销售，但缺少价格变化以及价格变化对销售影响（用收入来衡量）的数据。回顾一下公司分析师提供的回归函数，涉及销售收入、价格和消费者信心。

节假日销售收入＝25.8－0.8ln(价格)＋0.9ln(消费者信心)

这是一个对数线性函数，系数就是弹性。消费者信心的系数是 0.9，意味着消费者信心变化 1%，节假日销售收入会变化 0.9%；结果是，当消费者信心下降 4% 时，则 0.9＝销售收入变化/(－4)，或者销售收入变化＝－3.6。换言之，经理应该预见到大都市的销售收入会下降 3.6%，因为消费者信心下降了 4%，所以对今年的节假日销售不应该太乐观。这个结果也提示经理，如果想减缓销售下降，应该降低价格。举个例子，经理可以要求节假日全面降价 3%，这会带来 2.4%［－0.8＝节假日销售增长/(－3)，或节假日销售增长＝2.4%］的节假日销售增长。当然，经理不要忘记，价格下降对利润的影响有可能与收入增长是相反的。

最后要给出一个常规告诫：销售收入的估计应该由专家负责，经理也不是单凭需求曲线来做决策的。由于因变量是销售收入而非销售量，价格系数的含义在于需求是富有弹性的还是缺乏弹性的。本案例中价格的系数为负值——销售收入随价格上升而下降——说明这是一条缺乏弹性的需求曲线。

小　结

本章内容涉及对需求的定量分析，包括需求价格弹性、收入弹性和交叉价格弹性，介绍了需求函数的形式（包括线性形式和对数线性形式）以及用回归方法估计需求函数。掌握了上述工具，当需求影响因素发生变动时，管理者不仅能够预测需求变化方向，还能够预测需求变化量。在制定存货决策、雇用员工决策以及各种需求影响因素发生变化时的产量决策时，弹性概念及 t 统计量和置信区间非常重要。

本章揭示了提高价格并不一定增加收益。如果价格弹性的绝对值大于 1，价格上升会导致总收益下降。此外还解释了替代品或互补品价格变动时需求量的变化。

概念题和计算题

1. 根据下图回答问题。

(1) 假如公司将产品价格从 12 美元降至 10 美元，公司总收益将发生多大的变化？这一范围内的需求富有弹性还是缺乏弹性？

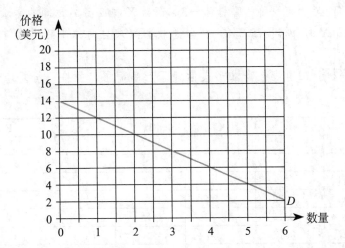

(2) 假如公司将产品价格从 4 美元降至 2 美元，公司总收益将发生多大的变化？这一范围内的需求富有弹性还是缺乏弹性？

(3) 公司要实现收益最大化，产品价格应该定为多少？此价格下的需求弹性是多少？

2. 某产品的需求曲线为 $Q_x^d = 1\,200 - 3P_x - 0.1P_z$，其中 $P_z = 300$ 美元。

(1) 当 $P_x = 140$ 美元时，产品的需求价格弹性是多少？该价格下的需求富有弹性还是缺乏弹性？如果公司产品的价格低于 140 美元，公司收益会如何变化？

(2) 当 $P_x = 240$ 美元时，产品的需求价格弹性是多少？该价格下的需求富有弹性还是缺乏弹性？如果公司产品的价格高于 240 美元，公司收益会如何变化？

(3) 当 $P_x = 140$ 美元时，商品 X 和商品 Z 之间的需求交叉价格弹性是多少？商品 X 和商品 Z 是替代品还是互补品？

3. 假设某公司商品的需求函数为：

$$\ln Q_x^d = 7 - 1.5\ln P_x - 2\ln P_y - 0.5\ln M + \ln A$$

式中，$P_x = 15$ 美元；$P_y = 6$ 美元；$M = 40\,000$ 美元；$A = 350$ 美元。

(1) 计算需求价格弹性，并说明该商品的需求富有弹性、缺乏弹性还是单位弹性。

(2) 计算商品 X 和商品 Y 之间的交叉价格弹性，并说明这两种商品是替代品还是互补品。

(3) 计算需求的收入弹性，并说明商品 X 是正常品还是劣等品。

(4) 计算需求的广告弹性。

4. 假定商品 X 的需求价格弹性为 −5，收入弹性为 −1，广告弹性为 4，与商品 Y 之间的需求交叉价格弹性为 3。计算下列情况下的商品需求量变化：

(1) 商品 X 的价格下降 6%。

(2) 商品 Y 的价格上升 7%。

(3) 广告支出减少 2%。

(4) 收入上升 3%。

5. 假定商品 X 与商品 Y 之间的交叉价格弹性为 2，为了使商品 X 的需求量增加 50%，商品 Y 的价格需变化多少？

6. 假设你是一家公司的管理者，商品 X 的年收益为 20 000 美元，商品 Y 的年收益为

80 000 美元。商品 X 的需求价格弹性为 -3，商品 X 与商品 Y 之间的需求交叉价格弹性为 -1.6。如果商品 X 的价格提高 2%，公司总收益（来自两种商品的收益）将发生多大的变化？

7. 公司的分析专家用线性需求形式估计了产品需求，并将一份复印件交给你，具体见下表。

	A	B	C	D	E	F	G
1	结果汇总						
2							
3	回归统计						
4	多元 R	0.38					
5	R^2	0.14					
6	调整的 R^2	0.13					
7	标准差	20.77					
8	观测值个数	150					
9							
10	方差分析						
11		自由度	平方和	均方	F 统计量	F 显著性	
12	回归	2	10 398.87	5 199.43	12.05	0.00	
13	残差	147	63 408.62	431.35			
14	总计	149	73 807.49				
15							
16		系数	标准差	t 统计量	P 值	95% 下限	95% 上限
17	截距	58.87	15.33	3.84	0.00	28.59	89.15
18	价格	-1.64	0.85	-1.93	0.06	-3.31	0.04
19	收入	1.11	0.24	4.64	0.00	0.63	1.56

(1) 基于上述估计，列出该公司产品的估计需求函数。

(2) 在 5% 置信水平上，哪些回归系数在统计上是显著的？

(3) 假如价格是 10 美元，当收入水平为 35 时，产品的收入弹性是多少？

8. 假设商品 X 的需求函数为 $Q_x^d = a + bP_x + cM + e$，估计参数为 $\hat{a} = 22$，$\hat{b} = -1.8$，$\sigma_a = 2.5$，$\sigma_b = 0.7$。根据 95% 置信区间计算 a 和 b 的真实值。

9. 商品 X 的需求函数为 $Q_x^d = a + bP_x + cM + e$，$P_x$ 是商品 X 的价格，M 是收入。最小二乘估计表明 $\hat{a} = 8.27$，$\hat{b} = -2.14$，$\hat{c} = 0.36$，$\sigma_a = 5.32$，$\sigma_b = 0.41$，$\sigma_c = 0.22$。R^2 为 0.35。

(1) 计算每个估计系数的 t 统计量。

(2) 判断哪些（如果有）估计系数在统计上异于零。

(3) 简单解释回归中 R^2 的含义。

10. 商品 X 的需求函数为 $Q_x^d = a + b\ln P_x + c\ln M + e$，$P_x$ 是商品 X 的价格，M 是收入。最小二乘估计表明 $\hat{a} = 7.42$，$\hat{b} = -2.18$，$\hat{c} = 0.34$。

(1) 如果 $M = 55\,000$，$P_x = 4.39$，根据这些估计值计算需求价格弹性，判断需求富有弹性还是缺乏弹性。

(2) 如果 $M = 55\,000$，$P_x = 4.39$，根据这些估计值计算收入弹性，判断商品 X 是正常品还是劣等品。

问答题和应用题

11. 截至 3 月 2 日，某手机制造商前 9 个月的总收益为 23 亿美元，比上年同期增长 77%。管理者认为收益增长归功于出货量 122% 的增长，尽管手机的平均售价下降了 38%。根据上述信息，当手机的平均售价下降时，公司的收益仍然增加，这是否很奇怪？为什么？

12. BigG 是通用磨坊（General Mills）的谷物食品分厂，两年来第一次将谷物食品价格提高了 4%。提价后所有 BigG 的谷物食品销量下降了 5%，能算出 BigG 谷物食品的需求价格弹性吗？该分厂的销售收益将增加还是减少？请解释。

13. 星巴克（Starbucks）的营销部门估计其咖啡的需求收入弹性为 1.6，如果发生可怕的经济衰退（如下一年消费者收入将下降 3%），对星巴克咖啡的预期销量会产生什么影响？

14. 你是丰田汽车公司的管理者。营销部门估计 Highlander 汽车的需求函数为 $Q=150\ 000-1.5P$，为了使 Highlander 汽车的销售收入最大，你应该如何定价？

15. 你是某出版公司负责现金流的管理者。纸质书给公司带来了 40% 的收入，并且每年增长大约 2%。最近一份报告显示，电子书阅读量上升，纸质书和电子书之间的需求交叉价格弹性为 -0.3。2019 年公司电子书的销售收入约 6 亿美元，纸质书的销售收入约 4 亿美元。假如纸质书的需求价格弹性为 -2，当纸质书的价格下降 4% 时，对纸质书和电子书的销售总收入会产生什么影响？

16. 你是新上任的能源总管，目标是减少国家对供热燃料的总需求量。为了实现该目标，你必须在以下三个对策中选择一个：（a）提高供热燃料税收，将住宅供热燃料价格提高 1 美元；（b）给予天然气单价 3 美元的补贴，降低天然气价格；（c）增加电力税收，使电价上调 4 美元。一位经济学家估计住宅供热燃料符合线性需求模式。回归结果见下表。基于这些信息，你将如何决策？请解释。

	A	B	C	D	E	F	G
1	结果汇总						
2							
3	回归统计						
4	多元 R	0.76					
5	R^2	0.57					
6	调整的 R^2	0.49					
7	标准差	47.13					
8	观测值个数	25					
9							
10	方差分析						
11		自由度	平方和	均方	F 统计量	F 显著性	

续表

	A	B	C	D	E	F	G
12	回归	4	60 936.56	15 234.14	6.86	0.03	
13	残差	20	44 431.27	2 221.56			
14	总计	24	105 367.84				
15							
16		系数	标准差	t 统计量	P 值	95%下限	95%上限
17	截距	136.96	43.46	3.15	0.01	50.6	223.32
18	住宅供热燃料的价格	−91.69	29.09	−3.15	0.01	−149.49	−33.89
19	天然气的价格	43.88	9.17	4.79	0.00	25.66	62.10
20	电价	−11.92	8.35	−1.43	0.17	−28.51	4.67
21	收入	−0.05	0.35	−0.14	0.90	0.75	0.65

17. 美国联邦通信委员会（FCC）几年前取消了一条要求贝尔公司提供竞争对手接入途径、降低目前宽带设施和以后所建其他网络的费率的规定。部分使用本地电话网络的数字用户线路（DSL）供应商受到影响。一些人认为，该规定可能会增加很多 DSL 供应商的成本并减少竞争。但使用有线、卫星或无线技术的互联网服务供应商将不会受到直接影响。根据 FCC 的决定，假设控制着美国最大的卫星电视广播机构的新闻集团（News Corp.）正在考虑发射一颗能提供高速互联网服务的航天卫星。发射航天卫星之前，假设新闻集团使用最小二乘法估计拟合卫星互联网服务需求的回归线。最佳的拟合结果表明，需求是 $Q_{卫星}^d = 152.5 - 0.8P_{卫星} + 1.2P_{DSL} + 0.5P_{有线}$，其中，$P_{卫星}$ 是卫星互联网服务的价格；P_{DSL} 是 DSL 互联网服务的价格；$P_{有线}$ 是高速有线互联网服务的价格。假设 FCC 规定了 DSL 的价格 P_{DSL} 为每月 25 美元，高速有线互联网的价格 $P_{有线}$ 为每月 50 美元。此外，新闻集团已经确定，每月至少需要 1 500 万美元成本。如果新闻集团将每月卫星互联网服务的价格定在 55 美元，那么其收入足以弥补成本吗？新闻集团能否以目前的需求函数来满足成本？证明你的答案。

18. 最近，Verizon 无线通信公司进行了一项定价试验，以估计其服务的需求弹性。其管理者选择了 3 个州来代表整个服务区域，将这些地区的客户的价格提高 5%。一周后，参加 Verizon 无线通信计划的客户数量下降了 4%，然而在价格没有上升的地区客户数量保持平稳。该管理者用这些信息来估计需求价格弹性，发现如果立即将所有市场的价格提高 5%，可以增加公司 2020 年的收入。一年后，管理者非常困惑，因为 Verizon 无线通信公司 2020 年的收入比 2019 年下降了 10%——提高价格明显导致公司收益下降。管理者犯错误了吗？请解释。

19. 美国中西部一个较大的镇上一家小型加油站的所有者在一本贸易杂志上读到一篇文章，提到美国汽油的需求价格弹性是−0.2。这说明需求高度缺乏弹性，他正在考虑提高价格以增加收入和利润。根据他所获得的信息，你会推荐这一策略吗？请解释。

选读材料

Chiles, Ted W., Jr., and Sollars, David L., "Estimating Cigarette Tax Revenue." *Journal of Economics and Finance* 17(3), Fall 1993, pp. 1–15.

Crandall, R., "Import Quotas and the Automobile Industry: The Cost of Protectionism." *Brookings Review* 2(4), Summer 1984, pp. 8–16.

Houthakker, H., and Taylor, L., *Consumer Demand in the United States: Analyses and Projections*, 2nd ed. Cambridge, MA: Harvard University Press, 1970.

Maxwell, Nan L., and Lopus, Jane S., "The Lake Wobegon Effect in Student Self-Reported Data." *American Economic Review* 84(2), May 1994, pp. 201–205.

Pratt, Robert W., Jr., "Forecasting New Product Sales from Likelihood of Purchase Ratings: Commentary." *Marketing Science* 5(4), Fall 1986, pp. 387–88.

Sawtelle, Barbara A., "Income Elasticities of Household Expenditures: A U.S. Cross Section Perspective." *Applied Economics* 25(5), May 1993, pp. 635–44.

Stano, Miron, and Hotelling, Harold, "Regression Analysis in Litigation: Some Overlooked Considerations." *Journal of Legal Economics* 1(3), December 1991, pp. 68–78.

Williams, Harold R., and Mount, Randall I., "OECD Gasoline Demand Elasticities: An Analysis of Consumer Behavior with Implications for U.S. Energy Policy." *Journal of Behavioral Economics* 16(1), Spring 1987, pp. 69–79.

第 **4** 章 个体行为理论

➡ **学习目标**

学完本章，你将能够：
1. 描述消费者偏好的四个特性以及无差异曲线的性质。
2. 分析价格和收入变化对消费者机会集的影响。
3. 解释消费者的均衡选择对价格和收入变化的反应。
4. 理解价格变动的影响分为替代效应和收入效应。
5. 解释如何从无差异曲线得出个人需求曲线，从个人需求得出市场需求。
6. 描述买一赠一活动与礼券对消费者购买决策的影响。
7. 运用收入-休闲框架认识机会、激励和员工/管理者的选择。

开篇案例 **包装公司用加班费解决劳动力短缺问题**

Boxes 公司是位于得克萨斯州桑利斯海滩的一家小型纸箱生产商。其所在社区是一个以老年人为主的退休人员社区，在过去 10 年间，其劳动人口数量一直呈减少趋势。2019 年，劳动力短缺已经非常严重，即使向工人提供每小时 16 美元的工资——这几乎是当地平均工资水平的两倍，Boxes 公司仍然无法雇用到足够的工人来满足日益增长的需求和实现生产目标。

去年，Boxes 公司新聘任了一位管理者，他向公司提交了一份支付加班工资的方案。该方案提出，对每名工人每天前 8 小时的工作时间，支付每小时 16 美元的工资；超出 8 小时的工作时间，支付每小时 24 美元的工资。该方案有效解决了公司的劳动力短缺难题，当年公司的生产水平和利润都增长了 20%。

与单纯地提高工资的方法相比，新管理者的加班工资方案为什么能够吸引更多的工人？

4.1 导 言

本章将介绍一些工具以帮助管理者理解个体行为，比如，消费者和员工行为，激励机制对消费者/员工决策的影响。人的决策思维过程非常复杂，大脑需要处理大量的信息。当人思考时，心脏将血液输送到全身，肺吸收氧气并排出二氧化碳，在眼睛扫视页面时大脑处理页面上的信息。大脑甚至可以做一些超级电脑和复杂的人工智能根本无法完成的工作。

尽管人类的思维过程非常复杂，管理者还是需要找出个体在市场上或工作环境中的行为模型。当然，尝试将个体行为模型化很困难，也无法囊括个体在真实世界的所有活动。换言之，如果个体行为不是那么复杂，管理者的工作就会简单得多，当然管理者的报酬也会低得多。正是由于个体行为的复杂性，谁能够更好地理解个体行为，谁就能获得在商业世界中获胜的有效技能。

行为模型必须是对个体的真实决策过程的抽象，因此需要从聚焦于基本属性的简单模型入手，而非一开始就讨论具体行为特征，这些具体特征对理解个体行为没有太大帮助，请大家谨记这一点。

4.2 消费者行为

因为关于个体行为的理论模型都是对现实行为的抽象，所以我们需要先构建一个基本模型，用于分析消费者在面临不同选择时的决策反应。一般来说，消费者通常指为了消费目的而购买公司产品/服务的个体。但实际上，作为一个公司的管理者，你不仅仅要关注谁消费了公司产品，还要关注谁购买了这些产品。比如一个6个月大的婴儿，他是婴儿用品的消费者，但他无法作出购买决策。如果你被一家婴儿食品制造商雇用，你必须了解父母的行为而非婴儿的行为。

为了很好地描绘消费者行为特征，必须考虑两个重要且独特的因素：消费者机会和消费者偏好。消费者机会指消费者有能力购买的产品和服务；消费者偏好决定了他会购买并消费其中的哪些产品和服务。这两个行为特征的差别非常重要：虽然我有能力每周购买一磅牛肝，但我的偏好决定了我根本不会购买牛肝。务必牢记这一差别，这是接下来构建消费者偏好模型的基础。

在经济全球化的今天，市场上有数以百万计的商品。为了考察个体行为的基本属性并使分析简单易行，假定市场上只有两种商品。该假定只是为了简化分析过程：从两种商品的简单模型中得出的所有结论对多种商品的情况同样适用。用 X 表示一种商品，用 Y 表示另一种商品。运用符号代表两种商品就是一个一般模型，即 X 和 Y 可以是任意两种商品。

假设消费者能够对可供选择的商品组合按偏好程度从最高到最低排序。我们用"$>$"表示顺序，若消费者对组合 A 的偏好大于组合 B，就记为 $A>B$。若消费者对组合 A 和组合 B 的满意程度相同，即他认为组合 A 和组合 B 是无差别的，用简化符号 A～B 表示。如果 A＞B，则假定给定组合 A 和组合 B，消费者将选择组合 A。如果 A～B，则消费者面对组合 A 和组合 B 时，不在乎得到哪个组合。假设偏好顺序满足四个基本特性：完备性、越多越好、边际替代率递减及可传递性。

特性 4-1：完备性　对于任意两种商品组合，比如 A 和 B，消费者偏好可能是 A＞B，B＞A，或者是 A～B。

只有假设偏好是完备的，才能判定消费者能够对所有的商品组合进行偏好排序。若偏好不完备，消费者在某些情况下可能无法判定更偏好组合 A 还是更偏好组合 B，也无法认定二者无差别。如果消费者无法表达其对商品组合的偏好，管理者将难以合理且准确地预测个体的消费方式。

特性 4-2：越多越好　在一个商品组合 A 中，如果一种商品的数量和组合 B 中的至少一样多，而另一些商品比组合 B 中的更多，那么消费者将更偏好组合 A 而不是组合 B。

越多越好的前提是消费者首先认可商品为"优质品"而非"劣等品"。这意味着图 4-1 中的曲线向右上方移动时，就是移向更好的商品组合。消费者更偏好组合 A 而非组合 D，因为组合 A 中商品 X 的数量与组合 D 相同，而商品 Y 的数量多于组合 D。同理，消费者更偏好组合 C 而不是组合 D，因为组合 C 中两种商品的数量都多于组合 D。同理，消费者更偏好组合 B 而不是组合 D，因为组合 B 中的商品数量也都多于组合 D。

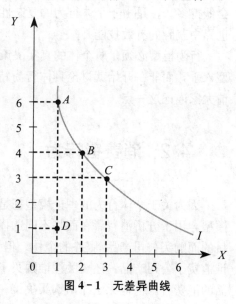

图 4-1　无差异曲线

"越多越好"这一假设虽然提供了消费者偏好的一些重要信息，但是据此无法判定消费者对所有潜在商品组合的偏好。在图 4-1 中，针对商品组合 B 和组合 A，"越多越好"这一假设并不能判定消费者更偏好哪一个。要比较组合 B 和组合 A，我们还需要另外一些假设。

无差异曲线（indifference curve）揭示了给消费者带来同等满足程度的商品 X 和商品 Y 的不同组合；对于无差异曲线上的两种商品的任何组合，消费者偏好是无差异的。图 4-1 是一条典型的无差异曲线。无差异曲线上的商品 X 和商品 Y 的所有不同组合带给消费者的满足程度相同。比如对于组合 A、组合 B 和组合 C，如果问消费者"更偏好哪一个商品组合"，消费者的回答将是"无所谓"，因为这三种商品组合位于同一条无差异曲线上，消费者对它们的偏好无差异。

无差异曲线的形状与消费者的偏好有关，对于不同消费者来说，其无差异曲线的形状通常是不同的。描述消费者偏好的有效方式是边际替代率。**边际替代率**（marginal rate of substitution，MRS）是无差异曲线斜率的绝对值。两种商品的边际替代率就是消费者在满足程度不变的情况下，愿意用一种商品替代另一种商品的比率。

边际替代率的概念很简单，在图 4-1 中，消费者对商品组合 A 和组合 B 的偏好无差异。当从组合 A 移向组合 B 时，消费者多获得了 1 单位的商品 X，但放弃了 2 单位的商品

Y，因此从点 A 移到点 B 时，商品 X 和商品 Y 的边际替代率是 2。

注意，在图 4-1 中，从点 A 移到点 B 的边际替代率与从点 B 移到点 C 的边际替代率不同。从点 B 移到点 C，消费者多获得了 1 单位的商品 X，但只愿意放弃 1 单位的商品 Y，其原因是无差异曲线有边际替代率递减的特性。

特性 4-3：边际替代率递减　随着消费者获得更多的商品 X，他愿意为多获得 1 单位商品 X 而放弃的商品 Y 的数量呈递减趋势。

这个假设将导致无差异曲线是凸向原点的曲线，如图 4-1 所示。如何通过无差异曲线的位置来判断消费者满足程度的不同？比如，距原点近的无差异曲线与距原点远的无差异曲线，消费者的满足程度有何不同？我们还需要另外一个假设：消费者偏好具有传递性。

特性 4-4：可传递性　假设任意三个商品组合 A，B 和 C，如果 $A>B$，$B>C$，那么对于 A 和 C 来说，应该有 $A>C$；如果 $A \sim B$ 且 $B \sim C$，那么 $A \sim C$。

消费者偏好的可传递性与越多越好特性表明无差异曲线不可能相交。这暗含消费者不可能陷入"作不出选择"的境况。

比如，假设比利（Billy）的偏好是，喜欢果冻胜过甘草糖，喜欢甘草糖胜过巧克力，但是面对巧克力和果冻时，喜欢巧克力胜过果冻。在商店里，比利向售货员要了一袋果冻。当售货员给他果冻时，他却说自己更喜欢巧克力（胜过果冻）；当售货员给他巧克力时，他又说更喜欢甘草糖（胜过巧克力）；当售货员再给他一袋甘草糖时，比利却说喜欢果冻多过甘草糖。售货员收回甘草糖，给他果冻，于是比利又开始重复最初情形。他选择不出"最喜欢"的产品，原因是他对各种产品的偏好没有可传递性。

如图 4-2 中所示的三条无差异曲线恰当地总结了消费者的上述四个偏好特性。对于无差异曲线 II 和 III 上的商品组合来说，消费者更偏好无差异曲线 III 上的任何一个商品组合；相比无差异曲线 I 的商品组合，消费者更偏好无差异曲线 II 上的任何一个商品组合。这三条无差异曲线都凸向原点并且互不相交。无差异曲线距原点越远，所代表的消费者满足程度越高。

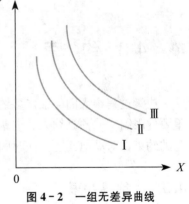

图 4-2　一组无差异曲线

　　　　　无差异曲线与风险偏好

为什么有些人选择有风险的行动，如跳伞、投资风险金融资产，而有些人选择更安全的活动？无差异曲线可以提供相应的解释。

图 4-3 描述了三个潜在的投资项目 A，B，C，它们有不同的预期收益和风险。项目 A 是最安全的投资，但它提供的回报率最低（2.94%）；项目 B 属中等安全，回报率适中（4.49%）；项目 C 最不安全，但它的潜在回报率最高（6%）。

投资者将投资安全和回报率看作商品，有更高回报率和更高安全性的投资优于回报率较低和安全性也低的投资。投资者愿意在回报率和安全性之间进行替代，也就是在较高回报（收益）和安全性之间寻求平衡。

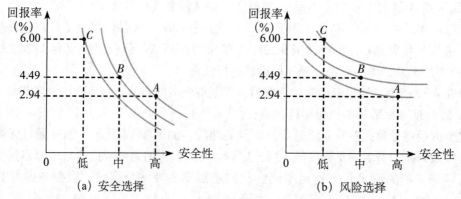

图 4 - 3　无差异曲线与风险偏好

图 4 - 3（a）中相对陡峭的无差异曲线描述的投资者的回报率和安全性具有较高的边际替代率，他必须得到一个较高的回报率才愿意放弃少量的安全性。图 4 - 3（b）中相对平坦的无差异曲线表明投资者的回报率和安全性具有较低的边际替代率，他愿意放弃很大程度的安全性来得到一个略高一点的回报率。图 4 - 3（a）中无差异曲线所代表的投资者会认为项目 A 最有吸引力，因为该无差异曲线最高。图 4 - 3（b）中无差异曲线所代表的投资者会选择项目 C，因为该无差异曲线最高。两种类型的投资者都是理性的，即投资者愿意放弃一些额外的收益回报来得到更高的安全性。

4.3　约　束

决策过程中人们面临许多约束条件，如法律、时间、体力等方面的限制，当然还有更重要的限制——预算约束。本章聚焦于管理经济学领域，重点研究价格和收入对消费者行为的约束，对其他问题（如时间、体力等约束）不予讨论。

4.3.1　预算约束

预算约束表现为消费者只能选择自己买得起的商品组合。如果消费者在超市的收银台付款时发现口袋里只有 30 美元，那么，他递给收银员的商品总值不应该超过 30 美元。

预算约束的存在如何制约消费者的选择？假如令 M 表示消费者收入，P_x 和 P_y 分别表示商品 X 和商品 Y 的价格。预算集可以表示如下：

$$P_x X + P_y Y \leqslant M$$

预算集（budget set）描述了消费者有能力购买的商品 X 和商品 Y 的所有组合，即消费者用于购买商品 X 和商品 Y 的支出之和不能超出该消费者的收入。如果消费者将其全部收入用于购买商品 X 和商品 Y，则上述公式转化为等式（所表示的关系称为预算线）：

$$P_x X + P_y Y = M$$

预算线（budget line）指消费者花完全部收入可购买的商品 X 和商品 Y 的所有组合。

在预算线两边同时乘以 $1/P_y$，预算线等式变形得到另一种形式：斜率-截距形式，如下所示：

$$\frac{P_x}{P_y}X+Y=\frac{M}{P_y}$$

对 Y 求解，得

$$Y=\frac{M}{P_y}-\frac{P_x}{P_y}X$$

注意，Y 是 X 的线性函数，其中纵轴上截距为 M/P_y，斜率为 $-P_x/P_y$。

消费者预算约束如图 4-4 所示，图中阴影面积为消费者的预算集，也称机会集。阴影区域内的任意一点如 G，表示消费者有能力支付的商品 X 和商品 Y 的组合。阴影区域以外的任意一点如 H，表示消费者支付不起的商品组合。

图 4-4 中预算集的边界就是预算线。如果消费者将其全部收入用于购买商品 X，那么在商品 X 上的支出恰好等于该消费者的全部收入：

$$P_xX=M$$

解方程得到消费者有能力购买的商品 X 的最大数量为：

$$X=\frac{M}{P_x}$$

因此预算线在横轴上的截距为：

$$\frac{M}{P_x}$$

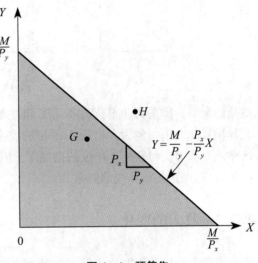

图 4-4 预算集

同理，若消费者将其全部收入用于购买商品 Y，那么在商品 Y 上的支出恰好等于其全部收入：

$$P_yY=M$$

即消费者有能力支付的商品 Y 的最大数量为：

$$Y=\frac{M}{P_y}$$

预算线斜率 $-P_x/P_y$ 表示商品 X 与商品 Y 的**市场替代率**（market rate of substitution）。为了更好地理解商品 X 和商品 Y 之间的市场替代率的含义，我们来看图 4-5 给出的一条消费者预算线。该消费者的收入为 10 美元，商品 X 的价格为 1 美元，商品 Y 的价格为 2 美元，将 P_x，P_y 和 M 的值代入预算线公式，即可得到纵轴截距（有能力支付的商品 Y 的最大数量）为 $M/P_y=10/2=5$，横轴截距为 $M/P_x=10/1=10$（有能力支付的商品 X 的最大数量），预算线斜率为 $-P_x/P_y=-1/2$。

预算线斜率代表了两种商品之间的市场替代率。假设消费者购买了如图 4-5 所示的

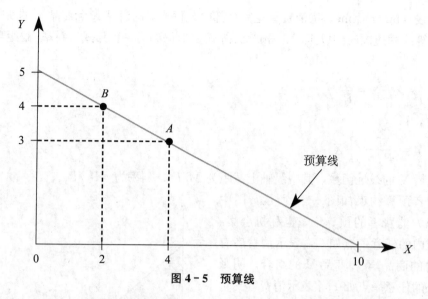

图 4-5 预算线

商品组合 A，即购买 3 单位的商品 Y 和 4 单位的商品 X。若该消费者想换为商品组合 B，在其预算能力下，他为多得到 1 单位的商品 Y，必须放弃 2 单位 $(4-2=2)$ 的商品 X，这样才有能力支付额外 1 单位的商品 Y。因此，市场替代率为 $\Delta Y/\Delta X = (4-3)/(2-4) = -1/2$，这也正是预算线的斜率。

4.3.2 收入的变化

消费者的机会集取决于商品的市场价格和消费者收入。当二者发生变化时，消费者可选择的商品组合也将发生变化。接下来假设价格保持不变，我们来分析收入变化对机会集的影响。

如图 4-6 所示，假设消费者初始收入为 M^0。若价格保持不变，当收入从 M^0 增加到 M^1 时，消费者机会集将发生什么变化？注意预算线斜率为 $-P_x/P_y$。若价格不变，收入增加并不会影响预算线斜率。但是随着消费者收入的增加，预算线在纵轴的截距和在横轴的截距都将增加，这是因为收入增加使消费者能买得起更多商品。所以，当收入从 M^0 增加到 M^1 时，预算线将向右平移，

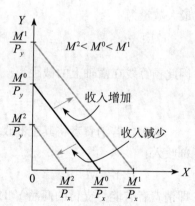

图 4-6 收入变化对预算线的影响

导致消费者机会集增加。同理，若收入从 M^0 减少到 M^2，预算线将向原点方向移动，但预算线斜率仍然保持不变。

透视商业 4-2　　　　　　　预算约束和信用卡

当代经济中许多消费者选择信用卡而非现金支付。信用卡如何影响消费者的预算约束？信用卡的一大特点是今天消费、未来支付。我们根据这一特点来分析消费者的商品购

买决策，如不同时间段的音乐下载。

假设 X 为当期（时期1）音乐下载，Y 为下一期（时期2）的音乐下载，假设两个时期的音乐下载价格都是1美元。在时期1，凯特（Kate）打算下载一些音乐但没有足够的现金，她通过信用卡可以获得100美元，但必须在时期2为信用卡支付25%的利息。因为除了时期差异，她在时期2之前无须进行任何支付，所以可根据时期2的收入和价格构建预算线。在时期2下载音乐的价格为1美元，然而在时期1下载音乐的价格到时期2就变成1.25美元，因为她必须支付25%的利息。

由此，凯特在时期2的预算线的特征如下：$M=125$ 美元，$P_x=1.25$ 美元，$P_y=1$ 美元。具体见图4-7。斜率为 -1.25，表示她在时期1购买1单位音乐下载必须放弃的在时期2的音乐下载量。

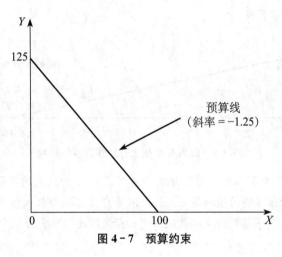

图 4-7 预算约束

4.3.3 价格的变化

假设消费者的收入固定为 M，但商品 X 的价格下降到 P_x^1，且 $P_x^1 < P_x^0$，商品 Y 的价格保持不变。预算线的斜率等于 $-P_x/P_y$，这意味着商品 X 价格的下降将改变预算线斜率，使之变得更加平缓。因为消费者能够购买的商品 Y 的最大数量为 M/P_y，所以商品 X 价格的下降不会改变预算线在 Y 轴的截距；但是商品 X 的最大购买量（预算线在 X 轴的截距）为 M/P_x^1，大于原来的 M/P_x^0。因此，商品 X 价格的下降最终导致预算线发生逆时针旋转，如图4-8所示。

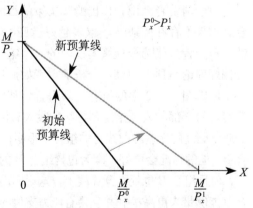

图 4-8 商品 X 价格下降对预算线的影响

同理，如果商品 X 的价格上升，将导致预算线按顺时针旋转，见例题4-1。

➡**例题 4-1**

某消费者的初始收入为 100 美元，商品价格为 $P_x=1$ 美元，$P_y=5$ 美元。请画出预算线并分析当商品 X 的价格增加到 $P_x^1=5$ 美元时，预算线将发生怎样的变化。

答:

若初始阶段消费者将其全部收入用于购买商品 X，最大购买量 $M/P_x=100/1=100$，这就是初始预算线的横轴截距，见图 4-9。若消费者将其全部收入用于购买商品 Y，最大购买量 $M/P_y=100/5=20$，这就是初始预算线的纵轴截距，初始预算线的斜率为 $-P_x/P_y=-1/5$。

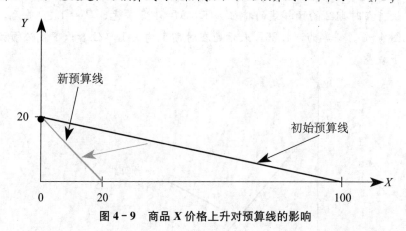

图 4-9　商品 X 价格上升对预算线的影响

当商品 X 的价格增加到 5 美元时，该消费者对商品 X 的最大购买量减少到 $M/P_x=100/5=20$，见图 4-9 中新预算线的横轴截距。如果消费者将其全部收入用于购买商品 Y，最大购买量 $M/P_y=100/5=20$，预算线的纵轴截距不变；预算线的斜率变为 $-P_x^1/P_y=-5/5=-1$。

➡ 4.4　消费者均衡

对于消费者来说，作出购买决策的目的是选择能使效用（满足程度）最大化的商品组合。如果不存在稀缺性，越多越好意味着消费者希望购买的商品组合无穷多。由于稀缺性，消费者只能选择预算集以内的商品组合，即有能力支付的商品组合。接下来结合消费者偏好理论与预算约束，分析消费者如何选择最优的且有支付能力的商品组合。

考虑图 4-10 中的所有商品组合，如组合 A 位于预算线上，这意味着组合 A 花光了消费者的全部收入。给定预算线的收入和价格不变，消费者能否改善其效用状况？也就是能否获取更高的无差异曲线上的组合？很明显，对于组合 A 和组合 B 来说，如果消费者选择组合 B，他的情况会更好，因为包含组合 B 的无差异曲线位于包含组合 A 的无差异曲线的上方，而且组合 B 也处在预算线上，这说明消费者是有能力支付的。所以对该消费者来说，组合 B 能够带来更高福利并且是有能力支付的，购买组合 A 是不明智的（这个决策缺乏效率）。

商品组合 B 是不是最佳选择？显然不是。因为还存在一个消费者有能力支付的更优的组合 C。当然还有许多组合比组合 C 更优，如组合 D 等，但这些组合消费者支付不起。因此在给定收入和价格的情况下，组合 C 是消费者的均衡选择。均衡选择指消费者一旦选择此组合就不再转向有能力支付的其他组合。

消费者均衡（consumer equilibrium）的重要特性
是，当消费者选择均衡消费组合时，此点处的无差异曲
线的斜率与预算线的斜率相等。无差异曲线斜率的绝对
值就是边际替代率，而预算线斜率为 $-P_x/P_y$，在消费
者均衡处二者相等，即

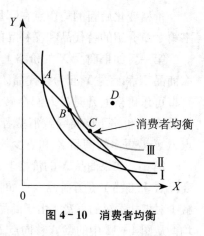

$$MRS = \frac{P_x}{P_y}$$

图 4-10   消费者均衡

如果上述条件不成立，意味着消费者愿意用商品 X
替代商品 Y 的个人替代率不同于他能够在两种商品间进
行替代的市场替代率。例如图 4-10 中的点 A，无差异
曲线的斜率比预算线的斜率更陡峭，这说明消费者为得到额外 1 单位的商品 X 所愿意放弃
商品 Y 的数量，比他根据市场价格必须放弃的商品 Y 的数量要多，所以消费者愿意减少
商品 Y 而购买更多的商品 X。这种替代将一直持续到图 4-10 中的点 C，该点处的 MRS
等于价格比。

4.5 比较静态分析

4.5.1 价格变化与消费者行为

商品价格的变化会导致均衡消费组合发生变化。前文提到商品 X 的价格下降将导致
预算线逆时针旋转。如图 4-11 所示，消费者最初位于均衡点 A，当商品 X 的价格下降到
P_x^1 时，他的机会集扩大了。在新机会集下，消费者能够得到更大的满足，图 4-11 中消费
者均衡向新的均衡点 B 移动。

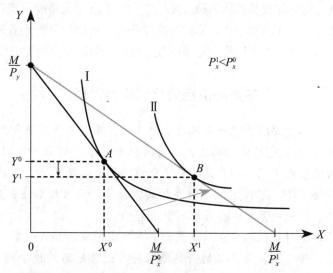

图 4-11   商品 X 价格下降导致消费者均衡的变化（商品 X 和商品 Y 为替代品）

价格变化后新的均衡点在哪里？新均衡点在新预算线上的位置取决于消费者偏好。本书第 2 章介绍的替代品和互补品的概念在此将起作用。

第一，如果商品 X 的价格上升或下降，导致商品 Y 的需求量相应地增加或减少，那么商品 X 和商品 Y 互为替代品。比如许多消费者将可口可乐和百事可乐视为替代品，当百事可乐价格上升时，人们会转而购买更多可口可乐。由于商品 X 和商品 Y 是替代品，商品 X 的价格下降将导致消费者均衡从图 4 - 11 中的点 A 移向点 B，消费者在点 B 比在点 A 消费更多的商品 X 和更少的商品 Y。

第二，如果商品 X 的价格上升或下降，导致商品 Y 的需求量相应地减少或增加，那么商品 X 和商品 Y 是互补品。比如啤酒和椒盐卷饼，当啤酒价格上升时，大部分喝啤酒的人会减少对椒盐卷饼的消费。由于商品 X 和商品 Y 是互补品，商品 X 的价格下降将导致消费者均衡从图 4 - 12 中的点 A 移向点 B，消费者在点 B 将比在点 A 消费更多的商品 Y。

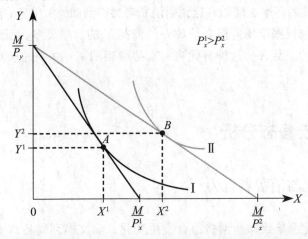

图 4 - 12　商品 X 价格下降时消费者均衡的变化（商品 X 和商品 Y 为互补品）

对管理者来说，需要注意的是，价格变化影响了市场替代率——消费者在不同商品之间进行替代的比率，进而改变了消费者行为。公司改变定价策略，或者竞争对手及其他行业的公司改变价格，都会导致某商品的价格发生变化。价格变化将改变消费者对不同商品的购买动机，进而改变其均衡消费组合。无差异曲线分析法可以帮助管理者理解价格变化对消费者均衡组合的影响，也可以帮助管理者理解收入变化如何影响消费者的均衡商品组合。

透视商业 4 - 3　　　　多产品价格变化和库存管理

管理者必须作出的重要决策之一是保有多少库存。库存太少可能导致缺货，无法满足消费者需求，使消费者流失到其他商店。库存的机会成本是因存货而放弃（本来可以获得）的利息。优秀的管理者认为，产品价格变化对存货量以及其他产品库存都有影响。例如视频游戏机的价格下降，不仅增加了游戏机的需求量，而且增加了视频游戏的需求量，因为二者是互补品。这一关系对库存管理有显著影响。

产品价格下降还会对替代品需求以及最优库存产生影响。如果一家零售商出售多种产品，其中部分产品是替代品，某产品的价格降低将导致替代品的销量减少。比如当 Xbox One Series X 游戏机的价格下降时，对 Xbox One Series X 游戏机的需求随之上升。但需注意，对替代品 PS5 游戏机的需求会随着 Xbox One Series X 游戏机价格的下降而减少。如果管理者未考虑价格下降对替代品需求的影响，就可能在 Xbox One Series X 游戏机降价时出现 PS5 游戏机库存积压的情况。

4.5.2 收入变化与消费者行为

收入变化会扩大或缩小消费者的预算约束，从而改变消费者的消费方式，使消费者找到一个新的最优均衡组合。如图 4-13 所示，消费者最初的均衡位于点 A。如果消费者收入增加到 M^1，其预算线向外移动，消费者能够获得更大的满足，于是消费者会发现选择图 4-13 中点 B 的效用会更大，注意通过点 B 的无差异曲线与新的预算线相切。

与价格的变化一样，新均衡点的位置取决于消费者偏好，接下来我们回顾一下正常品和劣等品的不同。

如果消费者收入增加（减少）导致商品 X 需求量的增加（减少），则商品 X 为正常品，如牛排、乘飞机旅行和名牌牛仔裤。随着收入增加，消费者的购买量大幅增加。在图 4-13 中，因为消费者收入增加，商品 X 和商品 Y 的需求量都增加了，所以商品 X 和商品 Y 都是正常品。

如果消费者收入增加（减少）导致商品 X 需求量的减少（增加），则商品 X 为劣等品，如腊肠、乘公共汽车和普通牛仔裤。随着收入增加，消费者会减少此类产品和服务的购买量。再次强调一下：上述商品称为劣等品并非其质量不好，这一概念仅仅用来定义随消费者收入增加而购买量下降的商品。

图 4-14 描绘了当商品 X 为劣等品时，收入增加对其需求量的影响。收入增加使消费者从点 A 移向点 B 以实现效用最大化。消费者在点 B 消费的商品 Y 比在点 A 多，因此商品 Y 是正常品。但是消费者在点 B 消费的商品 X 比在点 A 少，因此商品 X 被视为劣等品。

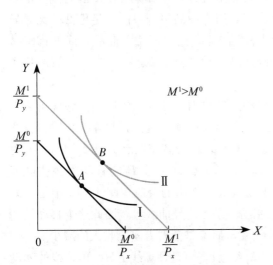

图 4-13 收入增加时正常品的购买量增加

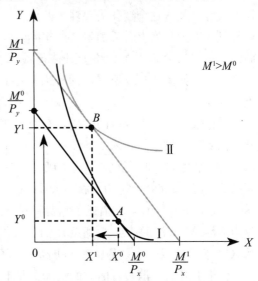

图 4-14 收入增加导致劣等品（商品 X）的购买量减少

收入效应和商业周期

企业经营中需要重点考虑价格变动对公司产品需求的影响。假如你是一家公司的管理者，负责一种正常品的销售，目前正在考虑扩大产品线——同期生产另一种产品。在决策之前需要考虑两方面内容：由于该产品是正常品，在经济繁荣时期（消费者收入高）会比经济低迷时期（消费者收入低）卖出更多；若该产品是周期性产品，销售量将随经济周期的变化而变化。制定库存决策时，上述信息非常有用。如果将产品范围扩大至更多正常品，则公司在经济繁荣时期会比经济低迷时期销售量更大。但是如果增加一些劣等品，在经济低迷时期（消费者收入低）劣等品的需求将增加，这有可能弥补正常品需求的下降。当然并不是说最佳产品组合是 50% 正常品与 50% 劣等品，事实上，最佳组合取决于决策者的风险偏好。数据表明，经营一家美食店很可能比经营一家超市风险更大。因为美食店几乎都是正常品，而超市通常是正常品和劣等品"平衡的投资组合"。这也解释了为什么在经济衰退期间，许多美食店停业了而超市却没有。

在设计营销活动时，了解收入效应的大小也很有用。若产品是正常品，为了公司利益，应该将高收入人群作为广告宣传的目标受众。在确定哪些杂志和电视节目是广告传播的最佳渠道时，应考虑收入因素。

4.5.3 替代效应与收入效应

价格变化会产生替代效应和收入效应，两种效应共同决定了价格变化对消费者行为的影响。如图 4-15 所示，假设消费者最初位于均衡点 A，点 F 和点 G 相连形成预算线。假设商品 X 的价格上升，预算线沿着顺时针方向旋转，形成了新预算线——点 F 与点 H 相连的直线。关于这个变化需要注意两点：第一，价格上升导致预算集变小，因而减少消费者福利，因为价格上升后消费者的实际收入减少了，所有商品组合只能满足更低的无差异曲线。第二，商品 X 的价格上升使得预算线斜率更陡峭，这说明两种商品之间的市场替代率变大。如图 4-15 所示，两种因素导致消费者从初始的均衡点 A 移向一个新的均衡点 C。

替代效应和收入效应的分离，有助于理解各种效应对消费者选择的影响。假设价格上升后消费者有足够的收入，如图 4-15 中连接点 J 和点 I 的预算线。新预算线与原预算线 FH 的斜率相同，但收入水平比 FH 高。根据新预算线，消费者将在点 B 达到均衡，此时商品 X 的需求量少于初始均衡（点 A）时的需求量。从点 A 到点 B 的移动为**替代效应**（substitution effect），它描述了消费者对不同市场替代率作出的反应。图 4-15 中替代效应为 $X^0 - X^m$。注意从点 A 到点 B 消费者仍然在同一条无差异曲线上，因此这个移动（商品 X 需求量的减少）只是反映了更高的市场替代率，而不是消费者实际收入的减少。

价格上升时，消费者面对的实际上并不是预算线 JI，而是预算线 FH。预算线的移动只是反映了收入的减少，预算线 JI 和 FH 的斜率相同。因此，从点 B 到点 C 的移动称为**收入效应**（income effect）。在图 4-15 中，收入效应是 $X^m - X^1$，它揭示了价格上升时消

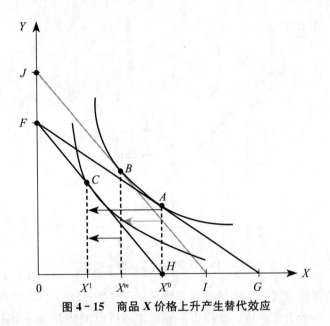

图4-15 商品X价格上升产生替代效应

费者实际收入减少的事实。因为图4-15中的商品X是正常品，所以收入减少将降低商品X的需求量。

价格上升带来的总效应包括替代效应和收入效应两部分。替代效应表现为沿着同一条无差异曲线的移动，它反映相对价格变化对消费的影响。收入效应导致预算线的平移，它反映实际收入下降对消费的影响，如点B向点C的移动。市场上观察到的价格上升的总效应是从点A到点C的移动，实际上包括商品X相对价格上升（从点A到点B的移动）的结果，以及消费者实际收入减少（从点B到点C的移动）的结果。

4.6 无差异曲线的应用

4.6.1 消费者的选择

买一赠一

比萨饼店经常采用的促销方式是买一赠一，即买一个大比萨饼会免费送一个大比萨饼（每人限用一次）。这带给人的直观感受是比萨饼的价格下降了50%，因此预算线将发生旋转，与价格下降带来的结果一样。其实这个结论不成立，因为价格下降指的是每单位商品的价格都下降了，而买一赠一只是降低了第二件商品的价格（第二个大比萨饼的价格降为零）。这种优惠不会改变第一个比萨饼的价格，也不会影响两个以上比萨饼的单位价格。

买一赠一营销方案的作用机理见图4-16，一个消费者最初面对的是连接点A和点B的预算线，消费者在点C处达到均衡。点C代表半个大比萨饼（相当于一个小比萨饼），因此消费者认为最好是买一个小比萨饼而不是买一个大的。点D表示消费者购买了一个大比萨饼，如图所示，消费者更偏好组合C而不是组合D，因为前者位于更高的无差异曲线上。

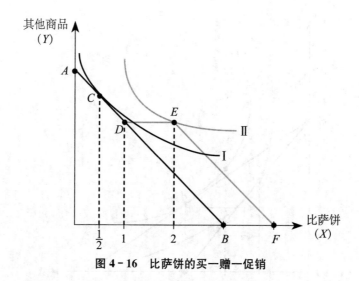

图 4 - 16　比萨饼的买一赠一促销

在买一赠一的促销方式下，消费者预算线从 AB 变为 ADEF。原因在于，如果消费者购买的比萨饼小于一个大比萨饼，她将得不到优惠，所以消费者在一个比萨饼左边的那部分预算线保持原形状，即 AD。如果她购买了一个大比萨饼，就可以再得到一个免费比萨饼，即只要购买一个大比萨饼，预算线就变为 DEF。需要注意的是，大比萨饼从一个增加到两个时价格为零，因此在图形上，比萨饼预算线在第一个单位和第二个单位之间的部分应该是水平的（因为预算线斜率为 $-P_x/P_y$，而第二个比萨饼的 P_x 为零）。但是当消费者购买的比萨饼数量超过两个时，她又要按照正常价格支付。总之，如果消费者把所有收入都用于买比萨饼，她可以比以前多买一个比萨饼（因为其中一个比萨饼免费），所以当购买的比萨饼数量超过两个时，预算约束是点 E 和点 F 的连线。总之，比萨饼店开展促销活动后消费者的机会集变大了。组合 E 也成为消费者有能力购买的商品组合，而组合 E 比组合 C 更受消费者喜欢（点 E 位于更高的无差异曲线上），如图 4 - 16 所示，消费者的最佳选择是购买组合 E。买一赠一的促销手段成功地使消费者购买了比原来更多的比萨饼。

现金礼物、实物礼物及礼券

圣诞节后到商店的退货部门排队退货已经成为常态，这是一件非常令人头痛的事。为了理解这一现象并提出可行的解决方案，我们来看下面的故事。

圣诞节早上，消费者萨姆（Sam）处于消费均衡状态，见图 4 - 17 中商品组合 A。萨姆打开一个礼盒，里面是一个价值 10 美元的水果蛋糕（商品 X），他欣喜地对萨拉（Sarah）阿姨说这正是他想要的礼物。从图 4 - 17 来看，萨姆收到这个礼物后，他的机会集扩大到点 B，商品组合 B 除了比组合 A 多一个水果蛋糕（商品 X），其余的商品都一样。根据这个新机会集，萨姆收到礼物后，无差异曲线移动到通过点 B 的一条更高的无差异曲线上。

萨姆喜欢水果蛋糕，因此他的福利状况在收到蛋糕之后变得更好了，但是如果萨拉阿姨把买水果蛋糕的钱直接给他，他并不会去买水果蛋糕。假设水果蛋糕的价格为 10 美元，如果萨姆得到 10 美元现金，如图 4 - 17 所示，他的预算线相对于原预算线会向外平移，

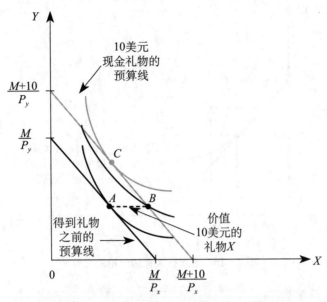

图4-17　现金礼物带来的效用大于实物礼物

新的预算线将通过点 B。当萨姆得到额外的 10 美元时，因为所有商品的价格并没有变化，所以其预算线的斜率不变。如果萨姆用这笔钱去买一个水果蛋糕，他刚好花光其收入。因此，得到 10 美元现金的预算线肯定经过点 B。但是面对新的预算线，萨姆将在点 C 得到最大化满足（满足程度超过点 B），这意味着萨姆得到现金的福利相对于得到水果蛋糕（点 B）的福利更大。

由此看来，现金礼物比同等价值的实物礼物更受欢迎，除非这个实物礼物正是消费者自己特别想买的。现在大家应该明白为什么圣诞节过后商店的退货部门会如此繁忙了，因为消费者都想把礼物换成现金后购买自己更喜欢的商品。

商店为了减少礼物退货量，采取的一种有效方法是出售礼券。比如萨姆收到的是一张价值 10 美元的礼券而非价值 10 美元的水果蛋糕，该礼券可在 X 商店（该店销售商品 X）使用，但不能在 Y 商店（该店销售商品 Y）使用，也就是说，消费者在收到礼券后并不能购买更多的商品 Y。礼券相当于只能在 X 商店里使用的钱。假如萨姆把自己的所有收入都用来买商品 Y，因为有一张 X 商店的价值 10 美元的礼券，他还可以购买 10 美元的商品 X。如果萨姆把所有收入都花在商品 X 上，因为有礼券，他可以买到比以前多 10 美元的商品 X。

一张只能在 X 商店消费的礼券会给消费者带来什么效用？如图 4-18 所示，直的黑线是消费者得到礼券之前的预算线，弯折的灰线是消费者得到礼券之后的预算线，礼券使消费者多得到价值 10 美元的商品 X 而不需要花费自己一分钱。

礼券对消费者行为的影响取决于商品 X 是正常品还是劣等品。收到礼券后消费者行为会发生什么变化？首先假设消费者的初始均衡在图 4-18 中的点 A 处，他花 10 美元购买了商品 X。如果消费者得到了一张只能在 X 商店消费的价值 10 美元的礼券，会发生什么情况呢？假如商品 X 和商品 Y 都是正常品，收入增加后，消费者愿意增加其需求量。如图 4-18 所示，当两种商品都为正常品时，消费者均衡将从点 A 移到点 C。因此，消费者对礼券的反应和对同等价值现金礼物的反应相同。

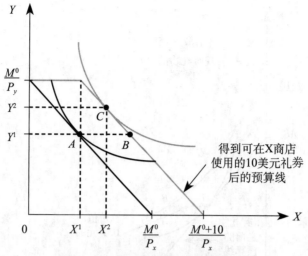

图 4-18 得到在 X 商店使用的礼券

➡例题 4-2

如果商品 X 是劣等品,当消费者得到 10 美元现金或 10 美元礼券后,其消费行为会发生怎样的变化?

答:

如图 4-19 所示,由于商品 X 是劣等品,10 美元的现金礼物导致消费者均衡从点 A 移到点 D。但若收到 10 美元礼券,他没有能力购买商品组合 D,他能达到的最优消费者均衡是在点 E 处。因为如果得到现金,消费者的预算线会沿着图中的虚线延伸,点 D 是消费者有能力支付的商品组合,也就是说,如果得到现金,消费者购买的商品 X 的数量将会更少。由于消费者得到现金的无差异曲线高于得到礼券的无差异曲线,因此现金较之礼券给消费者带来更高的效用。(本章课后习题需回答,若商品为劣等品,礼券(同现金相比)是否会带来更低的无差异曲线和更高的销售量。)

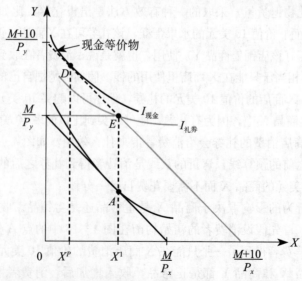

图 4-19 商品 X 为劣等品时,现金带来比礼券更高的效用

以上分析阐释了出售礼券给公司带来的好处，表现在两个方面：第一，向那些来选购礼物的消费者出售礼券，可以减轻退款部门的压力，这一点对正常品和劣等品都适用。第二，如果某商品是劣等品，向消费者出售礼券（较之现金）会使商品的销售量增加。（但是要假设不允许消费者将礼券兑换成现金。）

透视商业 4-5　　　　　实物礼品的"无谓损失"

长期以来，礼品卡一直是受送礼者欢迎的送礼选项，其需求还在继续上升。最近一份调查表明，在一些重要的特殊场合如生日或节假日，礼品卡依然是最佳送礼选项。在美国，一年的礼品卡销售金额超过了 1 000 亿美元。为什么礼品卡会成为流行的送礼方式？

一位经济学家给出了解释。根据一组大学生的数据，研究人员估计，实物礼品大概损失了 10%～30% 的货币价值，这种损失源于实际支付的金额和收到礼物者的估值的差异。数据表明，挑一件别人喜欢的礼物是一件困难的事。实物礼品产生的无谓损失，大约是实际支付金额的 10%～30%。

如前文所述，避免无谓损失的一种方法是给现金而不是实物礼品。但这又会造成另一种损失：给现金时会产生不适感，因为收礼人会认为你没有花心思而令礼物"打折扣"。礼品卡是一种好的方式。理想情况下，它能够降低现金礼物的不适感和实物礼物不符合收礼人喜好的无谓损失。

资料来源："How America Gives Gifts In 2016," Blackhawk Network's Survey, 2016；"Retail Gift Card Trends in the United States：2016 in Review," Mercator Advisory Groups, 2017；J. Waldfogel, "The Deadweight Loss of Christmas," *American Economic Review* 83, no. 5（December 1993），pp. 1328 - 36.

4.6.2　员工的选择与管理者的选择

截至目前，无差异曲线的分析一直聚焦于消费者对产品和服务的选择。管理者和员工作为不同的个体，在选择上有不同的偏好。对消费者的无差异曲线进行简单调整，就可用来分析管理者和员工的行为。在第 6 章，本书还将进一步探讨管理者和员工的行为，并将这些分析用于有效雇佣合同的制定。

收入-休闲选择

收入和休闲在大部分员工眼里就是两种商品，二者沿着一条无差异曲线以递减的比率相互替代。一个典型员工的无差异曲线可用图 4 - 20 来表示，横轴表示员工的休闲时间，纵轴表示员工的收入水平。需要注意的是，在这里我们假定员工在享受休闲的同时拥有收入。

为了激励员工放弃休闲，公司必须给他们相应的补偿。假设一家公司为员工所放弃的每小时休闲时间（也就是工作时间）支付 10 美元的报酬，这时员工和管理者的机会集如图 4 - 20 中的直线所示。假如员工选择每天工作 24 小时，他将没有任何休闲时间，每天得到 10×24＝240 美元的收入，即图中直线在纵轴上的截距。如果员工选择不工

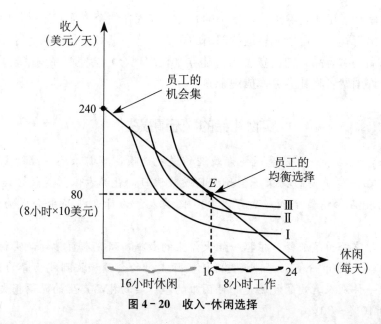

图 4 - 20   收入-休闲选择

作，他将享受 24 小时的休闲，但没有任何收入，也就是图 4 - 20 中直线在横轴上的截距。

与消费者行为分析类似，无差异曲线也可用来分析员工行为。如图 4 - 20 所示，员工尝试得到更高的无差异曲线，直到在点 E 处，消费者得到了与机会集相切的无差异曲线。此时，该员工每天享受 16 小时的休闲，同时每天工作 8 小时以赚取 80 美元的收入。

➡例题 4 - 3

假设员工工资是每小时 5 美元，此外还有固定收入 40 美元。在一天 24 小时的情况下，列出员工的机会集公式。他一天可以赚到的最大总收入是多少？最少是多少？他额外享受 1 小时休闲的成本是多少？

答：

假设一天 24 小时中员工的休闲时间为 L 小时，则员工的总收入（E）为：

$$E = 40 + 5 \times (24 - L)$$

把收入（E）和休闲（L）合并调整：

$$E = 160 - 5L$$

由此，员工在一天 24 小时中最多能赚 160 美元（没有任何休闲时间），最少能赚 40 美元（完全不工作）。因为 1 小时休闲的机会成本为 1 小时工作所得，所以每单位休闲的价格为 5 美元。

管理者的决策

威廉·鲍莫尔（William Baumol）的经典论点认为，管理者的满足程度可以从公司的潜在销售量和公司利润中获得。根据鲍莫尔的观点，高利润和高销售量可以扩大公司规模，而大型公司可以提供更多的福利，诸如为管理人员提供宽敞的办公室、健身俱乐部、公司商务机等。

假设管理者的偏好是将公司的利润和销售量视为商品，这二者都是越多越好（当然并非鼓励这样，只是在许多情况下，管理者的偏好恰恰如此）。比如在销售活动中，销售人员的红利取决于公司的整体盈利能力，销售人员的费用报销很大程度上取决于销售人员实现的总销售量（例如汽车销售数量）。额外的福利如公司商务机、汽车等的分配往往基于公司的销售量和盈利能力。因此，管理人员的偏好取决于公司的利润和销售量。

图 4-21 中，标有"公司利润"的曲线（表示该公司的利润）描述了公司利润和销售量的关系。该曲线始于原点，依次通过点 C、点 A 和点 B，它是销售量的函数，同时也能反映公司利润。当公司销售量为零时，利润也为零。随着公司的销售量提高，利润随之增加。企业利润在 Q_m 处达到最大，然后开始下降，到 Q_0 处再次为零。

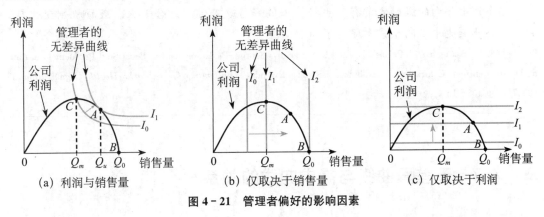

图 4-21　管理者偏好的影响因素

给定销售量与利润之间的上述关系，管理者通常把销售量和利润视为商品（根据鲍莫尔的理论假定），二者构成的无差异曲线如图 4-21（a）所示。管理者一直在努力实现越来越高的无差异曲线，直到最终在点 A 达到均衡。此时销售量为 Q_u，大于利润最大值时的销售量水平 Q_m。也就是说，当管理者把利润和销售量视为商品时，均衡销售量大于利润最大化时的销售量。

如果管理者的偏好仅取决于销售量，无差异曲线如图 4-21（b）所示，是一条垂直的直线。比如汽车经销店的店主只根据汽车销售量给管理者支付工资，如果汽车经销店破产，管理者将一无所获，由此会导致以下情况：管理者不关心利润，因此其无差异曲线是垂直的直线且满足程度随着直线向右移动而不断提升。拥有这种偏好的管理者会努力使无差异曲线不断向右移动，直到达到无差异曲线 I_2。点 B 是该管理者的均衡点，此时销售量为 Q_0，但利润为零。这再次显示管理者的销售量大于利润最大化时的销售量。

最后假设管理者只关心公司的利润，此时该管理者的无差异曲线为水平直线，如图 4-21（c）所示。管理者在点 C 获得满足最大化，这条无差异曲线是在给定机会集下可能达到的最高的无差异曲线。与前面两种情形相比，此时利润更高但销售量减少。

公司所有者面临一个非常重要的问题，就是要促使管理者只关心公司利润，因为这样可以使公司潜在价值最大化，如图 4 - 21（c）所示。在第 6 章中，本书将详细地讨论此问题。

　　　　公共卫生中心和产出导向的激励机制

　　与私人公司不同，政府机构和非营利组织一般不关心利润最大化，它们的目标往往是产出最大化。这是公共卫生中心的典型特征，它们希望向尽可能多的公民提供医疗服务。然而，公共卫生中心的员工可能不赞同政府对产出的偏好。

　　卢旺达公共卫生中心的绩效多年来表现不佳。对此，卢旺达卫生部以及国际健康网决定改变它们对卢旺达公共卫生中心的支持策略。具体做法是，员工除了获得工资，还将获得基于产出的奖金。也就是说，提供更多的服务，员工获得更多的钱。

　　这个产出导向的激励方案有助于将员工偏好与政府偏好结合起来。激励机制变化后，卢旺达公共卫生中心的生产率提高了 50％ 以上。

资料来源：B. Meesen, J. P. Kashala, and L. Musango, "Output-Based Payment to Boost Staff Productivity in Public Health Centres：Contracting in Kabutare District, Rwanda," *Bullentin of the World Health Organization* 85 (2007), pp. 108 - 15.

4.7　无差异曲线与需求曲线的关系

　　根据前面两章的分析，我们了解到消费者需求依赖于诸如替代品价格、互补品价格、消费者偏好（即无差异曲线的形状）和收入水平等各种因素。本章所讨论的无差异曲线，实际上就是第 2 章和第 3 章中所研究的需求函数的基础。接下来将进一步讨论无差异曲线和需求曲线的关系。

4.7.1　个体需求

　　图 4 - 22（a）解释了正常品的需求曲线是如何得到的。消费者起初在点 A 达到均衡，此时的收入固定为 M，价格为 P_x^0 和 P_y。当商品 X 的价格下降到 P_x^1 时，机会集扩大，消费者在点 B 达到新的均衡。务必注意：使消费者从均衡点 A 移到点 B 的原因是商品 X 价格的变化，而消费者收入和商品 Y 的价格是固定不变的。当商品 X 的价格为 P_x^0 时，消费者消费了 X^0 单位的商品 X；当价格下降到 P_x^1 时，商品 X 的需求量增加到 X^1。

　　商品 X 的价格与商品 X 的需求量之间的关系见图 4 - 22（b），这是商品 X 的个体需求曲线。这条需求曲线表明，保持其他因素不变，当商品 X 的价格为 P_x^0 时，消费者会购买 X^0 单位的商品 X；当商品 X 的价格为 P_x^1 时，消费者将购买 X^1 单位的商品 X。

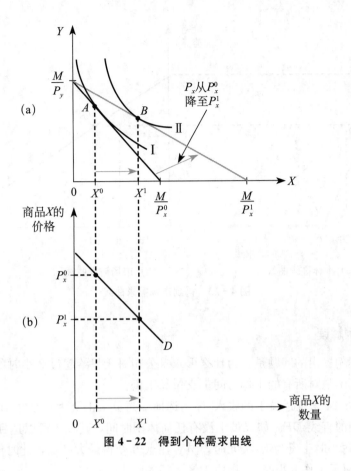

图 4-22　得到个体需求曲线

4.7.2　市场需求

管理者感兴趣的通常是所有消费者对公司产品的总需求。这些信息汇总在市场需求曲线上。市场需求曲线是个体消费者需求曲线的水平叠加，描述在任一价格下，市场上所有消费者可能购买的某种商品的总数量。

在图 4-23 中，D_A 和 D_B 分别代表消费者 A 先生和 B 先生的个体需求曲线。当商品价格为 60 美元时，A 先生和 B 先生的购买量均为零，因此当商品价格为 60 美元时，整个市场的总销售量为零，这代表了市场需求曲线上的一个点。当商品价格为 40 美元时，A 先生购买了 10 单位的商品（如点 A），B 先生购买了 20 单位的商品（如点 B），因此整个市场 ［见图 4-23 （b）］共销售了 30 单位的商品，这构成了市场需求曲线上的另一个点（A＋B）。当商品价格为零时，A 先生购买了 30 单位的商品，B 先生购买了 60 单位的商品，整个市场共销售了 90 单位的商品。如果我们把 0～60 美元之间的所有价格及其对应的需求量全部计算出来，就可以得到图 4-23 （b）中的需求曲线 D_M。

第 2 章和第 3 章所讨论的需求曲线正是建立在无差异曲线的基础上。

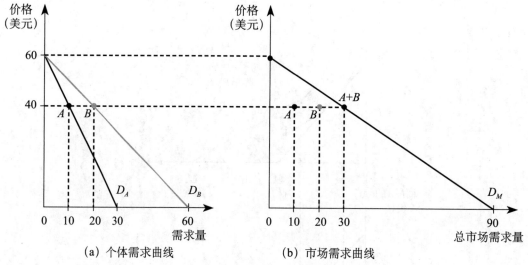

（a）个体需求曲线　　　（b）市场需求曲线

图 4-23　得到市场需求曲线

开篇案例解读

本章开篇案例提出的问题是：为什么 Boxes 公司每天只给超过 8 小时的工作时间支付更高的工资，而不是对所有的工作时间都支付高工资？

我们用图 4-24 来描述员工的收入-休闲选择。当员工工资为每小时 16 美元时，员工的机会集是图中的直线 DF。如果员工没有任何休闲时间，其收入可以达到每天 16×24＝384 美元。但在每小时工资为 16 美元时，员工在点 A 获得最大满足，此时他每天的休闲时间为 16 小时（每天工作 8 小时），赚取 128 美元的收入。

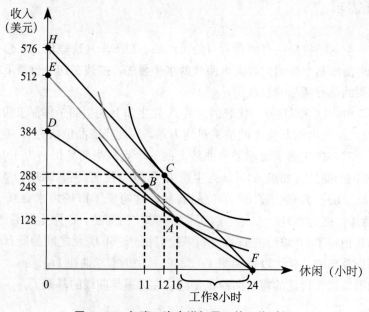

图 4-24　加班工资会增加员工的工作时间

如果对员工每天超过 8 小时的加班时间每小时支付 24 美元，员工的机会集将变为 EAF。这是因为，如果员工每天工作的时间少于或者等于 8 小时，他就不能获得加班工资，这部分的预算线（AF）保持原状。如果他的休闲时间少于 16 小时，在超时的工作时间里他将每小时赚取 24 美元，相应地，预算线会变得更陡峭（即 EA 部分）。当员工没有任何休闲时（点 E），他所放弃的前 8 小时的休闲时间能够赚得 $16 \times 8 = 128$ 美元的收入，后 16 小时能够赚取 $24 \times 16 = 384$ 美元的收入。因此，在超时工作的预算线上的点 E 处，所对应收入是 $128 + 384 = 512$ 美元，但如果可以选择超时工作，员工的满意度最大化发生在点 B，此时他将工作 13 小时，获取收入 248 美元。可见，加班工资可以将员工的工作时间从每天 8 小时增加到每天 13 小时。

回到最初的问题，为什么 Boxes 公司采用如此复杂的加班工资方案，而不是简单地将工资提高到每小时 24 美元？因为如果员工每工作一小时可以获得 24 美元工资，其预算线是 HF。员工将在点 C 得到最高的无差异曲线，此时他消费了 12 小时的休闲（即工作 12 小时）。若休闲为正常品，每小时 24 美元的工资导致员工延长的工作时间与加班工资方案的延长时间相比要少，而且有加班工资时（点 B）的劳动力成本低于每小时 24 美元工资（点 C）的劳动力成本。

总之可以证明，若员工将休闲视为正常品，与简单地提高工资相比，加班工资方案有助于吸引员工拿出更多的时间工作。

小 结

本章提出了一些基本的个体行为模型，可以帮助管理者理解不同的管理决策对消费者和员工行为的影响。

阅读并完成本章例题，可以帮助大家理解预算约束、价格和收入变化对预算变化的影响，还可以帮助大家理解商品价格变化时消费行为的变化——它受商品之间价格比率的变化（这将导致替代效应）和消费者实际收入的变化（这将导致收入效应）的共同影响。消费者行为模型还解释了需求曲线的基本假定。

消费者调整其购买行为，使所支付的价格比率刚好等于产品的边际替代率，由此实现消费均衡。这一机理可以帮助管理者决定何时采取买一赠一策略而非半价销售策略，还可用于判断节假日提供礼券的策略是否明智。

管理者同样可运用消费者行为理论分析公司员工的行为。本章讨论了加班工资给公司带来的好处，其他议题将在第 6 章中讨论。

本章所介绍的有关个体行为模型的基本工具，可用来分析消费者和员工行为。掌握这些模型并认真完成本章例题和课后习题，有助于提高管理决策技能，制定公司价值最大化的决策。

概念题和计算题

1. 一个消费者可以花费 300 美元来购买商品 X 和商品 Y，这两种商品的市场价格分别为 $P_x = 15$ 美元，$P_y = 5$ 美元。

（1）请计算商品 X 和商品 Y 之间的市场替代率。

（2）请用带标记的图形来描述消费者的机会集。

（3）当收入增加300美元时，消费者的机会集会发生什么变化？商品 X 和商品 Y 的市场替代率将发生什么变化？

2. 一个消费者在点 A 处达到均衡（见下图）。其中，商品 X 的价格是5美元。

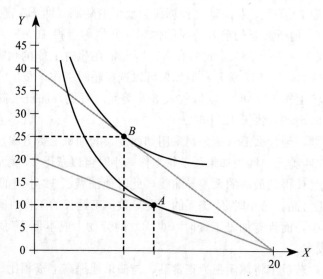

（1）商品 Y 的价格是多少？

（2）消费者的收入是多少？

（3）在点 A 处，消费者购买了多少单位的商品 X？

（4）假设预算线发生了变化，消费者在点 B 达到新均衡。经济环境发生了怎样的变化导致新均衡的出现？价格变化对消费者福利有何影响，其福利变得更好还是更差？

3. 一个消费者可花费600美元来购买商品 X 和商品 Y，这两种商品的市场价格分别是：$P_x = 10$ 美元，$P_y = 40$ 美元。

（1）请写出消费者的预算线方程。

（2）请用带标记的图形来描绘消费者的机会集。

（3）当商品 X 的价格上涨到20美元时，消费者的机会集会发生怎样的变化？商品 X 和商品 Y 的市场替代率会发生怎样的变化？

4. 本章例题4-2的答案指出，当商品是劣等品时，消费者得到礼券时的商品购买量多于其得到同等价值现金礼物时的购买量。情况一直是这样的吗？请解释。

5. 买一赠一与半价销售是不同的促销方式，它们为什么不同？请给出一个直观的解释。

6. 下图中消费者最初在点 C 达到均衡。消费者收入是600美元，通过点 C 的预算线为：$600 = 100X + 200Y$。当该消费者获得一张只能消费商品 X 的100美元礼券时，其消费均衡移向新均衡点 D。

（1）请确定商品 X 和商品 Y 的价格。

（2）在点 A 处，消费者可以购买多少单位的商品 Y？

（3）在点 E 处，消费者可以购买多少单位的商品 X？

（4）在点 B 处，消费者可以购买多少单位的商品 X？

（5）在点 F 处，消费者可以购买多少单位的商品 X？

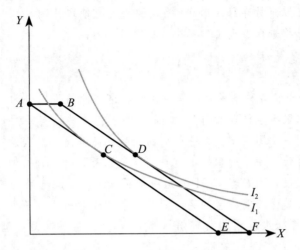

(6) 根据该消费者的偏好程度，按照从高到低的顺序排列商品组合 A, B, C 和 D。

(7) 商品 X 是正常品还是劣等品？

7. 某消费者将其全部收入用来购买两种商品——商品 X 和商品 Y。假设商品 X 是劣等品，商品 Y 是正常品。请分析在下列情况下，商品 X 和商品 Y 的均衡消费将上升还是下降。

(1) 消费者收入翻番。

(2) 消费者收入变为原收入的 4 倍，所有商品的价格翻番。

(3) 消费者收入和所有商品的价格皆为原值的 4 倍。

(4) 消费者收入减半，所有商品的价格翻番。

8. 根据下图中的无差异曲线，请确定消费者偏好的哪一个特性会被破坏。

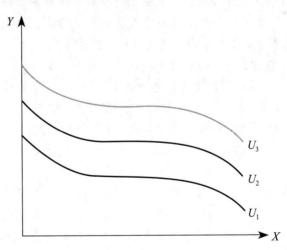

9. 一个消费者对两种商品（X 和 Y）的预算集是 $800 \geqslant 4X + 2Y$。

(1) 请用图形来说明预算集。

(2) 如果两种商品的价格都增至原来的两倍，收入也增至原来的两倍，预算集是否会发生变化？请解释。

(3) 给定预算集方程，能否确定两种商品的价格以及消费者的收入？请解释。

10. 一名员工将休闲和收入看作商品，并有机会得到每小时 16 美元工资的工作。

(1) 给定 24 小时的时间，请描述员工的机会集。

（2）假设该员工愿意放弃每小时 10 美元的收入来换取休闲，她的偏好是否符合边际替代率递减规律？她将选择每天工作多少小时？

问答题和应用题

11. 超市通常会出售各种糖果以及其他商品，这些商品可以分为一般商品（贴有商场标签）和品牌商品（贴有生产商标签）。许多消费者把这些贴有不同标签的商品视为替代品，他们通常愿意用一个固定比例的一般商品来替代品牌商品。假设一个消费者总是愿意用 4 磅一般糖果来替代 2 磅品牌糖果，这种偏好是否表明一般糖果和品牌糖果之间的边际替代率是递减的？假设该消费者有 24 美元用来买糖果，一般糖果价格为每磅 1 美元，品牌糖果价格为每磅 3 美元。消费者购买这两种糖果的数量分别为多少？如果一般糖果价格为每磅 2 美元，品牌糖果价格为每磅 3 美元，消费者购买这两种糖果的数量又分别为多少？

12. 政府出资 74 亿美元来推行一个补充营养援助计划（SNAP），提供给数百万人用于购买食品。受益者可以通过电子福利转移（EBT）卡将政府给予的福利从联邦账户转到零售商账户。EBT 卡中的专款既不能提现又不能购买食品之外的其他商品。SNAP 的平均额度为每人每月 284 美元。假设没有 SNAP 时，一个普通消费者每月花费在食品和其他商品上的支出为 600 美元，其预算约束为：$600 = 12A + 4F$，其中，A 是购买其他商品的数量，F 是购买食品的数量。请用纵轴表示其他商品，画出没有 SNAP 时消费者的预算线。请计算食品和其他商品之间的市场替代率。在同一个图形中，描述 SNAP 对普通消费者预算线的影响。如果将 SNAP 专款兑换成现金，消费者能否从中获利？请解释。

13. 报纸上刊登了一条促销信息："购买三个轮胎后，第四个轮胎免费——每个消费者限购一个免费轮胎。"如果一个消费者通常用 360 美元购买轮胎和其他商品，每个轮胎的价格为 40 美元，解释上述促销活动对消费者机会集的影响。

14. 高档旅馆为了提高商旅市场占有率，最近决定降价 25%。一家大型调研机构的调查显示，当前越来越多的商业活动是通过电子媒介（如互联网和电话）来完成的，而不必出差。假设某公司每月用于商旅和电子媒介的预算为 6 000 美元，其中每次商旅费用为 1 200 美元，每小时的电子媒介费用为 600 美元，用图形表示商旅成本降低 25% 对公司预算集的影响。假定商旅的价格降低后，该公司报告显示电子媒介和商旅的边际替代率为 −1。请解释该公司是否有效地分配了资源。

15. 一个不满足于雇主所提供的医疗健康保险的员工，将其每周 1 000 美元的税后收入用于购买医疗健康保险和其他商品。其中，医疗健康保险的价格是每周 200 美元，其他商品的价格是每周 100 美元，画出这个员工的机会集。在同一张图上标出，当雇主给予该员工价值 200 美元的医疗健康保险（在现行税法下这种补偿免税）时机会集的变化。如果不给予员工医疗健康保险而将其每周工资提高 200 美元（工资需以 25% 的税率缴税），这名员工的境况会更好还是更糟？请解释。

16. 一家低端复印机制造商 Mimeo 的内部研究显示，每个员工每小时组装三台复印机，并且每组装一台复印机公司需支付员工 6 美元。虽然公司没有相应的资源来监督员工，但有一个全职的检查员会检验每台复印机的质量。你现在参与评估一个旨在削减成本的新方案。根据这一方案，需支付员工每小时 16 美元的固定工资。你赞成这个计划吗？

请解释。

17. Einstein 面包公司推出一个频繁买家计划，消费者以 6 美元购买一打面包圈会获得 1 张贴纸。在消费累计达到 10 张贴纸时，消费者可以免费得到一打面包圈。这个优惠活动是无限期的，全年有效。管理者知道其产品是正常品。在这种情况下，建立一个消费者花费 200 美元在面包和其他商品上的全年预算。公司的频繁买家计划和仅将一打面包圈的价格降低 3% 对面包圈的消费会产生同样的效果吗？请解释。

18. 假如 15 岁左右的青少年平均每年购买 100 首下载音乐和 20 个芝士比萨饼。如果芝士比萨饼对该年龄段的少年来说是劣等品，当地一家音像店为他们提供的 1 张 50 美元的礼券与提供 50 美元的现金有区别吗？请解释。

19. 白酒商店常用的营销策略是按购买数量（或容量）给客户折扣。例如，从智利进口的葡萄酒品牌，在美国的销售价格为每瓶 15 美元，如果消费者购买 8 瓶，每增加 1 瓶的价格仅为 8 美元。如果一个消费者有 200 美元预算用于购买此品牌的葡萄酒和其他商品，其他商品的价格是 1 美元，这一营销策略如何影响消费者的预算？消费者会购买 8 瓶葡萄酒吗？请解释。

20. 假设某 CEO 的目标是通过促进销售提高盈利能力和公司产量。众所周知，利润作为产量的函数为：$\pi = 40q - 2q^2$（单位：百万美元）。画出公司的利润函数。假设销售经理的奖金与产量和利润相关。（1）公司仅基于产量发放奖金；（2）公司仅基于利润发放奖金；（3）公司基于产量和利润的组合发放奖金。比较这些策略对产量和利润的影响。

21. 假设 Boyer 建筑公司的老板感觉负担工人保险金（法律赔偿制度要求缴纳）的压力太大，决定将艾伯特（Albert）和锡德（Sid）（两名工人）的工资从每小时 25 美元降到每小时 22 美元。假设艾伯特和锡德都把收入和休闲视为商品，两人的收入和休闲之间的边际替代率皆呈递减趋势，两人税前与税后的预算约束相同。请画出每名工人每小时工资的机会集。当工资为每小时 25 美元时，艾伯特和锡德都休 12 小时（即工作 12 小时）。当工资减少到每小时 22 美元时，艾伯特休 10 小时，而锡德休 14 小时。请计算工资为每小时 22 美元时每名工人的工作时间，并解释两名工人的工作时间为何不同。

22. 最近的一项研究表明，节日礼品卡正变得越来越受在线零售商欢迎。以前，网上购物者需要花很长时间浏览在线零售商网站才能买到礼品卡，但现在，在线购买礼品卡比在传统零售店更方便。你觉得在网上购买礼品卡只是一种时尚吗？请解释。

23. 最近，英国一家互联网服务提供商实行"无条件的美国式包月计划"，让商业用户通过宽带连接互联网，支付 399.99 美元的包月费，每月可以发送和接收最高 10 000 千兆字节。在传统的收费计划下，这家互联网服务提供商的客户之一—— Alistair Willoughby Cook 公司通过宽带接收和发送 3 500 千兆字节，每个月支付 399.99 美元。如果所有客户都和 Alistair Willoughby Cook 公司一样，包月计划对消费者福利和该互联网服务提供商的公司利润有什么影响？请解释。

24. 可口可乐公司的一家大型供应商最近雇用了经济分析师来评估 16 盎司的苏打水从 1 美元涨到 2 美元产生的影响。分析师认为供应商的客户每周平均花费 15 美元购买苏打水（可口可乐和其他品牌），而其他品牌的 16 盎司瓶装苏打水的平均价格是 1 美元。分析师还利用了一些焦点小组来确定客户喜好。他们构建了下图。

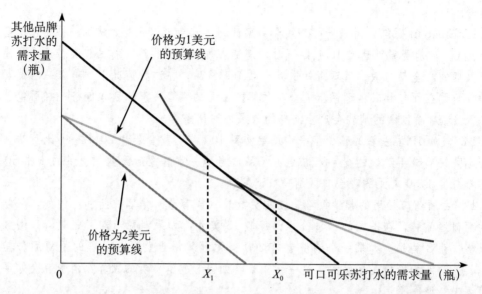

假设 $X_0 = 9$，$X_1 = 7$。如果可口可乐苏打水是一种正常品，该供应商将价格提高到 2 美元后，能够卖出 7 瓶、超过 7 瓶还是不到 7 瓶？

25. 克莱尔玫瑰店的老板注意到其女顾客和男顾客的需求之间存在显著差异。她发现女顾客对价格更敏感。在进行相应分析后，她认为女顾客有以下玫瑰需求曲线：$Q^F = 24 - 2P$，其中，Q^F 是女顾客的总玫瑰需求，P 是每支玫瑰的价格。其男顾客有以下玫瑰需求曲线：$Q^M = 27 - P$，其中，Q^M 是男顾客的总玫瑰需求，P 是每支玫瑰的价格。假设没有关系的一男一女两个顾客走进她的店，确定这两个顾客的需求曲线。

选读材料

Battalio, Raymond C.; Kagel, John H.; and Kogut, Carl A., "Experimental Confirmation of the Existence of a Giffen Good." *American Economic Review* 81(4), September 1991, pp. 961–70.

Baumol, William J., *Business Behavior, Value and Growth.* New York: Macmillan, 1959.

Davis, J., "Transitivity of Preferences." *Behavioral Science*, Fall 1958, pp. 26–33.

Evans, William N., and Viscusi, W. Kip, "Income Effects and the Value of Health." *Journal of Human Resources* 28(3), Summer 1993, pp. 497–518.

Gilad, Benjamin; Kaish, Stanley; and Loeb, Peter D., "Cognitive Dissonance and Utility Maximization: A General Framework." *Journal of Economic Behavior and Organization* 8(1), March 1987, pp. 61–73.

Lancaster, Kelvin, *Consumer Demand: A New Approach.* New York: Columbia University Press, 1971.

MacKrimmon, Kenneth, and Toda, Maseo, "The Experimental Determination of Indifference Curves." *Review of Economic Studies* 37, October 1969, pp. 433–51.

Smart, Denise T., and Martin, Charles L., "Manufacturer Responsiveness to Consumer Correspondence: An Empirical Investigation of Consumer Perceptions." *Journal of Consumer Affairs* 26(1), Summer 1992, pp. 104–28.

附录 消费者行为分析的数学方法

效用函数

假设消费者的偏好如效用函数 $U(X, Y)$ 所示。设 $A = (X^A, Y^A)$ 代表一个商品组合——包含 X^A 单位商品 X 和 Y^A 单位商品 Y，$B = (X^B, Y^B)$ 代表另一个商品组合——包含 X^B 单位商品 X 和 Y^B 单位商品 Y。若消费者更偏好组合 A 而非组合 B，即该消费者从组合 A 获得的效用大于从组合 B 获得的效用 $[U(A) > U(B)]$。同样，若 $U(B) > U(A)$，消费者就认为组合 B 优于组合 A。如果 $U(A) = U(B)$，消费者对这两种组合的满意度一样，那么这两种组合对他来说无差异。

效用最大化

给定价格为 P_x 和 P_y，消费者收入为 M，消费者在预算约束状况下实现效用最大化，这个问题通过拉格朗日函数来解决：

$$\mathscr{L} \equiv U(X, Y) + \lambda (M - P_x X - P_y Y)$$

式中，λ 是拉格朗日函数的乘子，该问题的一阶条件是：

$$\frac{\partial \mathscr{L}}{\partial X} = \frac{\partial U}{\partial X} - \lambda P_x = 0 \tag{4A-1}$$

$$\frac{\partial \mathscr{L}}{\partial Y} = \frac{\partial U}{\partial Y} - \lambda P_y = 0 \tag{4A-2}$$

$$\frac{\partial \mathscr{L}}{\partial \lambda} = M - P_x X - P_y Y = 0$$

式（4A-1）和式（4A-2）表明：

$$\frac{\partial U / \partial X}{\partial U / \partial Y} = \frac{P_x}{P_y} \tag{4A-3}$$

用经济学术语表述，就是边际效用比率等于价格比率。

边际替代率

沿着一条无差异曲线移动，消费者的效用固定不变：

$$U(X, Y) = 常数$$

对该关系式求全微分：

$$\frac{\partial U}{\partial X} dX + \frac{\partial U}{\partial Y} dY = 0$$

沿着一条无差异曲线，求解 dY/dX，可得

$$\left. \frac{dY}{dX} \right|_{效用固定不变} = - \frac{\partial U / \partial X}{\partial U / \partial Y}$$

因此，无差异曲线的斜率为：

$$\frac{\partial U / \partial X}{\partial U / \partial Y}$$

无差异曲线斜率的绝对值就是边际替代率（MRS），因此

$$MRS = \frac{\partial U / \partial X}{\partial U / \partial Y} \tag{4A-4}$$

$MRS = P_x / P_y$ 法则

将式（4A-4）代入式（4A-3），要使效用最大化，消费者必须令

$$MRS = \frac{P_x}{P_y}$$

第 **5** 章 生产过程与生产成本

➡ 学习目标

学完本章，你将能够：

1. 了解投入要素的生产率的各种度量方法，解释管理者在生产过程中的作用。
2. 利用生产函数确定投入要素量和成本最小化的投入品组合，运用等产量线解释最优投入替代。
3. 根据生产函数推导成本函数，理解经济成本与会计成本的差异。
4. 理解固定成本、沉没成本、变动成本与边际成本之间的关系和区别。
5. 根据成本函数或列表数据计算平均成本和边际成本，并阐述二者之间的关系。
6. 区分短期生产决策和长期生产决策，理解其对规模经济和成本的影响。
7. 确定多产品生产过程属于范围经济还是成本互补，理解其决策意义。

开篇案例　　　　　　　　**波音输掉了战斗，却赢得了战争**

经过近 8 周的谈判，波音公司（Boeing）与美国国际机械师和航空航天工人协会（IAM）达成协议，结束了这场波及 27 000 名工人的大罢工。罢工曾出现数次"最后时刻"，当管理层和工会谈判代表就未能达成的补偿和工作保护问题进行了连续 24 小时的会谈。

根据协议，IAM 为从事库存管理和分拣的 2 900 名工人赢得了医疗健康、养老金、工资等方面的福利。波音公司还同意重新培训下岗或离职的工人。尽管作出了让步，但波音公司发言人说，该协议"给了我们运行公司所需要的灵活性"。这个为期 4 年的协议使波音公司能够保留它在过去与工会的斗争中争取到的关键分包条款。

针对以上发言，一位分析师总结道："工会可能赢得了这场战斗，波音却赢得了战争。"你能解释一下这是什么意思吗？

资料来源：C. Isidore, "Union Strikes Boeing," *CNNMoney.com*, September 6, 2008; S. Freeman, "Boeing Contract Offers Pay Raise, Job Protections," *The Washington Post*, October 29, 2008.

5.1 导 言

公司和非营利组织都要生产产品或提供服务，它们能否成功运营的关键在于管理者在生产过程中能否选择最佳的投入要素数量和类型。比如一项咨询业务能否成功实施，依赖于适当的员工数量和要素组合，当工资或其他投入要素的价格发生变化时，员工和其他投入品之间将实现最优替代。

本章所讲述的经济学知识是诸如生产和价格管理等取得成功所必需的基本工具。生产和成本等概念普遍应用于人力资源、运营、管理会计和战略管理等领域。

5.2 生产函数

首先要界定生产中使用的技术。技术囊括了将原料投入（如钢材、劳动和机器设备）转化为产出（如汽车）的所有可行方法。技术是工程专有知识的总称。管理决策（如研发费用支出等）将影响技术的可获性。本章将讨论管理者如何挖掘现有技术实现最大潜能，后续章节将讨论技术创新决策。

假定生产过程需要投入两种要素：资本和劳动。我们用 K 表示资本数量，用 L 表示劳动数量，用 Q 表示生产过程中的产量水平。虽然大多数生产过程都涉及机器（经济学家称为资本）和人（经济学家称为劳动），但将投入要素确定为资本和劳动仅仅是为了使基本概念具体化，从一般意义讲，二者可以代表任意两种投入要素。

将资本和劳动转换为产出的技术可用生产函数表示。**生产函数**（production function）揭示了给定投入下能够实现的最大产出的技术水平。生产函数用公式表述如下：

$$Q = F(K, L)$$

即投入 K 单位资本和 L 单位劳动能够实现的最大产量。

5.2.1 短期决策与长期决策

管理者的重要工作是有效利用生产函数，确定生产过程中各种投入要素的最佳数量。短期内某些生产要素固定不变，比如汽车公司需要数年时间才能建成一条混合动力车的生产组装线，因此资本要素在短期内通常固定不变。但汽车公司可以调整劳动或钢材等投入要素数量，这些投入要素称为**可变生产要素**（variable factors of production）。

短期指存在**固定生产要素**（fixed factors of production）的生产阶段。举例来说，假设生产过程仅需资本和劳动两种投入要素且短期内资本投入量不变，管理者唯一能决定的

是劳动投入量。由于资本固定不变，短期生产函数实质上是劳动投入量的函数。若用 K^*
表示固定资本值，短期生产函数可以表述为：

$$Q = f(L) = F(K^*, L)$$

表 5 - 1 中第 1，2 和 4 列给出了当资本固定为 $K^* = 2$ 时，短期生产函数中各变量的
值。该函数中产量为 1 100 单位时需要投入 5 单位劳动。给定技术和资本不变，如果管理
者希望实现 1 952 单位的产量，则必须投入 8 单位劳动。短期内资本投入无法增加，为提
高产量只能投入更多的劳动。

表 5 - 1　生产函数

(1) K^* 固定投入 （资本）（给定）	(2) L 变动投入 （劳动）（给定）	(3) ΔL 劳动变化 $\Delta(2)$	(4) Q 产量 （给定）	(5) $\frac{\Delta Q}{\Delta L} = MP_L$ 劳动的边际产量 $\Delta(4)/\Delta(2)$	(6) $\frac{Q}{L} = AP_L$ 劳动的平均产量 $(4)/(2)$
2	0	—	0	—	—
2	1	1	76	76	76
2	2	1	248	172	124
2	3	1	492	244	164
2	4	1	784	292	196
2	5	1	1 100	316	220
2	6	1	1 416	316	236
2	7	1	1 708	292	244
2	8	1	1 952	244	244
2	9	1	2 124	172	236
2	10	1	2 200	76	220
2	11	1	2 156	−44	196

长期指所有投入要素都能进行调整的生产阶段。比如一家公司为增加额外的资本和设
备需要花费 3 年时间，那么对公司的管理者来说，3 年就是长期，3 年以内则为短期。

5.2.2　生产率的测度

管理决策的一个重要内容是确定生产过程中投入要素的生产率。这一测度对于评估生
产过程的有效性和制定利润最大化的投入决策非常有用。总产量、平均产量和边际产量是
三个最重要的生产率测度指标。

总产量

总产量（total product，TP）指给定投入量时可以实现的最大产出。例如在表 5 - 1
中，当投入 5 单位劳动时，总产量为 1 100 单位。因此生产函数定义的是给定投入量时
所能实现的最大产量，所以只有当 5 单位劳动发挥最大效用时才能达到该产量。如果员
工努力程度不够，达到的产量就会低一些，比如 5 个整天都在喝咖啡的员工的产量可能
为零。

平均产量

许多时候决策者往往更关心每单位投入的平均生产率。比如管理者想了解每名员工对公司总产量的贡献。这些信息可以用平均产量这个经济学概念描述。一种投入的**平均产量**（average product，AP）为总产量除以投入数量。劳动的平均产量（AP_L）为：

$$AP_L = \frac{Q}{L}$$

资本的平均产量（AP_K）为：

$$AP_K = \frac{Q}{K}$$

平均产量度量了每单位投入所带来的产出。例如在表 5-1 中，5 名员工可以生产 1 100 单位的产出，则每名员工平均生产 220 单位。

边际产量

边际产量（marginal product，MP）指最后一单位投入所带来的总产量的变化量。资本的边际产量（MP_K）是总产量的变化量除以资本的变化量：

$$MP_K = \frac{\Delta Q}{\Delta K}$$

劳动的边际产量（MP_L）是总产量的变化量除以劳动的变化量：

$$MP_L = \frac{\Delta Q}{\Delta L}$$

在表 5-1 中，第二单位的劳动使产量增加了 172 单位，因此第二单位劳动的边际产量为 172。

表 5-1 揭示了边际产量的一个重要特征：随着第 2 列中劳动投入从 0 增加到 5，第 5 列中劳动的边际产量呈增长趋势。这有助于解释为什么许多生产流程会使用组装线：使用若干员工，每个人执行不同的任务，就可避免员工干完一项工作再开始另一项工作导致的无效率。注意在表 5-1 中，当劳动达到 5 单位以后，继续增加单位劳动，边际产量逐步下降直至变为负值。边际产量为负意味着最后一单位投入将导致总产量下降。比如管理者不断增加组装线上的员工数量，最终将导致员工像沙丁鱼一样挤在生产线上，互相妨碍，使产出比以前减少。

图 5-1 用图形展示了总产量、边际产量和平均产量三者之间的关系。注意这些曲线的关系：沿着总产量曲线从点 A 移动到点 E 时，总产量增加，斜率变陡。这说明随着劳动投入的增加，总产量曲线的斜率在变大（变陡）；因此从点 a 到点 e，边际产量也相应增加。边际产量增加阶段对应的就是**边际报酬递增**（increasing marginal returns）阶段。

在图 5-1 中，边际产量在点 e 达到最大值，此时劳动投入为 5 单位。当劳动投入从 5 单位增加到 10 单位时，总产量仍在增加，但增速减缓。因此，此阶段边际产量减少但仍然为正。边际产量为正但逐步递减的阶段称为**可变投入的边际报酬递减**（decreasing/diminishing marginal returns）阶段。

在图 5-1 中，当劳动投入超过 10 单位时，边际产量变为负数。超过 10 单位之后，再增加劳动投入会减少总产量，此时边际产量变为负值。边际产量为负值的阶段称为**负边际报酬**（negative marginal returns）阶段。

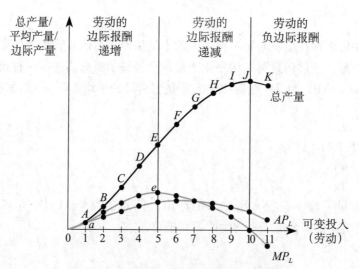

图 5-1 边际报酬递增、递减和负边际报酬

原 理   **边际报酬的不同阶段**

　　随着一种投入要素的增加，边际产量最初增加（边际报酬递增），然后开始减少（边际报酬递减），最终变为负值（负边际报酬）。

　　复习备考时，你可能经历过边际报酬的各个阶段。开始几小时的学习效率比后面几小时的学习效率更高。假如你一点儿也不复习，你将会考零分，但是复习 10 小时就可以考 75 分，则前 10 小时的边际产量为 75。如果复习 20 小时可以考 100 分，则第二个 10 小时的边际产量只有 25。因此，当花费更多时间来复习时，边际分数在降低。如果考试前一夜"开夜车"，导致考试时睡着了或由于睡眠不足而发挥失常，则处于负边际报酬阶段。因此，不论学生还是企业，都不应该在负边际报酬阶段投入资源。

5.2.3 管理者在生产中的角色

　　生产过程中管理者的角色包括：（1）确保公司遵循生产函数（生产技术）运行；（2）确保公司选择正确的投入水平。这将保证公司在生产函数的正确决策点上运行，并会影响生产效率。

遵循生产函数

　　遵循生产函数对管理者来讲容易理解，但实际操作非常困难。生产函数描述了在给定的投入量下可以实现的最大产量。以劳动为例，这意味着员工必须尽最大努力工作。为了确保员工全力以赴，管理者必须建立相应的激励机制来增强员工努力工作的意愿。比如餐厅管理者为促使服务员更好地为客人服务而制定激励制度。大部分餐厅采用"较低工资＋收小费"的方法，有效激励了员工更投入地工作。许多公司制订了利润分红方案来激励员工按生产函数生产。该内容将在第 6 章中进行更详细的探讨。

选择正确的投入水平

管理者的第二个角色是确保公司在生产函数的正确决策点上运行。对餐厅管理者而言就是雇用合适数量的服务员。假设某公司产品的市场售价为 3 美元，每单位劳动成本为 400 美元。为了使利润最大化，公司应该雇用多少员工？要回答这个问题，首先需要确定每多雇用一名员工所能获得的收益。假设每名员工的边际产量使公司产量增加了，这些增加的产量在市场上以 3 美元的价格出售。此时，每单位劳动产生的收益是 $3MP_L$。该数值称为劳动的边际产量价值。**边际产量价值**（value marginal product）就是最后一单位投入所生产出来的产品的价值。假如每单位产品的售价为 P，则劳动的边际产量价值是：

$$VMP_L = P \times MP_L$$

资本的边际产量价值是：

$$VMP_K = P \times MP_K$$

在上述例题中，每增加 1 单位劳动，成本增加 400 美元。如表 5-2 所示，第一单位劳动产生的 $VMP_L = 228$ 美元，第二单位劳动产生的 $VMP_L = 516$ 美元。如果管理者仅仅看到第一单位劳动及其带来的 VMP_L，可能会选择一名员工也不雇用。但是认真分析表 5-2 可以看到，第二名员工创造的价值比其雇佣成本高出 116 美元。然而，如果不雇用第一名员工，也就不存在第二名员工。

表 5-2 劳动的边际产量价值

(1) L 可变投入（劳动） （给定）	(2) P 产品价格（美元） （给定）	(3) $\dfrac{\Delta Q}{\Delta L} = MP_L$ 劳动的边际产量 [表 5-1 的 第 (5) 列]	(4) $VMP_L = P \times MP_L$ 劳动的边际 产量价值（美元） [(2)×(3)]	(5) W 劳动的单位成本 （美元）（给定）
0	3	—	—	400
1	3	76	228	400
2	3	172	516	400
3	3	244	732	400
4	3	292	876	400
5	3	316	948	400
6	3	316	948	400
7	3	292	876	400
8	3	244	732	400
9	3	172	516	400
10	3	76	228	400
11	3	-44	-132	400

从第二名到第九名员工，每名员工的边际产量价值都超过其雇佣成本。也就是说，只要 VMP_L 大于 400 美元，雇用员工就是有利可图的。注意第十单位劳动的 VMP_L 是 228 美元，小于其劳动成本，所以厂商将不会雇用第十名员工，其他所有超出 10 单位

的劳动皆如此。因此，根据表 5 - 2 的数据，管理者应该雇用 9 名员工，以实现利润最大化。

原　理　　　　　　　　　　**利润最大化的投入量**

为了实现利润最大化，投入要素的数量应保证边际利润等于边际成本。具体来说，若每增加一单位劳动的成本为 w，管理者应该继续投入劳动直至 $VMP_L = w$（该值处于边际产量递减阶段）。

利润最大化时的投入量法则揭示了追求利润最大化的厂商对投入量的追求。如图 5 - 2 所示，劳动的边际产量价值为劳动量的函数。当劳动的工资率为 w^0 时，利润最大化的劳动量满足 $VMP_L = w$（该劳动量处于边际报酬递减阶段）。图 5 - 2 中利润最大化时的劳动量为 L_0 单位。

VMP_L 曲线向下倾斜部分揭示了一个利润最大化的厂商对劳动的需求，它解释了企业拟投入的劳动量与价格之间的关

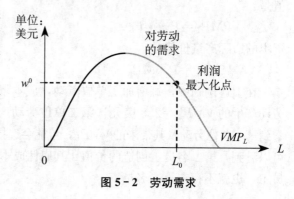

图 5 - 2　劳动需求

系。由于**边际报酬递减规律**（law of diminishing marginal returns），对某种投入品的需求呈向下倾斜趋势。随着某种要素投入量的增加，边际产量减少，边际产量价值也将减少。由于某种投入品的需求就是边际报酬递减阶段该投入品的边际产量价值，因此对投入要素的需求向下倾斜。总之，每增加一单位投入品所产生的利润较之前一单位投入产生的利润要少，因此追求利润最大化的厂商都希望为额外一单位投入要素支付更少的钱。

透视商业 5 - 1　　　　　　　**技术来自哪里？**

在本章中我们想当然地假设管理者知道产品生产的基础技术，然而管理者如何获取有关的技术信息？经济研究表明，技术有七种主要来源。

自主研发

自主研发是获得产品和工艺创新的最重要手段，即由公司雇用的工程师设计新的生产工艺或产品。

技术许可

专门从事技术开发的公司，将其拥有的技术或生产工艺出售给另一家公司以获取许可费。技术许可费可能是固定的，由此获取技术的成本就是固定成本；技术许可费也可能基于产量收费，此类技术成本为变动成本。

出版物或技术会议

贸易出版物和技术会议提供了平台，用于传播有关生产过程的相关信息。

逆向工程

逆向工程包括逆向作业，即获取竞争对手的产品及制作类似产品的生产方法。结果通常是所生产的产品和现有产品略有不同，生产函数与原开发者所使用的亦略有不同。

雇用创新型公司的员工

其他公司的前员工通常拥有生产过程的相关信息。

专利披露

专利赋予持有人在特定时间内对一项发明拥有专有权——大多数国家的专利期限为 17～20 年。要获取发明专利，发明者必须将该项发明的详细信息归档，这些信息会成为公开信息。所有人包括竞争对手都可以看到归档信息。这些信息可能使竞争对手通过不侵犯专利权的方式"克隆"产品。有趣的是，当一项专利处于申请阶段时，这些信息是不公开的。由于这个原因，延展专利申请期往往比实际获得专利可以给予发明者更多的保护。

与创新型公司员工的对话

尽管保守商业机密的好处显而易见，但员工不经意间会将生产过程中的信息传递给竞争对手。当企业集中在同一园区且不同公司的员工存在大量非商业对话的机会时，这种现象经常发生。

资料来源：Wesley M. Cohen，"Fifty Years of Empirical Studies of Innovative Activity and Performance," *Handbook of the Economics of Innovation*，Vol. 1（2010），pp. 129 - 213；Richard C. Levin，"Appropriability，R&D Spending, and Technological Performance," *American Economic Review* 78（May 1988），pp. 424 - 28.

5.2.4 生产函数的代数形式

至此，本书通过图表解释了生产过程的基本概念。生产函数还可以用数学形式表达。借助第 1 章中的统计技术可以估计生产函数的特定函数形式。本节将介绍常见的生产函数的代数形式。

线性生产函数（linear production function）如下：

$$Q=F(K,L)=aK+bL$$

式中，a 和 b 为常数。在线性函数中，所有投入要素和总产量之间呈完全线性关系，投入要素彼此之间可以完全替代。假设某工厂生产某产品需要花费 4 小时人工，若换成机器则只需要 1 小时。该生产函数为线性函数，且 $a=4$，$b=1$：

$$Q=F(K,L)=4K+L$$

数学公式表明资本的生产率是劳动的 4 倍。进一步分析，若资本为 5 单位，劳动为 2 单位，$F(5,2)=4\times5+1\times2=22$，可生产 22 单位。

另一种数学表达式是**里昂惕夫生产函数**（Leontief production function）：

$$Q=F(K,L)=\min\{aK,bL\}$$

式中，a 和 b 是常数。里昂惕夫生产函数也称固定比例生产函数，其投入品按固定比例投入。举例来说，假如一个汽车服务公司遵循里昂惕夫生产函数且 $a=b=1$，K 为汽车数量，L 为驾驶员数量，该函数表明 1 名驾驶员和 1 辆汽车就能出一趟车，2 名驾驶员和 2 辆汽车就能出两趟车……依此类推。那么 1 名驾驶员和 5 辆汽车能够出多少趟车呢？答案仍然是一趟。因为多余的汽车仅对新增的驾驶员有用，对老的驾驶员无用。也就是说，驾驶员和汽车必须按 1：1 的固定比例组合使用。

➡例题 5-1

Morris Industries 公司的工程师估计公司的生产函数如下：

$$Q=F(K,L)=\min\{3K,4L\}$$

当投入 2 单位的劳动和 5 单位的资本时，产量为多少？

答：

$F(5,2)=\min\{3\times5,4\times2\}=\min\{15,8\}$。因为 15 和 8 中的最小数是 8，所以 5 单位的资本和 2 单位的劳动可以获得 8 单位的产出。

柯布-道格拉斯生产函数（Cobb-Douglas production function）介于线性生产函数和里昂惕夫生产函数之间，函数形式如下所示：

$$Q=F(K,L)=K^aL^b$$

式中，a 和 b 是常数。

与线性生产函数不同的是，该函数中产出和投入之间为非线性关系。与里昂惕夫生产函数不同的是，该函数中投入品的使用无须遵循固定比例。柯布-道格拉斯生产函数中各投入要素之间存在一定程度的替代性，但不能完全替代。

5.2.5　生产率的代数测度

给定生产函数的代数形式，就可以计算其生产率。比如某种投入要素的平均产量等于总产量除以该投入要素的使用量，此概念可扩展至多种投入要素的生产过程。

假设咨询顾问估计公司的柯布-道格拉斯生产函数如下：

$$Q=F(K,L)=K^{1/2}L^{1/2}$$

当投入 4 单位的劳动和 9 单位的资本时，劳动的平均产量是多少呢？由于 $F(9,4)=9^{1/2}4^{1/2}=3\times2=6$，即投入 9 单位资本和 4 单位劳动时的总产量为 6 单位，因此 4 单位劳动的平均产量是 $AP_L=6/4=1.5$ 单位。

需要注意的是，由于产出依赖劳动和资本两种投入要素，劳动的平均产量不仅取决于劳动的使用量，还取决于资本的使用量。相应地，资本的平均产量不仅取决于资本的使用量，还取决于劳动的使用量。

投入要素的边际产量是该投入要素变化所带来的产出变化。在线性生产函数中，投入要素的边际产量的表达式非常简单，如下所示：

公式：线性生产函数的边际产量

$$Q=F(K,L)=aK+bL$$

则

$$MP_K=a$$
$$MP_L=b$$

微积分表达式

投入要素的边际产量是生产函数对该要素投入量的导数，如劳动的边际产量是：

$$MP_L = \frac{\partial Q}{\partial L}$$

资本的边际产量是：

$$MP_K = \frac{\partial Q}{\partial K}$$

面对线性生产函数 $Q=aK+bL$，有

$$MP_K = \frac{\partial Q}{\partial K}=a \text{ 和 } MP_L = \frac{\partial Q}{\partial L}=b$$

对于线性生产函数，投入要素的边际产量就是该要素投入量的系数。这意味着投入要素的边际产量与投入量无关，所以线性生产函数不遵循边际产量递减规律。

与线性生产函数相反的是，在柯布-道格拉斯生产函数中，投入要素的边际产量依赖于其投入量的大小。如下列公式所示：

公式：柯布-道格拉斯生产函数的边际产量

$$Q=F(K,L)=K^a L^b$$

则

$$MP_L = bK^a L^{b-1}$$
$$MP_K = aK^{a-1} L^b$$

微积分表达式

投入要素的边际产量是生产函数对该要素投入量的导数。对柯布-道格拉斯生产函数求导得出：

$$MP_K = \frac{\partial Q}{\partial K}=aK^{a-1} L^b$$

$$MP_L = \frac{\partial Q}{\partial L}=bK^a L^{b-1}$$

要实现利润最大化，投入要素的最佳用量为该投入要素的边际产出产值等于价格之时。将此原理应用于生产函数的代数形式以求解利润最大化时的要素投入量。

➡例题5-2

某公司产品以10美元的价格出售，其生产函数如下：

$$Q=F(K,L)=K^{1/2} L^{1/2}$$

短期内资本固定为1单位，当劳动的工资率为2美元时，为实现利润最大化，公司应该雇用的劳动数量是多少？

答：

令劳动的边际产量价值等于工资率并求解 L。根据柯布-道格拉斯生产函数，$MP_L = bK^a L^{b-1}$。这里 $a=1/2$，$b=1/2$，$K=1$，因此 $MP_L = 0.5L^{-1/2}$。由于 $P=10$ 美元，因此 $VMP_L = P \times MP_L = 5L^{-1/2}$。其工资率等于 2 美元，即 $5L^{-1/2}=2$。等式两边同时取平方得到 $25/L=4$。因此，利润最大化时应雇用的劳动数量为 $L=25/4=6.25$ 单位。

5.2.6 等产量线

接下来分析当资本和劳动都可以改变时，长期内两种投入要素的最优选择问题。当生产中存在多种投入要素时，管理者可以选择不同的投入组合以保证产出的水平相同。比如一条汽车组装线，10 个员工和 1 个机器人的组合可以每小时生产 1 000 辆轿车，2 个员工和 3 个机器人的组合也可以每小时生产 1 000 辆轿车。为了使 1 000 辆轿车的生产成本最低，管理者应选择最有效率的投入组合。可替代投入组合决策的基本分析工具是等产量线。**等产量线**（isoquant）指能够生产出相同数量产品的各种投入（K 和 L）的组合。因此，等产量线上资本和劳动的所有组合能产出相同数量的产品。

图 5-3 显示了典型的等产量线。因为投入组合 A 和 B 位于同一条等产量线上，所以产出同样数量的产品，即 Q_0 单位。投入组合 A 较之投入组合 B 更趋于资金密集型。若两种投入都增加，将得到一条更高的等产量线，在图形中表现为向右上方移动，距离原点越远的等产量线所代表的产量越高。

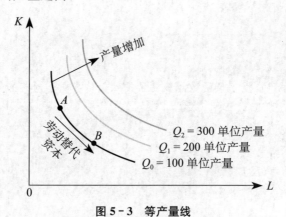

图 5-3 等产量线

图 5-3 中的等产量线凸向原点，这是因为资本和劳动不可以完全替代。如图 5-3 中自点 A 起用劳动来替代资本，替代每一单位资本所需要的劳动数量逐步增加。资本和劳动相互替代的比率称为**边际技术替代率**（marginal rate of technical substitution，MRTS）。资本和劳动的边际技术替代率是等产量线斜率的绝对值，也是边际产量的比率：

$$MRTS_{KL} = \frac{MP_L}{MP_K}$$

不同生产函数的边际技术替代率不同。比如，图 5-4（a）所示的线性生产函数的等产量线也是线性的，这是因为两种投入要素呈现完全替代关系且两种投入要素的替代比率

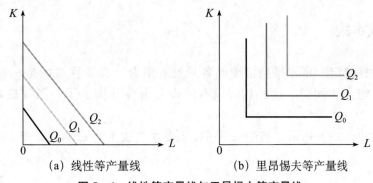

（a）线性等产量线　　　　　　（b）里昂惕夫等产量线

图 5-4　线性等产量线与里昂惕夫等产量线

与投入量无关。尤其对于线性函数 $Q=aK+bL$，当 $MP_L=b$ 和 $MP_K=a$ 时，边际技术替代率是 b/a，与投入要素的使用量毫无关系。

里昂惕夫生产函数所对应的等产量线如图 5-4（b）所示，呈 L 形。由于投入要素之间遵循固定比率，资本和劳动不能相互替代，因此里昂惕夫生产函数不存在边际技术替代率。

对大多数生产过程而言，等产量线介于完全替代和固定比例之间，即一种投入要素可以用另一种投入要素替代，但不能完全替代。沿着等产量线，不同投入要素之间的替代率会发生变化。如图 5-5 所示，当从点 A 移动到点 B 时，仅用 1 单位的资本即可替代 1 单位的劳动（保持 100 单位的产量不变），但从点 C 移动到点 D，为了保持 100 单位的产量，就必须用 3 单位资本来替代 1 单位劳动。由此可以看出，生产函数满足**边际技术替代率递减规律**（law of diminishing marginal rate of technical substitution）：在保持产量不变的情况下，随着一种投入要素的使用量减少，另一种投入要素的使用量增加。柯布-道格拉斯生产函数中等产量线的边际技术替代率呈递减趋势。一般来说，当等产量线出现边际技术替代率递减时，该等产量线将凸向原点（如图 5-5 所示）。

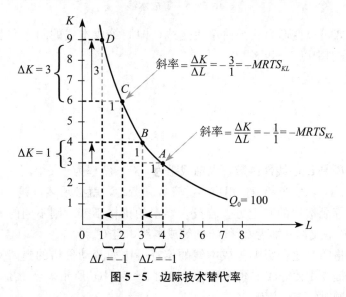

图 5-5　边际技术替代率

5.2.7　等成本线

等产量线是给定产量水平所需要的各种投入组合。需要注意的是，有时不同投入组合的成本可能是相同的，这些相同成本的投入组合就构成了一条**等成本线**（isocost line）。

等成本线如图 5-6 所示。假设公司所投入要素的成本为 C 美元，即劳动成本加上资本成本：

$$wL+rK=C \tag{5-1}$$

式中，w 为工资率（劳动的价格）；r 为租金率（资本的价格）。式（5-1）就是等成本线公式。

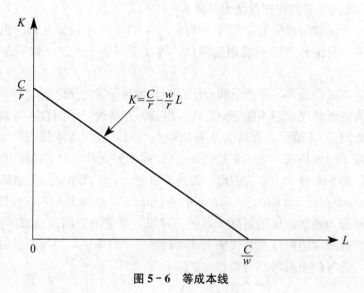

图 5-6　等成本线

等成本线公式可以变形为一个简单表达式，即用等成本线的斜率和截距来表示。式（5-1）的两边分别乘以 $1/r$ 可得

$$\frac{w}{r}L+K=\frac{C}{r}$$

或

$$K=\frac{C}{r}-\frac{w}{r}L$$

沿着等成本线，K 是 L 的线性函数，纵轴截距为 C/r，斜率为 $-w/r$。

需要指出的是，若生产者想使用更多的资本和劳动，就必须多付钱。成本高的等成本线位于成本低的等成本线的右上方。若投入要素的价格不变，则不同的等成本线是平行的。图 5-7（a）是成本分别为 C^0 和 C^1 的等成本线，且 $C^0<C^1$。

投入要素价格的变化会影响等成本线的位置。比如劳动价格的提高使等成本线更陡峭，资本价格的提高则使等成本线更平缓。如图 5-7（b）所示，当工资率从 w^0 变为 w^1 时，等成本线按顺时针方向旋转。

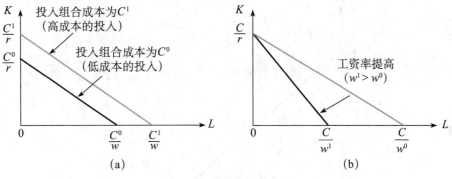

图 5-7 等成本线的变化

5.2.8　成本最小化

　　等成本线和等产量线可用来确定生产成本最小化时的要素投入量。如果资源不存在稀缺性，生产者是不需要关心生产成本的。正是由于资源存在稀缺性，管理者才非常重视**成本最小化**（cost minimization），即如何在最低成本处组织生产。一个企业为了实现利润最大化，就必须降低成本，即使对于非营利组织，以最低成本提供服务也是很有必要的。我们综合利用前文的所有分析工具，就可以选择最优的资本和劳动组合。

　　注意图 5-8 中点 A 所表示的投入组合，这个投入组合 (L, K) 位于等产量线 Q_0 上，因此其产量为 Q_0；该组合还位于经过点 A 的等成本线上。因此，管理者如果使用组合 A 生产 Q_0 单位，需耗费的总成本为 C^1。这是最低成本吗？当然不是，因为管理者如果使用组合 B，将会以更低的成本 C^2 得到同样的产出 Q_0。因此，对管理者来说，使用组合 A 是低效率的，组合 B 能有同等数量的产出且成本更低。

　　当等产量线的斜率等于等成本线的斜率时，所对应的投入组合就是成本最小化的投入组合。等产量线斜率的绝对值是边际技术替代率，而等成本线斜率为 $-w/r$，成本最小化的投入组合满足：

$$MRTS_{KL} = w/r$$

　　如果不满足上述条件，说明 L 和 K 之间的技术替代率不等于两种投入相互替代的市场替代率。如图 5-8 中点 A 的等产量线斜率大于等成本线斜率，这说明资本相对来说"太贵了"；生产者会减少资本，增加劳动投入来生产等量产品，也就是用劳动替代资本直至边际技术替代率与投入要素价格比率相等（如点 B 处）。成本最小化的投入组合的基本条件也可以用边际产量表示。

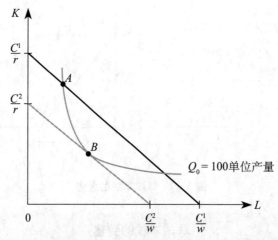

$$\frac{C^1}{r}$$ 处 A 点，$$\frac{C^2}{r}$$

$Q_0 = 100$单位产量

$$\frac{C^2}{w} \qquad \frac{C^1}{w}$$

图 5-8　产量为 100 单位时，投入组合 B 的成本最低

给定产量水平下，要实现成本最小化，所有投入要素的单位价格带来的边际产量应该相等：

$$\frac{MP_L}{w} = \frac{MP_K}{r}$$

同样，为了使成本最小化，投入要素的边际技术替代率等于投入要素价格的比率：

$$\frac{MP_L}{MP_K} = \frac{w}{r}$$

给定产量水平的成本最小化为什么必须满足上述条件呢？假设 $MP_L/w > MP_K/r$。对于最后花费的 1 美元，购买劳动比购买资本划算，因此厂商会减少资本、增加劳动以降低成本。这是因为，厂商在资本支出上减少 1 美元，而在劳动支出上增加不到 1 美元，仍然能够实现相同产量。所以用劳动来替代资本，厂商可以在保持产量不变的情况下降低成本。这种替代性将一直持续到在资本上的 1 美元投入所带来的边际产量正好等于在劳动上的 1 美元投入所带来的边际产量。

➡例题 5-3

Terry 草坪服务公司租赁了 5 台小型手推式割草机和 2 台大型乘坐式割草机来整理附近草坪。小型手推式割草机的边际产量是每天 3 块草坪，大型乘坐式割草机的边际产量是每天 6 块草坪。一台小型手推式割草机的租赁价格是每天 10 美元，一台大型乘坐式割草机的租赁价格是每天 25 美元。Terry 草坪服务公司对小型手推式割草机和大型乘坐式割草机的使用是否遵循了成本最小化原则？

答：

用 MP_S 代表小型手推式割草机的边际产量，MP_L 代表大型乘坐式割草机的边际产量，用 P_S 和 P_L 分别代表小型手推式割草机和大型乘坐式割草机的日租金，则成本最小化要求：

$$\frac{MP_S}{P_S} = \frac{MP_L}{P_L}$$

将相应数值代入公式，得

$$\frac{3}{10} = \frac{MP_S}{P_S} > \frac{MP_L}{P_L} = \frac{6}{25}$$

因此，每一美元的投入用在小型手推式割草机上得到的边际产量大于用在大型乘坐式割草机上得到的边际产量。大型乘坐式割草机的生产效率是小型手推式割草机的两倍，但价格是小型手推式割草机的两倍以上。公司没有实现成本最小化，应减少大型乘坐式割草机而增加小型手推式割草机。

5.2.9 最优投入替代

投入要素价格变化将导致成本最小化投入组合发生变化。假设初始等成本线是图 5-9 中的 *FG*，生产者在投入组合 *A* 上实现成本最小化，产量为 Q_0 单位。现在工资率提高了，假如厂商的投入总成本固定不变，等成本线将顺时针旋转至 *FH*，见图 5-9。如果厂商的支出成本与工资率上升之前的相同，就无法达到同等产量。

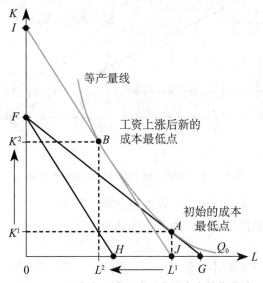

图 5-9 工资率上涨导致厂商用资本替代劳动

新的等成本线斜率反映出劳动的相对价格提高了。若保持产量不变，成本最小化的投入组合在点 *B* 处，此时新的等成本线 *IJ* 与原等产量线相切。由于劳动价格相对于资本价格提高了，厂商将用资本替代劳动，采用资本密集型的生产模式。

原 理	最优的投入替代

为了使给定产量下的成本最小化，当某种投入要素价格上升时，厂商应该减少该投入要素的使用量而增加其他投入要素的使用量。

图 5-10 是某厂商的等成本线（*AB*）和等产量线，该厂商使用电脑（资本）和劳动生产地毯。初始的成本最小化位于点 *M*，即使用 40 单位的资本（电脑）和 80 单位的劳动，相应的工资率 $w=20$ 美元，电脑（资本）的租金率 $r^0=20$ 美元。点 *M* 对应的总成本 $C^0=(20\times40)+(20\times80)=2\,400$ 美元。在这一点，边际技术替代率等于工资率与租金率的比值。

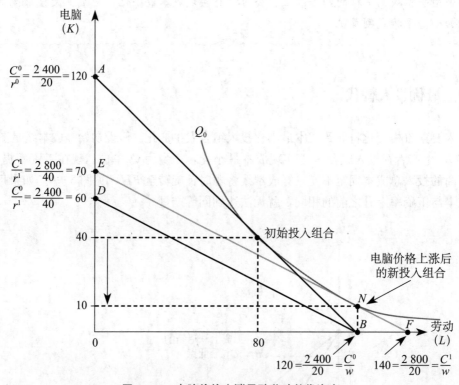

图 5-10　电脑价格上涨导致劳动替代资本

假设由于电脑芯片的供应量减少，资本租金率上升到 $r^1=40$ 美元。要使成本最小化，管理者应该怎么做？资本价格上升使等成本线从原来的 *AB* 逆时针旋转至 *DB*。要保持产量不变，管理者必须支付比 C^0（2 400 美元）更高的成本。新增支出使等成本线移至图 5-10 中的 *EF*。新的成本最小化位于点 *N*，即公司将使用更多的劳动（120 单位）和更少的资本（10 单位）。新成本 $C^1=(40\times10)+(20\times120)=2\,800$ 美元，高于原来的 C^0。

透视商业 5-2　　人工智能和成本最小化投入

除了其他功能，人工智能（AI）还能让机器从事传统上只能由人来完成的工作。举个例子，经过训练的机器能够借助医学影像（比如超声波和CT扫描）进行医学诊断。当前争论的一个议题就是：AI究竟会导致企业增加劳动的使用还是减少劳动的使用？我们无法明确回答这个宏大的问题，但可以从成本最小化角度进行分析，帮助管理者认真思考一下，在给定成本的情况下，使用更多的AI对最优员工数量产生的影响。

为了简化分析，假定AI仅仅影响产生效率，不会影响劳动和资本的价格。首先，AI会提高资本的边际产出，根据成本最小化原则，管理者会提高资本投入并降低劳动投入；

但是，AI 会使劳动者的生产能力提高，比如，AI 能够大大提高软件开发者的生产效率，帮助他们在更短的时间内开发出更多高质量软件。如果 AI 确实能够提高资本和劳动的生产率，成本最小化的投入组合的净效应就不明确——究竟会导致更多的资本＋更少的劳动，还是更少的资本＋更多的劳动？这依赖于生产率的相对提升程度。结论就是，管理者在商业活动中使用 AI 并不必然导致劳动的减少，也可能带来更多更富有生产率的员工队伍。

资料来源：A. Hosny, C. Parmar, J. Quackenbush, L. H. Schwartz, and H. J. W. L Aerts，"Artificial Intelligence in Radiology," *Nature Reviews Cancer* 18（August 2018），pp. 500 - 10；Morgan Frank, David Autor, James Bessen, Erik Brynjolfsson, Manuel Cebrian, David Deming, Maryann Feldman, Matthew Groh, Jose Lobo, Esteban Moro, Dashun Wang, Hyejin Youn, and Ilyad Rahwan，"Toward Understanding the Impact of Artificial Intelligence on Labor," *Proceedings of the National Academy of Sciences of the United States of America* 116（April 2019），pp. 6531 - 39.

5.2.10 数据驱动的生产函数

如前文所述，利用统计技术如回归分析以及数据搜集，可以估计生产函数。举个例子，一个企业认为其生产函数是柯布-道格拉斯函数：$Q=CK^aL^b$。为了制定成本最小化或利润最大化的投入决策，管理者需要得出 a 和 b 的值。管理者可以通过搜集的产出、资本和劳动的数据（数据可以通过现场实验得出）来估计 a 和 b 的值。

注意柯布-道格拉斯生产函数不是线性函数，而是对数线性函数。可以在两边取对数，将之转换为线性函数，如下：

$$\ln Q=\ln C+a\ln K+b\ln L$$

这是一个线性的对数函数，管理者可以通过将产出的对数（$\ln Q$）和资本的对数（$\ln K$）以及劳动的对数（$\ln L$）进行回归分析，从而估计未知的参数（a，b 和 $\ln C$）

表 5-3 就是这个柯布-道格拉斯生产函数的估计值，由此可以得出，a 的估计值为 0.66；b 的估计值为 0.41。根据第 1 章的内容，t 统计量的绝对值大，P 值小，则统计结果是显著的。

表 5-3 柯布-道格拉斯生产函数估计

	系数	标准差	t 统计量	P 值	95%下限	95%上限
截距	2.66	1.129	2.359	0.019	0.436	4.889
$\ln K$	0.66	0.210	3.148	0.002	0.247	1.078
$\ln L$	0.41	0.192	2.151	0.033	0.034	0.790

根据上述这个简单的生产函数估计，可以计算资本和劳动的边际产出。$MP_K=0.66K^{-0.34}L^{0.41}$ 和 $MP_L=0.41K^{0.66}L^{-0.59}$。对于给定的资本价格（$r$）和劳动价格（$w$），管理者可以通过选择资本和劳动实现成本最小化：

$$\frac{0.41K^{0.66}L^{-0.59}}{0.66K^{-0.34}L^{0.41}}=\frac{0.41K}{0.66L}=\frac{w}{r}$$

举例：假如工资率为 25 美元，资本价格为 20 美元，则成本最小化的投入组合是资本投入是劳动投入的 2 倍，因为 $K/L=(25/20)\times(0.66/0.41)=2.01$。

透视商业 5 - 3　　**《平价医疗法案》、雇主支付令和投入替代**

　　政府规制经常带来意想不到的后果。2010 年奥巴马政府签署了《平价医疗法案》(Affordable Care Act)，极大地改变了美国的医保体系。新法案引入了许多新规，其中一些新规被证明是矛盾的。一个典型的矛盾新规就是雇主支付令，它要求每个拥有 50 名及以上全职员工的企业要为其员工（及家属）提供一份平价保险，涵盖最基本的健康保障；如果雇主不遵守这一规定，除去前 30 名员工，雇主要为每名员工支付 2 000 美元的罚金。

　　反对雇主支付令的观点认为，这会损害低收入的员工，这些人可能正是法案最希望保护的人。为什么会这样？假定一个公司想雇用程序员和行政助理，一个程序员的年收入是 80 000 美元，而行政助理是 40 000 美元。假如根据雇主托付规定，企业要为员工额外支付 4 000 美元保险。若没有雇主支付令计划，行政助理相比于程序员的相对工资是 40 000/80 000＝0.5；如果加上额外保险支出，行政助理相比于程序员的相对工资上升到 0.52(＝44 000/84 000)。等产量线和等成本线的理论告诉我们，企业会减少高定价的行政助理来谋求成本最小化。

　　看上去不可思议？经济学家弗兰克·斯科特（Frank Scott）、马克·伯格（Mark Berger）和丹·布莱克（Dan Black）分析了健康保障成本和低收入工人之间的关系，发现提供更多健康保障计划的行业显著地降低了员工的收入，包括记账员、打卡员、前台、秘书、打字员、看门人、餐饮服务人员。此外，附加福利高的行业（相较于附加福利低的行业）倾向于雇用更多的兼职人员，因为政府没有规定企业为兼职人员提供保险和其他额外支出，也不用支付罚金。

　　最后要指出的是，企业选择支付罚金，而不是遵循雇主支付令计划，也可能带来对高相对收入员工（行政助理）的替代，因为交纳罚金会使行政助理的相对收入提高。

　　资料来源：https://www.irs.gov/Affordable-Care-Act/Employers/Questions-and-Answers-on-Employer-Shared-Responsibility-Provisions-Under-the-Affordable-Care-Act，accessed October 2015；Frank Scott，Mark Berger，and Dan Black，"Effects of Fringe Benefits on Labor Market Segmentation," *Industrial and Labor Relations Review* 42 (January 1989)，pp. 216 - 19.

5.3　成本函数

　　给定投入要素价格，不同的等产量线意味着需要支付不同的生产成本，每条等产量线代表的产量不同，等成本线与较高的等产量线相切意味着更高的生产成本（即使这是成本最小化的投入组合）。随着等产量线达到更高水平，生产成本也随之增加，因此令 $C(Q)$ 表示厂商的生产成本——以成本最小化方式生产时的成本。函数 C 称为成本函数。

　　成本函数非常有用，它为利润最大化下的产出决策提供了必要信息。成本函数提炼了生产过程信息，从而大大减少了管理者在制定最优产量决策时的信息处理量。

5.3.1　短期成本

　　在短期即特定的时期内，一些投入要素的数量固定不变。短期内管理者可以改变可变投入的使用量，但不能改变固定投入量。而固定投入和可变投入都有成本，因此短期内生产的**总成本**（total cost）由两部分构成：（1）固定投入的成本；（2）可变投入的成本。在短期总成本中分别称为固定成本和变动成本。**固定成本**（fixed costs）记为 FC，指不随产量变化而变化的成本。**变动成本**（variable costs）记为 $VC(Q)$，指随产量变化而变化的成本。

固定成本和变动成本之和为厂商的短期成本函数。存在固定投入要素时，**短期成本函数**（short-run cost function）就是当可变要素以成本最小化方式使用时，各种产量水平对应的最小可能成本。

表 5-4 列出了表 5-1 生产技术下的生产成本。前三列是短期生产函数，其内容是 2 单位固定投入（资本）和不同可变投入（劳动）可以实现的最大产量。假设每单位资本花费 1 000 美元，每单位劳动花费 400 美元，据此可以计算固定成本和变动成本，即表 5-4 的第 4 列和第 5 列。无论产量多少，资本的成本都是 1 000×2＝2 000 美元。因此，第 4 列的各项都是 2 000 美元，这说明固定成本不随产量变化而变化。

表 5-4　成本函数

(1)	(2)	(3)	(4)	(5)	(6)
K 固定投入 （给定）	L 可变投入 （给定）	Q 产量 （给定）	FC 固定成本（美元） [1 000×(1)]	VC 变动成本（美元） [400×(2)]	TC 总成本（美元） [(4)+(5)]
2	0	0	2 000	0	2 000
2	1	76	2 000	400	2 400
2	2	248	2 000	800	2 800
2	3	492	2 000	1 200	3 200
2	4	784	2 000	1 600	3 600
2	5	1 100	2 000	2 000	4 000
2	6	1 416	2 000	2 400	4 400
2	7	1 708	2 000	2 800	4 800
2	8	1 952	2 000	3 200	5 200
2	9	2 124	2 000	3 600	5 600
2	10	2 200	2 000	4 000	6 000

要提高产量就必须增加可变投入。例如，产量为 1 100 单位时需要 5 单位劳动，产量为 1 708 单位时需要 7 单位劳动。因为劳动是唯一的可变投入，所以产量为 1 100 单位时的变动成本就是 5 单位劳动的成本，即 400×5＝2 000 美元。同样，产量为 1 708 单位时的变动成本为 400×7＝2 800 美元。表 5-4 最后一列的总成本是特定产量水平下固定成本（第 4 列）和变动成本（第 5 列）之和。

图 5-11 用图形描述了总成本（TC）、变动成本（VC）和固定成本（FC）之间的关系。固定成本不随产量变化而变化，它是常数（即使产量为零也必须支付）。产量为零时的变动成本为零，但当产量大于零时，变动成本随产量增加而增加。总成本是固定成本和变动成本之和，因此图 5-11 中曲线 TC 与 VC 之间的距离就是固定成本。

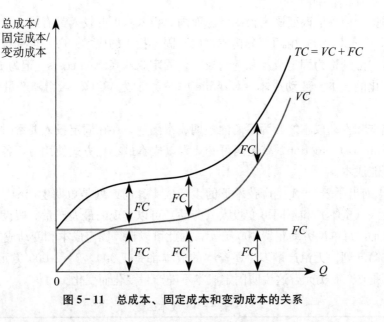

图 5 - 11　总成本、固定成本和变动成本的关系

5.3.2　平均成本和边际成本

关于成本存在许多错误观念，比如人们普遍认为大公司因产量大而成本比小公司低，其实这个认识是错误的。资源稀缺性的一个基本内涵就是生产越多，支出越大。我们在考虑大批量生产的优点时，最先想到的往往是将企业的日常开支分摊到多个产品中去，这种想法与平均固定成本这一经济学概念有关。**平均固定成本**（average fixed cost，AFC）由固定成本除以总产量得到：

$$AFC = \frac{FC}{Q}$$

固定成本不随产量变化而变化，因此产量的增加可以使固定成本被进一步分摊，导致平均固定成本随着产量增加而不断降低。如表 5 - 5 中的第 5 列所示，平均固定成本随着总产量的增加呈现逐步下降的趋势。

表 5 - 5　平均成本的计算

(1)	(2)	(3)	(4)	(5)	(6)	(7)
Q 产量 （给定）	*FC* 固定成本 （美元） （给定）	*VC* 变动成本 （美元） （给定）	*TC* 总成本 （美元） ［(2)+(3)］	*AFC* 平均固定成本 （美元） ［(2)/(1)］	*AVC* 平均变动成本 （美元） ［(3)/(1)］	*ATC* 平均总成本 （美元） ［(4)/(1)］
0	2 000	0	2 000	—	—	—
76	2 000	400	2 400	26.32	5.26	31.58
248	2 000	800	2 800	8.06	3.23	11.29
492	2 000	1 200	3 200	4.07	2.44	6.50
784	2 000	1 600	3 600	2.55	2.04	4.59
1 100	2 000	2 000	4 000	1.82	1.82	3.64
1 416	2 000	2 400	4 400	1.41	1.69	3.11

续表

(1) Q 产量 （给定）	(2) FC 固定成本 （美元） （给定）	(3) VC 变动成本 （美元） （给定）	(4) TC 总成本 （美元） [(2)+(3)]	(5) AFC 平均固定成本 （美元） [(2)/(1)]	(6) AVC 平均变动成本 （美元） [(3)/(1)]	(7) ATC 平均总成本 （美元） [(4)/(1)]
1 708	2 000	2 800	4 800	1.17	1.64	2.81
1 952	2 000	3 200	5 200	1.02	1.64	2.66
2 124	2 000	3 600	5 600	0.94	1.69	2.64
2 200	2 000	4 000	6 000	0.91	1.82	2.73

平均变动成本测度的是每单位产量的变动成本。**平均变动成本**（average variable cost，AVC）由变动成本除以产量得到：

$$AVC = \frac{VC(Q)}{Q}$$

表5-5的第6列显示了生产函数的平均变动成本。注意，随着产量增加，平均变动成本最初下降，在产量为1 708~1 952单位之间达到最小，随后开始上升。

平均总成本测度的是每单位产量的总成本。**平均总成本**（average total cost，ATC）等于总成本除以产量。

$$ATC = \frac{C(Q)}{Q}$$

表5-5的第7列显示了不同产量下的平均总成本。注意，当产量不超过2 124单位时，平均总成本呈下降趋势，超过2 124单位之后开始上升。此外，平均总成本是平均固定成本与平均变动成本之和（即表5-5中第5列与第6列的数值相加）。

边际成本（或增量成本）是最重要的成本概念。边际成本（MC）是多生产一单位产品所需增加的成本，也就是最后一单位产量带来的成本变化量：

$$MC = \frac{\Delta C}{\Delta Q}$$

为了更好地理解边际成本的概念，我们来看表5-6的第7列。边际成本的计算基于给定产量变化所引致的成本增加量，如产量从248增加到492（$\Delta Q=244$）时，成本从2 800美元增加到3 200美元（$\Delta C=400$美元）。因此，当产量增加到492单位时，边际成本为$\Delta C/\Delta Q=400/244=1.64$美元。

表5-6 边际成本的计算

(1) Q （给定）	(2) ΔQ [Δ(1)]	(3) VC （给定）	(4) ΔVC [Δ(3)]	(5) TC （给定）	(6) ΔTC [Δ(5)]	(7) MC [(6)/(2) 或(4)/(2)]
0	—	0		2 000	—	
76	76	400	400	2 400	400	400/76=5.26
248	172	800	400	2 800	400	400/172=2.33
492	244	1 200	400	3 200	400	400/244=1.64
784	292	1 600	400	3 600	400	400/292=1.37

续表

(1) Q （给定）	(2) ΔQ [Δ(1)]	(3) VC （给定）	(4) ΔVC [Δ(3)]	(5) TC （给定）	(6) ΔTC [Δ(5)]	(7) MC [(6)/(2) 或(4)/(2)]
1 100	316	2 000	400	4 000	400	400/316＝1.27
1 416	316	2 400	400	4 400	400	400/316＝1.27
1 708	292	2 800	400	4 800	400	400/292＝1.37
1 952	244	3 200	400	5 200	400	400/244＝1.64
2 124	172	3 600	400	5 600	400	400/172＝2.33
2 200	76	4 000	400	6 000	400	400/76＝5.26

只有一种可变投入时，边际成本也就是该投入要素的价格除以其边际产量。注意边际产量最初是增加的，达到最大值后开始下降。因此，边际产量上升时，边际成本下降；边际产量下降时，边际成本上升。

5.3.3 各种成本之间的关系

图 5-12 描述了当产量为连续变量（厂商可生产任何产量，不仅限于表 5-5 和表 5-6 所列的产量）时的平均总成本、平均变动成本、平均固定成本和边际成本。这些曲线的形状表明了表 5-5 和表 5-6 所列出的边际成本和平均成本之间的关系。务必注意的是，MC 曲线与 ATC 曲线和 AVC 曲线的最低点相交。这是因为当边际成本低于平均成本时，平均成本是下降的；当边际成本高于平均成本时，平均成本将上升。

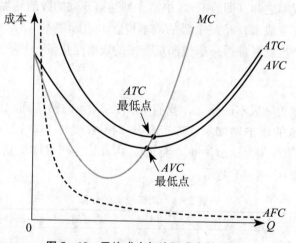

图 5-12 平均成本与边际成本的关系

举例来解释各种成本曲线之间的关系。以你在本课程中的成绩为例，如果你某次考试的成绩低于你的平均成绩，新成绩将拉低平均成绩；如果你某次考试的成绩高于你的平均成绩，新成绩会提高平均成绩。新成绩对总成绩具有边际贡献：当边际贡献高于平均成绩时，平均成绩会因之而提高；当边际贡献低于平均成绩时，平均成绩将下降。这与边际成本和平均成本的道理一样，也就是如图 5-12 中的曲线形状所示。

还要注意的是，在图 5 - 12 中，随着产量的增加，ATC 曲线和 AVC 曲线越来越接近。这是因为 ATC 与 AVC 之差为 AFC，而 AFC 随着产量增加不断降低。总成本由变动成本和固定成本组成：

$$C(Q) = VC(Q) + FC$$

等式两边同时除以产量（Q），可得

$$\frac{C(Q)}{Q} = \frac{VC(Q)}{Q} + \frac{FC}{Q}$$

因为 $C(Q)/Q = ATC$，$VC(Q)/Q = AVC$，$FC/Q = AFC$，所以

$$ATC = AVC + AFC$$

平均总成本与平均变动成本之差为 $ATC - AVC = AFC$。随着产量增加，平均固定成本不断降低，如图 5 - 12 所示，因此平均总成本与平均变动成本之间的差别不断减小。

5.3.4 固定成本和沉没成本

固定成本和沉没成本不同，固定成本是不随产量变化而变化的成本；而**沉没成本**（sunk cost）是一旦支付就永远损失的成本。假设你是一家煤炭公司的管理者，支付 10 000 美元租用了一辆轨道车（租期一个月）。这是公司的固定成本——不管该轨道车运 10 吨还是 10 000 吨煤炭，成本都是 10 000 美元。这 10 000 美元是否为沉没成本（或在多大程度上属沉没成本）则取决于租用方式。如果协议规定这 10 000 美元一旦支付概不退还，那么 10 000 美元是沉没成本。如果租用协议规定一旦退租将返还你 6 000 美元，那么 10 000 美元中只有 4 000 美元是沉没成本。沉没成本是固定成本中不能撤回的部分。

因为沉没成本一旦支付将无法撤回，所以制定决策时不应考虑。假设你支付了不可撤回的 10 000 美元租用轨道车一个月，但签约后发现并不需要它——因为煤炭需求量大幅降低了。一个农场主提出以 2 000 美元的价格转租轨道车。如果原租赁协议允许转租，你应该答应农场主的要求吗？

你可能认为应该拒绝，毕竟轨道车的租赁成本是 10 000 美元，以区区 2 000 美元转租岂不损失了 8 000 美元。这种想法是错误的！10 000 美元租金是不可撤回的沉没成本，已经损失且无法收回，唯一的出路就是想办法增加现金收入。转租这辆轨道车是最佳选择，这样可使总收入增加 2 000 美元，否则将一无所获。注意，尽管沉没成本与当前决策无关，但会影响总利润。如果不转租轨道车，将损失 10 000 美元；如果转租，将只损失 8 000 美元。

原 理	沉没成本与决策无关
	为使利润最大或损失最小，制定决策时不应该考虑沉没成本。

➡ 例题 5 - 4

ACME 煤炭公司以 5 000 美元向 Reading Railroad 公司租用了一辆轨道车。租赁协议约定：如果在签约两天内退还车辆，所付租金中的 1 000 美元可以返还。

1. 当 ACME 公司签订租赁协议并支付 5 000 美元租金时，产生的固定成本是多少？

这些成本是沉没成本吗？

2. 签订租赁协议一天后，ACME 公司意识到不需要这辆轨道车，一个农场主由于大丰收需要运送大批谷物，他向 ACME 公司提出以 4 500 美元的价格转租这辆轨道车，ACME 公司应该同意吗？

答：

1. ACME 公司的固定成本是 5 000 美元。在前两天其沉没成本是 4 000 美元（不能返还的那部分）。两天后，5 000 美元租金全部变为沉没成本。

2. ACME 公司应该将轨道车转租出去。如果答应农场主的提议，ACME 公司的总损失为 500 美元；如果不同意，则损失 4 000 美元（假设他在第二天退还轨道车）。

5.3.5 成本函数的代数形式

成本函数有多种形式，现实中经常遇到的是三次成本函数。假定**三次成本函数**（cubic cost function）为：

$$C(Q) = f + aQ + bQ^2 + cQ^3$$

式中，a，b，c 和 f 均为常数，f 为固定成本。

若已知三次成本函数的代数形式，则可以直接计算边际成本函数。

公式：三次成本函数的边际成本

给定三次成本函数如下：

$$C(Q) = f + aQ + bQ^2 + cQ^3$$

其边际成本函数为：

$$MC(Q) = a + 2bQ + 3cQ^2$$

微积分表达式

边际成本是成本函数对产出求导：

$$MC(Q) = \frac{dC}{dQ}$$

例如：三次成本函数对 Q 求导：

$$\frac{dC}{dQ} = a + 2bQ + 3cQ^2$$

这就是上述边际成本函数公式。

➡例题 5-5

Managerial Enterprises 公司的成本函数为 $C(Q) = 20 + 3Q^2$。计算当 $Q=10$ 时的边际成本、平均固定成本、平均变动成本、平均总成本。

答：

根据边际成本公式（本例中 $a=c=0$），$MC=6Q$，当 $Q=10$ 时边际成本是 60 美元。

为了计算各种平均成本，首先计算总成本。生产 10 单位产品的总成本是：

$$C(10)=20+3\times10^2=320(\text{美元})$$

固定成本不随产量变化而变化，因此始终为 20 美元。变动成本随产量变化而变化，因此 $VC(Q)=3Q^2$，即 $VC(10)=3\times10^2=300$ 美元。计算可得，产量为 10 单位时平均固定成本是 2 美元，平均变动成本是 30 美元，平均总成本是 32 美元。

5.3.6 长期成本

从长期来看，所有成本都是可变的，管理者可以任意调整各种投入要素的使用量。如图 5-13 所示，短期平均成本曲线 ATC_0 中存在一定的固定投入要素。在此情况下，产量为 Q_0 时的平均总成本是 $ATC_0(Q_0)$。短期内若厂商将产量增加到 Q_1，因为固定要素不能变，所以平均成本上升到 $ATC_0(Q_1)$。然而从长期来看，固定要素是可以改变的，如 ATC_1 表示按照最优方式调整固定投入要素后得到的平均成本曲线。假如厂商选择以平均成本曲线 ATC_1 生产 Q_1 单位产品，则平均成本为 $ATC_1(Q_1)$；如果以平均成本曲线 ATC_0 生产 Q_1 单位产品，则平均成本为 $ATC_0(Q_1)$。因为 $ATC_0(Q_1)$ 大于 $ATC_1(Q_1)$，所以调整固定投入要素实现了经营规模的优化，厂商可以节约生产成本，以较低的平均成本 $ATC_1(Q_1)$ 生产 Q_1 单位产品。注意，ATC_1 曲线本身也是一条短期平均成本曲线，但是建立在新的固定投入的基础上，新的固定投入水平使产量为 Q_1 时的成本最小化。如果厂商进一步增加产量至 Q_2，其平均成本短期内遵循曲线 ATC_1 达到 $ATC_1(Q_2)$，如果再次改变固定投入要素至 ATC_2，可以使产量 Q_2 的平均成本更低，即 $ATC_2(Q_2)$。

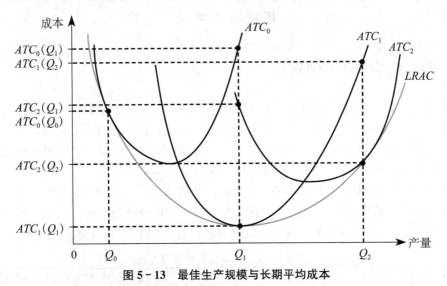

图 5-13 最佳生产规模与长期平均成本

如图 5-13 所示，**长期平均成本曲线**（long-run average cost curve，LRAC）描述了当可以对所有生产要素（包括固定要素和可变要素）进行优化选择时，生产不同产量产品的最低平均成本。长期平均成本曲线是所有短期平均成本曲线的下包络线。也就是说，长期平均成本曲线位于所有短期平均成本曲线的下方，短期平均成本曲线上只有最优利用固定投入要素的组合（短期平均成本最低点）与长期平均成本曲线相切。把图 5-13 中各条短期平均成本曲线视为不同固定规模的工厂的平均成本，每条短期平均成本曲线代表一个工厂规模，在长期经营中，管理者为了达到所需产量可以自由选择最佳规模，进而确定该产量下的长期平均成本。

5.3.7　规模经济

图 5-14（a）中的长期平均成本曲线呈 U 形，即最初随着产量的增加，长期平均成本不断降低，从 0 到 Q^* 的这种状态称为**规模经济**（economies of scale）。若存在规模经济，扩大生产规模可以降低平均成本。超过某点，如图 5-14（a）的 Q^*，再增加产量会导致平均成本上升，这就是**规模不经济**（diseconomies of scale）。有时，某行业中的一项技术可以使厂商在同一最低平均成本上的产量不同，如图 5-14（b）所示，称为**固定规模收益**（constant returns to scale）。

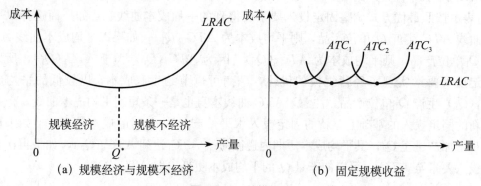

图 5-14　规模经济

5.3.8　数据驱动的成本函数

正如对生产函数的估计，回归分析法同样可以用来估计成本函数。一个三次成本函数可表示如下：$C(Q) = f + aQ + bQ^2 + cQ^3$，满足第 1 章所讨论的多元回归模型。为了得出一些有用的成本指标如边际成本、平均总成本等，管理者需要估计 f，a，b 和 c 的值。与生产函数估计类似，管理者可以通过搜集产量和成本的数据来估算。

在表 5-7 中，给出了一个三次成本函数的回归估计值以及统计显著性的数值。结果显示，常数 f 的估计值为 1 034，a 的估计值是 21.67，b 的估计值为 1.09，c 的估计值是 0.09。根据第 1 章的知识，这些系统的 t 统计量（绝对值）大，P 值小，则系数的估计值是显著的。

表 5-7　三次成本函数的回归估计

	系数	标准差	t 统计量	P 值	95%下限	95%上限
截距	1 034.419	47.578	21.742	8.6E-49	940.430	1 128.409
产量	21.670	8.921	2.429	0.016	4.047	39.293
产量的平方	1.093	0.532	2.055	0.042	0.043	2.144
产量的三次方	0.087	0.010	8.571	1.0E-14	0.067	0.107

利用上述数据所估计的成本函数，就可以计算边际成本和平均总成本。举个例子：管理者目前的产量为 $Q=20$，利用边际成本公式就可以计算再多生产一单位产品的成本。因为 $MC(Q)=a+2bQ+3cQ^2$，所以，当 $Q=20$ 时，边际成本 $MC(Q)=21.67+2\times1.09\times20+3\times0.09\times20^2=173.27$。还可以计算当 $Q=20$ 时的平均总成本。因为 $ATC(Q)=f/Q+a+bQ+cQ^2$，所以，当 $Q=20$ 时，平均总成本 $ATC(Q)=1\,034.42/20+21.67+1.09\times20+0.09\times20^2=131.19$。根据上述计算结果，管理者了解到生产第 21 单位的产品会提高平均总成本，因为 $MC(20)>ATC(20)$。

透视商业 5-4　　国际公司如何利用规模经济

存在规模经济性的产业中，产出水平高的企业能够以较低的平均成本组织生产，从而较竞争对手获得潜在竞争优势。最近，有两家国际公司实施这样的策略以增强竞争力。

日本松下等离子显示器有限公司（Matsushita Plasma Display Panel Company Ltd.）投资 8.35 亿美元，建造了世界上最大的等离子显示器生产厂。松下和东丽（Toray Industries）的合资厂 2005—2010 年每月生产 25 万块等离子显示器面板。实施该战略是为了满足全球日益增长的对等离子显示器面板的需求，公司试图在日益激烈的竞争中培育超越竞争对手的优势。

关于规模经济在商业决策中的重要性，印度汽车制造商马鲁蒂·乌德西葛有限公司（Maruti Udyog Ltd.）提供了有力证据。它在 2005 年左右实现净利润 271% 的增长，正是得益于规模经济，其销售量增长 30%，使得公司能够在更大产量上分担其庞大的固定成本。更重要的是，由于规模经济效应足够抵销钢材价格上涨带来的成本上升，该公司的平均成本在原料涨价的同时仍在下降。

资料来源："Matsushita Plans Big Expansion of PDP Manufacturing," *IDG News Service*，May 19，2004；"MUL Gains from Cost-Saving Measures," *Sify India*，May 18，2004.

5.3.9　提示：经济成本和会计成本

了解经济成本和会计成本的区别很重要。会计成本指经营活动中实际支出的货币成本，包括为劳动及资本直接支付的所有金额。会计成本体现在厂商的利润表中。

但这些成本不是生产中的唯一成本。厂商可以利用同一资源生产其他产品，但由于选择了生产某产品，就放弃了其他产品的生产机会（机会成本），因此生产活动不仅包括会计成本，而且包括因生产某产品而放弃的机会成本。

5.4　多产品成本函数

截至目前，生产过程的分析多集中于一种产品的生产。实际上厂商通常会生产多种产品，如丰田汽车公司同时生产小汽车、大卡车和 SUV（每种车又有很多型号），戴尔生产多种类型的计算机和打印机。对单一产品厂商的分析结果同样适用于生产多种产品的厂商，当然后者面临一些特殊问题，本节将予以讨论。

假设一个多产品厂商的成本函数为 $C(Q_1, Q_2)$，其中，Q_1 是产品 1 的产量，Q_2 是产品 2 的产量。**多产品成本函数**（multiproduct cost function）描述了所有投入要素均被有效利用的条件下，生产 Q_1 单位产品 1 和 Q_2 单位产品 2 的成本。

多产品成本函数的基本内涵与单一产品成本函数相同，不同的是，其生产成本取决于多种产品的产量。由此出现了两个经济概念：范围经济和成本互补。

5.4.1　范围经济

当两种产品联合生产的总成本低于分别生产的总成本时，存在**范围经济**（economics of scope），即

$$C(Q_1, 0) + C(0, Q_2) > C(Q_1, Q_2)$$

例如，在同一家餐厅制作特定数量的牛排和鸡肉饭，其成本低于开两家餐厅分别制作牛排和鸡肉饭。这是因为制作两种食物会用到许多共同的投入要素，如烤箱、冰箱、餐桌和房屋等。

5.4.2　成本互补

多产品成本函数中，当一种产品的产出增加而生产另一种产品的边际成本下降时，则存在**成本互补**（cost complementarity）。假设 $C(Q_1, Q_2)$ 是一个多产品成本函数，$MC_1(Q_1, Q_2)$ 为第一种产品的边际成本。如果

$$\frac{\Delta MC_1(Q_1, Q_2)}{\Delta Q_2} < 0$$

则存在成本互补。因为产品 2 的产量增加降低了产品 1 的边际成本。

成本互补的典型例子是炸油饼和炸油圈，厂商可以分别生产，也可以联合生产。如果联合生产，员工在炸油饼的同时可以附带炸油圈，比单独生产的成本低。

可以用多产品成本函数的代数形式解释范围经济和成本互补。假设多产品成本函数是二次函数：

公式：二次多产品成本函数

$$C(Q_1, Q_2) = f + aQ_1Q_2 + (Q_1)^2 + (Q_2)^2$$

注意，当 $a < 0$ 时，Q_2 增加导致产品 1 的边际成本下降。因此，$a < 0$ 的成本函数体现了成本互补。如果 $a > 0$，则不存在成本互补。

针对成本函数，求 MC_1：

$$MC_1(Q_1, Q_2) = aQ_2 + 2Q_1$$

针对成本函数，求 MC_2：

$$MC_2(Q_1, Q_2) = aQ_1 + 2Q_2$$

对于上述二次多产品成本函数，范围经济是否存在？

若存在范围经济，则需满足：

$$C(Q_1,0) + C(0,Q_2) > C(Q_1,Q_2)$$

或者移项：

$$C(Q_1,0) + C(0,Q_2) - C(Q_1,Q_2) > 0$$

这个条件可以写为：

$$f + (Q_1)^2 + f + (Q_2)^2 - [f + aQ_1Q_2 + (Q_1)^2 + (Q_2)^2] > 0$$

简化后为：

$$f - aQ_1Q_2 > 0$$

因此，当产量为 Q_1 和 Q_2 时，如果 $f > aQ_1Q_2$，则存在范围经济。

总结：二次多产品成本函数的性质

对于多产品成本函数 $C(Q_1,Q_2) = f + aQ_1Q_2 + (Q_1)^2 + (Q_2)^2$：

1. 当 $a < 0$ 时，存在成本互补。
2. 当 $f - aQ_1Q_2 > 0$ 时，存在范围经济。

➡️**例题 5-6** ～～～～～～～～～～～～～～～～～～～～～～～～～～～～～～～～～

假设厂商 A 生产两种产品，其成本函数如下：

$$C = 100 - 0.5Q_1Q_2 + (Q_1)^2 + (Q_2)^2$$

厂商 A 决定生产 5 单位的产品 1 和 4 单位的产品 2。

1. 是否存在成本互补？是否存在范围经济？
2. 厂商 A 正在考虑向厂商 B 出售生产产品 2 的分厂，这样它将只生产产品 1。如果产品 1 的产量还是 5 单位，厂商 A 的成本将发生怎样的变化？

答：

1. 在该成本函数中，$a = -1/2 < 0$，故存在成本互补。范围经济的存在条件是 $f - aQ_1Q_2 > 0$，由于 $a < 0$，因此上式成立。生产 5 单位的产品 1 和 4 单位的产品 2 存在范围经济。

2. 若厂商 A 将生产产品 2 的分厂出售给厂商 B，厂商 A 产品 2 的产量将从 4 单位变为 0；由于存在成本互补，这将增加产品 1 的边际成本。注意，厂商 A 生产 5 单位产品 1 的总成本将从

$$C(5,4) = 100 - 10 + 25 + 16 = 131$$

下降到

$$C(5,0) = 100 + 25 = 125$$

厂商 B 生产 4 单位产品 2 的成本是：

$$C(0,4) = 100 + 16 = 116$$

因此，若厂商 A 停止生产产品 2，成本仅下降 6 美元，而厂商 B 生产 4 单位产品 2，成本将增加 116 美元。两个厂商独立生产两种产品的成本之和，较厂商 A 联合生产的总成本高出 110 美元。

～～～

上例说明兼并或出售子公司时需考虑以下问题：第一，存在范围经济时，两家独立生

产不同产品的公司合并为一家可以降低成本。第二，出售一家无利可图的子公司，节约的成本有限。当然，存在范围经济时，在跨生产线的产品之间进行成本分配也很困难。

 开篇案例解读

开篇案例中提到的"赢得战斗"指波音和 IAM 的协议带来的短期影响，"赢得战争"则指协议的长期影响。分析师认为，该协议在短期内会使工会员工受益，但使公司保持了避免高昂工会投入的灵活性，这将增加波音公司的长期价值。

具体来说，波音的新工会合同提供了一些"短期"条款（如健康和养老福利、更高的工资，以及一些工会高级员工的工作安全保障），这增加了波音公司的成本，短期内有利于工会。然而从长期来看，高劳动成本必然促使波音公司想方设法实现对高劳动投入的替代，而且该协议给予了波音公司相应的灵活性。比如在协议中保留的分包条款，允许波音公司在成本较低的地区装配设备以取代从成本较高且高度工会化的美国西北部获得投入要素。分析师认为，协议中的长期灵活性有可能转化为成本的下降，由此给波音公司带来可抵销其短期成本的长期收益。

小　结

本章介绍了生产函数和成本函数，这些函数涵盖了将投入转化为产出的重要决策信息。对于使用多种投入要素的厂商，等成本线和等产量线为确定最佳投入组合提供了简便方法。

成本函数被分解为平均总成本、平均固定成本、平均变动成本和边际成本。这些概念是利润最大化的投入和产出决策的基础，相关决策内容将在后续章节中详细讨论。

给定产出水平，等产量线和等成本线为成本最小化的投入决策提供了信息。成本最小化的投入组合满足投入要素价格之比等于其边际产品价值之比。

规模经济、范围经济和成本互补将影响单一产品厂商和多产品厂商的产出组合。第 6 章将讨论投入要素的获取方式，如生产者为实现预期产品组合，如何利用现货交易、合同或纵向一体化来获得投入要素。

概念题和计算题

1. 某厂商产品的生产函数为：

$$Q = F(K, L) = K^{3/4} L^{1/4}$$

（1）当公司的资本固定为 81 单位并使用 16 单位的劳动时，计算劳动的平均产量 AP_L；如果劳动使用量为 256 单位，劳动的平均产量会如何变化？

（2）当资本固定为 81 单位时，计算劳动的边际产量 MP_L；计算当劳动投入分别为 16 单位和 81 单位时劳动的边际产量，说明劳动的边际产量对劳动的投入量的依赖性。

（3）假设资本固定为 81 单位，若公司产品售价为每单位 200 美元，人工成本为每单位 50 美元，为实现利润最大化，公司应该雇用多少工人？

2. 某厂商的产品在竞争性市场上的价格为每单位 4 美元，该厂商投入资本（每小时 25 美元）和劳动（已签订 20 小时的劳务合同且工资率为每小时 30 美元）。完成下表，并用这些信息来回答下列问题。

K	L	Q	MP_K	AP_K	AP_L	VMP_K
0	20	0				
1	20	50				
2	20	150				
3	20	300				
4	20	400				
5	20	450				
6	20	475				
7	20	475				
8	20	450				
9	20	400				
10	20	300				
11	20	150				

（1）指出固定投入要素和变动投入要素。

（2）该厂商的固定成本是多少？

（3）产量为 475 单位时，变动成本是多少？

（4）为实现利润最大化，变动投入要素应为多少单位？

（5）厂商的最大利润是多少？

（6）变动投入要素的使用量在何范围内存在边际报酬递增？

（7）变动投入要素的使用量在何范围内存在边际报酬递减？

（8）投入要素的使用量在何范围内存在负边际报酬？

3. 边际报酬递减规律与边际技术替代率递减规律有何区别？请解释。

4. 一位经济学家对某单一产品厂商的成本函数估计如下：

$$C(Q) = 90 + 35Q + 25Q^2 + 10Q^3$$

基于这一信息，请计算：

（1）产量为 10 单位的固定成本。

（2）产量为 10 单位的变动成本。

（3）产量为 10 单位的总成本。

（4）产量为 10 单位的平均固定成本。

（5）产量为 10 单位的平均变动成本。

（6）产量为 10 单位的平均总成本。

（7）当 $Q=10$ 时的边际成本。

5. 一位管理者在完全竞争市场上雇用劳动并投入资本，工资率为每小时 9 美元，资本成本为每小时 10 美元。劳动的边际产量是每小时 50 单位产品，资本的边际产量是每小时 60 单位产品，该厂商的劳动和资本组合是不是成本最小的？如果不是，该厂商的资本使用量应该增加还是减少？

6. 下表列出了某厂商产量为 0 时的固定成本以及在各产量下的平均总成本（单位：美元）。计算未完成的部分：各产量下的固定成本、变动成本、总成本、平均固定成本、平均变动成本及边际成本。

Q	FC	VC	TC	AFC	AVC	ATC	MC
0	15 000					—	
100						300	
200						200	
300						175	
400						225	
500						325	
600						400	

7. 某多产品厂商的成本函数估计如下：

$$C(Q_1, Q_2) = 90 - 0.5Q_1Q_2 + 0.4Q_1^2 + 0.3Q_2^2$$

(1) 当厂商生产 10 单位的产品 1 和 10 单位的产品 2 时，是否存在范围经济？

(2) 产品 1 和产品 2 是否存在成本互补？

(3) 假设产品 2 难以单独出售，另一家公司愿意购买产品 2 的专有权。如果出售产品 2 的专有权，对产品 1 的成本有何影响？

8. 请解释固定成本、沉没成本及变动成本之间的区别，并举例说明这些成本之间的差异。

9. 某厂商的生产函数如下：

$$Q = F(K, L) = \min\{4K, 4L\}$$

(1) 当 $K=2$，$L=3$ 时，产量是多少？

(2) 如果工资率为每小时 60 美元，资本成本为每小时 40 美元，生产 8 单位产出的成本最小化的投入组合是什么？

(3) 如果工资率下降到每小时 40 美元，但资本成本仍为每小时 40 美元，问题（2）的答案会发生什么变化？

10. 某厂商的生产函数如下：

$$Q = F(K, L) = 4K + 8L$$

(1) 当 $K=2$，$L=3$ 时，产量是多少？

(2) 如果工资率为每小时 60 美元，资本成本为每小时 20 美元，生产 32 单位产出的成本最小化的投入组合是什么？

(3) 如果工资率下降到每小时 20 美元，但资本成本仍为每小时 20 美元，问题（2）的答案会发生什么变化？

问答题和应用题

11. 为了阻止汽车制造商从本地区流失，底特律市议会致力于通过一项法令——减免汽车制造商的投资税。这将降低汽车制造商使用高科技设备进行生产的成本。投票表决当晚，地方工会官员声明反对该法令。试分析工会官员反对该法令的可能原因。（提示：考虑该法令对汽车制造商的资本与劳动比率的影响。）如果你是汽车制造商的代表，你将怎样反驳这些工会官员？

12. 你被一家输送带制造商聘为滚轴部门经理，尽管前任经理有良好的销售业绩。滚轴生产非常简单，仅需劳动和卷曲滚轴的机器设备。你研究公司的生产信息后发现，工人的工资为每小时 9 美元，雇用的工人每小时生产 110 个滚轴，租用设备的租金为每小时 14 美元，资本的边际产量为每小时 120 个滚轴。你认为前任经理应该怎样做才能保住工作？

13. 你是 Herman Miller 公司的管理者，该公司生产办公家具。你最近请一名经济学家与公司的工程师和业务专家一起估计了办公椅生产线的生产函数，如下：

$$Q=2K^{1/2}L^{1/2}$$

式中，K 为资本设备；L 为劳动。公司自己拥有的 5 单位设备已经支付了 11 000 美元。鉴于当前的经济条件，公司无须增加设备。如果支付给员工的工资为每人 80 美元，办公椅的售价为每把 500 美元，要实现利润最大化，公司的产量应是多少？劳动使用量是多少？最大化利润是多少？

14. 最近，波音商用飞机集团（BCAG）的订单超过 15 000 架飞机，已经交付了 13 000 多架飞机。为了维持产量，波音公司投入了资本和 90 000 多名员工。假设欧洲的空中客车公司也有类似的生产技术并生产相近数量的飞机，但是欧洲的人工成本（包括附加福利）比美国高。你认为空中客车公司的员工和波音公司的员工有相同的边际产出吗？请详细解释。

15. 假设你是 Glass 公司的一位管理者，该公司主要生产镜子和窗户。最近进行的一项单面密封窗的研究得出以下数据，这些数据基于工厂现有的 8 单位资本投入。员工的单位成本是 60 美元，资本的单位成本是 20 美元，密封窗出售单价为 12 美元。给定这些信息，优化你的劳动投入和产量决策，你认为会盈利还是亏损？请详细解释。

劳动	0	1	2	3	4	5
产量	0	10	30	60	80	90
劳动	6	7	8	9	10	11
产量	95	95	90	80	60	30

16. 一家位于加利福尼亚的耐克（Nike）女士用品店，专营女士的跑步、训练和运动服饰，店内还有健身房并开设健身私教课。该店每年都有超过 500 000 美元的利润。这家商店位于城市中心的黄金地段，每月支付 15 000 美元的租金。一个房地产经纪人告诉店主，她如果出租目前健身房这个区域的话，可以使公司的利润每月增加 8 000 美元。增加 8 000 美元利润的前景是诱人的，店主也认为健身房区域的利用对店铺利润的贡献是很大的。继续在店内运营健身房的机会成本是多少？

17. 某老板所经营的餐馆多年来生意红火，获利颇丰，最近她获得了酒类经营许可证，这样她的餐馆就可以合法销售啤酒、葡萄酒及烈性酒。因为本州一共只有 300 个许可证，所以获得许可证的成本高达 90 000 美元。此酒类经营许可证可以转让，也可以退回，但得到的返还金额只有 75 000 美元。在销售酒精饮品一年后，老板发现其顾客不断流失，原来生意兴隆的餐馆变成了乌烟瘴气的酒吧并且开始亏损。后来她花 8 000 美元在本州各报纸和餐饮杂志上刊登广告并以 80 000 美元的价格出售该酒类经营许可证。经过很长时间后，有人愿意出价 77 000 美元购买。你有什么建议给这位老板？她是否应该接受对方 77 000 美元的报价？

18. 2000 年和 2001 年加利福尼亚发生能源危机后，全美许多发电设备公司都在重新评估各自市场上未来的用电需求和发电设备的市场容量。佛罗里达发电设备集团的一位管理者负责确定两个发电设备工厂的最佳规模。下图说明了与不同规模相关的短期平均总成本曲线。需求预测表明，6 百万千瓦小时必须在南佛罗里达的工厂生产，2 百万千瓦小时必须在潘汉德尔的工厂生产。请为这两个工厂确定最佳规模（S，M 或 L）；如果工厂处于最佳规模，确定是否存在规模经济、规模不经济或固定规模收益。

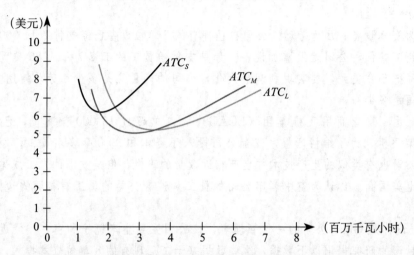

19. A-1 公司为飞机制造商提供用于飞机表面的预成型的金属板。制造这些金属板需要 5 台金属板成型机，每台金属极成型机成本 500 美元，还需要一定人工。可以根据需要在劳动力市场上雇用工人，每人 9 000 美元。因为制造工艺简单，预制板市场竞争激烈，所以 A-1 公司每块板的市场价格为 80 美元。根据下表数据确定为了实现利润最大化，A-1 公司需要雇用多少工人？

金属板成型机	工人	生产的金属板数量
5	0	0
5	1	600
5	2	1 000
5	3	1 290
5	4	1 480
5	5	1 600
5	6	1 680

20. 据《华尔街日报》报道，三菱汽车（Mitsubishi Motors）近日宣布重大重组计划，试图扭转全球销量下滑的局面。作为重组计划的一部分，三菱对在生产过程中如何使用劳动和资本进行了分析。重组之前，三菱的边际技术替代率是 0.12（绝对值）。假设三菱从竞争性市场雇用员工的成本为每小时 1 800 日元。根据资本市场的调研，假设公司的资本可以从竞争性市场获得，按新的目标产量计算，三菱资本的边际生产率为每小时 0.8 辆小汽车。研究同时显示，三菱的小汽车平均售价为 1 200 000 日元。请确定三菱在新的目标产量下的资本成本及劳动的边际生产率。为了实现成本最小化，三菱应该在边际技术替代率达到多少时停止增加资本和劳动？

21. 现代重型工业股份有限公司（Hyundai Heavy Industries Co.）是韩国最大的工业企业之一。根据美国《商业周刊》的一篇文章，该公司不仅是全球最大的造船厂之一，而且生产施工设备、船用发动机等其他工业产品，还在全球建设发电厂和炼油厂。尽管它是韩国的大型工业企业，但有些业务并不赚钱。如发电厂和炼油厂去年损失了 1.05 亿美元，占销售额的 19%。公司最近聘请了一位新的 CEO，负责让不盈利的业务重新盈利。《商业周刊》的文章称，以利润为导向的 CEO 给业务主管下了最后通牒："在一年内，分离亏损的业务并实现利润——不然就辞职。"假设你是船用发动机事业部的负责人，在过去 10 年中有 7 年一直亏损。面对竞争激烈的船舶制造业，你的客户是现代集团内部的盈利颇丰的造船厂。这是因为造船在很大程度上依赖发动机技术。假设你在给 CEO 的年终报告中指出，尽管你的部门降低了 10% 的成本，但它仍然不盈利。如何向 CEO 解释船用发动机事业部不应该被关闭？要禁得起 CEO 的责问，你应该如何支撑自己的论点？

22. 由于飓风，某企业家暂停每月 5 000 美元的工作一个月（没有薪酬），去经营一个出售饮用水的售货亭。在经营售货亭的这个月，该企业家向政府支付 2 500 美元的租金并以每加仑 1.34 美元的价格从当地批发商那里购买饮用水。写出她在售货亭出售饮用水的运营成本函数，以及边际成本、平均变动成本、平均固定成本、平均总成本的函数。如果消费者愿意支付每加仑 2.25 美元来购买饮用水，为了获得利润，她需要卖出多少单位的饮用水？请详细解释。

23. 你是一家大型私有在线零售商的管理者，该零售商目前在仓库雇用了 17 名非熟练员工和 6 名半熟练员工负责仓储和运输。你的公司支付最低工资给非熟练员工而支付每小时 12.75 美元给半熟练员工。由于政府立法，最低工资将从 2021 年 7 月 24 日起由每小时 10.25 美元增加到每小时 10.75 美元。讨论这项立法对公司业务的影响，特别是对你的最佳投入组合和长期投资决策的影响。

选读材料

Anderson, Evan E., and Chen, Yu Min, "Implicit Prices and Economies of Scale of Secondary Memory: The Case of Disk Drives." *Managerial and Decision Economics* 12(3), June 1991, pp. 241–48.

Carlsson, Bo; Audretsch, David B.; and Acs, Zoltan J., "Flexible Technology and Plant Size: U.S. Manufacturing and Metalworking Industries." *International Journal of Industrial Organization* 12(3), 1994, pp. 359–72.

Eaton, C., "The Geometry of Supply, Demand, and Competitive Market Structure with Economies of Scope." *American Economic Review* 81, September 1991, pp. 901–11.

Ferrier, Gary D., and Lovell, C. A. Knox, "Measuring Cost Efficiency in Banking: Econometric and Linear Programming Evidence." *Journal of Econometrics* 46(12), October–November 1990, pp. 229–45.

Gold, B., "Changing Perspectives on Size, Scale, and Returns: An Interpretive Survey." *Journal of Economic Literature* 19(1), March 1981, pp. 5–33.

Gropper, Daniel M., "An Empirical Investigation of Changes in Scale Economies for the Commercial Banking Firm, 1979–1986." *Journal of Money, Credit, and Banking* 23(4), November 1991, pp. 718–27.

Kohn, Robert E., and Levin, Stanford L., "Complementarity and Anticomplementarity with the Same Pair of Inputs." *Journal of Economic Education* 25(1), Winter 1994, pp. 67–73.

Mills, D., "Capacity Expansion and the Size of Plants." *RAND Journal of Economics* 21, Winter 1990, pp. 555–66.

附录 产量和成本的计算

利润最大化的投入量

用微积分说明利润最大化的投入水平：该投入的边际产品价值等于其价格。令 P 表示产量为 Q 时的价格，Q 依据生产函数 $F(K, L)$ 生产。厂商的利润如下：

$$\pi = PQ - wL - rK$$

式中，PQ 是厂商的总收益；w 和 r 分别为劳动成本和资本成本。由于 $Q=F(K, L)$，管理者的目标是确定 K 和 L 以使下式最大化

$$\pi = PF(K,L) - wL - rK$$

使该函数取得最大值的一阶条件是令一阶偏导数等于 0：

$$\frac{\partial \pi}{\partial K} = P\,\frac{\partial F(K,L)}{\partial K} - r = 0$$

$$\frac{\partial \pi}{\partial L} = P\,\frac{\partial F(K,L)}{\partial L} - w = 0$$

但是，由于

$$\partial F(K,L)/\partial L = MP_L$$

$$\partial F(K,L)/\partial K = MP_K$$

要使利润最大化，$P \times MP_L = w$，$P \times MP_K = r$，即最优决策点满足每一种投入品的使用量使边际产品价值等于其价格。

等产量线的斜率

在此用微积分说明等产量线的斜率是（负的）两种投入品的边际产量之比。

用 $Q = F(K,L)$ 表示生产函数。对这个关系式求全积分，有

$$dQ = \frac{\partial F(K,L)}{\partial K}dK + \frac{\partial F(K,L)}{\partial L}\,dL$$

既然沿着等产量线产量不变，那么 $dQ = 0$，因此

$$0 = \frac{\partial F(K,L)}{\partial K}dK + \frac{\partial F(K,L)}{\partial L}\,dL$$

求解 dK/dL：

$$\frac{dK}{dL} = -\frac{\partial F(K,L)/\partial L}{\partial F(K,L)/\partial K}$$

因为

$$\partial F(K,L)/\partial L = MP_L$$

$$\partial F(K,L)/\partial K = MP_K$$

所以等产量线的斜率为：

$$\frac{dK}{dL} = -\frac{MP_L}{MP_K}$$

最佳的投入品组合

在此用微积分说明成本最小化时，管理者选择的投入组合应该使等成本线的斜率等于边际技术替代率。

选择 K 和 L 使 $wL + rk$ 最小化，并满足条件 $F(K,L) = Q$。

构造拉格朗日函数：

$$H = wL + rK + \mu\,[Q - F(K,L)]$$

式中，μ 是拉格朗日乘子。最小化的二阶条件如下：

$$\frac{\partial H}{\partial L} = w - \mu\,\frac{\partial F(K,L)}{\partial L} = 0 \tag{5A-1}$$

$$\frac{\partial H}{\partial K} = r - \mu\,\frac{\partial F(K,L)}{\partial K} = 0 \tag{5A-2}$$

$$\frac{\partial H}{\partial \mu} = Q - F(K,L) = 0$$

求式（5A-1）和式（5A-2）之比，得

$$\frac{w}{r} = \frac{\partial F(K,L)/\partial L}{\partial F(K,L)/\partial K}$$

即

$$\frac{w}{r} = \frac{MP_L}{MP_K} = MRTS$$

平均成本和边际成本之间的关系

最后用微积分说明第5章图形所示的平均成本和边际成本之间的关系。如果 $C(Q)$ 为成本函数（以下分析适用于变动成本和总成本，在此不对二者作区分），平均成本为 $AC(Q) = C(Q)/Q$。产量变化导致的平均成本变化就是平均成本对产量的导数。将 $AC(Q)$ 对 Q 求导，利用商数求导法则得

$$\frac{dAC(Q)}{dQ} = \frac{Q(dC/dQ) - C(Q)}{Q^2} = \frac{1}{Q}[MC(Q) - AC(Q)]$$

因为 $dC(Q)/dQ = MC(Q)$，所以，当 $MC(Q) < AC(Q)$ 时，产量增加导致平均成本下降。当 $MC(Q) > AC(Q)$ 时，产量增加导致平均成本上升。当 $MC(Q) = AC(Q)$ 时，平均成本最小。

第6章 企业组织

➡ **学习目标**

学完本章，你将能够：

1. 描述如何利用现货交易、合同或者纵向一体化实现投入要素的公平交易。
2. 描述四类专用性投资并解释由此引发的高议价、投资不足及"敲竹杠"问题。
3. 分析不同类型投入要素的最优采购方式。
4. 描述所有者与管理者之间的委托-代理问题。
5. 讨论所有者规制管理者的三种力量。
6. 描述管理者与员工之间的委托-代理问题。
7. 讨论帮助管理者解决激励难题的四种工具。

开篇案例 ▏▏▏▏▏▏▏▏▏▏ **AT&T 最终收购了时代华纳**

一着险棋，AT&T 狂掷 850 亿美元收购了时代华纳（Time Warner）。这步棋暴露了 AT&T 纵向一体化的意图——尝试并入优质内容。并购时代华纳扩大了 AT&T 的业务版图，时代华纳拥有 HBO、TNT、CNN 以及华纳兄弟。产业专家认为，并购使 AT&T 有条件搜集观影者的使用数据，从而打开了参与数字广告竞争的大门。AT&T 还宣称，此次并购会带来经济有效性，不仅使公司受益，而且会降低消费端的定价。

如果你是 AT&T 的决策制定者，你是否会同意纵向一体化？

资料来源："AT&T Completes Acquisition of Time Warner, Inc.," AT&T News Release, June 15, 2018; "AT&T and Time Warner Merger Case: What You Need to Know," *Investopedia*, December 7, 2018.

6.1 导 言

第5章阐释了管理者如何通过投入组合决策实现生产成本最小化。但是有两个重要问题没有解决：第一，获得有效投入组合的最佳方式是什么？第二，所有者如何确保员工竭尽全力发挥才能？本章将讨论这些问题。

图6-1说明了解决这两个问题的重要性。成本函数描述任意产出水平下的最低成本。点 A 的成本超出了给定产量下所能实现的最低成本。在点 A 处生产10单位产品的总成本是100美元，大于80美元（生产10单位产品的最低成本）。这说明有更好的投入组合，但如果企业无法实现该组合，或者员工没有竭尽全力，企业的成本就会高于最低可能成本。

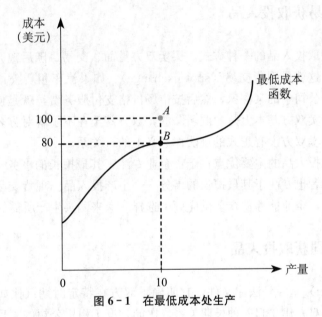

图6-1 在最低成本处生产

本章将提供一些管理技巧，帮助企业的运行遵循成本函数（如图6-1中点 B）而非偏离成本函数（如图6-1中点 A）。首先讨论获取投入要素的三种方法：现货交易、合同以及纵向一体化。为了实现生产成本最小化，企业不仅要有效率地利用所有投入要素（如第5章的 $MRTS_{KL}=w/r$ 法则），而且要保证获取投入要素的成本最低。哪种方法是获取投入要素的最优方法呢？是现货交易、与供应商签订合同，还是在企业内部生产投入要素（纵向一体化）？下一节内容将为管理者提供思路。

本章的后半部分研究企业如何确保劳动投入（包括管理者和员工）尽最大努力工作。这是一个极其重要且值得深思的问题，因为员工、管理者和所有者之间存在利益冲突。比如，管理者希望利用公司资源购置豪华办公家具或喷气式飞机，所有者则希望将资源再投入以增加利润（追求利润是所有者的天性），而员工却希望将一天中大部分时间用来休闲而非工作。如果雇员和雇主之间存在利益冲突，就会出现委托-代理问题。如何设计针对管理者和员工的薪酬方案来促使他们尽最大努力工作呢？本章将加以解释。

➡ 6.2　获取投入品的最佳方式

　　管理者可以选择不同方式来获取生产最终产品所需的投入要素。比如，一家汽车租赁公司为了生产产品（即提供租赁汽车）就必须投入一种要素——汽车服务，包括机器调整、更换机油、润滑系统保养等。管理者有三种选择：（1）把汽车送到一家汽车服务公司，根据该公司的服务情况支付市场价格；（2）与一家汽车服务公司签订合同，需要服务时按照合同约定的价格付费；（3）在公司内部成立一个汽车服务部门。上述三种方式有不同的成本函数，管理者需要选择成本最低的方式。在确定最佳方式之前，首先要了解上述三种方式。

6.2.1　现货交易获取投入品

　　现货交易是获取投入品的一种方式。买卖双方见面、交易、随后离开，双方之间无任何关系或者合同，这就是**现货交易**（spot exchange）。如果汽车租赁公司的管理者把汽车送到众多汽车服务公司中的某一家，然后按市场价格支付服务费，就是使用了现货交易方式。现货交易的买卖双方基本上是"匿名"的，双方甚至在不了解对方名称的情况下就进行了交易，而且买卖双方没有正式的（法律意义上的）关系。

　　现货交易获取投入品的主要优点在于：企业专注于其最擅长的事务——将投入转化为产出；投入品生产者也专注于其最擅长的事务——生产投入品。现货交易通常用于"标准化"投入品的交易，企业能够从众多供应商中选择一家来购买生产所需的投入品。

6.2.2　通过合同获取投入品

　　合同（contract）是一份法律文件，它明确了双方在特定时期（比如 3 年）内进行交易的条款，使交易双方建立起一种长期关系。比如，汽车租赁公司的管理者可以选择与某汽车服务公司签订一份合同明确双方的交易关系，合同内容涉及服务范围、服务价格、服务时间等。只有事先了解汽车服务的情况，当事双方才能在书面合同中约定所有重要事项。当然，如果合同条款列示的服务内容太多，或者有条约之外的事件发生，合同就是不完善的。比如一辆汽车需要新的变速器，但合同中没有约定该服务的价格，此时合同就是不完善的。所需服务的价格不在合同中，可能导致双方产生争议。

　　通过合同获取投入品，采购企业能更好地聚焦于自己所擅长的业务并实现更高回报。如果合同签订过程简单且投入品的特征能够在合同中精确描述，那么通过合同获取投入品的方式就非常有效。合同方式的最大缺点是成本太高：不仅要花费大量时间来起草能明确双方责权利的合同文本，而且经常需要支付法律费用。此外，合同很难涵盖未来所有可能的未知事项。复杂环境中合同的不完备性不可避免。

6.2.3 自行生产投入品

管理者也可以选择自行生产投入品。比如，汽车租赁公司谢绝外部汽车服务，建立新的服务部门，用自己的人员来维护车队，由此完全避开市场，自行完成汽车服务工作。这种避开其他供应商，选择在公司内部生产投入品的方式就是**纵向一体化**（vertical integration）。

纵向一体化可能有损企业的专业化分工优势，因为企业不仅要从事最终产品的生产，而且要负责投入品的生产，由此造成组织规模扩大及相应的官僚成本。换个角度来看，企业因为能够自行生产投入品，所以降低了对投入品供应商的依赖。

➡️ 例题 6-1

确定以下交易选择的是现货交易、合同还是纵向一体化方式。

1. Clone 1 PC 遵照约定，将在未来 3 年内每年从 AMI 购买 300 块计算机芯片。第一年价格为每块芯片 200 美元，第二年和第三年的价格随当年批发价格指数的上升而等比例上升。

2. Clone 2 PC 从一家在计算机杂志封面做广告的公司处购买了 300 块芯片。

3. Clone 3 PC 为自己的计算机生产主板和芯片。

答:

1. Clone 1 PC 采用合同方式获取计算机芯片。

2. Clone 2 PC 采用现货交易方式获取芯片。

3. Clone 3 PC 采用纵向一体化方式获得芯片和主板。

6.3 交易成本

企业获得一种投入品的成本可能会超过实际支付给供应商的部分，这一超出成本为**交易成本**（transaction costs）。交易成本在选择最优投入获取方式时具有重要作用。

获取投入品的交易成本涉及确定投入品供应商、价格谈判以及投入品使用过程中的费用等。具体包括：

1. 搜寻既定投入品供应商的成本。

2. 谈判投入品价格的成本，比如所投入时间的机会成本、法律费用等。

3. 推动交易进行的相关投资或支出等。

有些交易成本显而易见。假如某投入品供应商为其商品定价 10 美元，但要求买方自己找车或人负责运输，那么交易成本就包括卡车成本以及运输所产生的人力成本。因此，投入品的获取成本除了每单位 10 美元的价格，还包括为了得到该投入品所发生的交易费用。

有些交易成本则不明显。为了理解"隐藏"的交易成本，必须区分哪些是常规成本，哪些是与特定交易有关的成本。区分的关键是专用性投资。**专用性投资**（specialized investment）是指针对某项特定交易进行的投资，这些投资对其他交易毫无价值。比如为了鉴定螺钉的质量，需要花 100 美元购置一台机器来测定螺钉强度。若该机器只能测定某特定生产商的螺钉，则该机器的投资就是沉没成本（它是无法收回的），属专用性投资。若该机器可以原价转售或用于测试其他厂商的螺钉质量，该投资就不是专用性投资。

当需要专用性投资来推动交易时，双方的关系就称为**关系专用性交易**（relationship-specific exchange）。关系专用性交易的典型特征是将交易双方"捆绑在一起"，因为双方为开展交易而进行了专用性投资。专用性投资的沉没成本特性通常会造成交易成本。

6.3.1 专用性投资的类型

在研究专用性投资如何影响交易费用之前，先了解一下专用性投资的不同形式。以下是不同类型的专用性投资的例子。

地点专用性

地点专用性指买卖双方为了开展交易必须将工厂选址在临近地点。比如发电厂为了节约运煤成本通常建在煤矿附近——因为电的输出成本低于煤的运输成本。建造两个位置临近的工厂的成本就是一项专用性投资，如果双方不进行交易，这些投资就没有价值。

实物资产专用性

实物资产专用性指生产某种投入品的机器设备不能生产其他投入品。比如生产割草机的发动机需要一台专门机器——该机器只能生产割草机的发动机，那么这台机器就是专用性实物资产。

专用性资产

专用性资产是企业为了同某特定客户进行交易而作出的一般性投资。比如计算机制造商投资了一条新型组装线，目的是保证向一家大型政府采购商供应足够的计算机。假如这条新的组装线只能用于政府采购的计算机的供应，这项投资就是专用性资产。

专用性人力资本

专用性人力资本是第四种类型的专用性投资。在一些雇佣关系中，员工为了在某公司工作必须学习一些专项技能。这些技能对其他雇主来说无价值或者不能迁移，这些技能的学习就是一种专用性投资。

6.3.2 专用性投资的含义

理解了专用性投资和关系专用性交易之后，接下来分析专用性投资如何影响获取投入品时的交易成本。专用性投资之所以提高了交易成本，是因为它们会引发多种问题，包括：（1）高议价成本；（2）投资不足；（3）机会主义和"敲竹杠"。

高议价成本

在交易成本低、投入品质量相同且有多家供应商的情况下，投入品价格由市场供求力量决定，不需要专用性投资来促进交易，也无须花费太多时间进行价格谈判。但如果为了某种投入品进行专用性投资，情况就不同了。

专用性投资意味着能够参与交易的供应商数量不多，其他供应商无能力提供该类投入品；买方为获取投入品在交易之前通常也要进行专用性投资。结果是，此类投入品通常不存在"市场价格"，双方当事人需要对投入品价格进行谈判。谈判的费用很高，双方为谋取有利的价格通常需要聘请谈判代表。为了获取有利的谈判地位，双方也会采取一些策略。例如，买方可能以拒绝交易迫使卖方降价，甚至向卖方下达最后通牒；卖方则可能降低产品质量，由此造成买方需借助律师或诉讼来申诉。当双方就投入品价格谈判时，所有上述因素都将带来交易成本。

投资不足

当需要借助专用性投资推动交易行为时，专用性投资水平往往低于最优投资水平。以专用性人力资本投资为例，员工为了在某公司工作，必须先花时间去学习专项技能。假如他认为自己在这家公司工作的时间不会太长（可能会被解雇或者找到其他工作），他将不会投入太多精力去学习该技能。再如，如果你打算在学期末转学到另一所大学，你就不愿花太多精力去了解现有大学的图书馆设施。因为了解该图书馆是对当前大学的人力资本投资，这对另一所大学没有任何价值（两所大学的图书馆设施完全不同）。

类似情形也发生于其他类型的专用性投资。假如某供应商必须购买一台专用机器来生产一个特定客户所需的投入品（实物资产专用性），该供应商可能会选购便宜的机器（便宜的机器生产的投入品质量相对较差）。因为供应商知道如果买方从其他供应商处采购投入品，这台机器就毫无用处了；供应商若投资了昂贵的机器，就可能被买方"套牢"。所以专用性投资水平往往低于最优投资水平，结果带来了低质量的产品和更高的交易成本。

机会主义和"敲竹杠"

如果要获取投入品必须进行专用性投资，买卖双方就有条件利用专用性投资的"沉没"特性进行机会主义投机。假设买方为获取某投入品必须进行 10 美元的专用性投资，比如检验某种投入品质量花费的成本。买方发现有多家公司愿以 100 美元的价格出售该投入品，他随机选择了一家供应商并且花 10 美元检验了产品质量。10 美元检验成本一旦支付，就可能引发供应商的机会主义行为，这家供应商可能向买方"敲竹杠"，将投入品价格提高到 109 美元，这比其他供应商的价格高出 9 美元，因为既然买方已经花了 10 美元检验费用，那他支付 109 美元比购买其他生产商的投入品并花费额外的 10 美元检验成本要少，因为检验并购买其他供应商投入品的成本是 10＋100＝110 美元。"敲竹杠"是指，一旦企业进行了专用性投资，交易方可能凭借专用性投资的沉没特性对其进行"敲诈"。这使得企业不愿意进行关系专用性投资，除非双方能够通过合同等方式减少"敲竹杠"的机会。

在现实经济活动中，交易双方很多时候需要进行专用性投资，这可能诱发双方的机会主义投机。比如一个汽车制造商需要购买一种特定的发动机机轴（该机轴是为特定汽车厂商设计的），它需要机轴供应商投资一台专门机器才能生产，如果机轴供应商不把机轴卖给汽车制造商，汽车制造商对发动机的投资将无效。同理，如果汽车制造商不购买此机轴，供应商在机轴上的投资也将无效。双方的投资行为将它们锁定在关系专用性交易上，同时也给双方的投机行为提供了可能。一旦供应商投资机轴生产设备，汽车制造商就可能利用该设备的沉没投资索要低价；而一旦汽车制造商必须使用该机轴才能完成汽车的生产，机轴供应商也可能利用汽车制造商的沉没投资索要高价。这将导致双方在机轴的价格谈判上花费大量时间和精力，大大增加交易成本。

透视商业 6-1　　　　　**使用低效采购法的成本**

斯科特·马斯滕（Scott Masten）、詹姆斯·米汉（James Meehan）和爱德华·斯奈德（Edward Snyder）开展了一项有趣的研究，不仅量化了获取投入要素的交易成本，而且指出使用不恰当的方法来获取投入要素的成本很高。

根据一家舰艇建造公司的采购决策研究，在船舶建造过程中，交易成本约占船舶总成本的14%。由此可见，交易成本是成本的重要组成部分，管理者在做决策时必须认真考虑交易成本。

在决定采用何种方式获取投入要素时，哪些交易成本没有被认真考虑？研究者认为，整合失误——内部生产本应该从外部采购的投入品——使得交易成本平均增加了70%。公司内部的分包行为曾被认为是富有效率的，实际上导致交易成本提高了近300%。因此，只有选择最佳的投入要素获取方式，才能够大幅节约潜在成本。

估算投入品获取方式的成本，不仅可以应用于船舶建造，而且可以应用于几乎所有产业。后续研究已经分析了很多产业的投入品采购的成本，包括从巴西的咖啡产业到德国的高端酒店业。

资料来源：Gustavo Magalhaes de Oliveira and Decio Zylbersztajn, "Make or Buy: The Case of Harvesting Mechanization in Coffee Crop in Brazil," *International Food and Agribusiness Management Review* 21 (2018), pp. 895-914; Matteo Pedrini and Chiara de Bernardi, "To Affiliate, or Not To Affiliate. Transaction Costs and Governance Choices in Luxury Hotels in Germany," *Tourism and Hospitality Research*, May 2019; Scott Masten, James Meehan, and Edward Snyder, "The Costs of Organization," *Journal of Law, Economics and Organization* 7 (Spring 1991), pp. 1-25.

➡ 6.4　最优采购方式

管理者如何才能以最小的成本获得投入品？投入品的成本最小化获取方式取决于关系专用性交易程度。

6.4.1　现货交易

企业获取投入品的最直接方式就是现货交易。如果投入品市场不存在交易成本且有众多买方和卖方，那么，投入品的价格（P^*）将由该投入品的需求曲线和供给曲线的交点决定。管理者为每单位投入品支付价格 P^*，就可以很方便地随机选择投入品供应商。任何一个供应商企图提高价格（高于 P^*），管理者就拒绝交易，然后按照价格 P^* 从其他供应商处购买投入品。

管理者为什么愿意签合同或者采取纵向一体化方式自行生产投入品呢？原因就在于专用性投资。当存在专用性投资时，若采取现货交易方式，将无法规避买方的机会主义行为，交易双方最终需要花费大量时间进行价格谈判并承担谈判破裂的成本。买方每次采购投入品时都会遇到此类问题，而且所购投入品可能质量低劣，这是专用性投资不足造成的。

➡例题 6-2

Jiffyburger 是一家快餐店，每周大约卖出 8 000 个汉堡包。为了满足需求，Jiffyburger 每周需采购 2 000 磅牛肉糜，并要求供应商在每周日早上 8 点前送达餐馆。

（1）假如你是 Jiffyburger 快餐店的管理者，如果采用现货交易方式购买牛肉糜，可能会面临什么问题？

（2）假如你是某牛肉糜公司的管理者，如果用现货交易方式向 Jiffyburger 出售牛肉糜，可能会面临什么问题？

答：

（1）若制作汉堡包的牛肉糜是一种相对标准化的产品，向一家特定餐馆供给 1 吨牛肉糜，对 Jiffyburger 和供应商来说都会发生部分专用性投资（以专项资产形式存在）。Jiffyburger 要求供应商在早上 8 点前送货，如果供应商索要好处费（否则就不卸货），那么 Jiffyburger 就面临"敲竹杠"问题，因为在短时间内 Jiffyburger 很难找到满足要求的供应商。此外，供应商还可能供应品质差的牛肉糜。因此，Jiffyburger 在采购如此大量的牛肉糜时若使用现货交易方式，就可能遇到机会主义行为、高议价成本甚至质量方面的投资不足等问题。

（2）若供应商在早上 8 点前将 1 吨牛肉糜送达 Jiffyburger，供应商就在销售牛肉糜给 Jiffyburger 时发生了一项专用性投资。同样，供应商也面临潜在的"敲竹杠"问题。假设 Jiffyburger 采取机会主义行为，邀请了 10 家供应商带着牛肉糜在早上 8 点前到达 Jiffyburger。因为每个供应商都宁愿以较低价格出售牛肉糜而不愿意让牛肉糜变质，Jiffyburger 就能够与供应商讨价还价并且以较低价格采购大量牛肉糜。所以，如果采取现货交易方式，机会主义动机使得每个供应商都面临低价出售或者根本卖不出去的风险。

当投入品采购需要专用性投资时，现货交易方式可能因机会主义、高议价成本和投资不足而产生较高的交易成本。也就是说，若投入品采购需要大量的专用性投资，管理者就要考虑选择现货交易之外的其他采购方式。

6.4.2 合同

为了避免"敲竹杠"以及每次采购时的议价，替代策略之一就是通过签订合同从特定供应商处采购投入品。尽管签订合同往往需要预先支付谈判费用和律师费，但这样做有很多优点：第一，签订合同可以使双方在进行专用性投资之前就明确投入品的价格，这样可以减少机会主义行为。如果例题 6-2 中的管理者在专用性投资前就签订了书面合同，在合同中明确规定商品价格和数量，就可以避免事后被"敲竹杠"，因为双方都有法律义务去遵循合同。第二，合同规定双方在较长时期内遵循协议价格，从而激励双方进行专用性投资。比如一名员工如果与公司签订 3 年雇佣合同，那么他将有动力针对公司需求进行专用性人力资本投资，公司也会愿意为这名员工提供更多的培训机会（因为员工会在公司工作 3 年，对其进行培训是有利的）。

➡例题 6-3 ─────────────────────────────────

在现实经济活动中，所有采购都会涉及专用性投资。比如开车去一家超市，消费者投入了时间和汽油，只有在超市购买商品时，上述投入才有价值。但为什么消费者没有与超市签订合同以避免超市可能采取的机会主义行为呢？

答：

这是因为，如果遇到超市"敲竹杠"，消费者开车去其他超市的成本很低，超市"敲竹杠"的空间很小，比如对一罐大豆多加几分钱，仅此而已。因为专用性投资成本很低，被"敲竹杠"的潜在成本相对于签订合同避免机会主义行为的成本来说太小，而签订一份合同需要支付 200 美元律师费，所以签订合同没有意义。当机会主义行为只能带来少量收益时，超市对消费者"敲竹杠"也没有兴趣。如果超市真要对消费者"敲竹杠"，消费者可能以告知其他消费者不要来这家超市相威胁，从消费者手中多收几分钱与失掉潜在顾客相比得不偿失。在这种交易中，交易双方之间存在与上述行为类似的默契协议，它是通过消费者的未来行动来强制实施的协议而非法律协议。总而言之，只有当机会主义行为能够带来足够大的收益时，才有必要通过签订正式合同来规避机会主义。

─────────────────────────────────

如果管理者决定在采购投入品时采用合同方式，那么合同期限应该定多长呢？最优合同期限的确定需要综合权衡合同期内的边际成本和边际收益。合同期限越长，合同期内的边际成本（MC）就越大。如图 6-2 所示，合同期限越长，偶然事件的发生概率越高，签订合同就需要花费越多的时间和金钱。

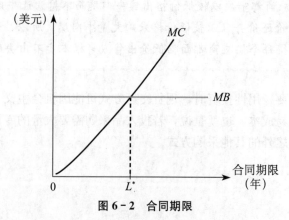

图 6-2　合同期限

对于近期即将执行的合同，交易双方很容易制定一个双方都能接受的价格，但对一份为期10年的合同，详细描述所有事件和每年的价格条款将变得非常困难。合同期限越长，导致买方被束缚于一个固定卖方的时间越长，选择其他供应商的灵活性也越小（而在此期间内，其他供应商越有可能以更低成本提供该投入品）。由于这些原因，图6-2中合同期内的边际成本是向上倾斜的。

对于交易者来说，续签一年合同的边际收益（MB）应该等于避免机会主义行为和议价的机会成本。理论上讲，这些收益会随着合同期限的变化而变化，但为了简单起见，本书用一条直线来描述（见图6-2）。因此，合同最优期限 L^* 应该位于边际收益与边际成本的交点。

一般来说，当双方的专用性投资增加时，合同最优期限也将随之延长。这是因为，随着专用性投资日益重要，合同期满后双方将面临更高的交易成本。签订更长期限的合同就能避免这些成本，所以专用性投资越大，签订更长期限合同的边际收益越高，如图6-3中从 MB^0 移动到 MB^1，结果是合同最优期限从 L_0 延长到 L_1。

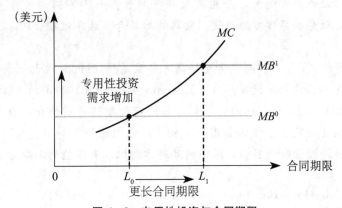

图6-3　专用性投资与合同期限

合同最优期限还受边际成本的影响。当投入品更加标准化且未来经济环境比较确定时，图6-4中签订长期合同的边际成本将从 MC^0 降至 MC^1。也就是说，签订合同时的环境复杂性降低，延长了合同最优期限（L_0 到 L_1）。相反，当投入品的生产过程更加复杂且未来经济环境更加不确定时，合同必须更加详细。合同签订时的环境复杂性提高，增加了签订长期合同的边际成本，如图6-4中从 MC^0 升至 MC^2，结果是最优合同期限将变短。

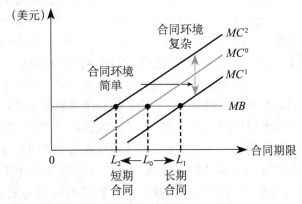

图6-4　合同环境与合同期限

　　合同环境的复杂性会影响合同期限。因为当现有合同到期时,企业要重新起草合同,这需要花费大量金钱来聘请律师并且就合同条款进行讨价还价。由于合同环境的复杂性,交易双方无法通过签订长期合同来规避该成本。在这种情况下,管理者可能会考虑选择其他方式来获得所需投入品:企业进行纵向一体化,自行生产所需的投入品。

透视商业 6 - 2　　　哪些因素影响了特许经营合同的有效期

　　想不想加盟麦当劳或星巴克开设一家店?想开特许加盟店的话,需要跟品牌方签订一份合同,在合同中详细规定双方的权责关系,包括加盟费、广告、销售定额等,还要商定合约的有效期。

　　实际上,任何特许经营都会产生专用性投资,涉及设备、市场推广、人员培训等,场外培训通常由品牌方提供。这里将讨论为何专用性投资会影响合同的有效期。在其他条件相同的情况下,专用性投资越大,合同有效期将越长。一种不同的被称为"天真的加盟者"的观点认为,强势的品牌方会迫使"天真的加盟者"选择短期合约,使他们更容易受控制。

　　数据会支持哪种观点?三位研究者詹姆斯·布里克利(James A. Brickley)、桑杰·米什拉(Sanjoy Misra)和劳伦斯·范霍恩(R. Lawrence Van Horn)利用约 2 000 份特许经营合同的数据来验证上述观点。他们的研究表明,合同有效期随着实物和人力资本的投资额增加而延长,这些投资决定了企业的专用性。相反,他们的研究并不支持"天真的加盟者"的观点。更多的特许经营合约显示,跟新的品牌方相比,有经验的品牌方更愿意签订长期合同。

　　资料来源:James A. Brickley, Sanjog Misra, and R. Lawrence Van Horn, "Contract Duration: Evidence from Franchising," *Journal of Law and Economics* 49 (April 2006), pp. 173 - 96.

6.4.3　纵向一体化

　　当机会主义行为、高议价成本或者投资不足等因素导致专用性投资带来的交易成本太高,同时所购产品极其复杂或经济环境不确定时,企业根本无法制定完备的合同,或者合同签订成本非常高。此时企业唯一的选择就是内部生产,这个决策称为纵向一体化,即企业的生产流程向上游延伸,新增设备进行投入品的生产。比如,许多汽车厂商自己生产所需的汽车挡板,实现了从汽车装配到生产部分零部件的纵向一体化。

　　纵向一体化的优势在于,企业可以"跳过中间商"自行生产投入品,将原来的专业化厂商整合为综合性公司,从而减少机会主义行为。从经济学意义上讲,该策略通过消除市场降低了交易成本,虽然可以带来一定好处,但也存在缺陷。管理者要用内部管理机制取代市场机制,这是一项艰巨的任务。企业不仅要承担投入品生产线的建设成本,而且由于投入品与企业主营业务的运营特征不同,无法专注于其最擅长的业务。由于存在这些难题,纵向一体化往往被企业作为最后的选择——只有当现货交易或合同方式失败时才选用。

透视商业 6-3 **外包的地位与发展**

伴随着全球经济的深度融合，企业通过合同或现货交易从外部获取投入品的机会大大增加。在这些选择机会中，外包的增长更为快速。

企业利用外部供应商的历史可追溯至数十年前，当时外包并不被视为一种战略。直到1989年，带有独特属性的外包出现了。与一般的外部采购相比，外包意味着将原属企业内部的活动转移到外部，甚至全球的供应商。这样做的原因是期望外包企业能够用更低的成本生产投入品。

一种常见的外包就是信息技术（IT）外包。与企业内部自建IT运营部门相比，将IT外包给专业的服务提供商更为简单，在"云计算"的支持下易于操作。

外包决策以及一般性采购决策，都需要企业权衡经济利益。事实上，一些企业在外包上吃了亏。比如，重新评估得失后发现，外包通常需要额外的管理团队和持续的文本协议，这会大大影响成本。根据近期的估计，大约30%的企业将其外包的IT服务通过购买等方式转回了企业内部。

资料来源：Anna Frazzetto, "Outsourcing in the New Normal: Three Trends Reshaping the Global Industry," Forbes. com, March 21, 2018; Sherry Jackson, "Reversing Outsourcing Trend, Many U. S. Companies Bring IT Back Home," *Upstate Business Journal*, 2014; Rich Mullin, "Managing the Outsourced Enterprise," *Journal of Business Strategy*, 17 (1996), pp. 28-36.

6.4.4　经济权衡

如上所述，获取投入品的最经济方式与投入品的特征有关。究竟选择现货交易方式、合同方式还是纵向一体化方式，依赖于专用性投资以及关系专用性交易的程度。对一些基本问题的回答参见图6-5。

当企业所采购投入品不涉及专用性投资时，企业完全可以选择现货交易方式，而且不用担心机会主义行为和议价成本。通过向供应商采购投入品，企业能够专注于其最擅长的业务，不需要在签订合同或者纵向一体化上花费大量的资源。

如果投入品采购过程中涉及大量的专用性投资，管理者就需要认真考虑一下是否继续使用现货交易方式。专用性投资会导致机会主义行为、高议价成本及投资不足，大大提高现货交易的成本。当合同环境简单或者签订合同的成本较低（低于现货采购的交易成本）时，企业最好选用合同采购方式。合同最优期限由签订合同的边际成本和边际收益曲线的交点决定，如图6-2所示。

最后，当需要大量的专用性投资且投入品属性复杂，在合同中很难描述清楚时，或者将未来事件的所有可能条款都列入合同的成本非常高时，纵向一体化的成本相比之下就不算太高了，管理者应该考虑选择纵向一体化。尽管纵向一体化使企业不再专注于其最擅长的业务，但它毕竟消除了机会主义行为、高议价成本和投资不足，部分地弥补了专业化的损失。

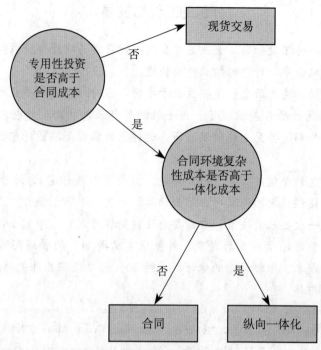

图 6 - 5　投入品的最佳获取方式

➡例题 6 - 4

Big Bird 航空公司与 ERUS 发动机公司签订了购买合同，承诺在未来两年内以每台 20 万美元的价格向 ERUS 采购 50 台喷气式发动机。因为已经签订了合同，Big Bird 自认为可以避免机会主义行为，于是着手设计适用于 ERUS 发动机的飞机机体。但是由于航空工业的不确定性，ERUS 在合同签订的第二年就处于破产边缘，于是它向 Big Bird 提出，除非 Big Bird 将发动机价格提高到每台 30 万美元，否则它将选择破产。

1. Big Bird 航空公司的管理者应该怎么办？

2. 如何避免上述问题？

3. Big Bird 航空公司选择合同方式购买投入品是否错误？

答：

1. Big Bird 被"敲竹杠"是因为签订了一份不完善的合同：合同中未列明当 ERUS 破产时该怎么办。ERUS 威胁说，如果 Big Bird 不支付 30 万美元的价格，它将选择破产，这意味着 Big Bird 在飞机机体上的投资将面临损失。首先，管理者应该去查证 ERUS 是否真的处于破产边缘。如果不是，Big Bird 可以将 ERUS 告上法庭（因为其不履行合同价格）。如果 ERUS 真的处于破产边缘，管理者应该了解从其他供应商处采购发动机的成本，以及自行生产发动机的成本。掌握了每种选择的成本之后，管理者就可以与 ERUS 讨价还价并确定应该多付多少钱。当然这样做也有风险，谈判价格越低，ERUS 破产的可能性越大。因此，在合同中必须增加新条款以保护 Big Bird 免受 ERUS 破产的影响。管理者还要提防 ERUS 为节约成本而降低发动机质量。不论如何，签订新合同的费用以及向 ERUS 支付的货款都不应该超过向其他供应商采购的成本。

2. 上述问题说明，当合同不完善时，未预期事件会导致较高的议价成本和机会主义行为。如果当初 Big Bird 将这些条款写入合同就能避免上述问题，从而在 ERUS 破产时保护自己的利益。如果未预期事件不可避免，Big Bird 可以通过纵向一体化自行生产发动机。

3. Big Bird 的管理者所选择的采购方式不一定是错误的。当初签订合同时，增加一些条款就可以保护 Big Bird 在 ERUS 破产时免受损失。如果增加条款不可能或者成本极高，而纵向一体化的成本远超过不完善合同引起的投机行为成本，那么管理者的选择仍是正确的。有时管理者即使作出了正确决策，仍可能发生一些糟糕事件。因此，对于 Big Bird 来说，应该考虑签订一份更完善的合同，或者自行生产发动机。

6.5 薪酬管理与委托-代理问题

了解如何选择最佳的投入品采购方式之后，接下来本书将分析如何激励员工竭尽全力地工作。学完本节内容，你将理解为什么餐馆通常用小费来补偿其服务员，为什么秘书的工资通常是按小时计算的，为什么教科书的作者会被支付版税。我们首先讨论薪酬管理。

大企业的特征之一是所有权和经营权分离：企业所有者（股东）通常远离企业，企业日常管理由管理者负责。所有者不会天天在企业中监督管理者工作，这就产生了一个基本的激励问题：假设所有者每年支付管理者 50 000 美元工资，由于所有者无法监督管理者的努力程度，如果一年后企业亏损 1 000 000 美元，这笔亏损应该归咎于管理者不努力，还是运气不佳？所有者无法判断低绩效是因为市场不景气还是管理者不努力，即使责任在于管理者——他天天钓鱼休假从来不去上班——管理者也可以辩解：利润低是因为今年市场很"糟糕"。"你们应该庆幸聘用了我，如果不是我一天工作 18 小时，公司的损失可能是现在的两倍。很幸运我将亏损维持在当前水平，我相信明年公司的情况将会改善。"总之，所有者并不了解利润低的真正原因。

通过成立企业，所有者可以享受低交易成本带来的利润。但是所有权与控制权分离会产生委托-代理问题：所有者不能亲自监督管理者工作，那么如何保证管理者为所有者的利益努力工作？

委托-代理问题的本质在于管理者既喜欢赚钱又喜欢享受休闲。如果管理者的全部时间用于工作，他将没有时间休闲。他的工作时间越少，用于休闲如钓鱼度假、打球运动的时间就越多。管理者的工作职责要求他每天应工作 8 小时。但所有者会质疑管理者在工作时间是否也在享受休闲（开小差）。管理者开小差的形式很多，比如咖啡时间、午饭时间很长，提前下班，更极端的情况就是根本不来上班。需要强调的是，虽然管理者喜欢开小差，但是所有者却希望他们努力工作以提高公司的利润。

如果所有者支付给管理者的是固定工资 50 000 美元，而所有者又不会亲临工作场所，那么管理者不论是工作 8 小时（没有开小差），还是待在家里（8 小时开小差），都将获得 50 000 美元的工资收入。如表 6-1 所示，从所有者角度来说，固定工资制是无法激励管理者努力工作的，如果管理者不能好好督促员工工作，将有损企业利润。表 6-1 中的数据显示，当管理者努力工作、认真监督员工工作（确保他们尽最大努力）时，其开小差时间为零，公司利润为 3 000 000 美元。如果管理者整天开小差，企业利润为零。如果管理者开小差 2 小时、工作 6 小时，公司利润为 2 800 000 美元。由于管理者收入固定为 50 000 美元，与其努力程度无关，这将激励管理者 8 小时开小差，虽然企业利润为零，但管理者仍将获得 50 000 美元收入。

表 6-1　固定工资下的企业利润与管理者收入

管理者工资 （美元）	管理者工作时间 （小时）	管理者开小差时间 （小时）	企业利润 （美元）
50 000	8	0	3 000 000
50 000	7	1	2 950 000
50 000	6	2	2 800 000
50 000	5	3	2 500 000
50 000	4	4	2 000 000
50 000	3	5	1 800 000
50 000	2	6	1 300 000
50 000	1	7	700 000
50 000	0	8	0

所有者如何激励管理者用更多时间来管理员工呢？支付给管理者更高的工资，他们就会更努力地工作吗？如果企业所有者无法掌握管理者的努力程度，上述结论不成立。对于管理者来说，固定工资制意味着开小差完全没有成本，许多管理者都希望不工作就能赚到钱，而固定工资合同恰恰允许管理者这样做。

假设企业所有者给管理者提供了如下激励合同：管理者将获得公司利润的 10% 作为工作报酬（见表 6-2）。注意，如果管理者开小差 8 小时，公司利润为零，其收入也为零。如果管理者努力工作（完全不开小差），公司利润为 3 000 000 美元，管理者获得 10% 的报酬，即 300 000 美元。

表 6-2　利润分享下的公司利润与管理者收入

管理者工作时间 （小时）	管理者开小差时间 （小时）	企业利润 （美元）	管理者分享的利润 （美元）
8	0	3 000 000	300 000
7	1	2 950 000	295 000
6	2	2 800 000	280 000
5	3	2 500 000	250 000
4	4	2 000 000	200 000
3	5	1 800 000	180 000
2	6	1 300 000	130 000
1	7	700 000	70 000
0	8	0	0

在利润共享方案中，管理者的行为依赖于其对休闲和金钱的权衡。可以确定的是，如果管理者想获得收入，就不能整天开小差。管理者面临的取舍是，如果在工作时间享受休闲，代价是报酬降低。比如，管理者仔细分析了表 6-2 所示的收入和休闲情况后，如果

希望得到 250 000 美元的报酬，那么他需要每天工作 5 小时而不能整天开小差。利润共享方案对所有者有何影响？假如管理者决定每天工作 5 小时以挣得 250 000 美元的年报酬，其每天 5 小时的工作努力为企业带来 2 500 000 美元的利润，所有者的利润从 0（固定工资方案）增加到 2 500 000 美元。注意，即使扣除管理者报酬，所有者最终也将获得 2 500 000－250 000＝2 250 000 美元的利润。总之，绩效奖金不仅增加了管理者的收入，而且增加了企业所有者的利润。

➡ 6.6 管理者的约束力量

6.6.1 激励合同

通常情况下，公司 CEO 会得到股权或者与利润直接挂钩的奖金激励。CEO 年薪超过 100 万美元是否太高了？这个问题可能会引起争议。但务必注意 CEO 是如何得到这 100 万美元的。如果 CEO 的收入大部分来源于绩效奖金，那么减少其报酬就是不恰当的。虽然媒体经常暗示支付给大公司 CEO 的巨额报酬是不恰当的，但必须认识到以绩效为基础的报酬对股东和 CEO 都有好处，减少 CEO 报酬将会减少公司利润。

➡例题 6-5

在每年一度的 PIC 公司股东大会上，一位年轻股东指出，PIC 管理者去年年薪为 100 000 美元，而竞争对手 CUP 公司的管理者只有 50 000 美元。于是，PIC 公司提议降低管理者薪酬。针对上述信息，你的观点是什么？

答：

上述信息不足以作出一个准确的决策，应该收集更多信息。如果没有更多信息，则应呼吁股东更多地了解两家公司的利润和销售额，了解两位管理者的收入中利润分享和绩效奖励的比重，向其他股东解释最优激励的原理是给予实现高利润的管理者以高额回报。如果 PIC 公司管理者的高收入源于高利润带来的巨额绩效奖金，削减其奖金就是不明智的。但如果 CUP 公司的管理者比 PIC 公司的管理者创造了更高的利润，那么可以调整管理者的激励合同——采取与竞争对手相似的激励措施，或者考虑雇用 CUP 公司的管理者来 PIC 公司工作。

6.6.2 外部激励

以上分析主要集中于企业内部因素，即通过内部激励促使管理者追求公司利润最大化。除此之外，来自企业外部的力量也能够激励管理者为实现企业利润最大化而努力工作。

声誉

管理者如果能够向其他企业展示其具备提高企业利润的能力，就有更多的工作流动机会。那些花更多时间监督员工并规划生产的管理者，将成为更有效的管理者。努力工作就是成为一名优秀管理者的声誉投资。从长期来看，声誉将提高管理者在经理人市场的溢价，因为企业都在为雇用到优秀管理者而竞争。即使雇佣合同中没有明确绩效奖金，管理者也可能努力经营企业，因为他希望在未来能为其他更好的企业工作。

收购

收购的威胁也是促使管理者实现企业利润最大化的外部压力。如果管理者在经营期间未能实现利润最大化，投资者将试图收购企业并选聘新的更优秀的管理者，以增加企业利润，进而增加企业股票的价值。因此，如果管理者不能很好地经营企业，企业就可能被收购，管理者可能被替代。为了避免这种情况，许多管理者即使只得到固定工资也会努力做好管理工作。

6.7　管理者与员工之间的委托-代理问题

当我们讨论所有者与管理者之间的委托-代理问题时，通常认为代理问题源于他们的目标不同。这种现象很普遍，管理者与员工之间也存在类似问题。

假如企业管理者的报酬是按照利润比例给付的，这将激励管理者增加企业利润。但是管理者分身乏术，他无法监督每名员工的工作。如果员工在工作时闲谈或者喝咖啡，管理者（委托人）如何使员工（代理人）努力工作而不开小差呢？

管理者与员工之间的委托-代理问题的解决方案

利润共享

利润共享（profit sharing）是管理者为促使员工努力工作而采取的激励制度，即将员工报酬与企业潜在盈利能力挂钩。通过提供给员工与获利能力挂钩的报酬，鼓励员工尽最大努力工作。

收益共享

收益共享（revenue sharing）也是一种促使员工努力工作的机制——将员工报酬同企业潜在收益相结合。这种激励方案包括小费和销售佣金等，比如饭店服务员的工资低但有小费收入。小费是服务对象支付给服务员的佣金。如果服务不好，小费就低；如果服务出色，小费就会高。同样，汽车销售人员和保险代理人通常会按其销售额的一定百分比计提报酬。这种报酬方案的机理是，管理者不可能（或者很难）去监督每名员工的努力程度，而且每个人最终的销售额是不确定的，通过使员工收入与其工作绩效挂钩，就可以激励员工努力工作。努力工作将使企业和员工都受益。

当员工的劳动效率和收益相关，但与成本无关时，收益共享方案是非常有效的。比如，饭店经理可以设计服务员可获部分小费的激励方案，因为小费和服务质量（生产率）一般来说是正相关的。销售公司的管理者可以按员工实现销售额的百分比计酬来激励员工努力销售。相反，零售店雇用安全员以防止失窃时，采用收益共享方案就会失效，因为安全员的劳动效率与成本相关（而与收益无关）。

收益共享方案无法激励员工实现成本最小化。比如饭店服务员可能给消费者提供过多的免费饮料、更大份额食物来获取更多小费，服务员的行为虽然增加了小费，却增加了饭店的成本。

计件工资

计件工资是按工作量而非固定小时工资计酬的方式。比如按页数付给打字员薪酬，打字员的收入将依赖于其产出量。为挣到更多收入，打字员需在给定时间内打出更多的页数。

计件工资的潜在问题是必须努力控制质量，否则员工可能会因追求数量而牺牲质量。相比之下，利润分享或收益分享方案的好处是，可以约束员工对低质量的追求，因为低质量会影响销量，进而减少收益共享或利润共享报酬。

➡ **例题6-6**

你的老板刚刚获得工商管理硕士（MBA）学位。他问：为什么厂商支付给秘书小时工资，而非计件工资或者按公司利润的百分比计提？你该如何回答这个问题？

答：

计件工资和利润共享等激励方法，通常用于解决努力程度不易被观察时的委托-代理问题。而秘书工作时，老板一般都在现场，因此老板对秘书的工作几乎不需要激励合同。秘书的工作很容易被监督，他们在老板的眼皮底下，老板有大量机会观察他们的工作质量。在这种情况下，委托人（老板）和代理人（秘书）并未真正分离，如果秘书表现很差，老板会解雇他们。这给了秘书一个很强的激励，促使他们努力工作。

如果对秘书实行计件工资制，那将非常糟糕，因为检查秘书一周内的工作表现或者打字内容的成本很高。计件工资将诱使秘书注重数量而非质量。综合考虑相关因素，小时工资制是秘书计酬的合理方法——前提是老板能监督他们的工作。

透视商业6-4 **激励问题**

研究者反复强调员工激励对公司绩效具有重要影响。比如爱德华·拉泽尔（Edward Lazear）结合卫星玻璃公司分析了员工激励的重要性，他的研究显示，当薪酬制度从计时工资转向计件工资时，员工的人均产出平均提高了50%，员工的薪酬在计件工资制下仅提高了10%。

再来看一些有关激励重要性的案例。研究者利用现场实验的方法，研究了英国一家水果农场的激励问题。他们对一线管理者采用绩效奖金制的激励方法，根据其管理团队的生产率（季节波动的中间值）来计量。尽管其团队成员采用的是计件工资，管理者绩效奖金制的引入，还是将整个团队的生产率提高了25%。

当员工责任能够被清晰界定，员工的产出能够被准确计量时，绩效工资制是最有效的激励方法。如果无法测量每个人的努力程度，或者无法在合同中明确界定员工的重要行为特征，绩效工资制就失去了作用。例如，如果一项工作需要团队协作完成，绩效工资制的作用也会打折扣。一些员工可能会偷懒，躺在那些辛苦工作的员工身上（这种行为在经济学上称为"搭便车"）。在英国水果农场的例子中，针对团队管理者的绩效奖金制可以弱化这种可能性，比如鼓励管理者更加策略性地分配工作和雇用更好的员工。最后要注意的是，如果合同是不完备的，强势合同会导致行为失调，比如员工可能更关心那些能够给他们带来回报的工作。

基于上述原因，像计件工资这种强势的激励法在不同岗位上应有所变化。一般来说，计件工资制适用于那些产出容易计量且质量相对不重要的岗位（比如农场的劳动岗）；当质量很重要或产出难以精确计量时，计件工资制不适用。

资料来源：Edward Lazear，"Compensation and Incentives in the Workforce，"*Journal of Economic Perspectives*，32（Summer 2018），pp. 195–214.

出勤记录和现场检查

许多企业利用出勤记录来监督员工工作。实际上出勤记录对解决委托-代理问题没太大作用。出勤记录只能记录员工何时到达、何时离开，只能确定员工在工作时间是否在工作现场，不能监督其是否努力工作。

更有效的监督员工的机制是管理者对工作场所突击检查。管理者可以不定期地进入工作现场监督员工。现场检查不仅能核实员工是不是在工作现场，还可以检查员工的努力程度和工作质量是否令人满意。

现场检查的优点是降低了监督员工的成本。现场检查时，管理者不需要在同一时间前往多个场所。员工不知道管理者何时在何地出现，只能选择努力工作，因为一旦被抓住开小差，就会被开除或者降薪。所以，为了保证现场检查的有效性，现场检查必须是随机行为，也就是说，员工无法预计管理者将在何时出现在哪个工作场所。

现场检查的缺点是，管理者出现的频率必须足够高（使员工不敢有侥幸心理），而且必须对开小差的员工给予相应的惩罚。现场检查是通过威胁来督促员工，而绩效奖金是通过奖励承诺来激励员工，这些做法对员工会产生心理上的不同影响。

开篇案例解读

由于 AT&T 通过并购内容渠道网络的方式进入了内容生产领域，从公司的角度来看，这次并购的效果将依赖于双方现有的以及接下来要进行的专用性投资。比如，AT&T 试图进入数字广告业务，它需要内容提供商在数据和分析方法上进行专用性投资以支持其广告业务；如果不进行纵向一体化，这种专用性投资将面临"套牢"的风险，AT&T 也面临更高的交易成本，这就是纵向并购带来的经济有效性。在得出这一论断之前，一定要核实规避套牢的好处和因专用性投资带来的其他交易成本（纵向一体化的成本）。

小　结

本章研究了投入品最佳采购方式的选择，以及与管理者报酬和员工激励相关的委托-代理问题的解决方法。管理者需要决定哪些投入品外购，哪些投入品自己生产。当买卖者数量众多且交易成本低时，现货交易是最佳选择。当大量专用性投资引发机会主义行为且带来较高的交易成本时，现货交易方式将不再有效。

若市场交易成本太高，管理者会选择合同方式，即通过合同从特定的供应商处购买投入品，或者干脆放弃市场采购，自己建立部门组织投入品的生产。合同方式在相对简单的合同环境中是有效的，但随着合同环境变得复杂和不确定，纵向一体化就成为有吸引力的策略。

委托-代理问题的解决方法是，报酬制度必须能够促使员工更加努力地工作。如果管理者只需考核员工是否到达工作现场，那么最好的激励方案就是小时工资制和出勤记录法。如果管理者需要增加产量而无须关注产品质量，那么最好选择计件工资制。如果要综合考虑产品的数量和质量，那么最好的激励方式就是利润分享。

概念题和计算题

1. 如果投入品的质量要求明确且能够被度量，但投入品的生产需要大量的专用性投资，那么，获得投入品的最佳方式是什么？这种方式的主要优缺点各是什么？举一个本书中未出现的例子。

2. 如果投入品是标准产品且在市场上有众多卖者，获得这种投入品的最佳方式是什么？这种方式的主要优缺点又是什么？举一个本书中未出现的例子。

3. 请分析以下交易采取的是现货交易、合同方式还是纵向一体化方式。

（1）Barnacle 公司履行法定义务，每周购买 2 吨的结构钢用来生产传输机框架。

（2）埃克森-美孚公司（ExxonMobil）使用本公司的石油来生产聚丙烯（一种塑料制品）。

（3）Boat Lifts R Us 公司从当地经销商处采购普通型号的 AC 发动机。

（4）Kaspar 建筑公司从当地的家得宝（Home Depot）门店购买 50 磅钉子。

4. 为什么汽车制造商通常会自行生产发动机，却从独立的供应商处购买汽车反光镜？请解释。

5. 请分析以下情形属于哪种专用性投资类型。

（1）雇了一名员工操作一台只有本公司才使用的机器。

（2）一家喷雾剂灌装公司为特定产品设计了一条灌装生产线。

（3）一家公司在其主要买家的街对面建了一个制造工厂。

6. 一名试图从收入和休闲中获得最大满足的管理者，将如何在工作和休闲中分配他每天的 10 小时？（1）假设他每年的固定薪酬为 110 000 美元。（2）假设他每年的薪酬是 110 000 美元固定收入＋公司利润 6% 的提成——相当于每年 145 000 美元，管理者选择工作 6 小时、休闲 4 小时。这名管理者更喜欢哪种工资方案？请解释。

7. 比较以下两种激励方式的优缺点：方式一，采用现场检查，或在工作场所安装摄像头；方式二，使用绩效工资制来影响员工的工作表现。

8. 请分析以下因素对选择投入品最佳获取方式的影响。

（1）专业化分工优势。

（2）官僚成本。

（3）交易双方的机会主义行为。

（4）专用性投资。

(5) 不确定性问题。

(6) 议价成本。

9. 假设签订合同的边际收益为 100 美元（与时效无关）。签订一份期限为 L 的合同的边际成本如下，请确定合同的最优期限。

(1) $MC(L) = 30 + 4L$。

(2) $MC(L) = 40 + 5L$。

(3) 当签订合同的边际成本下降时，合同最优期限会发生什么变化？

10. 假设签订合同的边际成本为 $MC(L) = 40 + 3L$。签订合同的边际收益如下，请确定合同的最优期限：

(1) $MB(L) = 130$。

(2) $MB(L) = 170$。

(3) 当签订合同的边际收益上升时，合同的最优期限会发生什么变化？

问答题和应用题

11. 21 世纪初，电脑的销售额出现 20 年来的首次下降。个人电脑制造商大幅削减对英特尔和其他电脑芯片厂商的订单。为什么戴尔等电脑制造商的电脑芯片采购合同的期限一般都比较短？

12. DonutVille 公司的产品广受退休人群欢迎，每周可以售出超过 10 000 个面包圈。为了生产这些面包圈，公司要使用 1 000 磅面粉，且须在每周五早晨 5:00 前送到公司。该公司的管理者应该通过哪种方式获得面粉？请解释。

13. 你公司的基金经理的报酬基于其业绩，去年他拿到了 120 万美元。现在公司计划把基金经理的报酬控制在 10 万美元，请列出反对该计划的理由。

14. 最近，一家大型办公服务公司的高端复印机部门与 CGI 集团（加拿大的一家信息技术公司）签订了为期 5 年、价值 2 500 万美元的 IT 服务合同。如果你是该部门的管理者，你与 CGI 集团签订这份长期合同的理由是什么？

15. 《华尔街日报》报道，从事网络设备制造的 Juniper 公司计划为超过 1 000 名员工的期权重新定价。Juniper 公司发表声明时恰好公司的股价下跌了 90%，这使得许多员工手中的期权变得一文不值。Juniper 公司的 CEO 是如何说服股东重新定价期权的？

16. 假设本田（Honda）与天合汽车集团（TRW）即将签订为期 15 年的安全气囊供应合同。合同条款包括天合汽车集团向本田提供 85% 用于新汽车的安全气囊。签订合同之前，本田管理者指出天合汽车集团的一个竞争对手已经推出了一种可降低安全气囊 30% 成本的新技术。这一信息将如何影响本田与天合汽车集团的最优合同期限？

17. EFI 是一家物资搬运公司，其销售人员的薪酬为基本工资加销售收入提成。为减少开销，EFI 已经从给每名销售人员配备一辆汽车，改为与业务相关的出行一英里补贴 0.35 美元。会计记录显示，平均每个销售人员每天与业务相关的驾驶距离为 100 英里，每年出行 240 天。你能想出另一种补贴 EFI 销售人员并可提高利润的方法吗？请解释。

18. Teletronics 公司去年以 10 万美元的利润创下纪录，今年有望再创新高。该公司处在一个竞争非常激烈的市场中，许多公司都试图通过合并获得竞争优势。目前，该公司的最高管理者的薪酬是固定工资，不包括任何绩效奖金。请解释为什么这个管理者仍有强烈的动机最大化企业的利润。

19. 法国液化空气集团（Air Liquide）与延安能源化工（集团）有限责任公司（Yan'an Energy and Chemical Co.）签订了一份长期合同。延安能源化工（集团）有限责任公司是中国陕西延长石油（集团）有限责任公司（Yanchang Petroleum Group）的子公司，中国陕西延长石油（集团）有限责任公司是中国最大的能源企业之一，主要开发与生产石油和天然气（如石油精炼）。新合同明确规定，法国液化空气公司要在两个空气分离业务部（ASUs）投资大约 8 亿欧元，这两个空气分离业务部要为延安能源化工（集团）有限责任公司的塑料生产提供天然气。法国空气液化公司是一家多国经营企业，为化学工业等多个产业提供工业用天然气。对延安能源化工（集团）有限责任公司和法国液化空气公司来说，为什么长期合同比现货交易或纵向一体化更受欢迎？

20. 据《波士顿环球报》（*Boston Globe*）报道，波士顿市计划花费 1 400 万美元将舰队中心运动场和娱乐中心改成民主党提名大会（DNC）的场所。在距召开 DNC 还有 48 天时，市政府与肖马特设计和建设公司（Shawmut Design and Construction）订立合同关系来完成这项工作。然而，波士顿市市长与警察工会之间的谈判破裂，波士顿巡警在舰队中心运动场周围拉起了警戒线，阻止施工人员工作。一辆运送钢材的卡车试图在一大群站在运动场门前的警察工会成员身后掉头，这些人大喊着"后退""尊重警戒线，伙计们"。奉命阻止此事件的执勤警察也没有干预。由于工程工期紧，施工延误成本约为每天 10 万美元。请分析这种情况下的委托-代理问题。波士顿市市长和波士顿市是否面临典型的"敲竹杠"问题或其他问题？请解释。

21. 业务流程外包（BPO）是从人力资源与管理培训机构聘请第三方来管理销售、营销、财务和会计等业务的外包形式。在 BPO 市场，企业间的竞争很激烈。总部设在美国的此类公司包括惠普企业服务集团（HP Enterprise Services）、施乐集团联盟计算机服务有限公司（ACS）、自动数据处理公司（ADP）。一些印度公司也提供全球 BPO 服务，如 Infosys、Wipro、Genpact。《商业周刊》的文章表明，BPO 可以为终端用户节省 15%～85% 的成本。国际外包服务提供商特别有吸引力，因为离岸劳动力提供了额外 25%～30% 的成本节约。此外，约 25% 的成本节约来自 BPO 公司的专利产品。其他 10%～30% 的成本节约来源于综合业务。假设你是一家总部在美国的公司的管理者，必须决定是否将人力资源部外包出去。概述支持和反对公司外包该职能的观点。从纯商业的角度看，与总部在美国的 BPO 服务公司签订合同，跟与国际公司签订合同有什么不同？请解释。

22. 你是一家大型律师事务所的一名 30 岁合伙人的管理顾问。在一次会议上，你的客户说："根据《纽约时报》（*New York Times*）的一篇文章，57% 的大型律师事务所有一个强制退休年龄。在退休前，直接按劳动支付合伙人报酬，而且作为所有者，他们有权获得律师事务所的部分利润。一旦退休，合伙人不接受任何形式的补偿。在这一点上，我认为我们应该取消强制退休以获得竞争优势，吸引高素质的律师为我们工作。当然，你是专家。"你有什么建议？请解释。

23. 自动数据处理公司（ADP）为许多公司（如汽车经销商）提供计算机软件和服务。ADP 每月收取经销商软硬件的租赁和支持服务费用，但不负责培训汽车经销商的员工。汽车经销商只需要为员工支付前往 ADP 总部的费用，在那里他们免费参加软件培训。讨论当汽车经销商、其员工和 ADP 存在专用性投资时，在这种安排下，汽车经销商面临的两个潜在的安全漏洞。

24. 安德鲁（Andrew）决定开一家出售家用产品和园艺产品的网上商店。经过比较，他选择 Initech 软件公司为自己提供网站软件，因为 Initech 软件所需的专用性投资最少。双方同意价格为 2 000 美元。使用 Initech 的软件与其他软件包有很大不同。使用 Initech 的软件，安德鲁需要投入 1 200 美元的沉没成本，花 55 小时学习如何操作。安德鲁和 Initech 认为安德鲁的时间价值为每小时 26 美元，并且 Initech 深知安德鲁使用其产品所必需的投资。在安德鲁投资之后，Initech 要求安德鲁支付更多的钱。你认为它会要多少钱？

25. HomeGrown 是一家专注于提供当地水果、蔬菜和肉类的小餐馆。它与一家当地的农业企业 Family Farms 建立长期关系。双方决定签订一份长期合同，约定 Family Farms 每年以特定价格和产量向 HomeGrown 提供产品。在签合同之前，HomeGrown 试图规定合同的期限。据估计，合同每年为 HomeGrown 减少成本 1 000 美元（包括议价成本和机会成本），然而每年也会花更多的律师费。HomeGrown 估计，需要律师服务的小时数 L 与合同期限为二次关系，即 $L=Y^2$，其中 Y 是合同的期限。如果 HomeGrown 的律师收费标准为每小时 100 元，最佳合同期限应为多长？

26. 吉姆（Jim）的餐馆将在田纳西州孟菲斯开业。吉姆正在考虑提供可口可乐还是百事可乐。不管提供哪一种，他都要花费 1 800 美元的沉没成本购买和安装相应设备，例如可口可乐或百事可乐的大型标志。最终他选择了可口可乐并同意支付每盎司可乐 5 美分的使用权费。在吉姆决定就标志投资后，可口可乐要求支付固定（一次性）费用，外加每盎司可乐 5 美分。吉姆最高可支付多少？

27. Trader Joe's 商店的所有者决定调整其高级管理者报酬的支付方式。去年，该所有者付给高级管理者 65 000 美元的固定工资，商店的利润为 120 000 美元（扣除支付给高级管理者的工资）。该所有者认为这家商店可以做得更好，而且担心固定工资会导致高级管理者在工作中不努力。因此，今年该所有者决定给高级管理者 30 000 美元的固定工资加上 15% 的商店利润。由于这一改变，商店经营将大为改善，预计今年的利润是 280 000 美元（同样扣除高级管理者的工资）。假设报酬变动带来利润增加的预测正确，由于这种变化，所有者多赚了多少钱（扣除支付给高级管理者的报酬）？管理者在新的报酬方式下能赚更多吗？

选读材料

Alchian, Armen A., and Demsetz, Harold, "Production, Information Costs, and Economic Organization." *American Economic Review* 62, December 1972, pp. 777–95.

Antle, Rick, and Smith, Abbie, "An Empirical Investigation of the Relative Performance Evaluation of Corporate Executives." *Journal of Accounting Research* 24(1), Spring 1986, pp. 1–39.

Coase, R. H., "The Nature of the Firm." *Economica*, November 1937, pp. 366–405.

Gibbons, Robert, and Murphy, Kevin J., "Relative Performance Evaluation for Chief Executive Officers." *Industrial and Labor Relations Review* 43, February 1990, pp. 30–51.

Jensen, Michael C., "Takeovers: Their Causes and Consequences." *Journal of Economic Perspectives* 1, Winter 1988, pp. 21–48.

Jensen, Michael C., and Murphy, Kevin J., "Performance Pay and Top Management Incentives." *Journal of Political Economy* 98(2), April 1990, pp. 225–64.

Klein, Benjamin; Crawford, Robert G.; and Alchian, Armen A., "Vertical Integration, Appropriable Rents, and the Competitive Contracting Process." *Journal of Law and Economics* 21(2), October 1978, pp. 297–326.

Lewis, Tracy R., and Sappington, David E. M., "Incentives for Monitoring Quality." *RAND Journal of Economics* 22(3), Autumn 1991, pp. 370–84.

Williamson, Oliver E., "Markets and Hierarchies: Some Elementary Considerations." *American Economic Review* 63, May 1973, pp. 316–25.

Winn, Daryl N., and Shoenhair, John D., "Compensation Based (Dis)incentives for Revenue Maximizing Behavior: A Test of the 'Revised' Baumol Hypothesis." *Review of Economics and Statistics* 70(1), February 1988, pp. 154–58.

附录　管理激励机制的无差异曲线

图 6-6 显示了薪酬与业绩不挂钩时的问题根源。管理者视休闲和收入均为商品，愿意在开小差（偷懒）和收入之间进行替代。这就是他的无差异曲线通常如图 6-6 所示的原因，图中将开小差的时间作为横轴，收入作为纵轴。注意，管理者喜欢开小差，而所有者不希望管理者开小差。

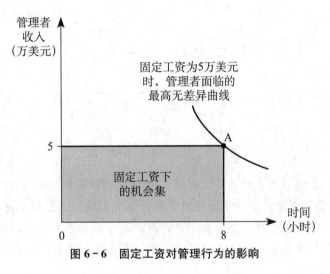

图 6-6　固定工资对管理行为的影响

当管理者的固定工资为 5 万美元时，他的机会主义集就是图 6-6 中的阴影区域。原因在于，所有者并不在公司，不论管理者工作整整 8 小时（没有开小差）还是一整天都待在家里（8 小时开小差），都将获得 5 万美元的工资收入。如果经营利润低，所有者无法区分是因为管理不当还是运气差。管理者利用所有权与控制权的分离将其无差异曲线尽量向右上方移动，直到在点 A 处于平衡，在点 A 处他每天开一整天的小差，仍获得 5 万美元。

从所有者的角度看，固定工资给利润带来不利影响，因为无法激励管理者更好地监督其他员工的工作。假设利润是管理者每天 8 小时中开小差时间的简单线性函数，这种关系如图 6-7 所示。通过点 C 的直线是企业的利润水平，取决于管理者开小差的程度。如果管理者一整天监督其他员工，开小差的时间为零，公司的利润是 300 万美元。如果管理者一整天开小差，利润为零。如果管理者每天开小差 2 小时、工作 6 小时，公司的利润是 225 万美元。由于 5 万美元的固定工资为管理者提供了开一整天小差的激励，将导致公司利润为零。

所有者如何让管理者花时间监控生产过程？有人认为，如果付给管理者更高的薪酬，管理者会更努力地工作。其实不然；更高的薪酬仅仅改变图 6-6 中纵轴截距在 5 万美元以上的可能性，但均衡仍是一整天开小差。从本质上讲，在这一雇佣合同中，管理者开小差是没有成本的。

假设所有者提供以下类型的雇佣合同：固定工资 5 万美元再加上利润的 10%。在这种情况下，如果管理者花了 8 小时开小差，利润是零，管理者只得到 5 万美元。如果管理者不开小差，该公司获得 300 万美元的利润，管理者得到的奖金等于利润的 10%，即 30 万美元。管理者的奖金作为其开小差时间的函数，为图 6-7 中通过点 D 的直线。注意，管

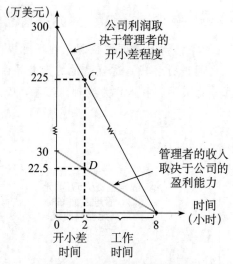

图 6-7   利润共享的激励方案

理者每天开小差 2 小时，企业获得 225 万美元的利润，管理者的奖金是 22.5 万美元。

图 6-8 说明了工资加奖金补偿计划对管理行为的影响。通过点 A 和点 B 的直线表示管理者的机会集。如果管理者开小差 8 小时，利润是零，他没有奖金，因此其收入是 5 万美元；如果管理者不开小差，除了固定工资还有 30 万美元奖金，因此不开小差，管理者可以赚取 35 万美元。

管理者在工资加奖金计划下的决定取决于他的喜好。但是，如图 6-8 所示，这个管理者可以通过减少开小差的时间从点 A 到点 B 获得一条更高的无差异曲线。在点 B，管理者赚取的收入为 27.5 万美元——22.5 万美元奖金和 5 万美元固定工资。管理者显然更喜欢这种报酬方案，虽然管理者每天还会开小差 2 小时，但这大大低于固定工资/没有奖金情形下的开小差时间。

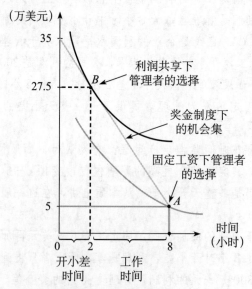

图 6-8   利润共享方案提高管理者的努力程度

　　奖金对公司所有者有何影响？图 6-7 显示，管理者每天开小差 2 小时，企业获得 225 万美元的利润。因此，工资加奖金使所有者的总利润从零（在固定工资下）增加到 225 万美元。奖金不仅增加了管理者的福利，而且增加了所有者的福利；净利润（扣除管理者报酬）是 225－27.5＝197.5 万美元。

第 **7** 章 行业的性质

学习目标

学完本章，你将能够：
1. 理解行业结构、行为和绩效的各种度量方法及其局限性。
2. 了解纵向一体化、横向一体化和混合并购，并解释各种合并的经济学基础。
3. 掌握横向并购及反垄断政策的相关指数。
4. 理解结构-行为-绩效范式并评价五力模型。
5. 判断行业性质属于完全竞争、垄断、垄断竞争还是寡头垄断。

开篇案例　　　　T-Mobile 和 Sprint 完成合并

2020 年，美国电信运营商 T-Mobile 和 Sprint 完成合并，整个交易的价值超过 260 亿美元。调查报告显示，在无线通信行业，T-Mobile 占有 16% 的份额，Sprint 占有 14% 的份额。这一市场上还有两个巨头——占有 30% 市场份额的威瑞森（Verizon）和 38% 市场份额的 AT&T。美国联邦政府和相关州政府对这次合并进行了为期两年的审查和考验。

解释为什么 T-Mobile 和 Sprint 的管理层应该预期并做好准备接受政府对此次合并的审查。

7.1 导　言

在现实经济活动中，管理决策非常复杂（这不是一个真空世界）。许多因素会影响管理者的决策，比如生产多少产品、怎样定价、投入多少研发和广告费等。很遗憾，目前还没有一个理论能解答上述所有问题。一般来说，汽车制造商的最优定价策略不同于计算机企业，食品生产商和军火承包商的研发水平也不一样。本章将重点讨论各行业的差异，分析差异的产生原因并研究这些差异如何影响管理决策。

本章选用的材料大都有事实根据，有助于大家了解真实的经济世界。本章引用了众多行业的统计资料，一些统计资料汇总了不同行业的企业数量，另一些则显示了哪些企业是行业老大，以及哪些企业掌握着定价权。

本章中出现的数字会随时间推移而变化，当今最大的企业40年后可能就不再是老大。因此学完本章后，所要掌握的关键知识点是行业的本质差异及其天然属性差异。在随后的章节中，本书将分析哪些因素导致了价格-成本、广告费以及其他管理决策的差异。这些研究的价值在于，作为管理者，你无法预计未来40年自己会在哪个行业工作。优秀的管理者能够适应其行业特性以及企业间的竞争，并随着行业性质的改变而调整最优决策。

▶ 7.2 市场结构

市场结构（market structure）的影响因素很多，比如市场中的企业数量、企业的相对规模（集中度）、技术和成本状况、需求规模，以及企业进入或退出行业的难易程度。不同行业有不同的市场结构，市场结构因素会影响企业管理者的决策。接下来重点分析影响管理者决策的主要结构因素。

7.2.1 企业规模

有些企业的规模比其他企业要大，表7-1列举了不同行业中企业的销售额。注意各行业中最大的企业存在规模差异。比如，2020年沃尔玛是最大的日用品商店，其销售额约为5 240亿美元；国际纸业公司（International Paper）是最大的包装容器制造商，其销售额约为220亿美元。

表7-1 所选行业中规模最大的企业

行业	最大的企业	销售额（百万美元）
广告/营销	宏盟集团（Omnicon Group）	14 954
航天与国防	雷神（Raytheon Technologies）	77 046
航空	达美航空（Delta Air Lines）	47 007
服装	TJX	41 717
饮料	可口可乐	37 266
化学	陶氏化学（Dow Chemical）	42 951
计算机软件	微软	125 843
计算机、办公设备	苹果	260 174
电器、电子设备	霍尼韦尔国际（Honeywell International）	36 709
娱乐	迪士尼	69 570
日用品	沃尔玛	523 964

续表

行业	最大的企业	销售额（百万美元）
个人与家庭用品	宝洁	67 684
工业设备	通用电气	95 214
信息技术服务	IBM	77 147
互联网服务与零售	亚马逊	280 522
机动车与零部件	福特汽车	155 900
包装容器	国际纸业	22 376
房地产	世邦魏理仕集团（CBRE Group）	23 894
通信	AT&T	181 193
烟草	菲利普·莫里斯国际（Philip Morris International）	29 805
运输与物流	XPO 物流	16 684

资料来源：*Fortune* 500 List，June 17，2020；authors' calculations.

随着时间的推移，竞争对手的策略或市场环境发生变化，可能改变公司在行业内的相对位置，或者改变行业的活力。比如，2006 年威瑞森通信的销售额是所有电信公司中最高的，但从 2012 年开始，AT&T 成为行业的领导者，到 2020 年，实现 1 810 亿美元的销售额。2008 年，谷歌是互联网服务与零售业的领导者，但到了 2012 年被亚马逊取代。

什么因素导致了行业的销售额差异？为什么企业的相对位置会随着时间推移而变化？是市场结构的变化导致的吗？企业的合并行为是否使企业变"大"？研发支出或广告支出的差异（或变化）起了多大作用？本章以及本书的后续部分将深入分析这些问题。

7.2.2 行业集中度

表 7-1 的数据显示，不同行业中最大企业的规模差异很大。影响管理决策的另一因素是行业内企业的规模分布，比如说，一个行业中存在多家小企业还是仅有几家大企业？这个问题非常重要，接下来的章节中我们将了解到，竞争弱的行业中的最优决策完全不同于竞争激烈的行业。

有些行业被几家大企业主导，有些行业则由众多小企业构成。经济学家通常用两种方法度量行业集中度。

行业集中度的度量

集中度比率度量行业的总产出中有多少产量是由最大几家企业提供的。最常用的集中度比率是**前四家企业集中度比率**（four-firm concentration ratio，CR_4），即行业中规模最大的四家企业的销售额占行业总销售额的比例。

令 S_1，S_2，S_3 和 S_4 分别代表行业中规模最大的四家企业的销售额，用 S_T 表示该行业中所有企业的总销售额。则前四家企业集中度比率为：

$$CR_4 = \frac{S_1 + S_2 + S_3 + S_4}{S_T}$$

同理，前四家企业集中度比率是前四家企业市场份额的总和：

$$CR_4 = w_1 + w_2 + w_3 + w_4$$

式中，$w_1 = S_1/S_T$，$w_2 = S_2/S_T$，$w_3 = S_3/S_T$，$w_4 = S_4/S_T$。

如果一个行业由数量众多的小企业组成，则前四家企业集中度比率很小或接近 0；如果前四家或更少的企业提供了整个行业的总产出，则前四家企业集中度比率为 1。前四家企业集中度比率越小，意味着行业的集中度越低；前四家企业集中度比率越接近 1，说明行业集中度越高。

➡ **例题 7-1**

假设某行业由六家企业构成。前四家企业每家销售额为 10 美元，另两家企业每家销售额为 5 美元。该行业中前四家企业集中度比率是多少？

答：

整个行业总销售额 $S_T = 50$ 美元。前四家企业的销售额为：

$$S_1 + S_2 + S_3 + S_4 = 40(美元)$$

因此，前四家企业集中度比率为：

$$CR_4 = \frac{40}{50} = 0.80$$

这说明行业中前四家企业提供了全行业 80% 的产出。

集中度比率是行业结构的粗略度量。前四家企业集中度比率接近 0，说明市场中有很多卖方，为了争夺消费者，生产者之间存在激烈竞争；前四家企业集中度比率接近 1，说明生产商在消费者方面的竞争很小。

行业集中度的另一度量方法是赫芬达尔-海希曼指数。**赫芬达尔-海希曼指数**（Herfindahl-Hirschman index，HHI）指特定行业内各企业市场份额的平方和，为消除小数再乘以 10 000。计算 HHI 时，先将各企业的市场份额平方后再加总，这样使高份额企业在指数中具有更大的权重。

假设企业 i 在总市场销售额中所占比重为 $w_i = S_i/S_T$，其中，S_i 是企业 i 的销售额，S_T 是行业总销售额。则

$$HHI = 10\ 000 \sum w_i^2$$

HHI 取值在 0～10 000 之间。如果行业内只有一家企业（市场份额 $w_1 = 1$），则 HHI 为 10 000；如果行业中存在大量小企业，HHI 接近零。

➡ **例题 7-2**

假设一个行业由三家企业构成，其中两家企业每家的销售额均为 10 美元，另外一家企业的销售额为 30 美元。该行业的 HHI 是多少？前四家企业集中度比率是多少？

答：

由于行业总销售额 $S_T = 50$ 美元，最大企业的市场份额是 $w_1 = 30/50$，另两家企业的市场份额均为 10/50。该行业

$$HHI = 10\ 000 \times \left[\left(\frac{30}{50} \right)^2 + \left(\frac{10}{50} \right)^2 + \left(\frac{10}{50} \right)^2 \right] = 4\ 400$$

因为这三家企业提供了全行业总销售额，所以前四家企业集中度比率是 1。

美国的行业集中度

了解了行业集中度和 HHI 的计量，接下来用这些指标描述美国代表性行业的集中度。表 7-2 列出了美国部分行业的集中度比率（百分比）和 HHI。注意，不同行业的集中度差异很大。电子计算机的 CR_4 为 87%，集中度相当高。酿酒和汽车行业也有较高的 CR_4。但珠宝（不包括服装）、预拌混凝土、女装裁剪缝制市场的 CR_4 比较低，说明生产者之间竞争激烈。如预拌混凝土的 CR_4 仅占整个市场份额的 23%。

表 7-2　所选美国制造业的前四家企业集中度比率和 HHI

行业	CR_4（百分比）	HHI
啤酒	90	NA
酿酒	70	1 519
电子计算机	87	NA
鲜奶	46	1 075
水果和相关产品	11	62
珠宝（不包括服装）	29	347
男装裁剪缝制	27	324
汽车	68	1 744
预拌混凝土	23	313
半导体与其他电子元件	34	476
快餐	53	1 984
肥皂与洗涤剂	47	848
软饮料	52	891
女装裁剪缝制	20	174

说明：美国统计局仅利用了行业前 50 强公司的数据来计量 HHI.
资料来源：U. S. Bureau of the Census，accessed June 2020.

表 7-2 中的 HHI 显示，CR_4 大的行业其 HHI 也高。但也有例外，根据 CR_4，汽车业比快餐业更集中，但其 HHI 值却小于快餐业。为什么这两个指数会得出不同的结论呢？原因如下。

第一，CR_4 的计算基于行业中前四家最大企业的市场份额，而 HHI 基于行业中所有企业的市场份额。换句话说，CR_4 未考虑第五大企业的市场份额，但 HHI 考虑了并且计算在内。第二，HHI 基于市场份额的平方，而 CR_4 不是，所以 HHI 较 CR_4 给市场份额较大的企业分配了更高的权重。上述两点导致 CR_4 和 HHI 的结论产生差异。

集中度计量法的局限性

统计资料及数据的解释应该慎重，集中度的计量也不例外。如表 7-2 中的 HHI 是近似值，因为美国统计局仅利用了行业前 50 强公司的数据而非行业中所有公司的数据。此外，美国统计局发布的集中度指标和 HHI 指标，是基于前期的（滞后）数据计算得出，而不是当期数据。表 7-2 中的数据可能无法展现当前的市场结构。举个例子，表 7-2 给出的计算机行业最大的前四家企业的集中度为 87%（2007 年），我们的研究显示，到 2020 年市场集中度已下降至 70%。要分析美国行业的集中度状况，一定要认识到表 7-2 存在三个附加限制。

全球市场　表7-2列出的 CR_4 和 HHI 的市场范围都不包括国外进口。也就是说，在计算 CR_4 和 HHI 时没有考虑已经投资美国市场的外国企业。对于那些存在众多外国生产者的行业来说，表7-2的数据在某种程度上夸大了行业真实的集中度水平。

以啤酒业的 CR_4 来说，根据表7-2，前四家美国企业的市场销售额占整个行业的90%，但该数据没有考虑来自墨西哥、加拿大、欧洲、澳大利亚及亚洲的啤酒企业。如果将国内啤酒和进口啤酒两方面的数据综合起来，所得到的 CR_4 将会低得多。

国家、区域和地方市场　表7-2中数据的计算是以整个美国市场为基础的。实际上对许多行业来说，其相关市场仅仅局限于地方市场（可能只包括少数企业）。若用全国数据，就会低估地方市场的集中度水平。

比如，假设美国50个州中每个州只有一个加油站。如果所有加油站规模相同，则每个加油站占市场份额的1/50。根据全国数据得出的 CR_4 就是4/50或8%。这表明汽油服务市场集中度低。但是对于居住在得克萨斯州中部的消费者来说，与之相关的汽油服务市场就是本地市场，其他49个州的加油站对该地方消费者的作用不大。因此，市场的地理范围划分会导致集中度的度量偏差。

当相关市场是地方市场时，用全国数据得出的市场结构指数通常会大大低估该地方市场的集中度。

行业定义和产品分类　需要指出的是，相关市场（地区或国家）的地理范围界定会导致集中度比率的偏差。同样，用产品分类法来界定一个行业范围时，也会影响集中度指数。

比如在估算市场结构指数时，可能面临多种产品分类法。以软饮料为例，表7-2中的 CR_4 为52%。这个数字看上去低得令人吃惊，而很多人认为可乐类饮料市场几乎被可口可乐和百事可乐垄断。这是因为52%的 CR_4 估值的计算基于广义的软饮料概念，美国统计局所定义的软饮料范围包括桦木啤酒、根汁汽水、水果饮料、姜汁汽水、冰茶和柠檬水等多种类型的瓶装或罐装饮料。

如何确定一种产品归属于哪个行业呢？一般来说，我们用相互替代性来分类，相互替代性大（需求交叉弹性为正且较大）的产品可以归于同一行业。比如将软饮料视为可乐类饮料的替代品，估算集中度比率时把它们归于同一行业。

透视商业 7-1　　　**北美产业分类体系**

北美产业分类体系（NAICS）能够提供美国不同企业的信息。假如你对平板电脑业务感兴趣，想了解有多少公司与平板电脑业务有关，或者想知道行业从业人数和总出货量，可以通过分类体系如 NAICS 找到。

NAICS 是一个由加拿大、墨西哥和美国明确的标准分类体系。它采用六位数字代码将行业分为20个部门。因为加拿大、墨西哥和美国的 NAICS 代码前五位数字相同，所以三国之间可以比较行业发展趋势。NAICS 代码的第六位指具体国家的特定产业。

六位数字的 NAICS 代码反映特定分类的不同程度。前两位是经济门类，第三位是大类，第四位是中类，第五位是 NAICS 产业的小类，第六位是国家产业。最广泛的分类方式是使用两位数代码，把公司简单地分成 20 个部门。第六位代码提供了企业分类的具体信息：它把企业归入某特定的国家产业。

假设一个美国公司指定的 NAICS 代码是 512131。如表 7 - 3 所示，本代码的前两位数字（51）显示该公司所属门类是"信息（51）"。该门类是一个广泛分类，包括出版（报纸、期刊、图书、软件）、电影与录音、电视与广播、电信、数据处理、托管等行业和相关服务。前三位数字能提供更具体的类别：表示公司所属大类为电影与录音（512）。前四个数字能够进一步明确公司的性质：公司所属中类为电影与视频产业（5121）。第五位数字表示该公司所属 NAICS 小类为电影与视频展示（51213）。所有六位数字告诉大家，该公司属于美国分类体系中的电影剧院（汽车影院除外）（512131）。

表 7 - 3　NAICS 编码解释

NAICS 水平	NAICS 编码	描述
门类	51	信息
大类	512	电影与录音
中类	5121	电影与视频产业
NAICS 产业小类	51213	电影与视频展示
国家产业	512131	电影剧院（汽车影院除外）

7.2.3　技术

不同行业也会因产品/服务的生产技术差异而不同。有些行业属于劳动密集型——产品生产或服务提供需要大量劳动力；有些行业属于资本密集型——产品生产或服务提供需要大量资本投入（购置车间、设备和机器）。技术差异导致不同行业的产品在技术含量方面存在差异。如炼油行业每 500 万美元的销售额大约需要 1 名员工，而饮料行业每 500 万美元的销售额大约需要 15 名员工。

在同一行业内部，技术同样重要。在有些行业中，各企业的技术相似，其成本结构也基本相同；在有些行业中，少数企业拥有其他企业不具备的技术，技术先进的企业比其他企业更具优势。技术优势突出的企业甚至可能完全主导整个行业。本书的后续章节将分析技术差异对管理决策的影响。

7.2.4　需求和市场条件

行业特征还受潜在需求和市场条件的影响。如果行业需求小，市场上通常只有少数企业生存；如果行业需求很大，则需要大量企业才能满足需求。市场需求规模的大小也将影响管理决策。

消费者信息收集的难易程度因市场不同而不同。比如消费者可以很容易地获取从华盛顿到洛杉矶的特价机票信息，只需打电话给旅游公司或上网查询即可获得报价。但想获得二手车的信息则难得多，不仅要与卖家讨价还价，还必须确保二手车的质量。后续章节将分析，管理者的最优决策受市场中可获信息量的影响非常大。

不同行业中产品的需求弹性也不同。单个企业的需求弹性一般不等于整个市场的需求弹性。在一些行业中，单个企业的需求弹性和市场需求弹性差异很大。原因很简单。

比如第3章中指出产品需求依赖于其近似替代品的数量。通常来说，消费者对某特定品牌产品（如七喜）的需求比对一般产品（如软饮料）的需求更富有弹性。假如某企业产品在市场上没有近似替代品，则该企业产品的需求弹性就是市场的需求弹性（因为市场中只有一家企业的产品）；如果存在多家企业的产品可以替代，那么，该企业产品的需求较整个行业的需求更富有弹性。

罗斯查尔德指数（Rothschild index）简称 R 指数，指某种产品的行业需求对价格的敏感度与单个企业需求对价格的敏感度之比。R 指数度量了某种产品的整个行业需求价格弹性与单个企业需求价格弹性的差异。

R 指数的计算公式为：

$$R = \frac{E_T}{E_F}$$

式中，E_T是整个行业市场的需求价格弹性；E_F是单个企业产品的需求价格弹性。

R 指数的取值范围在 0~1 之间。当 R 指数等于 1 时，表示单个企业的产品需求和整个行业的需求对价格的敏感度相等。R 指数接近 0 时，表示单个企业的需求弹性远远大于整个行业的需求弹性（绝对值），此时单个企业的产品需求对价格的敏感度比整个行业大。举例来说，若 R 指数小于 1，单个企业产品价格上升 10% 所引致的该企业产品需求量的下降幅度，将大于行业内所有企业价格上升 10% 所引致的整个行业需求量的下降幅度。因此，R 指数提供了整个行业需求相对于单个企业需求对价格敏感度的一种度量。如果行业中有多家企业且每家企业的产品相似，R 指数接近 0。从历史数据来看，食品和纺织业的 R 指数较小，而化学和烟草业的 R 指数较大，这说明食品和纺织业市场上持续存在大量替代者，而化学和烟草业市场上的替代者较少。

➡例题 7-3

根据经济分析师的估计，某民用航空公司的需求函数为 $Q_i = 5 - 4\ln P_i$，其中 Q_i 是该航空公司提供的座位数，P_i 是该公司的机票价格。分析师还估算了整个航空业的需求函数 $Q_M = 8 - 3\ln P_M$，其中 Q_M 是整个航空业提供的座位数，P_M 是航空业平均的机票价格。该行业的 R 指数是多少？

答：

根据公式，该行业的 R 指数为：

$$R = \frac{-3}{-4} = 0.75$$

7.2.5 进入壁垒

本章讨论的最后一个结构变量是行业进入壁垒。在一些行业，新企业进入市场相对容易，在另一些行业则很困难。新企业是否进入某行业的市场很大程度上取决于其进入该市场的难易程度。

许多因素会构成进入壁垒。其中一个潜在壁垒就是显性的进入成本，比如资本投资需求。另一个是专利，专利是保证专利拥有者的产品在专利期内独家销售的权利。

规模经济也会构成进入壁垒。在某些市场中，规模经济可能导致市场上只有一到两家企业，其他企业即使进入也无法创造大量需求，因此无法享受规模经济带来的平均成本降低。相关内容将在后续章节介绍。进入壁垒对企业的长期利润有重要影响。

➡ 7.3 经营行为

除了行业间的结构差异，企业间的经营行为也存在差异。一些行业较其他行业的溢价幅度更大，一些行业更容易实施合并或兼并，不同行业的广告和研发费用也存在较大差异。接下来将详细描述行业间经营行为上的差异。

7.3.1 定价行为

在某些行业中，企业定价倾向于索要高额加价。我们引入一个指数——**勒纳指数**（Lerner index）来描述这种现象。勒纳指数的表达式如下：

$$L = \frac{P - MC}{P}$$

式中，P 是价格；MC 是边际成本。勒纳指数是价格与边际成本的差同产品价格的比值。

当企业的产品定价等于边际成本时，勒纳指数为零，消费者所支付的价格恰好等于该企业多生产一单位产品的边际成本。当企业的产品定价高于边际成本时，勒纳指数大于零，其最大可能值为 1。因此，勒纳指数度量了行业内企业的产品定价高于边际成本的幅度，也就是溢价幅度的大小。勒纳指数越高，企业的溢价幅度越大。在有些行业，企业间往往通过低价格开展残酷的销售竞争，这种情况下的勒纳指数接近零。但在有些行业，企业之间在争夺消费者时并非通过价格竞争，这时的勒纳指数接近 1。

勒纳指数与企业的溢价幅度有关，将勒纳指数变形得到：

$$P = \left(\frac{1}{1-L}\right)MC$$

在这个等式中，$1/(1-L)$ 称为溢价系数，边际成本乘以该系数即可得到产品价格。当勒纳指数为 0 时，溢价系数为 1，则产品价格恰好等于边际成本。若勒纳指数为 1/2，则溢价系数为 2，此时产品价格是边际成本的 2 倍。

表 7-4 列出了美国 7 个行业的勒纳指数及其溢价系数。注意，不同行业的勒纳指数和溢价系数差异很大。农林渔猎的勒纳指数和溢价系数最高，其勒纳指数是 0.46，即消费者所支付的 1 美元中有 0.46 美元的溢价。换言之，产品价格是其实际边际成本的 1.85 倍。

表7-4 美国不同行业的勒纳指数和溢价系数

行业	勒纳指数	溢价系数
批发	0.21	1.27
运输与仓储	0.21	1.27
金融与保险	0.24	1.32
艺术、娱乐和游戏	0.29	1.41
零售	0.31	1.45
住宿和餐饮服务	0.34	1.52
农林渔猎	0.46	1.85

资料来源：Robert E. Hall, "Using Empirical Marginal Cost to Measure Market Power in the US Economy," NBER working paper, 2018.

相比之下，批发业的勒纳指数和溢价系数较低。批发业的勒纳指数为0.21，说明批发企业每收入1美元，仅有0.21美元的溢价，批发业产品价格仅为其边际成本的1.27倍。管理者应该注意的是，产品的溢价幅度因产品所在市场属性不同而不同。接下来我们要讨论的重要问题是，如何帮助管理者确定某产品的最优溢价幅度。

➡例题7-4

假设某航空企业的边际成本为200美元，产品价格为300美元，其勒纳指数和溢价系数是多少？

答：

勒纳指数为：

$$L = \frac{P-MC}{P} = \frac{300-200}{300} = \frac{1}{3}$$

溢价系数为：

$$\frac{1}{1-L} = \frac{1}{1-1/3} = 1.5$$

7.3.2 一体化与并购行为

一体化与并购行为也因行业不同而不同。一体化指的是生产资源的整合。一体化可以通过并购实现，如把两个或更多现有企业合并成一个企业，也可以通过企业自行建厂实现（见第6章）。通常来说，一体化与非一体化相比会形成更大规模的企业。

企业为减少交易成本、实现规模或范围经济、增强市场势力或者获取更有利的进入资本市场的机会，可能发生并购行为。如果并购双方都愿意合并成一家企业，这种并购是善意的；如果其中有一家公司不愿意因并购而被替代，则可能发生恶意的并购。

有些并购或接管是企业管理不善造成的。并购的一大好处是通过"清理门户"来增加利润，比如解雇不称职的管理者。许多管理者害怕企业被兼并或收购，主要是担心会对其职位造成影响。

经济学家把一体化或并购分为三类：纵向一体化、横向一体化和混合并购。

纵向一体化

纵向一体化指将产品的各个生产阶段都囊括于一家企业中。比如一家企业自行生产钢材、使用钢材制造车体和引擎、生产汽车并最后销售汽车，就是典型的纵向一体化。有些企业则相反，它们从其他企业采购车体和引擎，组装来自不同供应商的零部件以实现汽车生产。纵向并购指的是将两家或更多为同一产品提供不同部件的企业合并在一起。本书第6章曾指出，企业纵向一体化是为了减少交易成本。

横向一体化

横向一体化指把生产相似产品的企业合并成一家企业。比如两家电脑企业合并成一家企业就是横向一体化。横向一体化指生产同类产品的两家或更多企业的合并，而纵向一体化指不同生产阶段上的两家或更多企业的合并。

实现纵向一体化可以减少交易成本，实现横向一体化的原因则是：（1）获取规模经济或范围经济以节约成本；（2）增强市场势力。一般来说，第一种情况的横向并购使企业能够享受规模经济或范围经济，从而节约生产成本，这种横向并购会增加社会效益。第二种情况的横向并购则减少了市场上的竞争企业数量，提高了行业的前四家企业集中度和HHI值，从而增强了企业的市场势力。横向一体化的成本下降所带来的社会效益，必须大于行业集中所带来的社会成本，否则这种横向并购可能被限制。

当成本下降带来的收益小于横向一体化公司从提高市场势力中所获得的收益时，政府可能会阻止这些企业的并购。特别是，美国联邦贸易委员会（FTC）和司法部（DOJ）反垄断局有权提起诉讼，防止一家公司独大。根据现行横向并购指南，若行业HHI超过2 500就属于"高度集中"，当横向并购将使HHI的增加值超过200时，反垄断机构将会尽力干预。但如果有证据证明出现了强大的国外竞争者、发明了新技术、提高了效率或者某企业出现了重大财务问题，即使行业HHI会提高，反垄断机构也可能允许并购。

如果并购后的行业HHI低于1 500，美国联邦贸易委员会和司法部一般认为"不够集中"而允许并购；如果并购后HHI的增加值小于100，并购通常被允许。如果并购后的HHI在1 500~2 500之间，并购后HHI的增加值超过100，美国联邦贸易委员会和司法部可能会禁止并购。如果HHI超过2 500且并购会使HHI增加100~200，那么并购也有可能被禁止。在后两种情况下，反垄断机构通常会根据更多的其他因素（如规模经济、进入壁垒）来决定是否阻止某项横向并购。模块组B将讨论这些旨在削弱市场势力的政府行为。

混合并购

混合并购指将不同类型的产品合并到一家企业内。比如，烟草制造商和饼干制造商合并为一家企业就属于混合并购。混合并购与横向并购都是将最终产品合并为一家企业，不同的是，横向并购是将同类产品合并，而混合并购的企业所生产的产品是不相关的。

混合并购的经济学原理并不明晰。并购不相关业务线往往达不到预期目的，混合并购无益于协同效应，甚至会损失专业化优势。有观点认为，混合并购可以平衡有周期性需求的产品的现金流，当某产品的需求较低时，可利用另一种产品的收益补充该产品的营运资金需求。这种观点的潜在含义是资本市场不健全，企业无法从资本市场获取营运资金，只好通过混合并购获取资金支持。另有观点认为，如果缺少优秀的管理者，由一个卓越的CEO掌控的混合企业的总利润，可能超出由多个平庸CEO掌管的独立（但高度集中）企业的利润总和。

7.3.3 研发行为

对于不同行业及行业中的不同企业来说，其生产技术不同。企业可通过研发投入获得技术优势和技术专利。表7-5是部分企业的研发投入占销售额的百分比。注意，不同行业的研发投入不同。制药业中百时美-施贵宝（Bristol-Myers Squibb）的研发投入占销售额的比例高达24.4%，而食品行业中家乐氏（Kellogg）的研发投入仅占销售额的1.0%。

表7-5　某些企业的研发投入、广告投入、利润占销售额的比例（%）

公司	行业	研发投入占销售额的比例	广告投入占销售额的比例	利润占销售额的比例
百时美-施贵宝	医药	24.4	19.3	13.7
福特	机动车与零部件	4.1	2.6	3.4
固特异	橡胶与塑料制品	2.8	2.4	负值
家乐氏	食品	1.0	5.0	7.1
宝洁	肥皂与化妆品	2.7	10.0	5.8

资料来源：Annual reports of the companies；authors' calculation.

根据以上数据，管理者应该注意，研发的最优投入量取决于企业所在行业的性质。后面的章节重点考察研发投入的主要决定因素。

7.3.4 广告行为

如表7-5所示，不同企业的广告投入量存在巨大差异。在肥皂与化妆品行业，宝洁的广告投入大约占销售额的10%，而在橡胶与塑料制品行业，固特异的广告投入占销售额的比例约2%。在后续章节中，我们将深入分析为什么不同行业的企业在广告投入方面存在巨大差异，企业应该如何确定最优广告投入量和广告形式。

▶ 7.4 绩 效

绩效指特定行业所实现的利润和社会福利。对管理者来说，认识到利润和社会福利在不同行业间的巨大差异，对其管理决策很有意义。

7.4.1 利润

表7-5揭示了不同行业之间的利润差异。福特是销售额最高的公司之一，但其利润

占销售额的比例却倒数第二。为什么大企业未必获得高利润？管理者不能想当然地认为只要企业做大就能带来利润。

7.4.2 社会福利

行业绩效的一种度量方法是确定市场上所产生的消费者剩余和生产者剩余的数量，但这种绩效很难测量。丹斯比和魏力格（R. E. Dansby and R. D. Willig）提出的**丹斯比-魏力格绩效指数**（Dansby-Willig performance index）（简称 DW 指数），可度量当行业内企业以社会有效方式扩大生产时所带来的社会福利（定义为消费者剩余和生产者剩余之和）的增加值。如果一个行业的 DW 指数为零，那么，诱导该行业内企业改变产出毫无价值，消费者剩余和生产者剩余在给定行业需求和成本的条件下已经达到最大。当 DW 指数大于零时，行业提高产出将带来社会福利的改善。

DW 指数提供了一种行业分级法，使我们能够按照行业产出改变时社会福利的增加值对行业进行分级。一般来说，DW 指数大的行业比 DW 指数小的行业的绩效要差一些。举个例子，假定化工行业的 DW 指数是 0.67，而服装业是 0.38，这说明化工业产出的细微变化所引起社会福利的增加值将大于纺织业产出的细微变化所引起的社会福利的增加值。

➡例题 7-5

假如你是一家纺织企业的管理者，你了解到政府正打算对一些行业进行调整，如强制它们增加产出并降低价格，纺织业是率先被调控的行业。在准备应对之前，公司的分析团队已经对多个行业的勒纳指数和 DW 指数进行了估算，其中包括纺织业。他们的分析显示，纺织业的勒纳指数是 0.2，DW 指数是 0.35；主导产业的勒纳指数范围是 0.18～0.52，DW 指数范围是 0.33～0.68。你将如何应对？

答：

对于政府的调控提议，你应该指出，纺织业在所有主导产业中勒纳指数接近最低（0.2 vs. 0.18），仅仅为 0.2，这意味着消费者支付的 1 美元中只有 0.2 美元的溢价。此外，纺织业的 DW 指数也趋于最低。因此，政府想改善社会福利，首先应改变其他行业的产出。

➡ 7.5 结构—行为—绩效范式

目前你已经对美国行业的结构、行为和绩效有了大致了解。一个行业的结构通常涉及技术、集中度和市场状况等因素。行为指单个企业在市场中的运营方式，包括价格决策、广告决策及研发投入决策等。绩效指市场所带来的最终利润和社会福利。结构—行为—绩效范式这一观点认为，这三方面是密切相关的。

7.5.1　因果观

因果观认为，市场结构决定企业行为，企业行为影响资源分配方式，最终导致好或坏的市场绩效。比如在高度集中的行业通常只有少数企业竞争，以因果观来看，这种结构赋予企业较大的市场势力，使之有条件对所提供的产品定高价。因此，定高价行为是由市场结构（竞争者少）引起的，高价格导致了高利润和低绩效（这里指社会福利低）。由此，根据因果观，高度集中的市场会导致高价格和低绩效。

7.5.2　批评意见

当前许多经济学家认为，因果观关于结构、行为和绩效三者之间关系的描述不全面。批评意见认为结构、行为和绩效三者之间并非单向的因果关系，企业行为反过来也能够影响市场结构；同样，市场绩效也能够影响企业行为和市场结构。

根据批评意见，行业中的企业行为本身会带来市场集中。如果现有企业的产品定价低且赚取的经济利润很少，就不会吸引其他企业进入该市场。市场的集中很可能是企业定低价所致。如果坚持认为市场集中会导致高价格，显然误解了事实。在现实中，企业的定价行为确实会影响企业数量，本书的后续章节将分析，即使行业内只有一两家企业存在，也可能会出现低价格、高绩效，具体原因待介绍了市场结构的各种模型后再解释。

7.5.3　五力模型

结构—行为—绩效范式和批评意见与本书第1章中介绍的五力模型密切相关。五力模型认为以下五种相互关联的作用力影响着行业利润水平、增长性和可持续性：（1）潜在进入者；（2）供应商力量；（3）购买者力量；（4）行业内竞争者；（5）替代品和互补品。这五种力量概括了行业内影响厂商结构和行为的主要因素，而行业利润水平、增长性和可持续性则构成了基本绩效元素。根据批评意见，我们把五力模型稍加修改，可以反映这些作用力的相互影响，如图7-1所示。

7.6　本书后续内容概述

本书的后续章节将探讨各种市场结构下的最优行为。在此介绍四种不同类型的市场结构。注意，这里只是概述，接下来几章将讨论不同市场结构下的最优决策。

7.6.1　完全竞争市场

完全竞争市场的特征是，市场中存在很多企业，每个企业相对于整个市场都很小。所有企业技术相同且产品同质，不存在更具优势的企业。完全竞争市场中的企业没有市场势

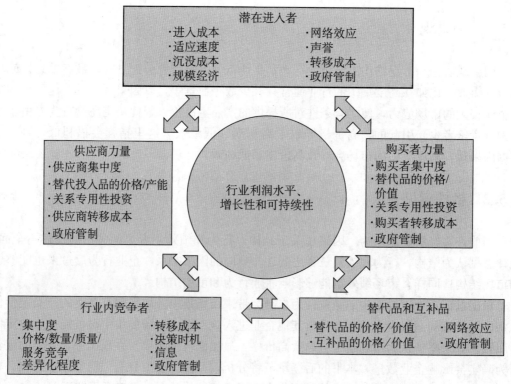

图 7 - 1　五力模型

力，单个企业不会对市场价格、产品数量或质量产生显著影响。在完全竞争市场中，市场集中度比率和 R 指数接近零。下一章将详细研究完全竞争市场。

7.6.2　垄断市场

垄断市场指在相关市场上只有一家企业提供产品。大多数的本地公用事业如电力、燃气和电话服务通常只有唯一供应商。有些城镇只有一个加油站或一家电影院。以上企业都构成了区域垄断。

当市场上只有一家企业提供产品时，卖方通常会利用其垄断地位来限制产量、制定高于边际成本的价格。由于市场上没有其他企业，消费者无法转向其他供给者，因此要么高价购买，要么放弃购买。垄断市场高度集中，R 指数为 1。

7.6.3　垄断竞争市场

垄断竞争市场的特征是，市场上有很多企业和消费者（这与完全竞争市场类似）。市场的集中度接近零。但与完全竞争市场不同的是，每家企业的产品与其他企业的产品都略有差异，R 指数大于零。如一个城市拥有的大量餐饮公司就属于垄断竞争行业。

处于垄断竞争市场的企业有一定的定价权。即使企业提高价格，一些消费者因偏爱其产品仍会继续购买，但也有一些消费者会转向其他品牌。因此，垄断竞争市场的企业往往会投入大量的广告打造品牌优势，使消费者相信其品牌"优于"其他品牌，从而当公司提高产品价格时减少转向其他品牌的消费者数量。

7.6.4 寡头垄断市场

寡头垄断市场通常由几家大企业主导。在航空、汽车、航天等高度集中的行业，其企业运营就处于寡头垄断市场。

在寡头垄断市场，如果一家企业改变其价格或市场战略，不仅会影响自己的利润，还会影响行业中其他企业的利润。因此，当寡头垄断市场中的企业改变其行为时，其他企业也会相应改变行为。寡头垄断市场的一个显著特征是行业内的企业存在相互依赖关系。

相互依赖性导致企业间在战略上相互影响。假如一家寡头垄断企业的管理者正在考虑提高产品价格。为了确定提价对利润的影响，该管理者必须考虑竞争对手对提价的可能反应。寡头垄断市场上企业的决策依赖于该企业对行业内其他企业对其行为反应的预期。因此，经营寡头垄断市场上的企业非常困难。为了帮助企业在寡头垄断市场上取得高额经营回报，本书将用两章内容分析寡头垄断市场的管理决策。

透视商业 7-2　　　　　**计算机行业市场结构的演变**

市场结构随时间的推移显著变化。在演变过程中，一个特定的行业会经历以下几个阶段：垄断、寡头垄断、垄断竞争和完全竞争。即使你毕业时面临垄断市场，仍需要了解如何在四个市场中制定有效决策。接下来描述计算机行业的演变，你将感受到四个市场的实际演变。

20世纪60年代，一些大公司专门为大学、科学界、大型商业企业生产大型计算机。每台计算机都是为特定用户专门设计的，其成本往往超过100 000美元。由于每台计算机拥有各自的标准，当客户需要维修计算机时就要找生产商。这使得计算机生产商一旦为几家大客户供应产品，就会成为虚拟的垄断者。早期的计算机生产商有很高的利润率，有的高达50%～60%。巨额利润吸引一些新公司进入计算机市场。

随着技术进步，主机规格和生产成本不断降低，而竞争却在不断加剧，客户逐渐得到更低的价格。这些新的竞争要素和产品特征使得计算机市场进入寡头垄断阶段。每一家公司都敏锐地意识到竞争对手的变化，但是每一家公司仍坚持为每个客户专门设计硬件和软件。虽然计算机体积变得越来越小，但当客户需要更新机器时仍需要找生产商。然而，由于计算机价格在新环境下不断降低，更换厂商的成本也在降低，计算机生产商也意识到这会导致更激烈的竞争。20世纪70年代，低价格和激烈竞争导致计算机行业的利润率下降了20%～40%。

20世纪80年代，日益普及的个人计算机使以前无力购买计算机的中小型企业也用上了计算机。随之而来的是工作站和小型机的诞生。虽然20世纪70年代利润率开始下降，但在80年代仍然很高，吸引了新的创业者。80年代计算机市场趋向垄断竞争。大公司和许多小公司生产不同型号的计算机。计算机成为众多家庭和小企业买得起的产品。随着越来越多的公司进入市场，利润率大幅下降，一些公司开始开放系统，使许多零部件可以在不同机器之间互换。公司仍有利润，但利润率已经降到 10%～20%。

20 世纪 90 年代，计算机生产商曾试图通过差异化产品来保持利润率。这种策略很难成功，因为 90 年代计算机系统的开放导致了计算机行业所有技术的标准化。到 21 世纪初，个人计算机的许多部件已经能够在市场上购买。之后，计算机生产商只能使用价格来区分其产品，这加剧了价格竞争并显著地降低了其利润，影响了戴尔和 Gateway 等公司的发展。到 2010 年，竞争力的改变导致一些公司不得不放弃直销方式，转向通过零售商来分销产品。利润的变化促进了行业内企业的退出和整合，据之可以预测未来计算机行业的市场结构变化趋势。

资料来源：Statista, "Quarterly Market Share of Personal Computer（PC）Shipments Worldwide from 2011 to 2019, by Vendor," 2019; Roger Kay, "The PC Industry Is Digging Its Own Grave," *Forbes*, April 2013; "Gateway CEO Out after Profit Miss," *Ecommerce Times*, November 26, 2006; Simon Forge, "Why the Computer Industry Is Restructuring Now," *Futures* 23（November 1991），pp. 960–77; annual reports of the companies.

 开篇案例解读

T-Mobile 和 Sprint 公司的合并案已经准备了很长时间，但因为市场集中问题遭到了反垄断机构的细致审查。本章讨论了美国联邦贸易委员会和司法部的横向并购指南，指南强调，当 HHI 超过 2 500、并购导致的 HHI 的增加值超过 200 时，美国反垄断机构就会干预并购行为。根据相关资料，目前无线通信市场上四家最大企业的 HHI 值，并购前至少是 2 796，并购后将提高到 3 244。两家公司应该能够想到，司法部极有可能阻止并购，两家公司为此也做了大量准备来证明并购并不会有损消费者利益。公司提供了相关证据，司法部［联合美国联邦通信委员会（FCC）和联邦反垄断机构］也进行了细致审查，在两家公司宣布并购的两年之后，并购最终获得了批准。

小 结

本章强调不同行业有不同的市场结构，并且需要不同的管理决策。行业结构及管理者决策依赖于行业内企业的数量、需求和成本结构、信息可获性以及行业内其他企业的行为。

前四家企业集中度比率（CR_4）是度量市场结构的方法。若 CR_4 为 1，该行业属垄断或垄断寡头行业；若 CR_4 为零，该行业是一个竞争性行业。HHI 是另一种度量市场结构的工具，其取值范围在 0～10 000 之间。若 HHI 为零，这是一个完全竞争行业；若 HHI 为 10 000，则是一个垄断市场。注意，这些指数必须与其他信息（如市场是否为地方性市场，是否与外国企业竞争）结合使用。

勒纳指数、R 指数和 DW 指数等其他统计量为管理者提供了有关企业成本、需求状况的信息。一个行业的勒纳指数越大，该行业内的企业对其产品的溢价权就越大。

本章数据揭示了不同行业在广告和研发等活动上的差异。本书后续章节将阐释产生这些差异的原因以及不同市场结构下的最优决策。下一章研究完全竞争、垄断与垄断竞争条件下的管理决策。

概念题和计算题

1. 有十家企业在市场上出售某产品，所有企业销售该产品的总销售额为 3 000 000 美元。按销售额由高到低排序，我们发现前四家企业的销售额分别是 425 000 美元、385 000 美元、320 000 美元和 290 000 美元。计算该产品所在市场中前四家企业集中度比率。

2. 某行业由三家企业组成，它们的销售额分别为 225 000 美元、45 000 美元和 315 000 美元。

(1) 计算 HHI。

(2) 计算前四家企业集中度比率。

(3) 根据本章中所描述的美国联邦贸易委员会和司法部的横向并购指南，当销售额为 225 000 美元和 315 000 美元的两家企业进行横向并购时，你认为司法部会阻止吗？

3. 假设零售汽油的市场需求价格弹性为 −0.8，R 指数为 0.5，一个典型的汽油零售商每年的销售额为 150 万美元。该零售商的产品需求价格弹性为多少？

4. 某企业的销售额为 160 万美元，勒纳指数为 0.55，边际成本为 45 美元，相关市场上有 1 000 家企业竞争。

(1) 该企业应该定怎样的价格？

(2) 哪些因素使该企业把价格定在边际成本之上？

(3) 你认为该企业的市场份额有多大？请解释。

5. 请评价以下观点："管理者应该专注于获取在某一特定市场结构中经营的必需工具。也就是说，管理者应该专注于管理一个完全竞争企业、垄断企业、垄断竞争企业或寡头垄断企业。"

6. 某行业的 HHI 为 2 900，两家企业合并后该指数预计会增加 225。在什么条件下，司法部可能会允许该行业中的这两家企业合并？

7. 两家企业在合并前的市场份额均为 30%，仅凭这一信息，司法部的一位经济学家就确定，如果批准合并，合并后的 HHI 将增加 1 800。在不知道其他公司市场份额的情况下，该经济学家为什么能得出这一结论？根据这个信息，你能否推导出一般原则，用来解释两家企业合并时 HHI 会受到怎样的影响？［提示：比较 a^2+b^2 和 $(a+b)^2$］

8. 有一家公司所处的市场上价格竞争非常激烈。要进入该市场必须获取相应的技术，但这得付出较高的固定成本，因此市场上只存在少数几家企业。该市场上所出售的产品中有 70% 受 8 年的专利保护。这个行业是否符合经济学家所定义的完全竞争市场？

9. 根据给出的信息，判断以下行业是否具有完全竞争、垄断、垄断竞争或寡头垄断的特点。

(1) 行业 A 的前四家企业集中度比率为 0.005%，HHI 为 75。一个代表性企业的勒纳指数为 0.45，R 指数为 0.34。

(2) 行业 B 的前四家企业集中度比率为 0.000 1%，HHI 为 55。一个代表性企业的勒纳指数为 0.003 4，R 指数为 0.000 23。

(3) 行业 C 的前四家企业集中度比率为 100%，HHI 为 10 000。一个代表性企业的勒纳指数为 0.4，R 指数为 1.0。

(4) 行业 D 的前四家企业集中度比率为 100%，HHI 为 5 573。一个代表性企业的勒纳指数为 0.43，R 指数为 0.76。

10. 行业 X 和行业 Y 的前四家企业集中度比率分别为 81% 和 74%，相应的 HHI 分别为 3 100 和 1 600。行业 X 的 DW 指数为 0.7，而行业 Y 的 DW 指数为 0.55。根据这些信息，是行业 X 产量的少量增加还是行业 Y 产量的少量增加将促进社会福利的增加？

问答题和应用题

11. 假设你在华尔街的一家公司就职，专门从事合并工作。作为团队领导，你目前负责美国两家啤酒制造商的合并申报。根据表 7-2 中的数据，美国所有啤酒商的前四家企业集中度比率为 90%。你的团队所提交的报告指出，尽管这两家制造商各占 15% 的市场份额，但本项合并不违背反垄断法。请提供你的报告大纲。

12. Forey 公司处在一个有许多企业的高度竞争的行业中。在过去的十年里，有几家公司进入这个行业，Forey 公司的投资得到的回报大致相当于实际利率。此外，前四家企业集中度比率和 HHI 都很小，但 R 指数显著大于零。根据这一信息，哪种市场结构最好地描述了 Forey 公司所在的行业？请解释。

13. 像棒约翰（Papa John's）、达美乐（Domino's）及 Pizza Hut 这样的公司所销售的比萨饼和其他产品都各具特色。许多地区的比萨饼连锁店正是因为产品独特，才能将产品价格定得高于边际成本。根据这些信息，你认为这个行业是垄断、完全竞争、垄断竞争还是寡头垄断的行业？运用结构—行为—绩效的因果观来解释比萨饼市场上的产品差异化，然后用批评观点进行解释。

14. 按照美国联邦贸易委员会和司法部的横向并购指南，以下哪种行为最有可能被审查？

（1）两家主要的网络服务和零售商亚马逊与 eBay 的合并。

（2）烟草生产商菲利普·莫里斯和啤酒生产商摩森康胜（Molson Coors Brewing Company）的合并。

（3）大型飞机制造商洛克希德·马丁公司（Lockheed Martin）和美国钢铁公司（United States Steel）的合并。

15. Nationwide 银行正在与 Hometown 银行洽谈合并。下表列出了该地区的银行的销售额。使用此信息计算前四家企业集中度比率和 HHI。根据美国联邦贸易委员会和司法部的横向并购指南，你认为司法部会阻止这次合并吗？

银行	销售额（百万美元）
兆丰银行（Mega Bank）	1 100
花旗银行（City Bank）	950
Nationwide 银行	845
大西洋储蓄银行（Atlantic Bank）	785
Bulk 银行	665
Metropolitan 银行	480
美国银行（American Bank）	310
Hometown 银行	260
Urban 银行	140

16. 假设菲亚特公司（Fiat）最近签订了一项协议，计划以 43 亿美元并购 Case 公司。在并购前，四轮驱动拖拉机市场上有五家公司。市场高度集中，HHI 为 3 150。Case 的市场份额为 12%，而菲亚特的市场份额仅为 7%。如果获得批准，并购后的 HHI 会增加多少？根据此信息，你认为美国司法部会禁止合并吗？请解释。

17. 假定你的分析团队为两个产业估计了其市场的需求价格弹性 E_T 和代表性企业的需求价格弹性 E_F。对于农业，$E_T=-1.8$，$E_F=-96.2$；对于通信和公用设施业，$E_T=-1.2$，$E_F=-1.8$，利用这些弹性计算每个产业的 R 指数，根据计算结果说明哪个产业更接近完全竞争，哪个产业更接近垄断。

18. 不久前，辉瑞（Pfizer）与艾尔建（Allergan）同意以 1 600 亿美元合并。制药公司在研发上的花费占销售额的比例比其他行业高。美国政府通过食品药品监督管理局授予药品专利权来鼓励研发活动。比如，艾尔建花了大笔资金开发其广受欢迎的肉毒杆菌素保妥适，该药目前受到专利保护。保妥适的售价为每瓶 15 美元。如果生产保妥适的边际成本是每瓶 1.5 美元，请计算勒纳指数。在这种情况下，勒纳指数有意义吗？请解释。

19. 2006 年，美国有五家公司生产数码相机：佳能、索尼、柯达、奥林巴斯（Olympus）和三星。这五家公司的市场总份额为 60.9%。其中排名第一的佳能的市场份额为 18.7%，佳能相机的需求价格弹性是-4.0，市场需求弹性是-1.6。假设在 2006 年，每部佳能相机的平均售价为 240 美元，边际成本为 180 美元。根据这些信息，分析数码相机行业的集中度、需求和市场条件，以及佳能在 2006 年的定价行为。你认为当前的行业环境完全不同吗？请解释。

20. Del Monte 公司在美国食品加工行业有悠久的历史。它以包装罐头水果和罐头蔬菜出名。它成功的部分原因是收购其他品牌的罐头水果和罐头蔬菜。假设 Del Monte 公司继续通过收购扩张其业务，下表总结了潜在的收购目标。作为 CEO 的横向并购顾问，你的任务是指导决策过程。基于表中的信息，与其中一个公司的横向并购能通过美国政府的审查并提高 Del Monte 公司的业绩吗？证明你的结论。

公司	产品线	利润占销售额的百分比	CR₄	HHI	R 指数	勒纳指数	DW 指数
联合利华（Unilever）	个人护理	5.2	24.1%	874	0.11	0.94	0.01
TricorBraun	食品罐头	6.8	32.7%	1 065	0.64	0.67	0.40
Goya	罐装番茄	7.1	86.3%	3 297	0.74	0.32	0.66
都乐（Dole）	罐装菠萝	8.7	94.2%	5 457	0.76	0.14	0.72

21. 2007 年 1 月，XM 公司已经拥有 58% 的卫星广播用户，Sirius 公司拥有剩余的 42% 的市场。尽管它们在卫星广播市场占有主导地位，但两家公司都发生了亏损。2008 年，司法部决定不禁止合并，于是这两家公司合并成立 Sirius XM 公司。如果你是 Sirius XM 公司的经济顾问，你会提交给司法部什么经济论据以说服它不禁止合并？请解释。

22. 最近，美国联邦通信委员会（FCC）实施了"本地号码可转移"的规定，允许移动电话用户更换在同一地区的供应商，并保留原来的电话号码。你认为这一规定会影响移动服务行业的 R 指数吗？

选读材料

Conant, John L., "The Role of Managerial Discretion in Union Mergers." *Journal of Economic Behavior and Organization* 20(1), January 1993, pp. 49–62.

Dansby, R. E., and Willig, R. D., "Industry Performance Gradient Indexes." *American Economic Review* 69, 1979, pp. 249–60.

Davis, Douglas D., and Holt, Charles A., "Market Power and Mergers in Laboratory Markets with Posted Prices." *RAND Journal of Economics* 25(3), Autumn 1994, pp. 467–87.

Golbe, Devra L., and White, Lawrence J., "Catch a Wave: The Time Series Behavior of Mergers." *Review of Economics and Statistics* 75(3), August 1993, pp. 493–99.

Hirschman, Albert O., "The Paternity of an Index." *American Economic Review* 54(5), September 1964, p. 761.

Johnson, Ronald N., and Parkman, Allen M., "Premerger Notification and the Incentive to Merge and Litigate." *Journal of Law, Economics and Organization* 7(1), Spring 1991, pp. 145–62.

Kim, E. Han, and Singal, Vijay, "Mergers and Market Power: Evidence from the Airline Industry." *American Economic Review* 83(3), June 1993, pp. 549–69.

Lerner, A. P., "The Concept of Monopoly and the Measurement of Monopoly Power." *Review of Economic Studies*, October 1933, pp. 157–75.

O'Neill, Patrick B., "Concentration Trends and Profitability in U.S. Manufacturing: A Further Comment and Some New (and Improved) Evidence." *Applied Economics* 25(10), October 1993, pp. 1285–86.

Rothschild, K. W., "The Degree of Monopoly." *Economica* 9, 1942, pp. 24–39.

"Symposia: Horizontal Mergers and Antitrust." *Journal of Economic Perspectives* 1(2), Fall 1987.

第 **8** 章 完全竞争、垄断与垄断竞争市场的管理

→ **学习目标**

学完本章，你将能够：

1. 识别完全竞争、垄断竞争与垄断的特征和划分依据。

2. 明确垄断势力的来源及获取方式。

3. 运用边际原理确定利润最大化价格和产量。

4. 揭示产品的需求弹性与边际收益的关系。

5. 解释长期调整对完全竞争、垄断、垄断竞争厂商的影响；讨论各种市场结构对社会福利的影响。

6. 决定短期亏损企业应该继续生产还是停产。

7. 描述边际成本、完全竞争厂商的短期供给曲线、完全竞争行业的供给之间的关系；解释为什么具有市场势力的厂商不存在供给曲线。

8. 计算拥有两家工厂的厂商的最优产量；确定拥有市场势力的厂商的最佳广告投入量。

开篇案例　　　　　　**麦当劳增加新口味：精品咖啡**

　　麦当劳宣布在其美国所有餐厅内推出麦咖啡，先期上线的产品包括卡布奇诺、拿铁、冰镇咖啡。一些分析师提出质疑，麦当劳在美国经济衰退期间推出新的特色饮品线，这是一个正确的时机吗？然而麦当劳很快使其在美国咖啡市场的份额增长了 3 倍。

　　麦当劳为什么会推出这一项目？什么原因使它成功？麦当劳的新产品线能否对其盈利

能力产生持久影响？请解释。

资料来源：J. Adamy, "McDonald's Coffee Strategy Is a Tough Sell," *The Wall Street Journal*，October 27，2008；M. Brandau, "McDonald's McCafé: An Evolution," *Nation's Restaurant News*，August 16，2011；www. mcdonalds. com/mccafe.

➡ 8.1 导 言

第 7 章重点研究了行业的性质，并解释了行业的区别主要表现为结构、行为和绩效方面的不同。本章将描述完全竞争、垄断和垄断竞争市场中企业的最优价格、产量和广告决策。第 9 章和第 10 章将分析寡头垄断下的决策，第 11 章将深入分析定价策略，模块组 A 将重点考察复杂的商业策略。理解了这些章节的知识，你就能够应对现实环境中的企业管理。

首先对某行业中管理者的产量决策进行分析，从最简单的情况入手有助于阐释决策逻辑。最简单的情况是，管理决策对市场价格不会产生显著影响。因此，本章先分析完全竞争市场的产量决策，然后分析有市场势力的厂商（垄断和垄断竞争市场）的产量决策。本章内容是后续分析的基石。

➡ 8.2 完全竞争

首先分析**完全竞争市场**（perfectly competitive market）中的产量决策。完全竞争的基本特征如下：

1. 市场上有众多买者和卖者，它们相对于市场来说都很"小"。
2. 每个厂商生产同质（相同）的产品。
3. 买者和卖者获得完全市场信息。
4. 市场中没有交易成本。
5. 可以自由进出市场。

总之，上述前四个假设表明没有哪个厂商可以影响产品的价格。存在众多厂商且每个厂商生产同质产品，这意味着消费者可以将所有厂商的产品视为完全相同的替代品。因为所获得的信息完备，消费者了解每个厂商产品的质量和价格，没有交易成本（比如去商店的交通成本）。如果某厂商产品的价格略高于其他厂商，消费者将放弃该厂商产品而转向购买其他厂商的低价格产品。因此，在完全竞争市场中，所有厂商的产品价格相同——该价格取决于市场上所有买者和卖者的相互作用。

自由进出的假设表明，如果市场上存在经济利润，新厂商可以进入；如果面临亏损，厂商也可以选择退出。这意味着完全竞争市场中厂商的长期经济利润为零。

完全竞争市场的典型例子是农业市场。农业市场上存在大量农场主和牧场主，任何一个农场主相对于整体市场都非常渺小，他们无法对玉米、小麦、猪肉或牛肉的价格产生显著影响；而且农产品几乎是同质的（农场主琼斯和史密斯种植的玉米几乎没有差别）。计算机软件和存储芯片的零售邮购市场也接近完全竞争，如计算机杂志上有数百家零售商提供计算机产品邮购，每个零售商销售的是同品牌的软件包和存储芯片，给定产品的定价也相同。这个市场几乎没有价格差异的原因在于，如果一个邮购零售商要价高于其他竞争者，消费者会从其他零售商那里购买。

8.2.1 市场需求和厂商需求

在完全竞争市场，任何一个企业都无法左右价格；价格取决于市场中所有的买者和卖者的共同作用。每个企业只能接受市场定价，否则消费者将从低价厂商处购买。完全竞争市场中的管理者制定利润最大化的产量决策时，首先要了解整个市场的需求和单个厂商的需求之间的关系。

完全竞争市场的价格由市场供给曲线和市场需求曲线共同决定。因为市场供给曲线和市场需求曲线取决于所有买者和卖者，所以市场价格不受单个厂商的控制。也就是说，因为单个厂商相对于市场很"小"，所以它对市场价格没有显著影响。

图8-1揭示了市场需求曲线和**厂商需求曲线**（firm demand curve）的区别。如左图的市场均衡价格 P^e 由市场供给曲线和市场需求曲线共同作用决定。对于单个厂商来说，它可以按照价格 P^e 销售任何数量的产品，因此单个厂商的需求曲线是右图中的水平直线（标记为 D^f）。单个厂商需求曲线具有完全弹性，说明如果厂商价格高于市场价格将销售不出去产品。因此，完全竞争市场中单个厂商产品的需求曲线就是市场价格。

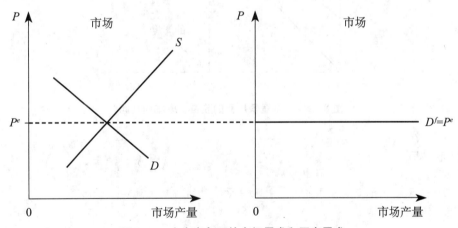

图8-1　完全竞争下的市场需求和厂商需求

既然完全竞争市场上单个厂商产品的需求曲线是完全弹性的，那么单个厂商的价格决策毫无价值：它的定价等于行业中其他厂商的定价。因此，只能考虑产量决策以实现利润最大化。

8.2.2 短期产量决策

短期指存在固定生产要素的期间。假如一栋大楼的租金为每年10 000美元。在短期（即一年）中租金成本固定不变，无论厂商的产量是多少都必须支付。从长期来看（一年租约到期后）租金成本可变，该厂商可以决定是否继续租用此大楼。为了实现短期利润最大化，管理者须在给定的固定投入（即固定成本）下，改变可变投入并制定产量决策。下面描述完全竞争厂商利润最大化的产量决策。

利润最大化

在完全竞争市场，单个厂商的需求曲线就是产品的市场价格（标记为 P）。假如用 Q 代表厂商产量，产量为 Q 单位时厂商总收益 $R = PQ$。因为每单位产量只能以市场价格 P 销售，所以每单位产品所增加的收益为 P。完全竞争厂商的收益和产量之间存在线性关系，见图 8 - 2。**边际收益**（marginal revenue）是最后一单位产量带来的收益变化，即收益曲线的斜率。完全竞争厂商的边际收益就是市场价格。

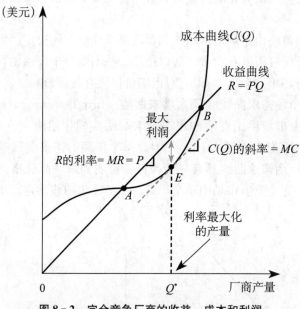

图 8 - 2　完全竞争厂商的收益、成本和利润

微积分表达式

边际收益是收益函数的导数。假定收益与产量的函数关系如下：

$$R = R(Q)$$

那么

$$MR = \frac{\mathrm{d}R}{\mathrm{d}Q}$$

原　理　　　　　　　完全竞争厂商的需求

完全竞争厂商的产品需求曲线是一条等于市场价格的水平线。这个价格也是完全竞争厂商的边际收益。

$$D^f = P = MR$$

微积分表达式

　　边际收益是收益函数的导数。假设完全竞争厂商的收益函数为：

$$R = PQ$$

P 为市场均衡价格。因此

$$MR = \frac{\mathrm{d}R}{\mathrm{d}Q} = P$$

　　完全竞争厂商的利润等于收益与成本之差：

$$\pi = PQ - C(Q)$$

　　如图 8-2 所示，利润由成本曲线［图 8-2 中的 $C(Q)$］与收益曲线之间的垂直距离决定。注意，若产量水平位于点 A 左侧，则成本曲线高于收益曲线，说明厂商生产点 A 左侧的任何产量都将亏损。同样，点 B 右侧的产量也会产生亏损。

　　在点 A 和点 B 之间的产量水平，收益曲线高于成本曲线，说明这些产量将产生正利润。利润最大化产量是收益曲线和成本曲线之间垂直距离最大时的产量水平——图 8-2 中的产量水平 Q^*。

　　利润最大化产量对应于一个重要的几何属性，如图 8-2 中利润最大化产量 Q^* 对应的成本曲线斜率（点 E）恰好等于收益曲线斜率。成本曲线的斜率是边际成本，收益曲线的斜率是边际收益。因此，利润最大化产量即边际收益等于边际成本时的产量。完全竞争厂商的边际收益等于市场价格，管理者要实现利润最大化，必须使市场价格等于边际成本。

　　图 8-3 以另一种方式表达完全竞争产量法则，图中描绘了标准成本曲线和边际成本曲线。若市场价格为 P^e，其与边际成本曲线相交于产量 Q^*，因此 Q^* 为利润最大化的产量。若产量低于 Q^*，价格高于边际成本，扩大产量可以按边际成本的价格销售更多产品。因此，追求利润最大化的厂商不会选择低于 Q^* 的产量水平。当产量高于 Q^* 时，边际成本高于价格，此时降低产量导致成本的减少大于收益的减少。因此，Q^* 是利润最大化的产量。

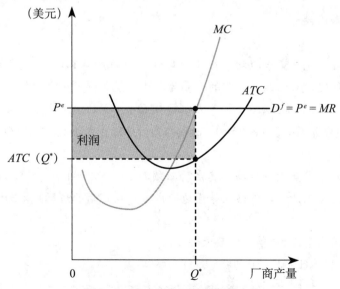

图 8-3　完全竞争下的利润最大化

图 8-3 中的阴影矩形是厂商的最大利润。注意，阴影矩形的面积等于底（Q^*）乘以高 $[P^e - ATC(Q^*)]$。ATC 为平均总成本。阴影矩形的面积为：

$$Q^* \left[P^e - \frac{C(Q^*)}{Q^*} \right] = P^e Q^* - C(Q^*)$$

这正是厂商利润。$[P^e - ATC(Q^*)]$ 代表每单位产量带来的利润，乘以利润最大化时的产量 Q^*，就是厂商赚取的总利润。

原　理　　　　　　　　　　　　　　**完全竞争产量法则**

为实现利润最大化，完全竞争厂商的产量应保证价格等于边际成本：

$$P = MC(Q)$$

微积分表达式

完全竞争厂商的利润为：

$$\pi = PQ - C(Q)$$

实现利润最大化的一阶条件是边际利润为零：

$$\frac{d\pi}{dQ} = P - \frac{dC(Q)}{dQ} = 0$$

厂商在完全竞争市场中的最大化利润法则为：

$$P = \frac{dC}{dQ}$$

亦即　　　$P = MC$

➡例题 8-1

某厂商的成本函数为：

$$C(Q) = 5 + Q^2$$

如果该厂商处于完全竞争市场，行业中其他厂商的产品都以 20 美元的价格销售，该厂商的产品应如何定价？利润最大化的产量为多少？能获得多少利润？

［提示：一个三次成本函数 $C(Q) = f + aQ + bQ^2 + cQ^3$ 的边际成本函数为 $MC(Q) = a + 2bQ + 3cQ^2$；本题中 $a=0$，$b=1$，$c=0$，故该厂商的边际成本函数为 $MC(Q) = 2Q$。］

答：

因为该厂商处于完全竞争市场，其定价必须与其他厂商相等，所以产品定价为 20 美元。要获得利润最大化产量，价格应等于边际成本。该厂商的边际成本为 $MC = 2Q$，则

$$20 = 2Q$$

因此，利润最大化产量为 10 单位。最大利润为：

$$\pi = 20 \times 10 - (5 + 10^2) = 200 - 5 - 100 = 95 \text{（美元）}$$

亏损最小化

前文阐释了利润最大化的最优产量。有时短期亏损不可避免。在此分析如何实现短期亏损最小化。如果长期持续亏损，厂商最好选择退出行业。

短期经营亏损　存在固定成本的情况下，假设市场价格 P^e 处于平均总成本曲线之下，但位于平均变动成本曲线之上，如图 8-4 所示。如果该厂商的产量为 Q^* 使得 $P^e = MC$，则亏损为阴影区域。因为价格高于平均变动成本，每单位销售产生的收益大于每单位投入的变动成本，所以短期内厂商应该继续生产（即使出现亏损）。

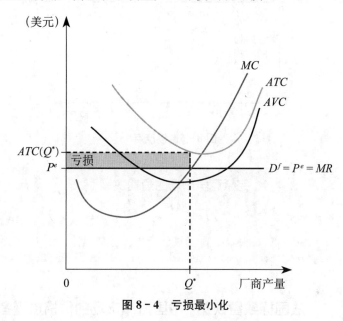

图 8-4　亏损最小化

注意，在图 8-4 中，该厂商即使停止经营也得支付固定成本。因此，厂商不会因零利润而停产，否则将损失整个固定成本。如图 8-4 中的价格高于产量为 Q^* 时的平均变动成本，厂商赚取的单位销售收益足以弥补单位生产成本。通过生产 Q^* 单位产品，厂商可以用超过变动成本的收入弥补固定成本支出。简言之，即使图 8-4 中的厂商遭受短期经营损失，该损失仍小于完全停产所造成的固定成本亏损。

停产决策　假定市场价格低于平均变动成本，如图 8-5 所示。厂商的产量为 Q^* 使得 $P^e = MC$，则产生的亏损为图 8-5 中两个阴影矩形面积之和。即每销售一单位产品，厂商将损失

$$ATC(Q^*) - P^e$$

每单位损失乘以 Q^* 即图 8-5 中两个阴影矩形面积之和。

假定厂商停产而不生产 Q^* 单位的产品，则亏损等于固定成本（即使不生产也须支付）。图 8-5 中最上面的矩形表示固定成本，该矩形的面积为：

$$[ATC(Q^*) - AVC(Q^*)]Q^*$$

因此，当价格低于平均变动成本时，厂商停产（生产零单位产品）的损失小于生产 Q^* 单位产品的损失。由此得出如下原理。

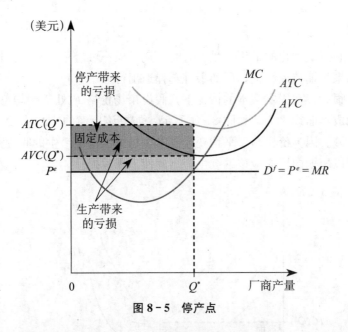

图 8-5 停产点

| 原 理 | 完全竞争市场的短期决策 |

为实现短期利润最大化，当 $P \geqslant AVC$ 时，完全竞争厂商应该在边际成本增长阶段生产，此时 $P = MC$；当 $P < AVC$ 时，厂商应该停产以使亏损最小。

透视商业 8-1   法国标致雪铁龙：中国汽车市场的价格接受者

国际市场的竞争比国内市场更激烈。特别是在发展中国家和地区，价格（而非产品差异化）往往是影响消费者决策的主要驱动力。

2005 年左右，法国汽车制造商标致雪铁龙（Peugeot-Citroën）在中国汽车市场的份额极小——尤其是相对于其在法国和欧洲的市场份额而言。关于中国市场策略，有管理者提到："如果市场价格下跌，我们也将随之调整，但降价幅度不会超过整个市场的降价幅度。"另一位管理者补充说："这是一个非常有竞争力的市场……我们不得不考虑厂家的产能……"

这些言论表明，雪铁龙在中国市场的价格影响力很小；它基本上是中国汽车市场上的价格接受者，无法影响市场价格。如果雪铁龙试图在中国市场提高溢价，它将失去顾客。

作为价格接受者，雪铁龙的主要决策是产量决策——在给定市场价格时生产多少汽车。中国市场的管理者必须确保工厂产能足以供给最优汽车产量。鉴于通用汽车及其他在中国开展业务的汽车制造商实力雄厚，标致雪铁龙的价格势力在很长一段时间内十分有限。

资料来源："Citroën Forecasts Slowdown in Sales Growth in China This Year," *Channel News Asia*, June 9, 2004; "General Motors' China Success," *BusinessWeek*, January 8, 2006. "China: One of the Group's Regions of Development Priority," PSA Peugeot-Citroën website, December 2015; "China Auto Brands Vulnerable to Price Cuts, Group Says," *Bloomberg Businessweek*, June 2015.

➡例题 8-2

　　假设某厂商成本函数为 $C(Q)=100+Q^2$，该厂商处于完全竞争市场且其他厂商的产品都定价 10 美元，厂商应以多大产量实现利润最大化或者损失最小化？此时的利润或损失为多少？

　　答：

　　注意厂商的固定成本为 100，变动成本为 Q^2，这是短期生产决策。若厂商的产量为正，最优产量决策是价格等于边际成本。该厂商的边际成本 $MC=2Q$。令其等于价格，由 $10=2Q$ 得 $Q=5$。生产 5 单位的平均变动成本为 $AVC=5^2/5=25/5=5$。因为 $P \geqslant AVC$，所以该厂商短期内应生产 5 单位，此时最小亏损为：

$$\pi=10 \times 5-(100+5^2)=50-100-25=-75（美元）$$

　　该亏损小于短期内停产导致的 100 美元固定成本损失。

厂商和行业的短期供给曲线

　　了解完全竞争厂商的产量决策后，接下来推导厂商和行业的短期供给曲线。

　　完全竞争厂商的利润最大化产量位于价格等于边际成本处。如图 8-6 中价格为 P_0 时，产量为 Q_0 单位；当价格为 P_1 时，产量为 Q_1 单位；当价格在 $P_0 \sim P_1$ 之间时，产量由价格和边际成本的交点决定。

　　但是当价格位于 AVC 曲线之下时，厂商的产量为零，因为边际收益不能弥补变动成本。因此，完全竞争厂商在任意价格下的产量就是边际成本等于价格的产量水平。为了保证产量为正，价格必须高于平均变动成本曲线。

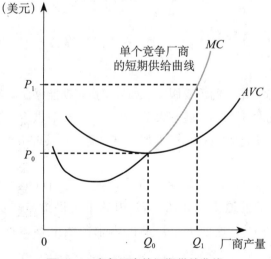

图 8-6　竞争厂商的短期供给曲线

原　理	厂商短期供给曲线

　　完全竞争厂商的短期供给曲线是 AVC 曲线最低点之上的边际成本曲线，见图 8-6。

完全竞争市场（或行业）的供给曲线反映了任意价格水平的市场总产量，这与单个厂商的供给曲线密切相关。给定价格，单个厂商的产量由其边际成本曲线决定，所有厂商边际成本的加总决定了任意价格水平上的行业总产量。具体来说，由于单个厂商的供给曲线是 AVC 曲线最低点之上的边际成本曲线，完全竞争行业的市场供给曲线就是所有厂商各自 AVC 曲线最低点之上的边际成本曲线的水平加总。

图 8-7 描述的是由 500 家厂商构成的完全竞争行业的市场供给曲线（S）与单个厂商供给曲线（MC_i）之间的关系。当价格为 10 美元时，每个厂商的产量为零，行业总产量也为零。当价格为 12 美元时，各厂商的产量为 1 单位，行业总产量为 500 家厂商的总产量——500 单位。需要注意的是，行业供给曲线比单个厂商的供给曲线平坦；行业中厂商越多，市场供给曲线的位置越靠右。

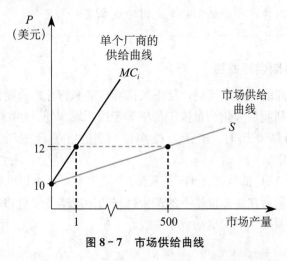

图 8-7　市场供给曲线

8.2.3　长期决策

进出自由是完全竞争市场的重要假设。如果厂商短期能够获取经济利润，长期内将吸引其他厂商进入并瓜分经济利润。随着大量厂商进入，行业供给曲线向右移动。如图 8-8 中从 S^0 移至 S^1，市场均衡价格从 P^0 移到 P^1。这使单个厂商的需求曲线下移，单个厂商的利润降低。

如果完全竞争市场的厂商在短期内遭受亏损，它们可能因无法弥补机会成本而退出该行业。随着厂商的退出，如图 8-8 中的市场供给曲线从 S^0 下降到 S^2，导致市场价格从 P^0 上升到 P^2。这使单个厂商的需求曲线上移，行业内留存厂商的利润增加。

上述过程一直持续到市场价格使市场上所有厂商的经济利润为零，如图 8-9 中的价格 P^e，每个厂商的收入正好弥补产品的平均成本（从长期看无固定成本和变动成本之分），经济利润为零。如果经济利润大于零，其他厂商将进入市场，导致价格下降；如果经济利润小于零，厂商将退出，导致市场价格上涨，直至单个厂商的需求曲线与曲线 AC 相切。

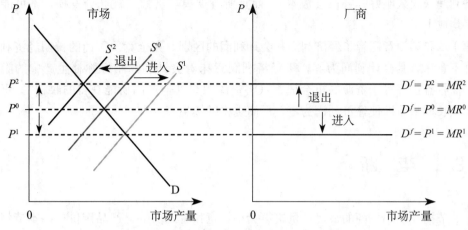

图 8-8 进入和退出：市场需求与厂商需求

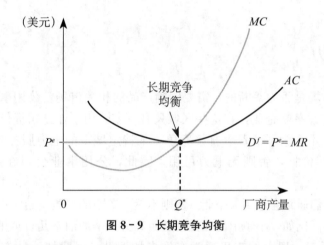

图 8-9 长期竞争均衡

原 理	长期竞争均衡

从长期来看，完全竞争厂商的产量满足：
1. $P=MC$
2. $P=AC$ 的最小值

完全竞争市场的长期均衡有两个重要的福利含义：第一，市场价格等于产品的边际成本。市场价格反映了额外提供单位产量对社会的价值，该价值以市场上所有消费者的偏好为基础。边际成本反映了额外提供单位产量的成本，这是为增加行业产量而需从其他经济部门取得资源的成本。

从社会视角来看，价格等于边际成本非常重要，假设均衡状态的价格高于边际成本——额外提供一单位产量的社会价值超过额外一单位产量所耗费的成本，说明该行业无效率，因为扩大产量可以提高社会福利。完全竞争市场的价格等于边际成本，这是最具社会效率的产量水平。

第二，长期竞争均衡位于价格等于平均成本即曲线的最低点处。这表明不仅厂商获取零经济利润（收入刚好弥补机会成本），而且所有规模经济效益被充分发挥，不可能有更低的平均成本了。

第 1 章和第 5 章阐释了经济利润和会计利润的区别。完全竞争厂商的长期经济利润为零，并不意味着其会计利润为零；零经济利润意味着会计利润刚好弥补生产中的隐性成本。厂商收益正好等于资源的机会成本（将资源用于其他产品所能获得的收益）。正因为如此，从长期来看即使经济利润为零，厂商也将继续生产。

➡ 8.3　垄　断

上一节描述了小厂商的最优产量决策。小，意味着厂商缺乏产品定价权。本节将分析另一种极端情况——垄断。**垄断**（monopoly）指只有一家厂商服务于整个市场，且产品没有近似的替代品。

8.3.1　垄断势力

要确定一个市场是否为垄断的，需要明确产品的相关市场。公用事业（如供水和供电）公司都是地方性垄断企业，在这些区域只有一家公用事业公司提供服务，即使存在类似公司，它们也不会为了消费者直接竞争。某特定城市的电力服务几乎没有替代品，消费者必须接受其价格，否则无电力可用。因此，公用事业公司在当地市场上是垄断者。

谈及垄断，人们通常会想到大企业。实则不然，垄断的本质是给定市场中是否有其他厂商提供类似产品。比如，小镇上的加油站若距离另一个加油站几百英里，那么该加油站就是小镇上的垄断者。但大城市里通常有许多加油站，因此加油站市场就不是垄断市场了。

若厂商是市场上特定产品的唯一提供商，与其他竞争性市场相比，该厂商拥有更大的市场势力。由于市场上只有一个生产商，市场需求曲线就是垄断厂商的需求曲线。完全竞争市场上单个厂商的需求曲线呈完全弹性，而垄断厂商却只有有限的市场势力。

图 8-10 描述了垄断厂商的需求曲线。因为市场上所有消费者需要的产品都来自垄断厂商，所以市场需求曲线 D^M 就是该厂商产品的需求曲线 D^f。若没有法律限制，垄断厂商可以自由定价，但这并不意味垄断厂商能销售任意数量的产品。垄断厂商一旦定价，消费者将决定购买多少。如果垄断厂商的定价较低，为 P^1，消费者的需求量为 Q^1；若垄断厂商的定价较高，为 P^0，需求量将降为 Q^0。

垄断厂商（受消费者需求限制）只能选择市场需求曲线上的价格-数量组合，要么选定价格，要么选定数量，不能兼得。如垄断厂商可以通过降价卖出更多数量的产品。如果定价太高，消费者将什么也不买。

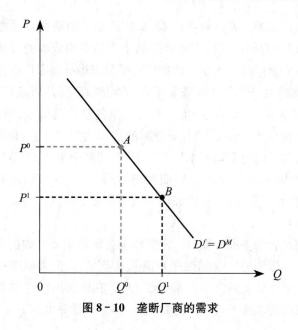

图 8 - 10　垄断厂商的需求

8.3.2　垄断势力的来源

接下来讨论厂商如何获得垄断势力，即为什么垄断厂商没有竞争者。垄断势力主要来源于四个方面，这些因素会产生进入壁垒以阻止其他厂商进入。

规模经济

垄断势力的第一个来源是技术。当长期平均成本随着产量增加而下降时，存在规模经济。当长期平均成本随着产量增加而增加时，则存在规模不经济。许多技术都存在规模经济和规模不经济的范围。如图 8 - 11 所示，当产量水平低于 Q^* 时存在规模经济（ATC 在此范围内下降），当产量水平高于 Q^* 时存在规模不经济（ATC 在此范围内上升）。

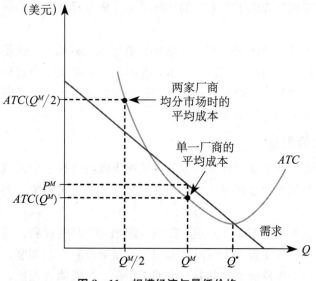

图 8 - 11　规模经济与最低价格

　　由图 8-11 可知，如果一家厂商生产 Q^M 单位产品，则消费者愿意支付的价格为每单位 P^M。由于 $P^M > ATC(Q^M)$，该厂商能够以高于产品平均成本的价格出售产品并获得正的经济利润。假设另一家厂商进入导致两家厂商平分市场（每家厂商生产 $Q^M/2$）。市场总量不变，因此价格保持在 P^M，但是每家厂商仅生产 $Q^M/2$，两家厂商的平均总成本为 $ATC(Q^M/2)$——该成本高于单一厂商生产所有产量的平均总成本，因为市场上存在每家厂商都必须承担的间接成本，每家厂商所分摊的成本大于单一垄断企业垄断生产时的一半。注意图 8-11 中各厂商的平均成本均高于 P^M，即高于生产 Q^M 单位产品时消费者愿意支付的价格，所以市场上若存在两家厂商则将亏损，只有一家厂商能获得正的经济利润——因为单个厂商的产量更高，规模经济导致平均成本降低。由此，规模经济可能导致单个厂商垄断整个市场。

　　在确定一个厂商是否为垄断厂商时，定义相关市场很重要。如前文提及的加油站可能成为小镇上的垄断者（因为另一个加油站距离几百英里），但大城市里的加油站不可能成为垄断者。图 8-11 中小镇上的汽油需求低于 Q^*，在此范围内存在规模经济（产量低于 Q^*）。大城市里的汽油需求高于 Q^*，导致市场上多个加油站共存。

范围经济

　　范围经济指同一厂商生产两种产品的总成本低于由不同厂商分别生产这些产品的成本，即联合生产的产品产量为 Q_1 和 Q_2 时成本更低。制药公司开发新药时通常存在范围经济，因为针对某种疾病的新药开发的突破可以降低其他疾病的新药开发成本。

　　当存在范围经济时，一家厂商生产多种产品是有效率的。虽然多产品厂商较单一产品厂商的市场势力不一定大，但范围经济将促成"更大规模"厂商。这也为大厂商提供了进入资本市场并获得所需的营运资金的机会。相比之下，小厂商获得资本的难度更大，而高资本成本也成为一种进入壁垒。当然在极端情况下，范围经济也能导致垄断势力。

成本互补

　　多产品成本函数中的成本互补指当一种产品的产量增加时，另一种产品的边际成本下降，即产品 2 的产量增加降低了产品 1 的边际成本。成本互补的典型例子如甜甜圈和甜甜圈洞。

　　成本互补的多产品厂商比单一产品厂商具有更低的边际成本。这使多产品厂商较单一产品厂商更具成本优势。因此，当存在成本互补时，厂商必须生产多种产品才能与低边际成本的厂商竞争。多产品厂商较单一产品厂商的资本需求更大，因而限制了小厂商进入市场的能力，极端情况下可能造成垄断势力。

专利和其他法律壁垒

　　上述各种垄断势力皆来源于技术。但某些情况下政府会授予个人或厂商垄断权。如市政府可能阻止其他公用事业公司进入市场与本地公用事业公司竞争。另外，专利制度也会带来潜在垄断势力。

　　专利制度给予新产品发明者在一定时期内独家销售产品的权利。授予发明者以垄断势力的原因是：一项发明需要投入大量时间和资金，如果没有专利制度，一旦该发明成为公共信息，其他厂商就会生产同类产品并与发明者竞争。与发明者相比，其他厂商在产品开发上未投入资源，却获得更高的利润。如果没有专利制度，将造成厂商在新技术和新产品开发方面的激励不足。

其实专利制度很少能造成绝对垄断，竞争者为了分得一杯羹通常会很快开发出类似产品或技术。而且，许多厂商采用不同的研发途径获得与其他专利相似的产品专利。比如两种最畅销的降胆固醇药物——辉瑞公司的 Viagra 和礼来公司（Eli Lilly）的 Cialis 就拥有类似的专利。因此，即使有专利保护，厂商也不能完全规避竞争压力。

透视商业 8-2 **专利、商标与版权的保护**

美国给予发明者三种类型的专利保护：发明专利、外观设计专利和植物专利。其中，发明专利保护可使用、有功能的发明；外观设计专利保护外观创新；植物专利保护那些发现新植物种类或新变种植物的发明者（不包括由块茎繁殖的植物或在非栽培状态下发现的植物）。发明专利和植物专利的保护期为 20 年，外观设计专利的保护期为 14 年。

与专利不同，商标保护那些与产品或服务有关的单词、名称、符号或图像。类似地，版权保护创作者的表达形式（包括文学、戏剧、音乐和艺术作品）。美国专利商标局负责处理专利和商标相关事宜，美国版权局负责处理版权事宜。

资料来源：United States Patent and Trademark Office；United States Copyright Office.

8.3.3 利润最大化

了解了垄断势力及其来源之后，接下来讨论垄断厂商如何利用垄断势力实现利润最大化。假定管理者掌管的是一家垄断厂商，负责制定使得利润最大化的价格和产量决策。

边际收益

假设垄断厂商的产品需求曲线如图 8-12（a）所示。第 3 章介绍了线性需求曲线在价格较高处富有弹性，在价格较低处缺乏弹性。如果垄断厂商的产量为零，其收益也为零。随着产量增加至小于 Q^0，需求富有弹性且产量增加使总收益增加，如图 8-12（b）所示。当产量增加超过 Q^0 后进入缺乏弹性阶段，进一步增加产量导致总收益减少。至点 D 时价格为零，总收益也为零，见图 8-12（b）。总收益在产量为 Q^0 时达到最大，对应的价格为图 8-12（a）中的 P^0，此时需求为单位弹性。

图 8-12（a）中的直线 MR 表明垄断厂商的边际收益。边际收益是最后一单位产量所带来的总收益变化，它是总收益曲线的斜率。如图 8-12（a）所示，垄断厂商的边际收益曲线位于需求曲线下方；考虑线性需求曲线，边际收益曲线正好位于需求曲线与纵轴的中间。也就是说，垄断厂商的边际收益小于产品价格。

用两种方式来解释为什么边际收益曲线位于垄断厂商需求曲线的下方。首先考虑几何解释，图 8-12（b）中的边际收益曲线是总收益曲线 $R(Q)$ 的斜率。随着产量从零增加

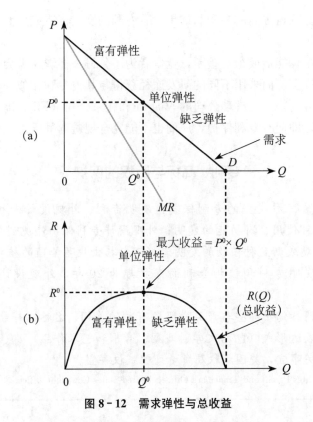

图 8 - 12 需求弹性与总收益

到 Q^0，总收益曲线的斜率随之下降至 Q^0 处变为零。在此范围内，边际收益减少直到斜率为零，产量为 Q^0。当产量超过 Q^0 时，总收益曲线的斜率为负值，产量进一步增加则负值增大，这说明当产量大于 Q^0 时，边际收益为负值。

公式：垄断厂商的边际收益　垄断厂商的边际收益公式如下：

$$MR = P\left(\frac{1+E}{E}\right)$$

式中，E 为垄断厂商产品的需求弹性；P 为产品价格。

微积分表达式

　　垄断厂商的收益为：

$$R(Q) = P(Q)Q$$

对 Q 求导，得

$$\frac{dR}{dQ} = \frac{dP}{dQ}Q + P$$

$$= P\left[\left(\frac{dP}{dQ}\right)\left(\frac{Q}{P}\right) + 1\right]$$

$$= P\left(\frac{1}{E} + 1\right)$$

$$= P\left(\frac{1+E}{E}\right)$$

式中，E 为需求弹性。因为 $dR/dQ=MR$，所以

$$MR = P\left(\frac{1+E}{E}\right)$$

➡例题 8-3

证明以下观点：当需求富有弹性（比如，$E=-2$）时，边际收益为正值但小于价格；当需求为单位弹性（$E=-1$）时，边际收益为零；当需求缺乏弹性（比如，$E=-0.5$）时，边际收益为负值。

答：

将 $E=-2$ 代入边际收益公式，得

$$MR = P\left(\frac{1-2}{-2}\right)=\frac{-1}{-2}P$$

因此，当需求富有弹性时，边际收益为正值并且小于价格。

将 $E=-1$ 代入边际收益公式，得

$$MR = P\left(\frac{1-1}{-1}\right)=0$$

因此，当需求为单位弹性时，边际收益为零。

最后，将 $E=-0.5$ 代入边际收益公式，得

$$MR = P\left(\frac{1-0.5}{-0.5}\right)=P\left(\frac{0.5}{-0.5}\right)=-P$$

即 $MR=-P$。因此，当需求缺乏弹性时，边际收益为负值并且小于价格（本例中边际收益等于负的价格）。

垄断厂商的边际收益小于价格的另一种解释是：假设垄断厂商的产品定价为每单位 4 美元，总收益为 4 美元。当垄断厂商多售出 1 单位产品时，总收益有何变化？答案是总收益增加低于 4 美元。注意，垄断厂商只有降低价格才可能多售出 1 单位产品，如价格从每单位 4 美元下降到 3 美元，即为了多售出 1 单位产品导致第一单位产品的价格从 4 美元降到 3 美元。因此，2 单位产量带来的总收益为 6 美元。多售出 1 单位带来的收益变化为 2 美元，低于该产品的价格。

垄断厂商的产品价格受制于产量，令 $P(Q)$ 表示产量为 Q 单位时消费者愿意支付的价格。与需求曲线不同的是，此时价格表示为产量的函数，该函数称为反需求函数。反需求函数记为 $P(Q)$，表示每单位价格是厂商产量的函数。最简单的反需求函数是线性反需求函数，如下所示：

$$P(Q) = a+bQ$$

式中，a 为大于零的常数；b 为小于零的常数。

边际收益的一般公式对所有需求函数都有效，以下边际收益公式也很有用，该公式适用于线性反需求函数这一特殊情况。

公式：线性反需求函数的 *MR*　对于线性反需求函数 $P(Q)=a+bQ$，其边际收益为：

$$MR=a+2bQ$$

根据线性反需求函数，收益函数为：

$$R(Q) = (a + bQ)Q$$

边际收益为：

$$MR = \frac{dR}{dQ} = a + 2bQ$$

➡ 例题 8-4

假设某垄断厂商的产品的反需求函数如下：

$$P = 10 - 2Q$$

为了售出 3 单位产品，该垄断厂商的最高要价是多少？当 $Q=3$ 时，边际收益是多少？

答：

首先将 $Q=3$ 代入反需求函数（这里 $a=10$，$b=-2$），得到：

$$P = 10 - 2 \times 3 = 4$$

即垄断厂商为售出 3 单位产品能够索要的最高价格为 4 美元/单位。

将 $Q=3$ 代入线性反需求函数的边际收益公式，得出 $Q=3$ 时的边际收益：

$$MR = 10 - 2 \times 2 \times 3 = -2$$

产量决策

收益和成本是利润的两个决定因素。垄断厂商售出 Q 单位获得的收益是 $R(Q) = Q[P(Q)]$，当成本函数为 $C(Q)$ 时，垄断厂商的利润是：

$$\pi = R(Q) - C(Q)$$

图 8-13（a）描绘了典型的收益函数和成本函数。图中收益函数和成本函数之间的垂直距离就是垄断厂商在不同产量时的利润。产量低于点 A 或高于点 B 意味着厂商将面临亏损（因为此时的成本曲线位于收益曲线之上）。产量位于点 A 和点 B 之间，收益曲线位于成本曲线之上，厂商利润为正。

图 8-13（b）描绘了利润函数，即图 8-13（a）中 R 和 C 之间的距离。如图 8-13（a）所示，产量为 Q^M 时利润最大，此产量下收益曲线和成本曲线之间的垂直距离最大。这与图 8-13（b）中的最大利润点一致。利润最大化产量 Q^M 的重要特性是：图 8-13（a）中收益曲线的斜率等于成本曲线的斜率，即产量为 Q^M 时边际收益等于边际成本。

原理   **垄断的产量法则**

垄断厂商为实现利润最大化应该生产 Q^M 单位产品，以保证边际收益等于边际成本：

$$MR(Q^M) = MC(Q^M)$$

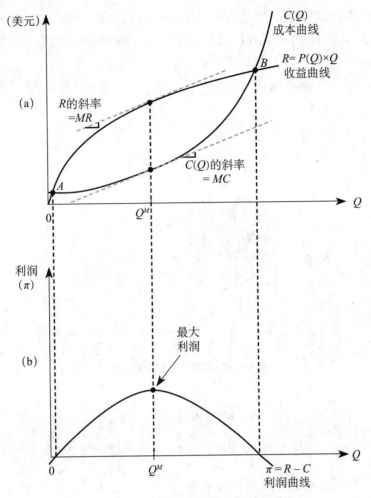

图 8-13 垄断下的成本、收益与利润

微积分表达式

垄断厂商的利润为：

$$\pi = R(Q) = C(Q)$$

式中，$R(Q)$ 为总收益。要实现利润最大化，令边际利润等于零：

$$\frac{\mathrm{d}\pi}{\mathrm{d}Q} = \frac{\mathrm{d}R(Q)}{\mathrm{d}Q} - \frac{\mathrm{d}C(Q)}{\mathrm{d}Q} = 0$$

或　　　$MR = MC$

上述法则背后的经济含义是：若边际收益大于边际成本（$MR > MC$），产量增加所带来的收益增加大于所带来的成本增加，因此，追求利润最大化的垄断厂商应继续扩大生产。若边际成本大于边际收益，产量减少所带来的成本下降将大于所带来的收益减少，因此，利润最大化产量应该在边际收益等于边际成本处。

图 8-14 是垄断厂商的利润最大化产量决策的另一种描述：边际收益曲线与边际成本

曲线在产量为 Q^M 单位时相交，因此 Q^M 为利润最大化的产量。消费者愿意为 Q^M 单位支付的最高价格为 P^M，因此 P^M 就是利润最大化的价格。垄断利润等于图中阴影矩形的面积，即底（Q^M）与高 $[P^M - ATC(Q^M)]$ 的乘积。

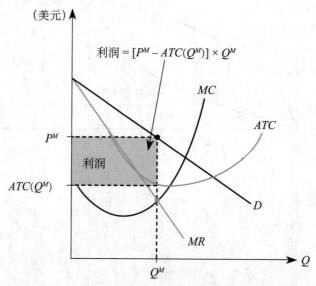

图 8 - 14　垄断下的利润最大化

原　理	垄断的价格法则

　　给定利润最大化产量 Q^M，垄断价格等于需求曲线上 Q^M 单位产量所对应的价格：
$$P^M = P(Q^M)$$

➡例题 8 - 5

　　假设某垄断厂商产品的反需求函数为：
$$P = 100 - 2Q$$
　　成本函数为：
$$C(Q) = 10 + 2Q$$
　　请计算利润最大化的价格、产量以及最大化利润。

答：

　　根据线性反需求函数的边际收益公式和边际成本公式，可以得到：
$$MR = 100 - 2 \times 2Q = 100 - 4Q$$
$$MC = 2$$
令 $MR = MC$ 即可得到利润最大化的产量：
$$100 - 4Q = 2$$
或
$$4Q = 98$$
求解 Q 得到利润最大化产量 $Q^M = 24.5$ 单位。将 $Q = Q^M$ 代入反需求函数，得到利润最大化价格：

$$P = 100 - 2 \times 24.5 = 51（美元）$$

因此，利润最大化价格为每单位 51 美元。利润等于收益和成本之差：

$$\pi = P^M Q^M - C(Q^M)$$
$$= 51 \times 24.5 - (10 + 2 \times 24.5)$$
$$= 1\ 190.50（美元）$$

供给曲线不存在

供给曲线指给定价格下的产量水平。完全竞争厂商根据价格（$P = MC$）确定产量，因此完全竞争市场上存在供给曲线。但垄断厂商根据边际收益（小于价格，$P > MR = MC$）决定产量，这是因为垄断厂商产量的变化将影响价格的变化，由此就无法判断不同价格下垄断厂商的产量决策。事实上，具有市场势力的厂商如垄断厂商所服务的市场是没有供给曲线的。

多工厂决策

上述讨论皆假设垄断厂商在一个地点组织生产。实际上在许多情况下，垄断厂商在不同地点会有不同的分厂。多工厂垄断厂商的管理者的重要任务之一就是确定每个工厂的产量。

假设垄断厂商有两个工厂。工厂 1 生产 Q_1 单位产品的成本为 $C_1(Q_1)$，工厂 2 生产 Q_2 单位产品的成本为 $C_2(Q_2)$。假设两个工厂的产品相同，那么消费者愿意为两个工厂的总产量（即 $Q = Q_1 + Q_2$）支付的价格为 $P(Q)$。利润最大化发生在垄断厂商的每个工厂各自产量所对应的边际成本等于总产量的边际收益处。

原 理　　　　　　　　　　　　**多工厂产量法则**

令 $MR(Q)$ 表示总产量的边际收益，总产量 $Q = Q_1 + Q_2$，假设工厂 1 生产 Q_1 单位产品的成本为 $MC_1(Q_1)$，工厂 2 生产 Q_2 单位产品的成本为 $MC_2(Q_2)$。垄断厂商要通过两个工厂实现利润最大化，两个工厂的产量分配应该满足：

$$MR(Q) = MC_1(Q_1)$$
$$MR(Q) = MC_2(Q_2)$$

微积分表达式

假定利润为：

$$\pi = R(Q_1 + Q_2) - C_1(Q_1) - C_2(Q_2)$$

利润最大化一阶条件为：

$$\frac{\mathrm{d}\pi}{\mathrm{d}Q_1} = \frac{\mathrm{d}R(Q_1 + Q_2)}{\mathrm{d}Q_1} - \frac{\mathrm{d}C_1(Q_1)}{\mathrm{d}Q_1} = 0$$

$$\frac{\mathrm{d}\pi}{\mathrm{d}Q_2} = \frac{\mathrm{d}R(Q_1 + Q_2)}{\mathrm{d}Q_2} - \frac{\mathrm{d}C_2(Q_2)}{\mathrm{d}Q_2} = 0$$

多工厂产量决策与所有的利润最大化原理完全一致。如果一个工厂的边际收益大于边际成本，那么，扩大该工厂的产量将使厂商的收益增加大于成本增加。随着产量不断增加，边际收益将下降，最终到达边际收益等于边际成本处。

多工厂利润最大化的条件如下：

$$MC_1(Q_1) = MC_2(Q_2)$$

对上述公式进行简单的解释：如果工厂 1 的边际成本低于工厂 2 的边际成本，垄断厂商将增加工厂 1 的产量（减少工厂 2 的产量），由此可以降低成本。随着工厂 1 的产量不断增加，工厂 1 的边际成本将不断提高，直至最终等于工厂 2 的边际成本。

➡例题 8-6

假设某垄断厂商产品的反需求函数如下：

$$P(Q) = 70 - 0.5Q$$

该厂商有两个工厂。工厂 1 的边际成本为 $MC_1 = 3Q_1$，工厂 2 的边际成本为 $MC_2 = Q_2$。为使利润最大化，每个工厂的产量为多少？产品价格为多少？

答：

为实现利润最大化，该厂商在两个工厂的产量分配须满足：

$$MR(Q) = MC_1(Q_1)$$
$$MR(Q) = MC_2(Q_2)$$

本例中边际收益为：$MR(Q) = 70 - Q$

式中，$Q = Q_1 + Q_2$。将之代入多工厂产量法则的公式，得

$$70 - (Q_1 + Q_2) = 3Q_1$$
$$70 - (Q_1 + Q_2) = Q_2$$

两个方程中有两个未知数，将第一个方程变形为：

$$Q_2 = 70 - 4Q_1$$

代入第二个方程，得

$$70 - (Q_1 + 70 - 4Q_1) = 70 - 4Q_1$$

求解得 $Q_1 = 10$。接下来将 Q_1 的值代入第一个方程，得

$$70 - (10 + Q_2) = 30$$

求解得 $Q_2 = 30$。因此，垄断厂商应该在工厂 1 生产 10 单位产品，在工厂 2 生产 30 单位产品，总产量为 40 单位。

为了得到利润最大化的价格，需要计算消费者愿意为这 40 单位产品支付的每单位最高价格。将 $Q = 40$ 代入反需求函数：

$$P = 70 - 0.5 \times 40 = 50(美元)$$

因此，利润最大化的价格为 50 美元。

8.3.4　进入壁垒

垄断厂商可以获得正的经济利润。如果一个垄断市场存在较高的进入壁垒，将有效阻

止其他厂商进入市场分割利润。因此，只要垄断企业（如制药企业）能够保持其垄断势力，垄断利润将一直存在。但要注意的是，垄断势力并非必然带来正的利润；垄断利润取决于需求曲线与平均总成本曲线的相对位置。如图 8-15 中垄断厂商的经济利润为零，这是因为最优价格恰好等于平均总成本。此外还要强调的是，垄断厂商并非总是盈利，它在短期内也可能亏损。

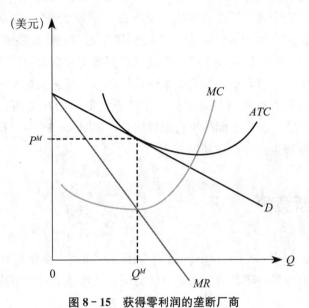

图 8-15　获得零利润的垄断厂商

垄断厂商的垄断势力通常意味着给整个社会带来一定的社会成本。观察如图 8-16 所示的垄断厂商的需求、边际收益和边际成本。本书为了简单起见将这些曲线描绘为产量的线性函数。如图 8-16 所示，垄断厂商利润最大化的产量为 Q^M，定价为 P^M。

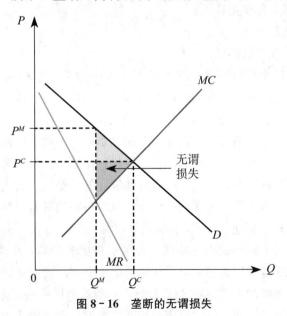

图 8-16　垄断的无谓损失

注意，在图 8-16 中，垄断价格超过了边际成本：$P^M > MC$。市场价格反映了每增加一单位产量给社会带来的价值。边际成本反映了每增加一单位产量所增加的社会资源消耗。当价格高于边际成本时，说明垄断厂商的产量小于社会有效水平，因此社会为额外一单位产量愿意支付的价格高于其生产成本。但是垄断厂商拒绝增加产量，因为垄断厂商的边际收益位于需求曲线下方，多供给产品会减少厂商的利润。

与之相反，给定相同的需求曲线和成本曲线，完全竞争行业的厂商会继续生产，直到价格等于边际成本。完全竞争厂商的最优产量为 Q^C，价格为 P^C，而垄断厂商比完全竞争厂商的产量少、价格高。如图 8-16 所示的阴影部分的面积就是**垄断的无谓损失**（deadweight loss of monopoly），这是由于垄断厂商的产量低于完全竞争厂商的产量而造成的社会福利损失。要理解这一点，请回顾第 2 章讲述的内容，在完全竞争市场上，需求曲线和边际成本曲线之间的垂直距离就是每增加一单位产量带来的社会福利变化。将垄断产量（Q^M）和完全竞争产量（Q^C）之间的垂直距离加总，即图 8-16 中三角形的面积，它显示了由于市场的垄断所产生的社会福利损失。

8.4　垄断竞争

垄断竞争（monopolistic competition）是介于垄断和完全竞争两种极端情况之间的一种市场结构。垄断竞争结构既具有完全竞争的特征，又具有某些垄断特征。

8.4.1　垄断竞争的条件

当市场结构满足以下条件时，为垄断竞争市场：
1. 市场上有许多买者和卖者。
2. 每个厂商提供差异化产品。
3. 可以自由进入或退出市场。

在许多行业中，每个厂商所生产的产品都面临多种近似替代品的竞争。如汉堡包市场，许多快餐店都生产汉堡包，它们的产品可以相互替代，但是每个快餐店的汉堡包又区别于其他快餐店。此外，新厂商进入汉堡包市场比较容易。

垄断竞争与完全竞争的显著差异在于，垄断竞争市场上每个厂商的产品与其他厂商的产品略有不同，这些产品虽然类似但不能完全替代。比如一些消费者更喜欢麦当劳的汉堡包，另一些消费者更喜欢温迪、汉堡王或者其他餐厅的汉堡包。若麦当劳汉堡包的价格上涨，一些消费者会转而购买其他餐厅的汉堡包，也有一些消费者会继续选择麦当劳（即使麦当劳的汉堡包价格高于其他餐厅）。垄断竞争市场的产品呈现不完全替代性，这意味着各厂商面临的是一条向下倾斜的需求曲线。为了销售更多产品，厂商必须降低产品价格。从这个意义上讲，垄断竞争厂商的需求曲线更类似于垄断厂商而非完全竞争厂商。

垄断竞争与完全垄断的不同点在于，第一，垄断竞争厂商的需求曲线虽然向下倾斜，但市场上存在提供类似产品的厂商，而完全垄断市场上只有一家企业提供产品。第二，垄断竞争市场不存在进入壁垒。如果在位厂商获得正的经济利润，新厂商将会进入市场。

8.4.2 利润最大化

在垄断竞争市场上，厂商利润最大化的价格和产量决策与完全垄断市场完全一致。分析图 8-17 中垄断竞争厂商的需求曲线。由于需求曲线向下倾斜，边际收益曲线位于需求曲线下方（与垄断情形下一样）。垄断竞争厂商利润最大化的产量位于边际收益等于边际成本处，见图 8-17 中的 Q^*。利润最大化价格是当厂商的产量为 Q^* 时消费者愿意支付的价格 P^*。厂商的利润为图 8-17 中的阴影区域。

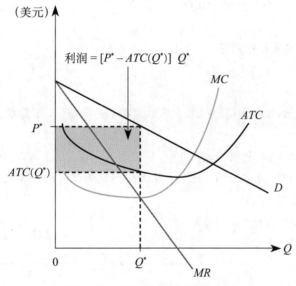

图 8-17　垄断竞争下利润最大化

虽然垄断竞争下与垄断下利润最大化的基本原理一致，但二者之间有一个重要区别：垄断竞争厂商面临的需求曲线和边际收益曲线是基于单个厂商产品的需求，而不是基于产品的市场需求；垄断厂商面临的需求曲线是整个市场的需求曲线。

垄断竞争市场的厂商提供差异化产品，使得行业或市场需求曲线难以界定。市场需求是每一价格水平上所有厂商需求量的加总。由于垄断竞争市场上各厂商的产品不同，需求加总就像把苹果和橘子相加。

原　理　　　　　　　　　　**垄断竞争的利润最大化法则**

　　为了实现利润最大化，垄断竞争厂商按照边际收益等于边际成本来确定产量。利润最大化价格是消费者为利润最大化产量愿意支付的最高价格。利润最大化产量 Q^* 满足以下等式：

$$MR(Q^*) = MC(Q^*)$$

利润最大化价格为：

$$P^* = P(Q^*)$$

➡例题 8-7

假设垄断竞争厂商产品的反需求函数如下：

$$P=100-2Q$$

成本函数给定：

$$C(Q)=5+2Q$$

请计算利润最大化的价格、产量和最大利润。

答：

根据线性反需求函数，得到边际收益公式和边际成本公式：

$$MR=100-2\times 2Q=100-4Q$$

$$MC=2$$

令 $MR=MC$ 得到利润最大化产量：

$$100-4Q=2$$

或 $\qquad 4Q=98$

求解得到利润最大化产量 $Q^*=24.5$ 单位。将 $Q=Q^*$ 代入反需求函数，得到利润最大化价格：

$$P^*=100-2\times 24.5=51 (美元)$$

因此，利润最大化价格为每单位 51 美元。最大化利润为收益和成本之差：

$$\begin{aligned}\pi &=P^*Q^*-C(Q^*)\\ &=51\times 24.5-(5+2\times 24.5)\\ &=1\ 195.50 (美元)\end{aligned}$$

透视商业 8-3　　　**产品差异化、同类竞争和高露洁的口腔护理**

1896 年，高露洁（Colgate）推出了管装牙膏（类似我们今天使用的产品）。如今，高露洁-棕榄公司（Colgate-Palmolive Company）拥有世界上最畅销的牙膏品牌［领先其他主要品牌，包括宝洁 1955 年推出的佳洁士（Crest）品牌］。

高露洁和佳洁士在牙膏市场占有大部分份额。如果你去当地药店或超市，会发现 100 多个品种的牙膏，仅高露洁就销售 40 多种——从史瑞克泡沫水果牙膏到高露洁全效美白牙膏，应有尽有。

为什么像高露洁这样的主导企业要销售如此多种类的牙膏，导致不同品种之间相互竞争？

牙膏市场产品的高度差异化是公司为了提高经济利润而不断尝试引进新品种造成的。在其他品牌（如佳洁士）可以轻易进入有利润的细分市场的情况下，有利的战略就是快速覆盖该细分市场（如引进史瑞克泡沫水果牙膏）来获取短期利润，直到其他厂商进入并瓜分该细分市场。高露洁引进新品种可能会蚕食自己的产品市场，但这总比被其他虎视眈眈的竞争对手瓜分市场好一些。

资料来源：Corporate websites of the Colgate-Palmolive Company and Procter & Gamble and *Hoover's Online*.

8.4.3　长期均衡

由于垄断竞争市场可以自由进入，如果垄断竞争行业的厂商获得了短期利润，就会有新厂商进入市场。同理，如果现有厂商遭受亏损，就会有部分厂商退出该行业。

接下来解释垄断竞争市场进入和退出的影响。假设一家垄断竞争厂商获得了正的经济利润，就会吸引新厂商进入市场并生产与现有厂商略有不同的产品。随着新厂商进入市场，一些消费者会转而购买新厂商的产品，现有厂商会失去一部分市场。

假设某垄断竞争厂商生产 X 品牌产品，其初始需求曲线为图 8-18 中的 D^0，需求曲线位于 ATC 曲线的上方，该厂商获得正的经济利润，这将吸引其他厂商进入该行业。随着新厂商的进入，部分消费者会转而购买新厂商的产品，旧厂商的需求将下降，其需求曲线下降到 D^1。该需求曲线正好与厂商的平均成本曲线相切，导致厂商的经济利润为零，新厂商进入该行业的激励丧失。

如果行业内厂商遭受损失，亏损厂商将退出该行业，造成剩余厂商的产品需求增加，从而增加剩余厂商的利润（或者说减少损失）。当剩余厂商的经济利润为零时，就不会有厂商退出市场了。

垄断竞争行业的长期均衡见图 8-19。每个厂商的经济利润为零且要价超过生产该产品的边际成本。

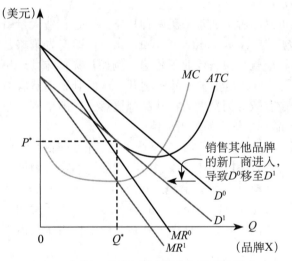

图 8-18　新厂商进入对垄断竞争厂商的影响

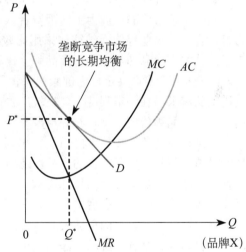

图 8-19　垄断竞争下的长期均衡

原理　　　　　　　　　　　　**长期经营和垄断竞争**

垄断竞争厂商的长期产量符合以下条件：

1. $P > MC$
2. $P = ATC >$ 最小平均成本

与完全垄断一样，在垄断竞争行业中，均衡价格同样高于边际成本，这意味着厂商产

量低于社会有效水平。消费者愿意为额外一单位产量支付的价格高于其生产成本，但厂商因为关注利润而不会增加产量。

当价格等于平均成本时，垄断竞争厂商的经济利润为零。这说明即使垄断竞争厂商有一定的价格控制力，厂商之间的竞争也会导致没有一个厂商能够赚取超额经济利润。

最后需要指出的是，由于长期均衡价格高于平均成本曲线的最低点，厂商在生产中没有充分发挥规模经济优势。这是因为行业内有太多厂商，以至于任何单个厂商无法在生产中充分发挥规模经济优势。也有观点认为，这是产品多样化带来的社会成本——如果市场上的厂商数量少一些，规模经济优势可能被充分利用，这样的话，产品的多样化将受到影响。

8.4.4　产品差异化的含义

完全竞争和垄断竞争的本质区别在于，垄断竞争厂商提供差异化产品。由于垄断竞争行业中存在众多厂商，厂商的价格控制力的唯一来源是消费者对产品差异性的认可。当消费者认为其他厂商的产品不能代替该产品时，该厂商的产品将缺乏弹性。一个厂商的产品越缺乏弹性，获得利润的潜力就越大。

正因为如此，在垄断竞争市场上，许多厂商努力让消费者相信自己的产品优于其他厂商的产品。比如，快餐、牙膏、漱口水、汽油、阿司匹林、汽车蜡等产品有许多生产商，不同生产商的不同品牌产品都是近似替代品。有的生产商甚至会主动引入多种产品，如每个软饮料生产商同时生产多种可乐和非可乐饮料。

垄断竞争行业的厂商为了使消费者认可其品牌，通常采用两种战略。一是花费大量财力打广告战。这些宣传活动往往采用**比较广告**（comparative advertising），即广告策略是为了区分本厂商品牌与竞争厂商品牌。比较广告在快餐行业很普遍。例如，赛百味（Subway）试图将自身产品定位为健康快餐食品以与其他快餐食品区别开，从而刺激消费者对其产品的需求。在一定程度上，比较广告越有效，消费者为特殊品牌愿意支付的金额就越高。这就是**品牌价值**（brand equity）——品牌带给产品的附加值。

二是垄断竞争厂商经常向市场推出新产品以进一步区分自身产品与其他厂商的产品。新产品不仅包括新的或改良的产品，还包括完全不同的产品线。垄断竞争厂商会努力开发或宣传产品以满足市场上的特殊需求，这种战略称为**利基营销**（niche marketing）——产品或服务针对特殊的消费者群体。比如通过**绿色营销**（green marketing），厂商开发和宣传环境友好型产品，试图抓住关心环境问题的消费者，具体做法如在包装上标明玩具由可回收塑料制成、某种品牌的洗涤剂是可降解的等。

遗憾的是，成功的差异化和品牌战略有时会使管理者失去远见。**品牌短视**（brand myopic）的管理者会对现有的产品品牌感到满意，放慢推出新产品的速度，而且不关注新兴行业的趋势和消费者偏好的变化。品牌短视的公司会故步自封，有可能错失提升品牌（进而保护）品牌的机会。例如几十年前，佳洁士通过广告宣传使预防蛀牙的牙膏畅销。然而近几年，清新口气、洁白牙齿和牙龈护理成为消费者关注的焦点。高露洁通过把握消费者偏好的新趋势超越了佳洁士，成为市场上的领导者。

作为一个垄断竞争厂商的管理者，务必记住：如果短期内靠自身产品获得了经济利润，从长期来看必然会有新厂商进入该市场。你可能通过引入新的产品线获得了短期利润，但其他厂商会仿制或者推出新产品，导致你的利润下降为零。

8.5 最优广告决策

为了实现利润最大化，厂商应该投入多少广告费？这个答案部分取决于厂商所处行业的特征。完全竞争市场的厂商发现广告是不能带来利润的，因为消费者掌握完全信息——知道任何一种产品都存在大量替代品。比如，一个小型农场的农场主通过做广告来提高消费者对农场小麦的需求是不可能获利的。但拥有市场势力的厂商（例如垄断厂商和垄断竞争厂商）发现，将部分收入用于广告会带来更大的利润。

与其他所有经济决策一样，最优广告支出同样取决于边际收益和边际成本相等之时：要实现利润最大化，管理者应该增加广告支出，直到广告带来的增量收益等于广告投入的增量成本。广告投入的增量成本就是做广告所耗费的资源的货币成本，包括为额外广告空间支付的费用和为广告活动所投入的人力资源的机会成本。增量收益就是由于广告宣传而给厂商带来的额外收益，包括广告宣传所带来的额外销售量及每单位销售量所带来的收益。通过以下简单公式，管理者可以确定利润最大化的广告投入。

公式：利润最大化的广告支出与销售额的比率 利润最大化的广告支出与销售额的比率（A/R）为：

$$\frac{A}{R} = \frac{E_{Q,A}}{-E_{Q,P}}$$

式中，$E_{Q,P}$表示厂商产品的需求价格弹性；$E_{Q,A}$表示厂商产品的需求广告弹性；A表示厂商的广告支出；$R = PQ$，表示厂商的销售额（即厂商收益）。

微积分表达式

厂商利润等于收益减去生产成本和广告支出。令 A 表示广告支出，$Q = Q(P, A)$ 表示对厂商产品的需求，$C(Q)$ 表示生产成本，则厂商的利润是 P 和 A 的函数：

$$\pi(P, A) = Q(P, A)P - C[Q(P, A)] - A$$

利润最大化的一阶条件为：

$$\frac{\partial \pi}{\partial P} = \frac{\partial Q}{\partial P}P + Q - \frac{\partial C}{\partial Q} \times \frac{\partial Q}{\partial P} = 0 \qquad (8-1)$$

并且

$$\frac{\partial \pi}{\partial A} = \frac{\partial Q}{\partial A}P - \frac{\partial C}{\partial Q} \times \frac{\partial Q}{\partial A} - 1 = 0 \qquad (8-2)$$

注意 $\partial C/\partial Q = MC$ 并且 $E_{Q,P} = (\partial Q/\partial P)(P/Q)$，代入式（8-1），得

$$\frac{P - MC}{P} = \frac{-1}{E_{Q,P}} \qquad (8-3)$$

同样，令 $E_{Q,A} = (\partial Q/\partial A)(A/Q)$，则式（8-2）等价于

$$\frac{A}{R} = \left(\frac{P - MC}{P}\right) E_{Q,A} \qquad (8-4)$$

将式（8-3）代入式（8-4）即得到最上面的公式。

对于以上公式应注意两个方面：第一，消费者对厂商产品的需求越富有弹性，最优广告支出与销售额的比率就越低。在 $E_{Q,P}=-\infty$（完全竞争）的极端情况下，最优广告支出与销售额的比率为零。第二，广告弹性越大，最优广告支出与销售额的比率越大。一般来说，具有市场势力的厂商（例如垄断厂商和垄断竞争厂商）的需求曲线并非完全弹性，因此厂商发现，针对这些产品有一定的广告投入是最好的，但具体应该投入多少取决于广告对需求量的影响。需求对广告越敏感（也就是广告弹性越大），广告支出的增加所带来的额外需求量就越多，最优广告支出与销售额的比率也越大。

➡ **例题 8-8**

假设 Corpus 公司的边际成本固定并在垄断竞争市场上销售产品。为了增加利润，管理者聘请了一位经济学家来分析市场对其产品的需求。该经济学家发现市场对该公司产品的需求是对数线性函数，需求的价格弹性为 -10，需求的广告弹性为 0.2。为了实现利润最大化，该公司的广告支出与销售额的比率应该为多少？

答：

为了求解利润最大化的广告支出与销售额的比率，只需将 $E_{Q,P}=-10$ 和 $E_{Q,A}=0.2$ 代入最优广告支出与销售额比率的公式：

$$\frac{A}{R}=\frac{E_{Q,A}}{-E_{Q,P}}=\frac{0.2}{10}=0.02$$

通过计算，Corpus 公司最优广告支出与销售额的比率为 2%，即要实现利润最大化，该公司应将收入的 2% 用于广告。

✔ 开篇案例解读

开篇案例中的快餐行业具备垄断竞争市场的特征。麦当劳的特许经营者不仅要与汉堡王、温迪竞争，还要和其他许多公司竞争。虽然这些餐饮企业都以合理的价格提供快餐，但它们的产品存在明显差异，产品差异化使这些公司具备一定的市场势力。

开篇案例中讨论的麦咖啡项目只是麦当劳用来区别于竞争者的一种策略。麦当劳希望借此从传统咖啡店和其他快餐店吸引消费者，从而增加对自身咖啡的需求。事实确实如此，麦当劳的咖啡销售额在短期内大幅增长。像麦当劳这样的垄断竞争企业虽然短期内比竞争对手更快地推出新产品并获得了利润，但从长期来看，竞争对手会效仿这种能够带来利润的策略。比如，星巴克收购 La Boulange 品牌，让消费者在购买咖啡时有更多的食品可选择，这明显就是针对麦当劳的。竞争对手的进入有可能减少消费者对麦当劳的食品和咖啡的需求，最终导致长期经济利润为零。类似事件发生在 1978 年，那时麦当劳成功推出蛋挞。其他快餐店推出了新的早餐来应对，最终降低了麦当劳的早餐市场份额及其经济利润。基于这些原因，麦当劳的麦咖啡计划在净收益上不具有持续影响。

小 结

本章分析了完全竞争市场、垄断市场和垄断竞争市场三种不同市场结构中的管理决策。在每一种市场结构中，影响厂商利润的变量不同。管理者务必注意这些决策因素的变化，因为在不同的市场结构中，管理者只能控制或影响某些变量。只有洞察到与特定行业相关的变量，管理者才能作出有效决策，为企业带来更多的利润。

完全竞争市场上的管理者应密切关注生产恰当数量的产品并保持低成本。因为完全竞争市场中存在许多生产完全替代品的厂商，管理者对市场价格没有控制力。相反，垄断市场上的管理者应该注意价格和产量之间的关系。根据边际成本等于边际收益确定产量，垄断厂商的管理者将使利润最大。垄断竞争市场上的管理者亦如此，他们必须定期评估产品，以确保与市场中的其他产品存在差异。在许多情况下，垄断竞争厂商的管理者会发现，不断对产品进行少许改变以提高产品差异化是有益的。

概念题和计算题

1. 下图描述了完全竞争市场上厂商的需求曲线与成本曲线。

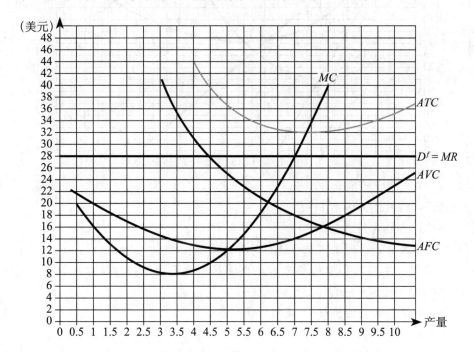

(1) 短期内该厂商的产量应为多少？

(2) 短期内该厂商的定价应为多少？

(3) 在这一产量水平上，该厂商的总成本是多少？

(4) 在这一产量水平上，该厂商的总变动成本是多少？

(5) 在这一产量水平上，该厂商的固定成本是多少？

(6) 在这一产量水平上，该厂商的利润是多少？

(7) 如果停产，该厂商的利润为多少？

(8) 从长期来看，该厂商应该继续生产还是停产？

2. 某厂商的产品在完全竞争市场上出售，该厂商的总成本为 $C(Q)=70+14Q+2Q^2$。市场上其他厂商的定价为每单位110美元。

（1）短期内该厂商的产量应为多少？

（2）短期内该厂商的定价应为多少？

（3）该厂商的短期利润是多少？

（4）从长期来看，该厂商将有何调整？

3. 下图是垄断竞争市场上厂商的需求曲线和成本曲线。

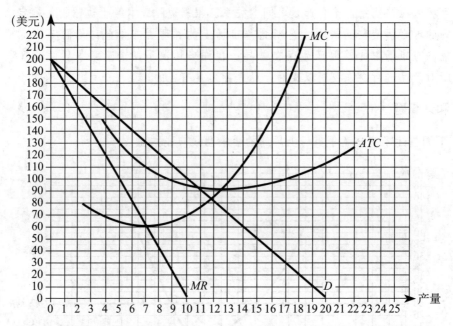

（1）该厂商的最优产量是多少？

（2）该厂商的最优价格是多少？

（3）该厂商的最大利润是多少？

（4）从长期来看，管理者可能会进行怎样的调整？

4. 假如你是一家垄断企业的管理者，企业产品的需求函数和成本函数分别为：$P=300-3Q$ 和 $C(Q)=1\ 500+2Q^2$。

（1）企业利润最大化的价格-产量组合是什么？

（2）最大利润是多少？

（3）在利润最大化的价格-产量组合上，该产品的需求是富有弹性、缺乏弹性还是单位弹性？

（4）企业收益最大化的价格-产量组合是什么？

（5）企业的最大收益是多少？

（6）在收益最大化的价格-产量组合上，该产品的需求是富有弹性、缺乏弹性还是单位弹性？

5. 假如你是某企业的管理者，企业目前根据成本函数 $C(q_i)=160+58q_i-6q_i^2+q_i^3$ 进行生产。结合下列情形确定企业的短期供给函数。

（1）这是一家完全竞争厂商。

（2）这是一家垄断厂商。

（3）这是一家垄断竞争厂商。

6. 下图是垄断厂商的需求曲线、边际收益曲线和边际成本线。

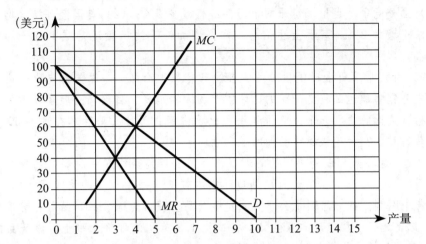

(1) 确定利润最大化的产量和价格。

(2) 若产品面临完全竞争市场，价格和产量是多少？

(3) 计算垄断带来的无谓损失。

7. 某垄断竞争厂商的需求函数和成本函数分别为 $Q = 36 - 4P$ 和 $C(Q) = 4 + 4Q + Q^2$。

(1) 列出产品的反需求函数。

(2) 计算利润最大化的价格和产量。

(3) 计算厂商的最大利润。

(4) 从长期来看，该厂商会如何调整？请解释。

8. 某厂商产品的需求价格弹性为 -4，需求广告弹性为 0.32。

(1) 确定最优广告支出与销售额的比率。

(2) 如果厂商的收益为 30 000 美元，其利润最大化的广告支出为多少？

9. 一家垄断厂商的反需求函数为 $P = 150 - 3Q$。该厂商有两个工厂进行生产：工厂 1 生产的边际成本是 $MC_1(Q_1) = 6Q_1$，工厂 2 生产的边际成本是 $MC_2(Q_2) = 2Q_2$。

(1) 列出垄断厂商边际收益函数的等式（提示：回顾 $Q_1 + Q_2 = Q$）。

(2) 确定每个工厂利润最大化的产量。

(3) 确定利润最大化的价格。

10. 一家当地垄断厂商的管理者估计其产品的需求价格弹性是常数 -4。该厂商的边际成本也是常数，为每单位 25 美元。

(1) 以价格表示该厂商的边际收益函数。

(2) 确定利润最大化的价格。

问答题和应用题

11. 一家汽车制造商的 CEO 无意中听到分厂管理者对公司生产计划的看法："为了利润最大化，我们要在平均总成本曲线的最低点上进行生产。"假如你是 CEO，你会奖励这位分厂管理者还是惩罚他？请解释。

12. 你是美国一家生产钉子的小型企业的管理者，你面对的是完全竞争市场（钉子是一种标准化商品，商店认为你的钉子和其他公司的钉子没有区别）。最近你从贸易杂志上得知：（1）国外竞争者退出，钉子的市场供给将减少 2%；（2）美国经济持续增长，钉子的市场需求将增加 2%。基于上述信息，你将增加钉子的产量还是减少钉子的产量？请解释。

13. 1958 年必胜客开业时提供给消费者的只有一种产品——原味薄皮比萨饼。如今必胜客已经成为销售额达 250 亿美元的比萨饼市场的领军者。目前，必胜客提供六种风味比萨饼，包括铁盘比萨饼、芝士比萨饼和手抛比萨饼等。为什么必胜客在过去 60 多年里不断增加比萨饼种类？讨论该战略长期的盈利性。

14. 你是一家小规模制药公司的管理者，公司三年前获得了一种新药品专利。该药品的销售额很高（去年为 1.5 亿美元）且边际成本较低（每片 0.5 美元），但公司很难从该药品销售中获利。部分原因是公司为开发该药品及获得美国食品药品监督管理局的许可投入了 17 亿美元。一位经济学家估计，在每片 1.5 美元的现价水平上，该药品的需求价格弹性为 -2。怎样才能增加利润？请解释。

15. 美国第二大公用事业公司是佛罗里达州南部 32 个城镇的唯一电力供应商。根据这些城镇的月度电力需求估计，得出反需求函数 $P=1\,200-4Q$。该公司有两家发电厂：发电厂 1 的发电量为 Q_1 千瓦，发电厂 2 的发电量为 Q_2 千瓦（故 $Q=Q_1+Q_2$）。两家发电厂的生产成本分别为：$C_1(Q_1)=8\,000+6Q_1^2$ 和 $C_2(Q_2)=6\,000+3Q_2^2$。请确定两家发电厂利润最大化的发电数量、最优价格和公用事业公司的利润。

16. 你是 College Computers 公司的管理者，公司专为当地大学生提供定制电脑，90% 的客户是大学生（但公司并不是唯一一家为大学生提供定制电脑的生产商）。公司一方面通过传统零售方式与其他生产商竞争，另一方面为了吸引学生在大学生学报上每周发布广告——宣称"免费提供售后服务"，以试图与竞争对手区分开。公司电脑的周需求为 $Q=800-2P$，生产电脑的周成本为 $C(Q)=1\,200+2Q^2$。如果行业内其他厂商的电脑售价为每台 300 美元，要实现利润最大化，公司应该生产多少台电脑？定价为多少？从长期来看，预计会如何调整？请解释。

17. 假设你是一家个人电脑公司的总经理。由于经济软着陆，个人电脑的需求较前些年下降了 50%。公司的销售经理目前只确定了一家潜在客户并为之提供了购买 10 000 台新电脑的报价。据销售经理反馈，客户愿意为 10 000 台电脑每台支付 800 美元。公司目前的生产线是闲置的，可以生产 10 000 台电脑。会计部门提供了生产三种数量个人电脑的单位（或平均）成本的信息，见下表。

	10 000 台	15 000 台	20 000 台
电脑配件（美元）	600	600	600
折旧（美元）	300	225	150
人工成本（美元）	150	150	150
总的单位成本（美元）	1 050	975	900

基于这些信息，你愿意接受以每台 800 美元的价格来生产 10 000 台个人电脑吗？请解释。

18. 假如你是小型制造商 Spacely Sprockets 的管理者，公司生产 A，B 两种型号的螺栓，会计和市场部门向你提供了 A 型螺栓的单位成本和需求信息，见下表。

A 型螺栓的会计数据		A 型螺栓的市场数据	
项目	单位成本（美元）	数量	价格（美元）
原材料和劳动力	2.75	0	10
间接费用	5.00	1	9
总的单位成本	7.75	2	8
		3	7
		4	6
		5	5

在完全竞争市场上，在一定的产量范围内，原材料和劳动力的单位成本是固定的。上表中的间接费用是上个月 10 美元的机器支出由计划的 2 单位产量分摊得到。除了上述信息，你知道公司的装配线最多生产 5 单位螺栓。公司也制造 B 型螺栓，这意味着每一单位 A 型螺栓的生产会减少一单位 B 型螺栓的生产；A 型和 B 型螺栓的生产总数不超过 5 单位。可靠数据表明，生产 A 型螺栓的单位成本和生产 B 型螺栓的单位成本是相同的，每单位 B 型螺栓以 4.75 美元的固定价格出售。确定生产 A 型螺栓的相关边际成本和利润最大化的产量。

19. 在宝洁股东的一份声明中，吉列（Gillette，宝洁旗下品牌）CEO 称："尽管推出了一些新产品，但吉列广告带来的销售量仍在大幅下降……比去年下降 7.5%。事实上，吉列的广告支出是同行业最低的。"如果吉列产品的需求价格弹性和其他同类公司一样（平均为 -4），那么吉列的广告弹性是多少？与其他同类公司相比，吉列的需求对广告更敏感吗？请解释。

20. 美国热轧钢材的现货市场价格最近下跌到每吨 400 美元。一年前，每吨同类钢材为 700 美元。价格大幅下跌的原因包括原油价格下跌、廉价进口增加和产能过剩。供应方面的变化也极大地影响了原钢的价格。假设去年原钢的供给为 $Q^s_{原钢}=600+4P$，今年变为 $Q^s_{原钢}=4\,200+4P$。假定原钢市场是完全竞争的，目前世界范围内对钢材的需求为 $Q^d_{原钢}=9\,000-8P$，分别计算去年和目前钢材市场的均衡价格和产量。假设某代表性钢材厂商的成本函数为 $C(Q)=1\,200+15Q^2$。比较市场上原钢产量的变化与该代表性钢材厂商的原钢产量的变化。你如何解释这种差异？

21. 法国政府宣布计划将国有电力公司 EDF 和 GDF 转变为独立经营的有限公司，分别负责特定区域市场。英国广播公司的新闻报道，法国的 CFT 工会组织大规模罢工来抵制，导致巴黎郊区停电。工会担心私有化将导致大规模失业和供电不足，出现类似于 2003 年美国东海岸的某些地区和意大利部分地区的情形。假设在私有化之前，每千瓦小时的电力价格为 0.13 欧元，法国两个地区中每个地区的电力反需求函数为 $P=1.35-0.002Q$（欧元）。此外，为了向法国一些特殊地区供应电力，公司投入的成本为 $C(Q)=120+0.13Q$（欧元）。一旦私有化，每个公司将有动力使利润最大化。确定每个公司将生产和提供给市场的电力数量以及电力价格。计算利润最大化的价格-数量组合下的需求价格弹性。解释为什么价格弹性使得利润最大化的价格-数量组合有意义。比较私有化前后的价格-数量组合。私有化后每个公司将会多赚取多少利润？

22. 一家意大利餐馆老板刚刚接到房东的通知，每月的房租比年初上涨 20%。该老板所经营餐馆的产品价格相对于附近类似的餐馆是有竞争力的。然而，现在他考虑将餐馆产品的价格提高 20% 来弥补每月增加的房租。你会建议他提高价格吗？请解释。

23. 上个月你担任了一家大型汽车经销商的经理。这家经销商的特点是"无麻烦"的定价策略；价格（通常远低于标价）张贴在窗口上，你的销售员一向不和客户谈判。去年，这家经销商花费 200 万美元做广告宣传"无麻烦"政策，并获得 4 000 万美元的销售收入。来自麦迪逊大道的一家机构的研究表明，电视广告支出每增加 3%，汽车经销商预期多销售 12% 的汽车，但这需要将价格降低 4%。假定该信息正确，你应该增加还是减少广告支出？请解释。

24. 一个垄断竞争行业的管理者要为产品制定最优价格，于是要求公司分析师尽可能准确地估计需求曲线和成本函数，分析师提供以下两张表，根据这些信息，回答下面的问题。

价格对需求量的回归

	系数	标准差	t 统计量	P 值	95%下限	95%上限
截距	300.287	1.005	298.65	7.05E−216	298.300	302.273
需求量	−4.048	0.062	−65.67	4.79E−115	−4.17	−3.296

成本对产量的回归

	系数	标准差	t 统计量	P 值	95%下限	95%上限
截距	8.249	1.052	7.845	6.58E−13	6.172	10.326
产量	3.072	0.064	47.651	1.77E−94	2.944	3.199

（1）确定公司的需求函数和成本函数，这些估计值准确吗？

（2）确定利润最大化的需求量和价格。

（3）能够实现的最大利润是多少？

选读材料

Gal-Or, Esther, and Spiro, Michael H., "Regulatory Regimes in the Electric Power Industry: Implications for Capacity." *Journal of Regulatory Economics* 4(3), September 1992, pp. 263–78.

Gius, Mark Paul, "The Extent of the Market in the Liquor Industry: An Empirical Test of Localized Brand Rivalry, 1970–1988." *Review of Industrial Organization* 8(5), October 1993, pp. 599–608.

Lamdin, Douglas J., "The Welfare Effects of Monopoly versus Competition: A Clarification of Textbook Presentations." *Journal of Economic Education* 23(3), Summer 1992, pp. 247–53.

Malueg, David A., "Monopoly Output and Welfare: The Role of Curvature of the Demand Function." *Journal of Economic Education* 25(3), Summer 1994, pp. 235–50.

Nguyen, Dung, "Advertising, Random Sales Response, and Brand Competition: Some Theoretical and Econometric Implications." *Journal of Business* 60(2), April 1987, pp. 259–79.

Simon, Herbert A., "Organizations and Markets." *Journal of Economic Perspectives* 5(2), Spring 1991, pp. 25–44.

Stegeman, Mark, "Advertising in Competitive Markets." *American Economic Review* 81(1), March 1991, pp. 210–23.

Zupan, Mark A., "On Cream Skimming, Coase, and the Sustainability of Natural Monopolies." *Applied Economics* 22(4), April 1990, pp. 487–92.

附录 A 利润最大化的计算

完全竞争

完全竞争厂商的利润为：

$$\pi = PQ - C(Q)$$

利润最大化的一阶条件是边际利润等于零：

$$\frac{\mathrm{d}\pi}{\mathrm{d}Q} = P - \frac{\mathrm{d}C(Q)}{\mathrm{d}Q} = 0$$

由此得到完全竞争厂商的利润最大化法则：

$$P = \frac{\mathrm{d}C}{\mathrm{d}Q}$$

或

$$P = MC$$

利润最大化的二阶条件是：

$$\frac{\mathrm{d}^2\pi}{\mathrm{d}Q^2} = -\frac{\mathrm{d}^2C}{\mathrm{d}Q^2} = -\frac{\mathrm{d}MC}{\mathrm{d}Q} < 0$$

这意味着 $\mathrm{d}MC/\mathrm{d}Q > 0$，或者说边际成本必须处于上升阶段。

垄断和垄断竞争：$MR = MC$ 法则

具有一定市场势力的厂商的利润函数为：

$$\pi = R(Q) - C(Q)$$

式中，$R(Q) = P(Q)Q$ 为总收益。为了实现利润最大化，边际利润必须等于零：

$$\frac{\mathrm{d}\pi}{\mathrm{d}Q} = \frac{\mathrm{d}R(Q)}{\mathrm{d}Q} - \frac{\mathrm{d}C(Q)}{\mathrm{d}Q} = 0$$

或　　$$MR = MC$$

利润最大化的二阶条件是：

$$\frac{\mathrm{d}^2\pi}{\mathrm{d}Q^2} = \frac{\mathrm{d}^2R(Q)}{\mathrm{d}Q^2} - \frac{\mathrm{d}^2C(Q)}{\mathrm{d}Q^2} < 0$$

即

$$\frac{\mathrm{d}MR}{\mathrm{d}Q} < \frac{\mathrm{d}MC}{\mathrm{d}Q}$$

由此，边际收益曲线的斜率必须小于边际成本曲线的斜率。

附录 B　完全竞争供给函数的代数表达式

下面分析如何从成本函数中得到短期的厂商供给函数和行业供给函数。假设在一个完全竞争行业中有 500 家厂商，每家厂商的成本函数如下：

$$C(q_i) = 50 + 2q_i + 4q_i^2$$

由此，厂商的平均总成本（ATC）、平均变动成本（AVC）和边际成本（MC）分别为：

$$ATC_i = \frac{50}{q_i} + 2 + 4q_i$$

$$AVC_i = 2 + 4q_i$$

$$MC_i = 2 + 8q_i$$

根据前文的内容，一家厂商的供给曲线就是平均变动成本最低点上方的厂商的边际成本曲线。因为 AVC 在最小值上与边际成本线相关，即 AVC 最小值等于边际成本，所以平均变动成本等于边际成本时的产量即这两个函数相等时的产量 q_i。根据上述方程，边际成本等于平均变动成本时的产量 $q_i=0$。

单个厂商为实现利润最大化，须令 $P=MC_i$，因此

$$P=2+8q_i$$

变形得出 q_i 与 P 的关系，也就是单个厂商的供给函数：

$$q_i=-\frac{2}{8}+\frac{1}{8}P$$

行业的供给曲线为市场上 500 家厂商的供给曲线的加总，将 500 家厂商的上述方程相加，得

$$Q=\sum_{i=1}^{500}q_i=500\times\left(-\frac{2}{8}+\frac{1}{8}P\right)=-\frac{1\,000}{8}+\frac{500}{8}P$$

或　　　　$Q=-125+62.5P$

第**9**章　基本寡头垄断模型

➡ **学习目标**

学完本章，你将能够：

1. 解释寡头垄断市场中信念和战略互动对最优决策的影响。
2. 区别斯威齐、古诺、斯塔克伯格和伯川德寡头垄断厂商的特征，以及每种寡头垄断市场的最优价格决策、产量决策及利润影响。
3. 利用反应（或最佳响应）函数把握寡头垄断市场的竞争者反应。
4. 识别可竞争市场并解释市场势力对长期利润的影响。

开篇案例　　**原油价格下降，消费者却不能获利**

近期原油价格下降，使大多数地区的消费者享受到了较低的汽油价格。然而在一些偏远地区，消费者却痛斥汽油零售商没有随之降价。消费者协会认为，这些地区的汽油零售商获得了垄断利润，进而提出了合谋指控。汽油零售商否认了这一指控。

你认为偏远地区的加油站是为了赚取垄断利润而进行合谋吗？请解释。

➡ 9.1 导　言

前面的章节并没有考虑战略行为对管理决策的影响。比如在完全竞争和垄断竞争市场下的利润最大化，由于市场上存在众多彼此竞争的厂商，单个厂商无法对市场中其他厂商产生影响。而在垄断市场上只有一个厂商，讨论厂商之间的战略互动毫无意义。

本章的前两节研究寡头垄断市场的管理决策。重点讨论四种具体的寡头垄断情形下的产量和定价决策：斯威齐寡头垄断、古诺寡头垄断、斯塔克伯格寡头垄断、伯川德寡头垄断。第 10 章将通过一般性框架来分析其他决策，如广告、研发、行业进入等决策。在此先简单回顾寡头垄断的含义。

➡ 9.2　寡头垄断的条件

寡头垄断（oligopoly）指行业中只有几家大厂商存在的情形。寡头垄断对厂商的具体数量没有要求，但通常为 2～10 家。厂商提供的产品可能同质（如在完全竞争市场），也可能有差别（如在垄断竞争市场）。如果只有两家厂商则称为双寡头垄断。

寡头垄断是所有市场结构中最有趣的。但从管理者的角度看，寡头垄断下的经营是最难的。原因在于寡头垄断市场上只有少数厂商，管理者必须关注其决策对行业内其他厂商可能产生的影响，同时还要关注其他厂商的行为对本企业决策的影响。由于寡头垄断的复杂性，还没有一个适用于所有情形的寡头垄断模型。

➡ 9.3　信念和战略互动

寡头垄断的厂商之间相互依赖。假设一个寡头垄断市场上的几家厂商销售差异化产品。在定价时，管理者必须考虑其决策对行业中其他厂商的影响。如果产品降价，其他厂商会随之降价还是维持现价？如果提价，其他厂商会随之提价还是维持现价？提价或降价的最优决策取决于该管理者认为其他管理者将会怎样反应。如果该厂商降价时其他厂商也降价，该厂商的销量肯定不同于其他厂商维持原价时的销量。

假设该厂商起初在图 9-1 中的点 B 定价为 P_0。需求曲线 D_1 假定竞争对手会匹配该厂商的价格变化，需求曲线 D_2 则假定它们不会匹配该厂商的价格变化。注意，竞争对手匹配价格变化时的需求较不匹配时更缺乏弹性。理由很简单，对于一次降价，如果竞争对手没有随之降价（D_2），与竞争对手也随之降价（D_1）相比，厂商的销量更大。当竞争对手也作出降价反应时，降价带来的需求增量很小。同理，对于一次提价，与维持现有价格（D_2）相比，当竞争对手也随之提价（D_1）时，厂商的销量更大。

➡例题 9-1

假设管理者目前处于图 9-1 中的点 B，产品定价为 P_0。该管理者相信竞争对手不会随之降价，但会随之提价，该厂商产品的需求会怎样？

答：

如果竞争对手不随之降价，当价格低于 P_0 时，需求量沿需求曲线 D_2 变动。如果竞争对手随之提价，当价格高于 P_0 时，需求量沿需求曲线 D_1 变动。因此，如果管理者认为竞争对手不会随之降价，但会随之提价，那么该厂商产品的需求曲线为 CBD_2。

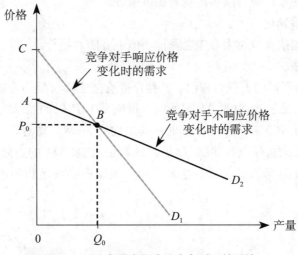

图9-1 厂商需求取决于竞争对手的反应

➡例题9-2

假设管理者处于图9-1中的点B，产品定价为P_0。该管理者相信竞争对手会随之降价，但不会随之提价，该厂商产品的需求会怎样？

答：

如果竞争对手随之降价，当价格低于P_0时，需求量沿需求曲线D_1变动。如果竞争对手不随之提价，当价格高于P_0时，需求量沿需求曲线D_2变动。因此，当竞争对手会随之降价，但不随之提价时，该厂商产品的需求曲线为ABD_1。

上述分析说明，寡头垄断市场中的厂商需求取决于竞争对手对该厂商定价决策的反应。如果竞争对手响应其价格的任意变化，该厂商产品的需求曲线为D_1，需求曲线D_1对应的边际收益与边际成本相等时实现利润最大化。如果竞争对手不响应其价格变化，该厂商产品的需求曲线为D_2，需求曲线D_2对应的边际收益与边际成本相等时可实现利润最大化。总之，寡头垄断的利润最大化原则与垄断市场的一样，但最大的困难是，如何确定竞争对手是否会响应其价格变化。

➡ 9.4 四种寡头垄断的利润最大化

在本节，基于竞争对手对价格和产量变化的四种反应，分析相应的利润最大化决策。四种模型的最优决策不同，就是因为竞争对手对厂商行为的反应方式不同。

9.4.1 斯威齐寡头垄断

斯威齐模型的建立基于竞争对手对提价和降价的响应。**斯威齐寡头垄断**（Sweezy oligopoly）具有以下特征：

1. 市场上只有几家厂商为众多消费者提供服务。

2. 厂商的产品差异化。

3. 每家厂商都相信竞争对手会随之降价，但不会随之提价。

4. 存在进入壁垒。

斯威齐寡头垄断厂商的管理者相信，其他厂商会随之降价但不会随之提价，因此该厂商的产品需求曲线如图 9-2 中的 ABD_1 所示。价格高于 P_0 时的需求曲线为 D_2（注意，对应的边际收益曲线为 AC）。价格低于 P_0 时的需求曲线为 D_1（注意，对应的边际收益曲线为 EF）。总之，厂商的边际收益曲线（MR）最初是对应于 D_2 的边际收益曲线；但在 Q_0 之后跳转到对应 D_1 的边际收益曲线。也就是说，斯威齐寡头垄断的边际收益曲线 MR 是图 9-2 中的 $ACEF$。

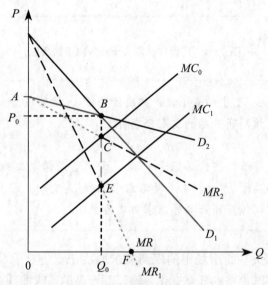

图 9-2　斯威齐寡头垄断

利润最大化的产量位于边际收益等于边际成本处，利润最大化的价格是消费者在该产量所支付的最高价格。如果边际成本为图 9-2 中的 MC_0，在点 C 边际收益等于边际成本，此时利润最大化的产量为 Q_0，最优价格为 P_0。当价格超过边际成本（$P_0 > MC_0$），产量低于社会效率水平，说明出现了无谓损失（消费者剩余和生产者剩余）。

寡头垄断的斯威齐模型的一个重要含义是：在一个给定范围（CE）内，边际成本的变化不会影响利润最大化的产量。而对完全竞争、垄断竞争、垄断厂商，当边际成本下降时会增加产量。

为什么边际成本下降时，斯威齐寡头垄断厂商不增加产量呢？假设边际成本从图 9-2 中的 MC_0 下降到 MC_1，此时在点 E 边际收益等于边际成本，但与该点对应的产量仍然是 Q_0。因此厂商将继续以价格 P_0 生产 Q_0 单位产品使得利润最大。

在斯威齐寡头垄断中，如果厂商的边际成本在给定范围内保持不变，厂商也没有动力改变其定价。这纯粹是因为竞争对手会随之降价而不会随之提价这一假设。鉴于这一价格响应假设，斯威齐寡头垄断中的厂商没有动力改变其价格。

斯威齐模型有一定的局限性，它无法解释行业的初始价格为何固定为 P_0，为何在价

格为 P_0 时每个厂商的需求曲线都发生了弯曲。但是斯威齐模型展示了厂商之间的战略互动和管理者对竞争对手如何反应的预期，这对定价决策有深刻的影响。实际上，初始价格 P_0 和管理者预期是基于管理者所掌握的给定市场上竞争对手的价格模式。如果经验告诉你竞争对手会随之降价而不会随之提价，那么斯威齐模型也许是最好的定价决策工具。

9.4.2 古诺寡头垄断

几家大型石油厂商需要决定生产多少石油。石油总产量会影响石油的市场价格，因此每家厂商的基础决策不是定价决策而是石油的产量决策。假如每家厂商必须在其他厂商确定产量的同时决定自己的产量，或者说，每家厂商都期望自己的产量决策不会影响竞争对手的产量决策，这种情形就是**古诺寡头垄断**（Cournot oligopoly）。

古诺寡头垄断具有以下特征：

1. 市场上只有几家厂商为众多消费者提供服务。
2. 厂商的产品差异化或同质化。
3. 每家厂商都相信，当自己改变产量时竞争对手的产量不变。
4. 存在较高的进入壁垒。

与斯威齐模型相比，古诺模型的决策制定假设是管理者制定产量决策且相信其决策不会影响竞争厂商的产量决策。古诺模型既适用于同质化产品也适用于差异化产品。

反应函数与均衡

假设一个古诺双寡头垄断市场中只有两家厂商：每家厂商须制定产量决策，每家厂商都相信当其改变产量时，竞争对手的产量将保持不变。厂商1的最优产量位于边际收益等于边际成本处。由于是双寡头垄断，厂商1的边际收益受厂商2的产量的影响。因为市场价格随厂商2的产量提高而降低，导致厂商1的边际收益降低。这意味着厂商1的利润最大化产量受制于厂商2的产量：厂商2的产量越高，厂商1的利润最大化产量越低。厂商1的利润最大化产量与厂商2的产量之间的关系称为最优反应函数或反应函数。

最优反应函数（best-response function）也称**反应函数**（reaction function），定义了在给定另一家厂商的产量时，本厂商的利润最大化产量。比如，给定厂商2的产量为 Q_2，厂商1的利润最大化产量为：

$$Q_1 = r_1(Q_2)$$

同理，给定厂商1的产量 Q_1，厂商2的利润最大化产量为：

$$Q_2 = r_2(Q_1)$$

图9-3是一个双寡头垄断古诺模型的反应函数，其中，横轴是厂商1的产量，纵轴是厂商2的产量。

反应函数为什么会是图9-3中所示的形状？我们要关注一下图中的几个关键点。首先，如果厂商2的产量为零，厂商1的利润最大化产量为 Q_1^M，厂商1的反应函数（r_1）上的 Q_1^M 对应的 Q_2 为零。因此 Q_1^M 是厂商1为垄断厂商时的最优产量。如果厂商2的产量为 Q_2^* 单位，厂商1的利润最大化产量为 Q_1^*，这一点在 r_1 上且对应厂商2的产量 Q_2^*。

厂商1的利润最大化产量为什么随着厂商2的产量增加而下降？因为厂商1产品的需

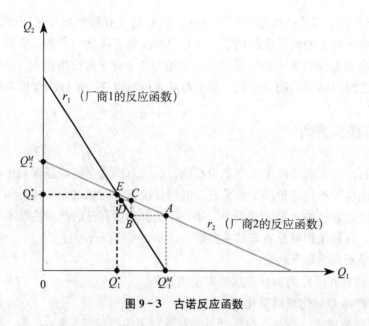

图 9-3 古诺反应函数

求依赖于市场上其他厂商的产量。当厂商 2 增加产量时,厂商 1 的需求量和边际收益会下降。厂商 1 要实现利润最大化就要降低其产量。

➡例题 9-3

图 9-3 中,当厂商 1 的产量为零时,厂商 2 的利润最大化产量为多少?当厂商 1 的产量为 Q_1^* 时,厂商 2 的利润最大化产量为多少?

答:

如果厂商 1 的产量为零,厂商 2 的利润最大化产量为 Q_2^M,这一点位于厂商 2 的反应函数上且对应的 Q_1 为零。产量 Q_2^M 对应厂商 2 为垄断厂商的情形。如果厂商 1 生产 Q_1^* 单位,厂商 2 的利润最大化产量为 Q_2^*,这一点在 r_2 上且对应厂商 1 的产量 Q_1^*。

考察古诺双寡头垄断的均衡。假设厂商 1 的产量为 Q_1^M。给定该产量,厂商 2 的利润最大化产量为图 9-3 中 r_2 上的点 A。给定厂商 2 的产量为正,厂商 1 的利润最大化产量将不再是 Q_1^M 而是 r_1 上的点 B。给定厂商 1 的产量减少,点 C 将成为厂商 2 的反应函数上的利润最大化产量。给定厂商 2 的新产量,厂商 1 则会将产量减少至其反应函数上的点 D。

这种产量变化将持续多久?直至图 9-3 中的点 E。点 E 处厂商 1 的产量为 Q_1^*,而厂商 2 的产量为 Q_2^*。如果两家厂商都相信对方会保持这一产量不变,并且都不愿改变现有产量,点 E 为**古诺均衡**(Cournot equilibrium),即给定其他厂商产量时,没有一家厂商愿意改变自身的产量。这一情形对应于反应曲线的交点。

目前对古诺寡头垄断的分析基于图形而非代数式。如果给定古诺寡头垄断的需求和成本函数,可以求解古诺均衡。为了实现利润最大化,古诺寡头垄断的管理者在边际收益等于边际成本时生产。边际成本的计算与其他市场结构一样,但边际收益的计算要复杂些。考虑下面的公式。

公式:古诺寡头垄断的边际收益 假设生产同质化产品的古诺双寡头垄断的(反)需

求函数为：
$$P = a - b(Q_1 + Q_2)$$
式中，a 和 b 为正数，则厂商 1 和厂商 2 的边际收益分别为：
$$MR_1(Q_1, Q_2) = a - bQ_2 - 2bQ_1$$
$$MR_2(Q_1, Q_2) = a - bQ_1 - 2bQ_2$$

微积分表达式

厂商 1 的收益为：
$$R_1 = PQ_1 = [a - b(Q_1 + Q_2)]Q_1$$
因此
$$MR_1(Q_1, Q_2) = \frac{\partial R_1}{\partial Q_1} = a - bQ_2 - 2bQ_1$$
用类似的分析法可以得到厂商 2 的边际收益。

注意，每个古诺寡头垄断厂商的边际收益不仅取决于自身的产量，还依赖于其他厂商的产量。尤其是当厂商 2 增加产量时，厂商 1 的边际收益会下降。这是因为厂商 2 的产量增加会降低市场价格，导致厂商 1 的边际收益降低。

由于每家厂商的边际收益取决于自身产量和竞争对手的产量，一家厂商利润最大化的产量（边际成本等于边际收益时）受制于另一家厂商的产量。如果令厂商 1 的边际收益等于其边际成本，然后求解作为厂商 2 的产量函数的厂商 1 的产量，就可以得到厂商 1 的反应函数表达式。同样，通过使厂商 2 的边际收益等于其边际成本，就可以得到厂商 2 的反应函数。这些计算结果总结如下。

公式：古诺双寡头垄断的反应函数　对于线性（反）需求函数
$$P = a - b(Q_1 + Q_2)$$
和成本函数
$$C_1(Q_1) = c_1 Q_1$$
$$C_2(Q_2) = c_2 Q_2$$
反应函数分别为：
$$Q_1 = r_1(Q_2) = \frac{a - c_1}{2b} - \frac{1}{2}Q_2$$
$$Q_2 = r_2(Q_1) = \frac{a - c_2}{2b} - \frac{1}{2}Q_1$$

上述公式的推导过程如下，为了使利润最大化，厂商 1 的产量必须满足：
$$MR_1(Q_1, Q_2) = MC_1$$
对于线性（反）需求函数和成本函数来说，上述等式变为：
$$a - bQ_2 - 2bQ_1 = c_1$$
求解方程，并用 Q_2 来表示 Q_1，可得
$$Q_1 = r_1(Q_2) = \frac{a - c_1}{2b} - \frac{1}{2}Q_2$$

同理，可以计算厂商2的反应函数。

➡例题9-4

假设古诺双寡头垄断厂商的反需求函数为 $P=10-(Q_1+Q_2)$，并且其成本为零。

1. 两家厂商的边际收益分别是多少？
2. 两家厂商的反应函数是什么？
3. 古诺均衡的产量是多少？
4. 均衡价格是多少？

答：

1. 根据古诺双寡头垄断的边际收益公式，得

$$MR_1(Q_1,Q_2)=10-Q_2-2Q_1$$
$$MR_2(Q_1,Q_2)=10-Q_1-2Q_2$$

2. 反应函数为：

$$Q_1=r_1(Q_2)=\frac{10}{2}-\frac{1}{2}Q_2=5-\frac{1}{2}Q_2$$

$$Q_2=r_2(Q_1)=\frac{10}{2}-\frac{1}{2}Q_1=5-\frac{1}{2}Q_1$$

3. 计算古诺均衡，必须求解两个反应函数中的两个未知数：

$$Q_1=5-\frac{1}{2}Q_2$$

$$Q_2=5-\frac{1}{2}Q_1$$

将 Q_2 代入第一个反应函数：

$$Q_1=5-\frac{1}{2}\left(5-\frac{1}{2}Q_1\right)$$

求解 Q_1，得

$$Q_1=\frac{10}{3}$$

将 $Q_1=10/3$ 代入厂商2的反应函数，得

$$Q_2=5-\frac{1}{2}\times\frac{10}{3}=\frac{10}{3}$$

4. 行业总产量为：

$$Q=Q_1+Q_2=\frac{10}{3}+\frac{10}{3}=\frac{20}{3}$$

根据（反）需求函数，求解该产量下的市场价格：

$$P=10-(Q_1+Q_2)=10-\frac{20}{3}=\frac{10}{3}$$

无论古诺寡头垄断厂商生产同质化产品还是差异化产品，行业产量都是低于社会有效水平的。低效率出现的原因是均衡价格高于边际成本。均衡价格高于边际成本多少呢？这取决于行业中厂商的数量和产品的差异化程度。随着厂商数量增加，均衡价格降低并趋向

边际成本。当厂商的数量为任意大时，生产同质化产品的古诺市场中的均衡价格将无限接近边际成本，行业产量接近完全竞争市场（没有无谓损失）。

等利润线

了解了古诺寡头垄断之后，接下来通过图形来确定厂商的利润。注意，寡头垄断厂商的利润不仅取决于自身产量，还取决于其他寡头垄断厂商的产量。比如在一个双寡头垄断中，厂商2的产量增加将降低产品价格，因为根据需求定律，随着市场上产品增加，消费者愿意并能够支付的产品价格下降，这必然会改变厂商1的利润。

描述古诺模型中厂商利润的基本工具是**等利润线**（isoprofit curve），它定义了所有厂商不同产量组合下使某给定厂商保持同等利润水平的曲线。

图9-4显示了厂商1的反应函数（r_1），沿着该曲线有三条等利润线（分别标为π_0，π_1和π_2）。图9-4中有四个方面需要重点关注。

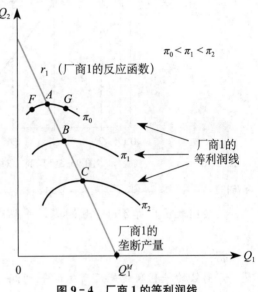

图9-4 厂商1的等利润线

1. 等利润线上的每一个点都表示厂商1的利润相同。如点F、点A和点G都在标记为π_0的等利润线上，因此，这三个点均表示厂商1的利润为π_0。

2. 等利润线越接近厂商1的垄断产量Q_1^M，表示厂商利润越高。如等利润线π_2的利润高于π_1，π_1的利润高于π_0。即随着厂商1等利润线上的点A向下移到点C，厂商1的利润增加。

3. 厂商1的等利润线的最高点位于与反应函数的相交处。如等利润线π_0的最高点在点A（此处与r_1相交）；π_1的最高点在点B，此时它与r_1相交；等等。

4. 等利润线彼此不相交。

理解了等利润线的四个方面，接下来进一步讨论古诺寡头垄断的管理决策。古诺模型的假设是，每个厂商的最优产量基于其他厂商的给定产量。如图9-5所示，假定厂商2的产量为Q_2^*。因为厂商1相信不论其产量为多少，厂商2都会生产Q_2^*单位，所以厂商1会选择当厂商2生产Q_2^*时的利润最大化产量即Q_1^A，对应于等利润线π_1^A上的点A。但是这一决策不会使其利润最大，因为若将产量增加到Q_1^B，厂商1将移到更高的等利润线（π_1^B，对应于点B）。如果厂商1将产量增加至Q_1^C，此时对应等利润线π_1^C，利润可进一步增加。

给定厂商2的产量为Q_2^*，厂商1的产量超过Q_1^C是无益的。因为如果厂商1将产量增加到Q_1^D，将对应于点D的产量组合，该点位于较低的等利润线上。由此可以得出结论，若厂商2的产量为Q_2^*，厂商1的利润最大化产量就是Q_1^C，这是与厂商1的反应函数相对应的产量。

为了实现利润最大化，厂商1将其等利润线尽可能向下移动（尽可能地接近垄断点），直到其与给定的厂商2的产量相切。这个切点出现在图9-5中的点C。

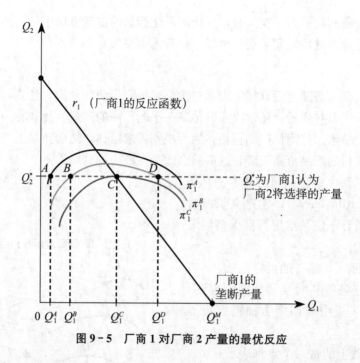

图 9-5 厂商 1 对厂商 2 产量的最优反应

➡例题 9-5

请绘图表示厂商 2 的等利润线，并解释等利润线上的点与厂商 2 的反应函数之间的关系。

答：

厂商 2 的等利润线是厂商 1 的等利润线的镜像。典型的等利润线绘制在图 9-6 中。其中点 G、点 A 和点 F 位于同一条等利润线上，表示厂商 2 的利润同为 π_1，小于曲线 π_2 和 π_3 的利润。当等利润线接近垄断点时，厂商 2 的利润水平增加。等利润线在其与反应函数相交处开始弯曲。

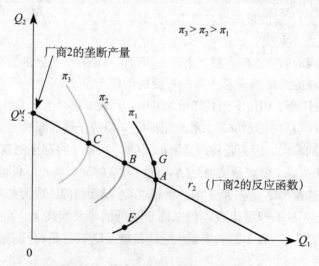

图 9-6 厂商 2 的反应函数和等利润线

接下来我们用等利润线来解释古诺均衡中每家厂商的利润。注意，古诺均衡是两家厂商反应函数的交点，如图9-7的点 C 所示。厂商1的等利润线通过点 C 并由 π_1^C 给出，厂商2的等利润线由 π_2^C 给出。

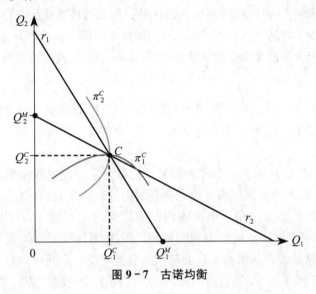

图9-7 古诺均衡

边际成本的变化

在古诺寡头垄断中，边际成本变化的效应不同于斯威齐寡头垄断。原因如下：假定厂商最初的均衡点在点 E（见图9-8），厂商1的产量为 Q_1^*，厂商2的产量为 Q_2^*。假设厂商2的边际成本下降。对于给定的产量，其边际收益不变但边际成本降低。这意味着厂商2的边际收益超过较低的边际成本，对于任意给定的产量 Q_1，增加产量是最优的。图9-8中厂商2的反应函数从 r_2 上移到 r_2^{**}，从而在点 F 上达到一个新的古诺均衡。因此，厂商2的边际成本下降导致厂商2的产量增加——从 Q_2^* 增加到 Q_2^{**}，厂商1的产量从 Q_1^* 下降到 Q_1^{**}。厂商2因改善了成本状况而获得更大的市场份额。

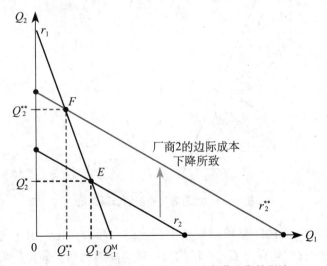

图9-8 厂商2边际成本下降对古诺均衡的影响

古诺寡头垄断与斯威齐寡头垄断不同的原因在于，一家厂商对其他厂商如何应对其决策变化有不同的认知。这一认知差异导致管理者对厂商边际成本下降的最佳反应方式不同。如果管理者认为其他厂商会跟着降价但不会跟着提价，就适用斯威齐模型。此时即使边际成本降低，继续生产相同的产量也是最优的。如果管理者认为自己扩大产量时其他厂商的产量会保持不变，就适用古诺模型。此时边际成本降低，扩大产量是最优的。在相互依赖的市场中制定管理决策的关键是能够准确把握市场中其他厂商对该管理者决策的响应。

合谋

当市场被几家厂商主导时，厂商可能通过"协议"限制产量，或者以损害消费者利益为代价提高定价而获利。这种行为称为合谋。下一章将专门研究合谋，在此通过古诺模型来分析合谋动机。

在图 9-9 中，点 C 对应于一个古诺均衡，它是两家厂商反应函数的交点。厂商 1 的均衡利润由等利润线 π_1^C 给出，厂商 2 的均衡利润由等利润线 π_2^C 给出。注意，图 9-9 中的阴影区域囊括了两家厂商的产量，该区域内两家厂商的总利润比古诺均衡所获得的利润高。如在点 D 处每家厂商产量更少但利润更高，因为点 D 处每家厂商的等利润线更接近各自的垄断点。也就是说，如果每家厂商都同意限制产量，厂商可以定价更高并获得更多利润。如厂商 1 的利润在点 A 处最高（在该点，厂商 1 是垄断厂商）。厂商 2 的利润在点 B 处最高（在该点，厂商 2 是垄断厂商）。如果各厂商对产量"达成协议"使总产量等于垄断产量，则两家厂商将在直线 AB 上任一位置进行生产。换句话说，直线 AB 上的任意产量组合都将使整个行业的利润最大化。

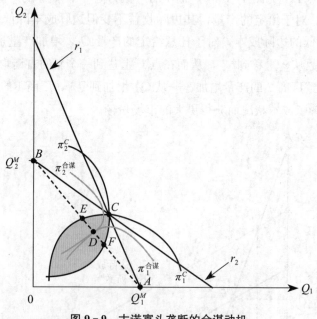

图 9-9 古诺寡头垄断的合谋动机

图 9-9 中直线 EF 上的产量可以使整个行业的利润最大化，由于它们处于阴影区域内，使两家厂商获得比它们在点 C（古诺均衡）处更高的利润。如果厂商合谋来限制产量并分享垄断利润，它们可以在点 D 处生产并获得更高利润 $\pi_1^{合谋}$ 和 $\pi_2^{合谋}$。该点处相应的市场

价格和产量与垄断状态一样：合谋导致价格超过边际成本，其产量在社会最优水平之下且存在无谓损失。然而合谋的厂商比相互竞争的古诺寡头垄断者获得的利润更高。

但是，厂商达成合谋协议并不容易。下一章将详细分析原因，在此运用现有框架解释合谋的难度。假设厂商同意合谋，每家厂商按照图9-10中点D对应的合谋产量进行生产并获取合谋利润。给定厂商2的产量为$Q_2^{合谋}$，厂商1有动机采取"欺骗"行为，如将产量扩大到点G，这样厂商1可以获得比合谋更高的利润，但以牺牲合谋伙伴的利益为代价。厂商都知道存在这样的诱因，因此它们很难快速达成合谋协议。事实上更严重的是，图9-10中的厂商2在点G（厂商1有欺骗行为）处获得的利润比在点C（古诺均衡）处获得的利润更少。

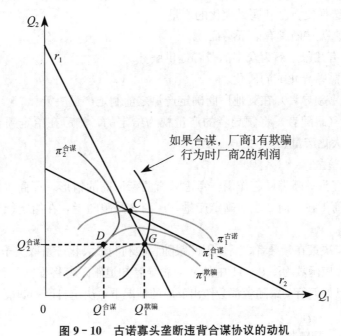

图9-10 古诺寡头垄断违背合谋协议的动机

透视商业 9-1 　　石油输出国组织的欺骗动机

石油输出国组织（OPEC）的各个成员会定期开会设定石油产量配额。世界上主要的石油生产国就像古诺寡头垄断厂商那样，决定每天的石油产量。OPEC成员设定的配额就是专门用来降低全球石油产量并提高利润的设计方案，这样可获得高于完全竞争均衡的利润。然而每个成员都有强烈的欺骗动机以提高自身产量（如图9-10所示），同时假定其他成员都维持约定的低产量。这一点并不奇怪，OPEC成员违背协议、超配额生产的历史已经很长了。2010年，全球石油需求的飙升提供了更大的违规动力，造成连续6年的超配额生产。到了2017年，OPEC的超额生产依然是个大问题，随着美国石油产量的上升，全球油价面临更大的下跌压力。

资料来源："OPEC Still Overproducing: Scapegoats U. S. Shale," OilPrice.com, July 12, 2017; G. Smith and M. Habiby, "OPEC Cheating Most Since 2004 as \$100 Oil Heralds More Supply," Bloomberg.com, December 13, 2010.

9.4.3 斯塔克伯格寡头垄断

前为止，分析的寡头垄断情形都是对称的，即厂商 2 是厂商 1 的"镜像"。但在许多寡头垄断市场中，厂商彼此之间不同。如**到目斯塔克伯格寡头垄断**（Stackelberg oligopoly）中各厂商的决策时间不同。假设一家厂商（领导者）在其他厂商之前作出产量决策。其他厂商（跟随者）将领导者的产量视为给定的，然后选择使其利润最大化的产量。在斯塔克伯格寡头垄断中，每个跟随者的行动类似于古诺寡头垄断厂商，但领导者不会将跟随者的产量视为给定的，而是相信每个跟随者会根据古诺反应函数对领导者的产量决策作出反应，在此基础上选择使自己利润最大化的产量。

斯塔克伯格寡头垄断具有以下特征：

1. 市场上只有几家厂商为众多消费者提供服务。

2. 厂商的产品差异化或同质化。

3. 某一厂商（领导者）在其他厂商确定产量之前制定产量决策。

4. 其他厂商（跟随者）将领导者的产量视为给定的，然后在给定领导者产量的情况下确定其利润最大化产量。

5. 存在进入壁垒。

斯塔克伯格寡头垄断怎样起作用？考虑只有两家厂商的情形。厂商 1 是领导者，具有先动优势，即厂商 1 在厂商 2 之前确定产量。厂商 2 是跟随者，在给定领导者产量后确定利润最大化产量。

跟随者的生产决策在领导者之后，因此跟随者的利润最大化产量取决于其对领导者产量的反应函数，该反应函数为图 9 – 11 中的 r_2。领导者知道跟随者将根据 r_2 作出反应，因此，领导者在无论自己如何行动跟随者都会作出反应的情况下，决定自己利润最大化的产量。

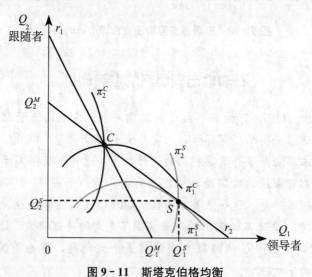

图 9 – 11　斯塔克伯格均衡

领导者如何确定产量呢？因为领导者知道跟随者会沿着 r_2 生产，所以只需要在跟随者的反应曲线上选择使自己利润最大化的点。因此，领导者的等利润线将接近垄断产量，最终领导者选择图 9-11 中的点 S。此时等利润线记为 π_1^S。这条等利润线与厂商 2 的反应函数相切，领导者的产量为 Q_1^S。跟随者观察到这个产量而生产 Q_2^S，即对应于 Q_1^S 的利润最大化的产量。领导者的利润由 π_1^S 给出，跟随者的利润由 π_2^S 给出。注意，领导者的利润高于其古诺均衡（点 C）的利润，而跟随者的利润低于其古诺均衡的利润。由于先动优势，领导者获得了更高的利润。

如果厂商拥有市场需求信息和成本信息，就可以用代数形式解释斯塔克伯格寡头垄断。注意，跟随者的决策与古诺模型是一致的。已知同质化产品、线性需求和常数边际成本，跟随者的产量可由以下反应函数得出：

$$Q_2 = r_2(Q_1) = \frac{a-c_2}{2b} - \frac{1}{2}Q_1$$

这只是跟随者的古诺反应函数。斯塔克伯格寡头垄断中的领导者在制定产量决策 Q_1 时会考虑这个反应函数。已知线性反需求函数和常数边际成本，可得领导者的利润：

$$\pi_1 = \left\{ a - b\left[Q_1 + \left(\frac{a-c_2}{2b} - \frac{1}{2}Q_1\right) \right] \right\} Q_1 - c_1 Q_1$$

领导者的产量为 Q_1 时实现利润最大化。可以证明 Q_1 的值为：

$$Q_1 = \frac{a+c_2-2c_1}{2b}$$

公式：斯塔克伯格寡头垄断中的均衡产量　对于线性（反）需求函数

$$P = a - b(Q_1 + Q_2)$$

和成本函数

$$C_1(Q_1) = c_1 Q_1$$
$$C_2(Q_2) = c_2 Q_2$$

跟随者根据古诺反应函数确定产量：

$$Q_2 = r_2(Q_1) = \frac{a-c_2}{2b} - \frac{1}{2}Q_1$$

领导者的产量为：

$$Q_1 = \frac{a+c_2-2c_1}{2b}$$

微积分表达式

为实现利润最大化，厂商 1 需要决定产量：

$$\pi_1 = \left\{ a - b\left[Q_1 + \left(\frac{a-c_2}{2b} - \frac{1}{2}Q_1\right) \right] \right\} Q_1 - c_1 Q_1$$

利润最大化的一阶条件为：

$$\frac{d\pi_1}{dQ_1} = a - 2bQ_1 - \left(\frac{a-c_2}{2}\right) + bQ_1 - c_1 = 0$$

求解 Q_1 得到领导者利润最大化的产量：

$$Q_1 = \frac{a+c_2-2c_1}{2b}$$

跟随者的反应函数公式推导与古诺寡头垄断厂商一致。

➡例题 9-6 ~~~~~~

假设生产同质化产品的斯塔克伯格寡头垄断中，两家厂商的反需求函数如下：

$$P=50-(Q_1+Q_2)$$

两家厂商的成本函数为：

$$C_1(Q_1)=2Q_1$$
$$C_2(Q_2)=2Q_2$$

厂商 1 是领导者，厂商 2 是跟随者。

1. 厂商 2 的反应函数是什么？
2. 厂商 1 的产量是多少？
3. 厂商 2 的产量是多少？
4. 市场价格是多少？

答：

1. 根据跟随者的反应函数公式，得

$$Q_2=r_2(Q1)=24-\frac{1}{2}Q_1$$

2. 根据斯塔克伯格寡头垄断模型的领导者公式，得

$$Q_1=\frac{50+2-4}{2}=24$$

3. 将问题 2 的答案代入问题 1 的公式，得到跟随者的产量：

$$Q_2=24-\frac{1}{2}\times24=12$$

4. 将两家厂商的产量加总，代入反需求函数，得到市场价格为：

$$P=50-(12+24)=14$$

~~~~~~

通常，斯塔克伯格寡头垄断中价格超过边际成本，即行业产量低于社会有效水平。这意味着存在无谓损失，但该无谓损失低于完全垄断下的无谓损失。

透视商业 9-2　　**斯塔克伯格寡头垄断中的承诺**

在斯塔克伯格寡头垄断模型中，领导者通过明确承诺大量生产而获得先动优势。在观察领导者的产量的基础上，跟随者的最优反应是选择较低产量。因此，领导者以牺牲竞争对手为代价获得市场份额和利润。来源于现实商业的数据以及实验数据都表明，斯塔克伯格寡头垄断者的产量承诺意义重大，使得跟随者能够低成本地观察领导者的产量。

例如，南非通信公司 Telkom 的净利润增加 177%，就是得益于相对于竞争对手的先动优势。Telkom 通过与南非 90% 的公司签订长期合同来达成斯塔克伯格式的产量协议。基于这一高产量，Telkom 确信其竞争对手的最优反应是选择低水平产量。

传统的斯塔克伯格模型假设跟随者可以无成本地观察到领导者的产量。但在实践中，跟随者有时需要耗费一定成本去收集领导者的产量信息。摩根（Morgan）和瓦尔迪

（Várdy）教授进行了各种实验来研究这些观察成本是否削弱了领导者的先动优势。结果表明，当观察成本很小时，领导者获得大部分利润并且保持先动动势。随着第二行动者的观察成本的增加，领导者和跟随者的利润变得一样。

资料来源：Neels Blom，"Telkom Makes Life Difficult for Any Potential Rival," *Business Day* (Johannesburg), June 9, 2004; J. Morgan, and F. Várdy, "An Experimental Study of Commitment in Stackelberg Games with Observation Costs," *Games and Economic Behavior* 20, no. 2, (November 2004), pp. 401-23.

9.4.4 伯川德寡头垄断

需进一步强调的是，没有一个适用于所有情形的寡头垄断模型，寡头垄断势力并不意味着厂商必定获得正利润。**伯川德寡头垄断**（Bertrand oligopoly）假设厂商提供同质化产品且消费者愿意为产品支付（有限的）垄断价格。

伯川德寡头垄断具有以下特征：

1. 市场中只有几家厂商为众多消费者提供产品或服务。
2. 厂商的边际成本固定且产品同质化。
3. 厂商参与价格竞争并对竞争者的价格作出最优反应。
4. 消费者获得完全信息且没有交易成本。
5. 存在进入壁垒。

从管理者角度看，伯川德寡头垄断不是理想市场，因为即使市场上只存在两家厂商，也可能导致零利润。但从消费者角度看，伯川德寡头垄断很受欢迎——它将导致与完全竞争一样的结果。

为了详细解释上述论断，先分析伯川德双寡头垄断。由于消费者获得完全信息和零交易成本，且产品同质化，所有消费者都将购买低价产品。假设厂商1索要垄断价格，厂商2只要定价略低于垄断价格，就将占据整个市场并获得正利润，而厂商1将卖不出去任何产品。因此，厂商1会以比厂商2更低的价格来报复厂商2，从而重新占据整个市场。

价格战将何时结束？当每家厂商的定价等于其边际成本时：$P_1 = P_2 = MC$。没有任何一家厂商有动力继续降价，因为价格低于边际成本会导致亏损。同时也没有厂商愿意提高价格，因为提价将导致产品卖不出去。所以伯川德寡头垄断和同质化产品导致每家厂商以边际成本定价和经济利润为零的情形。由于 $P = MC$，同质化产品的伯川德寡头垄断产生一个社会有效产量。总市场产量等同于完全竞争行业的产量且没有无谓损失。

第10章和第11章提供了一些可以应对"伯川德陷阱"的策略——在同质化产品的伯川德寡头垄断中规避残酷竞争，关键是增加转换成本或消除产品同质性。产品差异化使厂商定价高于边际成本而不会失去全部消费者。本章末的附录表明，在差异化产品的价格竞争中，反应函数向上倾斜，且均衡出现在价格超过边际成本的位置上。这解释了为什么像家乐氏和通用磨坊这样的公司会花数百万美元来做广告以告知消费者其玉米片品牌是不一样的。如果消费者不认可其品牌的差异化，那么，这两家谷物早餐的生产者将不得不在边际成本处定价。

价格竞争和卖家数量：来自在线市场和实验数据

竞争真的会使同质化产品的伯川德寡头垄断厂商的价格等于边际成本吗？最近两项研究表明，这个答案主要取决于市场上卖方的数量。

贝叶（Baye）、摩根（Morgan）和朔尔滕（Scholten）在一些比价网站上收集了数千种产品，观察这些产品的约 400 万个每日定价。Shopper.com，Kelkoo.com 等比价网站，使得在线购物者能够获得有关同质化产品的不同厂商定价的清单。理论认为，在线市场厂商销售同质化产品且消费者拥有厂商价格的完全信息，厂商将成为"伯川德陷阱"的牺牲品。但与这个预期相反，当只有两家厂商销售该产品时，网上平均价格之间的差距为22%，但是超过 20 家厂商提供该同质化产品时，其线上平均售价之差不到 3%。换种说法，当卖家相对较少时，厂商可能会避免"伯川德陷阱"，只有在有多家竞争者时，它们才会成为这个陷阱的牺牲品。

登弗伯格（Dufwenberg）和格尼茨（Gneezy）的实验数据证实了这一发现。研究者对同质化产品的价格战进行了一系列实验，其中边际成本为 2 美元，垄断（合谋）价格为100 美元。在实验中，卖家要价最低为"中标价格"且获得现金。如图 9-12 所示，理论预测垄断厂商将定价 100 美元，有两个、三个或四个卖方的市场中价格将下降到 2 美元。在现实中，当只有两个卖家时，平均市场价格（中标价格）约为 27 美元，有三四个卖家时价格下降到 9 美元左右。在实践中，价格（和利润）随着卖方数量的增加快速下降，但是不像理论预测的那样大幅下降。

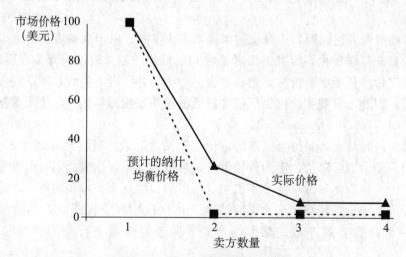

图 9-12　对"伯川德陷阱"的检验

资料来源：Martin Dufwenberg and Uri Gneezy，"Price Competition and Market Concentration：An Experimental Study," *International Journal of Industrial Organization* 18 (2000)，pp. 7-22；Michael R. Baye, John Morgan, and Patrick Scholten，"Price Dispersion in the Small and in the Large：Evidence from an Internet Price Comparison Site," *Journal of Industrial Economics* 52 (2004)，pp. 463-96.

9.5 寡头垄断模型的比较

不同类型的寡头垄断如何影响厂商？从单个厂商的产量、市场价格以及各厂商利润等几个方面来看，有必要对本章模型进行比较。为便于比较，在此假定它们具有相同的市场需求和成本条件，如反市场需求函数为：

$$P = 1\,000 - (Q_1 + Q_2)$$

每家厂商的成本函数相同且给定为：

$$C_i(Q_i) = 4Q_i$$

因此，各厂商的边际成本为 4。接下来观察产量、价格和利润是如何随不同类型寡头垄断厂商之间的相互依赖而变化的。

9.5.1 古诺模型

先考察古诺均衡。给定上述反需求函数和成本函数，单个古诺厂商的利润函数为：

$$\pi_i = \left[1\,000 - (Q_1 + Q_2)\right]Q_i - 4Q_i$$

古诺寡头垄断厂商的反应函数为：

$$Q_1 = r_1(Q_2) = 498 - \frac{1}{2}Q_2$$

$$Q_2 = r_2(Q_1) = 498 - \frac{1}{2}Q_1$$

求解 Q_1，Q_2 这两个反应函数，得到古诺均衡的产量 $Q_1 = Q_2 = 332$。因此，市场总产量为 664 单位，价格为 336 美元。将这些数值代入利润函数，得到每家厂商将获得 110 224 美元的利润。

9.5.2 斯塔克伯格模型

根据上述需求函数和成本函数，斯塔克伯格领导者的产量为：

$$Q_1 = \frac{a + c_2 - 2c_1}{2b} = \frac{1\,000 + 4 - 2 \times 4}{2} = 498$$

跟随者将此产量视为给定的，其反应函数为：

$$Q_2 = r_2(Q_1) = \frac{a - c_2}{2b} - \frac{1}{2}Q_1 = \frac{1\,000 - 4}{2} - \frac{1}{2} \times 498 = 249$$

因此，市场总产量为 747 单位，该产量下的价格为 253 美元。斯塔克伯格寡头垄断中的市场总产量高于古诺寡头垄断中的市场总产量。这使得斯塔克伯格寡头垄断中的价格低于古诺寡头垄断中的价格。领导者的利润为 124 002 美元，跟随者的利润为 62 001 美元。由于其先动优势，斯塔克伯格寡头垄断中领导者的利润高于古诺寡头垄断厂商。但是，斯塔克伯格寡头垄断中跟随者的利润低于古诺寡头垄断厂商。

9.5.3 伯川德模型

所有参与伯川德竞争的厂商的最终定价将等于其边际成本。在给定的反需求函数和成本函数下，每家厂商的产品价格等于其边际成本（4 美元），利润均为零。市场总产量为 996 单位。若两家厂商对称，则两家厂商各占 50% 的市场。

9.5.4 合谋

合谋的结果就是厂商选择使整个行业利润最大化的产量。当厂商进行合谋时，行业总产量就是市场反需求曲线的垄断产量。由于市场反需求曲线是：

$$P = 1\,000 - Q$$

因此边际收益为：

$$MR = 1\,000 - 2Q$$

注意，该边际收益函数假定这些厂商作为一个整体利润最大化厂商采取了联合行动（合谋）。令边际收益等于边际成本（4 美元），可得

$$1\,000 - 2Q = 4$$

则 $Q = 498$。合谋下整个行业的总产量为 498 单位，两家厂商各生产一半。合谋价格为：

$$P = 1\,000 - 498 = 502 \text{（美元）}$$

每家厂商获得的利润为 124 002 美元。

不同的寡头垄断情形下的结果对比如下：市场产量最高的是伯川德寡头垄断厂商，其次是斯塔克伯格寡头垄断厂商，再次是古诺寡头垄断厂商，最后是合谋厂商。利润最高的是斯塔克伯格的领导者和合谋厂商，其次是古诺寡头垄断厂商，再次是斯塔克伯格的跟随者，伯川德寡头垄断厂商获得最低利润。如果你是寡头垄断市场的管理者，必须认识到最优决策和利润取决于市场中寡头垄断厂商之间的相互作用的不同类型。

9.6 可竞争市场

截至目前，本章重点研究了寡头垄断情况下在位厂商间的战略互动。这种战略互动也存在于在位厂商和潜在市场进入者之间。针对潜在进入者，战略互动也很重要，其情形类似于伯川德寡头垄断。假设市场上只有一家厂商，但另一家厂商（潜在进入者）可以选择在任何时间自由进入市场。

可自由进入的市场就是经济学家所指的**可竞争市场**（contestable market）。一个可竞争市场需要满足以下条件：

1. 所有的生产者获得了相同的生产技术。
2. 消费者对价格变化敏感。
3. 在位厂商不能通过降价对进入作出快速反应。
4. 不存在沉没成本。

如果上述四个条件成立，在位厂商对消费者没有市场控制力。也就是说，该均衡价格对应于边际成本且厂商的经济利润为零。即使市场中只有一家厂商亦如此。

原因如下：如果在位厂商的价格超过边际成本，具有相同技术的新厂商可迅速进入市场且定价比在位厂商低。由于在位厂商无法迅速降价应对，进入者就可以通过低价获得在位厂商的所有消费者。在位厂商也明白这一点，所以别无选择，只有以生产成本定价来阻止进入者。因此，如果一个市场是完全可竞争市场，在位厂商会受到新厂商进入威胁的约束。

可竞争市场的一个重要条件是不存在沉没成本。沉没成本指新进入厂商必须承担的且退出市场时不能收回的成本。比如，一个进入者为了进入市场提供搬运服务而需花费 100 000 美元购置卡车，但退出市场只能收到 80 000 美元，20 000 美元就是进入市场的沉没成本。同样，如果厂商为了进入市场而需支付 20 000 美元以获得租期为一年的卡车的不可转让权，这 20 000 美元就是进入市场的沉没成本。或者，如果厂商为了等待消费者"转为自己的消费者"而等了 6 个月，6 个月间每个月承担 2 000 美元的损失，就产生了 12 000 美元的沉没成本。

沉没成本很重要。假设在位厂商定高价，一个新进入者估计进入市场且定价低于在位厂商可赚得 70 000 美元。当然，这是以在位厂商继续维持现价为条件的。假设进入者为进入市场必须支付沉没成本 20 000 美元，它进入市场且在位厂商保持高价不变，则能获得利润，赚取 70 000 美元。但如果在位厂商降价，进入者会因为没有消费者而退出。由于在位厂商不能快速降低价格，进入者能在在位厂商降价前赚取一些利润，但在此期间（在位厂商降价前）可能无法赚得可以弥补沉没成本的利润。总之，进入者需要在进入后立即赚取足够利润以弥补 20 000 美元的沉没成本。简言之，如果潜在进入者必须为进入市场花费沉没成本，并且它相信在位厂商会降低价格应对进入者，就会发现即使该价格很高，进入市场也可能无利可图。总之，由于存在沉没成本，在位厂商不会受到潜在进入者的约束，产品会保持市场高价。第 10 章和模块组 A 会提供在位厂商和潜在进入者之间的战略互动的详细分析。

开篇案例解读

尽管石油价格下降，但一些地区的汽油价格却没有下降，因此开篇案例质疑那些地区的加油站进行了合谋。由于石油是汽油生产的投入品，石油价格的下降导致汽油生产的边际成本下降，图 9-13 所示，边际成本线从 MC_0 下降到 MC_1。如果加油站合谋，边际成本的降低应该促使厂商降低汽油价格，因为在合谋状态下，行业产量和价格都设定在垄断产量和价格上。所以当边际成本为 MC_0 时，如果厂商合谋，合谋利润最大化的产量应该在图 9-13 的 $MR=MC_0$ 处。图 9-13 中的 Q^* 和 P^* 就是边际成本为 MC_0 时利润最大化的合谋产量和价格。汽油的边际成本下降将使边际成本曲线下移到 MC_1，这应该会带来更大的合谋产量（Q^{**}）和更低的价格（P^{**}）。由此看来，合谋无法解释为什么一些地区的加油站没有降价，因为如果合谋，加油站会发现，当石油价格下降时，随之降低汽油价格是有利可图的。

既然合谋不能解释汽油的边际成本下降时一些地区的汽油价格没有下降的原因，那应该怎么解释这些市场的定价行为呢？还有一种解释是这些汽油零售商是斯威齐寡头垄断

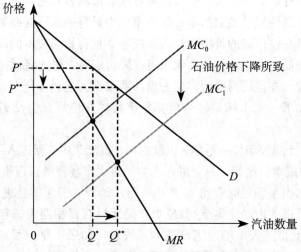

图 9 - 13 边际成本下降降低了合谋价格

者。斯威齐寡头垄断者运营的一个假设是，如果它提高价格，竞争对手将忽略这个变化；但是如果它降低价格，所有的竞争对手会随之降价。图 9 - 14 显示，当边际成本 MC_0 降到 MC_1 时，斯威齐寡头垄断厂商不会降低汽油价格。因为它们知道，如果降价的话，其他竞争者也会跟着降价，降价行为不能增加其利润或市场份额，为此它们也就不会随着石油价格的下降而降低汽油价格了。

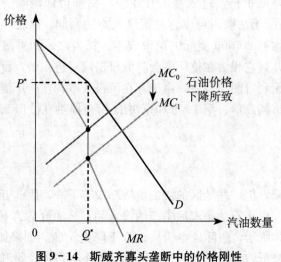

图 9 - 14 斯威齐寡头垄断中的价格刚性

小 结

本章考察了几种由少数战略上相互依赖的厂商构成的市场模型。这些模型解释了垄断市场的不同行为类型，如斯威齐寡头垄断、古诺寡头垄断、斯塔克伯格寡头垄断和伯川德寡头垄断。

在古诺寡头垄断中，厂商根据竞争对手的产量确定自己的产量。每家厂商都获得一定的经济利润。在伯川德寡头垄断中，竞争厂商根据竞争对手的价格确定自己的价格，它们最终确定的价格等于边际成本并且获得零利润。在斯威齐寡头垄断中，厂商认为竞争对手会随之降价而不会随之提价，这将使行业价格相对稳定（即使行业中的成本发生变化，也不会轻易调整价格）。最后，在斯塔克伯格寡头垄断中，存在一个领导者和一个跟随者。领导者了解跟随者的行为，而跟随者会根据领导者的行为确定自己的最大化利润，每家厂商都会获得利润，但领导者的利润较跟随者的利润高得多。

下一章将更详细地分析管理者如何在寡头垄断竞争中实现均衡。注意，某一厂商的决策会影响市场中的其他厂商，其他厂商的决策也会影响该厂商。

概念题和计算题

1. 下图描述了一家生产差异化产品的寡头垄断厂商的两条需求曲线。起初，该厂商定价为 60 美元并生产 10 单位产品。其中的一条需求曲线反映了竞争对手跟随该厂商的价格变化时的情形，另一条需求曲线反映了竞争对手不跟随价格变化时的情形。

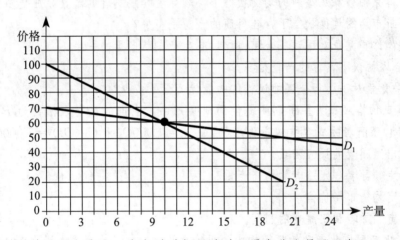

(1) 当价格发生任何变化，竞争对手都跟随时，需求曲线是哪一条？

(2) 当价格发生任何变化，竞争对手都不跟随时，需求曲线是哪一条？

(3) 管理者认为竞争对手会随之降价，但不随之提价。

1) 如果该厂商生产 20 单位产品，定价是多少？

2) 如果该厂商的定价为 70 美元，将销售多少单位产品？

3) 边际成本在什么范围内时，该厂商将维持 60 美元的定价？

2. 同质产品的古诺双寡头垄断的反需求函数为 $P = 200 - 3(Q_1 + Q_2)$，成本函数为 $C_1(Q_1) = 26Q_1$ 和 $C_2(Q_2) = 32Q_2$。

(1) 列出各厂商的反应函数。

(2) 计算各厂商的均衡产量。

(3) 计算均衡市场价格。

(4) 计算均衡状态下各厂商的利润。

3. 下图是两家厂商以固定边际成本生产同质化产品的双寡头垄断的反应函数和等利润线。

(1) 如果竞争对手生产 50 单位产品，你的最优产量是多少？

(2) 古诺寡头垄断的均衡状态下，各厂商的产量是多少？

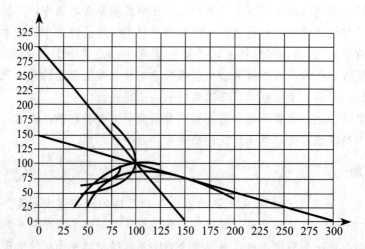

（3）斯塔克伯格寡头垄断的均衡状态下，领导者和跟随者的产量分别是多少？

（4）垄断市场的均衡状态下，各厂商的产量是多少？

（5）假如你和竞争对手达成合谋协议，各生产垄断产量的一半。

1）在合谋协议下，你的产量是多少？

2）如果竞争对手履行合谋协议，你的最优产量是多少？

4. 斯塔克伯格双寡头垄断厂商提供同质化产品，它们的反需求函数为 $P = 16\,000 - 4Q$。领导者和跟随者的成本结构分别为 $C_L(Q_L) = 4\,000Q_L$ 和 $C_F(Q_F) = 6\,000Q_F$。

（1）列出跟随者的反应函数。

（2）确定领导者和跟随者的均衡产量。

（3）确定均衡市场价格。

（4）确定领导者和跟随者的利润。

5. 四家生产同质化产品的厂商构成伯川德寡头垄断，其边际成本皆为 140 美元。该产品的市场反需求函数为 $P = 400 - 5Q$。

（1）确定市场上的均衡产量。

（2）确定均衡市场价格。

（3）确定各厂商的利润。

6. 列举现实中以下寡头垄断市场的相关案例，并解释原因。

（1）古诺寡头垄断。

（2）斯塔克伯格寡头垄断。

（3）伯川德寡头垄断。

7. 市场中有两家提供同质化产品的厂商，反需求函数为 $P = 600 - 3Q$。两家厂商均以 300 美元的边际成本生产且没有固定成本。根据这些信息，请比较古诺寡头垄断、斯塔克伯格寡头垄断、伯川德寡头垄断与合谋行为下的产量和利润。

8. 同质化产品的双寡头垄断厂商最初均以 200 美元的边际成本进行生产且不存在固定成本。若厂商 2 的边际成本增加到 210 美元，而厂商 1 的边际成本保持 200 美元不变，请确定下列情形中两家厂商的均衡产量和利润的变化。

（1）古诺双寡头垄断。

（2）斯威齐双寡头垄断。

9. 确定下列情形是哪个垄断市场的特征（斯威齐、古诺、斯塔克伯格或伯川德双寡头垄断）。

（1）没有一个管理者认为其产量决策会影响其他管理者的产量决策。

（2）每家厂商的定价都是对竞争对手定价的最优反应。

（3）一家厂商的管理者在制定自身产量决策前会观察竞争对手的产量。

（4）管理者跟随竞争对手降价但不会随之提价。

10. 假定一家厂商处于可竞争市场。市场反需求函数为 $P=150-2Q$，该厂商的成本函数为 $C(Q)=4Q$。确定该厂商的均衡价格和相应的利润。

问答题和应用题

11. 福特董事会最近宣布，公司将实施一项颇引人注意的消费者激励计划——Ford Drive American。该计划向购买福特新车的消费者返还现金或者提供零利率融资。假如你是福特特许经营商的管理者，你预计该计划对本公司的盈利将有何影响？请解释。

12. 你是 BlackSpot 计算机公司的管理者，BlackSpot 公司与 Condensed 公司在高性能计算机市场上直接竞争。但客户认为两家公司的产品没有差异。购置生产设备所需的大规模投资使其他公司难以进入这一市场，假设在位厂商在竞争对手产量保持不变的情形下生产。计算机的市场反需求函数为 $P=5\,900-Q$，两家公司均以每台计算机 800 美元的边际成本进行生产。目前，BlackSpot 公司的收益为 425 万美元，盈利（扣除投资、研发和其他固定成本）89 万美元。BlackSpot 公司的工程部正在努力改进装配线，以降低高性能计算机生产的边际成本；工程部还发现了一种新流程，可以使每台计算机以 500 美元的边际成本生产。这项技术革新会如何影响你的产量和定价计划？会如何影响 BlackSpot 的盈利？

13. Hull Petroleum Company 和 Inverted V 是零售汽油的特许经营商，在本地市场向消费者销售汽油，相互竞争。Hull Petroleum Company 和 Inverted V 位于街道的两边，能够看到彼此电子屏上的价格。该市场上汽油的需求为 $Q=120-5P$，每家特许经营商都以每加仑 3.0 美元从供应商那里获得汽油。有一天两家店开门后，电子屏上宣传的汽油价格的变化超过 10 次：Hull Petroleum Company 的主管降低其价格——比 Inverted V 的价格稍低，而 Inverted V 的主管也以降价回击 Hull Petroleum Company。自此，价格似乎已经稳定下来了。在当前情形下，市场上销售了多少加仑汽油？价格是多少？如果 Hull Petroleum Company 提供服务员帮助消费者加满油箱而 Inverted V 仅有自助服务站，你的回答会有所不同吗？请解释。

14. 假设你是世界上唯一一家专门向日本出口渔具产品的公司的管理者。你的竞争对手是许多日本公司，这些日本公司具有明显的先动优势。最近，你的一位日本客户告诉你，日本立法机关正在考虑施行一项配额计划——减少每年出口到日本的渔具产品的数量。你的第一直觉是告诉你的国家的商务代表来劝阻。这是不是最优决策呢？请解释。

15. 石油输出国组织（OPEC）的网站上公开声明，其成员追求的是"……保证对消费者提供有效、经济和规范的石油供给，给生产者带来稳定收入和给予石油行业公平的投资回报"。为了达到这个目标，OPEC 试图通过协调和统一石油政策来提高或降低其成员的集体石油产量。然而，美国、俄罗斯、阿曼、墨西哥、挪威等已经在增加产量，其他非

OPEC 国家都承担着石油价格下降的压力。为了确保石油价格稳定和公平,OPEC 必须怎么做才能将石油价格维持在预期水平上?你认为这对 OPEC 来说容易吗?请解释。

16. Semi-Salt 公司是世界上唯一一家生产和销售商用焦谷氨酸盐的公司。事实上任何一个化学专业的人都可以复制该公司的产品。虽然专利保护期已过,但由于法律成本较高,Semi-Salt 公司决定不申请专利。Semi-Salt 公司从开始生产以来,平均利润水平约为 5.5%——这相当于一家大型银行的存款平均利率。你认为 Semi-Salt 公司赚取垄断利润了吗?为什么?

17. 你是某公司的管理者,该公司与其他四家公司竞标政府合同。虽然你认为你的产品优于竞争者,但政府采购方认为这些产品同质化,将根据价格做决定。政府的总需求为 $Q = 1\,500 - 5P$,五家企业均以 120 美元的边际成本生产产品。政府最多允许五家厂商参与竞争,这阻止了新公司的进入。一位美国国会议员有些担心,因为没有任何条款来限定政府的采购价。她建议通过立法给每家公司总合同(700 单位)的 20%,每单位的合同价格为 160 美元。你是支持还是反对这项立法?请解释。

18. 标准纸板箱市场上只有 CompositeBox 公司和 Fiberboard 公司。作为 CompositeBox 的管理者,你拥有一项专利技术,使你的公司能够比 Fiberboard 公司以更低的成本更快地生产箱子。该优势使之能率先决定利润最大化产量。纸板箱的反需求函数为 $P = 1\,200 - 6Q$,CompositeBox 公司的成本为 $C_C(Q_C) = 60Q_C$,Fiberboard 公司的成本为 $C_F(Q_F) = 120Q_F$。忽略不信任因素,与 Fiberboard 公司合并对你的公司有利吗?如果不利,解释原因;如果有利,提供一个报价使合并顺利完成。

19. 你是 Taurus Technologies 公司的管理者,该公司唯一的竞争对手是 Spyder Technologies 公司。这两家公司的产品在大多数消费者看来并无差异。相关的成本函数为 $C(Q_i) = 4Q_i$,产品的反需求曲线为 $P = 160 - 2Q$。目前,你和竞争对手同时(但独立)作出生产决策,你的产品价格取决于两家公司的总产量。然而,通过投资 200 美元(该投资不可收回),Taurus Technologies 公司能在 Spyder Technologies 公司完成生产计划前将其产品推向市场。你应该投资 200 美元吗?请解释。

20. 20 世纪 80 年代,世界上大部分赖氨酸由一家名为 Ajinomoto 的日本公司供应。赖氨酸本质上是一种氨基酸,是家畜饲料的重要成分。当时,美国以每磅 1.65 美元的价格进口世界上大部分赖氨酸(超过 30 000 吨)用于畜牧饲料生产。然而,全球赖氨酸市场在 1991 年发生了根本性改变,那时美国的阿彻丹尼尔斯米德兰公司(ADM)开始生产赖氨酸,使全球的产能翻了一番。专家推测,Ajinomoto 和 ADM 有相似的成本结构,且生产和分配赖氨酸的边际成本接近于每磅 0.7 美元。假定需求保持 $Q = 208 - 80P$ 不变(单位:百万磅)。ADM 开始生产赖氨酸后,全球价格下降到每磅 0.7 美元。然而到 1993 年,赖氨酸的价格一下子回升到 1.65 美元。运用本章所讨论的理论解释赖氨酸市场的现象。以适当的计算支持你的答案。

21. PC Connection 和 CDW 是在数码相机领域相互竞争的两家在线零售商。虽然销售的产品类似,但是它们试图通过服务政策来加以区分。在过去几个月里,PC Connection 跟随 CDW 降价,但是不跟随其提价。假定当 PC Connection 跟随 CDW 的价格变化作出反应时,CDW 的反需求曲线为 $P = 1\,500 - 3Q$。当它不跟随 CDW 的价格变化作出反应时,CDW 的反需求曲线为 $P = 900 - 0.50Q$。基于以上信息,确定过去几个月里 CDW 的反需求函数和边际收益函数。在什么范围内改变边际成本对 CDW 利润最大化的产量没有影响？

22. 某购物中心仅有两家服装店，琼斯（Jones）是其中一家高档服装店的经理。两家商店经营不同品牌的服装，但它们服务于类似的客户。琼斯得知，该购物中心下个月起会将商场所有店铺的租金提高 10%。琼斯应该将服装价格提高 10% 来抵销每月租金的增加吗？请详细解释。

23. 为了增加税收，一些州的立法机关提出了一项增加州消费税的立法议案。考察提高消费税对下列市场的均衡数量和均衡价格的影响：（1）斯威齐寡头垄断；（2）古诺寡头垄断；（3）伯川德寡头垄断。哪一种市场上的税收可能增加最多？

24. 20 世纪 90 年代末，先锋航空（Vanguard Airlines）对离开密苏里州堪萨斯城的航班采取了低成本运营模式，提供低价格和有限服务；不久以后就开始应用于更多的航班，如离开伊利诺伊州芝加哥中途国际机场的航班。当先锋航空将其低价服务拓展到中途国际机场航班时，在位航空公司如德尔塔（Delta）迅速作出了反应，推出了很多低价航班。价格竞争导致先锋航空不得不在 2000 年退出中途国际机场业务，并在 2002 年申请了破产。随着时间的变化，航空业已经成为一个可竞争市场，先锋航空的案例是支持还是否定了航空业的这一特征？请解释。

25. 你正打算进入一个市场，市场上只有一家在位企业，你们销售的产品大致相当。你最初采取跟随者策略来确定产量。通过搜集市场信息，你得到了价格与销售量的数据并要求分析师估计市场的需求曲线。分析师提供了以下报表。

价格对销售量的回归

	系数	标准差	t 统计量	P 值	95% 下限	95% 上限
截距	13 693.75	516.34	26.52	4.69E−79	12 677.45	14 710.05
销售量	−2.14	0.101	−21.18	1.5E−60	−2.34	−1.95

（1）列出市场需求函数的估计，并说明估计值的可靠性。

（2）假定你的边际成本是 2 000 美元，在位企业生产了 4 000 单位的产品。要实现利润最大，你该生产多少单位？

（3）假定你的边际成本是 2 000 美元，在位企业的边际成本是 1 500 美元。你与在位企业的产量都是各自利润最大化的产量，请问你的定价应该是多少？

选读材料

Alberts, William W., "Do Oligopolists Earn 'Noncompetitive' Rates of Return?" *American Economic Review* 74(4), September 1984, pp. 624–32.

Becker, Klaus G., "Natural Monopoly Equilibria: Nash and von Stackelberg Solutions." *Journal of Economics and Business* 46(2), May 1994, pp. 135–39.

Brander, James A., and Lewis, Tracy R., "Oligopoly and Financial Structure: The Limited Liability Effect." *American Economic Review* 76(5), December 1986, pp. 956–70.

Caudill, Steven B., and Mixon, Franklin G., Jr., "Cartels and the Incentive to Cheat: Evidence from the Classroom." *Journal of Economic Education* 25(3), Summer 1994, pp. 267–69.

Friedman, J. W., *Oligopoly Theory*. Amsterdam: North Holland, 1983.

Gal-Or, E., "Excessive Retailing at the Bertrand Equilibria." *Canadian Journal of Economics* 23(2), May 1990, pp. 294–304.

Levy, David T., and Reitzes, James D., "Product Differentiation and the Ability to Collude: Where Being Different Can Be an Advantage." *Antitrust Bulletin* 38(2), Summer 1993, pp. 349–68.

Plott, C. R., "Industrial Organization Theory and Experimental Economics." *Journal of Economic Literature* 20, 1982, pp. 1485–1527.

Ross, Howard N., "Oligopoly Theory and Price Rigidity." *Antitrust Bulletin* 32(2), Summer 1987, pp. 451–69.

Showalter, Dean M., "Oligopoly and Financial Structure: Comment." *American Economic Review* 85(3), June 1995, pp. 647–53.

附录　差异化产品的伯川德寡头垄断

本章介绍的伯川德寡头垄断模型，是根据传统的伯川德研究对象建立的，也就是假定寡头垄断厂商生产完全相同的产品。但实际上，当寡头垄断者生产差异化产品时，也可能卷入价格竞争，下面介绍差异化产品的伯川德寡头垄断。

假设两个寡头垄断者共同领导市场，它们生产略有差别的产品，并通过定价来展开市场竞争。

在生产差异化产品的情况下，一家厂商通过基于竞争对手价格的降价策略，不可能抢走竞争者的所有消费者。一些消费者可能对某厂商（如厂商1）的产品有偏好，即使其竞争对手（如厂商2）的定价较低，他们也不会转向其他厂商。因此，即使厂商2采取免费赠送产品（要价为零）的策略，厂商1也不会将价格调整为零，因为定价为正是有利可图的。但是，当厂商2提高产品的价格后，一部分消费者可能会转向厂商1而造成对厂商1的产品需求增加。这将增加厂商1的边际收益，使得厂商1可以通过提高价格获利。

在差异化产品定价的寡头垄断中，厂商1的反应函数表明在给定厂商2的定价时厂商1的利润最大化价格。根据上文的分析，厂商1的反应函数应该是向上倾斜的，如图9-15所示。为了更好地理解这一点，请结合图形来看，如果厂商2的定价为零，厂商1会发现定价为 $P_1^{min} > 0$ 是有利润的，因为一些消费者更偏好其产品而不是竞争对手的产品。实际上，P_1^{min} 是厂商1在只将产品销售给其品牌忠诚消费者（品牌忠诚的消费者不想购买其他品牌的产品，即使其他品牌免费，他们也不会选择）时的利润最大化价格。当竞争对手厂商2提价后，比如将价格提至 P_2^*，厂商2的一部分消费者会转向购买厂商1的产品。结果就是，随着厂商2将价格提高到 P_2^*，厂商1在获得更多需求的情况下，也会将价格提高到 P_1^* 以实现利润最大化。厂商1的反应曲线上的各点是厂商1在给定厂商2任一定价时的利润最大化价格。需要指出的是，厂商1的反应函数是向上倾斜的，这与古诺寡头垄断中的反应函数不同。

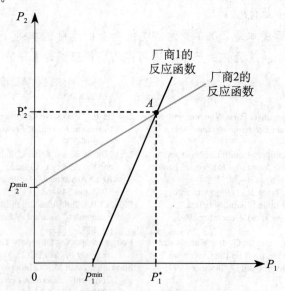

图9-15　差异化产品的伯川德寡头垄断中的反应函数

图 9-15 中还给出了厂商 2 的反应函数，它表示的是给定厂商 1 的定价时厂商 2 的利润最大化价格。与厂商 1 的反应曲线向上倾斜一样，厂商 2 的反应曲线也是向上倾斜的；实际上，厂商 2 的反应曲线是厂商 1 的镜像。

在差异化产品的伯川德寡头垄断模型中，均衡状态由两条反应曲线的交点决定，见图 9-15 中的点 A。为什么点 A 会是一个均衡点？请大家注意，当厂商 2 的定价为 P_2^* 时，厂商 1 的利润最大化价格为 P_1^*；同理，当厂商 1 的定价为 P_1^* 时，厂商 2 的利润最大化价格则为 P_2^*。

在差异化产品的伯川德寡头垄断模型中，厂商的定价高于边际成本，这是因为，两家厂商的产品不能完全替代。当一家厂商提高价格时，一部分消费者会流失，这些消费者转而购买竞争对手的产品，但厂商不会流失全部消费者。因此，单个厂商的需求函数是向下倾斜的，这与垄断竞争下的需求曲线类似。但与垄断竞争不同的是，在差异化产品的伯川德寡头垄断中，存在较高的进入障碍，这将阻止其他厂商进入市场，从而使差异化产品的伯川德寡头垄断厂商在长期内有可能获得正的经济利润。

第 **10** 章　博弈论：寡头垄断

学习目标

学完本章，你将能够：

1. 运用博弈论的正则形式和延展形式制定以下决策：定价、广告、合作、议价、创新、产品质量、员工监督以及进入市场。
2. 区分占优策略、安全策略、纳什均衡、混合策略和子博弈完全均衡以及博弈策略。
3. 识别重复博弈的纳什均衡能否支持合谋，解释触发策略、利率、无限期或者不确定期限对合谋的作用。

开篇案例　　　　　　　　　恢复提供免费饮料

在与美国航空公司（American Airlines）合并之前，全美航空公司（US Airways）开始向国内长途乘客收取每位 2 美元的软饮料费，但一年之后就放弃了这个战略。公司为什么恢复提供免费饮料这个行业标准？该决策受行业中多种因素（包括经济低迷）的影响，还有一个重要事实是：全美航空公司是唯一一家收取乘客饮料费的大型全球航空公司。历史总是会重演：2017 年，美国航空公司禁止经济舱的乘客携带随身行李登机，但在 2018 年就终止了这一政策。

全美航空公司为什么在 2009 年放弃收取 2 美元软饮料费的战略？美国航空公司为什么在 2018 年终止"禁止携带随身行李"的政策？

资料来源：Leslie Josephs, "Squeezed Competition, American Airlines Is Giving In on One of Its Stingiest Cheap-Seat Restrictions: A Ban on Carry-on Bags," *CNBC.com*, July 28, 2018; Harry R. Weber, "US Airways Won't Charge for Sodas After All," *AP Newswire*, February 25, 2009; Michael R. Baye from US Airways, personal communication, February 23, 2009.

10.1 导　言

本章继续分析战略互动。正如第 9 章所讨论的，当市场中只有少数几家厂商竞争时，一家厂商的行为将对竞争对手产生重要影响。比如寡头垄断中一家厂商的价格和产量决策会影响行业中其他厂商的利润。因此，为了实现利润最大化，管理者必须考虑其决策对行业中其他管理者行为的可能影响。

本章将更深入地研究互动影响下的管理决策。运用一般性工具帮助管理者在寡头垄断市场制定各种决策，包括定价、广告投放、引进新产品、是否进入新市场等。研究这些问题将用到博弈论这个基本工具。博弈论对于管理者非常有用。博弈论也可以用于分析厂商内部决策，如员工监督和工资议价决策。

10.2　博弈与战略性思维

博弈可不是井字游戏、国际跳棋等简单的小游戏。博弈论实际上是一种理论框架，帮助人们在其收益取决于其他博弈方行为时作出恰当的决策。

在博弈模型中，博弈方（参与者）是决策个体。比如一个由两家厂商组成的寡头垄断市场，每家厂商制定定价决策，这两家厂商（更准确地说是两家厂商的管理者）就是博弈方。博弈方的决策称为策略。博弈方收益就是策略带来的利润或损失。由于相互影响，一个博弈方的收益不仅取决于自己的策略，而且取决于其他博弈方所采取的策略。

在博弈分析中，博弈方作决策的顺序很重要。**同时行动博弈**（simultaneous-move game）指每个博弈方都在不知道其他博弈方决策的前提下制定自己的决策。在**序贯行动博弈**（sequential-move game）中，一个博弈方观察到另一个博弈方的行动后才采取行动。井字游戏、国际象棋以及国际跳棋等都是序贯行动博弈。在寡头垄断博弈中，如果两家厂商必须在不知道对方决策的情况下定价，就是同时行动博弈；如果一家厂商在对手定价之后再定价，就是序贯行动博弈。

区分一次性博弈和重复博弈也很重要。**一次性博弈**（one-shot game）指这个博弈只能进行一次。**重复博弈**（repeated game）指博弈活动可能进行多次（不止一次）。如果你同意与对手只玩一次国际象棋，这就是一次性博弈。如果你同意与对手玩两次国际象棋，这就是重复博弈。

在正式讨论博弈论帮助管理者制定商业决策之前，先来看一个例子。这是两个位于同一社区且彼此相邻的加油站，任何一个加油站都没有地理优势。两个加油站的汽油对消费者来说是完全替代品，消费者将从价格低的加油站那里购买汽油。加油站的管理者每天早晨的第一件事就是打电话给服务员，通知他调整价格牌上的价格。管理者不知道对手的定价，因此这种定价博弈是同时行动博弈。这种博弈通常称为伯川德双寡头博弈。

在给定的博弈前提下，如果加油站 A 的定价比加油站 B 高，消费者将不会从 A 购买任何汽油。因此，A 的管理者可能这样思考："我应该定价为每加仑 9.50 美元。但如果 B

的管理者认为我将定价 9.50 美元，她可能定价 9.49 美元，所以我最好定价为 9.48 美元。但如果 B 的管理者认为我会想到她将定价 9.49 美元，她可能欺骗我而定价为 9.47 美元，所以我最好定价为 9.46 美元。但如果她认为我会想到她所想的……"也许你经历过类似的思考过程，比如决定考试复习内容（"教授不会考这些内容，但如果他想到我们认为他不会考这个的话，他就会考这个……"）。

博弈论是分析类似问题的强有力工具。接下来介绍博弈论的基础知识，先分析同时行动博弈与一次性博弈。

10.3 同时行动博弈与一次性博弈

分析同时行动博弈与一次性博弈时需要一些基本工具。在同时行动博弈中，博弈方必须在不知道其他博弈方决策的情况下制定决策；一次性博弈则意味着只能博弈一次。

在战略互动情况下，了解一次性博弈、同时行动博弈非常重要。该模型可以用来分析以下情形：一家厂商的利润不仅取决于该厂商的行动，还取决于其竞争对手的行动。在具体研究一次性博弈之前，先了解相关决策分析的一般理论。

10.3.1 基础理论

首先介绍两个关键定义：第一，**策略**（strategy）是一种决策选择，指博弈方在每个决策状态下将采取的行动。第二，**正则形式博弈**（normal-form game）是博弈的一种表示形式，表示博弈方可能采取的不同策略及其带给博弈方的收益。

准确理解策略和正则形式博弈的最好方法就是举一个简单例子。表 10-1 是同时行动博弈的正则形式表述。有两个博弈方分别为 A 和 B（注意这只是博弈方的一般描述，可以指任意两个存在战略互动作用的实体）。如果愿意，可以把两个博弈方视为双寡头垄断竞争中的两家厂商的管理者。

表 10-1 正则形式博弈

		博弈方 B	
		左	右
博弈方 A	上	10, 20	15, 8
	下	−10, 7	10, 10

博弈方 A 有两个可能的策略：上或者下。类似地，博弈方 B 的可能策略是选择左或者右。这表明博弈方会有不同的策略选择。同理，将策略称为上或下只是一般性描述，这些策略可以代表任何策略，如提高价格或降低价格、广告高投入或广告低投入。

两个博弈方的收益见矩阵中每一单元格的数字。单元格中的第一个数字表示博弈方 A 的收益，第二个数字表示博弈方 B 的收益。注意，博弈方 A 的收益本质上取决于博弈方 B 的行动。如果博弈方 A 选择上而博弈方 B 选择左，则博弈方 A 的收益为 10，博弈方 B 的收益为 20。类似地，如果博弈方 A 的策略是上而博弈方 B 的策略是右，则博弈方 A 的收益为 15，博弈方 B 的收益为 8。

表 10－1 中的博弈是一次性同时博弈，博弈方只能作一次决策且必须同时作决策。对博弈方 A 来说，决策只有上或者下，博弈方不能作出条件性决策（如博弈方 A 不能说如果博弈方 B 选择右则自己选择上，或者如果博弈方 B 选择左则自己选择下）。两个博弈方同时作决策就排除了每个博弈方基于另一方决策再作决策的情形。

对于一次性同时博弈来说，什么是博弈方的最优策略？如表 10－1 所示，这是一个非常复杂的问题且取决于博弈性质。但在一种情况下可以很容易地确定最优策略——存在占优策略。**占优策略**（dominant strategy）是这样一种策略，不管对手如何行动，都能产生最高收益。

在表 10－1 中，博弈方 A 的占优策略是上。注意，如果博弈方 B 选择左，对于博弈方 A 来说，最好的选择是上（10 单位收益大于选择下时的－10 单位收益）。如果博弈方 B 选择右，博弈方 A 的最好选择还是上（因为 15 单位收益大于选择下时的 10 单位收益）。简言之，不管博弈方 B 的策略是左还是右，对于博弈方 A 来说，最好的选择都是上。上就是博弈方 A 的占优策略。

原 理	运用占优策略

确定是否存在占优策略，如果有的话，运用占优策略。

在一次性同时行动博弈中，如果某博弈方有占优策略，最优策略就是选择占优策略。这样不论对手如何行动，你将最大化自己的收益。但在一些博弈模型中，博弈方没有占优策略。

➡例题 10－1

在表 10－1 所示的博弈模型中，博弈方 B 有占优策略吗？

答：

博弈方 B 没有占优策略。注意，如果博弈方 A 选择上，对于博弈方 B 来说，最优策略是左（收益 20 比选择右时的收益 8 高）。但如果博弈方 A 选择下，博弈方 B 的最优策略是右（这样博弈方 B 的收益 10 高于选择左的收益 7）。因此，博弈方 B 没有占优策略，其最优选择取决于博弈方 A。

没有占优策略时，博弈方怎么办？一种可能是采取**安全策略**（secure strategy）——保证在最坏的情形下获得最高的收益。这通常不是最优的博弈结果，但这种策略背后的原因很有意义。通过安全策略，博弈方能够从"最坏的情形"中获取最大的收益。也就是说，为了找到安全策略，博弈方要研究每种行动的最差收益，然后在这些最差收益中选择能带来最高收益的方案。

➡例题 10－2

在表 10－1 所示的博弈模型中，博弈方 B 有安全策略吗？

答：

对于博弈方 B 来说，安全策略是右。如果选择左，博弈方 B 只能保证收益为 7，但是选择右，可以保证收益为 8。因此，博弈方 B 的安全策略为右。

尽管安全策略很有用，但此概念有两个缺点：第一，这是一种保守策略，只有在极度厌恶风险时才会考虑它；第二，它并没有考虑对手的最优决策，这将影响更高收益的获取。如表 10-1 中的博弈方 B 如果意识到博弈方 A 的占优策略是上，那么博弈方 B 应这样推理："博弈方 A 肯定会选择上（因为上是其占优策略），因此我就不应该选择安全策略（右），相反应该选择左。"假设博弈方 A 确实选择了占优策略，博弈方 B 就能通过选择左而得到收益 20，而安全策略的收益只有 8。

原　理	从对手角度出发

如果没有占优策略，就从对手角度来考虑博弈。如果对手有占优策略，就可以预测他会按照占优策略行动。

纳什均衡（Nash equilibrium）归纳了这种思考过程的"最终结果"。构成纳什均衡的策略是：给定其他博弈方的策略，没有一个博弈方可以通过单方面改变自己的策略而提高自身收益。纳什均衡的概念非常重要，它表示在对手行为给定的情况下，每个博弈方所能作出的最佳选择。

➡例题 10-3

在表 10-1 所示的博弈模型中，博弈方 A 和 B 的纳什均衡策略是什么？

答：

博弈方 A 的纳什均衡策略是上，博弈方 B 的纳什均衡策略是左。假设博弈方 A 选择上且博弈方 B 选择左，每个博弈方都没有改变其策略的动机。给定博弈方 A 的策略是上，博弈方 B 能作出的最优策略是左；给定博弈方 B 的策略是左，博弈方 A 的最优选择就是上。因此，策略（上，左）是每个博弈方在给定其他博弈方策略的情况下所能作出的最佳决策。

为什么其他的战略组合——比如（上，右）、（下，右）、（下，左）——都不是纳什均衡？因为在这些组合中，至少有一位参与者的策略会根据另一位参与者策略的变动而变动。比如战略组合（上，右）不是纳什均衡，因为当参与者 A 选择"上"时，参与者 B 的最佳策略是"左"而不是"右"；再如战略组合（下，右）也不是纳什均衡，因为当参与者 B 选择"右"时，参与者 A 的最佳策略是"上"而不是"下"；战略组合（下，左）不是纳什均衡，因为两个参与者的策略都不是更优策略：当参与者 A 选择"下"时，参与者 B 的最佳策略是"右"而不是"左"；当参与者 B 选择左时，参与者 A 的最佳策略是"上"而不是"下"。

　　　　好莱坞的《美丽心灵》：纳什均衡还是奥佩均衡？

导演朗·霍华德（Ron Howard）通过在适当时机战略性地公映电影《美丽心灵》（*A Beautiful Mind*），在 2002 年获得了金球奖的四个奖项。这部电影以诺贝尔奖得主小约翰·福布斯·纳什（John Forbes Nash）为原型，他的纳什均衡理论改变了经济学和博弈论。影片获得了剧情类最佳影片和最佳编剧奖。演员罗素·克劳（Russell Crowe）也获得了金球奖，因为他完美地塑造了一个与妄想、精神病和偏执精神分裂症斗争（这几乎阻碍了纳什获得 1994 年诺贝尔经济学奖）的天才少年的形象。然而在人们知道朗·霍华德是一个成功导演之前，朗·霍华德最为人熟知的是他在孩童期在《安迪·格里菲斯秀》（*Andy Griffith*）里饰演的奥佩·泰勒（Opie Taylor），还有在《幸福时光》（*Happy Days*）中饰演的里奇·坎宁安（Richie Cunningham）。因此，导演艾迪·墨菲（Eddie Murphy）一度在《周六夜现场》（*Saturday Night Live*）的小品综艺节目里称他为"小奥佩·坎宁安"。

尽管《美丽心灵》是一部令人愉快的影片，但纳什的人生不寻常的写照来源于西尔维娅·娜萨（Sylvia Nasar）的详细记录，且同名小说很畅销。对学生更有用的有关博弈论的理论，这部电影没有准确地阐释出来，而那些才是纳什的声誉所在。因此，不要用这部电影来帮助解释如何运用纳什均衡作出商业决策。

好莱坞电影试图展现的是，纳什对博弈论的深刻见解形成于一个酒吧场景中，当时纳什和他的好友的眼光都落在一个很迷人的金发女郎和她的几位黑发同伴身上。所有的男人都更喜欢那个金发女郎。纳什仔细分析了局势后指出，"如果我们都去追求金发女郎，就会相互妨碍对方，我们当中没有一个人会成功。这样我们只好去追求黑发女孩们，但是她们将不会理睬我们，因为没有人喜欢被当作第二选择。但是如果没有人去追求金发女郎会怎样呢？我们彼此不会妨碍对方，而且也不会侮辱其他女孩。这就是我们取得成功的唯一方式。"电影镜头展示了这个金发女郎一个人孤独地待在吧台，而男人们都快乐地和她的黑发同伴们跳舞。这个场景的结局是，纳什匆忙离开酒吧，在论文中写下了他有关均衡的新观点。

这一幕有什么问题吗？回顾一下纳什均衡的条件：给定其他博弈方的决策，没有博弈方可以通过改变决策而获利。但在好莱坞电影所描述的博弈中，这些男人是博弈方，他们的决策是追求哪个女孩。如果其他人选择黑发女孩，金发女郎将独自一人等待被邀请跳舞。这意味着在给定其他人决策的前提下，剩下的人的最优选择是去追求独自一人的金发女郎！好莱坞电影的舞蹈场景并没有描述一个纳什均衡的情形，而是刚好相反：任何一个男人可以单方面地转向追求金发女郎而获益，在给定其他男人都在和黑发女孩们跳舞时！针对好莱坞电影中金发女郎一直独自一人的场景，可以给出的正确解释是什么？就本人而言，我喜欢称之为"奥佩均衡"，因为这不仅使电影导演获得了荣誉，而且比"不均衡"听上去更令人开心。

好莱坞电影还用舞蹈场景来引出其他观点，如"亚当·斯密是错的"。尤其是，既然男人和黑发女孩跳舞明显好于所有人去追求金发女郎，观众可以得出以下结论：对个人来说，追求自身的私欲是社会无效的。本书模块组 B 中展示了一些市场失灵的情形，但这一好莱坞博弈不在其中。影片中"奥佩均衡"的结果实际上是社会低效率的，因为没有一个人可以享受陪伴金发女郎的好处。相比之下，在这个好莱坞博弈中，一个真正的纳什均衡是：一个人和金发女郎跳舞且其他人和黑发女孩们跳舞。任何一个纳什均衡需满足：在给定其他人的决策时，不仅每个人最大限度地提高自身满意度，而且这个结果也是社会有效的，因为它没有浪费男人和金发女郎跳舞的机会。

10.3.2　一次性博弈的应用

定价决策

博弈论怎样帮助伯川德寡头垄断厂商制定最优管理决策？表 10-2 所示的博弈中，两家厂商面临的选择是定高价还是定低价。每个单元格中的第一个数字是厂商 A 的利润，第二个数字是厂商 B 的利润。如果厂商 A 定高价，而厂商 B 定低价，厂商 A 将损失 10 单位利润，但厂商 B 可以获得 50 单位利润。

表 10-2　定价博弈

		厂商 B	
		低价	高价
厂商 A	低价	0, 0	50, -10
	高价	-10, 50	10, 10

虽然表 10-2 中的数字是任意给出的，但其与伯川德寡头垄断的本质一致。尤其要注意：两家厂商都定高价比两家厂商都定低价的利润要高，在这两种情况下，每家厂商的消费者都没有动机转向另一家厂商。但如果一家厂商定高价而其他厂商定低价，定价低的厂商将赢得对方厂商所有的消费者，即以竞争对手为代价获得了更高的利润。

考虑如表 10-2 所示的一次性博弈：两家厂商在市场上竞争一次且只有一次。因为每家厂商都是在不知道对手决策的情况下作出自己的定价决策，所以这个博弈也是同时行动博弈。在一次性博弈中，每家厂商的纳什均衡战略是低价策略。因为如果厂商 B 定高价，厂商 A 的最优选择就是定低价（50 单位利润高于其定高价时获得的 10 单位利润）。同样，如果厂商 B 定低价，厂商 A 的最优选择也是定低价（因为即使其利润为零，也比定高价遭受 10 单位损失要强）。从厂商 B 的角度可以得出同样的结果，即无论厂商 B 作出什么选择，厂商 A 总是选择定低价，并且不论厂商 A 作出什么决策，厂商 B 的最优选择都是低价策略。因此，对两家厂商来说，低价策略是最优策略。总之，在上述一次性博弈中，每家厂商的最优策略都是低价策略，而不管对手如何行动。最终结果就是两家厂商都定低价，同时每家厂商获得的利润为零。

这个利润比两家厂商合谋或者都同意定高价时的利润低。如表 10-2 所示，如果两家厂商都定高价，每家厂商可以获得 10 单位的利润。但它们都定了低价，所以只能获取低利润，这是经济学中的一个经典结果，称为困境。从厂商的角度看，纳什均衡的结果较两家厂商协议定高价的结果要差得多。

两家厂商为什么不合谋定高价呢？一个原因是，合谋是违法的，法律不允许两家厂商密谋定高价。此外还有其他原因。假设管理者密谋定高价，他们有动力遵守其承诺吗？从厂商 A 的角度看，如果它违背合谋协议而降低价格，利润将由 10 美元增加到 50 美元。因此，厂商 A 有动机诱导厂商 B 定高价，而自己通过欺骗来获取高利润。当然，厂商 B 也有这种动机，这就阻止了合谋协议的初次达成。

假设厂商 A 的管理者很诚实，不会违背协议定高价（对其他的管理者来说，他足够诚实并信守承诺，但不一定愿意违法来遵守合谋协议）。如果厂商 B 的管理者违反合谋协议，厂商 A 将遭受 10 美元的损失。当厂商 A 的股东质问管理者为什么损失 10 美元而竞争对手却赚取 50 美元时，该管理者如何回答？他不能承认自己被合谋协议欺骗了，否则，他会因违法而进监狱。也就是说，无论如何，他都将面临被解雇或进监狱两种风险。

透视商业 10-2　　　　　　　**印度市场的可乐战**

双寡头垄断价格竞争的典型案例是可口可乐与百事的竞争。虽然可乐行业有许多竞争厂商，但可口可乐和百事在市场上占据绝对优势，这使得其他厂商的利润在很大程度上受到两家公司价格决策的影响。可口可乐和百事之间的价格战并非如表 10-2 描述的那样。它们都有强烈的动机定低价而不管竞争对手如何定价，因此经常导致低价和低利润。

前一阶段，可口可乐宣布，将印度市场上 200 毫升瓶装的可口可乐统一降价为 8 卢比。降价的原因是预测到夏天炎热对可乐的需求会增长。如果可口可乐将这个夏季市场视为与百事的一次博弈，降低价格有可能是一个占优策略。事实上，百事期望迅速跟随并降低自身价格，这类似于一次性博弈的结果。

表 10-2 中的一次性博弈虽然看上去有效地解释了两家公司在印度市场上的价格战，但实际上这两家企业在许多市场上相抗衡。2003 年，两家企业曾在印度进行过一次类似的价格战，不久后，它们看到利润遭受严重损失又联合提价。在本章最后，我们将解释价格战的重复性如何使得它们在一定时期内保持高价（尽管在任何时候都存在降价诱因）。

资料来源：S. Sharma，"Coca-Cola Cuts Prices, Pepsi May Follow Suit," *The Economic Times*，February 15, 2012；Srivastava，"Why Coke May Have Triggered a New Price War This Season," *Forbes India*，June 30, 2012.

广告和质量决策

一次性博弈的框架也可以用来分析广告和质量决策。在寡头垄断市场上，厂商通过做广告或提高产品质量来增加产品需求。提高质量和做广告都是增加产品需求的手段，在此仅以广告为代表分析其策略影响。

评价广告效果，首先要识别需求增加的根源。在大多数寡头垄断市场上，广告之所以能提高产品需求量，是因为它能吸引本行业中其他厂商的消费者。广告对其利润的提高是以牺牲市场中其他厂商的利润为代价的；厂商间的广告决策同样也会相互影响。

比如在高度集中的早餐麦片行业，麦片厂商对自己的麦片品牌做广告，并不能吸引消费者在午餐或者晚餐吃麦片，但是能吸引其他品牌的消费者转向自己的品牌。因此，每家厂商做广告仅仅是为了消除其他厂商的广告宣传对自己的负面影响，而不能增加行业需求或厂商需求。这就导致了高额的广告支出，并且降低了厂商利润。

➡例题 10 - 4

　　假设你所在公司和另一厂商在同一市场竞争消费者。你与竞争对手都知道你们的产品在年底将会过时，你们必须同时决定是否继续做广告。在当前市场上，广告宣传不会增加整个行业的需求，只能吸引消费者在不同厂商的产品中作出选择。如果你和竞争对手都做广告，广告宣传的作用会相互抵消，你们各自得到 400 万美元的利润。如果你们都不做广告，将各自得到 1 000 万美元的利润。但如果一家厂商做广告而另一家不做广告，做广告的厂商得到 2 000 万美元利润，不做广告的厂商得到 100 万美元利润。为了实现利润最大化，你选择做广告还是不做广告？你期望赚多少钱？

　　答：

　　这个博弈可以用表 10 - 3 来描述。这是一次性博弈，对每家厂商来说做广告是占优策略，因此唯一的纳什均衡就是每家厂商都做广告。利润最大化选择是做广告，可以得到 400 万美元。由于这是一次性博弈，你和对手之间的合谋不起作用。即使你和竞争对手"达成不做广告的协议"（每人希望得到 1 000 万美元的利润），每个人也有动机违背协议。

表 10 - 3　广告博弈　　　　　　　　　　　　　　　　　单位：百万美元

		厂商 B	
		做广告	不做广告
厂商 A	做广告	4，4	20，1
	不做广告	1，20	10，10

协商决策

　　到目前为止，寡头垄断分析都假定厂商是相互竞争的：一家厂商的所得以牺牲其他厂商的利益为代价。但并非所有的博弈都是这样。

　　考虑以下情形：电器厂商可以为其电器产品选择不同的电源插头：90 伏的四爪插头或者 120 伏的两爪插头。如果不同的电器配套不同的插头，那么消费者家里就得布置很多线路来适应不同的电器。这有可能减少消费者的电器购买量，从而使电器厂商的利润受到不利影响。如果电器生产商达成协议，生产使用相同插头的电器产品，它们将赚到更高的利润。

　　表 10 - 4 是一个协商博弈的例子。两家厂商必须决定电器产品是配套 120 伏插头还是 90 伏插头。如果每家厂商都使用 120 伏插头，将各自获得 100 美元的利润。同样，如果每家厂商都使用 90 伏插头，也将各自获得 100 美元的利润。然而，如果两家厂商使用不一致的插头，由于消费者布置更多线路而导致两家厂商的市场需求降低，最终它们将获得零利润。

表 10 - 4　协商博弈		单位：美元

		厂商 B	
		120 伏	90 伏
厂商 A	120 伏	100，100	0，0
	90 伏	0，0	100，100

厂商 A 的管理者应该怎么做？这是一个非常棘手的决策，因为他不知道厂商 B 将会怎样做而只能猜想。如果认为厂商 B 将使用 120 伏插头，则厂商 A 也应该使用 120 伏插头，这样将使得利润最大。实际上，两家厂商通过协商来决策将得到更好的结果。

表 10-4 中的博弈有两个纳什均衡：一个纳什均衡是两家厂商都使用 120 伏插头，另一个纳什均衡是两家厂商都使用 90 伏插头。会出现哪个均衡呢？如果两家厂商协商，就可能在共同使用 120 伏插头（或共同使用 90 伏插头）上达成一致。或者政府设定标准，要求电源插头为 120 伏的两爪插头。一旦两家厂商达成一致，它们就不会违背协议。这就是表 10-4 中的博弈与之前的定价与广告博弈的不同之处：这是一种协商合作的博弈而非利益冲突的博弈。

监督员工

博弈论也可以用来分析员工和管理者之间的相互作用。第 6 章介绍了委托－代理问题，员工和管理者之间的目标可能冲突，如管理者希望员工努力工作，而员工希望享受休闲。

在第 6 章对管理者与员工的委托－代理问题的讨论中，提到管理者用来降低员工偷懒动机的一种方法是随机抽查工作现场。现在用博弈论来解释这种方法的有效性。考虑员工和管理者之间的博弈，管理者可能采取两种行为：（1）监督员工；（2）不监督员工。员工也有两种行为：（1）工作；（2）偷懒。这些行为导致的收益见表 10-5。

表 10 - 5　无纳什均衡的博弈		

		员工	
		工作	偷懒
管理者	监督	−1，1	1，−1
	不监督	1，−1	−1，1

这是一个正则形式博弈：如果管理者在员工工作时监督他们，那么员工"赢"，管理者"输"（管理者监督正在工作的员工，实属浪费时间）。于是管理者的收益是−1，员工的收益是 1。如果管理者没有监督员工且员工偷懒，则员工获胜，因为他享受休闲而未被发现，管理者的收益为−1，员工的收益为 1。

相反，如果员工偷懒时管理者进行监督，那么管理者的收益为 1，员工被抓到，收益为−1。如果员工在工作而管理者没有监督，那么管理者的收益为 1，员工的收益为−1。注意表 10-5 中的数字纯属假设，但是它们与实际情况下的相对收益是一致的。

表 10-5 中的博弈没有纳什均衡。假设管理者的策略是监督员工，那么员工的最佳决策是工作。如果员工工作，管理者的最佳策略变为不监督。因此，"监督"不是纳什均衡

策略。同样，"不监督"也不是纳什均衡策略。因为如果管理者的策略是不监督，那么员工的最佳策略是偷懒。而如果员工偷懒，管理者的最佳策略又变为监督。所以"不监督"也不是纳什均衡策略。

需要注意的是，在这个博弈中，管理者和员工都想保密其行为。如果管理者知道员工的行为，这对员工来说是不利的；反过来，如果员工知道管理者的行为，则对管理者不利。在这种情况下，博弈方选择混合（随机）策略［mixed（randomized）strategy］更有利，即博弈方随机选择其策略，如管理者甚至可以用抛硬币来决定是否监督，这样的话，员工就不能预测管理者是否会实施监督，也就无法胜过管理者。

考试时做过选择题的人对随机策略有亲身体验。如果你的教授设置正确答案为 A 的频率要高于 B，C 或 D，当你不知道正确答案时，选择 A 也许能得分。这将使你的成绩高于真实水平。为了避免这种状况，教授会随机分布正确答案的选项，导致你无法在考试中猜测正确答案。

纳什讨价还价

一次性同时行动博弈还可用于讨价还价。在简单的纳什讨价还价博弈中，两个博弈方就有价值的物品进行讨价还价。由于是一次性同时行动博弈，博弈方只有一次机会达成协议且同时给出议价。

例如，假设管理者和工会就 100 美元盈余的分配进行讨价还价。为了简化分析，再假设 100 美元只能被分成 50 美元一份。博弈方只有一次机会达成协议，他们需同时写下自己想要的金额（0 美元、50 美元或者 100 美元）。如果双方想要的金额总和不超过 100 美元，他们将能得到各自想要的金额。如果所提出的金额总和超过 100 美元，讨价还价将陷入僵局。这种僵局的拖延给工会和管理者分别带来 1 美元的成本。

表 10-6 是讨价还价博弈的正则形式。如果你是管理者，你应该索要多少？假定管理者索要 100 美元，其能得到钱的唯一条件是工会索要 0 美元。注意，如果管理者索要 100 美元，而工会什么都不要，没有一方有动机改变金额，这就达到了纳什均衡。

表 10-6　讨价还价博弈　　　　　单位：美元

		工会 0	50	100
管理层	0	0, 0	0, 50	0, 100
	50	50, 0	50, 50	-1, -1
	100	100, 0	-1, -1	-1, -1

管理者在索要 100 美元之前会思考，如果工会索要 50 美元，那么管理者的最佳索价应该也是 50 美元。给定管理者索要 50 美元，工会没有动机改变 50 美元的索价。因此，将 100 美元等分为两个 50 美元也是纳什均衡。

假设管理者索要 0 美元，工会要求全部的 100 美元，这也构成一个纳什均衡。因为在给定对方策略的情况下，没有一方能够通过改变自己的策略来增加收益。

讨价还价博弈中有三个纳什均衡。一个结果是管理者和工会平分盈余，而另外两个结果是将全部盈余分配给其中一方。

同时行动博弈的结果很难预测，因为存在多个纳什均衡。如果博弈方无法在某个均衡处达成一致，就会导致无效率。比如表 10-6 中有 6 个结果是无效的（这些策略的总收益少于可分配的总额）。有 3 个结果由于僵局而引起负效应。在劳资谈判中，这种僵局现象普遍存在：由于双方索价的总和超过可分配额，导致无法达成协议或协议被推迟。

经验表明，在讨价还价博弈中，博弈方通常认为平均分配是公平的。在现实中，许多博弈方倾向于选择这种均分策略（即使还存在其他的纳什均衡）。对于表 10-6 中的博弈，如果预计工会索要 50 美元，管理者也应该索要 50 美元。

➡ **例题 10-5**

假设在一次性同时行动的讨价还价博弈中，1 美元要在博弈双方之间分配。假定可分配的最小金额是 0.01 美元，如果博弈双方的要价总和超过可分配总额，他们将一无所获。这个讨价还价博弈存在纳什均衡吗？

答：

存在多个纳什均衡。博弈双方的要价总和正好是 1 美元时，就构成一个纳什均衡。比如一方要价 0.01 美元，而另一方要价 0.99 美元；一方要价 0.02 美元，而另一方要价 0.98 美元；等等。总之，若给定对方要价，没有任何一方能因为索价高而获益。

10.4 无限重复博弈

根据一次定价和广告博弈分析，一个行业中的企业似乎很难达成合谋。实则不然，在许多行业中，企业之间并非一次性博弈，而是每周、每年都在竞争。这时更适合的分析模型是重复博弈模型。本节将分析博弈方的无限重复博弈情形。

无限重复博弈（infinitely repeated game）是一种永远持续进行的博弈，博弈方从博弈的每次重复中获得收益。

10.4.1 理论

当一个博弈重复进行时，博弈方在每次重复博弈中获益。根据货币的时间价值，第一次博弈时赚取的 1 美元要比以后的重复博弈中得到的 1 美元更有价值；博弈方制定当期决策时，必须将未来收益进行折现。因此，在分析重复博弈之前，有必要回顾一下现值分析理论。

现值分析回顾

企业价值是这个企业所能获得的所有未来利润的现值。如果利率为 i，π_0 是当期利润，π_1 是 1 年以后的利润，π_2 是 2 年以后的利润，等等，一家经营 T 年的企业的价值为：

$$PV_{企业} = \pi_0 + \frac{\pi_1}{1+i} + \frac{\pi_2}{(1+i)^2} + \cdots + \frac{\pi_T}{(1+i)^T} = \sum_{t=0}^{T} \frac{\pi_t}{(1+i)^t}$$

如果每期企业获得的利润相同（对每期 t，$\pi_t = \pi$），并且无限期获取（$T = \infty$），这个公式简化为：

$$PV_{企业} = \left(\frac{1+i}{i}\right)\pi$$

这个现值公式在无限重复博弈的决策分析中非常有用。

触发策略支持合谋

考虑如表 10-7 所示的同时行动的伯川德定价博弈。如果是一次性博弈，其纳什均衡就是每家厂商都定低价且获得零利润。假设表 10-7 中的厂商每天、每周都进行博弈，直到永远，因此这是一个无限重复的伯川德定价博弈而非一次性博弈。本节将研究重复博弈对博弈均衡结果的影响。

表 10-7　重复定价博弈　　　　　　　　　　　　　　　　单位：美元

		厂商 B	
		低	高
厂商 A	低	0, 0	50, −40
	高	−40, 50	10, 10

当厂商重复面对表 10-7 的收益矩阵时，它们就有可能达成合谋而不必担心被欺骗，因为可以通过运用触发策略来保证合谋。**触发策略**（trigger strategy）是指在博弈中根据博弈方过去的行为而制定的策略。采取触发策略的博弈方会继续同一行为，直到其他博弈方采取了某种行为触发该博弈方改变行为。

触发策略为什么支持合谋结果？假设厂商 A 和厂商 B 密谋达成以下协议："只要我们中任何一方在过去没有欺骗行为（如在以前任一时期定低价），我们都将维持高价。如果我们中有一方有欺骗行为且定低价，其他博弈方将在以后每期都定低价来惩罚犯规者。"因此，如果厂商 A 有欺骗行为，将导致厂商 B 以后都定低价，反之亦然。总之，如果双方都采取这样的触发策略，就会产生以下情况：没有任何一方有动机违背合谋协议。

如表 10-7 中的博弈所示，任何厂商都不愿违背合谋协议，每个厂商以后每期都将获得 10 美元收益。但如果一个厂商遵守协议，另一个厂商违背协议就可以立即获得 50 美元收益，因此有欺骗行为的厂商仍然可获得直接收益。但因为厂商间的竞争是持续的，所以存在欺骗的未来成本。根据协议，如果一个厂商曾经有欺骗行为，另一个厂商将在未来各期定低价，由此导致有欺骗行为的厂商在以后各期最好的收益为零，而非遵守协议的 10 美元。

总之，违背合谋协议带来的当期收益是 50 美元。当期的欺骗成本是未来各期的收益变为零而不再是 10 美元。如果欺骗成本的现值超过欺骗的当期收益，厂商就不应进行欺骗，高价会得以维持。

可以用公式来表达上述观念。假设厂商达成以上合谋协议，同时厂商 A 相信厂商 B 会遵守协议。那么厂商 A 是否有动机欺骗厂商 B 而定低价呢？如果厂商 A 降价，其当期收益为 50 美元，以后各期收益为零，因为欺骗会导致厂商 B 在未来各期都定低价。厂商 A 在未来各期（厂商 B 定低价时）的最佳选择也是定低价且利润为零。因此，如果厂商 A

采取欺骗行为，其利润现值为：

$$PV_{厂商A}^{欺骗} = 50 + 0 + 0 + 0 + 0 + \cdots$$

如果厂商 A 合作（不采取当期欺骗行为），它能获得以后每期的 10 美元收益。其利润现值为：

$$PV_{厂商A}^{合作} = 10 + \frac{10}{1+i} + \frac{10}{(1+i)^2} + \frac{10}{(1+i)^3} + \cdots = \frac{10(1+i)}{i}$$

式中，i 为利率。如果欺骗获益的现值低于不欺骗获益的现值，厂商 A 就没有动机采取欺骗行为。就本例而言，如果满足以下条件，厂商 A 不会采取欺骗行为：

$$PV_{厂商A}^{欺骗} = 50 \leqslant \frac{10(1+i)}{i} = PV_{厂商A}^{合作}$$

当 $i \leqslant 1/4$ 时上式成立。即如果利率小于 25% 的话，厂商 A 采取欺骗行为的损失大于所得（从现值来看），它将不会有欺骗行为。同理，厂商 B 也不会有欺骗行为。因此，当寡头垄断厂商长期持续竞争时，它们达成合谋协议即都定高价，这样就可以每期获取 10 美元的收益。当然，厂商的利润是以牺牲消费者的利益为代价的，这就导致了无谓损失，因而法律反对合谋。

在更普遍的意义上，我们可以陈述原理如下。

原 理	以触发策略维持合作

假设博弈将无限次重复而且利率为 i。博弈方合作时的收益是 $\pi^{合作}$，如果博弈方有欺骗行为，博弈的最高收益为 $\pi^{欺骗}$，博弈纳什均衡的收益为 π^N，并且

$$\frac{\pi^{欺骗} - \pi^{合作}}{\pi^{合作} - \pi^N} \leqslant \frac{1}{i}$$

如果博弈方在过去没有欺骗行为，合作（合谋）的结果将在无限重复博弈中实现；如果任何一方采取欺骗行为，另一方将选择一次性博弈的纳什均衡策略惩罚对方。

上述原理中的实现条件可以写为：

$$\pi^{欺骗} - \pi^{合作} \leqslant \frac{1}{i}(\pi^{合作} - \pi^N)$$

方程左边表示违反合谋协议的一次性当期收益。方程右边表示当期因欺骗而损失的未来各期收益的现值。如果一次性收益小于因欺骗而损失的收益现值，博弈方遵守协议是有利的。

➡例题 10-6 ～～～～～～～～～～～～～～～～～～～～～～～～～～～～～～～～～～～～～～

假设厂商 A 和厂商 B 重复面临表 10-7 中的情形，利率为 40%。厂商同意在每期定高价，条件是没有一方在过去违背过协议。

1. 如果厂商 A 有欺骗行为，它的利润是多少？

2. 如果厂商 A 没有欺骗行为，它的利润是多少？

3. 当两家厂商都定高价时，能产生一个均衡吗？

答：

1. 如果厂商 B 遵守合谋协议而厂商 A 有欺骗行为，厂商 A 能获得当期收益 50 美元，以后各期利润为零。

2. 如果厂商 B 遵守协议，同时厂商 A 也没有欺骗行为，那么厂商 A 的利润现值是：

$$10+\frac{10}{1+0.4}+\frac{10}{(1+0.4)^2}+\frac{10}{(1+0.4)^3}+\cdots=\frac{10\ (1+0.4)}{0.4}=35$$

3. 因为 50＞35，所以厂商 A 有欺骗行为时获得的利润现值要高于没有欺骗行为时。又因为这个收益矩阵是对称的，即厂商 B 面临同样的结果，所以每家厂商都有违背合谋协议的动机，即使它们相信其他厂商不会有欺骗行为。在均衡处，厂商每期都定低价且每期获得零利润。

总之，一次性博弈中没有未来，任何收益都必须在今天取得，否则将一无所获。但无限重复博弈中是有明天的，企业必须权衡当前行为利益与未来成本。无限重复博弈的结果是：当利率较低时，厂商将发现合谋定高价有利可图。因为如果一方违背合谋协议，它将在未来长期被惩罚，该惩罚足以抵销违背合谋协议所获得的收益。被惩罚的威胁使得厂商在重复博弈中的合作能够有效进行。而在一次性博弈中，威胁无关紧要。

透视商业 10 - 3　　　　　　　　**加拿大汽车市场上的合谋**

前一段时间，加拿大公平竞争署利用窃听电话来监控加油站的卡特尔行为，这些加油站合谋了一系列价格固定计划。

通过对大量往来电话的详细审查，分析师认为，每个卡特尔都围绕着一个领导者，领导者在各自的市场范围内控制了一大批加油站。区域领导者决定了油价的上涨幅度和提价时间。在一大批加油站的支持下，领导者可以监控竞争对手的行为，保证所有卡特尔成员遵循共同的行动指南。在价格下降时，省内最大企业 Ultramar 承担了领导者的地位。Ultramar 会发布低价保证告示，当价格接近低价点时，会要求其他企业等待其电话并且阻止价格跌破低价点，否则就会引发价格战。

在本案例中，卡特尔是由领导者通过明确的沟通（如打电话）来进行持续监督并推行惩罚措施，这看上去像一个实现高利润的法则。但在你学习采用该方法之前，要搞清楚这种卡特尔是如何终结的。许多企业和个人被起诉违反了加拿大竞争法，导致了巨额罚款。在美国，卷入这种共谋行为同样是违法的。

资料来源：R. Clark and J. F. Houde，"The Effect of Explicit Communication on Pricing：Evidence from the Collapse of a Gasoline Cartel," *Journal of Industrial Economics* 62，no. 2（2014）.

10.4.2　价格博弈中的合谋因素

在以下情形下，厂商通过惩罚策略来维持合谋协议会更容易：（1）厂商知道竞争对手是谁，这样就知道应该惩罚谁（如果有必要的话）；（2）厂商知道竞争对手的顾客是谁，如果有必要采取惩罚行为，就可以通过低价吸引对手的顾客转移；（3）厂商知道竞争对手何时会违背合谋协议，这样才能知道何时开始实施惩罚；（4）它们必须能够成功地惩罚违背合谋协议的对手，否则，这种惩罚威胁将不起作用。上述因素与市场结构和行业行为有关。

厂商数量

合谋在只有少数厂商的行业较容易实现。如果行业中有 n 家厂商，维持合谋所需要的监督关系为 $n \times (n-1)$。用 A，B，C，…来表示厂商。如果行业中只有 2 家厂商，为了惩罚违背协议的厂商，每家厂商必须了解其对手是否违约，对手的顾客在哪里（这样才能吸引对手的顾客来惩罚对手）。总之，每家厂商必须时刻关注其对手的行为。如果只有 2 家厂商，则厂商 A 监督厂商 B，厂商 B 监督厂商 A，监督关系数为 2。

随着市场中厂商数量增加，监督关系总量迅速增加。如果市场中有 5 家厂商，每家厂商必须监督其余的 4 家，市场上的监督关系数为 $5 \times 4 = 20$。监督成本会降低合谋收益。如果厂商的数量非常大，监督成本高于合谋收益，那么监督其他厂商就不值得。这时，维持合谋结果的承诺不可信，合谋将无法达成。这就是 2 家厂商比 5 家厂商更容易达成合谋的原因。

厂商的规模

监督也存在规模经济。监督成本占小厂商总成本的比重远大于占大厂商总成本的比重。因此，大厂商监督小厂商比小厂商监督大厂商要容易。比如一家大厂商有 20 个批发商，而小厂商只有 1 个批发商。大厂商只需到 1 个批发商那里检查价格就可以监督小厂商的定价，但小厂商必须监督 20 个批发商才能了解大厂商的价格。

市场的历史

还有一个关键问题是：厂商之间如何达成合谋呢？一种方法是厂商公开见面，并口头警告对手不要抢走其顾客，否则将受到惩罚。另一种方法是厂商根本不需要见面，通过一定时期内的博弈感悟，最终达成默契合谋。默契合谋指厂商不需要明确地协商合谋，而是间接地完成合谋。比如，厂商从过去的经验中了解其他厂商在市场上的行为方式。如果某厂商观察到每当其降价或者试图抢夺对手顾客时就会受到惩罚，那么它会意识到定低价不合算。在这些情况下，默契合谋就会出现。

相反，如果厂商长期观察到其竞争对手无法对其降价行为施加有效的惩罚，那么将不可能产生默契合谋。此外，如果厂商从未实施过惩罚，这样的行业历史也使得惩罚威胁不足以达成合谋。但如果厂商曾观察到对手的惩罚行为，将有助于达成合谋。

惩罚机制

定价机制会影响厂商是否有能力惩罚不合作的对手。比如在标准价格市场，厂商对所有顾客采取统一定价，惩罚对手的成本高于采取差异化定价。原因如下：如果采取统一定价，当通过降价吸引对手的顾客来惩罚对手时，厂商不仅向对手的顾客定低价，也要对自己的顾客降价。现实中，零售商为了吸引对手的顾客通常这样做。相比而言，如果厂商对不同顾客制定差异化价格，在惩罚对手时，它只需降低针对对手顾客的价格，而对自己的顾客继续索要高价，就会大大降低惩罚的成本。

10.4.3 无限重复博弈与产品质量

无限重复博弈理论可以用来分析厂商的产品质量决策。这种博弈通常发生在消费者和厂商之间：消费者渴望得到耐用的、高质量的低价产品，而厂商却希望最大化利润。在一次性博弈中，厂商的利润必须当期实现，其对重复交易没有预期盈利。因此，一次性博弈中的厂商有强烈的提供伪劣产品的动机，尤其当消费者在购买前无法确定产品质量的时候。

注意表 10-8 中的正则形式博弈。这个博弈发生在消费者和厂商之间。消费者有两个策略：购买或者不购买。厂商可以提供低质量产品或者高质量产品。在一次性博弈中，纳什均衡策略是厂商生产低质量产品且消费者不购买。因为如果消费者决定购买，厂商会从销售低质量产品中获益（10 单位低质量产品的利润高于 1 单位高质量产品的利润）。由于产品质量低，消费者选择不购买，这至少强于购买该伪劣产品带来的 10 单位损失。如果消费者选择不购买，厂商提供高质量产品就不值得。所以在一次性博弈中，消费者选择不购买，因为他们知道厂商会"拿钱就跑"。

表 10-8 产品质量博弈

		厂商	
		低质量	高质量
消费者	不购买	0, 0	0, −10
	购买	−10, 10	1, 1

产品质量博弈是无限重复博弈，不同于一次性博弈。假设消费者告诉厂商："如果产品质量好，我就会购买并且日后将持续购买。如果产品质量差，我将告诉朋友不要从你这里购买任何产品。"给定消费者策略，厂商应该怎样做呢？当利率不高时，厂商的最佳选择就是销售高质量产品。因为若销售劣质产品，厂商的当期利润是 10 而非 1，这是"欺骗所得"（销售劣质产品）。销售劣质产品的成本是未来的利润为零，因为厂商的声誉受损且消费者将来不购买。若利率较低，一次性收益将被未来的损失抵销（甚至损失超过收益）。所以，厂商销售劣质产品欺骗消费者不值得。

上例给出的启示有两点：第一，如果厂商想持续经营，即长期存活下去，鉴于一次性收益会被未来损失抵销，欺骗消费者自然不值得。即使厂商并未因劣质产品被起诉或被政府制裁，销售劣质产品也不合算。

第二，任何生产过程都可能出故障，如失误也会产生低质量产品。即使厂商努力提高产品质量，但由于疏忽，也可能出现一些缺陷产品，这将有损厂商声誉。为此，许多厂商提供产品质量保证。也就是说，如果产品有瑕疵，将给消费者补偿一个令之满意的新产品，从而规避消费者散布产品低劣的信息来惩罚厂商。

透视商业 10-4　　　　　　**多市场接触和价格竞争**

在美国，许多公司会在全国范围内开展业务，它们会在各州的多个市场上开展竞争。

当企业在多市场上竞争时，称为多点接触。市场之间的相互影响通常会弱化价格竞争。经济学家科温·爱德华（Corwin Edwards）在法庭证词上阐述了这一观点：

> 当两个大型的综合性公司相互竞争时，它们通常会在多个市场上遇到彼此，接触的多面性会模糊彼此的竞争边界。一个市场上的惨烈竞争带来的好处，可能引发竞争者在其他市场上发动报复性突袭的风险。每个综合性竞争者倾向于采取"我活，你也活"的准则，以稳定市场结构和竞争关系。

简化一下，假定两个企业在两个独立市场（A 市场和 B 市场）竞争。一个企业在 A 市场上降价，它所面临的报复性风险是，另一个企业不仅在 A 市场降价，而且在 B 市场降价。研究者发现，多点接触不仅会弱化价格竞争，还会改善企业间关系，比如在航空业、酒店业和医院等产业。

资料来源：M. Schmitt，"Multimarket Contact in the Hospital Industry," *American Economic Journal：Economic Policy* 10，no. 3（2018）；W. Evans and I. Kessides，"Living by the 'Golden Rule'：Multimarket Contact in the U. S. Airline Industry," *Quarterly Journal of Economics* 109. no. 2（1994）；N. Fernández and P. L. Marin，"Market Power and Multimarket Contact：Some Evidence from the Spanish Hotel Industry," *Journal of Industrial Economics* 46，no. 3（1998），pp. 301 – 15.

10.5 有限重复博弈

目前本章分析了两种极端情况：一次性博弈和无限重复博弈。接下来分析有限重复博弈（即博弈最终会结束）。考虑以下两类**有限重复博弈**（finitely repeated game）：（1）博弈方不知道博弈何时结束；（2）博弈方知道博弈何时结束。

10.5.1 不确定终止期的博弈

假设两个寡头垄断厂商重复进行表 10 - 9 所示的定价博弈，直到其产品过时才结束博弈。这是一个有限重复博弈。假设厂商不知道其产品何时过时，博弈的终止期不确定。

表 10 - 9 有限重复的定价博弈　　　　　　　　　　单位：美元

		厂商 B	
		低	高
厂商 A	低	0, 0	50, −40
	高	−40, 50	10, 10

假设有限重复博弈在给定回合后即将结束的概率为 θ，$0<\theta<1$。当厂商制定当日定价决策时，该博弈第二天还可能进行一次；如果第二天进行了一次，该博弈第三天还可能再进行一次；依此类推。如果 $\theta=1/2$，即博弈在给定回合后结束的可能性是 1/2，在 2 个回合后结束的可能性是 1/4，在 3 个回合后结束的可能性是 1/8，在 t 个回合后结束的可能性

是 $(1/2)^t$。类似于在每次博弈后抛硬币，如果硬币正面朝上，博弈结束。如果连续 t 次抛硬币后首次正面朝上，那么博弈结束。

结果表明，当博弈没有确切的终止期时，表 10 - 9 中的有限重复博弈与之前的无限重复博弈完全一样。举例来看，假设厂商采取触发策略，如果一方违背协议采取低价，另一方会定低价惩罚对方，直到博弈结束。为便于分析，我们假设利率为零，这样厂商不需要将未来利润折现。

在上述触发策略下，厂商 A 有定低价的动机吗？若厂商 B 定高价，厂商 A 定低价，厂商 A 的当期利润是 50 美元，但以后各期的利润都为零（因为当期的欺骗行为触发了厂商 B 在未来各期定低价）。所以，如果厂商 A 当期欺骗对方，不论该博弈是 1 次、2 次还是其他任何次数，它的总收益为：

$$\prod_{\text{厂商A}}^{\text{欺骗}} = 50(\text{美元})$$

如果厂商 A 没有欺骗行为，当期获得 10 美元。博弈还有 $1-\theta$ 的概率再进行一次，那么厂商又可以获得 10 美元。在 2 次博弈后，仍然有 $(1-\theta)^2$ 的概率再进行一次，这样厂商 A 又可以获得 10 美元。这个博弈将在未来任意可能的日期结束。如果厂商 A 没有欺骗行为，其期望收益是：

$$\prod_{\text{厂商A}}^{\text{合作}} = 10 + 10(1-\theta) + 10(1-\theta)^2 + 10(1-\theta)^3 + \cdots = \frac{10}{\theta}$$

式中，θ 为给定博弈后博弈终止的概率。若 $\theta=1$，厂商 A 知道博弈一次后将结束，此时如果厂商 A 合作，其收益为 10 美元。但是当 $\theta<1$ 时，博弈下一次结束的概率小于 1（博弈还有可能继续进行），这时厂商 A 的合作收益大于 10 美元。

尤其需要注意的是，如果不知道有限重复的次数，合作收益恰好与无限重复博弈时的合作收益一样，即

$$PV_{\text{厂商A}}^{\text{合作}} = 10 + \frac{10}{1+i} + \frac{10}{(1+i)^2} + \frac{10}{(1+i)^3} + \cdots = \frac{10(1+i)}{i}$$

式中，i 为利率。在一个终止期不确定的重复博弈中，$1-\theta$ 的作用等同于 $1/(1+i)$；因为不能确定博弈是否继续，博弈方的未来折现值并非完全归因于利率。

在终止期不确定的有限重复博弈中，如果厂商 A 的欺骗行为的预期收益小于不欺骗的预期收益，它将没有动机欺骗。根据上例中的数据，若满足下式，厂商 A 将不会有欺骗行为：

$$\prod_{\text{厂商A}}^{\text{欺骗}} = 50 \leqslant \frac{10}{\theta} = \prod_{\text{厂商A}}^{\text{合作}}$$

当 $\theta \leqslant 1/5$ 时，该式成立。即如果每次博弈后博弈终止的概率小于 20%，厂商 A 欺骗对手的损失将大于其所得。由于博弈是对称的，这个结果同样适用于厂商 B。总之，当寡头垄断厂商间的博弈是终止期不确定的有限重复博弈时，它们将合谋并索要高价——每期博弈赚取 10 美元——与无限重复博弈一样。关键在于，博弈持续进行的概率要足够大。如果 $\theta=1$，博弈方知道博弈只进行一次，此时欺骗收益（50 美元）远远大于合作收益（10 美元），合谋将不可能。这是因为当 $\theta=1$ 时，这就是一次性博弈，每个厂商的占优策略都是低价策略。

➡️**例题 10 - 7**

　　两个婚礼摄影商重复进行同时行动的在线广告宣传博弈。如果双方都做广告，双方的利润都为零。如果双方都不做广告，双方的利润各为 10 000 美元。如果一方做广告而另一方不做，做广告一方的利润为 20 000 美元，另一方损失 1 000 美元。如果在既定年份经济衰退的概率为 10%（可能导致企业倒闭），厂商在不做广告方面能否达成合谋？假定利率为 0。

　　答：

　　表 10 - 10 是一次性博弈的正则形式。这是一个不确定次数的重复博弈。假设博弈方采取了触发策略，如果其他厂商前期没做广告，它就不做广告。如果一个厂商违背协议做广告，另一个厂商也将做广告一直到博弈结束。假设厂商 A 违背协议，当期获利 20 000 美元，但以后各期直到博弈结束所获利润都为零。如果厂商 A 没有欺骗行为，其期望收益是：

$$\prod_{厂商A}^{合作} = 10 + 0.9 \times 10 + 0.9^2 \times 10 + 0.9^3 \times 10 + \cdots = \frac{10}{0.1} = 100$$

表 10 - 10　在线广告博弈　　　　　　　　　　　单位：千美元

		厂商 B	
		做广告	不做广告
厂商 A	做广告	0，0	20，−1
	不做广告	−1，20	10，10

　　（这里假设利率为 0。）因为 20＜100，所以厂商 A 没有欺骗的动机，厂商 B 也没有欺骗的动机。因此，厂商可以使用这种触发策略达成合谋。

10.5.2　存在终止期的重复博弈：期末问题

　　假如一个博弈是有限次数的重复博弈，为便于分析，假设表 10 - 11 中的博弈重复两次。注意，论证过程同样适用于多次重复的博弈（如 1 000 次博弈），只要博弈方确切知道博弈将何时结束且该博弈只有一个纳什均衡。

表 10 - 11　价格博弈

		厂商 B	
		低	高
厂商 A	低	0，0	50，−40
	高	−40，50	10，10

　　表 10 - 11 中的博弈重复两次，其重要特点是：博弈的第二次中没有明天，因此每个厂商都有动机采用与一次性博弈相同的策略。因为没有第三次博弈，所以博弈方无法对对手在第二次博弈中的行动进行惩罚。在表 10 - 11 所示的博弈中，每个博弈方会在第二次博弈中定低价。厂商 B 推断厂商 A 在第二次博弈中可能采取的最优策略是定低价来实现

最大化利润，因为厂商 B 在未来阶段无法对厂商 A 的低价行为进行惩罚。而如果厂商 B 在第二次博弈中定高价，厂商 A 会很高兴；那样，厂商 A 就可以通过定低价得到 50 美元的利润。

厂商 B 知道厂商 A 在第二次博弈（最后一期）有定低价的动机，自己也将在最后一期定低价。由于双方都知道对手在第二次博弈会定低价，那么第一次博弈从根本上来说就是最后一期。每个博弈方都知道对方在最后一期的行为。因此，它们在第一次博弈时都有动机选择与一次性博弈相同的策略（也就是定低价），因为它们不会由于第一次博弈的行动而在第二次博弈时受到惩罚。简言之，表 10 - 11 中两次博弈的纳什均衡就是每次定低价。每个博弈方在两次博弈时都获得零利润。

事实上，如果厂商能够确切了解博弈的结束期，不论博弈重复 3 次、4 次还是 1 000 次，合谋都无法达成。如表 10 - 11 所示的确定终止期的有限重复博弈中，合谋难以达成的关键原因在于，最终时刻总会到来，双方肯定不再有明天。前期的任何合作承诺都无意义，因为违背协议后也不会在明天受到惩罚。实际上，博弈方违背协议的动机出现在倒数第二次，因为最后一期无法施加惩罚。正因为所有博弈方都明白这一点，所以造成倒数第三次的博弈也没有明天。向后追溯的结果就是在任何时候都不可能施加有效惩罚。因此，博弈方每期都定低价直至最后一期。

➡**例题 10 - 8**

假定你和竞争对手将进行如表 10 - 11 所示的两次博弈。假设你的策略是，只要对手以前没有定过低价，你就会在每次博弈时定高价。你将获利多少？假设利率为零。

答：

鉴于你的策略，对手的最优策略是在第一次定高价，在第二次定低价。这是因为，若他每期都定高价，他在第一次的收益是 10 单位，在第二次的收益也是 10 单位，总收益为 20 单位。若他在第一次定高价（赚取 10 单位），在第二次定低价（赚取 50 单位），则总收益为 60 单位。你将在第一次获利 10 单位，但在第二次将损失 40 单位，总损失为 30 单位。由于任何一方都知道博弈的结束期，触发策略不会增加你们的利润。

10.5.3　期末问题的应用

当博弈方确切地知道重复博弈的终止期时，期末问题就出现了。在最后一期没有明天且无法就对手最后一期的欺骗行为进行惩罚的情况下，博弈方在最后一期采取与一次性博弈相同的策略。接下来研究期末问题在管理决策中的应用。

辞退和退出

第 6 章指出，员工发现努力工作的好处是可以避免因偷懒被抓到而遭解雇。只要偷懒的收益小于被解雇的成本，员工努力工作就是有利的。

当某员工宣布辞职计划，比如明天辞职时，偷懒的成本就会显著降低。既然员工不打算继续工作，最后一天偷懒的收益通常会超过预期成本。也就是说，由于员工没打算继续上班，被解雇的威胁就无关痛痒了。

管理者如何防止员工偷懒呢？一种方法是员工一宣布辞职计划就解雇他。然而法律通常会限制这种做法。管理者也不应该采取这种方法，原因在于，如果你是管理者，当员工提交辞职计划时就解雇他，员工会如何反应？员工的最优策略就是等到辞职那天再告诉你。需要注意的是，员工在正式辞职前的这段保密时间内也有很强的偷懒动机，所以管理者不仅不能解决偷懒问题，反而因为员工的意外辞职无法提前找到新员工来替代他们。

更好的管理策略是对员工在雇佣期的良好工作表现给予奖励。比如可以强调你的人脉资源，在员工有需要时给他们写推荐信。这样就向员工就传达了一个信号：辞职并不是这场博弈的结束。如果一个员工在合同期末偷懒，你可以告知其潜在雇主来惩罚他们。

"万灵油"销售员

在传统的关于美国西部的电视剧中，"万灵油"销售员通常逐个城镇去推销其包治百病的万灵药。买药的人很快就发现这些药一文不值。但是，这些销售员却可以通过继续销售这些一文不值的东西维持生计，原因在于他们不断地从一个城镇转向另一个城镇，通过转移，使购买者无法惩罚他们。相反，当地商人若销售假药，消费者可以通过未来拒绝购买来惩罚该商人，这种威胁促使厂商提供高质量的产品。但对于"万灵油"销售员，这种威胁不存在。

要使惩罚有效，就必须采取一些方法将销售者的过去、现在和将来结合起来。因为美国西部地区缺乏有效沟通的网络，消费者无法将自己的教训告诉其他消费者，所以名誉损失对"万灵油"销售员不构成威胁。然而随着时间的推移，消费者从过去的经验中逐步吸取教训，他们不再相信类似的推销员。当新销售员到达城镇时，人们会将他赶出去。

或许你也有在流动商贩处买到假货的教训，究其原因，就是消费者没办法追踪那些卖假货的商贩。这些商贩则利用了期末问题来获利。

➡ 10. 6 多阶段博弈

多阶段博弈与之前的博弈的显著不同之处在于，时机非常重要。多阶段框架允许博弈方作出序贯决策而非同时决策。

10. 6. 1 基本理论

为了更好地理解多阶段博弈与一次性博弈、有限重复博弈的区别，有必要引入延展形式博弈。一个**延展形式博弈**（extensive-form game）包括博弈方、在博弈每个阶段博弈方获得的信息、博弈方的策略、博弈方的行动顺序，以及每种策略产生的收益。

理解延展形式博弈的最好方法还是举例。图 10 - 1 描述了一个博弈的延展形式，图中的圆圈为决策点，每一个圆圈表示博弈的某个阶段，此时博弈方必须选择一个策略。所有线的起点（标记为 A）表示博弈开始，每个分支末的数字代表博弈的最终收益。比如图 10 - 1 中，博弈方 A 先行动。博弈方 A 的可行战略是上或者下。博弈方 A 行动结束后就轮到博

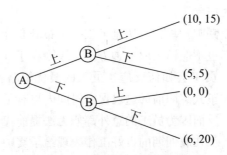

图 10 - 1　延展形式序贯行动博弈

弈方 B 行动。博弈方 B 选择上或者下。如果双方都选择上，博弈方 A 获得的收益为 10，博弈方 B 获得的收益为 15。如果博弈方 A 选择上而博弈方 B 选择下，双方的收益都为 5。括号中的第一个数字是博弈方 A（先行者）的收益，第二个数字是博弈方 B（后行者）的收益。

与同时行动博弈一样，每个博弈方的收益不仅取决于自身行动，还取决于其他博弈方的行动。比如博弈方 A 选择下，博弈方 B 选择上，博弈方 A 的收益为 0。当博弈方 A 选择下而博弈方 B 也选择下时，博弈方 A 的收益就为 6。

序贯行动博弈与同时行动博弈存在一个重要区别：博弈方 A 必须在博弈方 B 之前作决策，博弈方 A 不能根据博弈方 B 的决策制定自己的决策，因此博弈方 A 只能选择上或者下。相反，博弈方 B 必须在博弈方 A 之后作决策，博弈方 B 的决策只能具体到两个决策点中的一个。如果博弈方 A 选择上时博弈方 B 也选择上（博弈方 B 可以选择上或者下，但上为优选），如果博弈方 A 选择下时博弈方 B 也选择下。博弈方 B 可以根据博弈方 A 的行动来选择自己的策略，这就是序贯行动博弈，博弈方 B 是后行者。

序贯行动博弈中博弈方如何选择策略？假设博弈方 B 的策略是："如果 A 选择上则 B 选择下，如果 A 选择下 B 还是选择下。"给定这种策略，博弈方 A 的最优选择是什么呢？如果博弈方 A 选择上则获益 5，因为博弈方 B 将选择下。如果博弈方 A 选择下则获益 6，因为博弈方 B 将选择下。基于 5 和 6 的比较，博弈方 A 偏好 6，因此将选择下。

给定博弈方 A 选择下时，博弈方 B 是否有动机改变其策略呢？不会。因为博弈方 B 选择下可以获益 20，而选择上的获益是 0。所以当博弈方 A 选择下时，博弈方 B 没有动机改变其策略。

由于任何一方都没有动机去改变其策略，于是图 10 - 1 中博弈的纳什均衡是：

博弈方 A：下。

博弈方 B：如果博弈方 A 选择上自己就选择下，如果博弈方 A 选择下自己还是选择下。

该均衡的收益是博弈方 A 的收益为 6，博弈方 B 的收益为 20。这是不是该博弈的合理结果？注意，对于博弈方 A 来说，最高收益是博弈方 A 选择上博弈方 B 也选择上，但博弈方 A 为什么没有选择上？这是因为博弈方 B "威胁" 博弈方 A，如果博弈方 A 选择上，自己就选择下。这个威胁可信吗？如果博弈方 A 选择上，博弈方 B 的最优选择也是上，这样博弈方 B 获益 15，高于博弈方 B 选择下时的收益 5。但是如果博弈方 B 选择上，博弈方 A 就会得到 10，高于前面的纳什均衡时博弈方 A 的收益。

　　为什么会这样？这是因为该博弈还存在另外一个均衡。假设博弈方 B 的策略是："如果 A 选择上他也选择上，如果 A 选择下他也选择下。"给定博弈方 B 的策略为下，若博弈方 A 选择上会获益 10，若选择下会获益 6。显然博弈方 A 的最优策略应该是上。给定博弈方 A 选择上，博弈方 B 没有动机改变其策略，所以得到了另一个纳什均衡。在这个均衡下，博弈方 A 的收益为 10，博弈方 B 的收益为 15。

　　哪一个纳什均衡结果更合理？答案是第二个。因为在第一个纳什均衡中，博弈方 A 选择下是因为博弈方 B 威胁说，如果博弈方 A 选择上他就选择下。但这种威胁是不可信的。在博弈阶段（决策点），博弈方 B 有动机放弃自己原来（选择下）的威胁，因为对博弈方 B 来说，选择下的收益比选择上的收益少，所以他没有动机去兑现自己的威胁。用博弈论术语来说，博弈方 A 的收益为 6、博弈方 B 的收益为 20 的纳什均衡不是一个子博弈完全均衡。构成**子博弈完全均衡**（subgame perfect equilibrium）的策略应该满足：（1）它是纳什均衡；（2）在博弈的每个阶段（决策点）没有博弈方可以通过改变自身策略来增加收益。子博弈完全均衡是一个包含可置信威胁的纳什均衡。图 10-1 中唯一的子博弈完全均衡是博弈方 A 选择上，博弈方 B 也随之选择上。

　　本节的内容需要多次复习，仅阅读一两遍很难完全理解，如果大家对相关概念仍不明白，需要再次认真复习。在继续学习之前，先来看一个故事，或许能帮助大家理解子博弈完全均衡概念。

　　一个父亲给予女儿以下忠告："如果你半夜还没回家，我将烧毁这房子，你将会失去你所拥有的一切。"如果这个女儿相信父亲的话，她的最优选择肯定是在午夜前回家，因为她不想失去自己所拥有的一切。如果女儿在午夜前回到家，父亲就不会烧掉房子，父亲的威胁也就不会产生成本。但是父亲的威胁和女儿午夜前回家只是一个纳什均衡策略而非子博弈完全均衡策略。因为正常情况下父亲烧毁房子的威胁不可信。如果女儿回来晚了，他将发现烧毁自己的房子是没有好处的。若女儿意识到这一点，她就知道这个威胁不可信，于是这个威胁将不会影响她是否在午夜前回家。因为纳什均衡中所包含的威胁不可信，所以它不是子博弈完全均衡。

10.6.2　多阶段博弈的应用

进入博弈

　　多阶段博弈理论在市场中的应用广泛，如图 10-2 所示（单位：百万美元）的延展形式博弈。厂商 B 是市场中的在位企业，厂商 A 是潜在进入者。厂商 A 必须决定进入市场还是不进入。如果厂商 A 决定不进入市场，厂商 B 将维持现有行为并获得利润 1 000 万美元，厂商 A 的利润为 0。如果厂商 A 决定进入市场，厂商 B 就必须决定是进行价格战（硬策略）还是与厂商 A 分享市场（软策略）。通过硬策略，厂商 B 可以使厂商 A 遭受 100 万美元的损失，而厂商 B 仅获得 100 万美元利润。如果厂商 B 在厂商 A 进入后选择软策略，厂商 A 占据半个市场，每个厂商都将获利 500 万美元。

　　这个博弈存在两个纳什均衡：第一个均衡是厂商 B 威胁选择硬策略，厂商 A 不进入市场。为什么这一策略构成纳什均衡？因为厂商 A 进入市场，厂商 B 就采取硬策略，那

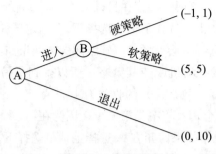

图 10-2 进入博弈

么厂商 A 的最佳选择是不进入市场。厂商 A 不进入市场，厂商 B 照样会威胁厂商 A 其将选择硬策略。没有厂商有动机改变现有策略，因此厂商 A 的收益为 0，厂商 B 的收益为 1 000 万美元。

但是这个纳什均衡所包含的威胁不可信。厂商 A 选择不进入是因为受到了厂商 B 的威胁——如果厂商 A 要进入市场，厂商 B 就选择硬策略。如果厂商 A 进入，厂商 B 有动机实施硬策略威胁吗？答案是没有。因为若厂商 A 进入市场而厂商 B 选择软策略，厂商 B 可以得到 500 万美元，若厂商 B 选择硬策略则只能得到 100 万美元。所以如果厂商 A 进入市场，厂商 B 选择硬策略不是最佳选择。厂商 B 的威胁不可信，这个结果是一个纳什均衡而非子博弈完全均衡。

这个博弈的另一个纳什均衡是：厂商 A 选择进入市场，厂商 B 随之采取软策略。使用软策略，厂商 B 能够得到 500 万美元，而实行硬策略只能得到 100 万美元。厂商 A 进入市场，厂商 B 就选择软策略，厂商 A 的最佳选择就是进入市场（通过进入市场，厂商 A 可以获得 500 万美元的收益而非不进入市场的零收益）。这就是子博弈完全均衡，因为无论何时厂商 A 选择进入市场，厂商 B 的最佳选择都是采取软策略。所以这是一个子博弈完全均衡，即厂商 A 选择进入市场，而厂商 B 选择软策略。

透视商业 10-5　　国际市场的进入战略

国际营销中经常遇到是否进入新市场的两难抉择：应该在相继进入的少数国家市场采取瀑布式战略，还是采取洒水车战略以同时进入多个国家？

洒水车战略的优点是，它允许一家企业快速地同时进入几个市场，从而领先于对手在不同的国家建立"根据地"；缺点是它通常不利于学习曲线效应的发挥，并且造成资源过于分散。相比之下，瀑布式战略虽然渗透速度较慢，但是允许企业为特定市场定制产品并从其他市场中吸取经验。

最优战略的选择取决于这些战略的收益和成本。若市场是同质的，则洒水车战略是典型的最优战略，学习曲线效应最小且针对不同国家的专用性投资低。当针对特定国家需要大量专用性投资时，瀑布式战略的作用更大。

费希尔（Fischer）、克莱门特（Clement）和尚卡尔（Shankar）等的研究证明，进入顺序也是国际市场进入战略选择中的一项重要影响因素。根据来自欧洲的医药行业数据，他们发现，如果市场中已经存在三家以上的在位企业，相继进入不同的国家是最优的。

资料来源：Marc Fischer, Michel Clement, and Venkatesh Shankar, "International Market Entry Strategy: A Source of Late Mover Advantage," University of Maryland, March 2004.

创新

关于进入的博弈分析给管理者的重要启示是：当对手的威胁不可信时，管理者无须理会这个威胁。同样，多阶段序贯博弈理论也可以分析创新决策，如例题 10-9 所示。

➡例题 10-9

你的企业必须决定是否引入新产品。如果你引入新产品，竞争对手需要决定是否仿制你的新产品。如果你不引入新产品，你和竞争对手分别获益 100 万美元。如果你引入新产品且竞争对手仿制，你将损失 500 万美元，而竞争对手将得到 2 000 万美元（因为你的研发投入巨大，竞争对手却没有研发投入）。如果你引入新产品且对手没有仿制，你将得到 10 000 万美元，你的竞争对手获益为零。

1. 建立延展形式的博弈模型。
2. 你应该引入新产品吗？
3. 如果竞争对手"承诺"不仿制你的产品，你的决策会有何变化？
4. 如果专利法不允许竞争对手仿制你的产品，你应该怎么做？

答：

1. 新产品博弈如图 10-3 所示（单位：百万美元）。这是一个多阶段博弈，你的企业 A 先行动，竞争对手 B 随后行动。

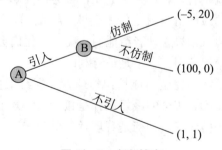

图 10-3 创新博弈

2. 如果你引入新产品，企业 B 的最优策略是仿制，你的企业将损失 500 万美元。如果你不引入新产品，你得到 100 万美元。因此，你的利润最大化策略是不引入新产品。

3. 如果你相信竞争对手不仿制的承诺，引入新产品可以获得 10 000 万美元的收入，不引入新产品只能得到 100 万美元的收入。但是企业 B 的承诺并不可信。企业 B 希望你花钱开发新产品，这样它就可以仿制且获得 2 000 万美元收入，而你将损失 500 万美元。既然承诺不可信，你要好好考虑一下是否根据承诺改变你的行为。

4. 如果你能获得新产品的专利权，企业 B 受法律约束不能仿制。这时你应该引入新产品并获得 10 000 万美元收入。因此，新产品专利法通常能够促使厂商引入新产品，而在缺乏专利制度时，厂商往往不会引入新产品。

序贯讨价还价

最后来分析一种多阶段博弈——序贯博弈的应用。假设一家厂商的管理者和工会正在谈判 100 美元的盈余在二者间的分配额度。假设管理者（M）率先提出给工会（U）的分配额，然后工会决定是接受还是拒绝。如果提议被拒绝，双方什么也得不到。如果提议被接受，工会得到提议数额，管理者得到剩余额度。为了简化问题，假设管理者提议给工会以下三者之一：1 美元、50 美元或者 99 美元。

该博弈的延展形式如图 10-4 所示（单位：美元）。工会是在管理者提议之后作出其决策。如果管理者提议给工会 1 美元，工会接受，那么管理者得到 99 美元，工会得到 1 美元。如果工会拒绝，双方都什么也得不到。

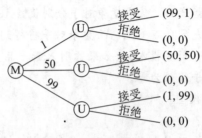

图 10-4 序贯博弈

假设你是管理者，在提议之前，工会发表如下言论："给我 99 美元，否则我们将拒绝提议。"你该怎么办？如果相信工会的话，你的最佳选择就是给工会 99 美元，因为你将得到 1 美元，否则为 0。同时因为你提议给工会 99 美元，工会的最佳选择是接受。所以这个序贯博弈的一个纳什均衡就是管理者得到 1 美元，工会得到 99 美元。

这是否意味着管理者的最优行为就是给工会 99 美元？答案是否定的。因为工会的威胁不可信。根据工会的威胁，如果管理者给他们 1 美元，他们会拒绝，但是拒绝提议后工会什么都没得到，所以拒绝提议对工会不是最有利的。

这个序贯博弈唯一的子博弈完全均衡是：管理者分配给工会 1 美元且工会接受提议。因为如果管理者给工会 1 美元，工会的最好选择是接受（1 美元优于拒绝提议的 0 美元）。这个序贯博弈中，唯一的子博弈完全均衡是管理者分得 99 美元，工会分得 1 美元。

➡例题 10-10

考虑前面提到的讨价还价博弈，假设博弈顺序颠倒过来：工会率先提出提议，然后管理者决定是否接受提议。这个博弈过程的子博弈完全均衡是什么？

答：

管理者的利润最大化选择是：接受任何提议，只要其收益大于拒绝时的零收益。这个博弈的子博弈完全均衡是工会给管理者 1 美元，自己留 99 美元。此提议下管理者的最佳选择就是接受提议。管理者拒绝 1 美元（或 50 美元）提议的任何威胁都是不可信的。

本节描述了两阶段序贯博弈的一个显著特征。博弈中的先行者提出"要么接受，要么一无所获"，后行者可以接受提议或者拒绝提议（但拒绝将一无所获），提出"要么接受，要么一无所获"提议的博弈方实际上拥有绝对的讨价还价筹码。下面的例子将说明具体原因。

假设消费者想买一辆车，经销商的成本为 10 000 美元，消费者对车的估价为 12 000 美元。讨价还价博弈主要围绕消费者估价和经销商成本之间的差额（即 2 000 美元）进行。假设消费者向经销商提出如下提议："我将支付 10 001 美元，如果你不接受，我就到马路对面的商家去购买。"如果经销商相信消费者的威胁，它会终止讨价还价并接受消费者提议，因为赚 1 美元总比车卖不出去好。这样消费者就能够以高出经销商估价 1 美元的价格买走汽车。

假设讨价还价的次序颠倒，经销商对消费者说："另一个消费者也想要这辆车，你给我 11 999 美元我就卖给你，否则我就卖给另一个消费者。"如果消费者相信此威胁且没有其他选择，他的最佳选择就是购买这辆车，因为 11 999 美元比他的估价少 1 美元。这种情形下，经销商获得了较高利润。

总结一下，现实生活中的一些问题经常导致序贯博弈过程复杂化。第一，博弈方无法知道其他博弈方的真实收益。比如消费者不知道经销商成本，无法提出"要么行，要么不行"的提议来保证买到车。同样，经销商不知道消费者对车的最高估价，也无法提出"要么行，要么不行"来确保销售成功。因此，在讨价还价过程中，投入一些时间去了解对手是值得的。这就是为什么会存在专门的出版物市场向消费者提供经销商的成本信息。

第二，序贯博弈过程的一个重要假设是，一旦博弈方拒绝或者接受了提议，讨价还价就结束了。如果没有这个假设，博弈方在决定是否接受提议时也许会想："如果我拒绝提议，对方可能会提出另一个更有吸引力的提议。"这样就改变了博弈模型并且可能改变博弈方的基本决策。另外，能够给出可信的"要么接受，要么一无所获"提议的博弈方将在博弈中获益更多。但如果承诺不可信，当对方还价而拒绝谈判时，提议方可能会吃闭门羹。

 开篇案例解读

虽然有许多因素导致全美航空公司停止对软饮料要价 2 美元，但该战略失败的主要原因是全美航空公司是唯一一家向乘客收取饮料费的承运商。这将有损全美航空公司的形象，还会造成一些乘客转向其他更友好的承运商。该公司向乘客收取 2 美元饮料费的负面影响超过了从乘客那里赚取的现金收益（或节约成本）。全美航空公司了解到，在与其他承运商竞争的激烈博弈中，提供免费饮料是占优策略。同理，美国航空公司也曾尝试迫使经济舱乘客支付行李费，而不是吸引他们来乘本公司的飞机。

表 10 - 12 收益矩阵中的模拟数据表达了上述观点。注意，如果全美航空公司及其竞争对手都提供免费饮料，则每一个航空公司赚取零收益。如果全美航空公司及其竞争对手都对饮料要价 2 美元，全美航空公司及其竞争对手将赚得额外 400 万美元。但是当全美航空公司要价 2 美元而其他承运商提供免费饮料时，全美航空公司则损失 500 万美元而其竞争对手获得 500 万美元。在表 10 - 12 的收益矩阵中，很显然全美航空公司的占优策略是提供免费饮料。虽然全美航空公司可能希望，随着它开始收取 2 美元饮料费，其他承运商能够跟随，但这样做其竞争对手是无利可图的。如果全美航空公司（或美国航空公司）的定价经理从其竞争对手的角度来分析，可能会意识到在这个博弈中，其他承运商的占优策

略是提供免费饮料（或免费的随身行李），而绝不会跟随全美航空公司提价（这是一个无利可图的策略）。

表 10 - 12 免费饮料博弈 单位：百万美元

		竞争对手	
		免费饮料	每杯 2 美元
全美航空公司	免费饮料	0，0	5，-5
	每杯 2 美元	-5，5	4，4

小 结

本章开篇研究了一次性同时行动博弈的纳什均衡，注意最终收益有时会低于博弈方合谋的收益。在一次性博弈中不能实现合谋收益的原因是，每个参与者都有动机违背合谋协议。在许多博弈中，欺骗是占优策略，这是促使厂商采取欺骗行为的主要原因。占优策略决定了一次性博弈的最优策略。

在无限重复博弈中，当利率很低时，触发策略能确保博弈方一起实施合谋协议。当博弈无限重复时，通过在相当长的时间内惩罚欺骗者，合谋协议就能够自动执行。其他影响合谋的因素包括厂商数量、市场历史、厂商监督其他厂商行为的能力，以及惩罚欺骗者的能力等。类似的重复交易行为使消费者和厂商持续交易并保持产品的高质量。

本章最后介绍了不确定终止期的有限重复博弈、序贯行动进入和讨价还价博弈。当博弈存在一个确切的终止期时，最后一期的欺骗行为会破坏合谋协议。在无限重复博弈或不确定终止期的博弈中，合谋协议因触发策略而得以维持。在序贯博弈中，一方必须明确引致该博弈结果的威胁是否可信。

概念题和计算题

1. 使用一次正则形式博弈回答下列问题。

		博弈方 2		
		D	E	F
博弈方 1	A	-200，150	350，100	-50，600
	B	200，-300	400，400	300，100
	C	-150，200	-250，550	750，-350

（1）找出博弈双方的占优策略，如果存在的话。

（2）找出博弈双方的安全策略。

（3）找出纳什均衡。

2. 在包含两个博弈方的一次性同时行动博弈中，每个博弈方都可选择策略 A 或者策略 B。如果双方都选择策略 A，都可获得 400 美元收益。如果双方都选择策略 B，都可获得 200 美元收益。如果博弈方 1 选择策略 A 且博弈方 2 选择策略 B，那么博弈方 1 获得 100 美元而博弈方 2 获得 600 美元。如果博弈方 1 选择策略 B 且博弈方 2 选择策略 A，那么博弈方 1 获得 600 美元而博弈方 2 获得 100 美元。

(1) 写出博弈的标准形式。

(2) 找出每个博弈方的占优策略，如果存在的话。

(3) 确定博弈的纳什均衡。

(4) 通过总收益对配对策略进行排序（从高到低）。

(5) 最高总收益的结果能维持在均衡处吗？为什么？

3. 运用一次性同时行动博弈的收益矩阵回答相应问题。

		博弈方 2			
		C	D	E	F
博弈方 1	A	6, 14	7, 11	18, 20	10, 19
	B	12, 5	15, 1	7, 25	16, 17

(1) 博弈方 1 的最优策略是什么？为什么？

(2) 确定博弈方 1 的均衡收益。

4. 运用下列正则形式博弈回答问题。

		博弈方 2	
		C	D
博弈方 1	A	30, 30	70, 0
	B	0, 70	60, 60

(1) 确定一次性博弈的纳什均衡。

(2) 假设博弈方知道该博弈将重复三次。博弈方能实现比一次纳什均衡更好的收益吗？请解释。

(3) 假设该博弈是无限重复的且利率为 6%。博弈方能实现比一次纳什均衡更好的收益吗？请解释。

(4) 假设博弈方不知道该博弈将重复多少次，但是知道该博弈在某次博弈后将结束的概率是 θ。如果 θ 足够小，博弈方能够获得比一次纳什均衡更好的收益吗？

5. 运用下列正则形式博弈回答问题。

		博弈方 2	
		C	D
博弈方 1	A	3, $7-x$	2, 3
	B	4, 4	$7-x$, 5

(1) 对博弈方 2 来说，x 取何值，策略 D（严格意义上）是其占优策略？

(2) 对博弈方 1 来说，x 取何值，策略 D（严格意义上）是其占优策略？

(3) x 取何值，B，D 是该博弈的唯一纳什均衡？

6. 考虑一个包含两个博弈方的序贯博弈，每个博弈方都可以选择右或者左。博弈方 1

先行动。博弈方 2 在博弈方 1 行动后决定向右还是向左。如果博弈方 1 向右，博弈方 1 获得 0 美元，博弈方 2 获得 25 美元。如果双方都向左，博弈方 1 损失 5 美元，而博弈方 2 获得 10 美元。如果博弈方 1 向左，博弈方 2 向右，博弈方 1 获得 20 美元，博弈方 2 也获得 20 美元。

（1）写出博弈的延展形式。

（2）找出博弈的纳什均衡结果。

（3）哪一个纳什均衡更合理？请解释。

7. 运用下列延展形式博弈回答问题。

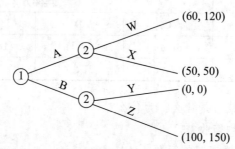

（1）列出博弈方 1 和博弈方 2 的可行策略。

（2）确定该博弈的纳什均衡。

（3）找出子博弈完全均衡。

8. 运用一次性博弈的收益矩阵回答问题。

		博弈方 2	
		X	Y
博弈方 1	A	25，25	−100，5
	B	5，−100	15，15

（1）博弈方同时且独立制定决策（无任何沟通），确定纳什均衡结果。哪个结果最有可能出现？请解释。

（2）假如允许博弈方 1 在决策前与博弈方 2 用一个字"沟通"，博弈方 1 应该说什么？将会出现什么结果？

（3）假设博弈方 2 在博弈方 1 之前先做决策，博弈方 1 观察博弈方 2 的选择后制定决策，这些行动顺序双方都清楚。你预期结果会是怎样的？请解释。

9. 运用下列收益矩阵回答问题。

		博弈方 2	
		C	D
博弈方 1	A	−10，−10	200，−100
	B	−100，220	140，180

假设这是一次性博弈：

（1）找出每个博弈方的占优策略。如果该策略不存在，解释原因。

（2）找出每个博弈方的安全策略。如果该策略不存在，解释原因。

（3）找出博弈的纳什均衡。如果这样的均衡不存在，解释原因。

10. 根据第 9 题中的收益矩阵，假设该博弈无限重复且利率足够低。找出在每期中，博弈方 1 和博弈方 2 分别获得 140 和 180 的均衡收益的触发策略。

问答题和应用题

11. 艾伯森（Albertsons）和克罗格（Kroger）都是大型连锁零售商，它们之间有一定差别，但周报宣称这两家公司在进行价格竞争。艾伯森和克罗格同时发布一种产品的价格——正常价格或促销价格。假设对某产品，一家公司发布促销价格而另一公司发布正常价格，发布促销价格的公司会吸引 1 000 名额外消费者而获得 5 000 美元的利润，发布正常价格的公司获得 3 000 美元。当两家公司都发布促销价格时，将平分市场（都得到额外的 500 名消费者）各赚取 2 000 美元的利润。当两家公司都发布正常价格时，共吸引 1 500 名忠实顾客且各获得 4 500 美元的利润。你会采取降价策略吗？如果会，请解释原因。如果不会，也请解释原因，并提出一个可以摆脱困境的方法。（提示：与沃尔玛不同，这两家公司都不保证天天低价。）

12. 丰田和本田必须决定是否将新一代的侧面碰撞安全气囊作为标准设备安装在所有车型上。侧面碰撞安全气囊会使每辆汽车的价格提高 1 000 美元。如果两家公司都采用侧面碰撞安全气囊，将各获得 25 亿美元利润。如果两家公司都不采用侧面碰撞安全气囊技术，将各获得 10 亿美元（损失了对其他汽车制造商的销售额）。如果一家公司采用该技术而另一家没有采用，采用的公司将获得 30 亿美元利润，而另一家公司将亏损 15 亿美元。如果你是本田的决策者，你将采用侧面碰撞安全气囊吗？请解释。

13. 可口可乐和百事是可乐市场上的主要竞争者。1960 年，可口可乐引入雪碧，如今雪碧已成为柠檬酸类软饮料市场上的领导者，在全球软饮料中排名前十。1999 年之前，百事没有可以与雪碧直接竞争的产品，它考虑是否引入这样一种软饮料。如果不引入柠檬酸类软饮料，百事将继续获得 2 亿美元利润，而可口可乐将继续获得 3 亿美元利润。假设引入一种新柠檬酸类软饮料，有可能出现两种情况：（1）百事与可口可乐在柠檬酸类软饮料与可乐市场上进行价格战，两家公司都将获得 1 亿美元利润。（2）可口可乐默许两家公司维持目前可乐市场的平分状态以及柠檬酸类软饮料市场的三七分（百事 30%/可口可乐 70%）状态，可口可乐和百事分别获得 2.75 亿美元和 2.27 亿美元的利润。如果你是百事的管理者，引入新的软饮料是最有利可图的策略吗？为什么？

14. 假设通用动力公司（General Dynamics）与联合汽车工会（UAW）正在重新谈判劳动合同。谈判涉及工作安全、健康福利和工资。假如你是通用动力公司人力资源经理，你愿意让工会承担起草文件（阐明其预计的补偿）的费用，还是对工会提出"要么行，要么不行"的提议？请解释。

15. 互联网上的比价服务对零售商来说是一种宣传其产品的方式，对消费者来说，也是一种便利途径，可以从销售同一产品的几家厂商处同时获得报价信息。假设你是数码相机公司的管理者，公司专门向消费者销售数码相机且以互联网比价向消费者进行广告宣传。在一个特定的高端相机市场上，你只有一家对手公司——The Camera Shop。在过去的四年里，你们天天根据对方定价来调整价格。作为精明的企业家，你和对手轻松运用互联网来监控对方的价格从而制定可能实现的最高价格。通过最近的报纸文章，你发现 The Camera Shop 已经耗尽了其风险投资，并且没有新的投资者，The Camera Shop 下个月将无法经营。这个信息会改变你当前的定价决策吗？请解释。

16. 你是汽车业中生产前后挡风玻璃的公司的管理者。由于该行业具有规模经济，新厂商进入将无利可图。丰田要求你的公司和你唯一的对手同时提交向新型汉兰达工厂供应 100 000 块挡风玻璃的报价。如果你和对手都报价低，每家公司各供应 50 000 块且都获得零利润。如果一家公司报价低而另一家报价高，低价格的公司将供应 100 000 块且获得 1 100 万美元的利润，高价格的公司供应为零且亏损 200 万美元。如果两家公司都报价高，每家各供应 50 000 块且都获得 600 万美元的利润。假设你和对手相信新型汉兰达是限量版——仅销售一年，确定你的最优策略。如果你和对手被要求每年重新报价，并且在给定年限内，丰田有 60% 的可能停止生产汉兰达，你的答案会有所不同吗？请解释。

17. 在即食谷物需求不振的时期，谷物食品制造商家乐氏的发言人声称："……过去几年，我们公司的增长已经超过其他同行。"家乐氏从 1906 年起生产谷物食品，已成为谷物食品行业的领导者。假设家乐氏及其最大的竞争对手都做广告，每家公司获得的利润为零。假设每家公司都不做广告，每家公司都获得 120 亿美元的利润。如果一家公司做广告而另一家不做，做广告的公司获得 520 亿美元，不做广告的公司损失 40 亿美元。在什么情形下，公司可运用触发策略促成广告合谋？

18. 你是雅阁（Argyle Inc.）这家中型公司的定价经理，公司最近在市场上推出了一种新产品。雅阁的唯一竞争者贝克公司（Baker Company）的规模明显比雅阁小。雅阁管理层决定采取本季度利润最大化的短期策略，你负责制定该策略。最近你与一名从贝克公司跳槽来的雇员交流后获悉：(a) 贝克产品的定价为 10 美元或 20 美元；(b) 贝克的目标是最大化本季度利润；(c) 贝克的单位成本和你的公司一样。你有两个可能的定价选择（5 美元或 10 美元），单位成本是 2 美元。市场部提供了本季度不同价格下的预期销售数量，以帮助你制定决策：

雅阁定价（美元）	贝克定价（美元）	雅阁产量（百万单位）	贝克产量（百万单位）
5	10	3	2
5	20	3	1
10	10	1	2
10	20	1	1

雅阁和贝克目前同时定价。若雅阁在计算机设备上花费 200 万美元就能够在贝克之前定价，成为先行者，你来确定雅阁的最优定价，并决定是否应该投资这 200 万美元。

19. 你是 GearNet 公司的管理者，必须决定生产多少网络集线器以最大化公司利润。GearNet 与唯一的对手 NetWorks 的双速互联网集线器在消费者看来无差异。集线器的市场价格取决于两家厂商的总产量。一项调查显示，集线器的市场价格取决于市场总产量：

GearNet 和 NetWorks 的集线器总产量（单位）	集线器的市场价格（美元）
500	140
750	110
1 000	95

GearNet 和 NetWorks 在生产中都使用劳动、原材料和机器。GearNet 根据所需来购买劳动和原材料；它的机器是三年前购买的，正以直线法进行折旧。GearNet 的会计部门提供了单位产品成本的相关信息：

GearNet 的单位产品成本

项目	250 个	500 个
直接人工（美元）	35	35
直接材料（美元）	25	25
折旧费（美元）	120	60

来自行业专家的报告表明，NetWorks 的成本结构类似于 GearNet 的成本结构，技术上的限制要求每家公司生产 250 个或 500 个集线器。根据相关成本，你决定 GearNet 是生产 250 个集线器还是 500 个集线器？

20. 谷歌和亚马逊是智能家居行业的主要参与者，各自采用的是自己的智能家居控制系统（谷歌助手和 Alexa）。假设两家公司正考虑对智能家居市场进行新一轮的投资，或者继续建设自己的家居系统，或者转向一套新的开放式标准系统——联结家庭系统。谷歌估计继续建设谷歌助手将花费 12 亿美元，转向联结家庭系统将花费 20 亿美元。亚马逊预计强化 Alexa 的成本是 11 亿美元，而转向联结家庭系统的成本是 27 亿美元。如下表所示，每家公司的预期收益（单位：10 亿美元）不仅取决于自身采用的技术，还取决于其对手采用的技术。

技术（谷歌与亚马逊）	谷歌的收入	亚马逊的收入
谷歌助手- Alexa	12.1	13.5
谷歌助手-联结家庭系统	12.1	11.6
联结家庭系统- Alexa	9.8	13.5
联结家庭系统-联结家庭系统	16.2	18.3

构建该博弈的正则形式，然后解释经济势力引起的收益结构的变化和在新市场上实现纳什均衡可能面临的困难。

21. 日本官员正在考虑对从美国进口的猪肉产品征收新的关税，试图减少日本对美国猪肉的依赖。由于政治压力，美国国际贸易代表（ITR）办公室也在考虑对从日本进口的钢材征收新关税。日本和美国的官员必须评估其关税决策对社会福利的影响。来自智库的报告显示：如果两国都不征收新关税，日本的社会福利将保持在 100 亿美元，美国的社会福利将保持 500 亿美元。如果两国都征收新关税，美国的社会福利下降为 491 亿美元，日本的社会福利下降为 95 亿美元。如果日本不征收关税而美国征收关税，日本的社会福利预期为 89 亿美元，美国的社会福利为 525 亿美元；如果美国不征收关税而日本征收关税，美国的社会福利预期为 482 亿美元，日本的社会福利为 114 美元。若两国的政策制定者同时且独立地在当前环境下作出关税决策，请确定纳什均衡的结果。对两国来说，有可能通过协商策略来提高各自的社会福利吗？请解释。

22. 某办公室经理十分关注效率下降问题。她每天要视察文员四次：早上 9：00，早上 11：00，下午 1：00，下午 3：00。自一年前她实施该策略后，办公室效率已经下降 30%。她应该花更多时间去监督文员的工作吗？请解释。

23. 在由五家同等规模的企业构成的行业中，你经营其中一家公司。一份最新的行业报告显示，对外国进口产品征收关税将使行业利润增加 3 000 万美元——只需付出 500 万美元去游说国会实施这样的关税政策。讨论增加你的公司利润的策略。

选读材料

Bolton, Gary E., "A Comparative Model of Bargaining: Theory and Evidence." *American Economic Review* 81(5), December 1991, pp. 1096–136.

Friedman, James W., ed., *Problems of Coordination in Economic Activity.* Boston: Kluwer Academic, 1994.

Gardner, Roy, and Ostrom, Elinor, "Rules and Games." *Public Choice* 70(2), May 1991, pp. 121–49.

Gilbert, Richard J., "The Role of Potential Competition in Industrial Organization." *Journal of Economic Perspectives* 3(3), Summer 1989, pp. 107–28.

Hansen, Robert G., and Samuelson, William F., "Evolution in Economic Games." *Journal of Economic Behavior and Organization* 10(3), October 1988, pp. 315–38.

Morrison, C. C., and Kamarei, H., "Some Experimental Testing of the Cournot-Nash Hypothesis in Small Group Rivalry Situations." *Journal of Economic Behavior and Organization* 13(2), March 1990, pp. 213–31.

Rasmusen, Eric, *Games and Information: An Introduction to Game Theory.* New York: Basil Blackwell, 1989.

Rosenthal, Robert W., "Rules of Thumb in Games." *Journal of Economic Behavior and Organization* 22(1), September 1993, pp. 1–13.

第 **11** 章 定价策略

➡ 学习目标

学完本章，你将能够：

1. 运用基础弹性加成公式确定具有市场势力的企业的利润最大化价格，包括垄断、垄断竞争和古诺寡头垄断下的情形。
2. 制定榨取额外消费者剩余的定价策略，包括价格歧视、两部定价、整包定价和商品捆绑，解释运用这些策略获取高利润（超出标准定价）的条件。
3. 制定在特定成本和需求结构下获取高利润的定价策略，比如高峰定价、交叉补贴和转移定价，解释每个策略的实施条件。
4. 解释如何运用价格匹配、品牌忠诚度计划和随机定价策略来提高在激烈的价格竞争中的利润水平。

开篇案例 　　　　　　　　　**迪士尼公园的免费游览车**

　　迪士尼主题公园提供了多种门票供游客选择。所有门票有一个共同点，就是规定了一个固定入场费，并且允许消费者任意搭乘公园内的游览车而不必支付额外费用。比如购买120美元的一日票，消费者能在当日无限次进入迪士尼公园。

　　如果迪士尼向游客收取游览车费，比如每次搭乘12美元，迪士尼能不能获得更高的利润呢？

➡ 11.1 导　言

本章将分析拥有市场势力的企业（如垄断、垄断竞争和寡头垄断企业）的定价策略。第 8 章提到，完全竞争市场中的企业对其产品定价没有控制力，价格由市场供求决定。完全竞争市场上企业的定价策略很简单：与市场上其他企业的定价相同。

相对而言，具有市场势力的企业对定价具有一定的影响力。因此，对于管理者来说，掌握使企业利润最大化的定价策略很重要。本章提出了相应的建议，帮助管理者制定价格策略。管理者可通过一些较易获得的信息如需求弹性（这是公开信息）来制定利润最大化的加成价。

最优定价策略因企业不同而不同，受潜在市场结构和相关工具（比如广告）的影响。本章以垄断、垄断竞争和寡头垄断中的利润最大化定价作为基本的定价策略，并以此为基础研究使企业实现更高利润的复杂定价策略。要注意的是，在某些情形下适用的定价策略，在其他情形下可能不适用。因此，管理者不仅要掌握这些策略，还要掌握每种策略的实施条件。

➡ 11.2 基本定价策略

本节将考察具有市场势力的企业的基本定价策略：对所有消费者制定同一价格，使边际收益等于边际成本。回顾定价策略的经济学基础，然后讨论垄断、垄断竞争和古诺寡头垄断下如何实施基本定价策略。

11.2.1 利润最大化的基本法则

具有市场势力的企业面对的是一条向下倾斜的需求曲线。这意味着如果定高价，企业销售的产品数量将减少。因此，对企业而言，需要在低价销售大量产品和高价销售少量产品之间进行权衡。

第 8 章分析了具有市场势力的企业是如何平衡这两种力量的：将产量设定在边际收益（MR）等于边际成本（MC）处。利润最大化价格是消费者在该产量时所支付的每单位最高价格。以下例题概述了第 8 章的定价决策。

➡ 例题 11-1 ～～～～～～～～～～～～～～～～～～～～～～～～～～～～～～

假设某企业产品的（反）需求函数给定为：

$$P = 10 - 2Q$$

成本函数为：

$$C(Q) = 2Q$$

该企业利润最大化的产量和价格是多少？

答：

根据（反）需求函数，边际收益为：

$$MR = 10 - 4Q$$

边际成本为：

$$MC = 2$$

令 $MR = MC$，得

$$10 - 4Q = 2$$

可见，利润最大化的产量为 $Q = 2$。代入反需求函数得到利润最大化价格：

$$P = 10 - 2 \times 2 = 6(美元)$$

11.2.2　垄断和垄断竞争的定价原则

如前文所述，如果管理者能够估计产品需求函数和成本函数，就很容易计算利润最大化价格。但很多时候管理者无法估计需求函数和成本函数，尤其是小企业的管理者，他们所在的企业没有专门的调研部门或者没有经费聘请经济专家来评估需求函数和成本函数。

在缺少需求函数和成本函数的情况下，定价也可以另辟蹊径。事实证明，只需要很少的有关需求和成本的信息，管理者就能确定有效的产品价格。大多数零售商对所售产品的边际成本都有一个粗略的估计。比如服装店的管理者知道每一条牛仔裤应支付给供应商多少钱，因此他大致了解牛仔裤的边际成本信息。（该信息是粗略的，因为牛仔裤的采购成本低于牛仔裤的真实边际成本，采购成本中不包括销货成本等。）

服装店的管理者对牛仔裤的需求弹性也有大致了解。例如，管理者可能采取过价格折扣，并且观察到需求量的变化（主要观点参见"透视商业 11-1"）。假定管理者发现 5% 的价格折扣，平均来看能提高 20.5% 的需求量。粗略估计，服装企业的牛仔裤的需求价格弹性为 −4.1（需求价格弹性的公式见第 3 章，根据公式，牛仔裤的需求价格弹性为 20.5/5 = 4.1）。

透视商业 11-1　　作为经验法则的加成定价

许多购物中心和跳蚤市场会展示哪些家居制造商和 DIY 企业带来了它们的产品（不论是为了乐趣还是为了利润）。这些都是小企业，其中大多数由几乎没有经济学知识的手艺人经营，但是他们通常能够获得很高的利润。这些手艺人如何确定一个利润最大化的价格？他们确实能制定这样的价格吗？

如果你问他们，你将发现大多数人通常运用一个加成策略的经验法则。他们将获得原材料的价格加上一个小时的工资率，然后将价格定为边际成本的 1.5～5 倍。他们是怎样确定价格的呢？主要是通过试验、试误和手艺人的代代相传。

谁会有更高的加成，谁会有更低的加成？那些独一无二的产品和需要极高工艺技能的产品通常有高的加成定价，那些大多数人在一定时间内可以制作出来的产品具有低加成定价。这就是经济理论所预测的结论——越独特的产品有越少的替代品，因此比那些容易复制的产品更缺乏价格弹性。这就意味着较高的利润最大化加成。

　　因此，小企业也能从公开信息中获得一些有关需求和成本的信息。这些信息是如何用来制定定价决策的？回顾一下第 8 章介绍的企业产品的需求价格弹性和边际收益的关系：

公式：具有市场势力的企业的边际收益　具有市场势力的企业的边际收益为：

$$MR = P\left(\frac{1+E_F}{E_F}\right)$$

式中，E_F 是该企业产品的需求价格弹性；P 是产品定价。

　　因为利润最大化的产量在边际收益等于边际成本处，所以

$$P\left(\frac{1+E_F}{E_F}\right) = MC$$

就在利润最大化的产量处。求解上述方程的 P，得到具有市场势力的企业的利润最大化价格：

$$P = \left(\frac{E_F}{1+E_F}\right)MC$$

利润最大化价格是边际成本的 K 倍：

$$P = K \times MC$$

式中，$K = E_F/(1+E_F)$。K 可视为利润最大化的加成因子。服装店的管理者对需求价格弹性的最优估计是 -4.1，所以 $K = -4.1/(1-4.1) = 1.32$，则利润最大化价格是边际成本的 1.32 倍：

$$P = 1.32MC$$

原　理　　　　　垄断和垄断竞争的利润最大化的价格加成

　　利润最大化的价格为：

$$P = \left(\frac{E_F}{1+E_F}\right)MC$$

式中，E_F 是企业产品的需求价格弹性；MC 是企业的边际成本。括号中的内容为最优加成因子。

　　管理者在运用该定价原则时须注意两点：第一，企业产品的需求弹性越大，利润最大化的加成就越低。当该产品存在越多可替代品时，需求就越富有弹性，销售这些产品的管理者应该制定相对较低的加成。在极端情况下，当需求完全富有弹性时（$E_F = -\infty$），这个加成原则意味着价格应该等于边际成本。这一点也不奇怪，第 8 章曾解释了一个面对完全需求弹性曲线的完全竞争企业会将价格设定为等于边际成本。

　　第二，边际成本越高，利润最大化的价格就越高。当其他条件不变时，边际成本较高的企业的定价将高于边际成本较低的企业。

　　务必记住，当运用加成公式改变某产品或服务的价格时，需求价格弹性也可能改变。例如第 3 章解释过，当需求函数是线性函数时，在较高价格处的需求比在较低价格处的需

求更富有弹性。价格的略微提高将导致需求弹性的小幅增加，这将使得最优加成低于在最初需求弹性估计的基础上计算得到的结果。因此，如果有需求函数的估计，直接计算出边际收益，使其等于边际成本，也许能更准确地确定利润最大化的价格。

然而在管理实践中，许多定价决策必须在没有需求函数估计的情况下作出。如果唯一可用的信息是需求弹性的数值估计，则利润最大化加成公式只能用来近似估算最优加成和价格。在特定情形下，这种方法可以准确计算出最优加成。如第 3 章中分析了对数线性需求函数的需求弹性是常数。因此，当需求函数是对数线性时，你不必担心上述问题，因为当价格变化时，弹性不会变。在这种情形下，你只需要确定利润最大化加成是需求弹性的数值估计。

➡**例题 11-2**

一家便利店处于垄断竞争市场，它以每升 1.25 美元的价格从供应商处购买可乐。通过定价试验以及与其他市场上管理者的交流，便利店的管理者得出本店销售的可乐的需求弹性应该是—4。为了实现利润最大化，应该对每升可乐定价多少？

答：

该便利店可乐的边际成本是 1.25 美元（即每升 5/4 美元），且 $K=4/3$。运用垄断竞争企业的定价原则，得到利润最大化的价格为：

$$P = \frac{4}{3} \times \frac{5}{4} = \frac{5}{3} （美元）$$

即每升可乐的定价为大约 1.67 美元。

11.2.3 古诺寡头垄断的定价原则

古诺寡头垄断市场上企业很少（只有几家），但服务于众多消费者。企业生产差异化或同质化的产品，且每家企业认为如果改变自身产量，对手将保持产量不变。

为了实现最大化利润，古诺寡头垄断市场上的企业在其边际收益等于边际成本处生产（见第 9 章）。给定有关需求和成本曲线的信息，可以计算利润最大化的价格和产量。该计算过程需要本行业所有企业的需求和成本信息（一个古诺寡头垄断者的边际收益取决于市场上所有企业的产量，这是一个事实，很复杂且难以计算）。最终，答案位于反应函数的交点处。

幸运的是，一些简单的定价原则可以帮助管理者在古诺寡头垄断情形下定价。假设一个由 N 家古诺寡头垄断者组成的行业，每家的成本结构相同且产品相似。此时，可利用一个简单公式求出古诺寡头垄断的利润最大化价格。

原　理	古诺寡头垄断的利润最大化的价格加成

如果古诺寡头垄断市场有 N 家相同的企业，该市场上每家企业的利润最大化价格为：

$$P = \left(\frac{NE_M}{1 + NE_M} \right) MC$$

式中，N 是该行业中的企业数量；E_M 是市场的需求弹性；MC 是边际成本。

微积分表达式

可以将古诺寡头垄断者的需求价格弹性和该市场的需求弹性之间的关系，代入基于垄断和垄断竞争的加成原则的公式。对于一个 N 家企业提供同质化产品的古诺寡头垄断市场，单个企业的产品需求价格弹性是该市场需求价格弹性的 N 倍：

$$E_F = NE_M$$

在垄断和垄断竞争的定价公式中，用 NE_M 代替 E_F，结果就是古诺寡头垄断的定价公式。

为什么 $E_F = NE_M$？利用微积分知识分析，如果

$$Q = \sum_{i=1}^{N} Q_i$$

是行业总产量且行业需求为 $Q=f(P)$，市场需求价格弹性为：

$$E_M = \frac{dQ}{dP} \times \frac{P}{Q} = \frac{df(P)}{dP} \times \frac{P}{Q}$$

单个企业（如企业 1）的需求为：

$$Q_i = f(P) - Q_2 - Q_3 - \cdots - Q_N$$

既然一个企业认为其他企业的产量固定，则单个企业的需求价格弹性为：

$$E_F = \frac{\partial Q_1}{\partial P} \times \frac{P}{Q_1} = \frac{df(P)}{dP} \times \frac{P}{Q_1}$$

对于 N 个生产同质化产品的企业来说，$Q_1 = Q/N$，因此

$$E_F = \frac{df(P)}{dP} \times \frac{PN}{Q} = NE_M$$

上式得以证明。

接下来证明古诺寡头垄断下企业的定价原则。当古诺寡头垄断市场上的企业销售同质化产品时，单个企业的产品需求弹性是该市场需求弹性的 N 倍：

$$E_F = NE_M$$

如果 $N=1$（完全垄断），行业中只有一家企业，则企业的产品需求弹性等于市场需求弹性（$E_F=E_M$）。当 $N=2$（古诺双寡头垄断）时，市场上有两家企业且每家企业的需求弹性是市场需求弹性的两倍（$E_F=2E_M$）。因此得到与前文一样的古诺寡头垄断的加成公式。

关于古诺寡头垄断的定价原则必须注意三点：一是市场需求越富有弹性，利润最大化价格越接近边际成本。在极端情况下，当市场需求弹性的绝对值无穷大时，利润最大化价格等于边际成本（无论行业中有多少家企业）。二是当企业数量增加时，利润最大化价格逐渐接近边际成本。注意，当市场中存在无限多的企业（$N=\infty$）时，利润最大化价格恰好等于边际成本。这与完全竞争市场一致：当无限多企业生产同质化产品时，价格等于边际成本。完全竞争可视为古诺寡头垄断的特定情形。三是边际成本越高，古诺寡头垄断的利润最大化价格也就越高。

➡️ **例题 11-3** ~~~~~~

假设在同质化产品的古诺寡头垄断市场上有三家企业竞争。该产品的需求价格弹性为
—2，且每家企业产品的边际成本是 50 美元。利润最大化的均衡价格是多少？

答：

根据古诺寡头垄断的加成公式，令 $N=3$，$E_M=-2$，$MC=50$ 美元，得

$$P = \left[\frac{3 \times (-2)}{1 + 3 \times (-2)}\right] \times 50 = 60(美元)$$

~~~~~~

➡️ ## 11.3 获取更多利润的策略

管理者能够运用 $MR=MC$ 原则制定利润最大化的价格。根据需求函数和成本函数的
估计，可以直接计算出价格。或者根据公开的需求弹性信息，运用适当的加成公式来制定
价格。

在有些市场中，管理者可以对不同消费者制定不同价格来提高利润。本节将分析一些
定价策略，其带来的利润远高于在边际收益等于边际成本处的单一价格带来的利润。

11.3.1 获得消费者剩余

首先讨论四种定价策略：价格歧视、两部定价、整包定价和商品捆绑。这些策略适用
于有不同成本结构和市场依赖度的企业。这些定价策略提高垄断、垄断竞争或寡头垄断结
构的企业的利润，主要通过获取额外的消费者剩余来实现。

价格歧视

目前的定价决策都假定企业对市场上的每单位产品及每位消费者索取相同的价格。然
而有时企业对相同的产品或服务索取不同的价格会获得更高的利润，这种策略称为**价格歧
视**（price discrimination）。价格歧视有三种基本类型：一级、二级和三级。接下来分析不
同类型的价格歧视，每种价格歧视都是基于消费者的不同信息确定的。

理论上，企业非常愿意选择一级价格歧视——向每个消费者索要其愿意为每单位产品
支付的最高价格。通过一级价格歧视，企业将获取全部消费者剩余。遗憾的是，一级价格
歧视（也称完全价格歧视）的实施非常困难，它需要了解每个消费者对可选产品愿意且能
够支付的最高价格。

一些与服务相关的行业如汽车经销、机器修理、医疗以及法律事务等，能成功地运用
一级价格歧视。大多数汽车经销商的汽车标价都高于实际的边际成本，当然也会视情况向
顾客提供折扣。优秀的销售员能够估计为售出汽车而需给予消费者的最低折扣，并根据每
个消费者的意愿和支付能力，针对不同消费者制定不同的价格。这一策略使销售员能够销
售更多的汽车并获得更高的利润（比向所有消费者索要相同价格的利润高）。同样，许多
专业人员也根据他们对消费者意愿和支付能力的评估，就提供给不同消费者的服务索要不

同的价格。

图 11-1 (a) 显示了一级价格歧视的作用。市场需求曲线反映出消费者对每单位产量所愿意支付的最高价格。消费者的产品购买量以 0 单位为起点,企业定价 10 美元可销售第一单位产品。由于需求曲线向下倾斜,随着产品销量的增加,企业所能索要的最高价格下降,最终沿需求曲线移动到产量为 5 单位、最高价格为 4 美元处。需求曲线上每一点的价格与企业边际成本之差就是每增加一单位销量所获得的利润。当企业对 0~5 单位产品以消费者愿意支付的价格获得收入时,需求曲线和边际成本曲线之间的阴影面积反映了企业总利润,这就是企业所能获得的最大可能利润。注意,消费者购买 5 单位产品没有获得任何消费者剩余,全部消费者剩余被企业获取。这个结果(从企业的视角看)只有当管理者拥有消费者支付意愿的完全信息时才能实现。

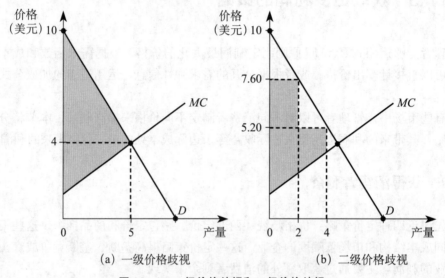

(a) 一级价格歧视　　　　(b) 二级价格歧视

图 11-1　一级价格歧视和二级价格歧视

当企业不了解每个消费者为每单位产品所愿意支付的最高价格,或者针对每单位新增销量持续降价不可行时,企业很可能采用二级价格歧视策略来获取部分消费者剩余。二级价格歧视是对不同的购买数量进行离散的递减式定价。电力行业中采用二级价格歧视很普遍,如低于 100 千瓦小时用电量的定价高于 100 千瓦小时以上用电量的定价。这个策略的最大优势是,企业不需要提前了解消费者的购买量和支付意愿,就可以获得部分消费者剩余。基于一个公开的价格表,根据消费者所选择的产品数量和支付意愿,消费者被自动分类。企业对不同消费者的要价不同,并不需要知道每个消费者的具体特征。

二级价格歧视策略如何发挥作用?假设 Acme 饮料公司对一次购买两盒饮料的消费者要价 7.60 美元,若消费者再购买两盒,价格为 5.20 美元。图 11-1 (b) 阴影区域即该策略产生的利润。一次购买两盒的价格为 7.60 美元,价格与边际成本曲线之间的阴影区域为销售两盒所产生的利润。再次购买两盒的价格则为 5.20 美元,价格与边际成本曲线之间的阴影区域在 2~4 单位产量之间,即 Acme 饮料公司再次销售两盒所产生的利润。消费者最终获得了部分剩余,这意味着二级价格歧视策略带来的利润低于一级价格歧视的利润。然而较之对所有产品制定相同价格的简单策略来说,二级价格歧视策略的利润仍然要高些。实际上，购买少量产品的消费者将比那些批量购买的消费者支付了更高的价格。

如果企业能够系统性识别不同消费群体对产品的不同需求，三级价格歧视策略的应用将更普遍。在某些情况下，针对相同的产品，企业可以通过向不同的消费群体要价不同而获利，这就是三级价格歧视。比如商店通常会提供"学生折扣"，酒店和餐馆会提供"老年人折扣"，这就使针对学生和老年人的定价低于其他消费者。可能有人认为这些价格策略给予了学生和老年人优惠，其实是为了增加企业利润。

为什么三级价格歧视策略会增加利润？假设一个具有市场势力的企业能够对两组消费者制定不同的价格，其中组 1 和组 2 的边际收益分别是 MR_1 和 MR_2。根据利润最大化法则——产量应位于边际收益等于边际成本处，两个边际收益函数使得结果不确定。

为了实现利润最大化，该企业向每组消费者销售产品的边际收益都应该等于边际成本：$MR_1 = MC$ 和 $MR_2 = MC$。因为如果 $MR_1 > MC$，企业倾向于多销售产品给组 1，这样增加的收益多于增加的成本。边际收益 MR_1 随着销售给组 1 的产量增加而下降，直到边际收益下降至等于边际成本。

既然 $MR_1 = MC$ 且 $MR_2 = MC$，那么，企业需要在两组之间分配产量以实现 $MR_1 = MR_2$。假定组 1 的边际收益是 10，组 2 的边际收益是 5。如果销售给组 2 的产量减少 1 单位，来自组 2 的收益下降 5；如果销售给组 1 的产量增加 1 单位，收益将增加 10。因此，企业会将产量分配给有边际收益的那一组。随着该组产量的增加，其边际收益将下降，直到达到均衡状态——两组的边际收益相等。

为了更好地理解三级价格歧视，假定两组消费者的需求弹性为 E_1 和 E_2，且企业对组 1 要价 P_1，对组 2 要价 P_2。根据具有市场势力的企业的边际收益公式，以价格 P_1 对组 1 销售产品的边际收益为：

$$MR_1 = P_1\left(\frac{1+E_1}{E_1}\right)$$

而以价格 P_2 对组 2 销售产品的边际收益为：

$$MR_2 = P_2\left(\frac{1+E_2}{E_2}\right)$$

为了实现利润最大化，企业应使每组的边际收益等于边际成本，即 $MR_1 = MR_2$。由此，得

$$P_1\left(\frac{1+E_1}{E_1}\right) = P_2\left(\frac{1+E_2}{E_2}\right)$$

如果 $E_1 = E_2$，括号项相等，企业将对每组要价相同。如果组 1 比组 2 更富有价格弹性，即 $E_1 < E_2 < 0$，在这种情况下，企业应该对组 1 要价低些，因为组 1 比组 2 更具有价格弹性。

总之，三级价格歧视之所以能够提高利润，是因为不同消费者的需求弹性不同。如对于酒店房间或餐馆饭菜，老年人的价格弹性通常高于其他人，因为大多数退休老人靠固定退休金生活。酒店房间针对老年人定低价就是三级价格歧视，也就是说，对越富有需求弹性的人，定价越低。

三级价格歧视策略有效实施的另外一个条件是企业能够区分不同消费群体，否则企业不知道对哪个群体定高价，对哪个群体定低价。在实践中，这个条件较易实现，比如酒店

会要求老年人提供年龄证明（如驾照、身份证）。

最后要注意的是，如果以低价购买产品的消费者能够以稍高价格将产品转售给其他人，价格歧视将失效。因为享受低价的消费者可以大批量购买产品，再以较高价格转售给其他人，这样企业将无法以高价将产品销售给特定消费群体（这些消费者可以从低价购买的消费者手里购买产品）。转售使得消费者用低价产品完全替代了企业的高价产品。这一行为使企业不得不降价而减少利润。

公式：三级价格歧视原则　为实现利润最大化，具有市场势力的企业在不同消费群体的边际收益等于边际成本处生产：

$$\underbrace{P_1\left(\frac{1+E_1}{E_1}\right)=MC}_{MR_1}$$

$$\underbrace{P_2\left(\frac{1+E_2}{E_2}\right)=MC}_{MR_2}$$

➡例题 11-4 〰〰〰〰〰〰〰〰〰〰〰〰〰〰〰〰〰〰〰〰〰〰〰〰〰〰〰〰〰〰

你是一家比萨饼店的管理者，每个比萨饼的边际成本为 6 美元。该比萨饼店位于校园附近且为当地垄断者（500 英里范围内没有其他餐馆或食品店）。白天只有学生来店就餐，到了晚上还会有教职工在此就餐。如果学生对比萨饼的需求弹性是 -4，教职工的需求弹性是 -2，为了实现利润最大化，你应该如何定价？

答：

首先假定教职工不会从学生那里购买冷比萨饼，这样才能实施价格歧视。午餐菜单的定价 P_L（对学生有效的价格）和晚餐菜单的定价 P_D（对教职工有效的价格）不同，才能有利可图。由于购买午餐菜单上的比萨饼的人（学生）的需求弹性是 -4，而购买晚餐菜单上的比萨饼的人（教职工）的需求弹性是 -2，利润最大化的条件是向每组顾客销售比萨饼的边际收益等于边际成本，根据三级价格歧视原则，得

$$P_L\left(\frac{1+E_L}{E_L}\right)=MC$$

$$P_D\left(\frac{1+E_D}{E_D}\right)=MC$$

令 $E_D=-2$，$E_L=-4$，$MC=-6$，得

$$P_L\left(\frac{1-4}{-4}\right)=6$$

$$P_D\left(\frac{1-2}{-2}\right)=6$$

简化后，得

$$P_L\times\frac{3}{4}=6$$

$$P_D\times\frac{1}{2}=6$$

求解方程可得 $P_L=8$ 美元，$P_D=12$ 美元。因此，为了实现利润最大化，午餐菜单上的比萨饼应定价 8 美元，晚餐菜单上的比萨饼应定价 12 美元。因为学生较教职工对比萨饼更富有价格弹性，对他们应该收取较低的价格。

透视商业 11－2　　　　　**价格歧视对消费者不利吗？**

从消费者的角度看，价格歧视可能被认为是不公平的。为什么对相同产品向不同消费者索要不同的价格？尤其是，歧视的概念可能让人联想到排斥，如种族歧视或性别歧视。然而在许多情形下，价格歧视实际上能使消费者获得某种产品，而如果制定单一价格的话，这种产品是买不到的。

在许多游乐园，如国王岛和俄亥俄州的雪松点，普通门票是一个价格，老年人的门票价格较低。这种定价方案是三级价格歧视，针对不同的消费群体为同一产品制定不同的价格。如果不采取价格歧视策略，游乐园将对每个人索取正常的门票费。占游乐园顾客总量比例不大的老年人是价格敏感群体，高价将使许多老年人不会进入游乐园。然而对老年人定低价，将使游乐园获得更大的利润。

两部定价

具有市场势力的企业增加利润的另一个策略是两部定价。**两部定价**（two-part pricing）是指企业对其产品收取固定费用，再加上每单位购买量的费用。体育俱乐部普遍运用两部定价策略，如高尔夫俱乐部和健身俱乐部会先收取固定的入会费，再加上设施使用费（按月或次收取）。本节将分析两部定价策略如何增加企业的利润。

图 11－2（a）显示了一个具有市场势力的企业的需求、边际收益和边际成本。其中，需求函数为 $Q=10-P$，成本函数为 $C(Q)=2Q$。如果企业对所有消费者收取单一价格（标准价格策略），利润最大化的产量为 $Q=4$，利润最大化的价格为 $P=6$。这个价格－数量组合对应于边际收益等于边际成本。企业的利润由阴影矩形给出，即

$$(6-2)\times4=16(美元)$$

注意，这时所有的消费者剩余由消费者获得——消费者愿意支付而不需要支付的值——对应于图 11－2（a）中上方的阴影三角形，即

$$\frac{1}{2}\times[(10-6)\times4]=8(美元)$$

所以，消费者从购买的 4 单位产品中获得总价值 8 美元，这是没有被企业掠夺的消费者剩余。

与三级价格歧视一样，两部定价允许企业从消费者处掠夺全部的消费者剩余。假设图 11－2（a）中的需求函数代表个人的需求，企业采用如下定价方案：先收取固定费用 32 美元，随后给予消费者以每单位 2 美元的价格购买产品的权利。图 11－2（b）中，需求函数和成本函数与图 11－2（a）中一样。在每单位产品定价 2 美元时，消费者购买 8 单位产品，获得的消费者剩余为：

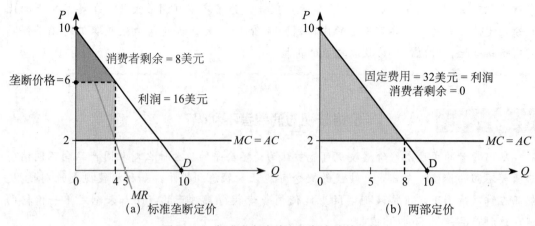

(a) 标准垄断定价　　　　　　　(b) 两部定价

图 11 - 2　标准垄断定价和两部定价的比较

$$\frac{1}{2} \times [(10-2) \times 8] = 32(美元)$$

通过收取固定费用 32 美元，该企业获得了全部消费者剩余。企业以每单位边际成本 2 美元销售产品，每单位产品在销售上没有获利。但是企业获得了固定费用 32 美元，这就是纯利润。运用两部定价策略赚得的 32 美元高于该企业运用标准定价策略获得的 16 美元。

原 理	两部定价

　　通过采用两部定价，企业可以增加利润：每单位产品定价等于边际成本，加上在这个单位价格上的全部消费者剩余的固定费用。

　　体育俱乐部经常采用两部定价。它们先收取入会费，再加上每次使用设施的单位费用。注意，如果边际成本低，每单位的使用费也低。在边际成本等于零的情况下，一个最优的使利润最大化的两部定价策略是对每次设施使用不收费，但是固定的入会费等于消费者剩余。两部定价策略下企业利润来源于固定费用。令每单位收费等于边际成本将确保消费者剩余最大，因此最高固定费用与最大化利润一致。

　　两部定价策略还有许多其他的例子。例如，购物俱乐部对其会员收取会员费，允许会员以成本价购买商品。注意，如果会员费等于消费者剩余，则购物俱乐部实际上可以获得比简单地制定垄断价格更高的利润。

➡**例题 11 - 5**

　　假设高尔夫服务的月需求为 $Q = 20 - P$。每局高尔夫的边际成本为 1 美元。如果需求函数基于 10 个高尔夫球员的个人需求，对提供高尔夫服务的企业来说，最优的两部定价策略是什么？企业将获得多少利润？

答：

　　最优的单位定价为边际成本。按此价格，每月将有 19 局（20－1）高尔夫比赛。在此价格上从 10 个高尔夫球员处获得的全部消费者剩余为：

$$\frac{1}{2} \times [(20-1) \times 19] = 180.50 (美元)$$

因为总消费者剩余被 10 个消费者分摊，所以最优的固定费用就是单个高尔夫球员所拥有的消费者剩余（180.50/10=18.05 美元）。因此，最优两部定价策略是：企业对每个高尔夫球员每月收取 18.05 美元的固定费用，加上每局 1 美元的场地费。企业每月的总利润为 180.50 美元减去企业的固定成本。

两部定价策略允许企业获得比单一定价更高的利润。通过收取固定费用，企业能够掠夺消费者剩余并增加利润。与价格歧视不同，两部定价不需要消费者对商品具有不同的需求弹性。通过对每单位商品支付单价，消费者可以根据自身需求改变购买量。

整包定价

具有市场势力的企业增加利润的另一种方式是**整包定价**（block pricing）。如果你购买过 4 卷装的卫生纸或者 6 罐装的苏打水，就体验了整包定价。

整包定价如何增加企业利润？假设单个消费者的需求函数为 $Q=10-P$，企业的成本为 $C(Q)=2Q$。图 11-3 显示了相关曲线。如果企业对每单位产品要价 2 美元，则能够向消费者卖出 8 单位产品。注意，消费者将获得的剩余就是图 11-3 中上方的三角形，即

$$\frac{1}{2} \times [(10-2) \times 8] = 32 (美元)$$

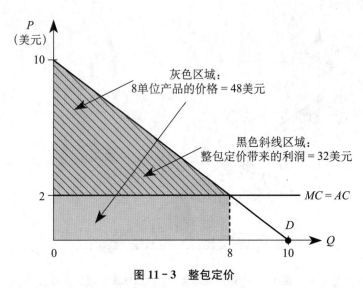

图 11-3 整包定价

这部分消费者剩余反映了消费者购买 8 单位商品所获得的超过其成本的价值。本例中消费者为 8 单位商品支付给厂商 2×8=16 美元，但是获得了额外剩余 32 美元。对消费者来说，这 8 单位商品的总价值为 16+32=48 美元。

整包定价提供了一种方式，帮助企业获得消费者购买 8 单位商品所实现的全部价值。假设企业将 8 单位产品打包且给定一个打包价格。消费者不得不在购买 8 单位商品和什么都不买之间作出决策。购买 8 单位商品的消费者获得的总价值为 48 美元。因此，只要这 8 单位商品的打包价格不高于 48 美元，消费者将发现购买整包商品是有利可图的。

对企业来说，8 单位产品包装的利润最大化价格是 48 美元。通过对这个整包制定价格，企业获得的利润为 32 美元——这个数值相当于单位产品价格为 2 美元时的消费者剩余。

原 理	整包定价

通过将一批产品打包且将其作为一个整包进行销售，企业将获得比单一定价更多的利润。一个整包的利润最大化价格就是消费者从这个整包中获得的总价值。

➡例题 11-6

假设具有市场势力的口香糖生产企业的消费者（反）需求函数为 $P=0.2-0.04Q$，且边际成本为 0。企业对 5 片装口香糖的定价是多少？

答：

当 $Q=5$ 时，$P=0$；当 $Q=0$ 时，$P=0.2$。该线性需求函数如图 11-4 所示。因此，5 片装口香糖对消费者而言总价值为：

$$\frac{1}{2} \times [(0.2-0) \times 5] = 0.50（美元）$$

这对应于图 11-4 中的三角形区域。通过对 5 片装的口香糖定价 0.50 美元，企业可以获得全部消费者剩余。

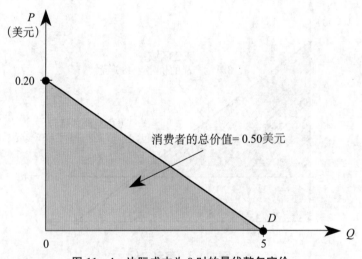

图 11-4 边际成本为 0 时的最优整包定价

整包定价迫使消费者作出"要么全部买，要么都不买"的购买决策。注意，即使消费者对企业产品的需求弹性相同，整包定价也能增加企业利润。

商品捆绑

管理者可以用来增加利润的另一种策略是商品捆绑。**商品捆绑**（commodity bundling）是指将两种或两种以上的不同产品捆绑在一起并以单一的捆绑价销售。比如，旅行社的一揽子交易（包括机票、酒店住宿和餐饮）就是捆绑定价，而不是对其中的每一部分分别定价。再如，计算机公司将电脑主机、显示器和软件捆绑在一起且以捆绑价销售，一些汽车代销商将空调、动力方向盘和自动变速器捆绑在一起且以"特殊的一揽子价格"销售。捆绑销售是如何增加利润的？

假设计算机公司的管理者知道，两个消费者对其电脑主机和显示器的估值不同。表 11-1 列出了两个消费者对一台电脑主机和一台显示器愿意支付的最高价格。消费者 1 愿意为电脑主机支付 2 000 美元，为显示器支付 200 美元。消费者 2 愿意为电脑主机支付 1 500 美元，为显示器支付 300 美元。但管理者无法区分这两个消费者，因此无法对每个消费者制定不同价格来实施价格歧视策略。

表 11-1　商品捆绑

消费者	电脑主机的估值（美元）	显示器的估值（美元）
1	2 000	200
2	1 500	300

假设管理者对每个部件分别定价：电脑主机价格为 P_C，显示器价格为 P_M。（为了简化利润的计算，假定电脑主机和显示器的成本为零。）如果公司对电脑主机定价 2 000 美元，则只能销售给消费者 1 并获得 2 000 美元（消费者 2 只愿意支付 1 500 美元，因此放弃购买）。如果对电脑主机定价 1 500 美元，两个消费者都将购买电脑主机，企业净利润为 3 000 美元。显然使利润最大化的电脑主机定价为 1 500 美元。

同理，如果显示器定价为 300 美元，只有消费者 2 愿意购买显示器（消费者 1 只愿意为显示器支付 200 美元）。若显示器定价 200 美元，公司将能卖出两台显示器并获得 400 美元。因此，使利润最大化的显示器定价为 200 美元。

表面上看，对电脑主机和显示器分别定价 1 500 美元和 200 美元，公司售出两台电脑主机和两台显示器，能获得 3 400 美元的利润。但是若捆绑电脑主机和显示器并定价 1 800 美元，公司能够获得更高的利润。因为消费者 1 购买一台电脑主机和一台显示器的总价值为 2 000+200=2 200 美元，消费者 2 的总价值为 1 500+300=1 800 美元。捆绑电脑主机和显示器且以 1 800 美元销售，公司对两个消费者都能卖出捆绑商品（共售出两台电脑主机和两台显示器），获得 3 600 美元——比分别销售多赚 200 美元。

因此，当消费者对一家企业的多种商品有不同支付意愿时，商品捆绑能够增加企业利润。需要强调的是，即使管理者无法区分消费者支付意愿的差异，商品捆绑也能增加利润。但如果管理者能准确地知道每个消费者对每个商品的支付意愿，企业就能获得比价格歧视策略下更高的利润：对那些支付意愿强的消费者索取更高的价格。

透视商业 11-3　　利用捆绑减少电信业务的波动

在某些产品或服务市场，捆绑作为一种"锁定"消费者的方式，迫使消费者购买一些附加服务（不捆绑的话，消费者不会选购附加服务）。购买捆绑产品之后，消费者若感到厌恶则倾向于解绑。

多年来，通信服务商比如有线电视公司会为电视业务、互联网业务和有线电话服务提供捆绑的折扣。捆绑服务的推出源于公司的成本节约以及利润增值动机（这些服务恰恰是消费者愿意购买的），捆绑有助于锁定消费者，使他们继续购买所有三项服务。分析师杰夫·普林斯（Jeff Prince）和沙恩·格林斯坦（Shane Greenstein）曾研究过"三网合一"（电视、互联网、电话）在保持销售方面是否更有效，结论是肯定的，对三项业务的销售都有促进作用。

资料来源：J. Prince and S. Greenstein, "Does Service Bundling Reduce Churn?" *Journal of Economics and Management Strategy* 23, no. 4 (2014).

➡例题 11-7

假设三个汽车购买者对不同配置的估价如表 11-2 所示。

表 11-2　三个汽车购买者对不同配置的估价

消费者	空调（美元）	动力刹车（美元）
1	1 000	500
2	800	300
3	100	800

该企业的成本为零。

1. 如果管理者知道每个消费者的估价并能区分他们，最优定价策略是什么？

2. 假设管理者不了解消费者的特征。如果管理者将动力刹车和空调的售价均定为 800 美元，同时提供一个 1 000 美元的产品组合（包括动力刹车和空调），该企业将获得多少利润？

答：

1. 如果管理者了解消费者的需求特征，就可以通过价格歧视策略实现利润最大化，因为这些产品不可能转售。对消费者 1 收取 1 500 美元（包括空调和动力刹车），对消费者 2 收取 1 100 美元（包括空调和动力刹车），对消费者 3 收取 900 美元（包括空调和动力刹车），该企业的利润将为 3 500 美元。无论管理者对消费者按等同于空调和动力刹车的总估价进行捆绑定价，还是按消费者的估价对空调和动力刹车分别定价，没有差异。

2. 对消费者 1 来说，包括空调和动力刹车的捆绑组合的总价值为 1 500 美元；对消费者 2 来说是 1 100 美元；对消费者 3 而言是 900 美元。因此，消费者 1 和消费者 2 将购买该捆绑组合，因为这对他们来说至少值 1 100 美元。企业从消费者 1 和消费者 2 身上获得 2 200 美元。消费者 3 将不会购买该捆绑产品，因为它的总成本高于消费者 3 的 900 美元估值。但是消费者 3 将以 800 美元购买动力刹车。因此，这个定价策略将带来 3 000 美元利润——2 200 美元来自消费者 1 和消费者 2，每人购买一个 1 100 美元的捆绑组合，还有 800 美元来自仅购买动力刹车的消费者 3。

11.3.2　特殊成本和需求结构的定价策略

本小节将讨论几种定价策略，以帮助具有特殊成本和需求结构的企业增加利润。

高峰定价

许多市场的需求有高峰期和低峰期。收费公路在高峰时间比其他时间有更大的交通流量；公用事业公司的需求在白天比晚上多；航空公司工作日的客流比周末大。当高峰期的需求太高以至于企业无法以相同价格满足所有消费者的需求时，企业就有条件实施**高峰定价**（peak-load pricing）策略。

图 11-5 是一个经典例子。注意，边际成本在 Q_H 之前固定，到 Q_H 处变成垂直的。在 Q_H 点，企业满负荷经营且无法以任何价格提供更多产品。

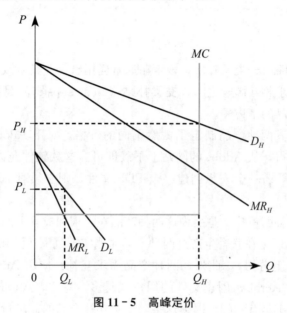

图 11-5 高峰定价

图 11-5 中的两条需求曲线对应于产品的高峰需求和低峰需求：D_L 是低峰需求，位于高峰需求 D_H 之下。在两种需求下，企业通过对不同的消费群制定不同价格来实现利润最大化。在高峰定价情况下，消费群指那些在白天不同时段购买产品的需求者。

如图 11-5 中，对于低峰需求而言，其边际收益在点 Q_L 处等于边际成本。因此低峰期的利润最大化价格为 P_L。而在高峰期，边际收益在点 Q_H 处等于边际成本，对应于企业的满负荷产能。在高峰期，利润最大化的价格是 P_H。与价格歧视策略一样，企业会制定两种不同的价格：低峰需求时定低价，高峰需求时定高价。

注意，如果企业在一天中所有时段都定高价 P_H，那么在低峰期将无人购买企业产品。通过在低峰期定低价而在高峰期定高价，企业可以在低峰期向部分消费者销售产品以增加利润。同理，如果企业在一天中所有时段都定低价，则在高峰期将损失利润，因为此时消费者愿意为企业服务支付更高的价格。

原 理	高峰定价

当需求在一天中的某些时段高于其他时段时，企业就可以采取高峰定价策略增加利润，即在高峰期制定比非高峰期更高的价格。

➡例题 11 - 8 ～～～～～～～～～～～～～～～～～～～～～～～～～～～～～～～～～～～～

机场通常在节假日比在一年中的其他时段收取更高的停车费。为什么？

答：

机场实施高峰定价是有道理的。在节假日期间停车需求很大，停车位供不应求。如果机场全年制定高价格，大多数时候机场会有很多空位。如果机场全年定低价，则将损失消费者在节假日期间愿意支付高价的额外收入。因此，采取高峰定价策略将使机场获得更高的利润。

～～

交叉补贴

还有一种定价策略——交叉补贴，该策略通常应用于企业具有成本的互补性，或者消费者对一组产品的需求相互影响之时。**交叉补贴**（cross-subsidy）是指利用一种产品产生的利润补贴另一种产品的销售额。

例如，Adobe 对其两种产品制定了截然不同的价格。对于 Adobe Reader 这种产品，任何人都可以免费获得，从 Adobe 的网站上下载即可。这款软件允许用户查看用 PDF 格式创建的文件。然而，若一个人想创建一个 PDF 文件，则必须对 Adobe Acrobat 这款软件付费。

Adobe 实施交叉补贴策略，是因为这两种产品在需求和成本上的互补性使得交叉行为有利可图。尤其是 Adobe 在联合生产这两种产品时能实现范围经济和成本互补（设计费和分销费可在两种产品上分摊）。此外，两种产品需求互补：使用 Adobe Reader 的用户越多，愿意购买 Adobe Acrobat 创建文件的用户就越多。总之，Adobe 发现 Adobe Reader 的定价低于或等于成本是有利的，因为这将增加对互补产品的需求量，从而可以对 Adobe Acrobat 制定高价格。模块组 A 将分析其他相似的定价策略（比如渗透定价），这些策略可用于具有网络效应的战略环境（包括在线拍卖）。

原 理	交叉补贴
无论企业的两种产品是成本互补的还是需求相关的，企业采取交叉补贴策略都可以增加利润：以等于或低于成本的价格销售一种产品，以高于成本的价格销售另一种产品。	

转移定价

到目前为止，定价决策的分析都是假定由一个单独的管理者负责定价和产量决策。然而，许多大型企业都有上游和下游生产经理，他们必须在各自领域对价格和产量作出决策。例如丰田汽车制造商有上游生产经理，在上游部门控制投入品（如汽车发动机）的产量。这些投入品被转移到下游部门，下游的经理利用这些投入品生产最终产品（汽车）。在此情形下，一个重要的问题是最优**转移定价**（transfer pricing）——为了使整个企业的利润最大化，上游部门将以什么内部价格向企业的下游部门销售投入品。

转移定价很重要，因为大多数部门的经理都有动力使自身部门的利润最大化。如果企业的所有者不设定最优转移价格，而是让部门经理自行设定使各部门利润最大化的内部制造的投入品的价格，将使企业的总利润减少。

为什么会减少企业总利润呢？假设上游部门生产的投入品没有外部市场，同时部门经理被要求实现各部门的利润最大化。在这种情形下，上游部门经理具有市场势力，同时在向下游部门销售产品获得的边际收益等于上游部门生产投入品的边际成本处进行生产，使得上游部门的利润最大化。由于上游部门具有垄断势力，销售给下游部门的投入品价格会超过企业的实际边际成本。根据这个投入品价格，下游部门经理将在最终产品市场中边际收益（MR_d）等于其边际成本处进行生产，使得本部门利润最大化。这也意味着价格高于边际成本。此外，由于下游部门支付给上游部门的价格高于投入品的真实边际成本，下游部门最后对最终产品的定价将高于最大化企业整体利润的价格。简言之，当两个部门的定价都高于边际成本时，会产生双重边际效应，其结果是利润小于最优的企业总利润。

为了避免双重边际效应问题，设定的转移定价将最大化企业的总利润而非上游部门的利润。为了清楚这个过程，假定下游部门需要一单位投入品（比如一台发动机）用于一单位最终产品（一辆汽车）的生产。假设下游部门的最终产品的边际成本为 MC_d，即扣除上游部门的投入品所要求的边际成本之后的部分。在这种情形下，上游部门在其边际成本（MC_u）等于部门净边际收益（NMR_d）处生产投入品，企业的总利润能够最大化：

$$NMR_d = MR_d - MC_d = MC_u$$

注意，企业生产额外一单位投入品的成本为 MC_u。只有在下游部门将投入品转换成最终产品支付额外的 MC_d 时，该投入品才被转换成另一单位的产量并销售，这样在最终产品市场上才会产生额外的收益 MR_d。因此，企业生产额外一单位的投入品的实际边际收益为 NMR_d。令 NMR_d 等于使企业总利润最大化的边际成本。

了解了最大化企业总利润的必要条件，接下来说明一个企业如何形成一种激励机制使得部门经理的行为能够最大化企业总利润。假设企业的高管决定了最大化企业总利润的最终产量水平 Q^*。他们令转移价格 P_T 等于上游部门生产投入品的边际成本，其生产投入品的数量取决于下游部门生产 Q^* 单位的最终产品。根据这个内部价格方案，下游部门经理以每单位固定价格 P_T 从上游部门购买所需要的投入品。上下游的经理被要求使各部门利润最大化，是基于企业高管设定的转移价格情形下的决策。

既然上游部门在企业内必须以每单位固定价格 P_T 销售投入品，其行为就和完全竞争企业一样，在价格等于边际成本处生产以最大化利润：$P_T = MC_u$。由于一单位最终产品要求一单位投入品，则下游部门生产最终产品的边际成本为 $MC = MC_d + P_T$。下游部门经理通过在边际收益等于边际成本处生产使得利润最大化：$MR_d = MC_d + P_T$。既然 $P_T = MC_u$，可改写为 $MR_d - MC_d = MC_u$，恰好是最大化企业总利润的条件。因此，通过在上游部门生产投入品的边际成本处设定转移价格，就可避免双重边际效应问题。

一个具体的例子将有助于解释企业如何运用最优转移价格。假设航空公司的单引擎飞机的（反）需求函数为 $P = 15\ 000 - Q$。该公司的上游部门生产发动机的成本为 $C_u(Q_e) = 2.5Q_e^2$，下游部门组装飞机的成本为 $C_d(Q) = 1\ 000Q$。当不存在发动机的外部市场时，让我们来推导其最优转移价格。

最优转移价格设定在该公司生产发动机的净边际收益等于上游部门生产发动机的边际

成本处。下游边际收益和边际成本分别是 $MR_d = 15\ 000 - 2Q$ 和 $MC_d = 1\ 000$，上游部门的边际成本为 $MC_u = 5Q_e$。公司以一台发动机生产一架飞机（$Q = Q_e$），$NMR_d = MC_u$ 意味着：

$$NMR_d = 15\ 000 - 2Q_e - 1\ 000 = 5Q_e$$

求解 Q_e，为了实现企业总利润最大化，上游部门应该生产 2 000 台发动机。由于 $Q_e = Q$，下游部门应该生产 2 000 架飞机。最优转移价格就是上游部门在生产 2 000 台发动机时的边际成本，$P_T = 10\ 000$ 美元。因此，当公司会计部设定发动机的（内部）转移价格为每单位 10 000 美元时，部门经理有动力在该给定价格下最大化部门利润，同时最大化公司总利润。

11. 3. 3　激烈价格竞争市场的定价策略

最后介绍的定价策略有价格匹配、提升品牌忠诚度和随机定价，这些策略对于伯川德寡头垄断市场中的企业很有用。回顾一下，伯川德寡头垄断市场中的企业通过价格竞争来销售同质化产品。正如第 9 章和第 10 章所述，价格战可能导致价格接近边际成本，同时利润接近零。本节中的定价策略也可以用于非伯川德寡头垄断市场，它们对缓和市场中的价格战是非常有用的。

价格匹配

第 9 章和第 10 章证明了当两个或两个以上企业的产品同质化，且在伯川德寡头垄断市场开展竞争时，每个企业的纳什均衡就是定价等于边际成本，获得零利润。然而第 10 章证明了如果博弈被无限重复，企业可以采用触发策略（惩罚那些偏离高价的竞争对手）来维持合谋结果。在一个无限重复博弈中，如果一个企业违背合谋协议将面临被惩罚的威胁，这将导致企业最终定高价。但是这个策略只在利率低且企业能有效监督其他企业的行为时有效。

当触发策略失效时，还有一种方法可使企业获得更高利润——**价格匹配**（price matching）。采用价格匹配策略的企业需要公布一个价格，并且承诺将匹配竞争对手制定的任何低价。

这个策略如何增加利润？假设市场中的企业正在进行一次性伯川德定价博弈。除了公布价格，企业还公开承诺匹配市场中所出现的任何低价。公司的广告语如下：

> 我们的价格是 P。如果您在市场上发现更低的价格，我们将按照低价销售。我们的价格是最低的！

对消费者来说，这听上去是一件好事；这种简单的公示策略可能会吸引一些消费者购买产品且确信这是一笔好交易。

然而结果是，如果市场中所有的企业都发出声明，它们就可以设定较高的垄断价格（P）并获得更大的利润（而非一般的一次性伯川德寡头垄断中的零利润）。这是如何实现的呢？

假设所有企业公布一个高垄断价格但承诺将匹配任何低价格。既然所有企业都制定相同的高价格，消费者就不可能发现市场中存在更低的价格。其结果就是企业瓜分市场、制定垄断价格、获得高利润。此外要注意的是，没有企业有动力为试图从对手那里抢夺消费者而制定较低的价格。因为如果一个企业降价，对手将跟随其降价并重新抢回市场份额。降价就触发了价格战，可能导致市场份额未提高但利润减少。因此，如果所有企业都采取了价格匹配策略，结果是每个企业都制定垄断价格并获得高利润。

价格匹配策略的一大好处是企业不需要监督对手的定价。这不同于触发策略，触发策略下企业必须监督对手的价格才能知道是否惩罚定低价的对手。但在价格匹配策略下，消费者会向企业证明一些对手正在提供低价格。对那些消费者而言，企业跟随低价格销售产品，而没有发现低价格的消费者将继续支付高价格。因此，即使一些企业定低价，采用价格匹配策略的企业也可以在发现低价格和没有发现低价格的消费者之间实施价格歧视。

在选择价格匹配策略之前，需要考虑两点：一是必须设计一种机制排除那些没有发现低价却声称发现了低价的消费者。否则，消费者将有动机告诉你另一家企业在"免费赠送商品"并要求你降低价格。避免这种欺骗的一种方法是承诺仅匹配那些在公开报纸上公布的价格，且消费者必须提供这些广告才能获得补偿。

二是如果竞争对手的成本低于本企业，采用价格匹配策略可能陷入困境。比如竞争对手的一台电视机的边际成本是 300 美元，本企业的边际成本是 400 美元，本企业的利润最大化（垄断）价格将高于竞争对手，即竞争对手设定的垄断价格可能低于本企业的成本。在这种情况下承诺匹配竞争对手的价格，本企业将在销售中遭受损失。

透视商业 11 - 4　　普遍存在的价格匹配和低价保证

在线旅游服务市场的竞争者都很重视广告宣传，比如 Orbitz 的广告如下：

在 Orbitz.com 预订产品的 24 小时内，若您在 Orbitz 或者其他网站上发现有更低价格的单独的航班、车以及船服务，Orbitz 将会退补差价。[①]

这则广告是经济学家所称的低价保证（LPG）的一个例子。

低价保证允许企业定高价，因为低价保证会弱化竞争对手"将价格打穿店内价"的动机。如果使用谷歌搜索"低价保证"，你会发现数十家企业的"保证宣言"。有趣的是，许多占主导地位的低价保证宣言是 Orbitz 的竞争对手发布的，包括 Hotwire 和 Priceline。价格保证的广告形式早在线上广告之前就有了，而且传播得很好。许多年前，玛丽亚·阿巴特斯卡亚（Maria Arbatskaya）、莫滕·维德（Morten Hviid）和格雷格·谢弗（Greg Shaffer）研究了轮胎零售商在报纸广告中使用低价保证的次数，他们选择了全美 500 多条轮胎广告作为样本，包含低价保证的广告超过一半。

资料来源：Maria Arbatskaya, Morten Hviid, and Greg Shaffer, "The Effects of Low-Price Guarantees on Tire Prices," *Advances in Applied Microeconomics* 8 (1999), pp. 123 – 38.

---

① Orbitz.com，https：//www.orbitz.com/p/info-other/guarantees (viewed January 13, 2020).

提升品牌忠诚度

缓解伯川德竞争的另一种策略是提升品牌忠诚度。即使其他企业提供略低的价格，品牌忠诚的顾客也会继续购买本企业产品。通过提高品牌忠诚度，当其他企业降价时，本企业可以减少转移到其他企业的顾客数量。

提升品牌忠诚度的方法很多。最普遍的方法是广告战，宣传企业的产品优于其他竞争者。如果广告使得消费者相信市场中的其他产品无法替代本企业产品，陷入价格竞争的企业也能获得高利润。当对手降低价格时，一些消费者将继续忠诚于本企业，允许本企业要价略高并获得正的利润。

但是如果消费者认为产品无差异，广告策略将失效。一个自助加油站很难说服消费者认为其产品不同于对面街道上销售的同一品牌汽油。这时企业需要其他策略来提高品牌忠诚度。

一些加油站推出"多次加油"活动，这模仿了航空公司的"常旅客"计划。在加油站加油达到特定数量后，消费者可获得现金回馈。这样，即使产品同质化，为了最大化获得的回馈，消费者也有动力对同一家加油站保持忠诚。假设加油满 10 次，加油站返还 5 美元。如果消费者在 10 家加油站加油，他将不能得到返现，但是如果在同一家加油站加油 10 次，该消费者可得到 5 美元。多次加油策略使消费者有动力对特定的加油站保持忠诚（即使该加油站的产品与对手一样）。

透视商业 11-5　　　　克罗格的联合价格策略

许多公司为实现利润最大化会采用联合价格策略。克罗格是美国最大的连锁食品杂货店，年收入超过 1 000 亿美元，拥有 2 000 多家超市，其中超过一半的超市是"超市＋燃油"的混合体，即在超市旁边建有克罗格加油站。在这些混合体中，克罗格的定价既要关注品牌忠诚，又要考虑产品之间的交叉补贴。克罗格提供了一个燃油积点计划，消费者每在超市消费一美元，就可以获得燃油折扣。燃油积点计划使消费者支付的燃油价格远远低于他们在独立加油站的油价，对于克罗格来说，这个损失可通过食品杂货店的销售进行交叉补贴。燃油积点计划类似于"常旅客"计划和"常充值"计划，会诱导品牌忠诚。克罗格的燃油积点计划说明，企业不应局限于单一策略，许多价格策略（如交叉补贴和诱导忠诚等策略）可以联合起来，实现利润最大化。

随机定价

在激烈的价格竞争市场上，可以增加利润的最后一种策略是**随机定价**（randomized pricing）——企业随时改变其价格。该策略使企业获利的原因有两点。

一是当企业采取随机定价策略时，消费者难以根据经验了解到市场中哪家企业定价最低。有时这家企业定价最低，有时那家企业定价最低。通过增加最低价的不确定性，企业可以降低消费者为了价格信息去逛商店的动力。因为这家商店今天提供最低价，不意味着明天它也会提供最低价。为了在市场上不断地发现最优价格，消费者必须多逛商店。事实上，拥有信息的消费者只能获得一次好处；当设定新价格后，这些信息就没用了，这就降低了消费者获得价格信息的动机。当消费者对竞争对手的价格信息了解较少时，企业就不容易因竞争对手定低价抢夺顾客而遭受损失。

二是随机定价削弱了竞争对手降价的能力。在伯川德寡头垄断中，企业希望定价稍低于竞争对手，因为当消费者了解到该企业定价低，就会转向该企业。随机定价不仅降低了消费者收集信息的动机，还使得竞争对手无法准确掌握市场上的最低价格，从而不知道如何定价才能低于其他企业。随机定价策略的目的是降低竞争对手开展价格战的动力，从而增加企业利润。

需要注意的是，随机定价并非总是有利的。有时，价格匹配等策略可能是增加利润的更有效方法。此外，企业经常改变价格是不可行的，如雇用人力不断地改变价格标签的成本很高。但如果在电脑上输入价格而非贴在产品上，随机定价便易于操作。如果企业在周末报纸上做广告进行促销，随机定价也是有效的。促销价格每周都在变化，竞争对手将无法在广告促销中制定低于该企业的价格。

透视商业 11 - 6　　　　　　航空业的随机定价

航空公司在伯川德市场进行竞争，一些企业不断地尝试掌握竞争对手的价格从而保证自己能定低价。尽管品牌忠诚度通过常旅客计划得以提升，但消费者还是会针对既定航线通过在线搜索寻找最低价的航空公司。为了得到这些价格敏感型消费者，航空公司必须成功地制定最低价格。

基于航空业的市场结构，航空公司发现随机定价使得竞争对手和消费者无法凭经验准确地了解特定航线的价格，这对公司来说是有利的。通过经常改变价格，航空公司防止竞争对手了解价格后降价而抢夺消费者。当价格随机变动一段时间后，航空公司可能会制定最高价或最低价。当公司制定最低价时，它将机票销售给价格敏感型顾客和忠实顾客。当它定高价时，机票仅能销售给忠实顾客（价格敏感型顾客将从其他航空公司购买机票）。

资料来源：Jihui Chen, "Differences in Average Prices on the Internet: Evidence from the Online Market for Air Travel," *Economic Inquiry* 44, no. 4 (2007), pp. 666 - 70; Michael R. Baye and Casper G. de Vries, "Mixed Strategy Trade Equilibrium," *Canadian Journal of Economics* 25 (May 1992), pp. 281 - 93.

开篇案例解读

为什么迪士尼索取一个总的门票费，但为每个游客提供免费游览车？答案在于迪士尼通过采取两部定价策略能够获得消费者剩余。尤其是，游乐园里游客每次乘坐游览车的边际成本接近零（如图 11 - 6 所示）。如果消费者的平均需求曲线如图 11 - 6 所示，垄断价格为每次乘坐 12 美元。假设每个消费者平均乘坐 5 次，对每个消费者收取游览车费将赚得 60 美元（不包括固定成本，即无论如何定价都将支付的费用）。这给每个消费者带来了 30 美元的消费者剩余。通过收取 120 美元的门票费但提供免费游览车，使每个消费者平均乘坐游览车 10 次，游乐园将获得全部的消费者剩余，同时获得更高的利润。

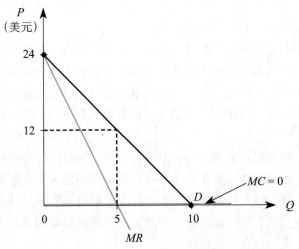

图 11 - 6　迪士尼的困境

小　结

　　本章介绍了具有市场势力的企业的定价策略。与完全竞争市场中的企业不同，当市场中存在少量企业且产品略有差异时，管理者可以运用定价策略来增加正的经济利润。这些策略包括如简单加成定价策略，以及能确保企业获得全部消费者剩余的两部定价策略。

　　本章揭示了加成定价策略的形成机制。如果一个企业处于垄断市场或者垄断竞争市场，企业的需求价格弹性是利润最大化的加成因子。如果管理者在古诺寡头垄断市场中经营，该企业的需求价格弹性等于市场中企业数量乘以市场需求价格弹性。知道了需求价格弹性，管理者可以轻松地计算出合适的加成定价幅度。

　　在有些市场，管理者可以采用价格歧视策略或者两部定价策略获取超出单一垄断定价的利润。增加利润的其他定价策略包括高峰定价、整包定价、商品捆绑、交叉补贴以及最优转移定价。本章详细解释了在伯川德寡头垄断市场中如何帮助管理者避免经济利润趋向于零。

概念题和计算题

　　1. 假设你所在企业的产品的市场需求价格弹性为－3，生产该产品的边际成本固定为100 美元，当前产量水平下平均总成本为 175 美元。根据以下情形确定最优价格。

　　(1) 你的企业是一家垄断企业。

　　(2) 在古诺双寡头垄断市场上，你与另一家企业竞争。

　　(3) 在古诺寡头垄断市场上，你与其他 19 家企业竞争。

　　2. 下图显示了你所在企业的产品需求、边际收益和相关成本，根据下列情形，确定企业的最优价格、产量和利润。

　　(1) 对所有消费者制定相同的单价。

　　(2) 实施一级价格歧视策略。

　　(3) 实施两部定价策略。

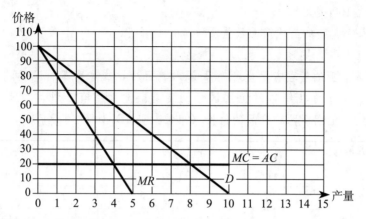

（4）实施整包定价策略。

3. 你是某企业的管理者，消费者购买第一单位产品的价格为 16 美元，购买超过一单位产品时，每增加一单位产品的价格为 12 美元。下图为相关的需求和成本。

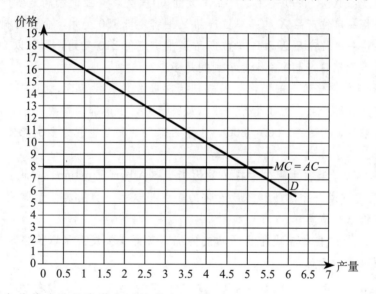

（1）这种定价策略的经济学术语是什么？

（2）确定该策略带来的利润。

（3）如果实行完全价格歧视策略，将获得多少额外利润？

4. 你是一家垄断企业的管理者，向不同地区的两组消费者销售同一产品。组 1 的需求价格弹性为 −3，组 2 的需求价格弹性为 −5。生产成本的边际成本为 40 美元。

（1）确定最优加成和三级价格歧视的价格。

（2）为什么三级价格歧视能增加利润？

5. 你是一家垄断企业的管理者，消费者的反需求函数为 $P = 200 - 20Q$，产品的成本函数为 $C(Q) = 80Q$。

（1）确定最优两部定价策略。

（2）两部定价比向消费者制定单一价格能多得多少利润？

6. 一家垄断企业正考虑将产品整包销售。该产品的消费者需求为 $Q^d = 80 - 0.5P$，生产的边际成本为 100 美元。

（1）确定每个包装的最优产品数量。

（2）整包应该要价多少？

7. 你是一家企业的管理者，生产产品 X 和产品 Y，成本为零。不同消费者对两种产品的估价不同，但是你在销售时无法区分消费者。你知道有三种类型消费者（每类有 1 000 名消费者），他们对两种产品的估价（单位：美元）如下：

消费者类型	产品 X	产品 Y
1	90	60
2	70	140
3	40	160

（1）如果产品 X 定价 40 美元，产品 Y 定价 60 美元，企业的利润是多少？

（2）如果产品 X 定价 90 美元，产品 Y 定价 60 美元，企业的利润是多少？

（3）如果将一单位产品 X 和一单位产品 Y 捆绑定价 150 美元，企业的利润是多少？

（4）如果将一单位产品 X 和一单位产品 Y 捆绑定价 210 美元，同时以 90 美元销售产品 X，以 160 美元销售产品 Y，企业的利润是多少？

8. 一家大型企业有两个部门：上游部门为垄断配件的供应商，但该配件只能卖给下游部门用于生产最终产品。为了生产一单位最终产品，下游部门需要一单位配件投入。最终产品的反需求函数为 $P=1\,000-80Q$，上下游部门的利润比例为多少能使企业价值最大化？请解释。

9. 诺贝尔物理学奖得主阿尔伯特·爱因斯坦（Albert Einstein）曾说："上帝不会掷骰子。"这是否意味着一个想使利润最大化的企业将永远不会用类似于掷骰子或玩轮盘赌的方式来制定价格？请解释。

10. 类似 eBay 这样的在线拍卖网站使传统零售商或批发商采取价格歧视定价变得更简单还是更困难了？请解释。

问答题和应用题

11. 你是当地一家本田汽车经销店的老板。与其他经销店不同，你奉行"价格免议"的销售政策。去年，你的经销店创纪录地实现了 130 万美元的利润。在当地市场你有两个竞争对手，中型本田汽车的市场需求价格弹性为−1.5。在过去五年里，你的经销店销售的中型汽车比其他经销店都要多。这使你能够获得制造商的建议零售价 20% 的额外折扣。一辆中型汽车的边际成本为 12 000 美元。如果你期望维持 130 万美元的利润，应该对一辆中型汽车定价多少？

12. 你是 QuantCrunch 公司的价格分析师，公司最近花费 15 000 美元开发了一个统计软件包。目前公司只有一个客户。最近一份研究表明，该客户对本公司软件的需求为 $Q^d=300-0.2P$，为客户安装和维护该软件还需花费 1 000 美元。CEO 最近要求你做以下比较：（1）对该客户制定单一价格所获得的利润；（2）对客户首次购买 10 单位软件要价每单位 1 450 美元，若客户在此基础上购买额外一单位的软件要价 1 225 美元，此时所获得的利润。哪个方案将带来更高利润?

13. 你是当地运动用品商店的管理者,最近花费 25 000 美元的总成本购买滑雪板和绑带共 60 套(批发商不允许你分开购买滑雪板和绑带,也不允许购买量少于 60 套)。该商店所在社区有不同类型的滑雪者——从初学者到高手。根据经验,你知道不同的滑雪者对滑雪板和绑带的估价不同,然而你不能有效实施价格歧视策略,因为你无法阻止倒卖。社区有约 20 个滑雪高手——其对滑雪板的估价为 400 美元,对绑带的估价为 275 美元;有 20 个中等熟练者——其对滑雪板的估价为 300 美元,对绑带的估价为 400 美元。还有约 20 个初学者——其对滑雪板的估价为 200 美元,对绑带的估价为 350 美元。确定你的最优定价策略。

14. 国际数据公司(IDC)认为,全球智能手机用户的数量不久将达到 30 亿。预计五年内,智能手机用户数量每年增长率为 10%。一部智能手机的实际成本为 300 美元,大多数无线运营商会向消费者提供两年的免费协议。这样的定价策略合理吗?请解释。

15. 根据美国烘焙食品协会的报告,去年烘焙食品的销售额增长了 15%,主要是麦麸松饼的需求增长了 50%。麦麸松饼需求的增长源于一篇报道,报道中提到多吃麦麸有助于预防某些类型的癌症。一家麦麸松饼烘焙店的管理者,目前对麦麸松饼进行打包(每包三个麦麸松饼)销售。根据这篇报道,一个典型消费者的反需求函数为 $P=8-1.5Q$。如果生产麦麸松饼的成本为 $C(Q)=0.5Q$,一个组合包装中麦麸松饼的最优数量是多少?最优组合包装的价格是多少?

16. 你在佛罗里达州拥有汽车租赁公司的特许经营权。最近一篇报道称,在每年的冬季,大约有 80% 的游客会到佛罗里达州旅游,其中乘飞机来的游客中有 60% 会租车游览。由于是高峰期,没有提前预约的旅客通常很难租到车。然而,在其他季节,游客人数大幅下降,游客租车毫无问题。确定你的最优定价策略,并解释为什么该定价策略是最好的。

17. Blue Skies Aviation 是一家小型单引擎飞机制造商,公司规模较小,且自诩是唯一一家定制飞机制造商。这家公司拒绝购买外部供应商的引擎以保证产品质量,同时拒绝向竞争对手销售引擎以维持自身的竞争优势。为了达到最高效率,该公司设立了两个部门,一个部门制造发动机,另一个部门制造机身和组装飞机。向公司定制飞机的需求为 $P=812\,000-3\,000Q$。生产发动机的成本为 $C_e(Q_e)=5\,000Q_e^2$,组装飞机的成本为 $C_a(Q)=12\,000Q$。如果两个部门的管理者都有动力实现部门利润最大化,将会出现什么问题?为了避免该问题并使公司整体利润最大化,公司的所有者应该对发动机定价多少?

18. 一家连锁影院在院线市场上形成一定的垄断,其管理者注意到周末的需求比工作日的需求高得多,因此进行了研究,发现电影院里有两种需求曲线。周末的反需求函数为 $P=20-0.001Q$;平日的反需求函数为 $P=15-0.002Q$。管理者从电影制片人那里获得了其影片的放映权——每部影片的费用为 25 000 美元加上每张门票 2.50 美元的提成(假定市场上每个人平均只看一次电影)。制定一种定价策略以最大化企业利润。

19. 许多家居建材用品零售商[如家得宝和劳氏(Lowe's)]都有低价担保政策。这些担保承诺匹配竞争对手的价格,甚至承诺比市场上广告宣传的最低价还要低。这类定价策略会导致恶性伯川德竞争和零经济利润吗?如果不会,解释原因。如果会,提出一种定价策略,使这些企业获得正的经济利润。

20. 希思罗机场控股有限公司是一家私营企业,经营伦敦的希思罗机场。假设公司最近委托你的咨询团队准备一份关于希思罗机场交通拥堵状况的报告。你的报告表明，希思罗机场在一年中 7—9 月比其他时间更可能遭遇严重拥堵，需求为 $Q_1^d = 600 - 0.25P$，其中 Q_1^d 是跑道时隙的需求量；其他 9 个月的需求为 $Q_2^d = 220 - 0.1P$，其中 Q_2^d 是跑道时隙的需求量。当 80 家航空公司中任意一家使用机场跑道时，公司需承担的额外成本为 1 100 英镑，一天中跑道仅能供 80 家及以下航空公司的飞机使用。当 80 家以上航空公司的飞机使用希思罗机场的跑道时，公司产生的额外成本是 60 亿英镑（新修一条跑道和一个航站楼的成本）。公司目前对使用跑道的航空公司制定的是标准价 1 712.50 英镑/次。作为公司的顾问，请你制定一种定价策略来提高希思罗机场的利润。

21. 假设欧盟正在调查两家最大的高级威士忌酿酒厂提出的合并方案。根据经济学家对相关市场的定义，这两家企业合并后将占有 2/3 的市场份额，还有一家企业实际上控制了剩余的市场份额。此外，假设威士忌（批发）市场的需求弹性为 −1.3，生产和酿造每升威士忌的成本为 16.20 美元。根据这些数据，提供合并前后高级威士忌在批发市场上可能的定价。欧盟高度关注合并案可能导致的垄断效应，你对此感到惊讶吗？

22. FoodMax 公司的分析师估计 X 牌薯片的需求为 $Q_X^d = 12.14 - 2.8\ln P_X + 3.4P_Y + 0.7\ln A_X$，其中 Q_X 和 P_X 分别是一包 4 盎司装的 X 牌薯片的需求量和价格，P_Y 是其唯一竞争对手销售的一包 6 盎司装薯片的价格，A_X 是 FoodMax 在 X 牌薯片上的广告投入。去年 FoodMax 销售了 700 万包 X 牌薯片，在广告上花费 42 万美元，厂房租赁费是 210 万美元（本年度合同包括水电费），固定设备的折旧费为 280 万美元，工人工资为 80 万美元。另外，与生产和分销 X 牌薯片相关的成本是土豆、花生油和包装袋的成本，去年 FoodMax 在这些原材料上花费了 280 万美元，这些是在竞争性投入品市场上购买的。基于以上信息，一包 X 牌薯片的利润最大化价格是多少？

23. 在一个由四家生产类似产品的同等规模的企业构成的行业中，你负责其中一家企业。最近的一份行业报告表明该市场过于饱和，因为行业价格上涨 10% 将导致该行业中所有企业的销售量下降 18%。目前，美国国会正在考虑立法，对该行业使用的关键投入要素征税。你的最优估计是，如果立法通过，你所在企业的边际成本将增加 2 美元。根据以上信息，如果通过征税法案，你建议将价格提升多少？请解释。

24. 一家国际公司在美国和加拿大开展业务。公司分析部门的专家认为，这两个国家的消费者对本公司产品的偏好不同，他认真搜集了两个国家的价格和销售数据，进行了对数线性函数回归，得到以下结果。

美国市场需求的对数线性回归（$\ln Q$ 对 $\ln P$ 的回归）

	系数	标准差	t 统计量	P 值	95% 下限	95% 上限
截距	52.756	10.811	4.88	1.68E−06	34.487	74.024
$\ln P$	−5.382	1.171	−4.598	6.15E−06	−7.685	−3.079

加拿大市场需求的对数线性回归（$\ln Q$ 对 $\ln P$ 的回归）

	系数	标准差	t 统计量	P 值	95% 下限	95% 上限
截距	22.871	10.645	2.148	0.032	1.928	43.814
$\ln P$	−2.096	1.153	−1.818	0.070	−4.364	0.172

（1）列出每个国家的对数线性需求函数估计，评价一下估计结果的有效性。

（2）假设公司的边际成本是 20 美元，在每个国家，利润最大化的定价分别是多少？

选读材料

Adams, William J., and Yellen, Janet I., "Commodity Bundling and the Burden of Monopoly." *Quarterly Journal of Economics* 90, August 1976, pp. 475–98.

Baum, T., and Mudambi, R., "An Empirical-Analysis of Oligopolistic Hotel Pricing." *Annals of Tourism Research* 22, 1995, pp. 501–16.

Cain, Paul, and MacDonald, James M., "Telephone Pricing Structures: The Effects on Universal Service." *Journal of Regulatory Economics* 3(4), December 1991, pp. 293–308.

Carroll, K., and Coates, D., "Teaching Price Discrimination: Some Clarification." *Southern Economic Journal* 66, October 1999, pp. 466–80.

Jeitschko, T. D., "Issues in Price Discrimination: A Comment on and Addendum to 'Teaching Price Discrimination' by Carroll and Coates." *Southern Economic Journal* 68, July 2001, pp. 178–86.

Karni, Edi, and Levin, Dan, "Social Attributes and Strategic Equilibrium: A Restaurant Pricing Game." *Journal of Political Economy* 102(4), August 1994, pp. 822–40.

Masson, Robert, and Shaanan, Joseph, "Optimal Oligopoly Pricing and the Threat of Entry: Canadian Evidence." *International Journal of Industrial Organization* 5(3), September 1987, pp. 323–39.

McAfee, R. Preston; McMillan, John; and Whinston, Michael D., "Multiproduct Monopoly, Commodity Bundling, and Correlation of Values." *Quarterly Journal of Economics* 104(2), May 1989, pp. 371–83.

Oi, Walter Y., "A Disneyland Dilemma: Two-Part Tariffs for a Mickey Mouse Monopoly." *Quarterly Journal of Economics* 85, February 1971, pp. 77–96.

Romano, Richard E., "Double Moral Hazard and Resale Price Maintenance." *RAND Journal of Economics* 25(3), Autumn 1994, pp. 455–66.

Scitovsky, T., "The Benefits of Asymmetric Markets." *Journal of Economics Perspectives* 4(1), Winter 1990, pp. 135–48.

第 **12** 章　信息经济学

学习目标

学完本章，你将能够：

1. 识别管理风险和不确定性的策略，包括多元化策略和最优搜索策略。
2. 计算不确定性环境下利润最大化的产量和价格。
3. 解释与"隐藏行动"或"隐藏特征"有关的不对称信息所导致的道德风险和逆向
   选择，并提供应对策略。
4. 说明拍卖规则和信息结构对拍卖动机的影响，并根据不同的拍卖确定最优竞拍
   策略。

开篇案例　**企业在美国联邦通信委员会无线频谱拍卖中退出**

　　美国国会通过了一项立法，要求美国联邦通信委员会废止通过"公开听证会"的方式
分配无线频谱牌照。该立法生效后，联邦通信委员会采取拍卖方式分配无线频谱牌照——
出价高的投标人可获得 10 年无线频谱的独用权。第一次拍卖中，联邦通信委员会拍卖了
10 个牌照，美国财政部从中获得净收益 6 亿美元。

　　对于独立竞拍者如贝尔南方公司（Bell South）和麦考蜂窝通信公司（McCaw）（现在
是 AT&T 公司的一部分）来说，拍卖形式具有极大的不确定性。虽然牌照的价值对所有
的竞拍者都一样，但没有一家企业知道拍卖获胜后的利润是多少。每家企业对牌照的估值
不同（因竞拍者而异）。

　　某企业对牌照的估值为 8 500 万美元，这意味着一旦获得牌照，该企业将获得超过
8 500 万美元的收入（以现值计算）。然而，当拍卖价达到 8 000 万美元时，该企业却退出

了竞拍。

拍卖价格低于该企业对牌照的估值，该企业为何退出竞拍？

12.1 导 言

本书的大多数章节都假定市场的参与者——消费者和企业——拥有完全信息。但在现实中这个假设不成立。基于完全信息的分析使我们理解了市场运行过程，这是进行复杂分析（包含不确定性和不完全信息）的基础。

更高层次的经济学研究将放宽完全信息这一假设。尽管不完全信息下的决策模型超出了本书的目标，但这些模型对于大致了解不确定性下的决策非常重要。为此，本章首先描述不确定性的含义以及不确定性对消费者行为的影响，然后简要阐述管理者处理风险的方法，最后描述特定市场比如拍卖市场中不确定性的重要性。

12.2 均值和方差

描述不确定性的简单方式是使用统计概念中的均值和方差。假定某些变量的值存在不确定性，如随机变量 x 可能代表利润、产品价格或者消费者收入。由于 x 是一个随机变量，因此无法确定其真实值。但我们了解其在一定状态下的概率。比如某人向你承诺根据掷骰子的点数付钱（美元）给你。如果 x 代表支付给你的钱，很显然你无法知道自己将获得多少。如果你幸运地掷出 6 点，就能获得 6 美元。如果运气不好掷出 1 点，就获得 1 美元。数字 1~6 中的任何一个点数被掷到的概率为 1/6（因为骰子有 6 面）。x 的期望值（均值）如下：

$$E[x] = \frac{1}{6} \times 1 + \frac{1}{6} \times 2 + \frac{1}{6} \times 3 + \frac{1}{6} \times 4 + \frac{1}{6} \times 5 + \frac{1}{6} \times 6 = 3.50 \,(\text{美元})$$

换言之，掷骰子时你并不知道自己能得到多少钱，但平均来看你将获得 3.50 美元。

随机变量 x 的**均值**或**期望值** [mean（expected）value] 被定义为不同的结果出现的概率乘以相应的收益的总和。如果随机变量可能的结果为 x_1，x_2，$\cdots$，x_n，而结果所对应的概率为 q_1，q_2，$\cdots$，q_n，则 x 的期望值为：

$$E[x] = q_1 x_1 + q_2 x_2 + \cdots + q_n x_n$$

式中，$q_1 + q_2 + \cdots + q_n = 1$。

因此，随机变量的均值是基于不同结果出现的概率得到的一个统计量。这种方法可以简化决策所需的各种信息。

均值提供了某随机变量均值的信息，却没有给出随机变量的风险程度信息。为了说明决策时考虑风险的重要性，看看以下选择：

选择 1：抛一枚硬币。如果正面朝上，你获得 1 美元；如果反面朝上，你付出 1 美元。

选择 2：抛一枚硬币。如果正面朝上，你获得 10 美元；如果反面朝上，你付出 10 美元。

选择 2 的赌注高于选择 1，但每个选择的期望值皆为 0。平均来看，无论是哪个选择，你都不会获利也不会损失。因为硬币朝上的机会是 1/2。所以选择 1 的期望值为：

$$E_{选择1}[x] = \frac{1}{2} \times 1 + \frac{1}{2} \times (-1) = 0$$

选择 2 的期望值为：

$$E_{选择2}[x] = \frac{1}{2} \times 10 + \frac{1}{2} \times (-10) = 0$$

虽然有相同的期望值，但本质上是不同的。仅仅考虑均值，将无法获悉两个选择的风险信息。选择 1 和选择 2 的均值都是零，但若为选择 1，50％情形下你的收益比均值多 1 美元，50％情形下你的收益比均值少 1 美元。若为选择 2，实际的收益或损失与均值的偏差更大：50％情形下你的收益比均值多 10 美元，50％情形下你的收益比均值少 10 美元。选择 2 与均值的偏差高于选择 1，所以选择 2 比选择 1 更具风险。

虽然选择 2 比选择 1 更具风险，但对于管理者来说，能用数字表示随机结果的风险信息将更方便利用。方差是最常用的风险测量指标，用来表示各种可能的结果与均值的偏差。随机变量的**方差**（variance）是不同结果出现的概率乘以结果与均值偏差的平方的总和。用公式表述，假如随机变量的各种可能结果为 x_1, x_2, $\cdots$, x_n，相应的概率为 q_1, q_2, $\cdots$, q_n，x 的期望值给定为 $E[x]$，则 x 的方差为：

$$\sigma^2 = q_1(x_1 - E[x])^2 + q_2(x_2 - E[x])^2 + \cdots + q_n(x_n - E[x])^2$$

标准差（standard deviation）为方差的平方根：

$$\sigma = \sqrt{\sigma^2} = \sqrt{q_1(x_1 - E[x])^2 + q_2(x_2 - E[x])^2 + \cdots + q_n(x_n - E[x])^2}$$

较大的方差意味着较大的标准差（反之亦然）。虽然标准差不能反映方差所包含的全部信息，但是标准差在实际应用中很有效。特别是，任何随机变量的结果至少有 75％的概率落在均值的两个标准差范围内。例如，如果随机变量 x 的均值为 5，标准差为 1，你可以确信 x 的取值至少有 75％的概率在 $3(=5-2\times1)$ 到 $7(=5+2\times1)$ 之间。

将这些公式应用于抛硬币的例子中，看看方差是如何用一个数据来反映相关风险信息的。在抛硬币的例子中，仅有的两个可能结果出现的概率一样，即 $q_1 = q_2 = 1/2$。选择 1 和选择 2 的均值皆为 0。选择 1 的方差为：

$$\sigma^2_{选择1} = \frac{1}{2} \times (1-0)^2 + \frac{1}{2} \times (-1-0)^2 = \frac{1}{2} \times 1 + \frac{1}{2} \times 1 = 1$$

选择 2 的方差为：

$$\sigma^2_{选择2} = \frac{1}{2} \times (10-0)^2 + \frac{1}{2} \times (-10-0)^2 = \frac{1}{2} \times 100 + \frac{1}{2} \times 100 = 100$$

因为

$$\sigma^2_{选择1} = 1 < \sigma^2_{选择2} = 100$$

所以选择 2 比选择 1 更具风险。由于标准差是方差的平方根，选择 1 的标准差为 1，而选择 2 的标准差为 10。

➡例题 12-1

XYZ 公司的管理者正在引进一种新产品，如果经济稳定，引进新产品将带来 1 000 美元的利润。如果经济衰退，商品需求将急剧下降，该公司会损失 4 000 美元。如果经济学家预计经济衰退的概率为 10%，XYZ 公司引进新产品的期望利润是多少？引进新产品的风险多大？

答：

经济衰退的概率为 10%，则经济稳定的概率为 90%。利用随机变量的期望值公式，得出引进新产品的期望利润为：

$$E[x] = q_1 x_1 + q_2 x_2 = 0.1 \times (-4\ 000) + 0.9 \times 1\ 000 = 500（美元）$$

期望利润为 500 美元。计算测量风险的方差：

$$\sigma^2 = 0.1 \times (-4\ 000 - 500)^2 + 0.9 \times (1\ 000 - 500)^2 = 225\ 000$$

➡ 12.3 不确定性和消费者行为

了解了如何计算不确定性结果的均值和方差，接下来讨论不确定性是如何影响消费者和管理者的经济决策的。

12.3.1 风险规避

第 4 章分析了消费者偏好的商品组合，这些商品组合假定是已知的。现在将分析不确定性结果下的偏好。

令 F 和 G 代表两个不确定性结果。如 F 表示购买 100 股 F 公司股票的结果，G 表示购买 100 股 G 公司股票的结果。人们在购买股票时无法确定未来收益或损失，但了解每只股票的回报期望值和方差。每个人对风险有不同偏好，你可能更偏好 F，而你的朋友可能更偏好 G。

人们对风险的态度因人而异，可用一些术语来加以区分。**风险厌恶**（risk averse）指对于确定的 M 美元的偏好胜于期望值为 M 美元的风险结果。**风险偏好**（risk loving）指对于期望值为 M 美元的风险结果的偏好胜于确定的 M 美元。**风险中性**（risk neutral）指对期望值为 M 美元的风险结果和确定的 M 美元的偏好一样。

对同一结果，一些人是风险偏好型的，另一些人则可能是风险厌恶型的。一般来说，小额赌博时人们通常是风险偏好者，大额赌博时则通常是风险厌恶者。你可能愿意下 0.25 美元的赌注来抛硬币猜正反面，该赌博的期望值为 0 美元，此时你是一个风险偏好者：你偏好期望值为 0 美元的赌博结果，而非不参与赌博（获得确定的 0 美元）。如果赌注提高至 25 000 美元，你可能选择不下注，即你偏好不下注（获得确定的 0 美元）而非期望值为 0 美元的赌博结果。

风险厌恶者的决策

当赌博结果很重要时，大多数人都是风险厌恶型的。下面介绍风险厌恶者的最优决策。

产品质量　风险分析可用于考察消费者在产品质量不确定时的选择。假设消费者通常购买某特定品牌的汽车蜡，她对该产品的质量和特性相对了解。如果该消费者是风险厌恶者，她愿意购买市场中一种新的汽车蜡吗？

风险厌恶者更偏好确定的结果而非具有相同期望值的不确定结果。尽管消费者认为新的汽车蜡和之前的汽车蜡可能一样好，但若其他条件相同，她将不会购买新产品，因为使用新产品是有风险的。消费者更偏好确定的结果（现有品牌）而非有风险的结果（新产品）。

企业可采用两种策略来吸引风险厌恶者去尝试新产品。第一，降低新产品价格（低于现有品牌价格），弥补消费者尝试新产品的风险。比如当企业分发免费样品时，消费者基本上都愿意试用新产品，因为对消费者而言，试用的风险为零。

第二，想办法使消费者相信新产品的预期质量高于现有产品的质量。典型的做法如做比较广告，通过广告展示 50 辆使用新蜡的汽车和 50 辆使用原汽车蜡的汽车，所有汽车被反复冲洗，直到只有那 50 辆使用新蜡的汽车仍然有光泽。如果消费者被广告说服，他们就可能去购买新产品，因为新产品的预期质量抵消了尝试新产品的风险。

透视商业 12-1　　　风险厌恶与销售公司的价值：圣彼得堡悖论

公司经常以一种看上去比未来利润的预期值低很多的价格进行销售。在你认定市场是非理性的之前，试问在以下情况下，你愿意为抛一枚硬币支付多少？

● 如果第一次为正面朝上，你获得 2 美分。
● 如果第二次为正面朝上，你获得 4 美分。
● 如果第三次为正面朝上，你获得 8 美分。
● 依此类推，如果第 n 次为正面朝上，你会获得 2^n 美分。

因为抛硬币是独立事件，参与抛硬币者的期望值为：

$$E[x] = \left(\frac{1}{2}\right) \times 2 + \left(\frac{1}{2}\right)^2 \times 2^2 + \left(\frac{1}{2}\right)^3 \times 2^3 + \left(\frac{1}{2}\right)^4 \times 2^4 + \cdots$$

$$= 1 + 1 + 1 + 1 + \cdots$$

$$= \infty（美分）$$

所以该赌局的期望值无穷大：如果参与这个博弈，你将有无穷多的钱。世界上应该没有人愿意放弃这场赌博。但在有 200 个学生的班级开设此赌局后发现，大多数人都获得 2 美分，大大低于该赌博的无穷大的期望值。这个结果称为圣彼得堡悖论。

这个悖论说明，对个人来说，赢得一场赌博会带来效用而不只是金钱本身。你赢得的第一个 100 万美元的满足感将高于第二次赢得 100 万美元，依此类推。收入的边际效用递减增加了风险厌恶感，意味着个人愿意支付比期望值更少的钱。在上述抛硬币的例子中，期望值与个人支付意愿的差距很大。公司的产品销售会带来同样的结果。

连锁店　风险厌恶还可以解释为什么企业愿意加盟连锁店，而非独立经营。假如一个消费者开车经过某小镇并决定在此吃午饭。小镇上有两家餐馆：一家当地餐馆和一家全国汉堡连锁店。若消费者完全不了解这家当地餐馆，他认为当地餐馆要么很棒要么很差。全国汉堡连锁店则有标准的菜单和原材料，所提供的菜品种类和质量相对有保证（即平均水平）。由于该消费者是风险厌恶者，他将选择在连锁店用餐，除非他期望当地餐馆的菜品大大优于连锁店。

类似的例子很多，如零售店、转运店以及其他类型的店铺。外地游客通常喜欢在连锁店购物。本地顾客因位置优势更了解当地商店，可能在当地商店购物。需要注意的是，即使当地商店的产品比全国连锁店更好，若外来消费者数量足够大，全国连锁店也能维持经营。

在线点评　互联网上信息的流动更为通畅，顾客评论的上传简单且易于公开。Yelp（美国最大的点评网站）的网页上囊括了数百万条顾客对美国酒店以及其他机构的点评。此外，在线点评还有助于连锁店和非连锁的单店之间的竞争。举个午餐的例子，如果一个当地的餐饮店有很多在线点评，这些信息可以降低消费者在该店用餐的风险：获取了当地餐饮点的菜品质量等信息，使消费者不再关注那些知名的连锁店（连锁店容易吸引厌恶风险的消费者）。通过这种机制，本地企业的管理者——尤其是拥有大批潜在的外地顾客的本地企业——可以利用前期顾客提交的点评扩大需求量。

保险　若消费者是风险厌恶者，意味着他们愿意为了规避风险而支付一定费用。这就是人们会为其房子、汽车购买保险的原因。通过购买保险，放弃小额金钱（相对于潜在损失）而避免巨大损失带来的风险。如果价值 10 万美元的房子被烧毁，未投保的房主将损失 10 万美元。大多数房主愿意支付几百美元来避免这样的风险，如果房子被烧毁，保险公司会赔偿房主损失。因此，对于消费者来说，购买保险令其确信：无论房子是否被烧毁，都价值 10 万美元。

一些企业通过"返现"承诺给予消费者一定的保险。一些企业会向消费者销售保险。许多汽车制造商向消费者提供额外承诺，如同意支付维修费用。这就消除了拥有一辆汽车的风险，使风险厌恶者更有动力买车。

12.3.2　消费者搜寻

到目前为止，我们一直假定消费者确切地知道产品价格。实际上，商家会给同一产品制定不同价格，而消费者并不了解，这种情形较复杂。

假设消费者不了解不同商店对同质化产品的定价。假定多家商店对同一品牌手表的定价不同。消费者愿意在定价最低的商店购买该手表，但她不知道每家商店的定价。设 c 为消费者为了获得各商店定价信息所需花费的成本。c 可能包括打电话的费用、到商店核实价格的费用，或在网络上查找价格的成本等。

假定市场上 3/4 的商店对该品牌手表定价 100 美元，1/4 的商店定价 40 美元。若消费者找到了定价 40 美元的手表，就应该停止寻找，因为所有商店的要价都不会低于 40 美元。

假如一位风险中性者发现了一家手表定价 100 美元的商店，她应该怎么做？她可以选择免费回购和寻价。免费回购指消费者可以在任何时候返回该店以 100 美元购买手表，不会产生成本。寻价指其他企业的定价分布不会仅仅因消费者发现一家商店对手表定价 100

美元而改变。根据这些假定，如果消费者再次寻价，1/4 的概率是发现手表价格为 40 美元，于是可节约 100－40＝60 美元；3/4 的概率是发现手表价格为 100 美元，寻价的收益为 0。因此，额外一次寻价的期望利润为：

$$EB = \frac{1}{4} \times (100-40) + \frac{3}{4} \times 0 = 15 （美元）$$

换言之，消费者有 1/4 的概率节省 60 美元，有 3/4 的概率将一无所获。搜寻低价格的期望收益便是 15 美元。

只要期望收益大于额外一次搜寻的成本，消费者就应该搜寻低价。如果每次搜寻的成本为 5 美元，则继续寻找低价是有利的。但如果额外搜寻一次的成本是 20 美元，继续寻找低价格就不合算了。

上例表明，消费者寻价的期望收益取决于其搜索到的最低价格。假设已知的最低价格为 P，搜寻更低价格（低于 P）的期望收益（EB）向上倾斜（如图 12-1 所示），即在发现某低价后，搜寻一个更低价格而节省的钱呈递减趋势。

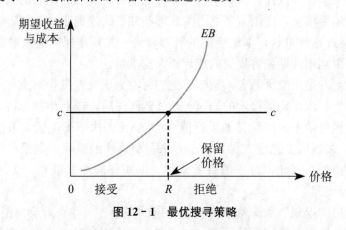

图 12-1　最优搜寻策略

图 12-1 展示了消费者的最优搜寻策略。假设每次搜寻的成本为水平线 c。当消费者发现一个高于 R 的价格时，寻价的期望收益就大于成本，消费者应该拒绝此价格（继续寻找更低的价格）。另外，如果消费者找到一个低于 R 的价格，则最好接受该价格（停止寻价，购买该产品），因为寻到一个更低价格的期望收益小于其成本。如果消费者找到价格 R，则以 R 购买产品和继续寻价是无差别的。

保留价格（reservation price）R 指的是一个价格水平，消费者按该价格购买产品与继续寻找低价是一样的。用公式表示，如果 $EB[P]$ 是寻找低于 P 的价格的期望收益，c 代表每次寻价的成本，保留价格应该满足以下条件：

$$EB[R] = c$$

原 理	消费者搜寻法则

　　最优搜寻法则指消费者拒绝大于保留价格（R）的价格，接受低于保留价格的价格。当企业定价高于消费者的保留价格时，消费者继续搜寻更低的价格；当企业定价低于消费者的保留价格时，消费者就停止搜寻。

如果搜寻成本增加，消费者怎么办？如图 12-2 所示，搜寻成本的增加使水平线上移到 c^*，从而产生一个更高的保留价格 R^*。这意味着当搜寻成本上升时，消费者将发现更高的可接受的价格，因此他将花较少的精力去搜寻。如果搜寻低价的成本下降，消费者将更乐于搜寻更低的价格。

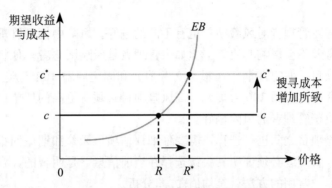

图 12-2　搜寻成本的增加提高保留价格

管理者可根据消费者最优搜寻法则制定价格策略。当消费者对价格拥有不完全信息且面临低搜寻成本时，管理者设定的最优价格应低于搜寻成本较高时的价格。必须注意的是，产品定价不能高于消费者的保留价格，否则会促使消费者继续搜寻低价。如果发现商店里许多消费者犹豫不决，说明产品价格高于他们的保留价格，他们在考虑继续寻求更低的价格。

　　　模糊定价应对互联网的低搜寻成本

比价网使消费者能够掌握不同在线零售商所销售的同一款产品的价格差异，使消费者的信息搜寻成本接近零，这会迫使零售商定低价。PriceGrabber.com 网站可以对包罗万象的产品进行比价。

企业在这种竞争市场上会损失利润吗？不一定。相互竞争的企业可能会采用模糊定价法，以此缓解降价压力。经济学家格伦·埃里森（Glenn Ellison）和莎拉·费雪·埃里森（Sara Fisher Ellison）仔细调查了 Pricewatch.com 上有关计算机配件企业的策略，发现了许多模糊定价的行为。这方面的证据主要来自企业复杂的产品描述和提供多种型号的产品。此外，研究者还归纳了一些他们认定的模糊定价行为：（1）企业会提供一种低质产品，定价非常低，吸引比价网站上的消费者；（2）一旦消费者点击进入，企业就会说服消费者购买更好的产品。这些策略会使搜寻过程变得复杂，最终会提高企业的利润。

资料来源：Glenn Ellison and Sara Fisher Ellison, "Search, Obfuscation, and Price Elasticities on the Internet," *Econometrica*（2009），pp. 427-452.

12.4　不确定性和企业

不确定性直接影响消费者行为，并且影响管理者的投入和产出决策。本节将考察不确定性对产量决策的作用，其中不确定性对消费者行为的影响直接作用于企业的产量决策。为了理解这一点，首先要进一步分析不确定性。

12.4.1 风险厌恶

与消费者一样，管理者对风险结果也有不同的偏好。风险中性型管理者感兴趣的是期望利润最大化，方差不会影响其决策。但如果管理者是风险厌恶者，他将偏好一个期望值较低且风险小的项目。假定在期望回报 100 万美元和固定收益 100 万美元之间作出选择，风险厌恶者将偏好固定收益 100 万美元。高风险项目必须有更高的期望回报，期望回报应该多高呢？这取决于管理者的风险偏好。

管理者在风险项目之间进行选择，需要仔细评估项目风险和期望回报，因为风险可能带来糟糕的结果。管理者必须证明其决策选择在当前信息下是明智的，否则他可能因为糟糕的结果而被解雇。常用的方法就是均值-方差分析。

➡例题 12-2 ～～～～～～～～～～～～～～～～～～～～～～～～～～～～～～～～～～～～～

一个风险厌恶型管理者正在考虑两个项目。项目 1 是扩大腊肠市场；项目 2 是扩大鱼子酱市场。当前经济衰退的概率为 10%，经济繁荣的概率为 90%。在经济繁荣期，腊肠项目将损失 10 000 美元，而鱼子酱项目将盈利 20 000 美元。在经济衰退期，腊肠项目将盈利 12 000 美元，而鱼子酱项目将损失 8 000 美元。还有一个选择就是购买安全资产（如国债），将获利 3 000 美元。请问管理者该怎么做？为什么？

答：

管理者首先应该综合所有可获得的信息，列出备选方案。如表 12-1 所示。

表 12-1　各项目收益信息

项目	经济繁荣期	经济衰退期	均值	标准差
腊肠	−10 000	12 000	−7 800	6 600
鱼子酱	20 000	−8 000	17 200	8 400
联合项目（腊肠＋鱼子酱）	10 000	4 000	9 400	1 800
国债	3 000	3 000	3 000	0

如果选择腊肠或鱼子酱项目，各栏显示了可能出现的结果。如果两个项目联合（腊肠＋鱼子酱），则在经济繁荣期，企业将在腊肠项目上损失 10 000 美元而在鱼子酱项目上获利 20 000 美元。因此，最终回报是 10 000 美元。同样，计算得到经济衰退期的回报为 4 000 美元。

基于上述表格，谨慎的管理者该如何决策？肯定不应该投资国债。因为在经济衰退期，两个项目联合将获得 4 000 美元，在经济繁荣期将获得 10 000 美元，皆大于国债的 3 000 美元回报。

需要注意的是，腊肠项目的期望（平均）利润为负值。风险厌恶者决不会选择该项目（风险中性型管理者也不会选择它）。因此，管理者要么选择鱼子酱项目，要么选择联合项目。总之，管理者的选择取决于其风险偏好。

～～

上述例题中，联合项目揭示了多元化概念——通过投资多个项目来降低风险。如谚语所言，不要把所有的鸡蛋都放到一个篮子里。根据例题分析，多元化是有利的，但多元化是否为最优选择？这取决于管理者的风险偏好和管理者规避风险的动机。

虽然管理者厌恶风险，但所有者（股东）通常希望管理者是风险中性的。风险中性型管理者更关心风险项目的期望值，而非潜在的风险，其目标是最大化企业的期望利润。如果风险项目的期望收益高于固定收益，风险中性型管理者将乐于选择有风险的行动。

选择最大化期望利润的行为会带来很大的风险，为什么股东希望管理者这样做？股东可以购买不同企业的股票组合来分散风险，从而消除企业经营中的系统风险。相比之下，管理者花时间和金钱去分散风险则意义不大。因此，当企业的所有者是风险厌恶者时，他们更希望管理者作出风险中性的决策。

我们举例来说明为什么股东希望管理者以风险中性的方式行事。假设管理者必须在两个项目中作出选择。项目 1 有风险，厂商获得 200 万美元和零利润的可能性各占 50%。项目 2 将产生固定的 90 万美元的回报。项目 1 可获得的期望利润是 100 万美元（200×50%＋0×50%），高于固定回报项目的利润。但是，项目 1 的方差大于项目 2 的方差；项目 1 有 50% 的概率获得零利润，50% 的概率获得 200 万美元利润。项目 1 有很大的风险，股东为何希望管理者选择它呢？原因在于，股东可以购买许多企业的股票。如果这些企业的管理者都选择风险项目，则某项目的损失可由其他项目来弥补。如果每家企业的利润独立于其他企业的利润，平均来看，一些项目的经营损失会被其他企业的获利抵销。这类似于抛硬币：抛硬币一次，你不能确保正面会朝上；抛很多次，则有一半的概率正面朝上。当股东拥有多家企业的股票时，每一家企业都选择风险项目，那么股东就有一半的概率获利 200 万美元。

正因为如此，管理者有动力去最大化企业的期望利润。受此激励，你将以风险中性的方式行事，即使你和企业所有者是风险厌恶者。

12.4.2 生产者搜寻

与消费者搜寻低价商店一样，生产者也寻找低价的投入品。当投入品的价格不确定时，企业会采用最优搜寻策略。风险中性的生产者的搜寻策略与风险中性的消费者一样。在此不再赘述，仅用一个例子来说明。

➡例题 12-3

一个风险中性型管理者正在招聘员工。市场上所有求职者的素质一样，但是求职者期望的薪酬却不同。假设劳动力市场上一半求职者期望的薪酬为 40 000 美元，另一半求职者期望的薪酬是 38 000 美元。管理者面试一名求职者需花 3 小时，该时间估价为 300 美元。管理者面试的第一个求职者要求的薪酬为 40 000 美元。管理者应该给他这份工作，还是再面试一个求职者？

答：

这是一个最优搜寻问题，搜寻成本为 300 美元。如果管理者再面试一名求职者，50% 的概率是找到一个愿意接受 38 000 美元薪酬的人，由此将节约 2 000 美元，但是也有 50%

的概率找到一个与第一个求职者要求相同的人，白费努力。再面试一位求职者的期望利润为：

$$EB = \frac{1}{2} \times 2\,000 - 40 + \frac{1}{2} \times 0 = 1\,000 \text{（美元）}$$

由于期望利润大于其成本 300 美元，管理者不应该雇用这名求职者，而应继续搜寻接受 38 000 美元薪酬的人。

12.4.3 利润最大化

利润最大化的基本原理也可以用于处理不确定性问题。为便于分析，假设管理者是风险中性型且需求不确定。风险中性型管理者的目标是最大化期望利润。

风险中性型管理者必须在确定产品需求前决定产量。由于需求不确定，收益也不确定，为了最大化期望利润，管理者应该在期望边际收益等于边际成本处进行生产：

$$E[MR] = MC$$

原因在于，如果期望边际收益大于边际成本，管理者可以扩大产量来增加期望利润。如果期望边际收益小于边际成本，管理者就会减少产量。当产量下降时，企业减少的成本大于其减少的期望收益。

如果管理者是风险中性型，那么需求不确定情况下的利润最大化类似于需求确定情况下的利润最大化。管理者只需将公式中的边际收益调整为期望边际收益，便可实现利润最大化。

➡️例题 12 - 4

Appleway 公司生产的苹果汁在完全竞争市场上销售。管理者在了解市场（完全竞争）价格前必须决定果汁的产量。经济学家估计，价格有 30% 的可能性是每加仑 2 美元，有 70% 的可能性是每加仑 1 美元。如果企业的成本函数为 $C = 200 + 0.000\,5Q^2$，为了最大化期望利润，应该生产多少果汁？Appleway 公司的期望利润是多少？

答：

Appleway 公司的利润为：

$$\pi = pQ - 200 - 0.000\,5Q^2$$

由于价格不确定，企业的收益和利润也不确定。对于完全竞争企业，$MR = p$，所以边际收益也不确定。边际成本给定为 $MC = 0.001Q$。为了最大化期望利润，管理者使得期望价格等于边际成本：

$$E[p] = 0.001Q$$

期望价格为：

$$E[p] = 0.3 \times 2 + 0.7 \times 1 = 0.60 + 0.70 = 1.30 \text{（美元）}$$

使其等于边际成本，可得

$$1.30 = 0.001Q$$

求解 Q，得最大化期望利润的产量 $Q = 1\,300$ 加仑。Appleway 公司的期望利润为：

$$E[\pi] = E[p]Q - 200 - 0.0005Q^2$$
$$= 1.30 \times 1\,300 - 200 - 0.0005 \times 1\,300^2$$
$$= 1\,690 - 200 - 845 = 645 (美元)$$

因此，Appleway 公司的期望利润为 645 美元。

关于不确定性情况下利润最大化的分析还远远不够，但之前的一些分析法简单拓展后即可用来处理不确定性问题。这些是高级经济学课程的重要内容。

12.5 不确定性和市场

不确定性对市场有效配置资源具有重要影响。本节将考察不确定性市场的一些问题，并分析管理者和其他市场参与者如何解决这些问题。

12.5.1 不对称信息

市场上的某些人比其他人拥有更充分的信息，拥有少量信息的人可能选择不进入该市场。为什么会这样？比如有人要卖给你一盒钱。你不知道盒子里有多少钱，但卖方知道，你会购买这盒钱吗？

肯定不会。因为卖方知道盒子里有多少钱，除非你给她的钱多于盒子里的钱，否则她不会将盒子卖给你。比如盒子里有 10 美元，如果你出价 6 美元，她就不会同意出售。如果你出价 12 美元，她将很乐意将盒子卖给你，你将损失 2 美元。

不对称信息（asymmetric information）会导致拥有较少信息的人拒绝参与市场交易。如果把盒子看作一家公司，其股票在纳斯达克（NASDAQ）或纽约股票交易所（New York Stock Exchange）交易，就容易理解为什么内幕交易如此受关注。那些拥有企业内幕信息的人愿意买卖公司股票。如果有人确切知道一只股票明天的股价（比如因收购股份而发生变化）而其他人不知道，这就存在不对称信息。了解内幕的人只有在股价低于其价值时才会买进，只有在股价高于其价值溢价时才会卖出。如果人们知道那些了解内幕者经常参与股票市场交易，那么不了解内幕的人就会选择退出该股票市场。在极端情况下，这会造成没有人愿意买卖该企业的股票。正因为如此，模块组 B 提到用法律来限制了解内幕者购买该企业的股票。

消费者和企业之间的信息不对称会影响企业利润。假设某企业投资开发一种新产品，新产品优于市场中的现有产品。但消费者不清楚这一点。由于信息不对称，消费者可能拒绝购买新产品（即使新产品确实比现有产品好），因为他们不知道新产品是否真的优于现有产品。

不对称信息还将影响其他的管理决策，如雇用员工、向消费者发放贷款。一般来说，求职者更了解自身的能力（与负责招聘的人力资源经理相比）。求职者宣称自己有优秀的技能，这可能是谎言，也可能是事实；而人力资源经理拥有的信息较少。这就是企业投入大量费用来评估求职者、进行背景调查等的原因，其目的是了解有关求职者的能力和意向的更多信息。同样，一个以信用方式支付的消费者较信贷机构更清楚自身偿还债务的能力。但是每个信用消费者都宣称自己有能力偿还债务。不对称信息使得信贷机构很难知道其是否真的具有偿债能力。现实中，企业会付费给特定信息机构，以获得更多的信用消费者的信息。这些支出减少了不对称信息，使消费者很难利用不对称信息实施诈骗。

了解上述不对称信息带来的问题后，接下来讨论不对称信息的两种特殊形式：逆向选择和道德风险。首先需要对导致逆向选择和道德风险的不对称信息进行区分。

逆向选择通常发生于**隐藏特征**（hidden characteristics）时——在一项交易中，关于某些特征的信息，一方知情而另一方不知情。如前面的求职者的例子中，求职者知道其能力而人力资源经理却不知道。求职者能力就是一个隐藏特征。相反，道德风险通常出现在一方采取**隐藏行为**（hidden action）时——该行为是另一方无法察觉的行为。例如，企业管理者不能监督员工的努力程度，则员工的努力就代表了一个隐藏行为。有时很难区分能力（特征）和努力（行为），因此就难以区分逆向选择和道德风险。

逆向选择

逆向选择（adverse selection）是指选择过程导致一些具有经济上不良特征的人出现的情形。下面通过简单的例子来说明逆向选择的本质。

某行业中所有厂商允许其员工有 5 天的带薪病假。假设一家企业为了吸引更多的员工，决定把带薪病假从 5 天延长到 10 天。若员工能够隐藏特征——企业难以区分健康的员工和生病的员工——这个计划可能导致很多员工跳槽。企业有可能吸引到哪类员工呢？知道自己经常生病的员工会认为病假很重要。而几乎不生病的员工跳槽的动机较小，即经常生病的员工将更愿意跳槽。因此，这项政策可能吸引一批企业不欢迎的员工。这就导致了逆向选择。

为什么有不良驾驶记录的人很难买到汽车保险？假设有不良驾驶记录的人有两类：（1）一类是差司机，经常发生事故；（2）另一类是好司机，但由于运气不好在过去一段时间内发生了许多事故。第一类司机所发生的事故是由其驾驶习惯造成的，这是预期未来事故发生概率的一个重要指标。第二类司机的记录无法估计未来事故的发生概率，它仅反映了坏运气。

保险公司拥有不对称信息：它无法区分有不良驾驶记录者是差司机还是好司机，但有不良驾驶记录者知道自己的情况，因此在保险市场上存在一方具有隐藏特征的情形。当保险公司卖保险给不良驾驶记录者时，由于有不良驾驶记录者的潜在预期索赔高，其保费很高。因为保险公司无法区分好司机和差司机，所以它对所有有不良驾驶记录者收取相同的保费，这将导致逆向选择。当保险公司提高保费以弥补差司机带来的损失时，只有那些知道自己很有可能发生事故的差司机才愿意付高额保费，而好司机因为知道过去的事故都是偶然事件，所以不愿意支付高额保费。这样保险公司的保险只能卖给那些差司机。对于保险公司来说，只有当部分驾驶者愿意支付保费却又不会损坏汽车时，它才能正常运营，于是保险公司发现收取低保费且拒绝给有不良驾驶记录者投保，才是有利的选择。否则，那些有不良驾驶记录的差司机会产生逆向选择。

透视商业 12－3 ████████ **格劳乔·马克斯是经济学家？**

美国著名的喜剧演员格劳乔·马克斯（Groucho Marx）因其妙语连珠而出名。他最著名的俏皮话是："请接受我的辞职申请。我不在意我将属于哪个俱乐部。"这个声明听起来荒谬，其实是关于工作中逆向选择问题的巧妙说明。

首先，这个例子中的不对称信息是俱乐部的质量。格劳乔不知道俱乐部的质量水平，但是每一个俱乐部是了解自身情况的。进一步来说，每一个俱乐部能够观察格劳乔是什么类型的人，并决定是否允许他加入。为什么格劳乔拒绝每一个给他会员资格的俱乐部？考虑如下简单的情景：假设有两个俱乐部——一个高质量俱乐部和一个低质量俱乐部。格劳乔无法区分，但他愿意加入那个高质量俱乐部。在了解到格劳乔是什么类型的人后，只有低质量俱乐部将给他会员资格。于是，决定是否接收格劳乔的过程就产生了逆向选择——通过限制格劳乔去那些愿意接收他的俱乐部，他便只有低质量俱乐部可选了。因此，即使格劳乔不能通过观察识别两个俱乐部的质量，但是他知道只有低质量的俱乐部允许他加入，所以他拒绝这个俱乐部的邀请。

道德风险

双方签订合同时，一方保证对方免受经济损失。如果该合同导致免受损失的一方隐藏行为而损害到对方，就会产生**道德风险**（moral hazard）。

例如第 6 章介绍的委托-代理问题。所有者雇用一位管理者来经营企业，企业的利润既因经济环境变化而变化，也取决于管理者的努力——这是所有者无法观察到的，因此管理者的努力就是一个隐藏行为。如果所有者支付给管理者 50 000 美元（合同规定）的固定薪酬，则管理者的收入与企业的经济损失无关，这些损失可能是环境波动造成的，也可能是管理者不努力造成的。固定工资下，管理者有动力待在办公室中不努力（隐藏行为），且管理者的不努力导致了企业利润下降（因此损害了所有者的利益）。为此，明确固定薪酬的合同造成管理者的隐藏行为，进而产生了道德风险。正如在第 6 章提出的，所有者可以通过监督管理者（消除隐藏行为）或者将管理者薪酬与企业利润挂钩（消除管理者的固定收入）来应对道德风险问题。

保险市场的特点使之特别容易受到道德风险的影响。如前所述，风险厌恶者为规避大额损失愿意购买保险，许多人为其房屋、汽车购买保险，以及购买健康险。一般来说，损失的可能性取决于被保险人为了避免损失而付出努力的程度，道德风险便由此产生：个人在投保后就丧失了努力避免损失的动力。

假设一家租车公司给承租人投全保以避免汽车损坏。公司显然无法观察到承租人在避免租车损失方面所付出的努力。对承租人来说，归还一辆被盗了收音机的汽车和归还一辆完好无损的汽车是没有差异的。如果收音机被偷，更换成本由公司承担，因此司机就没有动力给汽车上锁或者停在远离小偷的区域。如果汽车没有投保，司机就得自掏腰包更换被偷零件，他们对汽车会更加小心。因此，如果公司给承租人投保了损失险，司机对汽车的关心程度会下降（相对于未投保而言）。这就是经济学上的道德风险。

为了减少道德风险，汽车保险公司决定对所有保险索赔规定一个免赔额，如免赔额限定为 500 美元，低于 500 美元的损失由被保险人支付。这就使投保人对损失也承担一定的责任，从而使他们有动力采取行动来减少损失。

道德风险是过去 10 年间导致医疗成本上升的一个因素。当人们购买医疗保险或加入健康维护组织（HMO）后，他们就不用支付医疗服务费，与之前付款看病时相比，人们在生小病（如感冒）时更有可能去看医生。

道德风险的影响表现在两方面。其一，道德风险导致医疗服务的需求增加，从而提高了医疗服务的均衡价格。这是因为人们不需要为看病支付全部费用，与之前需要为每次看医生支付全部费用时相比，人们将更频繁地使用医疗服务。其二，保险公司为了弥补频繁看病带来的高索赔成本而必须提高医疗保险的费率。这可能使那些健康状况良好的人放弃购买健康险，即高医疗保险费也导致了逆向选择。保险公司吸引了更不健康的群体，又加剧了保险赔偿。因此，道德风险和逆向选择在一定程度上提高了医疗保险的成本。

12.5.2 信号传递与信号筛选

激励合同常被用来减少因隐藏行为而引致的道德风险问题。接下来分析管理者与其他市场参与者如何利用信号传递和信息筛选来减少逆向选择问题。

信号传递（signaling）发生在拥有信息的一方向不拥有信息的一方发送有关其隐藏特征的信息时。如在产品市场中，企业运用多种策略向消费者传递产品质量信息：退款保证、免费试用期、包装上注明产品曾获"某某奖"，或生产商创立于 1933 年。在劳动力市场上，求职者通过简历介绍其能力，展示其背景（毕业的院校）或者所获得的学位（如工商管理硕士或博士）。

拥有信息的一方向不拥有信息的一方传递相关信息的信号，必须是可观察的、可信的，并且难以被模仿。比如某管理者希望从劳动力市场上雇用一名工人，该劳动力市场由两类人组成：(1) 低效工人，不生产任何东西；(2) 高效工人，每个人每年的边际产量价值为 8 万美元。显然，如果劳动力市场是完全竞争市场且管理者在雇用他们之前就知道工人的生产力，低效工人的薪酬为零，高效工人的薪酬等价于其边际产量价值——每年 8 万美元。

但管理者不能简单地通过观察来了解工人的生产力，于是情形将截然不同。假如工人了解自己的生产力但管理者不知道，管理者做雇佣决策时只能假定工人有 50% 的可能性具有生产力，于是工人的期望边际产量价值是 $0.5 \times 0 + 0.5 \times 80\ 000 = 40\ 000$ 美元，风险中性型管理者将仅愿意向一名不确定生产力的工人支付 4 万美元。注意，低效工人挣的钱比管理者了解其特征时要多，而高效工人挣的钱比管理者了解其生产力时要少。也就是说，由于管理者缺少信息，低效工人以损害高效工人的利益为代价而获利。

既然高效工人因管理者不了解其特征而受损，他们最有利的做法就是向管理者提供信息来表明他们确实是有生产力的，这样将推动其薪酬从 4 万美元增至 8 万美元。如何才能向管理者传递他们具有生产力的信号呢？简单地告知管理者他们有生产力？这种方法不可信。如果高效工人通过简单地宣传"我有生产力"就能增加 4 万美元的薪酬，那么，低效工人也可以模仿该策略而获取更多的薪酬。正因为如此，管理者不相信这些宣传——每个人都有动力宣称自己有生产力。简单的宣传不能展示工人的真实特征。

高效工人要传递其能力信号，必须发送低效工人无法简单模仿的信号。假如高效工人拥有先天的学习能力，更容易获得大学学位，而低效工人因先天能力差而难以获得大学学位（或者说，他们获得学位的成本很高）。于是，那些了解自己能力的工人就会获得大学学位，从而向管理者传递他们确实有能力的信号。由于低效工人不能模仿该信号，管理者会相信拥有大学学位的工人富有生产力，于是付给大学毕业生 8 万美元。由于低效工人不能模仿此信号（或者说不愿意承担获取信号所需的成本），信号传递就发挥了作用，管理者由此推断拥有大学学位的人比那些无学位的人具有更高的生产力。

筛选（screening）指没有信息的一方试图根据相关特征对人们进行分类。这种分类可以通过**自我选择机制**（self-selection device）实现：掌握自身特征的人作出一系列选择，这些选择即向没有信息的一方显露了他们的特征。

不拥有信息的管理者如何利用自我选择机制来获得工人的隐藏特征信息？假设两名工人亨利（Henry）和米切尔（Mitchell）分别有不同的特征：亨利擅长管理，米切尔擅长销售。亨利和米切尔都知道自己的长处，但人事主管不知道。尤其是，亨利知道如果自己被聘为管理者，他能将企业利润提高 6 万美元，如果被聘为销售员，则不会实现任何销售目标。米切尔知道如果自己被聘任为管理者，可使企业利润增加 1.5 万美元，如果被聘为销售员，则将实现销售额 100 万美元。人事主管纳塔莉（Natalie）希望人尽其才，为企业创造更大价值，但她没有掌握每个人的能力信息。

纳塔莉可以给亨利和米切尔提供不同的职业方案，让他们自己作出工作选择，这将解决信息缺乏问题。假如纳塔莉设计了一种自我选择机制，她可以公布管理者和销售员的待遇：管理者的固定工资为 6 万美元；销售员能获得销售额 10% 的提成。面对这一选择，亨利知道自己担任销售员将获得 0 美元，因此他将选择获得最优薪酬的方案——管理者职位。米切尔将选择销售员职位，因为做销售员他能赚得 10 万美元（销售额 100 万美元 10% 的提成），这大大高于他做管理者的 6 万美元。因此，即使纳塔莉不知道两名员工的能力，自我选择机制将使他们选择适合自己的工作，这与她了解亨利和米切尔的特征所进行的工作分配一样。

➡ **例题 12-5**

One-Jet 航空公司是美国中西部两个小城市之间唯一的航空服务提供商。每个航班可乘坐 100 名顾客，通常一半顾客是休闲旅行者，另一半顾客是商务旅行者。商务旅行者愿意为一张周六晚上不需要在飞机上过夜的机票支付 600 美元，为一张周六晚上在飞机上过夜的机票支付 100 美元。休闲旅行者无所谓，对两种机票都愿意支付 300 美元。One-Jet 无法区分商务旅行者和休闲旅行者。航空公司目前对所有机票皆定价 300 美元。作为 One-Jet 航空公司的定价顾问，你能否设计一种自我选择机制，既能提高航空公司收益，又能继续为所有顾客提供服务？

答：

可以设计一种自我选择机制。如 One-Jet 航空公司提供两种机票：一种是 300 美元的"特惠"机票——需要周六晚上在飞机上过夜；另一种是 600 美元的"全价"机票——不需要周六晚上在飞机上过夜。给出两种机票时，休闲旅行者将选择特惠机票，商务旅行者将选择全价机票。该定价机制按旅客特征予以分类，使航空公司的收益从 30 000 美元

（100×300）增加到 45 000 美元（50×300＋50×600）。

➡ 12.6　拍　卖

在拍卖过程中，潜在购买者为了得到一种商品、一项服务或者一般意义上任何有价值物品的所有权而竞争。拍卖可用于任何东西，如艺术品、国债、家具、房地产、油井租赁、公司、电力以及在线拍卖网站销售的多种消费品。在有些情形下，拍卖者是卖方，比如艺术品拍卖，他当然希望价格越高越好。买方则希望用尽可能低的价格获得该物品。在有些情形下，拍卖者是买方，比如某企业需要新设备，它可能会举办招标会，吸引潜在的供应商竞价。在有多个竞拍者的拍卖中，竞拍者之间的竞争有助于拍卖者找到更满意的交易。

管理者知道拍卖很重要，因为企业可能作为拍卖者或竞拍者参与其中，企业希望通过拍卖销售商品或者购买商品（或投入品）。因此，了解拍卖在管理决策中的意义很重要。

竞拍者的风险偏好会影响竞拍策略和拍卖人的期望收益。本节假定竞拍者是风险中性型。该假定适用于许多拍卖，因为竞拍者可以通过参加多个拍卖来降低整体风险。首先要解释一下不同类型拍卖的规则，以及竞拍者拥有的基本信息。

12.6.1　拍卖类型

拍卖有四种基本类型：英式拍卖（升价竞拍）；第一价格密封拍卖；第二价格密封拍卖；荷兰式拍卖（降价竞拍）。这些拍卖的区别在于：（1）竞拍者决策的时间（同时竞拍还是序贯竞拍）；（2）竞拍成功者所需支付的数额。我们依据这两点来区分各种拍卖。

英式拍卖

英式拍卖（English auction）为大家所熟知。在英式拍卖中，单个拍品将被卖给出价最高者。拍卖以公开竞拍方式进行。公开竞拍指拍卖商询问是否有人愿意支付更高价格。出价在序贯竞拍中不断提高，直到没有参与者希望再加价，最高竞拍者——最后出价者——支付给拍卖商其出价额并拥有该拍品。

注意，在英式拍卖中，竞拍者不断地获得另一方的出价信息。如果竞拍者认为该拍品的价值超出目前出价，他将会加价。当没有竞拍者愿意为拍品支付比当前出价更高的价格时，拍卖结束。在英式拍卖中，最终获得拍品的人是对该拍品估价最高的。

举例来看，假设三家企业遵循英式拍卖竞购破产清算中的一台机器的所有权。企业 A 对该机器的估价为 100 万美元，企业 B 的估价为 200 万美元，企业 C 的估价为 150 万美元。哪家企业将以什么价格获得该机器？

这三家企业以 100 万美元对该机器进行竞拍。一旦出价略高于该金额，企业 A 将退出，因为它对该机器估价 100 万美元。当出价达到 150 万美元时，企业 C 将退出，最终企业 B 将以 150 万美元获得该机器（或者略高于 150 万美元，如加 0.01 美元）。实际上，获胜者的出价高于机器的第二高估价。

第一价格密封拍卖

在**第一价格密封拍卖**（first-price，sealed-bid auction）中，竞拍者在不知道其他参与者出价的情况下，在纸上写下自己的竞价。拍卖商收集竞价并将拍品交给出价高的竞拍者。该竞拍者支付给拍卖商出价数额。

因此，第一价格密封拍卖与英式拍卖一样，最高出价者赢得拍品。然而与英式拍卖不同的是，竞拍者不知道其他参与者的竞价且由拍卖商来收集价格。这个特征会影响竞拍行为。

第二价格密封拍卖

第二价格密封拍卖（second-price，sealed-bid auction）类似于第一价格密封拍卖，竞拍者同样在不知道其他人出价的情况下提交竞价。最高出价的人获胜，但只须支付第二高的出价。比如在第二价格密封拍卖中，三家企业竞拍一台机器，如果企业 A 出价 100 万美元，企业 B 出价 200 万美元，企业 C 出价 150 万美元，那么最高出价者——企业 B——获胜。但是它只需支付第二高的竞价，即 150 万美元。

透视商业 12 - 4　　　　**eBay 上的第二价格密封拍卖**

在第二价格密封拍卖中，占优策略是给出你对拍品的真实估值。如果你参与过 eBay 上的商品拍卖，大多数情况下你参与的都是第二价格密封拍卖。

eBay 的自动竞拍机制允许竞拍者提交他们的保留价或"最高价"。eBay 的系统将对该数目保密。该系统自动提升竞价，在前一次的最高竞价上加上所规定的最低定额。这个过程持续到竞价超过竞拍者的保留价格。

此类拍卖过程就是第二价格密封拍卖，拍卖中最初提交的最优保留价就是你对拍品的真实估价。就像 eBay 在其网站中说明的：

> 自动竞拍机制是参与 ebay 拍卖的最简单方式，您只要输入您的最高支付价格，剩下的工作由我们来做。当您准备好了，就输入最大支付限额，我们会代您出价——保证您处于领先地位，直到达到限额。

资料来源：https：//www.ebay.com/help/buying/bidding/automatic-bidding? id = 4014，accessed January 27，2020；Alvin E. Roth and Axel Ockenfels，"Last-Minute Bidding and the Rules for Ending Second-Price Auctions：Evidence from eBay and Amazon Auctions on the Internet，" *American Economic Review* 92，no. 4（September 2002），pp. 1093 - 103.

荷兰式拍卖

在**荷兰式拍卖**（Dutch auction）中，卖者开始提出一个很高的价格（价格太高以至于没有人愿意支付）。拍卖商逐步降低价格，直至有买者愿意以此价格购买该拍品，于是拍卖结束：竞拍者按最后宣布的价格购买该拍品。荷兰式拍卖是从鲜花（如郁金香）拍卖中发展而来的。汽车经销商有时也利用荷兰式拍卖来销售汽车；某汽车的价格每天都在公告屏上公布，价格每天都在降低，直到有人购买该汽车。

在荷兰式拍卖中，竞拍者所获得的信息与第一价格密封拍卖是一样的。其他参与者的出价信息在拍卖结束时才知道。因此，荷兰式拍卖与第一价格密封拍卖的策略是一样的。在这两种拍卖中，竞拍者都不知道其他参与者的出价，每次竞拍，竞拍者支付的都是自己的出价。对于最优竞拍出价和拍卖商获得的利润，荷兰式拍卖和第一价格密封拍卖也是一致的。

> **原　理**　　　　荷兰式拍卖与第一价格密封拍卖的策略等价
>
> 　荷兰式拍卖与第一价格密封拍卖在策略上是一致的；也就是说，竞拍者的最优出价在这两种拍卖中是一样的。

12. 6. 2　信息结构

四种拍卖类型的区别在于竞拍者是否拥有其他参与者的出价信息。在英式拍卖中，参与者知道目前出价且能够如他们所愿提高竞价。在另外三类拍卖中，参与者出价时都不知道其他参与者的出价，他们无法根据其他人的出价来决定自己的出价。

在分析拍卖时，需要考虑竞拍者对某个拍品的估价信息。在拍卖中，有可能每个竞拍者都知道该拍品的价值，而且所有竞拍者都知道其他竞拍者的估价。比如拍卖一张 5 美元的钞票，每个竞拍者都知道该拍品价值 5 美元。这是完全信息的例子。

实际上，在拍卖中，竞拍者很难拥有完全信息。每个竞拍者知道自己对拍品的估价，但不可能知道其他竞拍者的估价，有时甚至无法了解物品的真实价值。这反映了信息不对称的情形：每个竞拍者知道自己的估价，但其他竞拍者不知道。这就涉及信息结构问题。

独立的个人估价

在一个古董拍卖会上，竞拍者是那些为个人用途购买古董的人。因此，竞拍者对古董的估价取决于他们各自的品位。虽然竞拍者知道自己的品位，但不了解其他竞拍者的品位。这就是信息不对称。

对于这种拍卖，竞拍者有**独立的个人估价**（independent private values）。个人估价指每个竞拍者对拍品的估价取决于他们各自的品位，且这种品位只有竞拍者自己知道。个人估价独立意味着个人不依赖于其他人的估价信息——即使参与者知道其他竞拍者的估价信息，他的估价也不会改变。但是这些信息可能会改变他在拍卖过程中的竞拍行为。

假如拍卖的是一张古代的桌子，你知道该桌子使你在研究管理经济学时变得更有乐趣（如果可能的话），所以你觉得该桌子值 200 美元。另一个竞拍者估计该桌子值 50 美元（他认为该桌子是报废品），但不了解这个竞拍者的情况。这就发生了信息不对称：你知道自己对该桌子的估价，但你不知道其他人的估价。这些估价相互独立：即使你知道另一个人对该桌子的估价为 50 美元，也不会影响你对桌子的估价。当然，了解其他竞拍者的估价信息可能使你在竞价时不会过于冲动。

相关估价

在许多拍卖中，竞拍者无法确定拍品的真实估价。竞拍者可能会获得拍品价值的不同信息，从而形成不同的拍品价值估计。比如一个艺术品拍卖会，竞拍者无法确定艺术品的真实性。竞拍者对这些艺术品产生不同估价的原因有二：第一，个人品位不同，导致某些人对艺术品的估价高于其他人；第二，竞拍者对艺术品的真实性有不同的判断。竞拍者对艺术品的估价有可能相互影响。比如，若你知道了其他人对该艺术品的估价，那么你的估价可能会提高，因为你想获得其他人都渴望得到的东西。如果你知道其他人的估价是基于他们了解该艺术品的真伪，那么你的估价也会提高。

下面的例子阐述了竞拍人的**关联（相关）估价**〔affiliated（correlated）value estimate〕问题。每个竞拍者基于其对某拍品的估价作出决策，但是竞拍者之间的估价是相关的，也就是存在关联性：某竞拍者的估价高，则其他竞拍者的估价可能更高。

典型的例子是**共同价值**（common value）拍卖，拍品的潜在价值对所有竞拍者来说相同。个人品位对竞拍者的估价毫无影响。不确定性纯粹源自不同竞拍者利用不同的信息对共同价值的不同估价。

共同价值拍卖的典型例子是政府通过拍卖方式向有前景的企业销售石油、天然气和矿产开采权。这些开采权的真实价值（蕴藏在地下的石油、天然气以及矿石的储量）对竞拍者而言是未知的。但无论资源有多少，其价值对所有竞拍者而言是相同的。每个竞拍者根据材料和测试来估算其真实价值，形成不同估价。

12.6.3 风险中性型竞拍者的最优竞拍策略

本节分析风险中性型竞拍者的最优竞拍策略，即最大化竞拍者的期望利润的策略。参与者的最优竞拍策略不仅取决于拍卖类型，还取决于他们竞价时所获得的信息。

独立的个人估价拍卖的策略

当竞拍者具有独立的个人估价时，最优竞拍策略最简单。因为在拍卖开始前每个竞拍者都已经知道自己对拍品的估价，所以竞拍者在拍卖过程中不会获得任何有关估价的有用信息。

首先考虑英式拍卖，拍卖商以低价开始竞拍，不断提升竞价直到只剩下一个竞拍者。拍卖中坚持到最后的那个竞拍者在竞价超过自己估价后面临一定的风险，他不得不为拍品支付超出自己估价的金额。而在竞价达到个人估价前就退出的竞拍者，也错失了以略低于自己估价的价格获得该拍品的机会。因此，在英式拍卖中，每个竞拍者的最优竞拍策略就是保持活跃不退出，直到竞价超出个人估价。所以，最高估价的竞拍者将获得拍品，并支付给拍卖商第二高的估价（在最后一个竞争者退出拍卖时的竞拍价）。

原 理	英式拍卖的最优竞拍策略

在独立个人估价的英式拍卖中，竞拍者的最优竞拍策略就是在拍卖过程中保持活跃，直到竞价超出自己对该拍品的估价。

接下来分析第二价格密封拍卖：出价最高竞拍者获胜且支付第二高的竞拍者出价。值得注意的是，每个参与者都有动力去精确估算其对拍品的估价，这是每个参与者报出的估价，实际支付金额是第二高的估价，这恰好和英式拍卖一样。

为什么在第二价格密封拍卖中参与者应该竞拍真实估价？理由很简单。因为获胜者支付的是第二高的竞拍者出价，不是自己的出价，对参与者来说不会支付比自己的估价多或少的金额。假如某参与者出价高于自己的估价，其目的是增加成为出价最高竞拍者的可能性。如果第二高的竞价低于他的估价，该策略不会获得额外收益；因为即使他的竞拍价是真实估价，他也会赢得竞拍。如果第二高的竞价高于他的估价，那么报出高于其估价的价格，他也许会赢得拍卖。但即使赢了，他支付的是第二高竞价（假设第二高竞价高于他的估价）。这样，他就要为该拍品支付超过其估价的金额。因此，在第二价格密封拍卖中，参与者支付的金额不等于其估价。一个参与者会降低自己估价的金额吗？不会。参与者的竞价低就会减少竞拍成功的机会，因为参与者从来不会支付自己的出价。因此，在第二价格密封拍卖中的最优策略就是竞价等于他们各自的估价。

原理　　　　　　　　　　　第二价格密封拍卖的最优竞拍策略

　　在独立个人估价的第二价格密封拍卖中，竞拍者的最优策略就是竞价等于他对拍品的估价。这是占优策略。

最后来分析第一价格密封拍卖（该拍卖与荷兰式拍卖一样）。这种情况下，高价竞拍者获胜且支付自己的出价。因参与者不知道其他人的出价，如果获胜则必须支付自己的出价，参与者就有动力竞价时低于自己对拍品的估价。竞价低于自己的估价，参与者会降低提交最高竞价的可能性。如果获胜，竞拍者所获利润可以抵销因获胜可能性小所受的损失。竞拍者降低出价的金额取决于竞拍者的数量。拍卖竞争越激烈（即竞拍者人数越多），参与者的竞价越接近他的真实估价。以下原理推导出的简单公式，可用来计算拍卖中某竞拍者的出价同其他竞拍者最低的可能估价 L 与最高的可能估价 H 的关系。

原理　　　　　　　　　　　第一价格密封拍卖的最优竞拍策略

　　在独立个人估价的第一价格密封拍卖中，竞拍者的最优策略是出价低于自己对项目的估价。如果有 n 个竞拍者且都知道估价平均（或一致）地分布在最低的可能估价 L 和最高的可能估价 H 之间。那么，自身估价为 v 的竞拍者的最优竞拍价格为：

$$b = v - \frac{v - L}{n}$$

式中，b 代表竞拍者的最优竞价。

上述公式中，如果竞拍者的最大数量（n）无穷大，或者竞拍者的估价就是其他竞拍者的最低可能估价（即 $v-L$ 越接近 0），那么，最优竞价（b）就越趋于参与者对项目的实际估价（v）。以下例题将进一步阐释，在第一价格密封拍卖和荷兰式拍卖中，如何利用

该公式决定你的最优竞价。

➡例题 12-6

假设以下是独立个人估价的拍卖。每个竞拍者都知道自己的估价平均分布在 1~10 美元之间。山姆（Sam）的估价是 2 美元。确定以下拍卖中山姆的最优竞价策略：（1）有 2 个竞拍者的第一价格密封拍卖；（2）有 3 个竞拍者的荷兰式拍卖；（3）有 20 个竞拍者的第二价格密封拍卖。

答：

（1）只有两个竞拍者，$n=2$。最低的可能估价 $L=1$ 美元，山姆的估价为 $v=2$ 美元，因此，山姆的最优密封竞价为：

$$b = v - \frac{v-L}{n} = 2 - \frac{2-1}{2} = 1.50（美元）$$

（2）荷兰式拍卖与第一价格密封拍卖的策略一致，利用该公式来确定山姆愿意支付的购买价格。由于 $n=3$，最低的可能估价 $L=1$ 美元，山姆的估价 $v=2$ 美元，因此

$$b = v - \frac{v-L}{n} = 2 - \frac{2-1}{3} = 1.67（美元）$$

山姆的最优策略是让拍卖商继续降价至 1.67 美元，然后喊出"我要!"

（3）在有 20 个竞拍者的第二价格密封拍卖中，山姆的竞价应是其真实的估价，即 2 美元。

关联（相关）估价拍卖的策略

关联（相关）估价的最优竞拍策略最难描述，原因有二：一是竞拍者不知道自己对物品的估价，也不知道其他人的估价。对参与者来说，不仅出价很难，而且容易受到所谓的"赢家诅咒"的影响。二是拍卖过程可能会暴露其他竞拍者的估价信息。由于参与者的估价是相互关联的，这就要求参与者利用这些信息，在拍卖过程中不断提升自己的估价以寻找最优竞拍策略。

举例来看，在第一价格密封的共同价值竞拍中，假设有 100 家企业为了石油租赁权而竞拍。每个竞拍者都不确定地下石油的真实储量，但对每个竞拍者而言其价值是一样的。在参与竞拍之前，每家企业都进行了独立的勘探以评估地下石油储量。结果是，这些评估因企业而不同。

假设它们对地下石油储量的评估的差异仅源于测试方法的不同。一些企业认为地下石油多，并非因为它们有更多的信息而是随机因素造成的，所以企业提出的高竞价是对地下石油储量的最乐观估计。换言之，在共同价值拍卖中获胜者的好处就是**赢家诅咒**（winner's curse）：传递给竞拍成功者的信息就是，其他所有竞拍者都认为该项目的价值低于获胜者的支付额。其他 99 家企业评估错误而只有获胜者正确的概率是很小的。注意，如果某竞拍者能够综合所有竞拍者的信息，那么，它对地下石油储量的评估可能更准确。

"赢家诅咒"代表了一种风险，谨慎的管理者会想办法规避。假设上例中，一家企业的地质专家评估该项目开采权价值 5 000 万美元。但该企业的管理者比较固执，他忽略 5 000 万美元仅仅是个估计值的事实，而利用前文描述的独立个人估价的第一价格密封拍

卖的公式，计算出本企业竞价。他知道竞拍者数量（$n=100$），一些企业可能认为地下没有石油（$L=0$），在公式中令 $v=5\,000$ 万美元，使得竞价为 4 950 万美元。于是他提交了该竞价并且获胜，但随后认识到第二高的竞价仅为 4 000 万美元。根据拍卖规则，该企业须支付 4 950 万美元（该企业的地质专家认为石油价值 5 000 万美元）。由于其他 99 家企业愿意支付的金额不超过 4 000 万美元，该开采权的价值较其估计的 5 000 万美元低几百万美元。正因为如此，纯粹根据自己的估价来提交竞价的竞拍者将比实际估价支付更多。为了避免"赢家诅咒"，竞拍者应根据实际情况降低其估价。

原理 避免 "赢家诅咒"

在共同价值拍卖中，赢家是对拍品的真实价值最乐观的竞拍者。为了避免"赢家诅咒"，竞拍者应该根据实际情况下调其个人估价。

"赢家诅咒"在密封拍卖中十分常见，因为每个参与者不知道其他人的估价。但在英式拍卖中会提供每个竞拍者的信息。每个竞拍者虽然有一个最初估价，但在拍卖过程中会获得其他竞拍者的估价信息且能够调整自己的估价。尤其当价格越来越高，还有一些竞拍者继续竞拍时，你应该意识到其他竞拍者也认为该拍品有较高价值（如果他们的估价较低，他们就已经退出了）。据此你应该提高对该拍品的估价，因为其他竞拍者的高估价信息反映出该拍品可能是高价值的。相反，如果你观察到许多竞拍者在低价时退出，你应该调低你的个人估价。在英式拍卖中，关联估价拍卖的最优策略是，只要价格未达你的估价就继续竞价，无论是基于你的个人信息还是拍卖过程中收集的信息。

12.6.4 拍卖中的期望收益

对拍卖中的竞拍策略有基本了解后，我们来比较每种拍卖的拍卖价格。假设拍卖商关注其期望利润最大化，将产生最高利润的是英式拍卖、第二价格密封拍卖、第一价格密封拍卖还是荷兰式拍卖？如表 12-2 所示，从拍卖商的视角来看，最好的拍卖取决于竞拍者拥有的信息的特征。

表 12-2 风险中性型竞拍者的期望收益比较

信息结构	期望收益
独立的个人估价	英式拍卖＝第二价格密封拍卖＝第一价格密封拍卖＝荷兰式拍卖
关联估价	英式拍卖＞第二价格密封拍卖＞第一价格密封拍卖＝荷兰式拍卖

表 12-2 中的第一行显示，在独立的个人估价下，拍卖商的期望收益在四类拍卖中是一样的，即收益相等。下面分析产生此结果的原因。

在独立的个人估价拍卖中，参与者知道自己的估价，因此拍卖过程中不会获得有关拍品价值的有用信息。如前所述，在英式拍卖中，赢家最终支付的是第二高的估价，即最后的竞争者退出时的价格。这等同于第二价格密封拍卖。因为每个参与者的出价就是其估价，所以赢家支付的价格也就是第二高的估价。因此，在独立个人估价的英式拍卖中，拍卖商获得的期望收益与第二价格密封拍卖是一样的。

在第一价格密封拍卖中，每个竞拍者都有动机隐藏自己的出价。每个竞拍者会估计自己的出价与接下来的最高出价的差额，然后降低自己的竞价金额。赢得该拍卖的参与者就是那个有最高估价的人，平均来看，他支付给拍卖商的金额等于第二高的估价。因此，在独立的个人估价拍卖中，第一价格密封拍卖中拍卖商获取的期望收益和英式拍卖及第二价格密封拍卖是一样的。因为荷兰式拍卖在策略上和第一价格密封拍卖相同，所以这两种拍卖下的期望收益也相同。基于这些理由，当竞拍者拥有独立的个人估价时，对于拍卖商而言，这四种类型的拍卖产生相同的期望收益。

表 12-2 表明，在关联估价拍卖中，拍卖商的期望收益不相等。参与者若仅基于个人估价来避免"赢家诅咒"，就会降低竞价。在英式拍卖中，参与者能够获得其他人的估价信息，这些额外信息会在一定程度上减少"赢家诅咒"。因此，竞拍者在英式拍卖中下调的竞价要低于密封拍卖和荷兰式拍卖。相比较而言，在第一价格密封拍卖和荷兰式拍卖中，参与者在拍卖过程中不会了解到其他参与者的估价。因此，竞拍者在第一价格密封拍卖和荷兰式拍卖中下调的竞拍价格更多。在第二价格密封拍卖中，竞拍者也不会了解到其他人的估价。然而，赢家无须支付自己的竞价而是支付第二高的竞价。第二高的竞价显示了另一竞拍者对项目的估价信息，将会在一定程度上减少"赢家诅咒"，因此导致参与者下调的竞价低于第一价格密封拍卖中下调的竞价。结果是，在关联估价拍卖中，拍卖商在英式拍卖中获得的期望收益要大于第二价格密封拍卖，第一价格密封拍卖或荷兰式拍卖的期望收益是最低的。

透视商业 12-5　　风险厌恶型竞拍者的拍卖

在某些拍卖中，风险厌恶只影响竞拍者的行为而不影响其他人。考虑独立的个人估价。在英式拍卖中，参与者知道自己的估价且能观察到其他人的竞价。因此，风险厌恶心态在竞拍策略中没有实际作用：风险厌恶型竞拍者将留到最后直到价格超出他们的估价，然后会选择退出。赢家将支付等于第二高的估价的金额。在第二价格密封拍卖中，对风险厌恶型竞拍者来说，占优策略就是竞价等于自己的真实估值，因此该类型拍卖产生的价格等于第二高的估价。

相比较而言，风险厌恶导致独立个人估价的第一价格密封拍卖中参与者之间的竞争更激烈。原因在于，风险中性型竞拍者在第一价格密封拍卖中会下调他们的竞价。这就增加了其他参与者出价偏高（高于风险中性型竞拍者）的机会，但是风险中性型竞拍者乐意接受这样的风险，因为如果他们竞拍成功将获得较高的利润。风险厌恶型竞拍者将不乐意接受这样的风险，因此竞价的下调幅度较小。结果导致在风险厌恶型竞拍者有独立的个人估价的情况下，拍卖商的期望收益在第一价格密封拍卖和荷兰式拍卖中是最高的，在英式拍卖和第二价格密封拍卖中是最低的：

第一价格密封拍卖＝荷兰式拍卖＞第二价格密封拍卖＝英式拍卖

风险厌恶型竞拍者在关联估价时会如何决策？回顾一下，英式拍卖中所显示的信息能缓解"赢家诅咒"。一般来说，追求低风险的心态导致风险厌恶型竞拍者在英式拍卖中竞价比在第二价格密封拍卖中更激烈，从而导致英式拍卖产生比第二价格密封拍卖更高的期望收益，甚至有可能产生比第一价格密封拍卖和荷兰式拍卖更高的收益：

英式拍卖＞第二价格密封拍卖＞第一价格密封拍卖＝荷兰式拍卖

➡例题 12-7

假设你的企业需要现金，计划拍卖一家子公司给最高出价者。确定以下情形下哪类拍卖将最大化你的企业收益：（1）竞拍者是风险中性型竞拍者且具有独立的个人估价；（2）竞拍者是风险中性型竞拍者且存在关联估价。

答：

1. 在独立的个人估价拍卖中，四种拍卖带来的期望收益一样。
2. 存在关联估价和风险中性型竞拍者时，英式拍卖将产生最高的期望收益。

 开篇案例解读

开篇案例提到在美国联邦通信委员会的拍卖中，某家企业在拍卖价格达到企业对该许可证的估价 8 500 万美元之前就选择退出。注意这种使用权的拍卖是一种共同价值拍卖，也就是说，该拍卖是关联估价拍卖。因此，对该使用权估价最高的企业是对该许可证的真实价值最乐观的企业。如果企业可以得到正确的期望值，那么，获胜者的估价有可能高于许可证的真实价值。如果企业根据个人估价竞拍，就可能在许可证的 10 年有效期内产生损失。为避免"赢家诅咒"，在竞拍价达到其个人估价 8 500 万美元之前，他就会选择退出。

小　结

本章考察了不确定性和不对称信息在管理决策中的应用。在许多决策中，消费者和企业管理者对市场需求、成本、产品来源及产品质量的信息不完全掌握。决策之所以难以制定，正是因为结果的不确定性。假如拥有概率信息，就能够计算不同替代方案的均值、方差以及标准差，进而运用边际分析作出最优决策。

消费者和生产者有不同的风险偏好。有些人喜欢登顶后从山顶滑下，有些人愿意待在帐篷里观景。同样，有些人偏好冒险，有些人厌恶风险。如果你不愿冒险（也就是风险厌恶者），你将接受低期望收益的项目，当然该项目的风险也低于那些高收益、高风险的项目。但是，如果冒险令你兴奋，你将乐于选择有风险的项目。

风险结构及均值、方差和标准差的运用，可以帮助你识别消费者在不确定环境下的行为。如果那些愿意付高价购买保险的人大多是声誉差的冒险者，就会产生逆向选择。而有些人一旦购买保险，就会减少用于预防措施的支出，这就是道德风险。利用激励合同、信号传递以及信号筛选，可以减少不对称信息带来的问题。

本章还分析了消费者如何通过信息搜寻来应对价格或质量的不确定性。消费者根据发现更好结果的可能性以及时间价值来决定是否对质量和价格进行调查。这些信息有助于留住更多的顾客，若消费者的时间价值较低，就需要以低价来吸引他们（因为他们的搜寻成本低）。

最后本章研究了拍卖，这在市场经济中尤其重要。主要有四种类型的拍卖：英式拍卖、荷兰式拍卖、第一价格密封拍卖、第二价格密封拍卖。竞价策略和期望收益取决于拍卖类型、竞拍者是否有独立的个人估价或关联估价。

概念题和计算题

1. 下表中有两种选择，每种选择的结果随机。

选择1		选择2	
结果的概率	结果（美元）	结果的概率	结果（美元）
1/16	150	1/5	120
4/16	300	1/5	255
6/16	750	1/5	1 500
4/16	300	1/5	255
1/16	150	1/5	120

（1）确定每种选择的期望值。

（2）确定每种选择的方差和标准差。

（3）哪种选择的风险最大？

2. 根据下列情形，判断决策者是风险中性型、风险厌恶型还是风险偏好型。

（1）相对于确定能获得680美元，管理者更偏好20％的概率获得1 400美元和80％的概率获得500美元。

（2）某股东偏好确定的920美元，而非80％的概率获得1 100美元和20％的概率获得200美元。

（3）对于某消费者而言，获得固定的1 360美元同得到一张60％的概率获得2 000美元与40％的概率获得400美元的彩票无差异。

3. 你的商店销售一位消费者期望的某种商品。该消费者遵循最优搜寻法则，下图是消费者搜寻更低价格的期望收益和成本。

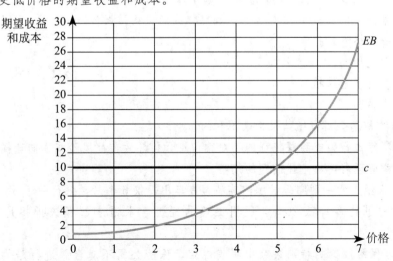

（1）消费者的保留价是多少？

（2）如果商品定价是3美元，消费者光顾你的商店，她将购买该商品还是继续搜寻？请解释。

（3）假设消费者每次的搜寻成本上升到16美元。如果她光顾你的商店，你的最高定价应是多少？

（4）假设消费者每次的搜寻成本降到2美元。如果消费者发现一家商店要价3美元，她将购买该商品还是继续搜寻？

4. 某企业在完全竞争市场上销售产品，该企业的成本函数为$C(Q)=2Q+3Q^2$。由于生产滞后，企业管理者必须在知道市场价格之前决定其产量。企业管理者认为有70%的概率市场价为200美元，有30%的概率市场价为600美元。

（1）计算期望市场价格。

（2）为了最大化期望利润，企业的产量应该是多少？

（3）企业的期望利润是多少？

5. 一个风险中性型消费者正在考虑从两家企业选购某同质化产品。一家企业的产品质量差，另一家企业的产品质量好。消费者无法区分这两家企业的产品。消费者假定产品质量好与差的概率相等。消费者对质量差的产品的支付意愿最高为0美元，对质量好的产品的支付意愿最高为60美元。

（1）在不确定条件下，消费者购买一单位产品最可能出价多少？

（2）对于有质量保证的好产品，消费者愿意出价多少？请解释。

6. 在独立的个人估价拍卖中，你作为一个竞拍者对拍品的估价为3 000美元。每个竞拍者都知道估价均匀地分布在1 500～9 000美元之间。在第一价格密封拍卖中，根据以下竞拍者数量，确定你的最优竞价策略。竞拍者的总数（包括你）为：

（1）2。

（2）10。

（3）100。

7. 在独立的个人估价拍卖中，你是参与拍卖的五个风险中性型竞拍者之一。每个竞拍者都观察到其他所有竞拍者的估价均匀地分布在30 000～70 000美元之间。在下列每种拍卖中，如果你的估价是45 000美元，确定你的最优竞拍策略。

（1）第一价格密封拍卖。

（2）荷兰式拍卖。

（3）第二价格密封拍卖。

（4）英式拍卖。

8. 不对称信息会对市场结果带来不利的影响。

（1）解释隐藏行为或隐藏特征的不对称信息如何导致道德风险或逆向选择。

（2）列举管理者解决上述问题的策略。

9. 当地报纸上的一则广告显示，某品牌汽车出厂仅6个月，只行驶了5 000英里，其价格比新车的平均售价低20%。运用准确的经济学术语来解释该折扣是不是一笔好的交易。

10. 人寿保险政策的特别条款中明确规定，保险公司不对自杀进行赔偿，该政策公布正好两年。利用准确的经济学术语解释，取消该条款对保险公司的保底运营带来的影响。

问答题和应用题

11. 美国联邦通信委员会聘用你担任顾问，策划一场拍卖来销售无线通信权。联邦通信委员会表明其拍卖的目的是获取利润。由于大多数竞拍者是大型通信公司，你理性地推断拍卖中所有的参与者都是风险中性型。假如该无线通信权对所有竞拍者来说价值相等，但不同竞拍者对其潜在真实价值的估计不同。你建议采取第一价格密封拍卖、第二价格密封拍卖、英式拍卖还是荷兰式拍卖？请解释。

12. 你是 Smith Construction 公司的管理者，正决定在一个新的社区建造房屋，该公司是那里唯一的建筑商。遗憾的是，你不了解这个社区的住房需求。据估计，低需求的概率为 60%，高需求的概率为 40%。针对这两种情形的（反）需求函数分别为 $P=300\,000-400Q$ 和 $P=500\,000-275Q$。企业的成本函数为 $C(Q)=140\,000+240\,000Q$。你应该建造多少新房屋？你的预期利润是多少？

13. 人寿保险公司要求申请者提交体检表来证明自己具有投保条件（在标准人寿保险政策公布之前）。相反，信用卡公司给消费者提供了一种"信用人寿保险"，如果持卡人死亡，保险公司需支付信用卡余额。比较标准人寿保险政策与信用人寿保险政策，你认为哪种的保险费会更高？

14. BK Books 是一家在线图书零售商，在全国有 10 000 家实体店。你是公司财务部一名风险中性型管理者，急需一名金融分析师。你面试了一批优秀的 MBA 学生。你通过筛选与面谈发现，参加最终面试的学生所愿意接受的工资条件不同。10% 的应聘者乐意接受 140 000 美元的工资，90% 的应聘者对工资的要求是 190 000 美元。每个应聘者必须接受两个阶段的面试。第一阶段为 1 小时的校园招聘面谈。所有通过第一阶段面试的应聘者都经历了第二阶段面试，第二阶段为 5 小时的办公室面谈。总之，你面试每个应聘者需花 6 小时，时间价值为 2 500 美元。除此之外，面试每个应聘者需花差旅费 8 000 美元。你对第一个完成公司面试流程的应聘者印象深刻，她表明她的保留工资为 190 000 美元。你会以该工资水平给她职位还是继续面试其他人？请解释。

15. 美国国会颁布的《健康保险流通和责任法案》（HIPAA）旨在帮助几百万工人加入团体健康保险。HIPAA 要求，不管以前的医疗条件如何，保险公司和雇主执行各自的健康保险计划，要保证将所有工人纳入健康保险。该法案因其"保证条款"而出名，但在保险业引发了争议。这是为什么？

16. 20 世纪 90 年代末到 21 世纪早期，超过 25 家美国钢铁公司提出破产申请。国外竞争者带来的低价恶性竞争与所谓的"保障成本"是导致如此多钢铁公司破产的主要原因。2002 年，Brownstown 钢铁公司为避免破产进行了重组，它的贷款者要求企业完全公开收益和成本信息。为什么 Brownstown 的管理层不愿意向贷款者公布这些信息？

17. Used Imported Autos 公司去年的汽车销售量下降，亏损 50 万美元。公司管理者制定了两个提高销售额的策略。一是低成本策略，包括将代理商名称改为 Quality Used Imported Autos，希望借此向消费者传递公司销售高质量汽车的信息。二是高成本策略，对所有二手汽车实施 10 点汽车检测并向消费者承诺对公司所售的二手车提供 30 天质量保证。哪个策略对销售量的影响更大？请解释。

18. Pelican Point 金融集团的客户由两类投资者组成。第一类投资者在一定年限内进行大量的交易，有超过 250 万美元的净资产。这些投资者通过各种途径寻找投资顾问，每年愿意支付高达 2.5 万美元佣金（不按交易次数计酬）或者每次交易支付 50 美元。另一类投资者也有超过 250 万美元的净资产，但是每年的交易较少，每次交易愿意支付 130 美元。作为 Pelican Point 金融集团的管理者，你无法区分高交易额者和低交易额者。请设计一种自我选择机制来甄选各类投资者。

19. CPT 有限公司是当地的运输设备制造商。去年，CPT 运输设备的销售额超过 200 万美元，利润为 10 万美元。原材料和劳动力是 CPT 的最大开支，仅钢铁材料支出就超过 50 万美元，占总销售额的 25%。为了降低成本，CPT 现在启用了一个网上采购软件，该软件的功能类似于第一价格密封拍卖，竞拍者可以选购不同的钢铁材料。这表明竞拍者对钢材独立估价，但竞拍者的估价均匀分布在 7 000～26 000 美元之间。你是 CPT 的采购经理，正在与其他四位参与者竞拍 3 吨 6 英寸的热轧槽钢。你的公司对 3 吨槽钢的估价为 18 000 美元。你最理想的报价是多少？

20. 最近，制药公司迈兰（Mylan）试图恶意收购一家仿制药公司百利高（Perrigo）。百利高刚刚公布了净损失，其中管理费用大幅上升。假设迈兰发现百利高净收入下降，有 70% 的可能性仅仅是反对收购而暂时出现的结果。而且，迈兰还了解到，百利高利润流的现值为 300 亿美。净损失的产生有 30% 的可能性是长期需求结构变化的体现，那么其利润流的现值仅为 60 亿美元。迈兰目前的收购价是 210 亿美元。据悉，另一个竞拍者雅培公司（Abbott Laboratories）认为，百利高利润流的现值有 80% 的概率为 300 亿美元，有 20% 的概率为 60 亿美元。基于此信息，迈兰应该提高出价还是保持 210 亿美元的出价？请解释。

21. 你在考虑投资 50 万美元开一家快餐店，目前选择范围缩小至麦当劳或 Penn Station East Coast Subs 的特许经营店。麦当劳表示，根据你计划开店的位置，在 10 年里总利润（初始净投资）有 25% 的概率达到 1 600 万美元，有 50% 的概率为 800 万美元，还有 25% 的概率为亏损 160 万美元。而 Penn Station East Coast Subs 认为，该项目的 10 年总利润（初始净投资）有 2.5% 的概率为 4 800 万美元，有 95% 的概率为 800 万美元，还有 2.5% 的概率为亏损 4 800 万美元。考虑两个投资项目的风险和预期盈利能力，哪一个投资更好？请详细解释。

22. 在线 MBA 课程大大降低了管理者获得 MBA 学位的成本，这使他们能够在当前所在地工作的同时进修一个更高的学位。根据信息经济学知识，比较采用传统学习方式的 MBA 学生与在线学习的 MBA 学生的相似之处，讨论雇主如何根据 MBA 学位获取方式的有关信息来筛选潜在的 MBA 应聘者。

23. 美国证券交易委员会最近对 13 名从事内幕交易的个人提起刑事诉讼。美国证券交易委员会的执行主管认为，有关交易圈的内幕信息"会损害市场的完整和投资者的信任"，请解释原因。

选读材料

Bikhchandani, Sushil, Hirshleifer, David, and Welch, Ivo, "A Theory of Fads, Fashion, Custom, and Cultural Change in Informational Cascades." *Journal of Political Economy* 100(5), October 1992, pp. 992–1026.

Cummins, J. David, and Tennyson, Sharon, "Controlling Automobile Insurance Costs." *Journal of Economic Perspectives* 6(2), Spring 1992, pp. 95–115.

Hamilton, Jonathan H., "Resale Price Maintenance in a Model of Consumer Search." *Managerial and Decision Economics* 11(2), May 1990, pp. 87–98.

Kagel, John, Levine, Dan, and Battalio, Raymond, "First Price Common Value Auctions: Bidder Behavior and the 'Winner's Curse.'" *Economic Inquiry* 27, April 1989, pp. 241–58.

Lind, Barry, and Plott, Charles, "The Winner's Curse: Experiments with Buyers and with Sellers." *American Economic Review* 81, March 1991, pp. 335–46.

Lucking-Reiley, David, "Auctions on the Internet: What's Being Auctioned, and How?" *Journal of Industrial Economics* 48(3), September 2000, pp. 227–52.

Machina, Mark J., "Choice under Uncertainty: Problems Solved and Unsolved." *Journal of Economic Perspectives* 1, Summer 1987, pp. 121–54.

McAfee, R. Preston, and McMillan, John, "Auctions and Bidding." *Journal of Economic Literature* 25(2), June 1987, pp. 699–738.

McMillan, John, "Selling Spectrum Rights." *Journal of Economic Perspectives* 8(3), Summer 1994, pp. 145–62.

Milgrom, Paul, "Auctions and Bidding: A Primer." *Journal of Economic Perspectives* 3(3), Summer 1989, pp. 3–22.

Riley, John G., "Expected Revenues from Open and Sealed-Bid Auctions." *Journal of Economic Perspectives* 3(3), Summer 1989, pp. 41–50.

Salop, Steven, "Evaluating Uncertain Evidence with Sir Thomas Bayes: A Note for Teachers." *Journal of Economic Perspectives* 1, Summer 1987, pp. 155–59.

模块组 A 改变商业环境的策略

➡ **学习目标**

学完本模块组，你将能够：

1. 解释限制进入定价的经济学原理，分析实施条件和获利可能。
2. 解释掠夺性定价的经济学原理。
3. 阐释管理者如何提高竞争对手成本来规避竞争。
4. 了解规避竞争策略带来的法律后果。
5. 评估决策时机或行动顺序对利润的影响，解释先动优势或后动优势。
6. 结合网络和网络外部性案例，确定 n 个用户构成的星形网络中的连接数。
7. 解释网络为何带来先动优势，如何通过渗透定价策略改变策略环境。

➡ **导 言**

在追求利润最大化的策略的研究中，通常假定企业环境（竞争对手数量、决策时机、竞争对手的决策）不变且是管理者无法控制的。我们不同意这种看法，我们认为管理者可以通过改变环境来谋求长期利润。本模块组的主旨是："如果你不喜欢正在进行的博弈，那就寻找策略来改变博弈。"即使你不打算改变博弈，你的竞争对手也会制定策略攻击你。你需要了解对手的策略，这样才能有效应对以维护公司的利益。

有必要先介绍模块 1 和模块 2，这两个模块的内容有助于减少竞争者数量，从而弱化竞争。管理者会权衡这些策略的成本和收益。更重要的成本考量是策略的合法性：通过消灭竞争对手来提高企业利润的做法，很可能招致一个或多个反垄断机构的诉讼。反垄断法非常复杂，因国家而异，甚至一个国家内各州或各省也不同。从国家层面来看某个策略可能是合法的，但是根据其他国家或者某个州的反垄断法来看又可能不合法。不要低估非法策略的潜在成本，遵循国家或州的反垄断法不仅仅是道德要求，还因为违法的潜在成本可能远远大于企业实施该策略带来的利润。这些成本包括法律费、罚款、对公司声誉的负面影响，甚至是一家大型公司被迫分拆为独立的小型企业。关于反垄断问题，我们在模块组 B 的模块 5 中进行更深入的讨论。

➡ 模块 1：限制进入

限制进入定价

一家企业成功经营可能招致其他企业模仿或者进入该市场，而竞争对手的进入将影响在位企业的利润。管理者可以考虑采用限制进入定价等策略应对进入威胁。限制进入定价通过减少竞争对手数量来改变企业环境。

限制进入定价（limit pricing）是指一个垄断企业（或具有市场势力的企业）设定低于垄断水平时的价格以阻止其他企业进入市场。限制进入定价并非尽善尽美，采用此策略时需谨慎。

限制进入定价的理论基础

考虑某垄断企业控制整个市场的情形。垄断企业的产品需求曲线见图 M1-1 中的 D^M。当价格为 P^M 时，垄断利润最大为 π^M。如果一个潜在进入者拥有与在位企业相同的生产成本，当它进入市场时，垄断企业的利润将被侵蚀，该行业将由垄断变为寡头垄断且在位企业的利润减少。随着进入市场的潜在企业增多，利润将被进一步侵蚀。

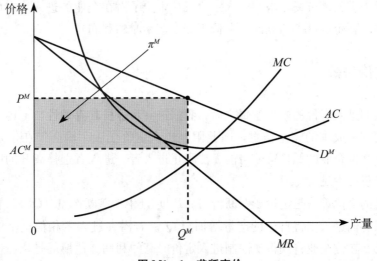

图 M1-1　垄断定价

为了阻止其他企业进入，在位企业的策略之一就是将价格定在垄断价格之下。接下来分析该策略的潜在价值，假设进入者的成本与在位企业的成本完全一样，同时进入者拥有在位者的成本及产品需求的完全信息。

在位企业为了限制价格将产量水平定为 Q^L（超过垄断产量 Q^M），因此价格 P^L 低于垄断价格（见图 M1-2）。若潜在竞争者认为其进入后，在位企业的产量继续维持在 Q^L 单位，则进入者的剩余需求为市场需求 D^M 减去在位企业的产量 Q^L，如图 M1-2 中进入者的需求曲线 D^M-Q^L。进入者的剩余需求曲线从价格 P^L 开始（此价格水平下 D^M-Q^L 为零）。当价格低于 P^L 时，进入者的剩余需求曲线与垄断者需求曲线的水平差距都是 Q^L。

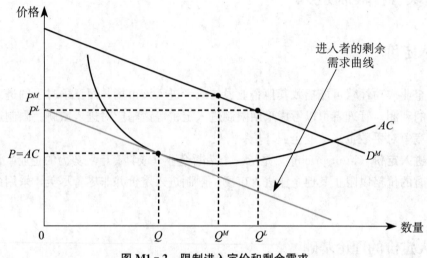

图 M1-2　限制进入定价和剩余需求

图 M1-2 中进入者的剩余需求曲线低于平均成本曲线，这意味着进入无利可图。请注意，如果进入者的产量低于或高于 Q，都将面临损失。如果进入者的产量为 Q，则市场总产量增加到 $Q+Q^L$。对于进入者来说，价格 $P=AC$，经济利润为零，因此进入该市场无法获得正的经济利润。一般来说，进入新市场还会发生额外成本（哪怕只有一美分），进入者亦无动力进入该市场。限制进入定价成功阻止了潜在企业的进入，在位企业得以保持高利润（高于新企业进入的利润，但低于完全垄断时的利润）。

限制进入定价失效

了解了限制进入定价的基本逻辑之后，我们进一步分析其有效性。上述例子假设潜在进入者拥有需求和成本的完全信息，因此限制进入定价无法"隐瞒"在位企业的利润信息。事实上，在位企业的低价策略可能无法阻止进入者：进入者选择离开的原因是它认为在位企业的产量至少是 Q^L。

在位企业的更优策略是定价于垄断价格（P^M）且生产垄断产量（Q^M），它会威胁潜在进入者，如果它们进入则将自己的产量增加至 Q^L。若潜在进入者相信这个威胁，就会远离该市场，那么在位企业将获得比限制进入定价时高的利润。遗憾的是，在位企业的威胁不可信，尤其是，进入者会降低在位企业的边际收益，导致最优产量低于 Q^L。因此，进人者有可能迫使在位企业放弃其产量威胁。认识到这一点，理性进入者会发现即使在位企业的价格定在 P^L 处，进入市场仍然有利可图。

为了有效地阻止其他企业进入，在位企业有必要采取一些行动来降低进入者进入后的利润。在上述例子中，进入者进入后的利润与进入前在位企业的要价无关，而且将产量维持在 Q^L 的威胁也不可信，这就意味着限制进入定价无法保障在位企业的利润，还需要一些其他因素使进入者进入前的价格与进入后的利润挂钩。

原　理	有效的限制进入定价

一个能够有效地阻止理性竞争对手进入的限制进入定价策略，必须使潜在进入者进入前的价格与进入后的利润挂钩。

进入前的价格与进入后的利润挂钩

在现实商业环境中，进入前的价格与进入后的利润可以通过在位企业的承诺、学习曲线效应、不完全信息或声誉效应相联系。接下来将讨论，当上述一个或多个条件被满足时，限制进入定价就会有利可图，但需要动态评估限制进入定价的作用以确保采取了最佳的限制进入策略。

承诺机制

回顾图 M1-2 的例子，进入前的价格与进入后的利润无关，理性的进入者发现如果自己进入，在位企业将产量维持在 Q^L 的动机不足。但在位企业可以通过承诺（承诺至少生产 Q^L 单位）来解决这个问题。确切地说，在位企业需要以某种"自缚双手"的方式来释放可置信承诺，使潜在进入者相信，即使其进入，在位企业也不会减少产量，这种策略能够有效阻止进入。

在位企业的承诺包括建造产能不低于 Q^L 的工厂，表明在位企业的产量会超过 Q^L。关键在于，所有潜在进入者都知道在位企业的产量不可能低于 Q^L。由此，在位企业将价格设定为 P^L（对应的产量为 Q^L），这使得进入者进入前的价格与进入后的利润相联系。因为进入者知道，若其进入市场，在位企业的产量不会低于 Q^L，剩余需求曲线将位于平均成本曲线之下。因此，潜在进入者进入该市场无利可图。

在位企业的利润保障是通过约束自己的行为实现的，即承诺产量不低于 Q^L，而非根据进入情况随机调整产量。为什么承诺是有效策略？考虑如图 M1-3 所示的延展形式博弈模型。在位企业有先动优势，这个先动优势使它率先决策：（1）承诺建造产能不低于 Q^L 的工厂；（2）不承诺建造任何产量水平的工厂。一旦在位企业作出决策，进入者就要决定进入或不进入。图 M1-3 括号中的收益分别表示各种可能情形下在位企业和进入者的利润（单位：美元）。如果在位企业不承诺产量为 Q^L，同时潜在进入者不进入，则在位企业的利润为 100 美元（垄断利润），潜在进入者的利润为零。

注意图 M1-3 中的垄断利润为 100 美元，这是在位企业可能实现的最高收益。在位企

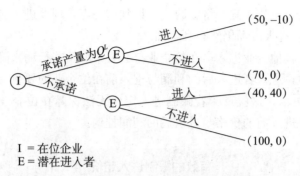

I = 在位企业
E = 潜在进入者

图 M1 - 3   承诺的价值

业为了实现最高收益的任何努力（不承诺产量为 Q^L）都会激励潜在进入者，因为对于潜在进入者来说，进入的利润为 40 美元，超过不进入的零利润。如果在位企业不承诺，它只能与其他企业分割市场而得到 40 美元利润——这低于垄断时的 100 美元利润。

如果在位企业承诺产量为 Q^L，这会改变潜在进入者的动机。具体来说，承诺改变了进入者进入后的收益，使进入变得无利可图。假设在位企业承诺产量为 Q^L（该决策不可撤回），潜在进入者进入后的收益为 −10 美元，不进入的收益为 0。在这种情况下，进入者的理性选择是不进入，因为不进入的收益优于进入后的 10 美元损失。用博弈术语来说，图 M1 - 3 中唯一子博弈完全纳什均衡是不进入市场；在位企业承诺产量为 Q^L 时，得到 70 美元利润，尽管低于 100 美元垄断利润（在均衡点不能实现），但仍然优于在位企业不承诺时的 40 美元利润。

企业如何才能作出承诺？假设苹果蜂（Applebee's）是在小镇上开业的第一家中等价位的餐厅，餐厅希望能够阻止竞争对手的进入。一种做法就是使餐厅规模增大。一旦餐厅开业，餐桌数量给定，它就有强烈动机实现顾客满座。意识到这一点，潜在进入者（如 Chili's）将看到苹果蜂餐厅在小镇上承诺低价格、高产量。如果这足以减少 Chili's 的剩余需求曲线，该承诺将阻止 Chili's 进入市场。

学习曲线效应

在某些产品的生产过程中，产品或服务的成本取决于经验水平。一般来说，生产历史悠久的企业拥有更多的生产经验，比那些没有经验或者只有少量经验的企业的生产成本低。这就是**学习曲线效应**（learning curve effects）。

学习曲线效应把进入前的价格和进入后的利润挂钩，使得在位企业可以利用限制进入定价来阻止新企业的进入。具体来看，假如一个在位企业比潜在进入者领先。先动优势使在位企业比新进入者更早地进入前一期生产，在位企业会发现第一期产量超过垄断产量是有利的，这样做虽然降低了第一期利润，但是额外产量使在位企业获得了更多经验，这可以降低第二期的生产成本。如果学习曲线效应足够大，成本优势会阻止潜在进入者进入市场。需要强调的是，由于在位企业第一期生产了更多产品，第一期的产品价格下降。这个低价格与进入后的利润就挂起钩来（通过学习曲线效应），因此这种限制进入定价能够有效地阻止进入。

不完全信息

在许多情况下，进入者和在位企业不可能拥有完全的价格信息。对企业家和潜在进入者来说，要找到有利的商业机会需要付出成本。进入前的价格或者利润从某种程度上讲是一种信号，这种信号的存在使潜在进入者识别获利机会的成本降低，于是在位者可能会伪造进入前的价格和进入后的利润的联系。限制进入定价就向潜在进入者"隐瞒"了有关的利润信息，从而推迟甚至完全阻止进入（完全阻止比较少见），其阻止能力取决于潜在进入者从其他渠道获取信息的成本。

假设某小镇有一位律师垄断了当地法律服务市场。如果没有新进入者，该律师每年可以获得 50 万美元的收入。如果该律师拥有好几辆跑车并且经常到海外度假（因为她收取垄断价格而获益颇丰），这就会诱惑当地的一些法学院毕业生决定回家乡提供法律服务。如果这位律师的生活水平中等（因为她收取的价格低于垄断价格而获益一般），就不太容易引人注意。后一种情形中该律师实施了限制进入定价，试图向潜在进入者隐瞒利润信息。如果这个策略提高了法学院毕业生识别出当地小镇上的获利机会的成本，就有可能推迟甚至消除进入动机。

还有一种情况就是潜在进入者不清楚在位企业的真实成本。如果潜在进入者得知在位企业的成本高，它会发现进入市场有利可图。如果潜在进入者得知在位企业的成本低，它会发现进入市场无利可图。如果进入者不清楚在位企业的成本，它会利用所获信息估算在位企业的成本。比如，当在位企业定低价时，进入者会推断在位企业的生产成本较低，进而认为进入无利可图。由此，在位企业可以通过定价低于垄断价格来阻止潜在进入者。如果进入前的价格与进入后的利润存在联系，限制进入定价就可以有效地阻止进入。

声誉效应

第 10 章曾讨论一次性博弈与重复博弈的激励不同。在无限重复博弈中，触发策略将参与者的历史行为与未来收益相联系。在进入决策中，这种声誉效应可以将进入前的价格与进入后的利润相联系。如果现阶段允许进入，则会鼓励其他进入者在未来阶段进入。考虑到未来进入者对成本和收益的影响，在位企业将加大声誉投资提高壁垒以阻止潜在进入者的进入。现阶段的低价策略在一定程度上是为了阻止其他企业进入（惩罚进入者），该策略也可能增加长期利润。

动态效应

尽管在位企业可以伪造进入前的价格和进入后的利润之间的关系来阻止进入，但有时允许进入也可能增加利润。假设利率为 i，π^M 为垄断者定价 P^M（垄断价格）时的当期利润，如果该企业能无限期地维持其垄断地位，那么当期与未来利润的现值为：

$$\prod{}^M = \pi^M + \left(\frac{1}{1+i}\right)\pi^M + \left(\frac{1}{1+i}\right)^2\pi^M + \left(\frac{1}{1+i}\right)^3\pi^M + \cdots$$

$$= \left(\frac{1+i}{i}\right)\pi^M$$

假设新进入者观察到当期价格为 P^M，决定进入这个市场。进入改变了第二期及未来各期的竞争，将在位企业的利润从垄断水平（π^M）降到寡头水平（π^D）。尽管不同的市场结构会带来不同的寡头利润，但寡头利润都低于垄断利润，即 $\pi^D < \pi^M$。如果发生进入，在位企业的当期和未来利润的现值降为：

$$\prod{}^{MD} = \pi^M + \left(\frac{1}{1+i}\right)\pi^D + \left(\frac{1}{1+i}\right)^2\pi^D + \left(\frac{1}{1+i}\right)^3\pi^D + \cdots$$

$$= \pi^M + \frac{\pi^D}{i}$$

也就是说，在位企业在第一期获得垄断利润 π^M，会吸引其他企业进入，导致未来的利润变为 π^D。$\frac{\pi^D}{i}$ 是寡头未来利润基于利率 i 的现值。很明显，$\prod{}^{MD} < \prod{}^M$，在位企业的利润因其他企业进入而受损。

假设在位企业能够通过限制进入定价（承诺机制、学习曲线效应、不完全信息或声誉效应）有效地阻止其他企业进入，这是不是有利的策略？在限制进入定价策略下，在位企业的每期利润为 π^L，$\pi^L < \pi^M$。在位企业利润的现值为：

$$\prod{}^L = \pi^L + \left(\frac{1}{1+i}\right)\pi^L + \left(\frac{1}{1+i}\right)^2\pi^L + \left(\frac{1}{1+i}\right)^3\pi^L + \cdots$$

$$= \left(\frac{1+i}{i}\right)\pi^L$$

限制进入定价策略是否有利于获取利润？这取决于一个必要条件：限制进入定价下的利润现值高于进入发生后的利润现值，即 $\prod{}^L > \prod{}^{MD}$。重新整理上述公式，得出限制进入定价要实现 $\prod{}^L > \prod{}^{MD}$，必须满足条件：

$$\frac{(\pi^L - \pi^D)}{i} > \pi^M - \pi^L$$

公式左边是限制进入定价的未来收益现值，右边是限制进入定价的当期收益差额。限制进入定价是否有利的必要条件是：限制进入定价下的每期利润 π^L 都高于寡头垄断下的每期利润 π^D。这不是充分条件。这些收益现值还必须大于利润的实现成本。利润的实现成本是限制进入定价所放弃的第一期的利润，即 $\pi^M - \pi^L$。

根据以上分析，限制进入定价在以下情形下显然更具吸引力：（1）利率较低；（2）限制进入定价下的利润与垄断价格下的利润相近；（3）寡头利润明显低于限制进入定价下的利润。缺乏上述条件，在位企业通过限制进入定价策略来阻止进入就不是最优选择。如果企业面对进入时不采用限制进入定价策略来阻止，随着时间的推移，将有越来越多的企业进入市场参与竞争，导致市场价格越来越低。

➡例题 M1 - 1

Baker 是一家从事存储芯片生产的中型企业，目前是市场上唯一的企业，每年可获利 1 000 万美元，垄断价格为 115 美元。Baker 公司非常担心新企业会很快仿制其产品。如果新企业进入，Baker 公司的利润将减少到每年 400 万美元。有数据显示，如果 Baker 公司将其产量增加到 280 000 单位（这将使价格降至 100 美元），潜在进入者将不会进入该市场，但 Baker 公司的利润在未来（无限期）每年只有 800 万美元。

1. Baker 公司应该采取怎样的定价策略来有效地阻止新企业进入？

2. 假如利率为 10%，Baker 公司的限制进入定价策略有意义吗？

答：

1. Baker 公司必须"自缚双手"作出承诺，表明即使进入发生，Baker 的产量也不会低于 280 000 单位，潜在进入者在作出进入还是不进入决策之前，必须能观察到该承诺。

2. 如果满足以下条件，限制进入定价是有利的：

$$\frac{(\pi^L - \pi^D)}{i} > \pi^M - \pi^L$$

在本例中，

$$\frac{800 - 400}{0.1} > 1\,000 - 800$$

限制进入定价收益的现值（等式左边）为 4 000 万美元，限制进入定价的成本（等式右边）只有 200 万美元。若该等式成立，限制进入定价有利可图。

透视商业 M1-1　　　　**限制进入定价和"西南航空效应"**

1993 年，美国运输部发布了一份报告，后来被称为著名的"西南航空效应"。报告指出，许多短线航空的定价取决于西南航空公司，西南航空公司或者正在运营该线路，或者只是停靠该线路的两端机场。停靠线路的两端机场所产生的"西南航空效应"，源自西南航空公司对该线路的威胁。举个例子，假如西南航空经营的航线是飞离芝加哥和亚特兰大，但不经营芝加哥到亚特兰大之间的航线，它给芝加哥—亚特兰大航线的经营者一个显而易见的压力——西南航空随时可以进入该航线而不用增加新机场。

为什么存在西南航空威胁的航线也会降低价格？安德鲁·斯威廷（Andrew Sweeting）、詹姆斯·罗伯茨（James Roberts）和克里斯·格奇（Chris Gedge）认为，受威胁航线的定价是竞争对手采取的一种限制进入定价，发生在信息不对称的市场上。尤其是当潜在进入者（西南航空）不了解在位航空企业的成本时，通过定低价，在位企业向西南航空公司传递了"我们的成本很低"的信号，进入该航线是无利可图的。由此，西南航空公司不仅降低了其所经营航线的价格，还降低了其目前尚不经营的航线的价格。

　　资料来源：A. Sweeting, J. Robert, and C. Gedge, "A Model of Dynamic Limit Pricing with an Application to the Airline Industry," NBER working paper（2016）; R. D. Bennett and J. M. Craun, *The Airline Deregulation Evolution Continues: The Southwest Effect*（Office of Aviation Analysis, U. S. Department of Transportation, Washington, DC, 1993）.

➡ 模块 2：弱化竞争

掠夺性定价

限制进入定价对商业环境的影响是通过阻止潜在竞争者的进入实现的，而**掠夺性定价**（predatory pricing）是通过消灭现有竞争者来减少竞争。具体而言，采取掠夺性定价策略时，一个企业把价格设定在其边际成本以下就是为了把竞争对手赶出市场。一旦"猎物"（竞争对手）离开市场，由于竞争减少，"掠夺者"（发起掠夺性定价的企业）就有能力提高产品价格。因此，掠夺性定价涉及当前和未来利润的权衡：如果未来利润现值足以弥补当期为了将竞争对手赶出市场而产生的利润损失，掠夺性定价就是有利可图的。

掠夺性定价不仅仅有损"猎物"，也有损"掠夺者"，该策略成功的关键在于"掠夺者"是否比"猎物"更"健壮"。发起掠夺性定价的企业必须比"猎物"有"更深的口袋"（更多的财务资源），这样才能战胜竞争对手。声誉效应有助于企业强化掠夺性定价。在当期采取强硬措施将竞争对手赶出市场，在重复博弈状态下，这使得未来驱赶竞争对手更容易。在市场上建立强势驱赶竞争对手的声誉，将使其他企业不敢轻易进入该市场。但这也可能导致小型竞争对手宁愿以低廉价格卖给大企业，也不愿意被"掠夺者"赶出市场。

当然，面对掠夺，"猎物"也会采取应对策略，典型的做法就是降低掠夺性定价的盈利性。当"掠夺者"的售价低于成本时，"猎物"可以减少生产或停止生产（这导致"掠夺者"的损失大于"猎物"的损失），或者从"掠夺者"处购入产品并囤积，等掠夺性定价结束后再销售。注意，掠夺性定价对"掠夺者"而言实施成本很高。一般情况下，掠夺性定价很难将相似的竞争者（相似的规模、成本、财务资源以及产品诉求等）赶走，只能赶走那些小型竞争者（"空口袋"的竞争者）。

掠夺性定价容易被起诉违反了《谢尔曼法》，但在法庭上对掠夺性定价往往难以取证。21 世纪初，美国司法部反垄断局曾指控美国航空公司涉嫌通过增加航班和降低价格，将刚起步的小型航空公司赶出达拉斯的福特沃斯国际机场，尽管政府指控美国航空公司在成功赶走竞争对手后提高了票价，但美国航空公司还是在庭审中胜出。

被许多经济学家（以及法官）指控的"掠夺性"行为，在现实中确实是合法的商业行为。进入通常会加剧竞争并导致价格下降，但如果该产品的固定成本太高，激烈竞争的结果就是弱势企业离开，存活下来的企业将提高价格。如果阻止竞争，则会鼓励那些无效率企业的进入。更糟糕的是，如果严格管制反掠夺性定价，还可能导致企业间的合谋，这是因为企业担心被认定为掠夺性定价而遭到起诉，所以通过合谋规避竞争。

此外，厂商为了让新产品进入市场，通常采用低价销售甚至免费赠送方式吸引消费者试用，等消费者认可后再提高价格，这种行为对企业是有利的。后文内容将分析，厂商将产品价格降到成本以下的动机并非一定是将竞争对手赶出市场。这些策略有时有助于新进入者成功地与在位企业展开竞争。

需要注意的是，法律上对掠夺性价格的界定是掠夺者将价格制定在边际成本之下（为了打击竞争对手，自己可能要承受损失）。但是，如果掠夺者具有较大的成本优势，也可能采取类似的策略，此时定低价是为了赶走缺乏效率的企业。在这种情况下，在位企业无须将价格设定在边际成本之下，仅需要将价格设定在平均成本即可。但与掠夺性定价相似的是，当无效率企业退出市场后，有效率的企业就可以提高产品价格。

➡例题 M2 - 1

Baker 公司是一家专门从事存储芯片生产的中型企业。如果 Baker 公司是垄断者，它每年可获利润 1 000 万美元，垄断价格为每单位 115 美元，可以无限期获取。Baker 公司可以通过限制进入定价策略阻止潜在竞争对手进入（见例题 M1 - 1），但是它没有这样做，导致其他厂商进入形成了双寡头垄断，每个厂商在可预测的未来每年可获利润 400 万美元。如果 Baker 公司将价格降至 68 美元且维持一年，就可以赶走竞争对手而无限期地保持其垄断地位。但在实施掠夺性定价的一年中，Baker 公司会损失 6 000 万美元。假如不考虑法律约束，掠夺性定价是不是一个有利的策略？假设利率为 10% 且任何当期的利润或损失都在当期（即年初）发生。

答：

如果 Baker 公司不进行掠夺性定价，收益现值（包括当期的 400 万美元收益）$\prod^D$ 为：

$$\prod\nolimits^D = 4 + \left(\frac{1}{1+0.1}\right) \times 4 + \left(\frac{1}{1+0.1}\right)^2 \times 4 + \left(\frac{1}{1+0.1}\right)^3 \times 4 + \cdots$$

$$= \frac{1+0.1}{0.1} \times 4$$

$$= 11 \times 4$$

$$= 44(\text{百万美元})$$

如果 Baker 公司实施掠夺性定价，其当期和未来各期利润现值为：

$$\prod\nolimits^P = -60 + \left(\frac{1}{1+0.1}\right) \times 10 + \left(\frac{1}{1+0.1}\right)^2 \times 10 + \left(\frac{1}{1+0.1}\right)^3 \times 10 + \cdots$$

$$= -60 + \frac{10}{0.1}$$

$$= -60 + 100$$

$$= 40(\text{百万美元})$$

由于 $\prod^P < \prod^D$，实施掠夺性定价的获利少于不实施掠夺性定价（即维持双寡头垄断）。实施掠夺性定价对 Baker 公司而言不划算，因为将竞争对手赶出市场的成本太高了。

透视商业 M2 - 1　　**美国司法部参照微软案例来起诉谷歌**

2020 年 10 月 20 日，美国司法部起诉谷歌违反了反垄断法的第 1 条和第 2 条。政府对谷歌的指控跟 20 年前对微软的指控类似。那时候，微软是世界上最大的个人计算机软件供应商。美国政府指控微软采用了大量有碍竞争的商业策略，包括在 Windows 操作系统上捆绑其他微软软件，排他性协议阻止企业分销、推广、购买或使用竞争对手或潜在竞争对手的产品，排他性协议限制公司向竞争对手或潜在竞争对手提供资源和服务。

根据美国政府估算，Netscape 在 20 世纪 90 年代早期拥有浏览器市场 70%～80% 的市场份额，微软投资了数亿美元来制作、检测和推广 IE 浏览器，但要吸引消费者从 Netscape 转向 IE 浏览器，微软仍面临巨大的挑战。根据美国政府的指控，一位微软的高管——平台事业部的副总——是这样总结公司战略的："我们要切断他们的'空气补给'，所有他们售卖的产品，我们都将免费提供。"美国政府还起诉比尔·盖茨（Bill Gates）对 Netscape 的威胁，比尔·盖茨曾说过："我们的商业模式更有竞争力，即便我们所有的互联网软件免费……我们还能销售操作系统，Netscape 的商业模式看上去怎么样？不够好。"

许多情况已经发生了变化，微软输掉了官司；Netscape 被美国在线（America Online）收购；美国在线后来并购了时代华纳但 2009 年又予以剥离。2009 年 1 月，欧洲委员会裁定，微软的浏览器与操作系统捆绑销售，违反了欧盟的反垄断法。捆绑策略最终会显著提高微软在与 Netscape 及其他浏览器企业竞争中的地位。花费了数亿美元的诉讼费后，微软输掉了官司。目前美国司法部正在重复 1998 年的事件，在谷歌案中，法院会站在哪一边？现在还不清楚。

资料来源：Antitrust Complaint：United States of America v. Google, October 20, 2020. N. Economides and I. Lianos, "The Elusive Antitrust Standard on Bundling in Europe and the United States in the Aftermath of the Microsoft Cases," *Antitrust Law Journal* 76, No. 3 (2009); Robert Wielaard, "EU: Microsoft Must Unbundle Browser," Associated Press, January 17, 2009; "AOL Time Warner to Drop 'AOL' from Corporate Name," *The Wall Street Journal*, September11, 2003; *The Wall Street Journal Online Edition*, Front Page, October 9, 2001; Antitrust Complaint：*United States of America v. Microsoft Corporation*, May 18, 1998.

提高竞争对手成本

管理者在改变商业环境时还可采取另一种方法——**提高竞争对手的成本**（raising rivals' costs）。通过提高竞争对手的成本，改变竞争对手的决策动机，最终影响其价格、产量以及进入决策。假设实施该策略的成本很低，那么，提高竞争对手成本的企业可能获利。

举例说明。某大型软件企业是最流行的操作系统的唯一生产商。这家企业同时还生产其他软件如文字处理软件，在市场上与不同品牌的小型竞争对手竞争。这家大企业有可能会提高小型竞争对手的成本，比如使这些小型竞争对手获得操作系统代码的难度增大，极端情况下甚至拒绝向小型竞争对手公布其操作系统代码。这两种做法都会增加竞争对手开发和升级文字处理软件的成本，但不会增加大企业的成本。这种做法除了提高竞争对手的固定成本，还可以增加竞争对手推销其软件的边际成本，因为客户更希望得到一揽子技术支持来解决系统冲突或其他问题。

企业还可以提高竞争对手的分销成本。例如，在著名的微软垄断案中，政府指控微软公司与电脑生产商签订独家合同，阻止电脑生产商在装有 Windows 操作系统的电脑中预装 Netscape 浏览器。这一行为显然提高了 Netscape 浏览器的分销成本（相对于微软公司的 IE 浏览器而言）。

边际成本策略

下面结合图 M2-1 揭示企业如何通过提高竞争对手的边际成本来获利。这是一个古诺双寡头垄断模型（见第 9 章），r_1 和 r_2 分别是两个寡头垄断企业的反应函数。Q_1 和 Q_2 分别代表两个企业的产量，反应函数给出了每个企业在竞争对手既定产量下的利润最大化产量。比如，r_1 是企业 1 在企业 2 的每个可能产量下的利润最大化产量。反应函数向下倾斜，每个企业同时决定产量，市场价格随着总产量而调整。企业 2 的产量越高，导致市场价格越低，于是企业 1 的最优产量也越低。

在图 M2-1 中，点 A 是最初的古诺均衡处。企业 1 的利润为 π_1^A，在点 A 与等利润线相交。该利润显然低于企业 1 为垄断企业时的利润（此时企业 1 的产量为 Q_1^M，企业 2 的产量为零）。

假设企业 1 采取策略提高竞争对手的边际成本，由此造成企业 2 的产量较以前减少。从图形看，通过提高竞争对手的边际成本，企业 1 将竞争对手的反应函数移至图 M2-1 中

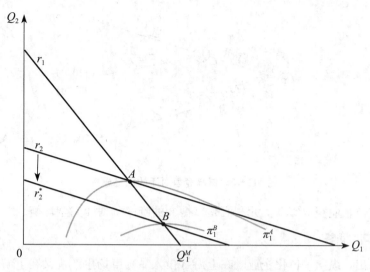

图 M2 - 1　提高竞争对手的边际成本

的 r_2^*。新的均衡点移动到点 B。由于边际成本提高，企业 2 的产量减少从而提高了市场价格，企业 1 则增加了产量。最终，企业 1 将得到更大的市场份额和更高的利润。注意，企业 1 在点 B 处的利润为 π_1^B。因为这个利润水平更接近垄断点，所以企业 1 从提高竞争对手的边际成本中得到了好处。

固定成本策略

　　企业可以通过提高竞争对手的固定成本而获益。即使企业同时提高了自身的固定成本，仍然可以增加企业利润，这是不是有点奇怪？先来看一个例子，假如没有其他企业进入这个市场，在位企业的垄断利润为 200 美元。如果有一个竞争对手进入市场，竞争会导致在位企业的利润降至 70 美元，同时进入者也获得利润 70 美元。如果进入者不进入市场，其利润为零，如果进入市场则利润为 70 美元。因此，除非垄断者可以改变商业环境，否则将无法维持其垄断利润。

　　假设在位企业可以成功地游说政府实施管制，如要求市场中的每个企业（包括在位企业）必须从政府处获得经营许可证，该许可证的成本为 90 美元。于是在位企业将自己的固定成本提高了 90 美元，但同时也将竞争对手的成本提高了 90 美元。由此，如果竞争对手进入市场，它将损失 20 美元（原来的利润 70 美元减去许可证成本 90 美元），而不进入的利润为零。这个将企业固定成本提高 90 美元的策略将改变竞争对手的进入决策，使在位企业得以维持其垄断地位。注意，在位企业的最终利润为 110 美元（原来的垄断利润 200 美元减去许可证成本 90 美元）。这个利润虽然低于许可证政策实施前的 200 美元垄断利润，但仍然高于无许可证时竞争对手进入后的 70 美元利润。

　　如图 M2 - 2 所示，在位企业有两个策略：支持收取 90 美元许可证费用或者不支持收取许可证费用。潜在进入者在决策前要观察是否存在许可证费用。如果不存在许可证费用，竞争对手就有进入动机，导致在位企业的利润变为 70 美元。如果在位企业支持收取 90 美元的许可证费用，进入者的最优策略是不进入（不进入的花费为零，进入的花费为 20 美元）。这时在位企业的利润为 110 美元。很显然，在位企业的最优策略是支持收取许

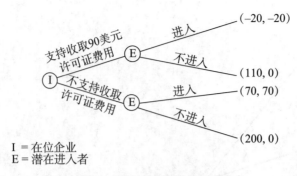

I = 在位企业
E = 潜在进入者

图 M2-2 提高竞争对手的固定成本

可证费用，在位企业获取 110 美元利润是该博弈的唯一子博弈完全均衡。

纵向一体化策略

第 6 章指出，纵向一体化企业既在上游（投入品）市场生产，又在下游（产品）市场生产。若纵向一体化企业拥有一定的市场势力，则可以利用其市场势力提高下游市场竞争对手的成本。比如，纵向一体化企业提高上游的投入品价格，就可以提高下游市场竞争对手的成本。下面讨论两种具体的策略：纵向圈定和价格—成本挤压。

纵向圈定 纵向圈定（vertical foreclosure）是一种提高竞争对手成本的极端策略，通常在企业控制关键的上游投入品以规避下游市场竞争时采用。企业拒绝向其他下游企业出售必需的投入品，迫使其他下游企业寻找低效替代品，就会增加它们的生产成本。如果找不到替代品，竞争对手将被赶出下游市场，因为找不到关键投入品。

纵向圈定策略在某些情形下有效，在某些情形下无效。具体来说，当通过关键投入品索取高价来驱逐其他下游竞争对手时，纵向一体化企业就放弃了上游投入品的销售利润。只有当下游市场的利润增加（因为市场势力提升）足以抵销上游投入品的利润损失时，纵向圈定策略才是有利的。

价格-成本挤压 在有些情况下，纵向一体化企业可以通过**价格-成本挤压**（price-cost squeeze）提高竞争对手的成本。比如，纵向一体化企业在提高竞争对手的投入品成本的同时，维持最终产品的价格不变甚至降低价格，这就挤压了下游竞争对手的获利空间。价格-成本挤压的最终结果类似于掠夺性定价，就是将竞争对手逐出市场。但是该策略使纵向一体化企业所制定的上游市场价格和下游市场价格不是当期利润最大化的价格，企业需权衡短期利润损失和竞争对手退出下游市场后的潜在利润现值。价格-成本挤压策略是否有利可图，取决于上述权衡和利率水平。

大型纵向一体化企业可以通过价格-成本挤压策略"惩罚"下游市场中的非合谋企业（如不参与市场分割或其他合谋协议）。尽管价格-成本挤压策略导致纵向一体化企业在惩罚对手时面临短期利润损失，但是这种投资可以形成声誉，从而使纵向一体化企业在重复博弈市场上获取更高的未来利润。

模块 3: 选择博弈时机

先动优势

先动优势指企业在其竞争对手作出决策之前先作出决策，从而获得更高的回报。第 9 章介绍的斯塔克伯格寡头垄断模型就是先动优势的典型案例。在这个模型中，一个企业（斯塔克伯格领导者）在其竞争对手（跟随者）作出产量决策之前先声明自己的更高产量决策。斯塔克伯格领导者获得的利润要高于它没有抢先一步决策时的利润。

接下来解释为实现先动优势而改变决策时机的基本原理。假设两家企业（企业 A 和企业 B）必须制定产量决策（产量高或低）。它们面对两种情形：情形一，两家企业同时作出产量决策（不存在先动优势的机会）；情形二，企业 A 先于企业 B 作出决策。

表 M3－1 描述了同时行动博弈的标准形式。企业 A 和企业 B 对应的策略中，第一个数字为企业 A 的收益，第二个数字为企业 B 的收益。假如企业 A 和企业 B 都作出低产量的决策，企业 A 获得 30 美元，企业 B 获得 10 美元。

表 M3－1　同时行动的生产博弈　　　　　　　　　　　　　　单位：美元

		企业 B	
		低产量	高产量
企业 A	低产量	30, 10	10, 15
	高产量	20, 5	1, 2

在这个同时行动博弈中，企业 A 的占优策略为低产量，因为不论企业 B 选择高产量还是低产量，企业 A 的低产量决策实现的利润都是最高的。假如企业 B 是理性的，它就应该选择高产量（这样可以带来 15 美元的利润，多于低产量决策的 10 美元利润）。因此，这个同时行动博弈的唯一纳什均衡是：企业 A 选择低产量，企业 B 选择高产量。在均衡点，企业 A 的利润为 10 美元，企业 B 的利润为 15 美元。

假设现在企业 A 可以改变决策时机——它能够在企业 B 之前先作出决策。更重要的是，企业 B 在作出决策前能够观察到企业 A 的决策且企业 A 也知道这一点。图 M3－1 是序贯行动博弈的扩展形式。博弈树后面的收益（单位：美元）与表 M3－1 中的相同。这个博弈与同时行动博弈的区别在于，企业 A 先行动，企业 B 观察到 A 的决策后再行动。

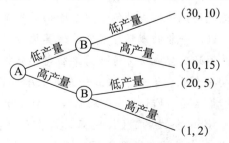

图 M3－1　序贯行动的生产博弈

如果企业 A 先行动，它会怎么做？假如企业 A 选择低产量，企业 B 对应的最佳选择是高产量，于是企业 A 实现收益 10 美元。然而，如果企业 A 选择高产量，企业 B 对应的最佳选择是低产量，这样企业 A 实现收益 20 美元。因此，图 M3-1 的唯一子博弈完全均衡是：企业 A 选择高产量，企业 B（观察到这一点）选择低产量。企业 A 的均衡收益为 20 美元，企业 B 的均衡收益为 5 美元。

如果企业 A 先行动，其均衡收益为 20 美元，高于同时行动博弈中的 10 美元。率先行动使企业 A 具有一定优势，而企业 B 只有第二行动优势（后动优势），仅获得 5 美元收益，低于同时行动时的 15 美元。

需要强调的是，企业 A 的先动优势依赖于三个重要条件：(1) 企业 A 的高产量决策不可逆；(2) 企业 B 观察到企业 A 的决策之后再制定其决策；(3) 公共信息（企业 B 知道企业 A 的决策不可逆，同时企业 A 知道企业 B 了解这一点，依此类推）。

在许多竞争中，先动优势很普遍。比如率先推广某新产品的创新者，可以在专利保护下独享垄断利润。由于学习曲线效应，先行者可能以低成本获得超额收益。这种先动优势可以持续到专利期结束，也就是说，即使不存在专利保护，学习曲线效应带来的先动优势仍然存在。模块 4 将重点强调，在存在网络效应的行业中，先动优势尤其显著。

后动优势

率先进入市场并不必然带来优势，有时后动优势可能更强。因为后来者可以对先行者的投资"搭便车"，这就使得后来者较先行者成本更低，进而可能获得更高的收益。此外，后来者还可以了解先行者的经验和失误而获得优势，以更低的成本生产出更好的产品。如专栏"透视商业 M3-1"所示，许多后来者从先行者那里获益，并因此而获利。

透视商业 M3-1　　　　先行者会率先成功还是率先失败？

在早期的个人计算机市场上，公司不能准确预测其需求，导致许多企业在竞争中遭受损失或积压存货。这种情形在 1984 年有所改变，当时迈克尔·戴尔（Michael Dell）创立了戴尔计算机公司。戴尔的商业模式使之有能力销售价值 1 995 美元的 12 兆赫的计算机，而 IBM 的 6 兆赫计算机售价 3 995 美元，相比之下 1 995 美元这一价格很有优势。最终，戴尔开创了计算机的直销模式（将计算机直接销售给终端客户，避开经销商），接着利用互联网继续扩大其直销范围。尽管许多企业都尝试模仿该策略（康柏于 1998 年开始进行直销），但是戴尔的先动优势使其处于行业领先位置，直到 2000 年，其销售额和利润增长仍然保持行业第一。戴尔是先动优势的成功例子（尽管由于新企业的进入，该行业的竞争越来越激烈，导致戴尔最终进入一般的零售连锁店，但其优势仍然较为明显）。

注意，率先进入市场并不必然会成功。许多著名公司率先推出新产品，但最终成为市场的探索者而非有优势的成功企业。第一家推出一次性纸尿裤的是 Chux，它最后败给了宝洁，因为宝洁随后引进了帮宝适（Pampers）纸尿裤。Ampex 公司率先推出视频录像机 VCR，但大多数人提及基于 Beta 格式的 VCR 时只记得索尼（甚至认为索尼是先行者）。Prodigy Services 也是率先进入市场的在线服务商，但是最终输给了后来者——美国在线。

你能理解这种情况吗？先行者并不一定有优势，有时需要耐心。不管你有先动优势还是后动优势，都要记住市场是动态变化的。从戴尔、美国在线以及其他企业的长期经营经验来看，这样的优势很难保持。

资料来源："Being There First Isn't Good Enough," *The Wall Street Journal*, June 8, 1996; Michael Dell, *Direct from Dell* (New York: Harper Collins, 1999); various company Internet sites.

➡ **例题 M3-1**

在以下博弈中，你愿意为先动优势最多支付多少钱？

1. 有两个博弈方——你和对手，能够说出更大的正整数的一方获胜，胜者得到 10 美元，败者得到 0 美元。

2. 有两个博弈方——你和对手，能够说出更小的正整数的一方获胜，胜者得到 20 美元，败者得到 2 美元。

答：

1. 此博弈有后动优势。第二个行动者能够说出比第一个行动者更大的正整数，从而获得 10 美元。这个博弈不存在先动优势，你愿意为先动优势最多支付 0 美元（但是你愿意为后动优势支付 10 美元）。

2. 博弈 2 有先动优势。第一个行动者说出"1"即可获得 20 美元。若你存在先动优势，你能够获得超额收益 18 美元（否则只能获得 2 美元），因此你愿意为先动优势最多支付 18 美元。

➡ # 模块 4：克服网络效应

网络的含义

网络由地理上或经济空间中不同的点（节点）相互连接而成，在许多行业（如铁路、航空、运输以及互联网等新兴经济领域）发挥着重要作用。

最简单的网络是单向网络。在单向网络中，服务单向流动。典型的例子是居民供水系统：自来水从当地供水企业单向流到居民家中。显然，单向网络的先动优势源于规模经济或范围经济，因为网络提供商（如当地自来水公司）利用规模经济优势给消费者提供服务，新进入者很难建造一个新网络来取代在位企业已建立起来的网络。单向网络的显著特征就是：单向网络对于每个消费者的价值与有多少人在使用这个网络无关。

但在双向网络（如电话系统、电子邮件或互联网，包括即时信息）中，网络对于每个客户的价值直接与用户规模（有多少人使用这个网络）相关。即使不存在规模经济，双向网络的现有提供者仍然拥有显著的先动优势（因为用户数量很大）。

图 M4-1 所示的星形网络就是一个双向网络的例子。点 C_1 到点 C_7 是节点，假设这些是拥有电话的消费者。中间的点 H 表示网络枢纽，类似于电信公司的转换器。消费者

C_1 通过 C_1HC_2 与消费者 C_2 通话。星形网络不仅存在于通信行业，而且存在于其他经济部门，如航空业。一个乘客想搭乘达美航空公司的航班从印第安纳波利斯飞往费城，需要先从印第安纳波利斯飞到亚特兰大（这是达美航空公司的中转站），然后从亚特兰大飞往费城。

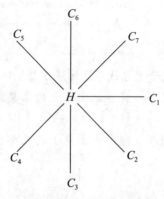

图 M4 – 1 星形网络

网络外部性

双向网络显示出正的外部性特征，这也称为**直接网络外部性**（direct network externality）：随着网络用户数量（网络规模）的扩大，网络所带来的每单位服务的价值也在增加。当电话网络中只有一个用户时，该网络毫无价值，相比之下，拥有两个用户的电话网络更有价值，但其价值低于拥有三个用户的电话网络，依此类推。当网络中仅有两个用户时，网络所能够提供的潜在连接服务只有两个：用户 1 呼叫用户 2，以及用户 2 呼叫用户 1。如果再增加一个用户，潜在连接服务就由 2 种变成了 6 种：用户 1 呼叫用户 2，用户 1 呼叫用户 3，用户 2 呼叫用户 1，用户 2 呼叫用户 3，用户 3 呼叫用户 1，用户 3 呼叫用户 2。从一般意义上讲，如果网络中有 n 个使用者，将出现 $n(n-1)$ 种潜在连接服务。这意味着网络中每增加一个用户，将增加 $2n$ 种潜在的连接，这将使所有用户直接受益。

原 理	直接网络外部性

连接 n 个用户的双向网络提供了 $n(n-1)$ 种潜在的连接服务。当一个新用户加入这个网络时，会为整个网络增加 $2n$ 种潜在连接服务，所有的现有用户会直接从中受益。

除了直接网络外部性，双向网络还存在**间接网络外部性**（indirect network externality），也称**网络互补性**（network complementarities）。网络互补性源于对特定网络的使用的增加。双向网络和单向网络都会产生网络互补性。互联网的发展催生了大批互补性产品和服务，如电话会议软件。开发这种软件的固定成本很高，只有当互联网用户规模足够大时才能弥补软件开发成本。随着越来越多的软件被开发出来并在互联网上广泛应用，互联网对于每个用户的价值不断提高，这就是网络互补性的表现。

同样，20 世纪初，电力的大规模使用促使数百万种电器产品出现，而电器的大量使用又进一步提高了电网的价值。非网络行业中也存在类似的间接外部性现象，如使用 E85 乙醇汽油的汽车的数量增加促使美国 E85 加油站的数量增加。

注意，网络中也可能出现负的外部性，这取决于网络规模的瓶颈。比如随着网络规模的扩大，最终会达到临界点——现有基础设施无法容纳更多的用户。超过临界点后，新用户的加入会带来拥堵，造成每个用户难以连接上网络，从而降低网络对于每个用户的服务价值。典型的瓶颈案例包括高速公路上的交通拥挤、航班延迟、通信网络掉线、互联网服务器运行慢以及当地电力系统断电等。

消费者锁定带来的先动优势

由于网络外部性的存在，新网络想取代现有网络或者与现有网络展开竞争都非常困难，即使新网络在技术上领先于现有网络，也很难战胜现有网络。因为现有网络拥有更多的用户和互补性服务，现有网络为每个用户提供的总价值（由于直接或间接的网络外部性）比新网络更高。

为了理解上述问题，我们来看一个简单的双向网络的例子。如图 M4-2（a）所示，假设这个双向网络为用户 C_1 和用户 C_2 提供连接服务，该网络为垄断者——网络枢纽 H_1 所拥有，网络服务对于每个使用者的价值是每个月 10 美元。

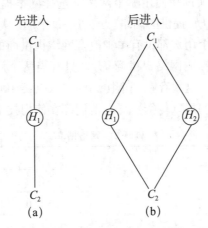

图 M4-2　进入带来的竞争（排他性）网络

假设另外一家企业决定进入这个市场。由于创建新网络需要大量的固定投资，假设新企业的技术更先进，新网络对于每个使用者的价值为每个月 20 美元。新网络建成后如图 M4-2（b）所示，其中 H_1 和 H_2 是双寡头垄断的两个网络枢纽。注意，这两个网络是排他的，即两个用户只有加入同一个网络，彼此间才能进行连接（见专栏"透视商业 M4-1"）。

透视商业 M4-1　　　　　**在线拍卖带来的网络外部性与渗透定价**

在线拍卖是排他性网络的典型例子。特别是像 eBay 这样的公司，可能被视为买家与卖家相联系的枢纽。越多的买家访问该网站，该网站对于卖家的价值就越高。类似地，卖家在该网站销售的商品越多，该网站对于买家也越有价值。

eBay 作为先行者，在网上为交易双方服务，新进入者很难在拍卖网站市场找到立足点。毕竟，如果新网站中没有卖家销售产品，买家就没有动机访问该网站。如果没有买家访问，卖家也没有动力在新网站上获取产品销售权（通常需要付费获取）。这样，网上拍卖的先行者（如 eBay）就可能通过网络效应和先动优势维持市场势力。

这样的情形给雅虎（Yahoo!）带来了挑战。雅虎想进入网上拍卖市场与 eBay 竞争。意识到网络效应问题和 eBay 的先动优势，雅虎采用渗透定价策略，允许买家和卖家免费试用其拍卖网站。因为 eBay 向卖家收费，该策略使得雅虎拍卖网站成为 eBay 的一个重要竞争对手。一旦大量的买家和卖家使用雅虎网站，雅虎将获得网络效应，这样就有可能对网站的拍卖服务收费。

遗憾的是，雅虎的策略并没有影响 eBay 的网络效应和先动优势。最终，雅虎关闭了其美国的在线拍卖网站。

资料来源：Michael R. Baye and John Morgan, "Information Gatekeepers on the Internet and the Competitiveness of Homogeneous Product Markets." *American Economic Review* 91, no. 3 （June 2001）, pp. 454 - 74; Yahoo! Auction site at http：//help. yahoo. com/help/auctions/asell/, accessed October 6, 2001; "Yahoo! US Auction Sites Are Retired!" http：//auctions. shopping. yahoo. com/, accessed March 7, 2009.

新进入者能否利用其先进的技术进入这个垄断市场？参见表 M4 - 1 的相关信息：博弈的参与者是用户，他们必须选择使用哪个网络（选择网络提供商）。由于先动优势，两个用户都在使用网络提供商 H_1 提供的网络。最初，每个用户每个月从网络得到 10 美元的价值。当新网络出现时，每个用户都没有单独改变网络提供商的动机。给定其他用户的既定选择，没有一个用户愿意转向网络提供商 H_2，只有当两个用户同时转向新网络时，每个用户才能获得更高的收益。这里存在一个协调问题（见第 10 章）。网络外部性带来了消费者锁定：消费者陷入一种僵局（均衡）——他们都在使用技术水平低的次级网络。

表 M4 - 1　网络博弈　　　　　　　　　　　　　　　　　　单位：美元

		用户 2	
		H_1	H_2
用户 1	H_1	10, 10	0, 0
	H_2	0, 0	20, 20

"改变博弈" 的渗透定价

如果只有两个用户被锁定在僵局中，两个用户很容易通过交流摆脱困境，比如两个用户达成一致，一起转换到另一个网络。如果网络中有数以万计互不认识的用户，交易成本太高，使得转换网络变得不可行，在这种情况下，后来者能够建立自己的网络吗？

渗透定价（penetration pricing）是后来者可以选择的一种策略。后来者在初始阶段制定低价、免费赠送，甚至向消费者付钱，来吸引潜在用户试用自己的产品，从而获得尽可能多的用户。这使得用户规避风险：用户在继续使用现有网络的同时体验新网络。

渗透定价策略是如何帮助 H_2（后来者）吸引足够多的用户使用其网络的？对用户来说，使用两个网络的价值至少等同于使用单个网络的价值。新网络的提供者如果让用户低价（比如 1 美元）体验自己的服务，则"体验"期的博弈就从表 M4 - 1 变成表 M4 - 2。在这种情况下，每个用户都有试用新网络的动机，因为选择 H_1 和 H_2 是每个用户的占优策略。

表 M4 - 2　渗透定价的网络博弈　　　　　　　　　　单位：美元

		用户 2	
		H_1	H_1 & H_2
用户 1	H_1	10，10	10，11
	H_1 & H_2	11，10	21，21

一旦消费者试用了新网络，他们会意识到网络提供商 H_2 更好并最终放弃网络提供商 H_1。当足够多的用户（本例中是两个用户）开始使用网络提供商 H_2 时，网络提供商 H_2 就可能取消 1 美元的低价（最终会提高其网络使用价格），原因是用户可以从网络提供商 H_2 得到 20 美元，高于从网络提供商 H_1 得到的 10 美元。总之，通过渗透定价，新进入者能够克服在位企业的先动优势（源于网络外部性）。回顾表 M4 - 1，渗透定价恰好将消费者从左上角的均衡移动到了右下角的均衡。

➡**例题 M4 - 1**

一家企业连接 100 个用户，正在考虑建立一个潜在的双向网络。可行性报告显示，每个用户愿意为该网络中的每个潜在连接服务支付 1 美元。如果建立网络的总成本为 50 万美元，该企业应该建立这个网络吗？请解释。

答：

一个拥有 100 个用户的网络提供了 100×（100－1）＝9 900 个潜在的连接服务。如果每个连接的价值为 1 美元，该企业就可以从每个网络用户那里得到 9 900 美元的收入。网络中有 100 个用户，总收益为 99 万美元，明显高于 50 万美元的建设成本。注意，企业获得 49 万美元利润的条件是：所有的 100 个用户都购买该网络服务。鉴于网络效应和消费者锁定，该利润未必能够实现。网络建设初期，可能需要用渗透定价等方法吸引用户体验，这会影响企业的短期收益和利润。

模块 1 习题

1. 一个潜在进入者与垄断企业的生产成本相同（见下图）。垄断企业产品的需求曲线为 D^M，平均成本线为 AC。

（1）垄断企业的产量为多少才能使新进入者的剩余需求曲线为 D^R？

（2）若垄断企业作出承诺，将产量设定在产生剩余需求曲线 D^R 的水平，垄断利润是多少？

（3）若垄断企业将产量设定在其他水平，能否成功阻止新企业进入？请解释。

2. 某垄断企业每年的利润为 3 000 万美元，如果没有其他企业进入这个市场，它可以

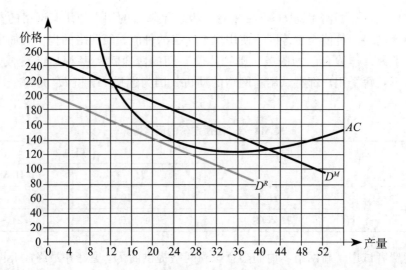

永远维持该利润水平。如果其他企业进入这个市场，垄断企业当期的利润为 3 000 万美元，随后每期的利润为 1 500 万美元。假如资金的机会成本为 10%，每期利润都在期初实现。

（1）如果有其他企业进入，垄断企业当期和未来各期利润的现值为多少？

（2）如果垄断企业采用限制进入定价策略，它可以永远维持 1 600 万美元的利润水平，请问垄断企业应该使用该策略吗？为什么？

3. 假设智能手机的制造商 Way Cool 有限公司比其他企业早进入某市场，每年赚取 8 000 万美元。Way Cool 将价格降低 60%，试图阻止其他企业进入该市场，但是这样做会使自身利润下降 200 万美元。其他企业有可能通过定价进入该市场，使 Way Cool 的利润未来下降到 3 000 万美元。基于这些预估，你认为 Way Cool 实施限制进入定价策略是有利的吗？该问题是否需要额外的信息才能回答？请解释。

4. Barnacle Industries 公司拥有一款专利期超过 15 年的工业用吸尘器，它可以除掉船体表面的藤壶和其他物质。公司基于其垄断地位在过去的几十年间获利超过 1.6 亿美元。它的客户——从油轮到货船——使用该产品是因为可以减少燃料费用。公司产品的年（反）需求函数为 $P = 400 - 0.000\,5Q$，成本函数为 $C(Q) = 250Q$。得益于 20 年前美国国会通过能源法出台的补贴措施，公司几乎没有固定成本：联邦政府为生产节能产品所需的工厂和资本设备付费。没有这项补贴，公司的固定成本每年约 400 万美元。了解到公司的专利即将到期，公司的管理者玛吉（Marge）关注了有资格获得补贴、进入市场后能以相同的成本生产出完全替代品的进入者。在利率为 7% 的条件下，玛吉正考虑一个限制进入定价策略。如果你是玛吉，你将选择继续在补贴基础上实行限制进入定价策略，还是游说政府减少补贴在垄断水平上进行生产？请解释。

5. 价格歧视如何加强了限制进入定价的有效性？请解释。

模块 2 习题

1. 两家企业在古诺双寡头垄断市场竞争，企业 1 成功地提高了竞争对手生产的边际成本。

（1）请举出两个提高竞争对手边际成本的例子。

（2）为了使这些策略有利可图，对于企业 1 的管理者来说，必须采取这种伤害竞争对手的行为吗？请解释。

2. 在美国中西部的一个小镇，企业 1 垄断了出租车服务市场。为了提供出租车服务，出租车企业必须向市政府申请牌照，牌照费为 40 000 美元。一个潜在的进入者（企业 2）试图进入该市场。这会影响企业 1 的利润，于是企业 1 的所有者打算给他的朋友（市长）打电话，要求他将牌照费变动 F。下图是博弈情况（收益的单位是千美元，当前的牌照费为 40 000 美元）。注意当 $F>0$ 时，牌照费增加但利润减少；当 $F<0$ 时，牌照费减少但利润增加。

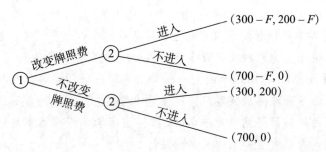

（1）如果企业 1 不要求改变牌照费（即企业 1 选择维持现状），企业 1 的利润是多少？

（2）如果企业 1 说服市长将牌照费降低 40 000 美元，即取消牌照费（$F=-40$），企业 1 能获得多少利润？

（3）如果企业 1 说服市长将牌照费提高到 300 000 美元（$F=300$），企业 1 的利润是多少？

（4）牌照费变为多少时，企业 1 的利润能达到最大？

（5）企业 1 想按问题（4）得到的牌照费进行调整，在法律上可行吗？请解释。

3. 两家企业在同质产品市场上展开竞争，该市场的反需求函数为 $P=20-5Q$（数量单位为百万）。企业 1 经营了 1 年，企业 2 最近才进入市场。不管产量多大，每家企业必须每年交纳租金 200 万美元。企业 1 的边际成本为 2 美元，企业 2 的边际成本为 10 美元。当期市场价格为 15 美元——该价格是企业 1 去年为市场垄断企业时制定的最优价格。目前每家企业各占 50% 的市场份额。

（1）为什么企业 1 的边际成本会低于企业 2 的边际成本？

（2）请计算两家企业的当期利润。

（3）若企业 1 将价格降至 10 美元，而企业 2 继续维持 15 美元的价格，两家企业的当期利润分别为多少？

（4）假如将产品价格降至 10 美元，企业 1 能够将企业 2 成功地赶出市场。当企业 2 退出后，企业 1 是否有动机提高价格？为什么？

（5）若企业 1 将价格从 15 美元降至 10 美元，它是否实施了掠夺性定价策略？请解释。

4. 你是一家总部在南美的国际企业的管理者。你正计划实施一项策略，该策略可以使你的企业提高价格，并且在长期经营中消灭竞争者从而增加利润。从经济学角度看，在执行你的策略之前，花钱聘请法律顾问有意义吗？请解释。

5. 1995—1997 年，在达拉斯的福特沃斯机场，美国航空公司与几家低成本的小型航空公司展开竞争。针对这些小型航空公司，美国航空公司在某些航线上采取了降低票价、增加服务的做法，结果导致一家小型航空公司停止运营，这又使得美国航空公司提高其票价。根据你的观点，为什么会出现针对美国航空公司的诉讼？为什么你认为美国航空公司会在庭审中胜出？

6. 美国的一些职业协会（如美国医师协会和美国律师协会）对于一些提高成员（如医师和律师）服务成本的规定，通常会持支持态度。虽然有一些规定是为了保证从业医师和律师的高质量服务，但也有一些规定是出于利己的考虑。请解释原因。

7. Argyle 是一家大型纵向一体化企业，专门利用其牧场中稀有品种的羊毛来生产毛衣。Argyle 采用将其羊毛销售给毛衣市场上相互竞争的公司这种策略。解释该策略为什么是理性的。同时，提出至少两种其他策略使得 Argyle 能获得更高的利润。

8. 2015 年，高通公司（Qualcomm）——美国一家跨国的半导体公司——受到了美国和欧盟的审查，原因是高通要求其客户排他性地使用其芯片。此外，高通还被指控以低于成本的价格销售产品，从而将竞争对手 Icera 排挤出市场。根据本模块所学知识，假如上述事实存在，高通是否违背了美国的反垄断法？

9. 某区域航空公司的 CEO 最近才知道，其唯一的竞争对手正陷入现金流困境。该 CEO 意识到其竞争对手快要不行了，询问你是否建议航空公司明显降价来"加速竞争对手退出市场"。提出你的看法。

10. 评价下列说法："因为竞争对手的利润最大化价格和产量依赖于其边际成本，而不是其固定成本，一个企业不可能通过实施提高竞争对手的固定成本这样一种策略来减少竞争。"

11. 价格歧视如何加强了掠夺式定价的有效性？请解释。

模块 3 习题

1. 考虑下表所示的同时行动博弈。

		参与者 2	
		是	否
参与者 1	是	400，400	200，375
	否	600，500	300，525

（1）参与者 1 如果能够率先行动（而非与参与者 2 同时行动），参与者 1 愿意为此支付的最高金额是多少？请详细解释。

（2）为了阻止参与者 1 率先行动，参与者 2 愿意为此支付的最高金额是多少？

2. 在下列博弈中，确定你对率先行动、第二个行动和第三个行动的特权所愿意支付的最高金额。这里有三个参与者——你和两个竞争对手。参与者说出最大的整数将获得 10 美元，说出第二大的整数将获得 0 美元，说出第三大的整数将获得 5 美元。

3. 你是 3D Designs——一家做图像和网站设计的大型影像公司的管理者。公司唯一的竞争对手正打算购买新的 3D 影像设备。如果只有你获得该设备，你的公司将获得 2 000 万美元的利润，而另一家公司将损失 900 万美元。遗憾的是，世界上只有一台 3D 影像设备，在可预见的未来没有额外可获得的设备了。意识到这一点，制造该设备的公司的一个销售员给你打电话。她表示，额外支付前期款 2 300 万美元，她的公司明天就将该设备送到你的公司。否则，她就会打电话给你的竞争对手，并提出相同的交易条件。你应该接受还是拒绝她的提议？请解释。

4. 汤姆·杰克逊（Tom Jackson）成功经营着一家牛排餐厅，专门提供高档的牛排晚宴，其目标市场是大众客户。最近，牛排餐厅旁边新开了一家商务酒店，这将带来许多潜在的商务客户。这个投资机会引起了高档牛排餐厅连锁店 Morton's 的关注，Morton's 的目标客户是全美的商务客户。Morton's 考虑在新酒店旁开设其连锁餐厅，这肯定会与汤姆的餐厅展开竞争。面对 Morton's 的潜在威胁，汤姆开始考虑进行一项重要的投资来改变其市场策略，面向商务客户而非大众客户。为此，他估计了自己和 Morton's 的策略可能产生的利润，如下表所示（单位：千美元）。

		Morton's	
		进入	不进入
汤姆	商务客户	−200，−50	90，0
	大众客户	50，100	105，0

根据此数据，汤姆发现其占优策略是继续面向大众客户，但利润并不乐观。汤姆突然想到一个办法，有可能获得更高的利润。汤姆的办法是什么？

模块 4 习题

1. 一家企业正在考虑建设可连接 12 个用户的双向网络。建设该网络的成本是 10 000 美元。

(1) 这个网络能提供的潜在连接服务有多少？

(2) 若每个用户愿意支付 150 美元来接入这个网络，建设该网络能否盈利？

(3) 若每个用户愿意为每个潜在的连接服务支付 12 美元，建设该网络能否盈利？

(4) 若一个新用户加入该网络，潜在连接服务的数量会发生什么变化？

2. 2012 年 11 月 18 日，任天堂（Nintendo）发布了第 8 代游戏机 Wii U。2013 年 11 月，微软和索尼紧随其后发布了 Xbox 1 和 PS 4。尽管这三款游戏机主导了游戏机市场，但新的掌上游戏机（主要从网上应用商店如 Google Play 下载游戏）也在逐步进入市场，一家名叫 Ouya 的掌上游戏机公司在 2013 年进入市场。如果你负责为 Ouya 的入市定价，你会采取什么策略？请解释。

3. 在互联网发展的早期，许多网站是由收益而非利润驱动的，大部分网站追求点击率。到 21 世纪初，这种情况改变了，那些不盈利的网站在华尔街的股价大跌。许多分析家认为这是理性的回归，投资者开始重新重视利润增长率等基本指标。请问，网站在 20 世纪 90 年代将注意力集中在点击率而非收益或利润上，是不是一个错误策略？请解释。

4. 在互联网时代，一些经纪公司之间的合并导致收购企业为每一个被收购企业的顾客支付 100 美元的溢价。这一策略符合商业原理吗？你认为这种情况在经纪业务中存在吗？请解释。

5. 银行 1 和银行 2 都在考虑加入一个兼容协议，该协议允许各银行 ATM 的用户使用其他银行的 ATM。银行 1 拥有在线的分支机构和 ATM，分布在康涅狄格州到佛罗里达州。目前，银行 1 的 1 200 万顾客只能使用 10 000 台设在东海岸的 ATM。而银行 2 的重要账户持有者分布于美国西海岸和西南地区，它正向东海岸扩张。银行 2 有 1 500 万顾客能够使用其 14 000 台 ATM。利用网络外部性的概念，描述银行 1 和银行 2 之间达成怎样的协议将有利于顾客。

选读材料

Bental, Benjamin, and Spiegel, Menahem, "Network Competition, Product Quality, and Market Coverage in the Presence of Network Externalities." *Journal of Industrial Economics* 43(2), June 1995, pp. 197–208.

Bolton, Patrick, and Dewatripont, Mathias, "The Firm as a Communication Network." *Quarterly Journal of Economics* 109(4), November 1994, pp. 809–39.

Brueckner, Jan K., Dyer, Nichola J., and Spiller, Pablo T., "Fare Determination in Airline Hub-and-Spoke Networks." *RAND Journal of Economics* 23(3), Autumn 1992, pp. 309–33.

Economides, N., "The Economics of Networks." *International Journal of Industrial Organization* 14, October 1996, pp. 673–99.

Gabel, David, "Competition in a Network Industry: The Telephone Industry, 1894–1910." *Journal of Economic History* 54(3), September 1994, pp. 543–72.

Gilbert, Richard J., "The Role of Potential Competition in Industrial Organization." *Journal of Economic Perspectives* 3(3), Summer 1989, pp. 107–27.

LeBlanc, Greg, "Signaling Strength: Limit Pricing and Predatory Pricing." *RAND Journal of Economics* 23(4), Winter 1992, pp. 493–506.

Liebowitz, S. J., and Margolis, Stephen E., "Network Externality: An Uncommon Tragedy." *Journal of Economic Perspectives* 8(2), Spring 1994, pp. 133–50.

MacKie-Mason, Jeffrey K., and Varian, Hal, "Economic FAQs about the Internet." *Journal of Economic Perspectives* 8(3), Summer 1994, pp. 75–96.

Milgrom, Paul, and Roberts, John, "Limit Pricing and Entry under Incomplete Information: An Equilibrium Analysis." *Econometrica* 50(2), March 1982, pp. 443–60.

Salop, Steven C., "Exclusionary Vertical Restraints Law: Has Economics Mattered?" *American Economic Review* 83(2), May 1993, pp. 168–72.

Strassmann, Diana L., "Potential Competition in the Deregulated Airlines." *Review of Economics and Statistics* 72(4), November 1990, pp. 696–702.

Vickers, John, "Competition and Regulation in Vertically Related Markets." *Review of Economic Studies* 62(1), January 1995, pp. 1–17.

Weinberg, John A., "Exclusionary Practices and Technological Competition." *Journal of Industrial Economics* 40(2), June 1992, pp. 135–46.

模块组 **B** 市场中的政府规制

➡️ **学习目标**

学完本章，你将能够：

1. 解释市场势力为何有损社会福利，比较两种旨在降低无谓损失的政府政策。
2. 解释为何政府试图解决市场失灵却由于"寻租"导致额外的无效率。
3. 分析外部性为何导致竞争市场提供社会无效产品/服务，并解释政府政策比如《清洁空气法》如何改善资源配置。
4. 解释竞争市场为何无法提供满足社会有效需求的公共产品，并分析政府如何减少无效率状况。
5. 解释不完全信息对市场有效性的影响，并比较五种政府政策的作用。
6. 描述政府的国际贸易政策（如配额和关税）如何影响国内产品/服务的价格和数量。

➡️ 导　言

本书的大部分章节认为，市场上只有厂商和消费者在进行产品和服务的交易，政府不干预市场。但实际上，政府运用法令规章在影响着厂商和消费者的每一个决策。作为管理者，有必要了解政府制定的法规、制定这些法规的原因，以及这些法规将如何影响最优决策。

模块 5 和模块 6 将重点分析自由市场无法提供社会有效产出的四个原因：（1）市场势力；（2）外部性；（3）公共物品；（4）不完全信息。接下来的分析包括：概述政府为减少市场失灵所制定的政策；这些政策如何影响管理决策。政府具有制定政策来影响市场上资源配置的能力，这使得那些受政策困扰的企业致力于游说政府。本模块组将解释寻租行为的动因。最后在模块 7 将分析这些行为如何导致政府实施限制性政策，如国际贸易中的配额或关税等。

模块 5：约束市场势力

市场势力

　　政府干预市场的原因之一是自由竞争市场有时无法以社会有效价格提供社会有效数量的产品。导致市场失灵的一个重要原因是存在市场势力。

　　第 2 章和第 8 章提到了社会福利的定义：在价格等于边际成本所对应的产量下，消费者剩余和生产者剩余之和最大化。如果是完全竞争行业，会出现社会有效的价格和产量。相反，拥有**市场势力**（market power）的企业将使产出低于社会有效的产量，这是因为其定价超过产品的边际成本。在这种情况下，每多生产一单位产品的社会价值大于生产该单位产品的社会资源成本，因此生产更多的产品就能给社会带来净收益。但是企业出于利润最大化动因而不愿增加产量，于是政府就可能干预市场，规制企业行为以增加社会福利。

　　为了解释政府干预市场带来的潜在收益，先来分析垄断市场。图 M5 - 1 是垄断企业的需求曲线、边际成本曲线和边际收益曲线。假设垄断企业对市场上所有的消费者制定相同的价格，则利润最大化产量为 Q^M，产品按垄断价格 P^M 出售。在此价格处，消费者为最后一单位产量支付的价格高于生产者的生产成本，见图 M5 - 1 中的 W 区域。

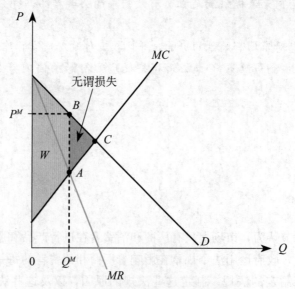

图 M5 - 1　垄断下的福利与无谓损失

　　注意，图 M5 - 1 中三角形 ABC 的面积就是垄断带来的无谓损失。在完全竞争市场中，该面积表现为社会福利的一部分，但由于垄断企业具有市场势力，该部分福利无法实现。市场势力使市场机制无法实现社会福利最大化。无谓损失的大小可用三角形面积来衡量。

政府约束市场势力的工具

政府通过反托拉斯政策来阻止垄断的形成和市场势力的增强，由此避免垄断造成的无谓损失。但在有些情况下，如由于规模经济的存在，政府又希望形成垄断。这时政府通常会对垄断企业实施价格管制，以减少无谓损失。

反托拉斯政策

对管理者来说，**反托拉斯政策**（antitrust policy）通过规制诸如固定价格协议和其他合谋行为等来减少垄断造成的无谓损失。美国于 1890 年颁布的《谢尔曼法》第 1 条和第 2 条的内容奠定了反托拉斯政策的基石：

第 1 条

任何托拉斯或其他形式的集中、共谋协议，用于限制州与州或与外国之间的贸易或商业活动的契约，皆为违法。任何个体签订上述契约或参与上述联合或共谋，皆属严重犯罪行为并将被定罪，处以不超过 5 000 美元的罚款（若参与者为公司，处以不超过 100 万美元的罚款；若为其他人，处以 10 万美元以下的罚款）或一年（或三年）以下监禁，或者由法庭酌情考虑两种处罚并用。

第 2 条

任何垄断或企图垄断，或与他人联合、共谋垄断州与州或与外国之间的贸易或商业行为，皆为严重犯罪并将被定罪，处以不超过 5 000 美元的罚款（若参与者为公司，处以不超过 100 万美元的罚款；若为其他人，处以 10 万美元以下的罚款）或一年（或三年）以下监禁，或者由法庭酌情考虑两种处罚并用。

除此之外，《谢尔曼法》还规定，美国企业与本土企业或者与外国企业的合谋行为也属违法。因此，即使石油输出国组织（由不同国家组成）不受美国法律约束，美国本土石油企业也不能合法地加入石油输出国组织石油卡特尔。

反托拉斯政策中的模糊法条及历史案例中的争议内容，很大部分将通过法庭作出解释。比如《谢尔曼法》于 1897 年第一次成功应用，当时美国最高法院裁定美国密苏里州货运协会的运费协议违法，随后该裁决被应用于美国政府诉联合运输协会一案（1898年）。之后，法庭进一步扩大了该裁决的应用范围——如美国政府诉阿迪斯顿管道和钢铁公司（Addyston Pipe&Steel Company）的串谋投标案（1899 年）。1911 年，法庭裁定新泽西标准石油公司（Standard Oil）的垄断行为违法。至此，《谢尔曼法》的威力真正得以发挥，但是这个案例非常有趣，它对未来的管理者有极大的借鉴意义。

案件的具体情况如下：新泽西州和俄亥俄州的标准石油公司被指控企图固定石油价格及运输价格。此外，标准石油公司还被指控从事大量旨在提高市场势力的活动，如对承运商和其他生产商施加威胁，开办虚假公司，行贿其他公司员工当商业间谍，进行贸易限制，采取其他企图垄断石油行业的行为，等等。注意，管理者在经营中务必规避上述所有行为。正是由于上述行为，标准石油公司被法院拆分为 33 家子公司，埃克森美孚、雪佛龙（Chevron）、英国石油美国公司（BP America）等子公司至今仍然存在。在这个案例中，比拆分标准石油托拉斯更令人关注的是最高法院采用了新的合理性原则，按照怀特（White）法官的主要观点，该原则被定义如下：

> 尽管还不够精确，但考虑到确实需要一个事由标准，在英美法系的国家中，当处理某些特定案件时，有时需要根据其目的来确定某些行为是否违反了法律。

合理性原则已经成为法庭裁决反托拉斯案件的重要依据。合理性原则指出，并非所有的贸易限制皆为非法行为，只有那些不合理的贸易限制才应该被法律禁止。根据合理性原则，法庭可以认定，单纯根据企业规模大小不足以判定企业违法（这不同于《谢尔曼法》第 2 条的规定）。

> 由于可能得出不同的结论，需要证明每一份合同、每一个行为或者任何形式的合并，是否在法律规定的范围内限制了贸易。

如果要裁定某企业行为违反了《谢尔曼法》第 2 条，必须首先证明企业所采取的行为明显削弱了市场竞争。美国烟草公司（American Tobacco）一案在裁定时曾采用合理性原则，当时美国烟草公司被指控通过掠夺性定价垄断了美国烟草市场，明显损害了其他公司的利益，而美国烟草公司据此提高了垄断势力，因此美国烟草公司最终被裁定违法。

合理性原则带来的问题是：企业管理者事先往往很难分辨哪些提高利润的定价策略违反了法律规定。美国国会在《克莱顿法》（Clayton Act）（1914 年）及其修正法《罗宾逊-帕特曼法》（Robinson-Patman Act）（1936 年）中，试图更准确地区别战略意图并定义违法行为。如《罗宾逊-帕特曼法》第 2 条（a）对《克莱顿法》第 2 条进行了修订，规定只有那些为了减少竞争或促成垄断的价格歧视行为才属于违法行为。

> 第 2 条（a）
> 任何人在商业活动中通过直接或间接方式向购买类似产品的不同购买者实施价格歧视……如果这种歧视限制了竞争，倾向于造成商业垄断，或者会伤害、破坏、阻止竞争，都将被视为违法行为。

在《罗宾逊-帕特曼法》中，源于成本和质量差异的价格歧视行为是被允许的。企业为了应对竞争对手的价格竞争而采取必要的价格歧视，也被视为合法行为。但法律上关于价格歧视是否违法仍然表述模糊，而且不同国家的法律不同。在美国，有关价格歧视的法律诉讼通常来源于私人告发，且大多与批发价格有关。通过专栏"透视商业 M5-1"可了解一下欧洲的反托拉斯概况。

透视商业 M5-1　　欧盟委员会趋向于保护小企业

2008 年，欧盟委员会通过了小企业法案，包含一系列专门为中小企业设计的支持原则和立法提案。中小企业指雇佣人数少于 250 人的企业。除了其他指令，该法案规定了"小企业优先原则"，提出新的立法和管理提案要进行"中小企业测试"，确定其对中小企业的影响。

在美国并没有与之相对应的中小企业法案，这种不对等性强化了美国和欧洲在竞争政策上的差异：欧洲竞争法明确地支持中小企业，而美国的竞争法并不关心企业的规模。

资料来源：Eleanor M. Fox, "US and EU Competition Law: A Comparison," Global Competition Policy, Peterson Institute for International Economics (1997), pp. 339 - 54; European Commission, *Putting Small Business First*, 2008.

《克莱顿法》包括超过 20 条的内容，其中指出企业的下列行为皆属违法行为：(1) 将回扣伪装成佣金或中介费用；(2) 支付回扣，除非向所有的消费者都支付回扣；(3) 与供应商设立专门的交易条款，除非供应商对其他所有买方或买方对其他所有供应商都设定类似的交易条款；(4) 固定价格或签订专属合同，并且该行为的目的是减少竞争或形成垄断；(5) 收购一家或多家企业，并且该收购将削弱竞争。

《塞勒-凯弗维尔法》(Celler - Kefauver Act) (1950 年) 加强了《克莱顿法》第 7 条的内容，导致企业很难合法地开展兼并和收购：

第 7 条

在全国任一地区或任一商业领域，如果收购会大大削弱竞争或可能产生垄断，那么，从事商业活动的任何公司都不能以直接或间接方式收购另一家公司的全部或部分股票或其他股权资产；联邦贸易委员会管辖下的任何公司都不得收购其他商业公司的全部或部分资产。

并购政策已经发生了变化。新的横向并购准则编写于 1982 年，1984 年初次修改，1992 年、1997 年以及 2010 年多次修订。本书第 7 章介绍过一些并购细则，这些细则基于**赫芬达尔-海希曼指数**（Herfindahl - Hirschman index，HHI）：

$$HHI = 10\ 000 \times \sum_{i=1}^{N} w_i^2$$

式中，w_i 为企业 i 的市场份额。确切来说，w_i 代表企业 i 的销售额占整个市场总销售额的比重。根据行业并购准则，若某项并购导致 HHI 的增加值小于 100 或并购后属非集中市场（并购后的 HHI＜1 500），这种并购行为通常被允许。若并购后的 HHI 在 1 500～2 500 之间，则属中度集中市场，中度集中市场上 HHI 的增加值超过 100 的并购会引起反托拉斯机构的关注。若并购后的 HHI 超过 2 500，则属高度集中市场，高度集中市场上使 HHI 增加值在 100～200 之间的并购也会吸引反托拉斯机构的关注。如果某项并购使 HHI 的增加值超过 200 且形成高度集中市场，则通常被认为提高了市场势力。

注意，上述条款只是指导性条款，在有些情况下，即使 HHI 很高，并购也通常被许可。比如明显存在国内或国外企业的潜在进入、新技术正在出现、并购将提高运营效率或者缓解企业的财务问题。

在反托拉斯行动的并购实践中，效率标准只在对竞争影响不大时才会被考虑。行业并购准则 2010 年修订版指出，"……在大多数情况下，通过效率指标无法判定并购行为导致垄断还是近乎垄断"。并购准则表明效率难以度量且难以证实，因此要求并购企业提供明确的效率改善证明，不采纳"任何模糊或投机性"的证明。

美国司法部反垄断局和联邦贸易委员会（FTC）是反托拉斯法的执行机构。1976 年的《哈特-斯科特-罗迪诺反托拉斯改进法》（Hart-Scott-Rodino Antitrust Improvement

Act）指出：当并购金额超过一定数额（当期为 9 400 万美元）时，并购当事方必须向司法部与 FTC 报告并购意图。从并购公告发布至并购实施，当事方须等待 30 天时间。若司法部或 FTC 决定审查并购行为，则会要求当事方向政府提供额外信息，这称为"第二次要求"。"第二次要求"将自动延长当事方的并购等待时间。当并购当事方履行"第二次要求"后，政府就有 30 天的时间来审核相关信息，最终提起诉讼来阻止并购或者同意并购实施。

从实践情况看，需要履行"第二次要求"的并购不到 3%。面对"第二次要求"，政府和当事方一般会在起诉之前达成协议，典型的做法是，企业会向第三方出售其在大量重叠的产品或地缘市场中的资产，从而消除政府对反托拉斯问题的顾虑，促使政府允许并购达成。只有当政府和当事方无法达成一致时，政府才会提起诉讼来阻止并购。

价格管制

当某产品/服务存在非常大的规模经济时（一些公用事业公司会出现这种情况），由一家企业向市场提供产品/服务最经济。此时政府通常会允许一家企业垄断市场，但会管制垄断企业的定价以减少无谓损失。接下来，本节将解释价格管制对管理决策和社会福利的影响。

如图 M5-2 所示，如果不实施价格管制，垄断企业的利润最大化定价为 P^M，产量为 Q^M，而完全竞争企业的产量为 Q^C（即边际成本曲线与需求曲线相交时的产量）。如果政府实施价格管制且限定价格为 P^C——这是完全竞争市场的价格，那么，管理者为了实现利润最大化目标该怎么做呢？

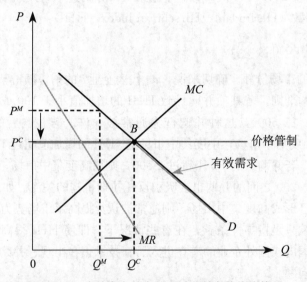

图 M5-2　在社会有效水平下对垄断者的价格管制

法律规定垄断者的定价不能高于 P^C，所以当产量低于 Q^C 时，尽管消费者的支付意愿高于 P^C，但企业所能索要的最高价格为 P^C。当产量高于 Q^C 时，消费者的支付愿意低于 P^C，导致企业所能索要的最高价格是反需求曲线上的价格。因此，垄断者的有效需求曲线为 P^CBD。注意，点 B 左边（产量小于 Q^C）的需求曲线呈水平，类似于完全竞争市场的需求曲线。当产量超过 Q^C 时，产品价格将降至 P^C 之下。

当产量小于 Q^C 时，垄断者的产品价格皆为 P^C，此时产品的边际收益等于 P^C：当企业多销售一单位产品时，所增加的收益为 P^C。最高限价产生的结果是：当产量小于 Q^C 时，垄断者的需求曲线和完全竞争企业的需求曲线一样。为了实现利润最大化，垄断者将在边际收益（P^C）等于边际成本处（即点 B）生产，相应的产量为 Q^C。如图 M5-2 所示，当价格限定为 P^C 时，垄断者将生产 Q^C 单位的产量以实现利润最大化。

综上所述，价格管制将导致垄断者在完全竞争的价格水平上提供完全竞争的产量。价格管制的目的是消除因垄断造成的无谓损失。政府的管制政策虽然降低了垄断者的利润，但是增加了社会福利。

根据图 M5-2，人们可能会认为"政府管制垄断者的定价必定是有益的"。事实并非如此，如图 M5-3 中的垄断状况：假设政府将价格限定为 P^*，此时垄断者的产品需求曲线为 P^*FD，产量低于 Q^* 单位时的边际收益曲线为 P^*F。被管制的垄断者为了实现利润最大化，将在点 G（边际收益等于边际成本处）进行生产，对应的产量为 Q^R——远低于非管制下垄断者的产量。此时产品价格为 P^*，需求量为 Q^*，所以存在 Q^*-Q^R 单位的供给短缺。管制价格下的无谓损失为图中的面积 $R+W$，也远远大于非管制下的无谓损失（图中的面积 W）。总之，当政府不了解需求和成本的准确信息，或者由于其他原因限定的管制价格太低时，就会降低社会福利并造成供给短缺。

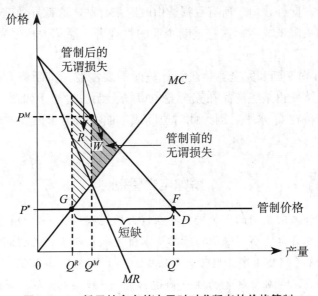

图 M5-3 低于社会有效水平时对垄断者的价格管制

需要注意的是，不论是图 M5-2 还是图 M5-3 的分析，皆未考虑平均总成本曲线在图中的位置。事实上，要研究垄断造成的福利损失，必须关注成本曲线。以图 M5-4 为例，垄断企业在点 A 刚好实现收支平衡，如果不受管制，垄断者的产出为 Q^M 且价格为 P^M。价格等于产出的平均总成本，在不存在管制的情况下该垄断者的经济利润为零。

假如管制价格为 P^C，从长期看企业的产量为多少呢？答案是零。这是因为企业的平均总成本曲线位于管制价格的上方，如图 M5-4 所示，这意味着垄断者只要进行生产就会遭受损失。因此，若价格限定为 P^C，从长期看，垄断者将退出市场，造成该产品在市场上无处购买，这将有损市场上所有参与者的福利。为了避免此类现象发生，政府必须对

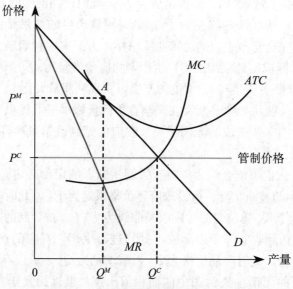

图 M5-4　价格管制导致垄断者退出

垄断者的损失进行补贴，而补贴资金通常来源于税收，为此又得提高税收，导致消费者为低价格而付出代价。此外，由于所有亏损皆由政府来补贴，这就导致获得政府补贴的垄断企业没有任何动力去降低成本，这些垄断企业的管理者宁愿花大价钱来置办豪华办公室、购买商务飞机等。

结合图 M5-4 对垄断和完全竞争进行比较时需要注意，垄断势力的一个关键来源是规模经济。规模经济使得某些产品在完全竞争市场上无法生产。如图 M5-4 中，完全竞争下产量不可能维持在 Q^C 水平，因为此时边际成本曲线与需求曲线的交点低于平均总成本曲线。

透视商业 M5-2　　　　　　　解除电力管制

从历史来看，资本密集型的电力行业存在较大的规模经济，电力价格通过收益率来调节。这一价格限制允许电力公司赚取基于其资本价值或收益基数的利润（但公司无法保证盈利）。然而，1978 年《公用事业监管政策法案》（PURPA）和 1992 年《能源政策法案》开放电力批发市场，不对独立的电力生产商进行管制。到 1996 年，美国联邦能源监管委员会（FERC）规定，地区性的批量传输高压电的线路向所有愿意为终端用户提供电力的供应商开放。不同州的放松管制计划因州而异，但是许多管制政策都要求纵向一体化的公用事业公司出售其部分或全部的产能，以此来促进竞争。

如今，大约有 15 个州允许电力消费者对电力供应商拥有选择权，当然选择权是有限的，仅限于选择电力的生产商。电力向终端用户的传输仍然是自然垄断，这是因为被用来传输电力的"电线"需要相当大的固定成本投资。结果是，电力行业的放松管制最终导致的是电力行业"重组"。由于各州的管制放松，电力行业的纵向一体化程度越来越低。从理论上讲，电力生产的竞争加剧了，但是不管由谁来生产，当地的电力公司仍然承担输电和配电功能，对这些服务的要价仍然基于收益率。

在电力行业中，消费者在电力设备方面享有充分的选择权优势。但在大多数情况下，小企业和住宅用户发现，电力设备的转换成本是非常高的，选择权所带来的边际收益（低电力价格）很小。同时，电力公司的营销人员也发现，获取小客户的成本非常高，远远高于预期成本，这就减少了向新兴市场中的小客户出售电力的动机。因此，在放松电力管制的各州中，许多小客户对电力供应商几乎没有选择权。

资料来源：Interview with Vincent Marra, former rate analyst, Delmarva Power, February 28, 2007.

➡例题 M5-1

许多企业在小市场中都是垄断者，比如它们是当地某类货物的唯一供应商。这些企业通常可以获得正的经济利润，它们被允许像垄断者那样经营而不受政府管制。为什么？

答：

当规模经济比市场需求大得多时，仅由一家厂商为该市场提供服务是最经济的。在这种情况下，运用反垄断法将厂商拆分成众多小企业并不合理。但是将其价格管制在社会有效价格水平可以增加社会福利，该社会福利必须超过管制成本（设立管制机构进行管制需要成本）。如果管制机构设立和运行的成本超过了垄断的无谓损失——这种情况在小市场中极有可能出现——管制就会造成社会福利净损失增大。在这种情况下，即使垄断企业造成了社会福利损失，但不管制时的社会福利仍优于管制时的社会福利。也就是说，解决此问题的规制成本要大于消除垄断福利损失的收益。

寻租

以上分析以及模块 6 的讨论，展现了政府是如何利用政策减少市场失灵问题来优化资源配置的。但要注意的是，政府的政策通常会牺牲一部分人的利益来保护另一部分人的利益。因此，有些人（游说者）就会花大量金钱和时间来影响政府政策。这个过程就是**寻租**（rent seeking）。

寻租可能发生于各种政府政策中，最常见的就是价格管制。举个例子，假设某官员有权力管制如图 M5-5 所示的垄断企业。当前垄断企业制定的产品价格为 P^M，产量为 Q^M，所获最大利润为图中的阴影区域 A。在垄断价格和垄断产量下，消费者剩余为图中的三角形区域 C。

假如消费者能够说服官员，将垄断产品的价格限定为完全竞争水平的价格 P^C，则产量将变为 Q^C。由此，垄断企业将失去其所有可获利润（即图 M5-5 中的矩形 A），但消费者总剩余将大大增加，即区域 A、区域 B 和区域 C 之和。

实施管制会导致垄断企业丧失利润（如图 M5-5 中的矩形 A），因此垄断企业会极力游说政府以阻止其实施管制措施。为了规避管制，垄断者愿意花的费用最多为 A。这种花费既可能是合法行为，如赞助或支持竞选、邀请官员吃饭，也可能是不合法行为，如行贿等。

注意，在图 M5-5 中，消费者也愿意花钱游说官员对垄断者实施管制。当产品价格

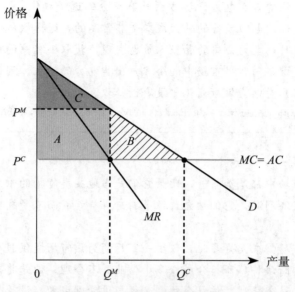

图 M5 - 5   从事寻租活动的动力

限定为 P^C 时，消费者作为整体获得的消费者剩余将增至 $A+B$。因此，消费者为游说官员愿意花的最大费用为 $A+B$（目的是达到竞争状态）。当然，每个消费者的可获利益比消费者整体的利益少得多（因为管制是一种公共物品，所有消费者将从中受益）。结果是每个消费者都希望搭便车，最终导致消费者整体用于游说的费用非常少。而垄断企业作为单一实体，避免管制对其而言是非公共物品，所以垄断企业更愿意规避政府约束。结果，在游说政府方面，垄断企业通常比消费者花更多的费用，因此垄断企业经常通过寻租来避开法律管制。

➡**例题 M5 - 2**

假设你是某垄断企业的管理者，企业的反需求曲线为 $P=10-Q$，企业的成本函数为 $C(Q)=2Q$。政府正在考虑对你的企业实施法律管制，将企业价格控制在竞争水平。为了阻止管制，你最多愿意花多少费用来游说政府？

答：

如果该项管制通过，企业产品的价格将限定在边际成本水平（即等于 2 美元），此时企业的经济利润为零。如果该项管制没有通过，企业将继续提供垄断产量并将价格维持在其垄断价格。垄断产量即 $MR=MC$ 时的产量，即

$$10-2Q=2$$

求解得到垄断产量 $Q^M=4$ 单位。将此数值代入需求函数，得到垄断价格为：

$$P^M=10-4=6（美元）$$

如果管制得以实施，将导致企业损失其垄断利润，即 $P^M Q^M - C(Q^M) = 16$ 美元。因此，企业愿意花在游说方面的费用最多为 16 美元。

模块 6：规制外部性、公共物品和不完备信息

政府参与市场治理的一个重要原因就是，市场有时并不能从社会有效性的角度保证产品质量和有效的定价。除了市场势力，外部性、公共物品和不完备信息都是导致市场失灵的原因。接下来我们逐个讨论。

外部性

在某些产品的生产过程中，一些没有参与生产或消费过程的人也要付出成本。这种外部成本称为**负外部性**（negative externalities）。

典型的负外部性的例子就是污染。当企业排放不容易被生物降解或者对其他资源造成危害的废弃物时，企业并不需要承担全部成本。比如一家纺织企业排放的废弃物中含有二氧芑或致癌物。如果某纺织企业可以"免费"地将废弃物排放到附近河流中，则该企业有动力向河流排放超过社会有效水平的废弃物。该企业从排放中获益，但所排放的废弃物降低了河流的含氧量，阻塞了水流的正常流动，并对鸟、鱼、爬行动物和两栖动物的繁衍造成影响，这就给那些没有参与纺织品生产或消费的人带来了负面影响。

当存在外部性时，市场为什么不能提供有效的产量？如图 M6 - 1 所示，若钢铁企业将其副产品——某种污染物排入河流，社会成员将承担外部成本——负外部性。负外部性指污染给社会带来的边际成本，在本例中就是钢铁产量增加而产生的污水对社会造成的成本。当钢铁的产量不高时，水污染较少，随着钢铁产量不断增加，越来越多的污水排放到河流中，给社会带来的边际成本也会增加。

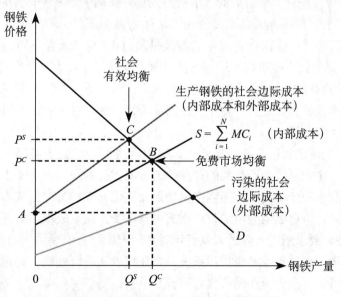

图 M6 - 1　存在外部成本时的社会有效均衡

假设钢铁生产处于完全竞争市场，供给曲线为 S（如图 M6-1 所示），即行业中所有钢铁企业的边际成本之和。供给曲线基于钢铁企业的成本得到。如果允许钢铁企业免费向河流中排放污水，则市场均衡在点 B（需求曲线与供给曲线的交点）处——市场的均衡产量为 Q^C，钢铁价格为 P^C。

然而在产量为 Q^C 时，社会除了支付给钢铁企业价格 P^C，还须支付一个边际价格，即图 M6-1 中点 A 处的价格，这是污染所带来的额外的社会成本。因为企业免费向河流中排放污水，所以污染带来的社会成本无法通过买方或卖方的内部交易解决，整个社会要忍受被污染的水源，即为钢铁公司的排放付出了代价。假如由企业承担污染所带来的社会成本，则它们的边际成本曲线为供给曲线和污染的社会边际成本的加总，加总后的曲线即图 M6-1 中生产钢铁的社会边际成本。综合考虑生产钢铁的总成本和总收益，则社会有效产量在点 C 处（生产钢铁的社会边际成本与市场需求曲线的交点）。此时钢铁的社会有效产量为 Q^S，低于完全竞争市场的产量；钢铁的社会有效价格水平为 P^S，高于完全竞争市场的价格水平 P^C。换言之，由于存在外部成本，市场均衡的产量高于社会有效产量，市场价格低于社会有效价格水平。也就是说，消费者以过低的价格购买了过多的产出。

导致市场失灵的根本原因是产权界定不完善，钢铁企业认为它们有权向这条河流排污，而环保主义者认为自己有权保持河流清洁。当然，政府也可以把自己视为环境所有者来解决污染问题，政府利用其权力能够使产出和污染达到社会有效水平。

政府可以制定相应政策，使企业的排污成本内部化。当生产的内部成本等于社会生产成本时，就能使产出达到社会有效水平。此类政策的最佳例子就是《清洁空气法》（Clean Air Act）。

《清洁空气法》

为了解决污染带来的外部性问题，美国国会于 1970 年通过了《清洁空气法》，并于 1990 年对该法进行了修订。修订后的《清洁空气法》明确了 189 种有害的空气污染物。该法是自 1992 年以来世界所有国家通过的相关法律中最全面的一部。该法规定，对于所列的任何一种有害污染物，任何行业每年的排放量超过 10 吨，或者不同污染物的总量超过 25 吨，该行业就要受到法律制裁。以前的法律所涉及的行业仅为每年排放超过 100 吨的企业，所列出的污染物种类也较少，新法则涉及更广泛的行业。修订后的《清洁空气法》内容多、篇幅长，准则就有几百页。鉴于该法的综合性特征，在此只考察其中一个方面——利用市场机制来实施监管。

《清洁空气法》所涵盖行业中的企业，只有取得排污许可证才可以排污。但这个许可证是有限的，而且企业必须为所排放的每单位的污染物付费。对企业来说，许可证增加了生产产品的固定成本和变动成本。随着产量增加而变化的成本为变动成本，污染物排放量随产量增加而上升，所以必须为每单位产出支付排污费。固定成本主要是获得许可证的费用。《清洁空气法》要求新进入者进入某行业时必须配备行业中现用的最有效的排污系统。在位企业在三年内必须更新或升级排污系统。企业可以从政府处购买许可证，也可以从其他企业处购买许可证（允许企业间买卖许可证）。

《清洁空气法》使得企业将排污成本内部化，企业对每单位的排污都要支付费用。这就提高了每家企业的边际成本，导致企业产出降低从而减少市场供给，如图 M6-2 所示，任何价格水平下的产品数量皆有所减少。因此，《清洁空气法》使市场均衡量从 Q_0 降至 Q_1，市场价格从 P_0 上升到 P_1。这正是我们希望看到的解决图 M6 - 1 中负外部性问题所带来的变化——产出减少，价格上升。

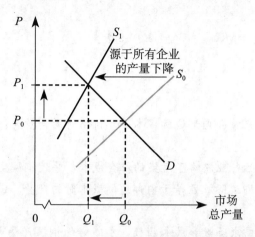

图 M6 - 2　《清洁空气法》的影响

　　有趣的是，这部新法允许许可证在行业内或跨行业的企业间转售。这将从两个方面减少污染：第一，允许新企业在市场需求增加时进入该行业；第二，激励在位企业采用新技术及更环保的生产方法。

　　为了更好地理解上述观点，我们先假设非污染行业的需求增加，结果是产品价格上升，企业短期内可获得经济利润，由此导致新企业的进入从而使经济利润逐渐回到零。假如需求增加发生在污染行业且污染许可证不允许在行业内或行业间买卖，那么新企业将无法进入，因为有限数量的许可证已经分配完毕，新进入者无法获得许可证从而面临很高的进入壁垒。相反，如果许可证可以跨行业买卖，潜在进入者就可以从其他行业的企业手中购买许可证，或者通过减少污染的技术进入该行业并从现有企业手中购买部分排污权。因此，当某产品需求增加时，排污权的市场化使新企业有条件进入该市场。如果企业希望进入一个高增值行业，就可以从那些低增值企业那里购买许可证。

　　排污许可证的出售也给企业提供了一种激励，使企业愿意开发和创新相关技术以减少污染。尤其是当企业开发出一项减少污染的技术时，它就可以把部分排污权出售给那些缺少该技术的企业，从而回收部分研发成本（因开发减少污染的技术而发生的成本）。

➡例题 M6 - 1

假设钢铁生产的外部边际成本为：

　　$MC_{外部} = 3Q$

内部边际成本为：

　　$MC_{内部} = 6Q$

钢铁的反需求函数为：

　　$P = 100 - Q$

1. 社会有效产量是多少？

2. 如果钢铁业是竞争行业，其产量是多少？

HERE

3. 如果钢铁业是垄断行业，其产量是多少？

答：

1. 社会有效产量即生产 1 单位产品的社会边际成本等于价格时的产量。社会边际成本为：

$$MC_{社会} = MC_{外部} + MC_{内部} = 3Q + 6Q = 9Q$$

令其等于价格，得

$$9Q = 100 - Q$$

或 $Q = 10$ 单位。

2. 完全竞争行业的产量即内部边际成本等于价格时的产量为：

$$6Q = 100 - Q$$

或 $Q = 14.3$ 单位。竞争性行业忽略了污染的社会成本，导致钢铁生产过剩。

3. 垄断行业的产量即边际收益等于内部边际成本时的产量。由于 $MR = 100 - 2Q$，则

$$100 - 2Q = 6Q$$

或 $Q = 12.5$ 单位。给定需求函数和成本函数，垄断者的钢铁产量大于社会有效钢铁产量。但是垄断者有限制产出的倾向，给定成本函数和需求函数，垄断者的产出较竞争行业的产出更接近社会有效水平。

公共物品

公共物品是市场失灵的另一个来源。**公共物品**（public good）指那些具有非竞争性和非排他性特征的物品，它不仅使购买者受益，而且使其他非购买者受益。公共物品不同于其他大多数物品，日常消费的大多数物品都具有竞争性。简单来说，当你消费某物品时，其他人就不能消费该物品了。比如你购买了一双鞋，那么其他人就不能买这双鞋，因此鞋子的消费本质上具有竞争性。

非竞争性物品（nonrival good）包括无线信号、灯塔、国防设施以及环境保护等。当你在车里收听广播时，并不妨碍其他人在他们的车里收听同一广播。这完全不同于鞋子的购买。

公共物品的**非排他性**（nonexclusionary），是指公共物品一旦启用，每个人都可以消费它，没有人可以被排除在外。大多数产品或服务的消费都是非排他性消费。比如某汽车制造商生产的一辆汽车，通过上锁来阻止他人使用该汽车，仅将钥匙给那些愿意花钱购买该车的人。

但某些产品或服务，比如清洁空气、国防、无线电波，属于**非排他性物品**（nonexclusionary good）。清洁的空气是任何人都可以享受的，而非只有某些人才能享用。

什么原因导致市场提供的公共物品数量总是无效的？原因是，公共物品一旦启用，每个人都可以消费，那么人们就失去了对该物品付钱的动力，而更倾向于让其他人为该物品付费，自己可以在别人努力的基础上搭便车。如果每个人都这样想，则没有人愿意花钱购买该物品，那么最终该物品将变得不可获得，因为一个消费者或许根本无力购买该公共物品。

➡例题 M6 - 2 ⸰⸰

在公司休息室，你每次想喝咖啡时总发现咖啡壶是空的，为什么？

答：

这是因为咖啡壶是公共物品，由此引发了搭便车问题。当你发现咖啡壶是空的，就把它灌满，你得到的好处只是一杯咖啡，此后的几个人则能够各自得到一杯咖啡。所以人们总希望别人把壶灌满，由此导致了咖啡壶始终是空的。

⸰⸰⸰

为什么市场不能够提供有效数量的公共物品？我们来看以下例子。假设每个人都认为社区安装街灯很有必要，因为街灯有助于防止犯罪行为。假如社区内居住着 3 个人：A，B 和 C。每个人对街灯的反需求曲线是一样的：$P_A = 30 - Q$，$P_B = 30 - Q$，$P_C = 30 - Q$。反需求曲线代表了每个人对额外一盏街灯的估价。

街灯具有非排他性和非竞争性特征，一旦安装，每个人都能从中获益。因此，公共物品（如街灯）的总需求就是每个人反需求曲线的垂直相加，即每增加一盏灯给社区每个人带来的价值。根据上述 A，B 和 C 的个人需求曲线，街灯的总需求曲线为：

$$P_A + P_B + P_C = 90 - 3Q$$

图 M6 - 3 中描绘了个体需求曲线和总需求曲线。其中，总需求曲线是 A，B，C 的个人需求曲线的垂直相加，总需求曲线上每点的值都是个体需求曲线上对应值的 3 倍。

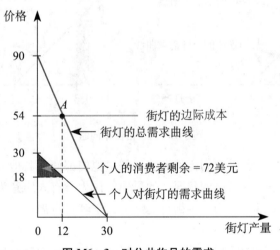

图 M6 - 3　对公共物品的需求

街灯的社会有效产量位于图 M6 - 3 中的点 A，该点处街灯的边际成本等于街灯的总需求。用代数形式来表示，如果街灯生产的边际成本为每盏 54 美元，则街灯的社会有效数量如下：

$$54 = 90 - 3Q$$

即 12 盏。

如图 M6 - 3 所示，每盏街灯的边际成本为 54 美元且高于个人需求曲线，这就意味着任何人都不愿意为一盏街灯支付如此高的价格（即使该街灯归他们所有）。如果每个人支付 18 美元，他们共同为每盏街灯支付 54 美元，这样就有足够的钱购买社会有效数量的街灯。因此，要使市场提供社会有效数量的街灯，就必须集中 3 个人的资源。当每个人为这盏街灯支付18美元时，每个人可以得到消费者剩余72美元，即图M6-3中的阴影面积。

但问题是，如果其中两个人安装了街灯，那么第三个人会得到更多好处。对每个人来说，隐藏其真实需求曲线（也就是他们对公共物品的评价）是有利的。比如A宣称他不需要街灯，而让其他人为街灯付钱，那他就可以免费地享用街灯（因为街灯具有非竞争性和非排他性特征）。这与合谋协议中的欺骗行为相类似，即搭便车。

为了解决上述问题，我们假设A隐藏了他对街灯真实的需求并宣称安装街灯对他没有价值。如果只有A这样做，社会总需求曲线就是B的反需求曲线和C的反需求曲线的垂直相加，见图M6-4（a）。因为市场需求曲线与边际成本曲线相交于$P=54$美元处，所以B和C为每盏街灯分别承担27美元，并需要购买3盏街灯，但A因免费使用这3盏街灯而获得85.5美元的消费者剩余，即图M6-4（b）中的阴影面积。当A真实表达其街灯需求时，只能获得72美元的消费者剩余（图M6-3中的阴影面积）。因此，A隐藏其对街灯的偏好，让B和C为街灯付钱可以改善自己的状况。

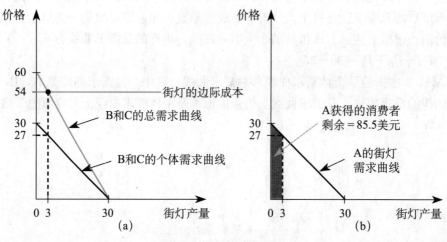

图 M6-4　搭便车问题

当然其他两个人也可以采取同样的做法：如果他们都认为其他人将购买街灯，就可以宣称自己不需要街灯来改善自己的状况。如果他们认为没有人愿意为街灯付钱，他们也不会付钱哪怕购买一盏街灯，因为一盏街灯的成本大于其自身需求。结果导致市场上没有街灯，市场在提供公共物品方面失灵。

政府解决公共物品问题的方法是向每个人强制征税，而不管每个人是否希望得到政府的服务。政府用税收来支持公共项目，如路灯、国防等。如果缺乏政府干预，市场自身不会提供这些商品。因此，尽管很少有人愿意纳税，但这确实是为公共物品筹资的一种方式。

在此要强调一点，政府也可能无法提供社会有效数量的公共物品。政府通常可能会提供过多的公共物品。原因是，当政府官员询问公民希望得到多少公共物品时，公民可能会给出错误信息。因为大多数人认为自己的纳税额占公共物品总资金的比例极小，所以会觉得公共物品的个人成本接近零，因此向政府官员汇报的公共物品数量趋向于免费时的需求量。在街灯的例子中，这3个人可能都告诉官员希望装30盏街灯，这个数量是社会有效数量的两倍多。

➡例题 M6 - 3

某企业有 20 个员工，每个员工都希望有一个令人愉快的工作环境。他们认为应该在公司停车场附近种植灌木。每个员工对灌木的反需求曲线皆为 $P=10-Q$，其中 Q 是灌木的数量。灌木种植的边际成本为每株 20 美元。

1. 社会有效的灌木种植数量是多少？
2. 要获得有效的数量，每个员工应该为每株灌木支付多少钱？
3. 实际上可能会种植多少株灌木？为什么？

答：

1. 灌木（一种公共物品）的总需求为：

$$P=200-20Q$$

令其等于灌木种植的边际成本，即得到灌木的社会有效数量：

$$200-20Q=20(美元)$$

或者 $Q=9$ 株灌木。

2. 每个员工对额外增加的一株灌木支付其边际估值，即

$$P=10-9=1(美元)$$

20 个员工一起为每株灌木支付 20 美元。

3. 由于存在搭便车问题，实际上将不会种植哪怕一株灌木，除非老板开展"道德教育"，向每个员工收取 9 美元来种植 9 株灌木。

总而言之，企业在某些市场提供公共物品可能是有利的，如清洁当地公园、赞助公共电视台等，这些可以为企业带来声誉，从而形成品牌忠诚度并提高产品需求。由于公共物品具有非竞争性和非排他性特征，企业清洁公园或资助公共电视台所支出的 1 美元，相当于把这些钱花在那些发现公园或公共电视台的人的身上。也就是说，企业用不太昂贵的方式提供公共物品，使大量的消费者从中受益，这在某种情况下是一种有效的广告策略。另外，企业在公众面前展现了更好的形象，这将在很大程度上影响企业的经营环境。当然也有不好的地方，企业很难计算出最优的公共物品提供量。不论如何，如果企业的目标是利润最大化，那么，企业提供公共物品时所花费的最后 1 美元应该带来 1 美元的额外收益。

不完备信息

要保证市场有效运行，市场上的参与者必须获得合理的信息，比如价格、质量、技术以及从事某种工作或消费某种商品的相应风险等。当参与者拥有不完全信息时，就可能导致要素投入或产出的无效率。

比如香烟的消费，如果人们不知道吸烟有害健康，那么现在因已知的健康风险而不吸烟的人就可能会吸烟，这个决定的作出基于其对吸烟危险的不完全信息。正因为如此，政府往往扮演市场信息提供者的角色，比如向消费者发布某食品成分、某产品或药品的危险性等信息。政府会采取一些管制措施，如要求企业必须把产品信息印在标签上。政府还会

规范企业的工作环境，确保工人了解某些化学品（如石棉）的危害以及采取某些预防措施（如在建筑作业中佩戴安全帽等）的好处。美国职业安全与卫生管理局（OSHA）负责监督这些法规的执行。

信息不对称是导致市场势力的重要原因之一。市场的某些参与者比其他参与者掌握更多的信息，如第 12 章提到，不对称信息会导致某些消费者拒绝购买某厂商的产品，因为他们担心该厂商产品的价值低于所支付的价格。在极端的情况下，不对称信息还会导致市场消失。因此，政府必须制定相应的政策来减少信息不对称所引发的问题。下面讨论五种影响管理者的政策。

禁止内幕交易

股票市场上禁止内幕交易，就是政府通过政策来减少不对称信息引致市场失灵的例证。该法律规定的目的是确保不对称信息（内部人员拥有更多的信息）不能将局外人排除在市场之外。

假如简（Jane）是公司内部人员，她知道研究小组已经拥有足以引发行业变革的重大发现。如果简在短期内不对外宣布此消息，而是悄悄地以当前市场价格大量收购本公司的股票，她就会赚很多钱。因为当该重大发现对外界宣布时，公司股票的价格必将大幅上涨，简可以把手中的股票抛售而获取大笔利润。但是，如果外界的潜在投资者相信这个市场被那些掌握内幕的局内人操控，他们就不会参与这个游戏，即选择不进入市场。因为局内人在得知股票价格将要下跌时会出售其股票，而得知股票价格将要上涨时会购入股票。如果市场被局内人掌控，局外人将无法获利，因此他们会拒绝购买或出售股票，这会大大降低局内人所控制市场上资产的交易量，也就减少了所有潜在参与者的福利。

政府为了防止内幕交易对金融资产市场的破坏颁布了许多法令。内幕交易的管制源于《证券交易法》（Securities and Exchange Act）（1934 年）第 16 条，该法于 1990 年初次修订，2002 年再次修订。之后，第 16 条又被《萨班斯-奥克斯利法案》（Sarbanes-Oxley Act）（2002 年）修订，这使得管制和报告义务有了重大变化。

证书

技能证书及证书鉴定是政府用来传播信息和减少信息不对称的另一项政策。证书的目的是使收集信息的成本集中。所有由政府颁发许可证的行为都属于证书鉴定范畴，包括慈善机构等非营利组织的资质。证书也可以视为一系列最低标准，如办学校或成为内科医生。颁发证书就是向消费者保证此产品或服务已经达到最低标准。如果没有权威机构来收集某产品或服务的资质信息，每个消费者就得自行收集信息并支付成本，这会导致信息重复收集和无效率。

学校资质是解决潜在信息不对称问题的典型例子。如果没有政府来证明某所学校已经满足最低标准，那么任何人都可以办学校。为了让孩子接受教育，家长必须选择学校，其选择依据通常包括校舍、成本、离家距离、广告及声誉等。一所外观看起来不错的新学校，为了节省资金可能会采用一些不安全的设备、雇用未受过良好教育的老师或选择空间过小的教室等。从长期看，市场机制会修正这些问题——不良声誉会导致这些学校流失学生。但短期内如果父母为孩子选择了这样的学校，就损失了他们的教育投资，并且浪费了学生宝贵的学习时间。

医师认证也是通过政府颁发证书控制短期收益的例子。如果没有医师认证，那些声誉不高的人也可以挂牌行医，若这些人没有受过良好教育和培训，他们开的处方可能加重病人病情，造成药物中毒，甚至导致病人死亡。当政府强制实行一套行医标准时，就可以减少这类情况。

《诚实借贷法》

近年来出台的一系列法律是为了使借款人能更容易地收集相关借款信息。《诚实借贷法》（Truth in Lending Act）（1969 年）引发的争议，促使美国国会在 1980 年通过了《诚实借贷简化法》（Truth in Lending Simplification Act，TLSA）。TLSA 由美国联邦储备委员会（FRB）负责执行，已修订多次。1980 年，联邦储备委员会又通过了《Z 条例》（Regulation Z）——这是 TLSA 的执行准则，并于 1982 年对《Z 条例》进行了修订。

《Z 条例》和 TLSA 要求所有债权人都必须遵守法律规定。债权人被界定为出借钱款并收取信贷费用的人，这些贷款应在 4 期或更长限期内偿还。债权人的原始义务就是获取贷款收益。TLSA 的贷款种类中有一些例外规定，主要针对农业贷款和商业贷款等。

TLSA 要求债权人在债务人签订借款协议前，务必以书面形式披露以下信息：所有财务费用条目、总报价、应支付的年利率以及 12 项其他条款。TLSA 的目的是确保所有债务人都有同等机会了解从特定债权人那里借款的所有信息，使债权人与债务人之间的信息更对称。

《诚实借贷法》影响贷款需求和贷款供给。潜在债务人就某项贷款拥有更完备的信息，这将降低还款风险。风险的降低使得贷款的需求曲线向右移动。贷款的供给者（债权人）因遵守法律导致成本增加，使得债权人的供给曲线向左移动。因为贷款的需求曲线向右移动，而供给曲线向左移动，所以法律的出台提高了贷款价格（即利率）。

诚实广告法

一般而言，企业较消费者对产品拥有更多信息，这使得企业有动力利用消费者对产品不了解而对产品的优点进行虚假宣传。有时，这种虚假宣传会使消费者转向其竞争对手。极端情况下，不对称信息可能导致消费者认为所有广告都是虚假的，从而忽略所有的广告信息。政府经常通过管制企业的广告行为来减少市场失灵。

对广告的管制需求催生了诚实广告法，该法一般通过民事诉讼来强制执行。如《兰哈姆法》（Lanham Act）第 43 条规定：虚假或具有误导性质的广告皆为法律所禁止。从法律角度看，虚假广告应该由美国联邦贸易委员会（FTC）根据《兰哈姆法》提起诉讼，但是目前大多数案件是由虚假广告的受害者提起民事诉讼。

《兰哈姆法》与《克莱顿法》一样，赋予受害者权利以阻止虚假或误导性广告等欺骗性行为，并获得损失额 3 倍的赔偿金。当企业发现竞争对手的虚假广告造成其产品需求减少时，也可以根据《兰哈姆法》对竞争对手提起诉讼。起诉方必须首先证明竞争对手的广告为虚假广告或者会误导消费者，同时还要证明虚假广告或误导性广告损害了消费者利益。如果起诉方获胜，被起诉方必须停止其广告宣传，召回所有贴有虚假宣传标签的商品，并就广告造成的损失给予起诉方 3 倍赔偿。

强制执行合同

强制执行合同也是政府解决信息不对称问题常用的方法。第 6 章和第 10 章分析了签订合同的目的是防止当事人在博弈最后阶段的机会主义。假设你的老板承诺月底发薪，但你工作了一个月后，老板却拒绝付工资给你，那你一个月的工作就白做了。第 6 章和第 10 章还强调了信誉的重要性，并指出，若当事方之间为重复性博弈行为，则机会主义不会产生，因为机会主义带来的一次性收益不足以抵销未来重复性行动的损失。

透视商业 M6 - 1　　　　加拿大的公平竞争署

加拿大的公平竞争署是一个独立的执法机构，负责推动和维持市场的公平竞争。其权威性来源于《竞争法》（The Competition Act），这是一个联邦法案，囊括了刑事和民事规定，旨在阻止反竞争的市场行为。公平竞争署的主要职责在 2015 年进行了调整，分支机构由九个分署简化为以下四个：

● 并购与垄断事件分署，负责审核并购业务，对可能有损竞争的行为进行调查。

● 卡特尔与诱导性广告分署，负责打击会伤害消费者或有损竞争的违法行为和欺诈性商业行为。

● 竞争推广分署，鼓励企业、消费者、监管者、政府机构以及国际组织采取有利于竞争的定位、政策或行为；该分署还为总署提供经济数据分析，以推动和指导公平竞争署的计划和汇报过程。

● 公司服务分署，负责保证公平竞争署的有效运转，为公平竞争署的财务、资产、信息管理和人力资源管理提供建议、计划和服务支持，还要负责信息、保密、价值观和伦理、安全以及采购等事件。另外，分署还要在投诉管理、证据搜集和保存方面为公平竞争署提供专家。

除了以上四个分署，还有署长办公室，为公平竞争署的委员提供策略建议和支持，负责委员与各分署的关系，与加拿大创新、科技与经济发展部门关系，以及与外部利益相关者的关系。最后是法律服务，由公平竞争署的法律部门（法务部）和竞争法科（加拿大的公诉机构）来提供服务。

资料来源：Competition Bureau website，October 20，2020 and July 31，2012.

在短期关系中，一个或多个当事方可能会在"最后期限"采取机会主义行为。如果你知道老板在月底不会付薪，你就不会为他工作。但问题是你并不知道老板在月底的行为——只有他做了你才知道。也就是说，你不能确定老板是诚实的人（遵守承诺）还是不诚实的人（违背承诺）。这种不对称信息的存在导致你无法利用合同来解决机会主义问题，因为即使签订了合同，老板到月底也可能不兑现。所以在不知道老板是否诚实的情况下，你通常选择拒绝为他工作以规避可能受到的欺骗（即使老板是诚实的）。

解决此类问题的方法之一是政府强制执行合同。政府要求不诚实的人必须遵守合同条款以有效地解决最后期限问题。若受合同保护，即使你不知道老板是否诚实，你仍愿意遵循此合同开展工作。因为即便老板不诚实，政府也会强制他向你支付工资。所以，政府通过强制执行合同可以解决最后期限导致的市场失灵问题。

模块 7：政府政策与国际市场

在国际市场的交易活动中，寻租通常表现为某种形式的政府干预。政府通常采用的政策有关税或配额，这些政策的设计往往以牺牲部分人的利益为代价来保护企业或员工利益。本节将研究政府的关税和配额对管理决策的影响。

配额

配额（quota）的目的在于限制外国竞争者所生产的产品进入本国的数量。比如美国对日本汽车实行进口配额，就可以限制日本汽车制造商所生产的汽车在美国市场上的销售量，从而有效削弱美国汽车市场的竞争。配额造成汽车价格较高、美国汽车企业的利润上升，但美国消费者的消费者剩余减少。由此可见，本国企业的收益增加以牺牲本国消费者与外国企业的利益为代价。

为什么会出现这种结果？我们来分析图 M7-1，该图描述了某产品在国内市场上的供求状况。在实施配额前，本国需求曲线为 D，外国生产商的供给曲线为 $S^{外国}$，本国生产商的供给曲线为 $S^{本国}$，市场上的总供给曲线为外国生产商的供给曲线与本国生产商的供给曲线的水平相加，即为 S^{F+D}。因此，当没有配额限制时，市场的均衡点位于 K，K 点的均衡价格为 P^{F+D}，均衡产量为 Q^{F+D}。

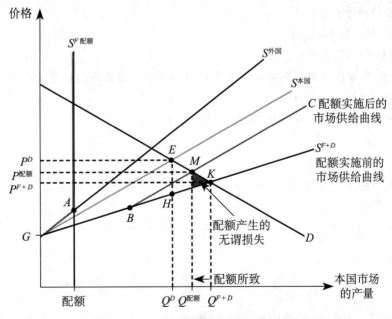

图 M7-1 进口配额对本国市场的影响

假设目前对外国厂商的产品实施配额限制，规定外国企业在本国市场的产品销量不能超过配额限制。在实施配额后，外国企业的供给曲线为 $GAS^{F配额}$，本国企业的供给曲线为

$S^{本国}$。因此，在实施配额后，整个国内市场的总供给曲线为 GBC，市场均衡点位于 M。本国企业的价格上升至 $P^{配额}$，本国企业能够获得更高的利润。但造成了无谓损失（见图 M7-1 中三角形阴影的面积）。也就是说，配额使本国企业获得了更高利润，但减少了社会总福利。社会总福利减少的原因在于，配额给国内消费者和外国企业带来的总损失要大于本国企业从配额中得到的收益。所以说，本国企业通常有很强的动力去游说政府对进口产品实行配额限制。

➡例题 M7-1

假设本国企业某种产品的供给函数为 $Q^{SD}=10+2P$，外国企业的供给函数为 $Q^{SF}=10+P$。该产品的本国需求函数为 $Q^d=30-P$。

1. 未实施配额时，该产品的总供给是多少？
2. 该产品的均衡价格和均衡产量是多少？
3. 假如实施配额 10 单位，则产品的总供给为多少？
4. 在实施 10 单位配额的情况下，本国市场的均衡价格是多少？

答：

1. 产品的总供给等于外国供给与本国供给之和，即

$$Q^T = Q^{SD} + Q^{SF} = (10+2P) + (10+P) = 20+3P$$

2. 市场均衡为总需求等于总供给，即

$$30-P=20+3P$$

求解得出均衡价格 $P=2.50$ 美元，均衡价格下本国企业的产量如下：

$$Q^{SD}=10+2\times2.5=15$$

外国企业的产量如下：

$$Q^{SF}=10+2.5=12.5$$

总的均衡产量 $Q^T=27.5$ 单位。

3. 当实施 10 单位配额限制时，意味着外国企业在本国市场的销售量仅为 10 单位。所以总供给变为：

$$Q^T = Q^{SD} + Q^{SF} = (10+2P) + 10 = 20+2P$$

4. 配额下的总需求等于总供给时达到均衡，即

$$30-P=20+2P$$

求解得出均衡价格 $P=3.33$ 美元。因此，配额造成同外国企业的竞争减少，从而提高了本国市场的产品价格。

关税

关税同配额一样，也是政府用来限制外国企业参与本国市场竞争的一种策略。关税也可以保护本国企业的利益，本国企业的利益同样会有损本国消费者和外国企业的利润。

接下来讨论两种类型的关税：总量关税和从量（货物）关税。**总量关税**（lump-sum tariff）是一笔固定费用，是外国企业为了合法地在某国市场上销售产品而必须向该国政府交纳的固定费用。相对而言，**从量（货物）关税**〔per-unit（excise）tariff〕是根据进口数量交纳的费用，是本国的进口商为其进口的每单位产品向政府支付的相应费用。

总量关税

图 M7-2 显示了政府实施总量关税之前和之后，某外国企业的边际成本和平均成本曲线。首先要注意的是，总量关税对企业的边际成本曲线没有影响，因为总量关税是固定金额税，即不论进口数量为多少，所支付的总量关税一样。但是总量关税使企业的平均成本曲线由 AC^1 上升到 AC^2，除非国内市场的价格高于 P^2，否则进口商将不愿意为进入国内市场而支付关税。

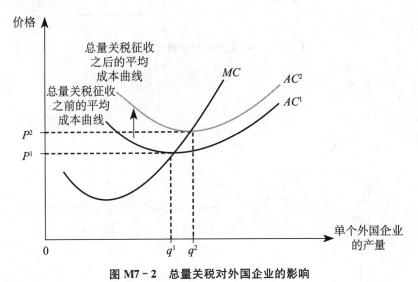

图 M7-2　总量关税对外国企业的影响

图 M7-3 描述了总量关税对市场的影响。在征收关税之前，外国企业的供给曲线为 ES^F，本国企业的供给曲线为 ES^D，市场总供给曲线为外国企业供给曲线与本国企业供给曲线的水平叠加，即 ES^{D+F}。征收总量关税之后，外国企业的供给曲线变为 AS^F，只有当国内市场的价格高于 P^2 时，外国企业才愿意进入该市场，否则进口商将不愿为进入该市场支付总量关税。因此，征收总量关税之后的国内市场的总供给曲线为 $EBCS^{D+F}$。如果需求曲线与国内供给曲线相交时的价格低于 P^2，外国企业将不进入该国市场，这意味着实施总量关税的结果是将外国企业从国内市场挤出去。因此，当国内市场需求较低时，总量关税将增加本国企业的利润；但如果国内市场需求较高，总量关税对本国企业的利润不产生影响。

从量（货物）关税

如果对外国企业征收货物关税而非总量关税，那么，在所有的需求水平上，本国企业都将获益（见图 M7-4）。图 M7-4 描述了征收货物关税带来的影响。征收关税之前，外国企业的供给曲线为 S^F，本国企业的供给曲线为 S^D，市场总的供给曲线为 ABS^{D+F}。此时，市场均衡点为 H，这是不存在关税时的均衡点。

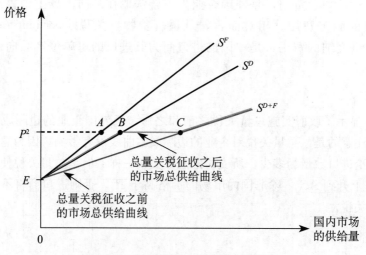

图 M7 - 3 总量关税对市场供给的影响

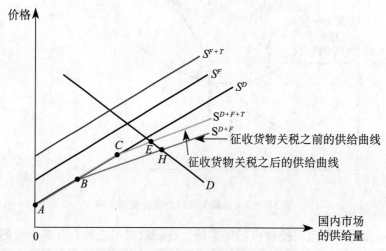

图 M7 - 4 货物关税对市场供给的影响

当对每单位产品征收关税 T 时，外国企业的边际成本曲线将向上移动关税量 T，导致外国企业的供给曲线变为图 M7 - 4 中的 S^{F+T}。此时，市场的总供给曲线变为 ACS^{D+F+T}，新的均衡点为 E。总之，关税造成国内消费者必须为产品支付更高的价格，在本国企业利润提升的同时损害了国内消费者与外国企业的利益。

模块 5 习题

1. 你是一家企业的管理者，目前市场上共有 8 家企业，每家企业的市场份额都是 12.5％。但是每家企业的财务实力都很雄厚且相距不足 100 英里。

（1）计算合并前这个市场的 HHI。

（2）假设任意两家企业进行了合并，计算合并后的 HHI。

（3）根据上述数据以及本模块中提到的行业并购准则，你认为美国司法部（或 FTC）会阻止这两家企业合并吗？请解释。

2. 结合下图回答以下问题。

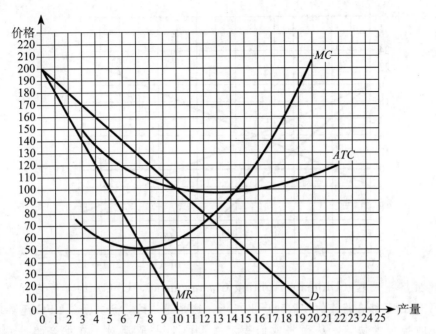

(1) 假设垄断者不受政策管制。

1) 为了实现利润最大化，企业会将价格定为多少？

2) 在这个价格水平下，消费者剩余是多少？

(2) 假设企业的价格被限定在 80 美元。

1) 如果企业生产 7 单位产品，企业的边际收益是多少？

2) 如果在管制价格水平下企业能够弥补其变动成本，为了实现短期利润最大化，企业的产量应为多少？

3) 从长期看，如果管制价格限定在 80 美元，企业的产量应为多少？

3. 你是一家垄断企业的管理者，面临潜在的政府管制。公司产品的反需求曲线为 $P = 40 - 2Q$，成本为 $C(Q) = 8Q$。

(1) 计算垄断价格和垄断产量。

(2) 计算社会有效产量和价格。

(3) 为了避免价格被限定在社会最优水平，你的公司最多愿意花多少费用来进行游说？

4. 下图描述的是垄断企业的价格被限定在每单位 10 美元的情况。根据下图回答问题。

(1) 如果不受管制，垄断价格将会是多少？

(2) 如果不受管制，垄断者的产量将会是多少？

(3) 当管制价格限定在每单位 10 美元时，垄断者的产量为多少？

(4) 当管制价格限定在每单位 10 美元时，需求量和供给量各是多少？将出现短缺还是过剩？

(5) 当管制价格限定在每单位 10 美元时，请计算无谓损失。

(6) 确定社会福利最大化时的管制价格。该价格将导致短缺还是过剩？

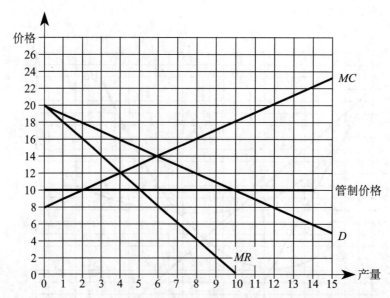

5. 终极格斗大赛（Ultimate Fighting Championship，UFC）的参赛者起诉了 UFC，控诉 UFC 垄断了综合格斗的投入和产出市场，这是违法的。尤其是，UFC 还要求参赛者签订长期的排他性协议，从而将他们锁定在 UFC，并取消对手在综合格斗中的晋级。UFC 违背了什么法案？

6. 1972—1981 年间，德士古公司（Texaco）对独立的零售商以"货车零售价"销售汽油，对 Gull 和 Dompier 等分销商却给予折扣价。随后，Gull 用自己的品牌转售汽油，Dompier 则以德士古品牌向加油站转售汽油而直接进入零售市场。由于 Gull 和 Dompier 都没有储油设施，两家分销商皆直接从德士古工厂获得汽油，然后运送到自己的零售店。结果导致这些分销商的汽油销售额大幅增加，而独立零售商的销售额却下降。1976 年，德士古的零售商对德士古提起诉讼。1990 年，美国高级法院调查发现德士古的确违反了反托拉斯法案。你认为德士古违反了哪部法律？

7. Social Dynamo 公司去年的销售额为 5 亿美元，利润为 4 900 万美元，其主要的竞争对手——EIO 公司的销售额为 4.9 亿美元，利润为 5 200 万美元。目前，Social Dynamo 公司正在与 EIO 公司进行协商——它试图并购 EIO 公司，华尔街对这起并购的估值为 1.2 亿美元。若并购成功，市场价格预期将上升 2%。Social Dynamo 公司是否有义务将其并购意图告知美国司法部和联邦贸易委员会？请解释。

8. Moses 是一家小型电力公司，向美国西南部小城镇的消费者提供电力。该公司以每千瓦小时 0.15 美元的价格销售电力以最大化企业利润。企业提供每千瓦小时电力的边际成本为 0.05 美元，平均成本为 0.15 美元。政府管制者正在考虑将企业价格限制在每千瓦小时 0.05 美元。这样的政策会提高社会福利吗？请解释。

9. 美国联邦贸易委员会（FTC）指控雀巢公司（Nestlé）与 Ralston Purina 的合并提议违反《克莱顿法》第 7 条。尽管两家公司销售的许多商品都不涉及反托拉斯问题，但是 FTC 认为 Ralston Purina 和雀巢公司在猫粮市场分别占 34% 和 11% 的份额，两家公司的合并将显著提高猫粮市场的集中度。FTC 称该合并将使 HHI 提高 750 点，即超过 2 400 点，这将增加其在猫粮市场的市场势力和提价的可能性。然而，几个月后，FTC 却有条件地同意了两家公司高达 103 亿美元的合并。你如何评价 FTC 最终同意合并？

模块 6 习题

1. 你是某特定行业的行业分析师，该行业的市场反需求函数为 $P=200-4Q$。生产的外部边际成本为 $MC_{外部}=6Q$，内部边际成本为 $MC_{内部}=12Q$。

(1) 社会有效产量应为多少？

(2) 在以上成本和市场需求情况下，完全竞争行业的产量应为多少？

(3) 在以上成本和市场需求情况下，垄断行业的产量应为多少？

(4) 为了使企业的生产达到社会有效产量，政府可以通过哪些政策来引导企业的行为？

2. 假设有两名工人，每名工人对公共物品的需求均为 $P=20-Q$。提供公共物品的边际成本为 24 美元，下图总结了一些相关信息。

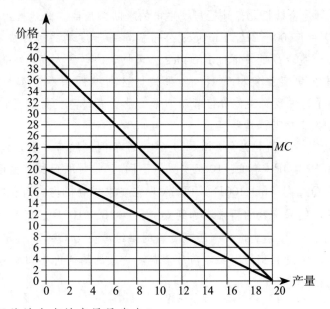

(1) 公共物品的社会有效产量是多少？

(2) 为了提供社会有效产量的公共物品，每名工人必须为每单位的公共物品支付多少？

(3) 假设两名工人承担了提供社会有效产量的费用，根据问题 (1) 和问题 (2) 的计算结果由两人分担。第三个人对公共物品的估值与前两名工人相同，但他宣称自己不喜欢该公共物品，因为他想搭便车。

1) 给定三名工人对公共物品的真正需求，前两名工人所承担的公共物品的数量是不是社会有效产量？

2) 比较三名工人的消费者剩余水平，哪名工人的消费者剩余最高？

3. 用准确的经济学术语解释利用法律控制内幕交易的经济学合理性。

4. 用于修正市场失灵的政府法律和管制政策，所遵循的经济学原则是公平吗？如果是，为什么？如果不是，那么遵循什么经济学原则？

5. 某著名的综合性企业生产大量非竞争性消费品，从整个公司层面鼓励各分部的管理者分享其消费者的个人信息。然而，自该倡议实行后，CEO 注意到可获得的信息反而比以前还要少。你认为 CEO 的计划为什么适得其反？

6. 你是一家造纸厂的管理者，在参议院消费者事务小组委员会和环境小组委员会的联席会议前被传唤上法庭。由于某杂志报道你的工厂造纸加价 250%，参议院消费者事务小组委员会关注你对本公司的价格行为的证词，而环境小组委员会关注你降低造纸厂污染的改进方法。特别是，你知道环境小组委员会的某些议员会要求你论证"为什么不根据企业的每单位产出纳税以弥补所污染的主要河流"。请提出某种策略来应对联席会议中提出的问题。

7. 1934 年制定并于 1990 年修订的《证券交易法案》（Securities and Exchange Act）第 16 条（a）款规定：企业的高级职员、董事以及主要股东必须披露他们所持有的股票及其任何变化。第 16 条（b）款允许企业收回上述人员在短期交易中所获得的内幕交易利润。从法律角度看，你认为是否应该要求政府花更多的钱来对企业进行审计和强制执行？请解释。

8. Enrodes 公司是密歇根北部地区居民用电的垄断供应商。此地区约有 300 万户居民，总的用电需求为 $Q^d=1\,500-2P$，Enrodes 公司提供每千度电的边际成本固定为 4 美元。密歇根地区的一些消费者最近投诉说 Enrodes 公司收取的电费太高，他们打算组成联盟来游说当地政府对该公司实施价格管制。如果该地区所有的消费者都加入该联盟来对抗 Enrodes 公司，为了游说政府实施价格管制，每个消费者愿意支付的游说费用为多少？你认为消费者的努力会成功吗？请解释。

9. 假设在《诚实借贷简化法》（TLSA）和《Z 条例》颁布之前，消费者贷款的需求函数为 $Q^d_{实施前}=12-100P$（单位：10 亿美元，下同），借贷联盟和其他借贷机构的消费者贷款的供给函数为 $Q_{实施前}=5+100P$。TLSA 现在要求借贷机构向消费者提供有关其权利和责任的完全信息，结果贷款的需求增加到 $Q^d_{实施后}=18-100P$。但是，TLSA 也对借贷机构征收"税务执行费用"，这造成消费者贷款的供给减少为 $Q_{实施后}=3+100P$。基于以上信息，比较《诚实借贷简化法》实施前后消费者贷款的均衡价格和均衡量。

模块 7 习题

1. 在一个竞争市场上，通常存在许多本国企业和外国企业。假如本国市场的需求函数为 $Q^d=600-2P$。本国企业的供给函数为 $Q^{SD}=200+P$，外国企业的供给函数为 $Q^{SF}=250$。

（1）确定自由贸易下的市场均衡价格和均衡产量。

（2）假如对外国企业实施 100 单位的配额限制，确定市场的均衡价格和均衡产量。

（3）配额导致本国消费者的境况变好了还是变糟了？

（4）配额导致本国生产者的境况更好了还是更糟了？

2. 假设美国国会通过了一项法规，对外国企业出口到美国的某种产品征收一次性的总量关税。

（1）总量关税对外国企业的边际成本线会产生什么影响？

（2）总量关税导致外国企业出口到本国的产品数量会增加还是减少？请解释。

3. 2001 年中国加入世界贸易组织（WTO）使得中国企业和外国企业间的竞争更加激烈，当然这也为中国企业出口产品提供了更多的市场渠道。特别是对于橡胶市场来说，加入 WTO 之初，中国就是世界第二大橡胶消费国（如今中国已经成为世界第一大橡胶消费国）。加入 WTO 后不久，中国取消了橡胶进口配额。你认为进口配额的取消对中国外贸交易中的橡胶价格和数量有何影响？取消橡胶配额对中国的社会福利有什么意义？

4. 经过 7 年的谈判，12 个国家——包括美国、日本、越南和 9 个环太平洋国家——起草了跨太平洋伙伴关系协定（TPP）。TPP 的主要特点是取消成员之间许多商品的贸易关税，产品范围很广，从农业到鞋类。在美国最终退出协议之前，每个国家、国内的许多企业以及反对者，都在等待协议的生效审查。在美国，一种反对声音来自美国对产自越南的鞋类产品的关税。美国对越南鞋的关税下降，对越南鞋在美国市场的供给有何影响？对美国市场上鞋类产品的均衡量有何影响？关税下降会导致美国市场上鞋类产品的价格上升还是下降？请解释。

5. 加拿大林木业（主要由木材行业组成）直接雇用 370 000 名工人，间接雇用 510 000 名辅助服务人员。林木产品占加拿大的国内生产总值（GDP）将近 3%，占出口额的 14.1%。美国林业和木材生产商的说客向美国国际贸易委员会（ITC）和商务部（DOC）起诉宣称加拿大政府向林木生产者提供补贴且给美国林业和木材生产商带来损害。结果导致一些美国游说者提议对所有加拿大的林木产品征收 15% 的货物关税。请分析 15% 的货物关税对美国林木业贸易的均衡价格和均衡产量的可能影响。美国国内消费者和生产商会从征收关税中获益吗？请详细解释。

6. 评价以下说法："如果美国对所有的进口物品征收统一的货物税，所有的美国商人和员工都将获益。如果征收统一货物税的法案提交美国国会，将获得一致通过。"

选读材料

Economides, Nicholas, and White, Lawrence J., "Networks and Compatibility: Implications for Antitrust." *European Economic Review* 38(34), April 1994, pp. 651–62.

Elzinga, Kenneth, and Breit, William, *The Antitrust Penalties: A Study in Law and Economics*. New Haven, CT: Yale University Press, 1976.

Formby, John P.; Keeler, James P.; and Thistle, Paul D., "X-efficiency, Rent Seeking and Social Costs." *Public Choice* 57(2), May 1988, pp. 115–26.

Gradstein, Mark; Nitzan, Shmuel; and Slutsky, Steven, "Private Provision of Public Goods under Price Uncertainty." *Social Choice and Welfare* 10(4), 1993, pp. 371–82.

Inman, Robert P., "New Research in Local Public Finance: Introduction." *Regional Science and Urban Economics* 19(3), August 1989, pp. 347–52.

McCall, Charles W., "Rule of Reason versus Mechanical Tests in the Adjudication of Price Predation." *Review of Industrial Organization* 3(3), Spring 1988, pp. 15–44.

Rivlin, A. M., "Distinguished Lecture on Economics in Government: Strengthening the Economy by Rethinking the Role of Federal and State Governments." *Journal of Economic Perspectives* 5(2), Spring 1991, pp. 3–14.

Steiner, R. L., "Intrabrand Competition—Stepchild of Antitrust." *Antitrust Bulletin* 36(1), Spring 1991, pp. 155–200.

术语表 *

A

会计利润（accounting profits）　销售收入（价格乘以销售量）减去生产该产品或服务的以货币表示的成本。1

逆向选择（adverse selection）　由于个性特征被隐瞒，导致选择过程中出现一类具有不良特征的人。12

关联（相关）估价［affiliated（or correlated）value estimates］　竞拍者不清楚自己对拍品的估价及其他人对该拍品的估价。每个竞拍者根据自己所拥有的信息来估价，但这些估价相互关联：某竞拍者的估价越高，其他竞拍者的估价也越高。12

反托拉斯政策（antitrust policy）　政府为阻止企业垄断市场而制定的相关政策。14

不对称信息（asymmetric information）　一些人比另外一些人拥有更充分的信息。12

平均固定成本（average fixed cost，AFC）　固定成本除以产出数量。5

平均产量（average product，AP）　测度每单位投入所带来的产出。5

平均总成本（average total cost，ATC）　总成本除以产量。5

平均变动成本（average variable cost，AVC）　变动成本除以总产量。5

B

伯川德寡头垄断（Bertrand oligopoly）　（1）市场中只有几家厂商为众多消费者提供服务；（2）厂商的边际成本固定且产品同质化；（3）厂商参与价格竞争并对竞争者的价格作出最优反应；（4）消费者获得完全信息且没有交易成本；（5）存在进入壁垒。9

最优反应（或反应）函数［best-response（or reaction）function］　在给定另一家厂商的产量时，本厂商的利润最大化产量。9

＊ 术语释义后的数字为该术语所在章号。——译者

整包定价（block pricing）　一种定价策略，为了增加利润将相同的产品打包在一起，迫使消费者作出"要么全买，要么都不买"的决策。11

品牌价值（brand equity）　由品牌带来的产品的附加价值。8

品牌短视（brand myopic）　管理者或公司陶醉于品牌的历史荣耀，而不关注新兴行业的趋势和消费者偏好的变化。8

预算线（budget line）　消费者用尽收入所能购买的商品组合。4

预算集（budget set）　消费者有能力购买的商品组合。4

C

需求变动（change in demand）　除商品自身价格之外的其他因素（如收入或其他商品价格）变动引起的需求变动，表现为整条需求曲线的移动。2

需求量变动（change in quantity demanded）　由商品自身价格变动引起的该商品需求量的变动，表现为沿一条给定的需求曲线移动。2

供给量变动（change in quantity supplied）　由商品自身价格变动引起的该商品供给量的变动，表现为沿一条给定的供给曲线移动。2

供给变动（change in supply）　除商品自身价格之外的其他因素（例如投入品价格或技术进步）变动引起的供给变动，表现为整条供给曲线的移动。2

柯布-道格拉斯生产函数（Cobb-Douglas production function）　投入要素之间存在一定程度替代关系的生产函数。5

商品捆绑（commodity bundling）　一种定价策略，将几种不同的产品绑定在一起并以单一的"捆绑价"销售。11

共同价值拍卖（common value）　在这种方式的拍卖中，拍品的真实价值对所有竞拍者是一样的，但由于该拍品的共同价值不清楚，每个竞拍者利用自身（私人）信息形成了对拍品真实的共同价值的不同估计。12

比较广告（comparative advertising）　厂商通过区别竞争品牌的产品来增加自身品牌需求的一种广告形式。8

互补品（complements）　一种商品价格的上升（下降）会导致另一种商品需求减少（增加），这两种商品为互补品。2

消费者均衡（consumer equilibrium）　消费者有能力支付且使其满足程度最大化的商品组合。4

固定规模收益（constant returns to scale）　当长期平均成本随着产量增加保持不变时，存在固定规模收益。5

消费者剩余（consumer surplus）　消费者为得到一种商品愿意支付但无须支付的费用。2

可竞争市场（contestable markets）　（1）所有的生产者获得了相同的生产技术；（2）消费者对价格变化敏感；（3）在位厂商不能通过降价对进入作出迅速反应；（4）不存在沉没成本。9

合同（contract）　买卖双方之间的正式交易关系，规范买卖双方按法律条款进行交易。6

成本互补（cost complementarity） 当一种产品的产出增加时，另一种产品的边际成本下降，则存在成本互补。5

成本最小化（cost minimization） 在最低成本处组织生产。5

古诺均衡（Cournot equilibrium） 在给定其他厂商的产量时，没有一个厂商愿意改变其产量。9

古诺寡头垄断（Cournot oligopoly） （1）市场上只有几家厂商为众多消费者提供服务；（2）厂商的产品差异化或同质化；（3）每家厂商都相信，当自己改变产量时竞争对手的产量不变；（4）存在较高的进入壁垒。9

交叉价格弹性（cross-price elasticity） 一种产品需求对另一种相关产品价格变化的敏感程度，即一种产品需求量变化的百分比除以相关产品价格变化的百分比。3

交叉补贴（cross-subsidy） 一种定价策略，从一种产品中获得的利润弥补另一种相关产品的销售额。11

三次成本函数（cubic cost function） 成本是产量的三次方函数，实际中很多成本函数符合这一估计。5

D

丹斯比-魏力格绩效指数（Dansby-Willig（DW）performance index） 当某行业提高产出量时，按照社会福利的增加量对行业进行分级。7

垄断的无谓损失（deadweight loss of monopoly） 由于垄断厂商的定价高于边际成本所造成的消费者剩余和生产者剩余的损失。8

边际报酬递减（decreasing/diminishing marginal returns） 边际产量递减时所对应的投入量的范围。5

需求函数（demand function） 描述商品购买数量与商品价格、相关商品价格、收入水平以及其他影响需求的变量之间关系的函数。2

直接网络外部性（direct network externality） 网络对于每个用户的价值直接取决于其他人对该网络的使用。13

规模不经济（diseconomies of scale） 当长期平均成本随着产量增加而增加时，存在规模不经济。5

占优策略（dominant strategy） 不管对手如何行动，都能产生最高收益的一种策略。10

荷兰式拍卖（Dutch auction） 一种相继降价的竞拍方式，拍卖商从高价开始，逐步降低价格直至某竞拍者愿意支付此价格。12

E

经济利润（economic profit） 总收益与总机会成本之差。1′

经济学（economics） 关于在稀缺资源下如何决策的科学。1

规模经济（economies of scale） 当长期平均成本随着产量增加而下降时，存在规模经济。5

范围经济（economies of scope） 当两种产品联合生产的总成本低于分别生产的总成

本时，存在范围经济。5

富有弹性需求（elastic demand）　需求价格弹性的绝对值大于1。3

弹性（elasticity）　一个变量对另一个变量变化的敏感程度，即该变量变化的百分比引起另一个变量变化的百分比。3

英式拍卖（English auction）　一种相继提价的竞拍方式，竞拍者观察他人的出价信息并决定是否继续加价。当最后只剩下一个竞拍者时拍卖结束；该竞拍者获得拍品并支付给拍卖商竞拍价。12

延展形式博弈（extensive‐form game）　一种博弈的描述形式，它包括博弈方、在博弈每个阶段博弈方获得的信息、博弈方的策略、博弈方的行动顺序，以及每种策略产生的收益。10

F

有限重复博弈（finitely repeated game）　博弈方不知道博弈何时结束；博弈方知道博弈何时结束。10

厂商需求曲线（firm demand curve）　单个厂商产品的需求曲线；完全竞争市场的厂商需求曲线就是市场价格线。8

第一价格密封拍卖（first-price, sealed-bid auction）　一种同时出价的拍卖，所有竞拍者同时在纸上写下竞价并提交。拍卖商将拍品售给出价最高者且赢家将支付最高出价。12

固定成本（fixed costs）　不随产量变化而变化的成本，包括生产过程中固定投入的成本。5

固定生产要素（fixed factors of production）　短期内不能调整的投入要素。5

前四家企业集中度比率（four-firm concentration ratio）　行业中四家最大企业的销售额占行业总销售额的比例。7

全部经济价格（full economic price）　消费者在最高限价下支付给厂商的货币数额加上非货币价格。2

G

绿色营销（green marketing）　利基营销的一种形式，厂商针对关注环境问题的消费者提供产品。8

H

赫芬达尔-海希曼指数（Herfindahl-Hirschman index，HHI）　行业内各企业市场份额的平方和乘以10 000。7

隐藏行为（hidden action）　在两者之间，一方所采取的行动不被另一方察觉。12

隐藏特征（hidden characteristics）　在一项交易中，关于某些特征的信息，一方知情而另一方不知情。12

I

收入效应（income effect） 由商品价格变化引起的消费者实际收入的变化，这会导致从一条无差异曲线向另一条无差异曲线的移动。4

收入弹性（income elasticity） 度量一种商品需求量对消费者收入变化的敏感程度，即一种商品需求量的变化百分比除以收入变化百分比。3

边际报酬递增（increasing marginal returns） 边际产量增加时所对应的投入量的范围。5

增量成本（incremental costs） 由是或否的决策带来的额外成本。1

增量收益（incremental revenues） 由是或否的决策获得的额外收益。1

无差异曲线（indifference curve） 能给消费者带来同等满足程度的两种商品的各种组合的曲线。4

间接网络外部性（indirect network externality） 对于网络用户来说，网络规模与可获得的互补产品或服务之间存在互补性，从而给用户带来间接价值。13

缺乏弹性需求（inelastic demand） 需求价格弹性的绝对值小于 1。3

劣等品（inferior goods） 收入增加（减少）导致需求减少（增加）的商品。2

无限重复博弈（infinitely repeated game） 持续进行的博弈，博弈方从每次的重复博弈中获得收益。10

等成本线（isocost line） 描绘相同成本的各种投入组合的直线。5

等利润线（isoprofit curve） 使某给定厂商保持同等利润的多厂商产量组合的曲线。9

等产量线（isoquant） 能够生产出相同数量产品的各种投入组合的曲线。5

L

需求定律（law of demand） 当其他因素保持不变时，随着商品价格的上升（下降），商品的需求量会减少（增加）。2

边际技术替代率递减规律（law of diminishing marginal rate of technical substitution）
在保持产量不变的情况下，随着一种投入要素的使用量减少，另一种投入要素的使用量增加。5

边际报酬递减规律（law of diminishing marginal returns） 随着某种要素投入量的增加，边际产量减少，边际产量价值也将减少。5

供给定律（law of supply） 当其他因素保持不变时，随着商品价格的上升（下降），该商品的供给量会增加（减少）。2

学习曲线效应（learning curve effects） 企业从过去的生产决策中所获得的知识经验，使之能够享有低成本。13

最小二乘回归（least squares regression） 回归线与真实数据之间的偏差平方和最小。1

里昂惕夫生产函数（Leontief production function） 假定以固定比例的投入进行生产的生产函数。5

勒纳指数（Lerner index） 价格与边际成本的差同产品价格的比值。7

限制进入定价（limit pricing） 一个垄断企业（或具有市场势力的企业）设定低于垄断水平时的价格而阻止其他企业进入市场。13

线性需求函数（linear demand function） 需求函数的一种表达式，某种给定商品的需求是价格、收入水平及其他影响需求的变量的线性函数。2

线性生产函数（linear production function） 假设所有投入和总产量之间呈完全线性关系的生产函数。5

对数线性需求（log-linear demand） 需求的对数与价格对数、收入对数、其他变量对数为线性函数关系。3

长期平均成本曲线（long-run average cost curve） 对生产的固定要素和可变要素进行最优选择的情况下，不同水平产出的最低平均成本曲线。5

总量关税（lump-sum tariffs） 外国企业为了取得在某国市场上销售某种产品的合法权利而向该国政府交纳的一笔固定费用。模块组 B

M

管理者（manager） 为了达到既定的目标而引导资源配置的人。1

管理经济学（managerial economics） 研究如何通过有效配置稀缺资源来达到既定的管理目标。1

边际收益（marginal benefit） 管理控制变量 Q 的变动所引起的总收益的变动量。1

边际成本（marginal cost，MC） 管理控制变量 Q 的变动所引起的总成本的变动量。1

边际产量（marginal product，MP） 最后一单位投入所带来的总产量的变化量。5

边际替代率（marginal rate of substitution，MRS） 在相同满足程度下，消费者愿意用一种商品替代另一种商品的比率。4

边际技术替代率（marginal rate of technical substitution，MRTS） 保持产量水平不变，生产者用一种投入替代另一种投入的比率。5

边际收益（marginal revenue） 最后一单位产量带来的收益变化；完全竞争厂商的边际收益就是市场价格。8

市场需求曲线（market demand curve） 指这样一条曲线，揭示消费者在任何价格水平愿意并且能够购买的商品数量，曲线上的每一个点都假定价格之外的其他影响因素保持不变。2

市场势力（market power） 企业具有将产品价格设定得高于其边际成本的能力。模块组 B

市场替代率（market rate of substitution） 市场上用一种商品换购另一种商品的比率，也就是预算线斜率。4

市场结构（market structure） 影响管理决策的重要因素，包括市场中的企业数量、企业的相对规模（集中度）、技术和成本状况、需求规模，以及企业进入或退出行业的难易程度。7

市场供给曲线（market supply curve） 指这样一条曲线，反映当其他影响供给的因

素给定不变时，不同价格下所有厂商愿意并且能够提供的某种商品的总量。　2

均值（期望值）［mean（expected）value］　不同结果出现的概率乘以相应的收益的总和。12

混合（随机）策略［mixed（randomized）strategy］　博弈方为了防止对手预测到其行为，可在两个或两个以上的行为中进行随机选择。10

垄断竞争（monopolistic competition）　（1）有许多的买者和卖者；（2）每个厂商生产差异化产品；（3）可以自由进出。8

垄断（monopoly）　只有一个厂商服务于整个市场且其产品没有近似的替代品。8

道德风险（moral hazard）　合同的一方采取隐藏行为，以牺牲另一方为代价而获益。12

多产品成本函数（multiproduct cost function）　所有投入要素均被有效利用的条件下，生产 Q_1 单位产品 1 和 Q_2 单位产品 2 的成本。5

N

纳什均衡（Nash equilibrium）　给定其他博弈方的策略，没有一个博弈方可以通过单方面改变自己的策略而增加自己的收益。10

负外部性（negative externalities）　没有参与产品生产或消费的当事方所承担的成本。模块组 B

负边际报酬（negative marginal returns）　边际产量为负值时所对应的投入量的范围。5

净现值（net present value，NPV）　某项目所产生的收入流现值减去该项目当前的成本。1

利基营销（niche marketing）　一种营销策略，专门针对市场中特殊群体的需求量身定制。8

非排他性消费（nonexclusionary consumption）　某种产品或者服务一旦被提供，任何人都可以消费而不能被阻止。模块组 B

非竞争性消费（nonrival consumption）　如果某人对某产品的消费不会妨碍其他人对这种产品的消费，则这种产品在消费中是非竞争性的。模块组 B

正则形式博弈（normal-form game）　博弈的一种表示形式，表示博弈方可能采取的不同策略及其带给博弈方的收益。10

正常品（normal goods）　随着消费者收入增加（减少），需求也增加（减少）的商品。2

O

寡头垄断（oligopoly）　市场中只有几家厂商，每家厂商都与整个行业密切相关。9

一次性博弈（one - shot game）　指这个博弈只能进行一次。10

机会成本（opportunity cost）　资源的显性成本与隐性成本之和，隐性成本为该资源所放弃的其他最佳用途。1

需求价格弹性（own price elasticity of demand）　一种商品的需求量对该商品自身价

格变化的敏感程度，即需求量变化的百分比除以该商品自身价格变化的百分比。3

<h1 style="text-align:center">P</h1>

高峰定价（peak-load pricing）　一种定价策略，高峰期定价比非高峰期定价高。11

渗透定价（penetration pricing）　在初始阶段以低价渗透到市场，来吸引足够多的用户的一种策略；该策略只在存在很强的网络效应时才有用。模块组 A

完全竞争市场（perfectly competitive market）　（1）市场上有众多买者和卖者，它们相对于市场来说都很"小"；（2）每个厂商生产同质（相同）的产品；（3）买者和卖者获得完全市场信息；（4）市场中没有交易成本；（5）可以自由进出市场。8

完全弹性需求（perfectly elastic demand）　需求价格弹性的绝对值无穷大，需求曲线呈水平状。3

完全无弹性需求（perfectly inelastic demand）　需求价格弹性的绝对值为零，需求曲线呈垂直状。3

从量（货物）关税［per-unit (excise) tariffs］　本国进口商为其进口的每单位产品必须向政府交纳相应的费用。模块组 B

掠夺性定价（predatory pricing）　企业为了把竞争对手赶出市场，暂时将价格设定在自己的边际成本之下的一种策略。模块组 A

现值（present value，PV）　在给定利率水平下，未来的资金折现到当前时刻的价值。1

最高限价（price ceiling）　在一个市场上所允许制定的最高合法价格。2

价格—成本挤压（price-cost squeeze）　纵向一体化企业挤压竞争对手的盈利空间的一种策略。模块组 A

价格歧视（price discrimination）　对相同产品或服务向消费者索要不同的价格。11

最低限价（price floor）　在一个市场上所能收取的最低合法价格。2

价格匹配（price matching）　一种策略，即企业公布一个价格并承诺匹配竞争对手提供的任何低价。11

生产者剩余（producer surplus）　生产者得到的超过其生产所必需的成本的那部分金额。2

生产函数（production function）　给定投入下能够实现的最大产量的函数。5

利润共享（profit sharing）　为提高员工努力程度，将员工报酬与企业潜在盈利能力挂钩的激励制度。6

公共物品（public goods）　在消费中具有非竞争性和非排他性特征的物品。模块组 B

<h1 style="text-align:center">Q</h1>

配额（quotas）　一种限制措施，旨在控制某种产品合法进口至一个国家的数量。模块组 B

<h1 style="text-align:center">R</h1>

提高竞争对手的成本（raising rivals' costs）　通过使竞争对手的成本增加，企业较竞

争对手获得更大优势的一种策略。模块组 A

随机定价（randomized pricing） 企业随时改变其价格，试图对消费者和竞争对手隐藏价格信息。11

关系专用性交易（relationship-specific exchange） 一种交易类型，交易双方作出了专用性投资。6

寻租（rent seeking） 出于自私自利动机去影响其他方的决策的行为。模块组 B

重复博弈（repeated game） 指博弈活动可能进行多次（不止一次）。10

保留价格（reservation price） 指的是一个价格水平，消费者按该价格购买产品与继续寻找低价是一样的。12

收益共享（revenue sharing） 为提高员工努力程度，将员工报酬与企业潜在收益挂钩的激励制度。6

风险厌恶（risk averse） 偏好确定的 M 美元，而非期望值为 M 美元的风险结果。12

风险偏好（risk loving） 偏好期望值为 M 美元的风险结果，而非确定的 M 美元。12

风险中性（risk neutral） 对期望值为 M 美元的风险结果与确定的 M 美元的偏好无差异。12

罗斯查尔德指数（Rothschild index） 指某种产品的行业需求对价格的敏感度与单个企业需求对价格的敏感度之比。7

S

筛选（screening） 没有信息的一方根据相关特征对信息拥有者进行归类。12

第二价格密封拍卖（second-price, sealed-bid auction） 一种同时出价的拍卖，竞拍者同时在纸上写下竞价并提交。拍卖商将拍品售给出价最高者且赢家将支付第二高的出价。12

安全策略（secure strategy） 给定最坏情形下能保证最高收益的策略。10

自我选择机制（self-selection device） 设计一种机制，使有信息的一方作出的选择恰好向无信息的一方显露其隐藏特征。12

序贯行动博弈（sequential-move game） 一个博弈方在观察到另一个博弈方的行动后再采取行动的博弈。10

短期成本函数（short-run cost function） 当可变要素以成本最小化方式使用时，各种产量水平对应的最小可能成本。5

信号传递（signaling） 拥有信息的一方向不拥有信息的一方传递可观察的隐性特征信息。12

同时行动博弈（simultaneous-move game） 每个博弈方在不知道其他博弈方决策的情况下制定决策的博弈。10

专用性投资（specialized investments） 使双方达成交易必须发生的、在其他情况下毫无作用的支出。6

现货交易（spot exchange） 买卖双方之间的一种非正式交易关系，双方都不需要遵守特别的交易条款。6

　　斯塔克伯格寡头垄断（Stackelberg oligopoly）　一种市场结构，具有以下特征：（1）市场上只有几家厂商为众多消费者提供服务；（2）厂商的产品差异化或同质化；（3）某一厂商（领导者）在其他厂商确定产量之前制定产量决策；（4）其他厂商（跟随者）将领导者的产量视为给定的，然后在给定领导者产量的情况下确定其利润最大化产量；（5）存在进入壁垒。9

　　标准差（standard deviation）　方差的平方根。12

　　策略（strategy）　博弈理论中的一种决策选择，描述博弈方在每个决策下将采取的行动。10

　　子博弈完全均衡（subgame perfect equilibrium）　构成纳什均衡的一组策略，在博弈的每个阶段，没有一方可以通过改变自身策略来增加收益。10

　　替代品（substitutes）　一种商品价格的上升（下降）会导致另一种商品需求增加（减少），这两种商品互为替代品。2

　　替代效应（substitution effect）　在保持实际收入不变的条件下，商品相对价格的变化导致均衡点沿着给定无差异曲线移动。4

　　沉没成本（sunk costs）　一旦支付将无法撤回的成本。5

　　供给函数（supply function）　描述商品价格、投入价格以及其他影响供给的变量与该商品产量的关系的函数。2

　　斯威齐寡头垄断（Sweezy oligopoly）　（1）市场上只有几家厂商为众多消费者提供服务；（2）厂商的产品差异化；（3）每家厂商相信竞争对手会随之降价，但不会随之提价；（4）存在进入壁垒。9

<h1 style="text-align:center">T</h1>

　　t 统计量（t-statistic）　参数估计值与其标准差之间的比率。3

　　货币的时间价值（time value of money）　今天 1 美元的价值要超过未来获得的 1 美元。1

　　总成本（total cost）　固定投入的成本和可变投入的成本之和。5

　　总产量（total product，TP）　给定的投入量下可以实现的最大产出。5

　　交易成本（transaction costs）　与获得投入品相关的、超出支付给供应商的部分的成本。6

　　转移定价（transfer pricing）　一种定价策略，企业设定的上游部门销售一件投入品给下游部门的最优内部价格。11

　　触发策略（trigger strategy）　根据博弈方过去的行为采取的一种策略，其中过去的一些特殊行为会触发该博弈方采取不同的行为。10

　　两部定价（two-part pricing）　一种定价策略，消费者被收取固定费用，再加上购买每单位产品的费用。11

<h1 style="text-align:center">U</h1>

　　单位弹性需求（unitary elastic demand）　需求价格弹性的绝对值等于 1。3

V

边际产量价值（value marginal product）　最后一单位投入所生产的产品的价值。5

变动成本（variable costs）　随产量变化而变化的成本，包括随产量变化的变动投入成本。5

可变生产要素（variable factors of production）　为改变产出可以调整的投入要素。5

方差（variance）　不同结果出现的概率乘以收益与均值偏差的平方的总和。12

纵向圈定（vertical foreclosure）　纵向一体化企业就其关键投入品向下游市场的竞争对手索要高价格或拒绝出售，迫使竞争对手选用更高成本的替代品或者退出市场的一种策略。模块组 A

纵向一体化（vertical integration）　企业自行生产最终产品所需要的投入品。6

W

赢家诅咒（winner's curse）　传递给竞拍成功者的信息就是，其他所有竞拍者都认为该项目的价值低于获胜者的支付额。12

图书在版编目（CIP）数据

管理经济学：第 10 版 / （美）迈克尔·贝叶，（美）
杰弗里·普林斯著；王琴译 . -- 北京：中国人民大学
出版社，2023.1
　　（工商管理经典译丛）
　　ISBN 978-7-300-31139-5

Ⅰ.①管… Ⅱ.①迈… ②杰… ③王… Ⅲ.①管理经
济学 Ⅳ.①F270

中国版本图书馆 CIP 数据核字（2022）第 197299 号

工商管理经典译丛
管理经济学（第 10 版）
[美] 迈克尔·贝叶　　　　著
　　　杰弗里·普林斯

王　琴　译
Guanli Jingjixue

出版发行	中国人民大学出版社	
社　　址	北京中关村大街 31 号	**邮政编码** 100080
电　　话	010 - 62511242（总编室）	010 - 62511770（质管部）
	010 - 82501766（邮购部）	010 - 62514148（门市部）
	010 - 62515195（发行公司）	010 - 62515275（盗版举报）
网　　址	http://www.crup.com.cn	
经　　销	新华书店	
印　　刷	涿州市星河印刷有限公司	
规　　格	185 mm×260 mm　16 开本	**版　　次** 2023 年 1 月第 1 版
印　　张	28 插页 2	**印　　次** 2023 年 1 月第 1 次印刷
字　　数	664 000	**定　　价** 85.00 元

教师反馈表

　　麦格劳-希尔教育集团（McGraw-Hill Education）是全球领先的教育资源与数字化解决方案提供商。为了更好地提供教学服务，提升教学质量，麦格劳-希尔教师服务中心于2003年在京成立。在您确认将本书作为指定教材后，请填好以下表格并经系主任签字盖章后返回我们（或联系我们索要电子版），我们将免费向您提供相应的教学辅助资源。如果您需要订购或参阅本书的英文原版，我们也将竭诚为您服务。

★ 基本信息							
姓		名			性别		
学校			院系				
职称			职务				
办公电话			家庭电话				
手机			电子邮箱				
通信地址及邮编							
★ 课程信息							
主讲课程－1		课程性质			学生年级		
学生人数		授课语言			学时数		
开课日期		学期数			教材决策者		
教材名称、作者、出版社							
★ 教师需求及建议							
提供配套教学课件（请注明作者/书名/版次）							
推荐教材（请注明感兴趣领域或相关信息）							
其他需求							
意见和建议（图书和服务）							
是否需要最新图书信息	是、否	系主任签字/盖章					
是否有翻译意愿	是、否						

教师服务热线：800-810-1936
教师服务信箱：instructorchina@mheducation.com
网址：www.mheducation.com

麦格劳-希尔教育教师服务中心
地址：北京市东城区北三环东路 36 号环球贸易中心
A 座 702 室教师服务中心　100013
电话：010-57997618/57997600
传真：010 59575582

中国人民大学出版社　管理分社

教师教学服务说明

　　中国人民大学出版社管理分社以出版经典、高品质的工商管理、统计、市场营销、人力资源管理、运营管理、物流管理、旅游管理等领域的各层次教材为宗旨。

　　为了更好地为一线教师服务，近年来管理分社着力建设了一批数字化、立体化的网络教学资源。教师可以通过以下方式获得免费下载教学资源的权限：

★　在中国人民大学出版社网站 www.crup.com.cn 进行注册，注册后进入"会员中心"，在左侧点击"我的教师认证"，填写相关信息，提交后等待审核。我们将在一个工作日内为您开通相关资源的下载权限。

★　如您急需教学资源或需要其他帮助，请加入教师 QQ 群或在工作时间与我们联络。

中国人民大学出版社　管理分社

🔔　教师 QQ 群：648333426（仅限教师加入）

☎　联系电话：010-82501048，62515782，62515735

✉　电子邮箱：glcbfs@crup.com.cn

📍　通讯地址：北京市海淀区中关村大街甲 59 号文化大厦 1501 室（100872）